20世紀における
中国民族問題

王希恩　編著

朴銀姫　李文哲　訳

明徳出版社

本書は、中華社会科学基金（Chinese Fund for the Humanities and Social Sciences）資金助成を受けている。

王希恩教授著『20世紀における中国民族問題』
日本語版について

　王希恩教授の大著『20世紀における中国民族問題』が、このたび朴銀姫氏と李文哲氏との共訳で日本語版として出版された。この20世紀に国内外のさまざまな困難を乗り越えて成立した中華人民共和国の発展は、同時に民族問題に対する幾つもの解決策を重ねてきた過程でもあったことが、ここでは丁寧に論証されている。揺れ動く政治的な状況のなかで、民族の分裂を回避しながら、中華民族としての結束力を構築していくという、本書で検証された中国のエネルギーは圧倒的である。そしてこの結束力は、この夏、たまたま内モンゴル自治区に所用があった私の、フフホトでのモンゴル語併記の店や通りの案内板、また回教の人たちのビル群など、印象に残った光景とも結びつく。ただ、その時は私の知識不足もあって、かつての中華民国そして孫文の「五族共和」というスローガンと単に重ねていたのだが、この光景に共存していた民族文化の歴史的な過程が、実は本書で詳しく説明されていたのだった。社会主義計画経済から社会主義市場経済に転換していくなかでの少数民族発展への絶え間ない制度改革の歴史と、まだ残されている民族問題に対する真摯な問いかけは、この書を手にしたものだけでなく、21世紀の国際社会にもひとつの大きな知見を与えることだろう。

　　　　二松學舍大学　大学院文学研究科長・文学部長　江藤茂博

目　次

王希恩教授著『20世紀における中国民族問題』日本語版
　　について……………………………（江藤茂博）……1

序　　論 ……………………………………………………9

　1．国外列強と中華民族との矛盾 ………………………… 11

　2．国内の民族関係問題……………………………………… 15

　3．民族発展のアンバランス問題 ………………………… 19

　4．民族分裂主義の問題……………………………………… 25

　5．民族問題を解決するための政策、体制問題………………… 30

　6．民族主義と民族結束力の問題 ………………………… 37

第1章　19－20世紀の中国民族問題………………………… 43

　1．列強の侵略による民族危機 …………………………… 43

　2．社会大変革における満・漢矛盾 ……………………… 50

　3．清朝末の辺彊新政及び民族関係に対する影響 …………… 62

第2章　中国民主革命と民族主義 ………………………… 83

1．中国民主革命と民族主義の共生 ……………………… 83

2．民族主義に対する近代中国の主な政治派閥の解釈 ……………… 90

3．中国民主革命における民族主義の動員 ……………………… 110

4．中国民族主義の国家構想 ……………………………… 126

第3章　日本の中国侵略と中日民族関係 …………………… 141

1．日本軍国主義の台頭と「中日甲午戦争」 …………………… 142

2．日本の「満州国」策動と全面的な中国侵略戦争 ……………… 150

3．戦後の中日関係の回復と発展 ……………………………… 158

4．20世紀末、中日民族関係に存在する問題及びその影響 ………… 165

第4章　民国政府の民族政策及びその制度 …………………… 173

1．南京臨時政府における民族政策の主張 …………………… 173

2．北洋政府の民族事務管理体制及び民族政策 ………………… 178

3．国民政府の前十年における民族政策と制度 ………………… 187

4．抗日戦争時期における国民政府の民族政策 ………………… 198

5．抗日戦争後における国民政府の民族政策及びその実行 ………… 218

第5章　民族区域自治及び新中国民族事業体制の探索と発展 … 227

目　次　5

1．「連邦制」から民族区域自治へ……………………………………… 227

2．民主革命時期における民族事業機構 ……………………………… 246

3．新中国における民族事業体制の確立及び挫折…………………… 253

4．民族事業体制の復活、拡充と発展 ………………………………… 274

第6章　少数民族及び民族地域の発展問題………………… 301

1．20世紀前半の一般的な発展状況 ………………………………… 301

2．民国時期の民族建設と開発 ………………………………………… 310

3．社会変革中における飛躍 …………………………………………… 325

4．試練の中での進歩…………………………………………………… 336

5．改革・開放後の迅速な発展と貧富の格差………………………… 346

第7章　社会主義条件下における民族紛争及び調停 …… 363

1．新旧社会制度の転換過程における民族紛争……………………… 363

2．社会主義計画経済時期における民族紛争………………………… 375

3．社会主義市場経済における民族紛争 ……………………………… 388

4．多次元的な民族紛争解決のメカニズム …………………………… 400

第8章　「二つの民族主義」及び民族事業における「左」
的誤り ……………………………………………… 407

6　目　次

1．「二つの民族主義」に反対する理論的根拠及び民主革命時期に
　　おける応用 …………………………………………………… 407

2．民族政策の大点検による大漢族主義の清算 ………………… 414

3．地方民族主義への反対と民族事業における盲目的な展開 ……… 420

4．「民族問題の実質は階級問題」という提議とその影響 ………… 432

5．「文化大革命」による民族事業の全面的な破壊 ……………… 439

第9章　20世紀モンゴル民族の分化と発展 ……………… 445

1．外モンゴルの独立及びその国内外の要素 …………………… 445

2．内モンゴルの自治運動及びその民族区域自治 ……………… 462

3．20世紀後半の内・外モンゴル ………………………………… 478

第10章　20世紀の「チベット問題」 ………………… 495

1．チベットに対する近代列強の侵略と干渉 …………………… 496

2．民国政府のチベット管理 ……………………………………… 508

3．チベットの平和的解放と社会変革 …………………………… 523

4．20世紀後半、チベット問題に対する外国の干渉 …………… 538

第11章　新疆分裂主義問題と社会安定 ……………… 555

1．汎テュルク主義、汎イスラム主義の台頭と新疆への浸透 ……… 555

2．「東トルキスタン」分裂主義の第一回政治実践 ……………… 563

　3．新疆の「三区革命」とその影響 ………………………………… 567

　4．「ソ僑」問題と新疆辺境民の流出 ……………………………… 575

　5．新中国建国後の「東トルキスタン」関連事件 ………………… 582

　6．20世紀80、90年代後、激化する「東トルキスタン」の活動 … 590

　7．「東トルキスタン」分裂勢力に対する打撃とその効果 ……… 599

第12章　「台湾独立運動」の理論と民族分裂 …………… 603

　1．自治と非暴力抵抗－台湾議会設置請願運動に対する「台湾独立
　　運動」論者の憶測 ………………………………………………… 604

　2．「文化自治」と「台湾独立」－台湾での抗日運動の異なる路程 … 609

　3．台湾光復と「二・二八」－地方自治から「台湾独立運動」の「高
　　度な自治」まで ………………………………………………… 622

　4．「台湾民族」と中華民族－民族的アイデンティティの島内外で
　　の対峙 …………………………………………………………… 634

　5．文化復興から「台湾意識」論戦まで－「台湾独立運動」勢力の
　　集結と氾濫 ……………………………………………………… 652

第13章　20世紀における中華民族の結束力 …………… 665

　1．中華民族結束における伝統的な要素 ………………………… 665

2．中華民族アイデンティティの自覚 ……………………………… 670

3．政治的中核と社会主流意識の選択 …………………………… 682

4．結束力の統合および基礎の更新 ……………………………… 691

5.五・四運動から抗日戦争の間の民族結束力 ……………… 705

6．新中国建立初期の民族自信 …………………………………… 712

7.世紀末における愛国主義の高揚………………………………… 714

終わりに ……………………………………………… 723

あとがき……………………………………（牧角悦子）…… 731

本訳書の原著は、「２０世紀的中国民族問題」
（王希恩編著、中国社会科学出版社、2012 年刊）
である。

序　　論

　現代中国と言えば民族問題は頻繁に議論されるが、これらの問題の殆どは 20 世紀に残された問題の延長線上にあった。したがって、21 世紀現在の民族問題を全面的に理解するためには、20 世紀に遡って見ないと説明できないということは明らかである。

　いわゆる「民族問題」は、一般的な理解では常に少数民族の問題や民族間の矛盾として考えられていた。このような理解は正しいが全面的ではない。なぜなら、近代的な意味での「民族」概念は中国に輸入された時点で、常に「国家」という概念と組み合わせになって考えられ、今日の学術界においては少なくとも二つの次元に分化されているからである。その一つは、われわれが一般的に理解している具体的な民族であり、もう一つは、国家と合体された国家的次元で見た民族である。中国の実情に合わせて論ずるならば、前者は一般的な意味での漢族、チベット族、回族など 56 の民族のことであり、後者は中国の国民を一体化させた中華民族のことである。したがって、20 世紀における中国の民族問題について全般的に述べようとする場合、具体的な民族論の次元での問題、すなわち少数民族に関する問題と国家次元での中華民族の問題をバランスよく取り扱う必要性が生じてくる。

　「民族」という概念に異次元が認められているように、「民族問題」という概念にも広義と狭義の区別がある。直観的な理解では、民族問題は民族間の矛盾を指している。これは長年以来、民族理論をめぐる学界で

形成された有力な見解であるが、このような理解は言うまでもなく狭義の範疇に属する。改革・開放以降、発展問題が民族関係の問題で重要になっていく中、江沢民は「民族問題は民族自身の発展問題を含むだけでなく、民族間、民族と階級や国家間などとの関係をも含んでいる[1]」と指摘した。これは「民族問題」の概念を大いに拡大解釈し、民族自身の発展問題のみならず、民族関係以外の民族と階級や国家との関係をも民族問題の範疇に組み入れた。民族問題に対するこのような捉え方は、現在における民族関係の事業の実態に合致するだけでなく、「民族問題」を広い意味で用いていたので、次第に民族理論の研究者たちにも是認されるようになった。このように、全面的あるいは広義的に「民族問題」を理解するなら、その定義は当然ながら民族の生存、発展及び各種利益関係などの社会的矛盾を指している。なぜなら、「問題」自体が矛盾であり、民族問題は結局のところ、社会矛盾の一つであるからだ。しかし、これは一般的な社会矛盾とは異なり、民族に関連し、民族の生存、発展や各種の利益関係に関わる問題である。その中には、民族間の関係問題が含まれているだけでなく、民族自身の発展問題民族と階級や国家などその他の社会システムとの矛盾も含まれている[2]。

　したがって、このように「民族」や「民族問題」を定義し、さらには中国歴史の実情に結び付けて、20世紀における中国の民族問題は次の内容を含むべきである。つまり、国外列強と中華民族との矛盾、国内民族間の矛盾、少数民族の発展問題、民族分裂主義問題、民族問題を解決するための理論や政策の問題、民族主義と民族凝集力問題などである。本書の内容もこれらの諸問題をめぐって議論することにする。

1．江沢民「各民族の大団結を強化する中国の特色ある社会主義のために手を
　　携えて進む」、国家民族事務委員会、中央文献研究室編『民族事業文献整理
　　(1990－2002年)』中央文献出版社、2003年、29頁。
2．王希恩編『当代中国民族問題解析』民族出版社、2002年、8頁を参照せよ。

1. 国外列強と中華民族との矛盾

　アヘン戦争に引き続き、中国は前代未聞の民族的屈辱に伴って20世紀へと踏み出した。19世紀の最後の年、8カ国連合軍は北京に攻めこみ、中国の都で放火、殺戮、レイプ、略奪などを行った。そして20世紀に入った最初の年に、清国政府は11カ国の列強と「辛丑条約」を締結した。条約には、清国政府が各国に戦争賠償金として銀4億5,000両を支払うという内容が含まれていたが、この巨額の賠償金は帝国主義に対する4.5億の中国人全体の「謝罪」を意味するものであった。その後、帝国主義の侵略、干渉、支配及び中国各民族の抵抗闘争が20世紀の前半を貫いた。新中国が成立した後、帝国主義やその他の敵対勢力は中国に対する抑制、干渉や浸透を続けてきた。

　帝国主義や敵対勢力の中で、中国に対する日本の侵害は最も酷いものであった。歴史的に中国と日本は一衣帯水の隣国であり、往来が頻繁であった。古代の中国文化は日本に大きな影響を及ぼし、中国も日本の文化から多くの有益な要素を取り入れてきた。しかし、19世紀後半から、両国の目指す方向の違いや世界情勢の変化に伴い、中日間の民族関係は熾烈な戦争や衝突の渦に巻き込まれるようになった。明治維新をきっかけに、日本は資本主義というレールに乗って猛スピードで走り、帝国主義列強の列に伍することとなった。軍国主義の奇形的な発展により、小さいながらも強い日本が、大きいながらも弱い中国に一歩一歩迫ってきた。19世紀70年代から、特に中日甲午戦争以来、日本は無数の戦争とそれによって獲得した「条約」を通して、他の列強と共に中国を植民地・反植民地の深淵へと陥れた。例えば、20世紀の初め、日本はまず帝政ロシアと中国の東北を割譲し、内モンゴルを支配下に置き、続いて「世界を征服せんと欲せば、必ずまず支那を制服せざるべからず。支那を征服せんと欲せば、まず満蒙を征服せざるべからず」という戦略を制

定した。このように、中国の東北から内モンゴル、華北への侵入にだんだんエスカレートし、1937 年の盧溝橋事件に至っては、ついに中国に対する全面的な侵略戦争に踏み切った。この戦争は中華民族に数千数万人の犠牲と計り知れない経済的損失をもたらした。その後、中国の全面的な抗日戦争への突入と第二次世界大戦は、日本帝国主義の侵略行為を終息させ、戦後の二大民族の友好関係の回復に良好な条件を提供してくれた。しかし、日本国内の歴史問題に対する反省の欠如、国際的要素の影響などにより、20 世紀後半になっても中日間の民族関係には依然として大きなハードルや紆余曲折が存在し、このような状況は 21 世紀までに続いている。20 世紀における中日間の民族関係は、一貫して中華民族の屈辱、抵抗、決起と振興過程と関連しており、中国の国家次元での最も影響力のある民族問題の一つとなった。

帝政ロシアは中国の最大の隣国でありながら中国北部や西部に対する最大の領土略奪者でもあった。第二次アヘン戦争から帝政ロシアは、武力や一連の不平等条約を通して中国の東北と西北の 150 万平方キロメートルの領土を略奪した。20 世紀に入っても帝政ロシアは、続けて我が国の東北、西北に侵入し、3 回に及ぶ日本との密約を通して日本と共に中国の東北、モンゴル地域を分割した。中国の辛亥革命期間には、直接外モンゴルの独立を扇動すると同時に、新疆へ出兵してコルガス（Qorghas）高地など、中国の領土を割譲した。十月革命以降、ソ連は中国の革命や抗日戦争を援助する一方、帝政ロシア時代の対中国政策を受け継ぎ、極力に新疆や東北への侵入政策を推し進め、外モンゴルの独立や旅順港使用問題などで中国の利権を大きく損害した。20 世紀の 60－70 年代に至っては、中ソ関係の決裂に伴い、ソ連は再び中国の最大の脅威となった。

イギリスは最初に中国の門戸を開放させた正真正銘の資本主義国家であった。アヘン戦争後、イギリスは中国での経済、政治的特権を拡大し続ける一方、中国の辺境地域にも手を伸ばし始めた。19 世紀末、イギ

1. 国外列強と中華民族との矛盾　　　　　　　　　　　　　*13*

リスは帝政ロシアとの駆け引きによってパミール地域を分割し、インド
植民地を通して西南方向から絶えずチベット地域へ迫ってきた。1888
年と 1904 年、イギリスは 2 回に渡ってチベットに侵攻し、チベット
を自国の配下に置いた。甚だしきに至っては、中国の主権を無視して
1914 年にチベットの地方当局と「シムラ条約」を締結し、勝手に「マ
クマホンライン」を引くことで「チベット問題」に後患を残した。

　アメリカは他の列強に一歩遅れて中国を侵略した国であるが、20 世
紀半ば頃からは中国内政への最大の干渉国となった。例えば、国民党と
共産党の紛争に触手を伸ばし、国民党政権を支持して内戦を戦うよう仕
向けた。50 年代には朝鮮侵略戦争を仕掛けたので、中国は朝鮮戦争へ
の援助を余儀なくされた。それと同時に、台湾海峡を封鎖することで中
国の統一大業をも阻止した。70 年代以降、中米関係は共通の利益のた
めに関係改善はされたものの、アメリカのグローバル戦略と覇権主義的
立場によって、中国に対する「西洋化」と分割に終始一貫していた。例
えば、台湾問題やチベット問題はアメリカが中国を圧迫し、内政干渉す
る二つの大きな切り札となった。

　その他、フランスやドイツなどの西欧列強も中国に対する縄張り獲得、
権益分割に乗り出した。彼らは共に国外列強と中華民族との矛盾を生み
出した。

　20 世紀は中国が閉鎖的な農業社会から開放的な工業化社会へ向かっ
て絶え間なくモデルチェンジを目指した世紀であり、外敵による「亡国
亡種」の危機から脱出し、改革・開放による民族振興へ向かった世紀で
もあった。このような大きな歴史的背景においても、中華民族と国外列
強との民族的な矛盾は一貫して中国社会の発展、中国国内の民族問題の
発生や発展に影響し、主導的な作用をしてきた。

　いわゆる「主導」は、前半世紀の説である。毛沢東は曾て次のように
指摘したことがある。「帝国主義と中華民族との矛盾、封建主義と人民
大衆との矛盾はまさに近代中国社会の主な矛盾である……。しかし、帝

国主義と中華民族との矛盾は様々な矛盾の中で最も主要な矛盾である。」[1]
辛亥革命をその典型とする中国旧民主主義革命は、「種族革命」や「満清」の統治を打倒することを呼びかけるなど、一時期は国内民族闘争の傾向を現していた。ところが、こうした「種族革命」の発生と国内の民族問題の激化は、帝国主義の侵略による中国の民族危機、帝国主義と中華民族との矛盾によるものであった。例えば、「台湾独立」、「チベット独立」及び「東トルキスタン」をはじめとする民族分裂主義は、20世紀は勿論、今日においても中国の統一と民族団結を脅かすものとなり、それら分裂活動の発生、発展はすべて国外のバックグラウンドを持っていた。外国勢力の挑発、画策及び直接的な干渉なしにこのような分裂主義の存在と発展はあり得ない。

いわゆる「影響」は、20世紀全体においてのことである。中国は民主革命の勝利と中華人民共和国の成立と共に民族の独立を成し遂げた。一般的に、国外勢力と中華民族との矛盾は中国国内の民族問題において、もはや支配的な地位を占めることができなくなった。ところが、国内の民族問題への影響は依然として存在していた。例えば、中ソあるいは中ロ関係の変化は直接国内の新疆、内モンゴル地域の安定と関わり、中米関係の変化も直接「台湾独立」、「チベット独立」の活動動向とつながっていた。また、中国とインド、ベトナム国境地域の安定は直接チベット、新疆、雲南、広西などの民族地域の発展や安定と関わっていた。改革・開放以来、我が国は独立自主の外交路線を実施することで、周辺及び世界各国との関係改善に努め、こうした一連の関係改善は良好な周辺環境を作り、民族分裂主義に打撃を与え、少数民族地域の発展や安定のために有利な条件を与えてくれた。

20世紀の前半期に比べて、20世紀の後半期の中国はその国際的地位

1．毛沢東「中国の革命と中国共産党」、『毛沢東選集』合本、人民出版社、1969年、591頁。

2. 国内の民族関係問題

や総合国力の面で根本的な変化をもたらし、中華民族と外国との関係の性質やそれに伴う国内民族問題の発展動向も根本的に変わった。こうした変化は中華民族が民族解放を完成し、民族振興を実現した必然的な結果であった。

2. 国内の民族関係問題

20世紀中国の各民族関係の全体的な成り行きは相互接近、相互認可の傾向を見せ、中華民族の多元一体的な局面も日々強化されていた。こうした動向は近代以降、外来勢力の圧迫に対する中華民族共同の抵抗、民族の解放を勝ち取るための民族自覚の過程を経たからであり、閉鎖された伝統社会から開かれた現代社会への画期的な転換などによって決められた。しかし、20世紀は民族圧迫や民族差別現象が依然として存在していた時期であり、各民族のアイデンティティが強化され、誤った民族政策によって民族関係が傷つけられた時期でもあった。ゆえに、各民族間の矛盾、紛争、衝突は中国民族関係のもう一つの現象として長期間存在していた。

19世紀から20世紀へと入れ替わる時期、「亡国亡種」の危機の出現に伴い、中国社会には伝統的な「夷夏の弁（少数民族と漢族の見分け）」や近代民族主義的な「人種革命」思想が日々エスカレートしていた。孫文の率いる国民党は当時の支配民族である満族を「異族」、「異種」として見なし、大規模な討伐を行い、「満人を駆除して、国を取り戻そう」と主張した。腐敗した清朝の統治を覆すために行った思想宣伝、留学生や知識界に広まった「満族排除」、「満族に反対する」風潮は、満族と漢族の民族矛盾を激化し、中国社会内部の主な民族矛盾として定着化させた。辛亥革命は清朝を覆すために起こした革命であるが、非常に濃い「民族復讐」的な雰囲気の中で発生した。ゆえに、その革命によって古い時代は覆されたが、新時代においては恢復できない民族的傷を残して

しまった。こうした民族的な感情は漢族と満族の間だけでなく、漢族と
モンゴル族、チベット族の間までに強烈な影響を及ぼし、辛亥革命が目
指した中国の民族国家の建設を脅かすようになった。

「移民実辺」は、清末民初（清朝末期、民国初期）に統治集団が自分
たちを財政的危機から救い出すために辺境地域で実行した「新政」のひ
とつであり、後の北洋政府や国民政府の統治時期まで続けられた。いわ
ゆる「移民実辺」あるいは「移民殖辺」とは、内陸の人々を面積は広い
が人の少ない辺境へ移住させ、人口増加や土地開発をもって財政収入を
増やし、辺境を強める政策であった。内陸人口の大部分が漢族であり、
辺境は少数民族であったため、移民実辺は結局のところ、大量の漢族を
民族地域へ移住させることであった。辺境地域は非常に広く、東北、内
モンゴル、新疆、川辺（四川省辺境）チベット地域から広西までであり、
殆どの陸地辺境地域がそれに含まれた。これは 20 世紀中国の民族人口
の第一次散居化過程であった。この過程は各民族の交流や発展にチャン
スを提供したが、一方では土地問題や資源の分割問題などによる民族矛
盾をも招いた。内モンゴル地域では「移民実辺」を習慣的に「放墾蒙
地」と呼んでいた。「蒙地」を「放墾」することで多くの漢族の農民た
ちが草原へ移住し、幅広い牧場も畑に変わった。一方、一部のモンゴル
族の牧民たちは産業と空間的な分化によって、牧場を離れて他の地域に
移ったり、あるいは農民、地主になって牧場を離れた。こうして土地問
題と民族問題、農牧業矛盾と民族矛盾が絡み合うようになった。

普遍的な「移民実辺」の実行に応じて、民族地域の行政システムにも
重大な変革が起きた。最初、清政府が実行していた民族隔離的な「封
禁」政策は、内陸の漢族が山海関を越えて「旗地」や「蒙地」へ進入す
ることを禁止する政策であったが、その内だんだん打ち破れていくよう
になった。漢民族が禁止令を破って「旗地」や「蒙地」へ移住すると清
政府は漢民族を管理するために、それらの地域に生け花式に庁、府、州、
県などを設置して新しい管理システムである「旗民分割統治」、「蒙・漢

2．国内の民族関係問題

分割統治」の統治構造を形成した。清朝末期に「移民実辺」政策が普遍的に実行された後、漢民族の民族地域への進入が合法化されるにつれて、統一的な編制を基本内容とする行政体制の改革も実行されるようになった。清朝と歴代の国民政府の努力を通して完全な改革を成し遂げることはできなかったが、省、県システムの設立を通して民族地域に対する統治を強化することはできた。これは結果的に、国家の統一に有益であると同時に、長年以来続けてきた「因俗而治」の伝統を変え、民族地域で不平等な制度を強行し、民族関係に影響するシステム的要因となった。

民国時代、中国には形式的な中央政府は存在していたが、国内の大小軍閥が領地を分割して地方の旗頭となり、実質的な「国家統一」はなかった。しかも民族地域での軍閥の統治はしばしば民族圧迫の道具となった。「馬家軍」をはじめとする西北の回族軍閥は19世紀の末に決起した軍閥であった。民国成立後、これらの軍閥は次第に甘、青、寧三省の軍政大権を握るようになり、外来の様々な軍閥と合従連衡を画策し、互いに公然と闘争を繰り広げると同時に、統治区域内の各民族人民に対して搾取、鎮圧を行った。例えば、青海での馬麒と馬歩芳の統治は異なる民族に対して異なる対策を取り、場合によっては、同じ民族でも部落によって異なる統治手段を取った。ある時は言いくるめて自分の味方にし、ある時は血生臭い鎮圧を行った。抗日戦争の時、新疆から青海へ移った5万人のカザフ族のうち、大部分が馬歩芳によって虐殺あるいは追放され、最後に青海地域に残ったのは千人位であった。また、直接馬家軍閥によって殺された果洛、玉樹のチベット族は数万人に達した。こうした事件は全部、それら地域内での民族関係の不和の直接的な原因となった。

歴代の国民政府は皆「民族平等」を掲げてきたが、その民族政策の目標は大漢族主義的な民族同化であった。したがって少数民族、特に弱小

1．因俗而治とは、少数民族の風習や民俗によって彼らを統治・管理するという意味である。（訳者注）

民族は真の平等な地位を獲得することができず、旧中国の民族差別や圧迫も常に存在していた。歴史が残した民族間の偏見や憎みが深かったため、新中国の成立後、長い時間をかけて民族差別の傷を除去し、民族関係の調和を取り戻すことを民族事業の課題とした。川滇間の涼山地域はイ、漢、プミ、ナシ、チベット、リスなどの民族が雑居し、50年代の初頭までは民族関係を調和することが難しかった。特にイ族と漢族の関係は調和し難く、イ族内部にも酷い不和現象があった。イ族と漢族やイ族内部では常に復讐による戦いが行われていた。同じように、50年代初期、西北の甘粛、青海地域でも数多くの回、漢族間の衝突による大量の人身、財産の損失が発生した。こうした民族間の摩擦や衝突の大部分は、歴史における民族圧迫や差別政策による溝、憎しみの産物であった。

　中華人民共和国の成立後、共産党や政府は民族関係を改善するために多大な努力をしてきた。例えば、民族地域に訪問団を派遣して慰問したり、補償的な貿易を行ったり、民族地域自治制を実行したり、未だ残されている大漢族主義勢力に対して批判を行ったりした。こうした一連の努力の結果、平等、団結、協力的な新たな社会主義民族関係が生まれた。しかし、1957年の反右派闘争から「文化大革命」までの「左」的誤りは、民族事業、民族関係に酷い損害をもたらした。同時に、歴史が残した草原、土地をめぐる紛争、開発や社会建設による軍隊と地方政府の矛盾なども民族関係に悪い影響を及ぼした。しかし、改革・開放後、中国の民族関係は新しい局面を迎えるようになった。まず、社会主義市場経済、現代化建設は全国の各民族を一体化させた。一方では、民族進化過程に固有の規則や世界民族主義ブームの影響、及び発展のアンバランスの刺激が各民族のアイデンティティ、利益などの民族自覚意識を強化させた。民族自覚には民族の発展や繁栄に役立つ面もあるが、民族関係の摩擦を助長する一面もあった。したがって、我が国の改革・開放以降の民族関係の特徴は、アイデンティティと多元化の追求、共生と差異の同時的な増加であった。こうした傾向は、20世紀後半期のグローバル化による

世界的範囲の民族現象と一致した。複雑な歴史の流れに沿って、20世紀の中国民族関係の状況も中国の社会発展と共に変動を繰り返していた。

3. 民族発展のアンバランス問題

20世紀において、中華民族には二つの解決すべき課題があった。まず、民族的圧迫から抜け出して民族解放と平等を実現すること。次に、貧困から抜けだして民族の振興と繁栄を実現すること。一番目の課題は、アヘン戦争から100年近い奮闘を経て新中国の設立と共に基本的に解決された。二番目の課題は、20世紀の半ばから今日に至るまで解決しようと努力を重ねている課題である。民族発展は民族解放よりも極めて困難であり、長い過程を必要とすることであった。特に少数民族と民族地域の発展はそのような傾向がもっと強かった。

経済、社会発展のアンバランスは中国の基本的な国情の一つであった。このようなアンバランスは、普遍的に少数民族が漢族より遅れ、少数民族地域が漢族地域より遅れている現象で現れた。これは切り離せない中華民族の歴史の遺産であった。少なくとも20世紀の前半期まで、中国の少数民族は依然として辺境地域に住み着き、比較的に閉鎖的な環境で過ごし、経営様式や社会形態は様々であり、生産力の水準は低く、全体的な発展は遅れていた。

少数民族と民族地域の発展は中国社会の一部分として、発展状況は漢族地域より遅れていたが、歴史の流れによってだんだん発展してきた。中華民国の成立初期、一部の知識人たちは孫文の民生主義の目標を実現するために、団体を作り上げ、資金を集めるなど実業を振興させるブームを引き起こした。その中で、辺境を建設し、少数民族の発展を援助することも彼らを夢中にさせた課題であった。こうした団体は辺境を建設し、統一を擁護し、少数民族と共に国家を建設しようとする活動を数多く展開していた。しかし、彼らの美しい願望や構想は当時の様々な条件

の制限によって実現することができなかった。辛亥革命の成果が袁世凱によって盗み取られた後、孫文は実業をもって国を助けるために、中国の実業を発展させる10項目の見解を提出した。その多くは辺境民族地域の発展と開発に直接関連していた。

　北洋政府の統治期、袁世凱は内モンゴルに対してまずは籠絡政策を取って「モンゴルの民心を維持」させようとした。しかし、大部分の王侯が帰順した後は、大規模に「蒙墾」を展開することで財力を増やそうとした。清末民初の前後数十年間、墾拓や大規模な内陸人口の流入により、20世紀の20年代、内モンゴル南部や東部の農業地域は拡大し続け、農業生産も比較的に大きな発展様相をみせた。さらに、東北三省、直隷、西康、青海、新疆なども開墾され、農業面で大きな発展を遂げた。

　蒋介石をはじめとする南京国民政府は、幾度も「今後、われわれは満清軍閥時期のモンゴル、チベットを揶揄い、ウイグル人民の利益を無視した悪政を必ず矯正する。また、誠意をもって各民族の経済、政治、教育の発展を助成することで共に文明進歩を迎い、自由統一の中華民国を建設する[1]」と強調した。これに基づいて、国民政府も様々な具体的な措置を取っていた。例えば、1931年の「九・一八事変」後、国民政府は国防の強化、戦略的な環境の改善、全面的な戦争に備えるために西北の開発を「急務」と定めた。全面的な抗日戦争が始まると国民政府は首都を重慶へ移し、西南を中心とする後方経済戦略を取っていた。こうして、30年代から抗日戦争時期までに、西部は開発のチャンスを得て工業、交通、農業などの面で大きな発展を遂げた。

　20世紀30、40年代の西部開発は抗日戦争の進展を支え、ある程度、中国の近代経済構造のアンバランスを矯正し、それと同時に、明らかに民族地域の発展をもレベルアップさせた。しかし、このような開発は少

1．栄孟源他『中国国民党の幾多の代表大会及び中央全体会議資料』（上巻）光明日報出版社、1985年、646頁。

3. 民族発展のアンバランス問題

数民族や民族地域の発展に実質的な変革をもたらすことができなかった。もはやそれは不可能であった。その主な原因として以下のようなことが挙げられる。

まず、このような開発は抗日戦争という特定の歴史環境の影響を受け、その環境の変化につれて西部開発の源動力と機会も変わった。ゆえに西部の経済的繁栄は主に抗日戦争の前期のことであり、戦後の西南、西北の経済は疲弊し、崩壊の寸前であった。

次に、この時期の西部建設と開発は民族地域との関わり程度が限られていた。例えば、工業企業、文化教育システムの配置はすべて大都市や交通の便利な地域に集中していた。西部のより多くの地域や少数民族社会に対する影響はほんの少しで、少数民族社会の基盤に触れることは無理であった。

最後に、当時の発展基盤、社会状況、財力の投入などの原因によって、西部開発と建設は大きな進展をもたらすことができなかった。西部発展の時代遅れの基盤と貧困問題は、スローガンや一時的なブームで解決できるものではなかった。民族地域の状況はもっとそうであった。

全国の解放と中華人民共和国の成立に伴って、少数民族地域では「慎重穏進」を原則とする民主改革、社会主義改革を相次いで完成した。民族区域の自治制度は、少数民族を主体とする政権を確立することで、政治と上層構造の変革を完成した。それと同時に、民族問題における共産党の課題に基づいて、第一次五カ年計画の期間中、国家が行った各項の建設は大きな役割を果たした。これらの要素によって、20世紀50年代の前7年は中国民族事業の黄金時期となった。少数民族と民族地域を社会発展段階へシフトさせたばかりでなく、経済や文化の発展においても飛躍を遂げた。こうして少数民族と民族地域の経済、社会の発展は実質的に変化した。

しかし、その後の「大躍進」や「人民公社化運動」での高いノルマ、盲目的なコンダクター、誇張的な態度、「共産風」を主なマークとする「左」

的誤りが氾濫し、民族地域の経済発展や人民の生活に重大な影響を及ぼした。さらに、1966 年から始まった「文化大革命」は、民族地域の発展により深刻な損害をもたらした。その間、農村の定期市場貿易、自営業や請負生産制度など農村経済を活性化させるための措置は厳しく制限され、打撃を受けた。例えば、畜産地域では「畜産を主業」とする方針が揺るがれ、大面積の草原が破壊されるなど畜産業は大きな損害を蒙った。

「文化大革命」期間中、民族地方の工業建設も破壊されたが、農牧業の生産に比べて比較的大きな進歩を遂げた。これは我が国が 1964 年から始めた「三線建設」と関係がある。「三線建設」の時期、西部地域への国の投資を大幅に増やし、民族地域の工業貢献水準を全国の平均レベルまで引き上げた。「三線建設」の重点的な地域としての雲南、貴州、青海、甘粛、寧夏、湘西、鄂西、桂北などはいずれも我が国の少数民族の集中地域であった。このように、「三線建設」は基本的に民族地域の建設でもあった。例えば、まず、外来企業の建設と開発は直接民族地方の経済発展を刺激することになった。次に、民族地域は国家建設を支援し、国の発展に歩調を合わせるため、積極的に中小企業を発展させることで、エネルギー、建築材料などの基礎工業を造り上げた。これ以外にも「三線建設」のために移住してきた幹部、科学技術者、労働者及び彼らの進歩的な管理経験、科学技術や人材資源も民族地域の持続的発展の強大な動力となった。

1978 年末、党の第十一回中央委員会第三次全体会議で、党の事業の重点を社会主義の現代化建設へ転移することと決定した。さらに、民族地域の事業の面では、1979 年から次第に混乱な局面を取り除き、正常な秩序を回復させることで民族地域における事業の重点を改めた。それと共に、国は少数民族と民族地域の経済、社会発展を促すために一連の優遇政策を制定した。また、発達地域は民族地域の発展に多大な援助を行い、一連の改革措置の遂行は民族地域の前例のない積極性を呼び起こした。改革・開放以来、民族地域に対する一連の優遇政策は、民族地域

3. 民族発展のアンバランス問題　　　　　　　　　　　　　　　　*23*

の経済、社会発展に巨大な成果をもたらした。その結果、中国の少数民族と民族地域に極めて大きな変化が訪れ、経済的立ち後れと文化的空白は永遠に過去のものとなった。

　しかし、このような進歩はただ相対的で、縦向きのものにすぎなかった。横向きに見れば、全国のその他の地域、特に東部地域と比べると民族地域の発展格差はやはり大きく、格差は今もなお大きくなりつつある。その原因としてまず、自然や発展基盤の制約がある。我が少数民族地域の大部分は環境が下劣な地域に位置している。非常に悪い自然条件の上、歴史的に漢族地域より普遍的に遅れていたため、短時間で漢族地域との格差をなくすことは不可能である。次に、我が国の全体発展の戦略による影響を挙げることができる。改革開放の前20年間、中国が取った戦略はアンバランス的で傾斜的なものであり、その上、西部少数民族地域は戦略の後ろ位置に置かれている。ゆえに、国から民族地域の発展のために多大な援助をしても、東部の沿海地域に比べれば民族地域に投入される支援額はやはり少ない。したがって、東部と西部の格差は避けられないものであり、結果的にその格差はある程度広がっている。

　国は一貫して民族地域の発展のために特殊な配慮を施し、様々な政策や措置を採ることで民族地域の発展を図ろうとした。1992年に開かれた中央民族事業会議では、民族地域と発達地域間の発展格差問題が最も関心を持たせる議題となった。江沢民は演説の中で次のように指摘した。「現段階での少数民族と民族地域の経済、文化の発展に拍車をかけることが切実に求められることこそ、我が国の主な民族問題である。[1]」

　鄧小平の「二つの大局面」の思想と中国現代化建設の発展の現実に基づき、90年代の半ばから中央の西部大開発に関する戦略的な構想が徐々

---

1. 江沢民「各民族の大団結を強化する中国の特色ある社会主義のために手を携えて進む」、国家民族事務委員会、中央文献研究室編『民族事業文献整理（1990－2002年)』中央文献出版社、2003年、31頁。

に浮上し、1999年には西部大開発のプロジェクトが正式に提出された。西部大開発の総的戦略目標は、何世代人の苦労や努力を通して、21世紀の半ばまでに全国の現代化を基本的に実現することであった。つまり、その時には、西部地域の立ち後れた様相が根本的に改変され、地域間の発展格差が最大範囲で縮小されると同時に、経済の繁栄、社会の進歩、生活の安定、民族の団結、景色の壮麗、人民の裕福が実現される新しい西部地域を建設することであった。主として西部に住居している我が国の少数民族にとって、こうした一連の目標はきっと非常に美しいビジョンであるに違いない。

西部大開発プロジェクトを実行してから10年後の2010年、関係部門から次のような重要な内容が発表された。「党中央、国務院の粘り強い指導と全国人民の大いなる支持の下で、西部地域の多くの幹部と民衆が共に意志断固として向上を追求し、全力を尽くした結果、西部地域の経済成長の遅れた局面が打破され、年平均成長率が11.9%に達し、マクロ的な経済目標の2倍以上を達成した。要するに、西部大開発の十年間は西部経済、社会発展が最も早く、都市と農村の変貌が最も大きく、人民大衆が最も恵まれ、西部地域が全国の発展に最も著しく貢献してきた十年であった。[1]」

ところが、西部大開発は何世代に渡る人々によって完成できる巨大なプロジェクトであり、西部の民族地域の立ち後れと格差現象も何世代あるいはもっと長い時間の努力や苦労なしには解消できない社会現実である。このような現実は、我が国の民族問題の重点は依然として発展格差の問題であり、しかもそれは我が国の民族問題の主な矛盾として存在し続けており、その他の民族問題に対しても主導的な制約作用を持っていることを表している。[2]

---

1. 「中国ニュースネットワーク」2010年7月8日版を参照せよ。
2. 「中国ニュースネットワーク」2010年7月8日版を参照せよ。

4．民族分裂主義の問題

　多民族の統一国家にとって民族分裂主義は領土の保全と主権の安全を脅かす最大の脅威である。しかも、現代中国の政治的用語としての反分裂主義と国家統一の擁護は、国の「核心的利益」につながっている。しかし、「台湾独立」、「チベット独立」と「東トルキスタン」に代表される民族分裂主義は、時々刻々中国の核心的利益を脅かし、国外の様々な勢力もこのような分裂主義言動に対する支持や慫慂をもって我が国と対決し、利益競争のための最大の道具として利用している。あらゆる分裂活動はすべて「民族利益」の旗印を掲げながら、中華民族の全体利益に危害を加えているので、これは敵対的な性質を持つ民族問題の一つでもある。20世紀の民族分裂主義者たちは中華民族と国家の統一を直接分化させ、その大部分の毒素を21世紀にまで持ち込んでいる。

　外モンゴルの独立は、20世紀の民族分裂主義者たちが中華民族と国家の統一を分化させた最大の悪果である。歴史的に見て外モンゴルは、中央政府が「大一統」の局面を守るための辺縁地域に位置し、帝政ロシアが中国へ拡張し、東方での覇権を執るための通り道でもあった。そこで、帝政ロシアは東進に際して絶え間なくこの地域に侵入し、モンゴルに対する清朝の統治に水を差し、揺さぶりをかけた。しかし、清朝はモンゴルに対して因循な統治方法を踏襲したため、帝政ロシアの侵入にうまく対応できなかったので、外モンゴルと清朝の関係は日増しに疎遠になっていくという結果を招いた。1911年、辛亥革命勃発の際、ジェプツンダンバ・ホトクトをはじめとする分裂勢力は、帝政ロシアと連合して外モンゴルの独立を策動した。北洋政府が外モンゴルの独立を阻止するために尽力した結果、1915年に帝政ロシアと交渉し、外モンゴルは「独立」の名目を取り消し、「自治」に変更するようになった。また、1919年に出兵し、「自治の撤去」を命じ、外モンゴルについての主権を

取り戻した。しかし、十月革命後のソ連は、モンゴル革命を支援するという名目で再び外モンゴルの独立政権を扶植しようとした。1945年、第二次世界大戦が終結する直前に、アメリカ、イギリス、ソ連が中国政府と人民を無視して署名した「ヤルタ会談」では、外モンゴルの「現状」維持をソ連が出兵して中国を援助し、抗日する条件の一つとしたので、国民党政府はついに外モンゴルの独立を認めるしかなかった。外モンゴルの独立は、内モンゴルの一部の地域でも反響を得、それに応じた分裂動向が見られたが、その主な動きは以下の通りである。

　1回目は、辛亥革命の直後であるが、それは外モンゴルの独立と同時に、内モンゴルの王侯貴族の一部がそれに呼応したものである。2回目は、日本の画策によって作られた「満州国」が内モンゴルの東部地域で行った「独立」と「自治」である。3回目は、30年代に日本の支持の下で、徳王をはじめとする一部の王侯貴族たちが内モンゴルで作り上げた「蒙疆連合自治政府」のことである。このような内モンゴル地区の様々な分裂陰謀は、1947年に中国共産党が指導する民族地域の自治によって終焉を迎えた。

　チベットは早くも元朝から正式に中央政府の統轄を受け入れた。この地域の特殊な民族と宗教的特徴に基づき、元朝及びその後の明、清と民国政府はいずれも特殊な統治、管理方法を実施したが、中央と地方の関係や主権の帰属問題に異議を唱えるものはなかった。しかし、清朝末期から民国政府の統治期間までに、チベットに対するイギリスの絶え間ない侵略と挑発があり、国内政局の不安定による国力不振の原因によってチベットの分裂勢力が次第に台頭し、チベット主権の帰属問題も厳然として「問題化」された。1951年のチベットの平和的解放は、「チベット独立」勢力と帝国主義のチベット分裂の謀略を打ち砕いた。しかし、ダライ・ラマ4世をはじめとするチベット上層部は改革や進歩を拒否し、1959年に海外へ逃亡して公然と「チベット亡命政府」の旗印を掲げた。第二次世界大戦後、イギリスに代わってアメリカがチベット分裂勢力の

4. 民族分裂主義の問題

主な後ろ盾となった。ダライ・ラマの海外逃亡やその後のチベットに対する武装騒ぎの過程で、アメリカの情報部門が演じた不名誉な役割は好ましいものではなかった。ダライ集団は20世紀の80年代以降、アメリカをはじめとする西欧諸国の支持を得て、しばしば国際舞台に出て中央政府に挑発的な言動をぶつけ、時には公然と「チベット独立」を求めたり、時には露骨的に「高度な自治」を要求したりした。しかし、改革・開放後の中国国力の増強や国際地位の向上によって、祖国の分裂を企てた「チベット独立」勢力は、たかが中国を制約するための西欧の「碁石」にすぎない存在となり、「チベット独立」も次第に手の届かない夢になってしまった。

新疆における分裂主義勢力の形成と発展に利用されたのは、汎テュルク主義、汎イスラム主義であり、彼らは「東トルキスタン独立」の看板を掲げていた。この「双汎」思潮は第一次世界大戦期間から新疆で伝播され、早期の民族分裂グループを育てた。1931年、新疆のクムル市で農民たちの蜂起が起こったが、「双汎」グループはその勢いに乗じて彼らを操り、1933年11月12日に南疆で「東トルキスタンイスラム共和国」を創立した。この分裂政権はわずか3カ月くらいしか存続せず、次第に瓦解されたが、「東トルキスタン」分裂主義のイデオロギーから実践への移行を完成させ、分裂政権を作り上げた先例を切り開いた。1944年、新疆の伊犁（イリ）、塔城（チョチェク）、阿山（今日の阿勒泰）で有名な「三区革命」が起こり、同じ年の11月12日に、「東トルキスタン共和国臨時政府」が誕生した。「三区革命」は、当初の盛世才と国民党統治に反抗することからスタートしたが、やがて反漢・排漢の勢力と変貌し、「聖戦」を煽る分裂運動へと発展していった。この「臨時政府」の創立日である11月12日は、1933年の南疆分裂政権の創立日と重なるわけであるが、これは明らかに両者の継承関係を表明するものであった。「三区革命」は後になって分裂主義的な立場を放棄したが、「東トルキスタン」分裂運動史上に依然として抹消できない悪事と

して残っていた。新疆解放後も「東トルキスタン」をはじめとする分裂勢力は、武装叛乱、暴動、辺境民の亡命を策動するなどの手段で、長い間、新疆の安定を脅かした。その後、70年代には国内外の様々な要因によって一度は緩和の傾向を見せたが、80年代初めから再び活発な動きを見せ始めた。90年代に入って冷戦が終結し、国際的に民族主義のブームが起きると、「東トルキスタン」分裂主義は中央アジア地域で同時に現れ出た国際テロリズム、極端な宗教主義と合流し、新疆地域の安全と安定を脅かす「三つの悪勢力」となった。1990年、分裂グループは「四・五」巴仁郷武装暴動を画策した。それ以来、爆発、暗殺などの暴力テロが日常茶飯事になった。90年代半ば以降、新疆では「三つの悪勢力」に対する「厳しい取締り」の実施に踏み切った。数年間の取締り強化によって反分裂の戦いは成果を得、「東トルキスタン」暴力テロ活動も一時的に収まったが、国際的な敵対勢力の支持下にある彼らのテロ能力や企てはいまだに存続している。2008年の北京オリンピックの直前、「東トルキスタン」グループは連続暴力テロ事件を敢行し、2009年にはウルムチで世間を驚かせた「七・五事件」が起きた。これらの事実は、21世紀に入った今も、「東トルキスタン」をはじめとする「三つの悪勢力」を制圧することが、新疆の安定と民族団結を維持するための使命であることを物語っている。

　大陸と台湾との往来の記録は少なくとも三国時代まで遡ることができるが、元、明朝からすでに台湾の地方官署を管轄したという記録が残っていた。台湾は17世紀にオランダの植民地主義の侵略を受けたが、明の将軍・鄭成功によって奪還され、引き続き、その後の清朝の管轄下に置かれていた。台湾が中国の領土であることには異論の余地がない。しかし、1895年の中日甲午戦争で負け、「馬関条約」の締結を余儀なくされ、半世紀以上も日本の植民地に転落してしまった。その間、台湾では日本の占領に反対し、祖国への返還を求めて不撓不屈の闘争を行った。中には戦略的な闘争も幾つかあった。例えば、1895年に愛国主義者・

4. 民族分裂主義の問題

丘逢甲の呼びかけの下で抗日のために結成された「台湾民主国」、1921年から1934年にかけて持続的に行われた日本の統治に反対する「台湾議会設置請願運動」などがあった。これらの闘争は程度の差はあるものの、台湾の抗日運動に貢献したが、一方では、分裂主義者たちが「台湾独立」の発展史を発掘するための「素材」ともなった。

「台湾独立」思潮の萌芽は台湾「光複」の前後に芽生えたが、これは「台湾議会設置請願運動」から派生した「台湾地方自治運動」の刺激と関わりがあり、日本人が加わった台湾の祖国への返還反対活動とも深い関連をもっていた。1947年の「二・二八事件」前後に至って、台湾の様々な「台湾独立」運動は猛威をふるった。一部の「台湾籍のエリート」たちは、「台湾人が台湾を治め、高度の自治を実現すべき」であると主張し、「台湾独立」を目指す「台湾再解放同盟」を組織した。そして、「台湾民族論」などの「台湾独立」理論を打ち出し、ひいては裏で密かに武装組織を作って暴力テロ活動まで行った。20世紀70年代、国際連合からの脱退、蒋介石の逝去など情勢の変化に伴って、「台湾独立」勢力は「台湾人民自決運動」を組織した。80年代以降、「台湾独立」運動と結びついた「政治反対運動」が台湾で公の政治舞台に登場すると、海外の「台湾独立」勢力も台湾への回帰を狙った。1988年、蒋経国の死亡により、李登輝が台湾の指導者としてバトンを受けた。彼は大統領になって2年も経たないうちに、「中華民国は一つの独立した主権国家である」と宣言し、解任される直前の1999年にはまたもや「中国と台湾は特殊な国と国の関係である」と言った「両国論（大陸と台湾は全然関係がない）」を発表した。その後、民進党代表の陳水扁が李登輝をバックグラウンドに選挙で国民党を勝ち抜き、「世紀の政党交替」を実現したが、それによって台湾の政治環境は大きく変わった。その後、台湾当局が実施し始めた「中国化除去」活動による「台湾独立」は、中国が直面した最も現実的な分裂脅威となった。

20世紀の中国分裂主義の殆どは今なお存続しており、その危害の大

きさは分裂主義の「先哲」に少しも引けを取らない。これまでの経験によれば、民族分裂主義を根こそぎ除去する手立ては次の三つしかない。まず、発展は最優先すべき方法であり、強国はその根本である。発展を通してのみ強大な経済基礎や国家機構を建設することができ、それによって初めて最も有効的に分裂主義を制圧することができるからである。次に、民心を得、民心を勝ち取ることである。各民族の心からの擁護と支持が得られないと、「民族」や「民主」という外套をまとった分裂主義者たちが身の置き場を探しやすくなり、民族分裂主義に反対する闘争も源のない水、根のない木になってしまうからである。最後に、国際資源を有効に利用することである。過去と現在の民族分裂主義はすべて各々の国際背景をもっているので、国内の分裂主義たちを一掃するには彼らの国際通路を封鎖する必要がある。有効かつ適切に国際資源を利用して分裂主義を抑制することは、グローバル化しつつある今日においてとりわけ重要であり、その可能性も十分である。それは、今日の中国にはすでに国際資源を動員し利用できる十分な資本と条件が整っているからである。

5. 民族問題を解決するための政策、体制問題

20世紀の中国は清朝末期、中華民国、中華人民共和国といった三つの時代を経過しているが、各時代の民族政策及びそれと組み合わせになっている体制はとても貴重な歴史的遺産として残されている。したがって、それらを真剣に総和、回顧、継承、発展させる価値は十分あると言える。

清朝は20世紀に入ってからもはや絶体絶命の状況に追い込まれていたため、それぞれの民族政策と体制に関してはその後の各段階別に論ずるべきである。孫文がリードした南京臨時政府は3カ月だけの短命で終わったが、民族問題に関する基本政策や主張は明確であった。辛亥革

5. 民族問題を解決するための政策、体制問題　　　*31*

命以前の「満族排除」という主張とは異なり、孫文は執政当初から「五族共和」など統一を擁護しようとする強い傾向を見せた。その一例として、南京臨時政府は清の皇帝退位後の優遇条件及び皇族や「満蒙回蔵」のための「待遇」政策を制定した。これらの「待遇」あるいは優遇政策は、主に少数民族の上層部を対象としたが、それは辛亥革命による民族関係の損害を最小限にしようとしたことに積極的な意義があり、政治上の安定や国家統一を維持、保護しようとしたことは評価すべきである。さらに価値あるものとして、1912 年 3 月 11 日に公布された「中華民国臨時暫定憲法」を挙げることができるが、これは中国歴史上初めて準憲法の形で民族平等原則を公表したものである。当時の「中華民国人民はすべて平等であり、種族、階級、宗教の区別なし[1]」という原則は今日まで受け継がれている。

　北洋政府が辛亥革命の果実を盗み取って政権の座についた 15 年間は、軍閥割拠、政局混乱などの局面に陥り、様々な社会矛盾が日々激化していたのみならず、複雑極まりない民族問題にも直面していた。北洋政府は統治を維持し、政局の安定を図る本能から出発して、外モンゴルの「独立」やチベット分裂事件などを含む重大な問題の解決に並々ならぬ努力をし、国家建設面においても民族事務の管理のために制度的な手はずを踏んでいた。例えば、正式に蒙蔵院を設置して民族事務を管理したが、その後の国民政府もそれを踏襲していた。また、民族地域の統治を強化するために行政体制を区画し、綏遠、チャハル、熱河、川辺、寧海などの「特別区」を設けた。しかし、北洋政府の民族問題の解決方法について全般的に新たな見解を提案したわけではなく、南京臨時政府の政策や主張をそのまま踏襲していたに過ぎなかった。

　蒋介石がリードした国民政府は中国で 22 年間執政した。1928 年から

---

1. 『中華民国臨時約法』中国二歴史檔案館編：『中華民国史檔案資料彙編』2 輯、江蘇人民出版社、1981 年、106 頁。

1937 年までの前 10 年間は民族政策や体制の創立期に当たる。その期間、蒙蔵院から格上げされた蒙蔵委員会は、中央政府の中での民族事務を管理する専門的な機構となり、軍事、党務、その他の行政部門もその関連事業を担っていた。具体的な民族政策の内容をみれば、各民族の政治的な整合を推進したことが大きな割合を占め、実施された度合いも結構大きいが、持続性と計画性は足りなかった。抗日戦争時期は国民政府の民族理論や政策が最も完備した時期であった。これはまさに、戦争によって少数民族が集中している西南、西北が侵略に対抗するための中国の「銃後」となり、その後方を強化することと民族問題の処理とが密接な関係を持っていたからである。この時期の関連文献を調べてみると、国民党が実施した民族政策は「三民主義」であり、その特徴には以下のようなものがある。

1. 「民族平等」を主張する原則。　民族あるいは種族平等は民国の成立初期、孫文が主宰した「臨時約法」の中ですでに確立された。北洋政府もその原則を繰り返し、そもそも「三民主義」を掲げていた南京国民政府もその原則を否定するわけにはいかなかった。したがって、1931 年、1934 年、1936 年の「約法」、「憲法草案」から 1946 年 12 月に採択された「中華民国憲法」まで、すべて民族平等に関する条文が書かれていた。
2. 民族同化を進めることで「大中華民族」を作り上げることを目標とした。国民政府は民族平等を呼びかけたが、その民族平等は目的ではなかった。いわば、民族の境界線がまだ存在していたため、融合や同化を通して民族境界線を除去し、「大中華民族」を作り上げることこそが国際地位を獲得するための有効な方法であった。蒋介石は 1943 年に発表した『中国の運命』の中で、「一つの民族、一つの国家」といった「国族」理論を体系的に述べた。この理論は民族主義的原則を厳守し、同一「民族」という名のも

5. 民族問題を解決するための政策、体制問題　　　　33

とで人々の心を凝集し、各民族を団結させて共同で抗戦するとい
う積極的な面を持っていた。しかし、多民族に存在する差異や各
民族にあるべき平等な権利を考慮しなかった故、少数民族にとっ
ては受け入れにくいものであった。中国共産党はそれを徹頭徹尾
の地主ブルジョア階級の「大漢族主義」理論と呼んだ。

3. 統一の前提の下で、辺境地域の各民族に対して「訓政」あるい
は「自治」を行おうとした。孫文の三民主義理論によって、さら
には国民政府の再解釈を経て、民権主義の目標の実現は必ず「軍
政」、「訓政」、「憲政」といった三つの段階を踏まなければなら
なった。国民政府の確立に伴う北洋軍閥の終結は、軍政段階の
完結と訓政段階への移入を意味している。訓政段階の任務とは、
「自治」を通して人民の参政能力を完成させるという「訓導」で
あり、最後の段階である憲政のための準備を目指すことであっ
た。内地に比べて辺境地域は文化的に遅れていたため、それらの
地域での「訓導」は非常に重要であった。しかし、辺境の少数民
族「自治」の内容は内地と同じであるため、差別があってはなら
なかった。辺境の「自治能力」を育成するためには辺境地域の教
育を発展させ、辺境地域の地元の人材を育成して任用するしかな
かった。

4. 「土着人民の利益を図り」、辺境地域の経済を発展させた。「民
生主義」の目標は、人民の生存、生活問題を解決することであっ
た。国民党が辺境民族地域の民生問題を解決するために掲げたス
ローガンは、「土着人民の利益を図ろう」であった。具体的な措
置として道路や鉄道交通を発展させ、金融機関、企業及び合作組
織を増設し、資金や技術的な援助を行った。

国民党は執政22年の間、民族問題の解決、国家の統一を擁護するた
めに絶え間ない努力をしてきた。つまり、政治システムの構築において

も、経済や文化の建設などにおいても有益な構想、計画、方案を提出し
てきた。ところが、鄧小平の指摘通り、「歴史上の統治者たちは皆良い
政策を提出したが、彼らは皆話ばかりで実行はしなかった。[1]」「実行しな
かった」ということは、彼らの階級的な性質、政治能力の限界、様々な
時代の具体的な内外条件に制約されているからであった。歴史的に、そ
して全面的にその時代の民族政策及び実践について研究しないと有益な
参考にならないだろう。

　民族地域における自治策は、民族問題を解決するための中国共産党の
基本政策と制度であり、それは共産党指導下の各民族地域の民族体制と
共に、中国的特色を持つ民族事業のシステムを成していた。言い換えれ
ば、こうしたシステムの模索、建設、整備過程は、まさに中国共産党が
民族問題を模索、解決するために歩んできた過程でもあった。

　中国共産党の成立初期、国内の民族問題を解決するための方法として、
主にソ連やコミンテルンの影響を多く受けていた。共産党の第二次代表
大会が開会されてからの長い間、共産党の民族綱領はずっと「民族自決
権」を強調し、各民族独立の上での連邦制を主張してきた。ところが、
1929 年から党の文献は、「民族自決権」と「民族独立」を切り離すこと
を試みた。1930 年から少数民族が自分の国家を立ち上げ、自治地域を
建設することを民族自決権の二つの形式であると見なした。さらに生産
の発展、文化の向上、少数民族幹部の育成と選抜など具体的な民族政策
を制定した。民族独立の主張を次第に断念すると同時に、民族自決の基
礎としての民族自治の思想を実践に移し始めた。例えば、1936 年から
陝甘寧[2]の辺境地域に県以下の回民族自治政権を幾つか打ち立てた。特に
1947 年 5 月 1 日には、内モンゴル自治政府が成立し、これは中国共産

1．鄧小平「西南少数民族問題に関して」『鄧小平文選』一巻、人民出版社、1989 年、
　　163 頁。
2．陝甘寧とは、陝西、甘粛、寧夏の略称である。（訳者注）

5. 民族問題を解決するための政策、体制問題

党の指導下で作られた初めての省級の民族自治地方であった。内モンゴル自治政府の設立と発展は、中国の民族地域における自治政策の理論化、実践化に完全なモデルを提供してくれた。1949 年 9 月、中国人民政治協議会の第一回全体会議で採択した「共同綱領」は、我が国の重要な政治制度として民族地域における自治を打ち立てた。各少数民族地域では1950 年から民族地域自治が普遍的に推し進められた。1954 年の中華人民共和国憲法は、民族自治地方を自治区、自治州、自治県（旗）の三つのクラスに分類した。全国の民族地域自治地方は 20 世紀の末までに155 個くらいに収められ、その中には 5 の自治区、30 の自治州、120の自治県（旗）が含まれた。

中国の民族地域自治は、単一民族をもとにする純粋な「民族自治」とは異なり、経済的要素と政治的要素、民族的要素と地域的要素が結合され、少数民族の集居地域で実行されている「区域自治」の形を取っていた。また、民族地域自治が呈しているのは民族の分立ではなく民族の協力であった。

新中国成立後、少数民族集居地域での自治制度を普及すると同時に、散居・雑居地域の民族事業システムも設立し始めた。1952 年 2 月 22 日に政務院は、「すべての散居少数民族身分の民族平等権利享有についての保障」を可決した。この公文書は、散居少数民族事業に関する政府の基本政策資料であった。一方、雑居地域については、最初から民族民主連合政府の形を通して少数民族の権利を保障した。1955 年、民族民主連合政府体制が撤去され、そのなかの民族区域自治条件を満たしている地域は民族自治地方に改名し、条件未熟の地域は一般地方に、郷にあたる少数民族集居地域は民族郷として決めた。

民族区域自治と散居・雑居地域についての政策システムの設立は、中国少数民族すべてを平等な権利保障範囲へ収めることに役立っていた。一方で、トップダウン、縦横交差的な民族事業機構の建設は、民族自治権利の保障に行政、立法と協和の主体を提供してくれた。

少なくとも第二次国内革命戦争の時から中国共産党はすでに専門的な民族事業システムを持っていたが、各部署の名前や事業内容が規範化されず、統一されていなかった。例えば、1939年の初めに成立した中央西北工作委員会は民族事業を自分の責務範囲としていた。さらに、党中央は1941年に西北局を設立し、子部署として正式に少数民族工作委員会を設けることにした。延安時期から党の中央民族事業部署の設立に応じて、地方政府でも民族事業部署を設立し始めた。

中華人民共和国の成立後、民族事業組織の設立は規範化へと向かっていた。まず、党の民族事業での指導的地位が守られた。中央や地方の各級統一戦線事業部は民族事業を自部門の業務内容の一つとして受け入れた。次に、政府部門の民族委員会システムを建設、完備した。1949年、中央人民政府が最初に設置した35の部署の中に中央民族事務委員会（1954年9月、国家民族事務委員会と改称した）が含まれていた。中央民族事務委員会の下の部署として、省、地区（州）及び県の地方各級人民政府の中にも民族事務委員会あるいは相応の組織が設置されていた。最後に、人民代表大会と政治協議システムが参与した。1954年9月、全国人民代表大会の組織法の規定に基づいて、全国人民代表大会は民族委員会を設立し、民族事務に関する議案の審査や提出をその主な責務とした。政治協議会議では、政治協商、民主監督の性質に基づき、民族事業も各級政治協商会の重要な業務とした。したがって、民族事業を業務とする「民族組織」は、第一次政治協商会議全国委員会で設けられ、同委員会の最初の8つの事業組織の一つとなった。第七回全国政治協商会議から政治協商会議全国委員会は専門委員会を設置し、「民族委員会」（第九回から「民族宗教委員会」と改称した）も同委員会の専門委員会の一つとなった。

新中国成立後、民族平等、民族団結、民族区域自治及び民族共同の繁栄・発展を基本内容とする政策システムが次第に作られ始めた。この一連の政策の組み合わせは、中国国情と合致していたので各民族の大き

な支持を得、民族の団結と進歩、社会安定と国家統一を保証してくれた。しかし、「左傾化」の影響を受け、民族事業にも挫折があった。特に、「文化大革命」は民族事業や民族関係に甚大な損害を蒙らせた。改革・開放以来、国内外の情勢の変化や各民族の発展に伴って、民族政策や民族事業体制も改善と革新に直面していた。

6．民族主義と民族結束力の問題

近代中国社会の主な矛盾によって、中国の民族問題の主な矛盾は帝国主義と中華民族との矛盾として表われてきた。それゆえに、民族圧迫への抵抗を主な内容とする民族主義は、近代中国の様々な進歩勢力が共に高々と掲げた旗印となった。

多民族国家である中国において、「華夷の弁」と「華夷の戒め」をはじめとする伝統的な民族観念は昔から存在していた。しかし、近代的な意味での「民族」と「民族主義」の思想は、19世紀末・20世紀初めに西洋から輸入されたものであった。当時の人々は普遍的に、民族主義によってのみ中国を救うことができると考えていた。

様々な民族主義理論の中でも、孫文の民族主義理論の影響力は無視できない。彼の民族主義理論は一種の学説だけでなく、一種の革命的な政治主張でもあったため、近代中国の革命と社会変革に大きな指導的役割を果たした。孫文の民族主義は、清朝を覆す革命と中国の来たるべき国家建設と結び付いていた。その核心的内容は、「排満興漢」から「五族共和」へ、また「民族同化」への変化を経験していた。しかし、コミンテルンと中国共産党の影響により、孫文は1924年に開かれた国民党第一次全国代表大会の宣言の中で、民族主義について次のように述べた。「国民党の民族主義は二つの意味を有している。一つは、中国民族の自らの解放である。もう一つは、中国国内における各民族の一律平等である」、「国民党の民族主義は、中国民族の自由と独立の獲得をその目的と

する。[1]」これらの表現は中国共産党にも受け入れられ、国民党との合作
の政治的な基礎となった。

孫文と同じ時期に活動していた維新派は、政治的に保守主義の路線を
とっていたが、その民族主義においては革命派よりさらに積極的な要素
が多かった。康有為などは「満漢一体」をスローガンとし、その中には
もちろん彼らの政治的に清政府の合法的な地位を守ろうとする意識があ
り、民族問題の上では連合を求める内在論理を述べるだけであった。し
かし、民族関係に対する影響は積極的な意味を有していた。特に、帝国
主義と少数の分裂主義勢力が政治動乱を利用して、中国を分裂しようと
する活動が勢いづいた際、その意味はより深遠であった。梁啓超は近代
意味での「大民族主義」を唱えながら、中国の各民族を受け入れること
のできる「大中華民族」を作り上げ、孫文をはじめとする各進歩主義的
な派閥によって普遍的に受け入れられることを望んでいた。無論、この
ような主張も同化主義的な色彩を多く含んでいた。

孫文や梁啓超の民族主義は、中国の民族主義思想の主な内容となって
いた。そこには中華民族が西洋列強に抵抗し、民族自強を求めようとす
る側面があり、国内の統一と民族の復興を主張する一面もあった。彼ら
は積極的に中華民族の自覚を呼びかけ、極端にまで落ち込んでいた中国
の独立・富強や民族復興を実現させようと努め、初めて国内の民族平等
を主張した。しかし、民族主義理論の自己矛盾、彼ら自身の思想や時代
状況の限界により、彼らの民族主義は帝国主義への抵抗に対しても、国
内の民族平等に対しても、明確化・実質化を実現することができなかっ
た。

蔣介石は一生をかけて孫文の三民主義の実現に努め、「革命的民族主
義」を国民党の建設における根本とした。しかし、その種の民族主義は

1.「中国国民党一次全国代表大会宣言」、魏宏遠編『中国現代史資料集 (2)』
　黒竜江省人民出版社、1981 年、9 頁。

6．民族主義と民族結束力の問題

国内の「民族平等」を大漢族主義へと変質させた。

中国共産党はマルクス主義の民族主義に対する批判、援用、受け入れの立場を守り抜き[1]、中国革命における民族主義の積極的な実践者となった。新民主主義革命は帝国主義を最も重要な敵と見なし、人民を指導・動員して列強に抵抗することで、中華民族の徹底的な解放を勝ち取ろうとした一種の断固たる民族主義であった。まさに、民族主義に対する共通の立場ゆえに、中国共産党は孫文率いる国民党との合作を実現し、第一次国内革命戦争を大いに推進することができた。さらに、中国共産党の「民族主義を実行し、日本帝国主義に断固として抵抗し、対外的には徹底した中華民族の解放を求め、国内では各民族の真の平等を求める[2]」といった姿勢によって、全国各民族人民の信頼を得ることができた。それで第二次国共合作を実現させ、中華民族を率いて強大な日本帝国主義に勝つことができた。

民族主義の高揚は必ず民族結束力を強化させる。中国は昔から強い民族結束力を持っていた。その結束力の要素には、小作農経済システムの上に作り上げた高度に集中・統一された国家体制の制限、儒教思想を主とする主流イデオロギーの社会に対する拘束力、比較的に高いレベルの中原文明の吸着、様々な民族間の経済様式の相補などがある。しかし、中国の独特な経済基礎や上層構造の上に作り上げたこれらの伝統結束力の要素は、近代歴史の始まりや現代化の推進によって全部徹底的な変化を経験することになった。100年以来、中華民族は新たな結束力の要素や基礎を有することになった。言い換えるならば、20世紀の中華民族は結束力のアップグレードや再構築に成功したと言える。その主な内容は以下のようである。

1．王希恩「批判、援用及び内面化マルクス主義古典作家の民族主義論述についての再認識」、『民族研究』2007年5期を参照せよ。
2．毛沢東「目前の抗日統一戦線における戦略問題」、『毛沢東選集』二巻、人民出版社、1991年、752頁。

まず、外国の侵略に対する抵抗を通して、全国の国民あるいは中国の各民族は一つの「中華民族」という認識を持つようになり、国家次元での民族アイデンティティを形成した。次に、歴史的な選択を経て、中国共産党を中華民族の政治における核心として位置づけ、中国式のマルクス主義を主流イデオロギーにすることに合意した。最後に、中国の民主革命、社会主義建設や改革・開放の中で、中国国内の各階級、民族やその他の社会集団の間の衝突が緩和され、利益が調整された。特に、社会主義市場経済は中華民族という一体感に力強い物質的な基礎を提供してくれた。

以上のような更新や再構築のプロセスに伴い、20世紀の中華民族の結束力は一連の重大な歴史事件として現われた。1919年の「五・四運動」から1927年の北伐戦争の勝利までを中国の新民主主義革命の第一次高潮とみなすことができる。この期間中に行われた闘争は規模が大きく、参加した階級、階層や民族は広範であり、闘争の目標は一致していた。これは中華民族の連合の力を充分に表わしたと言える。日本の侵略は中国に多大な民族的な災難をもたらしたが、抗日戦争は中華民族の生命力、戦闘力や凝集力に対する試練となり、中華民族に巨大な民族覚醒や前例のない団結を経験させた。中華人民共和国の成立は、中国が半植民地・半封建社会からの脱出を意味するだけでなく、中華民族の新たな起源の始まりを意味している。この出来事が人民に対する巨大な鼓舞及びその後の朝鮮戦争での勝利や中国国内建設の中で獲得した成果は、中華民族を固結させる強い原動力となった。20世紀90年代、改革・開放は中国の総合的な国力の迅速な発展をもたらし、アメリカをはじめとする西欧国家は中国に対する抑制、干渉や挑発を深化し、愛国主義は中国の主流イデオロギーの中で強調された。これらは、中国社会における各階層の愛国主義の情緒に刺激を与え、中華民族の凝集力は新たな歴史条件下で更にいっそう強まった。

20世紀の中国歴史を通観してみれば、このような広大な国土、多く

6. 民族主義と民族結束力の問題 *41*

の民族、複雑な社会構成、後れている経済基礎を背景に、とりわけ世界人口の5分の1を占めている国家が以上のような民族凝集力を維持、発展させたことは、民族国家建設の歴史においても模範的な意味を持っていた。

中国の民族事業史上では、「大漢族主義」や「地方民族主義」を「二つの民族主義」と称した。それらは、上述した中華民族を主体とする民族主義と複雑な共生・共進の関係を持っていたが、その歴史的な役割や影響には大差があった。中国近代史上、初期の民族主義は大漢族主義と一体化し、大漢族主義が生ずると同時に地方民族主義も出現した。しかし、初期の民族主義と「中華民族」が一体化した後、大漢族主義も地方民族主義もすべて民族主義の本質的な破壊力となった。

「二つの民族主義」に対し、中国共産党は一貫して反対的な立場を主張してきた。民主革命時期における共産党の文献の中で、「二つの民族主義」は党外の様々な政治力の誤った民族政策の凝縮であり、革命隊伍内部の民族問題上の誤った観念や行為に対する一種の警告でもあった。新中国の成立後、「二つの民族主義」は主に共産党内部や人民内部の誤った言行を指す言葉となった。20世紀の50年代、中国では広範囲で「二つの民族主義」、主には大漢族主義に反対する闘争が展開された。「二つの民族主義」に反対することを通して、民族関係の改善や国家統一を固めることを押し進めたが、「拡大化」の誤りという深刻な教訓をも残した。そのような教訓を受け継ぎ、改革・開放後には「二つの民族主義」をめぐる言説は段々少なくなったが、「二つの民族主義」の様々な現象は今なお存在している。我々が中国の民族主義に対して肯定的な評価を下す際、必ず大漢族主義や地方民族主義を排除しなければならない。

20世紀の中国の民族問題に関する膨大な内容を僅か13章の限られた紙面に描き出すには、どうしても「彼方を立てれば此方が立たず」ということを避けることができなかった。しかし、我々の以上の概括や論点

が理解され、受け入れられることができ、20世紀の中国民族問題の全面的な理解に一つの梗概を提供することができれば、それも一つの貢献であると思う。

第1章 19－20世紀の

中国民族問題

　列強の侵略による中華民族と帝国主義の矛盾は近代中国社会の主な矛盾であり、同時に、中国の近代国家次元での主な民族問題でもあった。この矛盾と問題は、近代中国の社会変革の発生と発展を規約しただけでなく、国内の民族構成と民族関係をも規約した。中国近代以来の民族問題のこの二つの側面は清末民初の世紀の変わり目に、すでに殆ど明るみに出ていた。

1. 列強の侵略による民族危機

　近代中国の扉は列強の大砲によって開かれた。1840年のアヘン戦争を皮切りに、その後の第二次アヘン戦争と中仏戦争などが続き、19、20世紀の変わり目の中日甲午戦争と8カ国による連合軍の侵入は中国を亡国の瀬戸際に立たせた。

　1894年の春、朝鮮で大規模の東学党蜂起（甲午農民戦争－訳者注）が発生した。「朝鮮は箕子の古都であり、中国に称藩」[1]したので、清朝政府は要請に応じ、軍を派遣して朝鮮に入った。日本は直ちに「僑民と使館を保護する」という名目で朝鮮に侵入して清と対峙した。7月25日、日本海軍が中国軍艦を砲撃し、8月1日に双方は正式に宣戦布告をした。

---

1. 王炳耀煜初集『近代外禍史・甲午中日戦集』（一）、1947年、14頁。

朝鮮戦場で清朝軍は左宝貴、聶士成などによる奮戦があったが、日本軍に負け、9月15日、殆どが国内に後退した。

　9月17日の黄海海戦で、清朝の北洋海軍は粘り強い闘志を見せ、日本軍にも打撃を与えたが、最終的には敗北してしまった。更に黄海海戦後、李鴻章は実力を保つため、消極的に戦いを避け、北洋艦隊を全部狭い威海衛に隠した。日本軍は余裕を持って配備し、海陸から挟撃して清朝政府が長年にわたって営んできた中国海軍を一挙に全滅させた。時は、1895年2月であった。

　その前の1894年10月下旬、日本陸軍4万余人が、それぞれ鴨緑江と遼東半島から中国東北地方に大挙進攻し、翌年の1月に両路が合流すると東北の防御線が崩れ、人民は塗炭の苦しみに堕ちいた。

　1894年は中国の干支紀年の「甲午」年に当たるので、この中日戦争を歴史では「甲午戦争」と呼んだ。戦争の失敗は屈辱的な馬関条約（下関条約－訳者注）の締結をもたらした。この条約で、中国は日本に遼東半島、台湾全島及び付属諸島嶼を割譲し、賠償金として白銀2億両を払い、重慶、沙市、蘇州と杭州を開港都市として開放し、日本は中国で貿易港と工場を開設することができると規定した。

　中日甲午戦争の失敗によって、日本は中国という曾ての「先生」に対する態度を徹底的に変えた。「日本政府と人民はこれを文明と中世精神の闘いとして認識していた。西洋の差別待遇の前で何十年にわたる長期的な忍耐を経てやっと中国に勝ち、この事件は日本社会と思想意識などすべての面に影響するショービニスムの発生をもたらし……日本にいる中国留学生が必然的に真っ先からその衝撃を受けた。彼らの国はすでに弱小国、無準備の非近代化の国として見なされた。『対中戦争の時、日本人の愛国主義は空前の規模で極端に発展した。彼らは中国人を蔑視し、中国人は軟弱無能だと罵り、痛烈に中国人を恨んだ。そしてこれらは言葉での表現だけに止まらず、白髪老人から子供に至るまで、この4億人に対する血生臭い敵意に満ちていた。』留学生はこのように深い嘲弄

1．列強の侵略による民族危機　　　　　　　　　　　　　　　　45

や蔑視を受け、街のいたずらっ子たちは集中して彼らのおさげを嘲弄し、そして彼らの後ろで『清国人』と大声で叫んだ。」[(1)]

　中日甲午戦争の失敗により、清帝国の腐敗と弱々しさが再び世界の前に展示され、弱肉強食のルールにより、帝国主義列強は再びこの土地に飛び込んだ。1897年11月、ドイツは2人の宣教師が山東巨野で被害されたことを口実に膠州湾に出兵し、清朝政府を強迫して租借期間99年の膠州租借条約を締結した。その後を継ぎ、ロシアが中国を援助してドイツに抵抗するとの名義で旅順港を占領し、清朝政府と25年の旅順、大連の租借条約を締結した。フランスも広東省湛江の99年間の租借権を取得し、イギリスは九龍・新界と威海衛を強制的に租借した。

　中国人は屈辱に屈せず、維新派が発動した維新変法の失敗後の1899年に、山東の一部の武術を学び、拳法を習得する民間団体が「義和団」の名義で立ち上がった。彼らは西洋人教会の抑圧に反抗し、「興清滅洋」（清を興し、洋を滅すべし—訳者注）の旗を掲げ、新たな反帝愛国運動を巻き起こした。1900年、義和団運動は山東から直隷（今の河北省）、津京地域、ひいては山西省、甘粛省などまでに広がった。義和団の闘争が国際列強の中国での利益を脅かしたので、イギリス、ロシア、日本、アメリカ、フランス、ドイツ、オーストリア、イタリアなどの国が「8カ国連合軍」を組んで、「使館保護」の名義で中国を侵犯した。西太后の清朝政府は義和団に対してまずは弾圧し、後にはそれを利用して慌てて列強の侵略に「宣戦布告」した。義和団と一部の清軍は粘り強い抵抗を行った。しかし、最終的には鉄砲と大砲を持つ敵軍の攻撃を阻止できなかった。「8カ国連合軍」は7月14日に天津を占領し、8月15日には北京を陥落したので、西太后は光緒帝をつれて西安に逃げた。

　「8カ国連合軍」は北京に入った後、3日間の大掠奪を行い、区を分

1．費正清編『ケンブリッジの中国清朝末期史1800 − 1911』（下巻）、中国社会科学出版社、1985年、407頁。

けて１年間占領し、その間に北京で大虐殺、略奪、焼却、奸淫と破壊を行った。「今回、中国が受けた毀損と略奪による損失は、その詳しい数値は永遠に調べることができないが、その数値が極大であるに違いないと彼らも認めている。」[1]

1901 年９月７日、奕劻、李鴻章は清朝政府を代表して、イギリス、ロシア、日本、アメリカ、フランス、ドイツ、オーストリア、イタリア、ベルギー、スペイン、オランダなど 11 カ国と「辛丑条約」（北京議定書－訳者注）を締結した。その主な内容は以下の通りであった。

中国は銀 4.5 億両を賠償し、それを 39 年間の分割払いとした。年利は４％とし、元利合計 9.8 億両であった。北京東交民巷を使館区として割定し、区内での中国人の居住は認めず、各国は派兵して駐屯することができた。大沽及び北京から海までの通路にあるすべての砲台を撤去し、列強は山海関から北京までの鉄道沿線の 12 カ所に軍隊を駐留させることができた。「諸国を敵とする」中国人組織の結成を永遠に禁止し、各省の官吏は外国人の安全を確保しなければならないとした。さもなければ、免職すると共に永遠に再雇用しないとし、義和団に「附合」した官吏を懲罰した。[2]

銀 4.5 億両の賠償は当時の 4.5 億の中国人に対したもので、１人あたり１両、これは賠償金であるのみならず、中国人全体に対する侮辱でもあった。外国人が北京から海までの沿線と使館区に軍隊を駐屯させることができたので、中国の国家主権を任意に蹂躙した。侵略に抵抗する中国人組織の設立を禁止し、侵略に反抗する者を同情、支持した官吏を懲罰することで、中国人の抵抗意識と行動を阻止し消泯させようとした。この条約及びそれによる影響は、中国の半植民地化、半封建化の過程を

１．ヴァルダーゼー「拳乱筆記」、『中国近代史資料叢書・義和団』（三）、上海人民出版社、1953 年、34 頁。
２．中国第一歴史ファイル館編「庚子事変清宮ファイル集成」（10）、『辛丑条約交渉巻』（2）、中国人民大学出版社、2003 年、686 － 692 頁。

1. 列強の侵略による民族危機 47

深めただけでなく、再び中国人の民族感情を深く刺激した。

特に重要なのは、深刻な民族危機が少数民族が集居している中国辺境地域でも強く表現されたということである。

北疆のモンゴル地域は帝政ロシアの主な侵略目標であった。第二次アヘン戦争中、帝政ロシアは英・仏の侵華を調停した功労があるとの理由で、清朝政府を強制して「中露北京条約」を締結し、中国東北の100万平方キロメートルの土地を分割しただけでなく、中国本土とモンゴル地域での自由貿易と関税免除の特権を取得した。これらの条約に基づいて、帝政ロシア及び英・米などの国はモンゴル地域で商品をダンピングし、原料を略奪した。中日甲午戦争後、帝政ロシアは清朝政府を籠絡して「中露密約」を締結し、それによりモンゴルと「満州」での鉄道の建設、沿線土地の占用、鉱物の採掘と工商業の経営などの特権を得た。

東北を横断する中東鉄道と南満鉄道の建設に伴い、モンゴル地域を含む中国北方の広大な地域が帝政ロシアの勢力範囲に入ってしまった。帝政ロシアがモンゴルと東北地方に手を入れたのが、中国での日本の利益に抵触したので、1904 － 1905年に日露戦争が勃発した。二つの帝国主義列強が中国東北と朝鮮で戦い、中・朝人民に重大な生命と財産の損失をもたらした。日露戦争は日本の勝利で終わり、帝政ロシアは中国東北での一部の利益を放棄せざるを得なかった。1907年、両国はまた「日露密約」に調印し、この密約で中国東北を「南満」と「北満」の二つの部分に分割して、それぞれ日本とロシアの勢力範囲に所属させた。同時に、「ロシアは日本と朝鮮の間の現行条約協定に基づく共同政治関係」を認め、「日本帝国政府は外モンゴルでのロシアの特殊利益」を認めた。このように、帝政ロシアと日本は互いの「特殊利益」を認めることを交換条件に、中国東北、外モンゴルと朝鮮を分割した。[1]

---

1. 龔書鐸編『中国通史参考資料・近代部分』（下）、改訂本、中華書局、1985年、393頁。

帝政ロシアは、中国東北とモンゴル地域に侵入し続けると同時に、新疆へも一歩一歩接近した。1864年に、『中露勘分西北界約記』（チョチェク界約—訳者注）を通して中国西北の44万平方キロメートルの領土を分割し、1884年には、「カシュガル西北界約」を通して、元々中国に属したパミール西部地域がロシアの領土に変わった。その後、帝政ロシアは人をパミールのほかの地域に派遣して幅広い偵察を行い、1891年と1892年に、2回に渡って東パミールに派兵して侵入し、薩雷潤勒嶺西の2万平方キロメートルを占領した。ロシアが中国西北の領土を大口に飲み込む時、中央アジアに向けて一歩一歩進んで来たイギリス人はやきもきし、帝政ロシアと駆け引きをした後、1895年3月に双方は覚え書きを交換し、中国の立場は考慮もせず、中国のパミール地域を分け取った。[1] 軟弱で無能な清朝政府は、屈辱的に我慢し、交渉で理詰めで争ったが、外敵に迫られる情勢下で一歩一歩譲り、北西領土と主権を多く失った。

イギリスは中国チベットとほかの西南地域の主な侵略勢力であった。1888年、イギリス人は哲孟雄（シッキム）を占領した後、軍事力でチベットを追い詰めた。侵略に抵抗するため、チベット軍民はシッキムに隣接した隆吐に防御線を構築し、英軍が強制的にその撤去を命じたが拒否された。3月20日、英軍は隆吐防御線に向かって進攻を発動し、チベット地方政府が指導するチベント軍が断固として抵抗したが、武器の立ち後れにより、結局は失敗に終わった。1904年1月、長期間の下準備をした後、英軍は再びチベットを攻撃した。4日に春丕を攻略し、6日にパグリーを攻略し、4月11日にはギャンツェに進入した。チベット軍は勇を鼓して抵抗し、特に、ギャンツェ防衛戦で激戦したが、やはり武器の立ち後れにより潰敗してしまった。ラサが守れなかったので、ダライ・ラマ13世は青海経由でモンゴルへ逃げた。8月3日に英軍は

---

1. 新疆社会科学院民族研究所『新疆略史』(2)、新疆人民出版社、1980年、282頁。

1．列強の侵略による民族危機 49

ラサを占領した。9月、英軍はチベット地方政府を脅迫して「ラサ条約」を締結し、その内容には、チベットでの貿易開通、賠償、駐軍などが含まれた。9月23日、英軍はラサから撤収する時、40駄以上の貴重な文物を奪い取った……[1]。2回のチベット侵攻戦争を通して、イギリスは明確にチベットを自分の勢力範囲に組み入れた。

チベットに対する侵略を発動すると同時に、イギリスは中国西南でビルマから雲南に入る通路を開通し、そこから雲南と四川に進入して長江上流地域を占拠し、続けて長江流域全体を制御しようと企んだ。この目的を実現するために、イギリスはまずビルマ侵略戦争を発動し、それを一つの省としてイギリス領インドに併合させた。そして、1890年から中国と境界勘定を行うという名目で武装「探査隊」を組織し、南北両路に分けて雲南に浸透した。「イギリス兵は雲南辺境を遊弋し、常に数百人が境界勘定の名目で境界内に侵入し、速やかに往来し、……イギリス人はインド武員の策略を採用して辺境を追い詰めた結果、辺境が騒ぎ、警報が頻繁に出た[2]」と歴史は記載していた。1898年にイギリスは、清朝政府に「滇緬条約」の修正を提出し、さらに中・緬北端の未定界全土を占領しようと企んだ。1900年にイギリス軍はミャンマ兵士1千余人をつれて深く中国国境の騰衝地域に入ったが、総左孝臣・藍翎千率いる各民族軍民の粘り強い反撃を受けた。1910年、2千人以上のイギリス軍が大量の馬匹輜重と民工をつれて雲南の片馬地域を占領したが、現地のリス族、チンポー族などの各民族人民の反撃に遭い、雲南ないし全国各界民衆の抗議を巻き起こした[3]。

清末民初の中国は、帝国主義の侵略に迫られて危機に陥った。京城から辺境まで、最も人口の多い漢族から辺境塞外の少数民族に至るまで、亡国・絶滅の危機感が曾てない勢いで中国社会の前に現れ、中華民族と

1．牙含章『パンチェン・オートゥル伝』チベット人民出版社、1987年、209頁。
2．劉錦藻『清続文献通考・外交』345巻。
3．方素梅、蔡志純編『中国少数民族革命史』広西民族出版社、2000年、123頁。

帝国主義列強の民族矛盾は空前の厳しい勢いで際立ち、当時中国の最大の民族問題となった。

2．社会大変革における満・漢矛盾

19－20世紀の変わり目に、「亡国・亡種」の危機の出現に伴い、伝統的な「夷夏の弁」と近代ナショナリズムが混じった「種族革命」思想が日々上昇した。革命党人は支配民族である満州族を「異民族」、「異種」として見なし、大規模な討伐を行い、「満人を駆逐して、山河を回復せよ」というスローガンを強く主張した。満・漢矛盾はそこから中国社会内部の主な民族矛盾となった。

辛亥革命中の満・漢矛盾は、帝国主義と中華民族の矛盾の突出によって誘発された民族問題であった。その主なる表現は中国思想界と社会で蔓延している排満思潮及び行為であり、その発生の論理的軌跡は以下の通りであった。

（1）帝国主義の侵略が中華民族の亡国・亡種の危機を誘発した。

（2）腐敗無能の清朝政府は国家を救うことができないだけでなく、帝国主義の共犯者となった。

（3）清朝政府は満州族が統治する政府である。

（4）したがって、救国のためには清朝統治、つまり満州族の統治を転覆しなければならない。

中日甲午戦争の開戦直後、遠くのホノルルにいた孫文は中国初のブルジョア革命組織・「興中会」の成立を発起した。その「規程」で以下のように述べた。

「中国の衰弱は、最近によるものではない。上は因循守旧と空威張りをし、下は無知蒙昧で、憂慮を追い払えない。最近の国の恥辱と軍隊の損失、強い藩の押し寄せにより、堂々たる華夏は隣邦に軽蔑され、文物冠裳も異族に侮辱されている。有志は、悲嘆するだろう！4億の蒼生

2．社会大変革における満・漢矛盾　　　　　　　　　　　　　51

と数万里の豊饒な土地、元々は発奮して無敵の英雄になるべきであった。しかし、庸奴が国を誤り、蒼生を毒害し、再び立ち上がれないようになった。中華の豊富な資源と物産は昔から猛禽に狙われ、現在は強敵に囲まれている。手を変え品を変えて侵略し、瓜や豆を割るように小さく分裂したので、実に目前の憂慮となった。」[1]

　ここで「規程」は、「中国の衰弱」の根源を「庸奴が国を誤り、蒼生を毒害」したためであるとし、したがって興中会の目標は、「韃虜（清朝）を駆除し、中華を回復し、合衆政府を創立する」[2]ことであるとした。いわゆる「庸奴」、「韃虜」とは、在位中の満州族の支配者のことである。それだけでなく、当時の孫文は満州族人を「異種」として見なして中国人の中から排除し、「中国人と中国政府とは同義語でないことを忘れないでほしい。帝位と清朝の一切の高級文官武官職位は皆外国人（満州族を指す—筆者注）に占められている」[3]と述べた。しかし漢族は「異種に束縛」され、「世界文明が日増しに進歩し、皆が国の自主と民族の独立を達成しているのに、漢人だけが状況がますます悪くなり、滅亡に瀕している」[4]と述べた。

　孫文は革命党の指導者であり、彼の反満思想が彼の民族主義の最初の核心的内容となり、そして革命党と社会に広い影響を与えた。

　満州族は関内に入って中国の統治地位を占拠した後、一方では、漢の文化を吸収し、努力して膨大な漢民族社会を統制する能力を強化しながら、他方では、漢族に同化されるのを恐れて、極力に漢の文化を排斥し、満・漢の通婚を禁止し、満州族の居住空間と社会階層の方面で漢族と隔絶しようと努めた。

1．「ホノルル興中会規約」、『孫文全集』一巻、中華書局、1981 年、19 頁。
2．「ホノルル興中会盟書」、前掲書、20 頁。
3．「中国の現在と未来—革新党はイギリスに善意の中立を求める」、『孫文全集』一巻、88 頁。
4．「宮崎寅蔵、平山周との談話」、『孫文全集』一巻、172 頁。

満・漢隔絶の政策は、事実が証明するように失敗の政策であり、清朝末期の社会の実際からみて、「漢化排除」も「漢権軽視」も実効を上げなかった。まず、「漢化排斥」政策は失敗した。言葉の面から言えば、清朝末になって「満州族全体が中国語を操り、満州語を操る人は一人もいなかった。」文字の面から言えば、「満州族全体の中の識字者は、漢字だけを知り、満州文字は知らない。現在、排漢で有名な鉄良さえも満州語が通じ、満州文字を習っているとは限らないので、他の者は言うまでもない。」次に、「漢権軽視」も失敗した。政府官吏の構成上から言うと、「過去の官位制度は満・漢分離であったが、現在は満・漢併用に変わった。最近改革を行った新たな官位制度をみれば、全てを外、商、学部の例を真似て満・漢を分けなかった。その官位制度の内容を見ると、完璧な改革でないことは言うまでもない。しかし、満人専任官位・漢人専任官位の名目は一切なかった。」それだけでなく、「過去は満人専任官位だけであったのが、今はだんだん満・漢併用官位に変わった。例え、各旗の正副都統、チベットの事務大臣、新官位制度での理藩院などがそうであった。ほかに新彊を省に変え、東三省も省に変え、昔の将軍、都統などの官位は最近すべてを漢人兼用に変えた[1]。」

　しかし、官吏の構造上ではこのような変化が発生したものの、満州人を統治民族とする清朝政府の立場は変わっていないことを明確にしなければならない。1911年の春、清王朝の崩壊直前に組織した新内閣の中で、内閣総理大臣は依然として満州族の慶親王・奕劻が担当し、残り13人の大臣の中で、漢族はわずか4人、モンゴル族は1人、満州族は8人を占めていた[2]。清朝政府の民族統治の色合いはここからも見ることができる。

　清朝末期、満州族の漢化はとても普遍的ではあったが、清朝政府が実

1．楊度「金鉄主義説」、劉晴波編『楊度集』一巻、湖南人民出版社、2008年、273頁。
2．李剣農『中国の百年政治史』台湾商務印書館、1992年、285頁。

2．社会大変革における満・漢矛盾 53

行した満・漢隔絶制度により、満州族は社会の寄生階級となり、彼らは
生産のスキルを持たず、漢族の供給に依存し、経済構造と心理的共感の
上で漢族と深い隔たりを持っていた。このような隔たりと固有の民族差
別政策により、満・漢の矛盾と衝突は普遍的なものとなった。1897 年、
孫文は清朝の腐敗問題について、「満州人の軍隊は、満州人の指導下で
養うのはいいが、しかしこの軍隊は戦わない。彼らはただ都市を守り、
中国人の『反逆』（革命防止）を防ぐために存在する。彼らは中国人が
住んでいる都市から分割した片隅に居住しながら、よく理由もなくこれ
らの中国人を虐めたので、中国人と満州人兵士の間で頻繁に戦闘が起き
た。また満州人の兵士は民法典の審判を受けないため、彼らの暴行はい
つも罰を受けなかった。したがって、駐屯防衛部隊と地元の中国人の間
も穏やかではなかった[1]」と述べた。

しかし、満・漢矛盾の突出は 19 世紀末、20 世紀初の中国の民族危機
の突出と同時に発生した。1894 年に孫文が指導した興中会が反満革命
をその目的にしたほかに、20 世紀の留日学生も孫文の影響下で 10 年く
らい続く排満風潮に従って活動を始めた。

1903 年の元日、留日学生たちは東京の駿河台留学生会館で新年祝賀
会を開いた。当時、孫文の指示で参加した馬君と劉成禺は、来日考察中
の貝子載振、駐日大臣・蔡鈞と留学生監督・汪大燮などの清朝官吏が
会場にいるにも関わらず、激情の演説を行い、反満革命について訴え
た。彼らは、「満州人の今昔の横暴、窃位の不埒、誤国への憎しみなど
をどう敵視し、どう思うか」を力説した。彼らの講演は大騒ぎを巻き起
こし、満場の喝采を浴びた。一部の留学生は直ちにそれに応じ、「満州
族の専制を排除し、漢人の主権を回復しなければ、中国を救うとは言え
ない」と叫んだ。その場にいた 30 余人の満州族の学生は愕然とし、続

1．「中国の現在と未来―革新党はイギリスに善意の中立を求める」、『孫文全集』
　一巻、中華書局、1981 年、101 頁。

いて「友邦に贈っても家奴には与えない。我々が誠意をもって漢奴に接するのは良い策ではない[1]」とささやいた。その後、劉成禺は『湖北学生界』に「史学広義内篇」の第1篇「人種」を発表し、その内容が元旦の集会での演説に似ていて排満を主張したので、満州族留学生と官吏の反対に遭い、連隊に入って士官学校で極める資格を取り消された。

　元旦の反満演説とその後の一連の事件を皮切りに、「排満」のスローガンは「東京の学生が先に提出し、内陸の学生が後を継ぎ、各省で風潮となり、それから段々興った[2]」のであった。各種刊行物では、排満興漢が流行った。最初に省名で命名した『湖北学生界』は、第5期からその名を『漢声』に変え、清朝政府との「血塗れの苦戦」を宣告し、「祖国の光復のために大漢を奮起させる天の声」であるとした。1903年4月に発刊された『江蘇』は、第3期から光緒紀を止めて黄帝紀年を使用し、憶測ででっち上げた黄帝の肖像を載せた。その「論説」での反満宣伝は非常に直接で鮮明であり、巻頭の絵は、「中国民族の始祖・黄帝像」、「明太祖の陵」、「民族のために血を流した史公可法像」などで埋もれ、「満州人がその生臭いフェルト族を率いて、我らの土地を掠め取り、我が人民を残害した」などの発言が文中で溢れた[3]。革命党の指導者たちは、清朝統治の転覆を目的とする「種族革命」と「民族革命」を真っ先で鼓吹した。孫文のほかに、章太炎が早くも戊戌の変法直後に文章で清朝政府を公開に糾弾し、「満州と我らの仇は、異種だけにとどまらず」、「『春秋』によれば、復讐者は9世に生まれ、故に我が支那と満州は不倶戴天の仇敵であり、土地を共にしない[4]」と明確に「復讐」説を提出し

1．「満州留学生風潮」、『選報』、51期（1903年5月）、厳昌洪、許小青『癸卯年万歳1903年の革命思潮と革命運動』、華中師範大学出版社、2001年、28頁から再引用。
2．孫文「革命の起源」、『中国近代史資料叢刊・辛亥革命』（一）、上海人民出版社、1957年、10頁。
3．王春霞『「排満」と民族主義』社会科学文献出版社、2005年、5、6頁。
4．「正疆論」、『台湾日々新報』、1899年1月1日。

2. 社会大変革における満・漢矛盾　　　　　　　　　　　　55

た。1902 年、章太炎は日本で何人かの者と毎日のように集まり、「革命
と満州かたき」を唱えた。4 月 26 日、彼と秦力山らは東京で「支那亡
国 242 年記念会」を発起し、人々の反満という民族的な憎しみを刺激
するために、「支那亡国 242 年記念書」を起草し、「明朝の国運はすで
に移り、炎黄・姫漢の国の族も消え去った」ので、漢族の独立は主な務
めであるとし、滅満興漢を呼びかけた。[1] 情報が漏れたため、この集会は
日本警察によって阻止された。陳天華は革命党の重要な宣伝家であり、
『猛回頭』、『警世鐘』などの作品の中で、一方では、帝国主義に反対し、
他方では、極力に反満を鼓吹した。「あの異族はとても凶悪で、漢族を
犠牲にし、意のままに人を従順にさせ、4 億人が共に枉死城に入るのを
避けられない」ので、「悪い勢力と手を切って正しい側に移り、共に同
盟を結成して外族を駆除し、我が漢京を復興させよう[2]」と呼びかけた。
「革命軍の先棒」であると自称する青年革命家・鄒容は、その「革命軍」
の冒頭で、「数千年の種々の専制政体を一掃し、数千年の種々の奴隷性
質を脱去し、披毛戴角の 500 万の満州種を誅絶し、260 年の残酷な虐待
の大恥を洗い流し、中国大陸を浄土にしよう……[3]」と述べた。章士釗を
主筆とする『蘇報』が発刊した「殺人主義」は、「一つの空間に二つの
物は相容れない。満・漢は両立できない」と更に激しく表現し、「復讐
主義」、「殺人主義」を提出して、「我が土地を占拠し、我が租税で衣食
し、我が祖先を殺戮し、我が同胞を絶滅し、我が文化を蹂躙し、我が自
由を束縛」する「500 万の妖魔ピエロ[4]」を殺さなければならないと主張
した。

---

1. 馮自由「章太炎と支那亡国記念会」、『革命逸史』初集、中華書局、1981 年、
   57 − 59 頁。
2. 陳天華「猛回頭」、劉晴波、彭国興編『陳天華全集』湖南人民出版社、1982 年、
   26 頁。
3. 鄒容『革命軍』華夏出版社、2002 年、7 頁。
4. 「殺人主義」、『章士釗全集』（一）、文匯出版社、2000 年、405 頁。

無論、反満問題について革命党の全てがこのように過激的であったわけではない。そして、時間が経ってから全体的に緩やかになった。1906年に孫文は、『民報』創刊1周年の祝賀大会で、「民族主義は異民族に対する排除ではなく、その異民族が来て我が民族の政権を奪うことを許さないこと」であり、「故に、民族革命は、満州人が我が国を滅亡させ、我が政権をつかさどることを悔しく思い、彼らの政府を撲滅させ、我が民族の国家を復興させることである。このように、私たちは満州人を憎しむのではなく、漢人を害する満州人を憎むのである。もし我々が革命を実行する時に、満州人が来て我々を阻害しない限り、仇にするつもりは決してない」[1]と述べた。1905年に同盟会が成立する時、孫文は、「革命の趣旨は、専ら満州人に対するものではなく、その最終目的は専制を廃除して共和を創造することにある」という理由で、同盟会を「対満同盟会」にしようとする一部の人の主張を否定した[2]。ほかに、革命派と違って、満州族に対する問題で康有為、梁啓超を代表とする維新派は「満漢一体」を主張した。彼らは人種、歴史、文化などの面から満・漢が「同種」であることを論証して排満に反対し、そして国家統一の次元で排満の厳重な結果を論証した。これらすべては革命派の排満思潮を大きく解消させ、辛亥革命と後の中国の民族国家の構築における民族矛盾の衝撃を緩めてくれた。

　それでも、反満思潮がもたらした民族復讐の情緒は深刻な消極的影響を生み出した。辛亥革命の前に、同盟会、光復会、共進会を含む革命組織は自分たちの各類の宣言、綱領の中に、「排満」を一番目立つ位置に置き、歴史上で満州軍が関内に入った後、漢族に対する虐殺の罪を極力に宣伝した。辛亥革命の勃発を意味する武昌蜂起が起きた時、総指揮の

1．「東京『民報』創刊1週年の祝賀大会での演説」、『孫文全集』一巻、中華書局、1981年、325、331頁。
2．　鄒魯「同盟会」、中国史学会編『中国近代史資料叢刊辛亥革命』（二）、上海人民出版社、1957年、8頁。

2．社会大変革における満・漢矛盾 57

蒋翊武は、「本軍は今夜 12 時に義兵を挙げ、漢族を興復させ、満奴を駆除」(1)すると命令を下ろし、武昌の城壁の上に立ち上がっていたのは、漢族が居住している 18 の行省を代表する「18 星旗」であった。軍政府の成立後、都督・黎元洪の名義で発した「全国の年寄りに告げる書」などの布告の中で、「黄帝紀元 4609 年」に改元し、文の中では多く「漢族」、「漢人」に呼びかけ、「18 省の親愛なる年寄りや若者のために、260 年の復讐をした……」(2)と述べていた。蜂起の過程で、「胡人（満洲人を指す－訳者注）を皆殺しにせよ」、「興漢滅満」のスローガンに伴い、無差別に満州人を殺害する現象が現れた。蜂起で、「3 日の間に満州人を 4、5 百人殺し、死体が彼方此方に横たわり、適時に処理しないと疫病が発生する恐れがあった」(3)ので、「捕獲した旗人は、必ず軍政府の取り調べを経た後に刑を執行し、満州族の男性は容赦なく殺し、女性と子供に対する無差別の殺人は禁止し、人道を重んじるべきである」(4)という提案書を提出する者まで現れた。黎元洪も自ら告示を出し、「我らの排満革命はただ帝制統治を覆すものであり、満州族人民は同胞であるので、本革命軍の趣旨に違反する重大な容疑の事実がなければ、一律寛大に処理し、殺戮を妄行してはならない。それを犯した者は容赦なく厳罰に処する」(5)とした。

武昌蜂起のほかに、湖南、四川、江西、江蘇、浙江、上海、陝西、河南、山西などの地域の蜂起も相次ぎ、その時に掲げた旗も「18 星旗」

1．李六如「文学社と武昌武装蜂起紀略」、『辛亥革命回想録』（一）、中華書局、1962 年、310 頁。
2．『近代史資料叢刊・辛亥革命』（五）、上海人民出版社、1957 年、100 頁。
3．楊霆垣「鄂軍政府の初期の外交活動を記する」、全国政治協商会議文史資料研究委員会編『辛亥革命回想録』7 集、文史資料出版社、1982 年、33 頁。
4．鄧飛鵬「紀元前事略」、『京山文史資料－京山での辛亥革命』中国人民政治協商会議京山県委員会文史資料研究委員会印、1988 年、162 頁。
5．楊霆垣「鄂軍政府の初期の外交活動を記する」、全国政治協商会議文史資料研究委員会編『辛亥革命回想録』7 集、文史資料出版社、1982 年、47 頁。

であり、叫んだスローガンも多くは「興漢滅満」、「駆満復讐」であった。満州族の民衆と官吏は蜂起軍の弾圧と殺戮を受けた。太原蜂起が起きた時、蜂起隊は姚維藩を山西全省の総司令官に推薦したが、姚は蜂起のために発布した命令の冒頭で、「清が我が漢族を圧制してすでに300年になり、揚州10日、嘉定の3回の虐殺を諸君は知っているのか。薙髪・辮髪を拒否する者はその場で撃ち殺されたことを諸君は聞いたのか。現在、清朝は外国に追従し、我が愛国志士を虐殺し、『友邦に贈っても家奴には与えない』という間違った議論をすることを諸君は知っているのか。このような恨み、不倶戴天の仇である……」と言った。⁽¹⁾

このような布告は極めて普遍的であり、反満・仇満が蜂起の中で果たした巨大な動員作用を反映していた。もちろん、こうした民族的復讐を帯びた挙動に対し、打撃を受けた満州人側からの抵抗も必然的に激しかった。

激しい反満宣伝は、清王朝の腐敗を暴露し、清朝政府の合法性を否定し、人民を自覚させ、清朝の封建専制統治の転覆に積極的な役割を果たした。しかし、このような宣伝は漢・満矛盾を社会の主要矛盾に昇格させ、中華民族に対する帝国主義列強の主な脅威を覆い隠しただけでなく、革命の目標を混淆させ、そして革命後の統一民族国家の建設と民族関係に潜在的な危険を残した。

革命党の反満宣伝は狭い意味で「中国人」を漢族と同一化し、「中国」の領域も漢族人が集中的に居住する地域と同一化し、いわゆる「中国は中国人の中国」であり、中国人の中に満州人を含めず、中国の地理的範囲は、「黄河の両岸、揚子江の辺……泰山の北、衡岳の南、いわゆる中夏文化の区域である」とした。この地方には、「満洲人遊牧の跡がなく、

---

1. 姚維藩「山西辛亥革命軍を記する」、全国政治協商会議文史資料委員会編『辛亥革命回想録』5集、中華書局、1963年、114頁。

2. 社会大変革における満・漢矛盾 59

……辮髪左袵の異種が少ない」と言った。これを根拠とする「18星旗」の出現は辛亥革命の建国目標を大きく縮小させた。

武昌蜂起の過程で「18星旗」を革命の旗にした行為について、当時、ある人はその危害の深刻さに気づき、「東北三省は要らないと言って、満州族にくれるのか。モンゴル、チベットも要らないのか。これは中国の領土を分裂しようとする外国人の主張である。我らの革命はただ満洲族の皇室統治を覆すものであって、満洲人を一律に排除するものではない。更には彼らを東北三省に帰らせて、一国を成立させることでもない。モンゴル・チベットともっと団結し、全国の統一を達しなければならない」と言った。成都蜂起後、イギリス駐成都総領事は、「18星旗」を見た後、「あの旗（私は現在中国の他の地方も同じであると思う）は白で、上に赤字（漢）があり、周りには18の星が1つの黒い丸を囲んでいるが、イメージは太陽だが色は黒であり」、「旗の上の星の数は18個で、21あるいは23個ではない。この情況は東北三省、モンゴルと新疆（カシュガル）を連邦以外に排斥したことを表明している」と述べた。

革命党人の狭い種族観念、境域観念に相応しく、彼らは極力に満洲人を排斥すると同時に、他の少数民族をも捨てた。1900年7月29日、章太炎は上海の愚園で開催された「中国議会」に書き付けを送り、「満蒙人の国会入りを厳しく拒否するよう」主張した。さらに、満州にいる「東胡民族は盗人の後裔であり、凶暴な人たちである」と厳しく非難した。「今、諸君は自立の志を持ち、宿敵と後患をともに考慮している。もし満人が入会すると必ず厳しく拒否すべきであり、モンゴルもこれに

---

1. 自然生（張継）「留学生を厳しく取り締まる密論に対する怒り」、『章士釗全集』（一）、文匯出版社、2000年、377頁。
2. 楊霆垣「鄂軍政府の初期の外交活動を記する」、全国政治協商会議文史資料研究委員会編『辛亥革命回想録』7集、文史資料出版社、1982年、45頁。
3. 胡浜『辛亥革命に関するイギリスの青書資料選訳』中華書局、1984年、247、249頁。

準ずる。本日、特にこの書き付けをもって、諸君と血をすすって盟約を誓い、誓った後もモンゴル人、満人を入会させる者は共に打撃する[1]」と言った。ここではモンゴル人と満州人をともに仇として見なした。陳天華は「漢種」のアイデンティティを強調すると同時に、「満州、モンゴル、チベット、新疆の人は昔から漢種の敵であり、一刻も警戒しなければならない。彼らはすべて野蛮であり、虎狼のように凶悪であり、礼儀も知らず、中国人は彼らを犬羊と呼び、彼らの害を多く受けた[2]」と言った。ここでもまた満、蒙、回、蔵を「異なる種類」として見なした。

　このような近視眼的で偏狭な大漢族主義に対して、維新派と立憲派は鋭い反論を行った。康有為は「満漢一体」を提唱し、「いわゆる中国のみが存在し、いわゆる漢満は存在しない」と強調し、「革命したければ革命すればいいのに、なぜ満州人を攻撃して内乱を起こすのか[3]」と革命派を風刺した。梁啓超は民族概念の「血継」、「言語文字」、「住所」、「習慣」、「宗教」と「精神体質」などの要素から出発して、満・漢両民族は「純粋の異民族」ではなく、もし異民族だとしても「至近距離の異民族」であると一々論証した[4]。

　楊度は更に「五族分立論あるいは漢国独立論者」に対して、「五族分立は亡国の政策であり、遣ってはいけない。なぜならば、今日の中国の土地は五族の土地を合わせた土地であり、今日の中国人民は五族人民を合わせた人民であり、同じ統治権の下に集まって一つの国になったからだ」と激しく批判し、「五族分立論」の主張は、「実はロシア、フランスが喜び、先駆者として利用しようと思っているものだ。故に、中国の今

1．馬勇編『章太炎書簡集』河北省人民出版社、2003 年、56 頁。
2．天華「猛回頭」、劉晴波、彭国興編集・校正『陳天華全集』湖南人民出版社、1982 年、28 頁。
3．湯志鈞編『章太炎政論選集』（上）、中華書局、1977 年、222 頁。
4．飲氷（梁啓超）「種族革命と政治革命の損得を論ずる」、張枬、王忍之編『辛亥革命前十年間の時論選集』（二）、生活・読書・新知三聯書店、1963 年、224 － 226 頁。

2. 社会大変革における満・漢矛盾　　　　　　　　　　　*61*

日の世界で漢族、満州族、モンゴル族、回族、チベット族の土地、その一部を失ってはならず、漢族、満州族、モンゴル族、回族、チベット族の人民もその一種類も失ってはならない。土地も人民も統治権も必ず昔のままにしなければならない[1]」と言った。この主張は、実は「五族共和」の前振りであった。

　実際、各地の蜂起の過程で革命党人はすでに排満と大漢族主義の危害性に気づき、ある程度の是正を行った。1911年10月12日、蜂起軍は南京を攻略し、10月14日に上海の江蘇教育総会で「共和連合会大会」を開き、電報で孫文に帰国して政治全般を統括するよう求め、国名を中華民国として定め、「繰り返しの研討を経て、五族共和の意義を取り、五色を国旗に決めた。赤、黄、藍、白、黒は、漢、満、蒙、回、蔵を象徴する[2]」とした。その後、五色の旗は江蘇省、浙江省などの蜂起軍に使われた。1912年元日、孫文は「臨時大統領就任宣言書」で、「国家の本源は人民にある。漢、満、蒙、回、蔵の諸地を合して一国となし、漢、満、蒙、回、蔵の諸族を合して一体となす。これを民族の統一という[3]」と正式に発表した。

　それでも、狭い民族主義による消極的な作用は抑制できず、モンゴル民族に対する影響は最も明らかであった。辛亥革命と同時に、外モンゴルのジェプツンダンバは帝政ロシアの扇動により、「独立」を宣告した。内モンゴルの一部のジャサク大公とラマ活佛、上層人物と山賊の頭目もジェプツンダンバに呼応した。

　内モンゴル・トゥムド旗のモンゴル族の一般的な漢化程度は高かったが、彼らの上層部は、「韃虜の駆除」というスローガンに対しては、依然として非常に反感を覚えていた。彼らはこのスローガンが清朝統治階

1．楊度「金鉄主義説」、劉晴波編『楊度集』(1)、301、303頁。
2．黄炎培「私が経験した辛亥革命の事実」、全国政治協商会議文史資料委員会『辛亥革命回想録』(一)、文史資料出版社、1961年、66頁。
3．「臨時大統領宣言書」、『孫文全集』二巻、中華書局、1982年、2頁。

級を指していることを知っていたが、「韃虜」という言葉はモンゴル民族と関連し、彼らの民族感情を深く傷つけたので、ルトゥムド旗の上層人物はそれを耳にしたくなかった。このような感情の支配により、彼らはしばらくの間、革命に賛成しなかった。当時のウランチャブ盟6旗とイクチャオ盟の7旗の官民と王公貴族は辛亥革命に対して極めて冷淡な態度を取っていた。

　清末民初における中国人の民族意識の高まりとその理論の反応は、近代中国民族主義の始まりであった。それには二つの源流があり、一つは反帝国主義で、もう一つは排満であった。両者には因果関係があり、列強の侵略による民族抗争が革命派の排満・反満を推し進めた。しかし、両者はまた異なる歴史的影響を生み出した。前者は、中国人の民族的覚悟を刺激し、各民族人民を動員して侵略に反抗する強い精神的武装になるようにし、後者は、人民を動員して清朝専制統治を転覆すると同時に、大漢族主義及び共生の地方民族主義を育成した。20世紀の中国の各種民族主義は、実はこの時期に源流を置いていた。

3. 清朝末の辺疆新政及び民族関係に対する影響

　義和団の衝撃と8カ国連合軍の侵入を経て、清王朝の内外ともに苦境に陥った。危局を挽回するために、清朝政府は光緒26年12月10日（1901年1月29日）に「変法」上諭を頒布し、軍機大臣、大学士、6部9卿、駐外公使、各省総督と巡撫などが中西政略に参酌し、各自の所見を述べ、中央への改革の提案を求めた。光緒27年3月3日（1901年4月21日）、慶親王・奕劻（アイシンギョロ・イクワン）をはじめとする都督政務処を設立して新政（政治改革）を総攬させた。その後の数年間、清朝政府は内外大臣、特に袁世凱、龍坤、張之洞などの意見を受け入れ、「新政」を推し進める上諭を次々と頒布し、その内容には官制の改革、吏治の整頓、新軍の編成と訓練、賃金、科挙の廃止、学校の

3．清朝末の辺疆新政及び民族関係に対する影響 63

設立、企業の創設、商務の振興などが含まれた。[1]新政は東北、内モンゴル、新疆とチベットなどの辺境民族地域でも推進された。各地で実施した内容には、それぞれの重点、特徴があり、その効果もそれぞれであったが、全体的に見て清朝末の辺境新政は、当時、そしてその後の中国の民族関係と民族地域の発展に極めて深遠な影響を与えた。

「移民実辺」は清朝末の辺境地域で普遍的に推進した政策であり、各地での実行は新政よりやや早かったが、新政が施行を始めた後、新政の軌道に組み込まれ、辺境の民族関係に最も直接的に影響を与えた新政の内容となった。

いわゆる「移民実辺」とは、内陸の人口を土地が広く人が少ない辺境に移住させて、人口の増加と土地の開発を通して国境を強化することであった。各辺境地域の「移民実辺」政策の実行を確定した時間は前後し、清朝政府もこの政策のために統一した実施方法を発表したことはなく、辺境大官が各地の状況に基づいてそれに適した条例を制定し、朝廷に報告して実行の承認を求めた。

東北は清朝統治の根拠地であり、満州族の発祥地と居住地でもあり、清朝末の「移民実辺」が最も活発した地域の一つでもあった。清朝政府は満州貴族の統制と経済利益を維持するために、東北で長期に渡る封禁政策を実施し、漢民の通関を厳禁した。しかし関内外の経済と人口発展の不均衡に伴い、清朝前期から多くの漢民が山東、河北、山西、河南などの地域から東北へ流入し、清朝政府は漢民が集中している地方に庁、府、州、県などの行政機構を設立し、「旗」、「民」という2種類の支配体制を形成した。但し、封禁政策の長期的な影響により、東北辺疆地域の人口稀少状況には実質的な変化がなかった。アヘン戦争以降、一連の不平等条約と武力進軍を借りて、帝政ロシアはウスリー江以東の中国領

1．張習孔、林岷、李景屏、王才『中国歴史大事本末清』（五巻）、四川人民出版社、1995年、623 - 627頁。

土に大量の移民を送った。帝政ロシア政府の支援もあり、極東地域に移住するロシア人の人口は年々増えた。1882年以前は、毎年平均601人が移住し、1882－1899年の間に、毎年平均4,076人が移住し、1858－1908年の50年間、ロシアはこの地域に農家4万戸、25万余人を移住させた。

帝政ロシアの東進と中国領土に対する侵略・併呑は、清朝の「虚辺」と「封禁」政策の徹底的な失敗を意味し、この時期の有識者は普遍的に、「西北の諸省は土地が広く人口が稀少であり、東三省、モンゴル、新疆はもっと疎らである。人跡は少なく、地方の利益もないので移住を計画して収益源を拡大し、国境を充実させるものであって、貧民を養うだけではない」と認識していた。このように、「移民実辺」は清朝末の世間の共通認識になっていた。

事実上、東北では19世紀7、80年代から官営の移民開墾行動が現れ、一部の地方の官吏は清朝の許す限りの範囲内で、「駐屯者を募集して辺境を充実させる」実践活動に従事していた。中日甲午戦争以降、列強の進軍の激化により、「移民実辺」活動が全面的に展開された。

大規模の開墾に伴って大量の人口が移住してきた。1901年、黒竜江省の将軍・薩保はハルビン、チチハルの鉄道沿線一帯に急速に人口を移住させるよう提案した。1904年、清朝政府は黒竜江全部の解禁開墾を命令し、黒竜江と吉林両省の各県に招墾局を設立して移民事務を統一管理した。1907年、清朝政府は5年以内に黒竜江省に200万人を移住させると決めた。1908年、清朝政府は「黒竜江縁辺招民開墾規程」を制定し、「移民実辺」が佳境に入った。規程によって、漢口、上海、天津、煙台、営口、長春などの地域でも開墾招待所を設立し、開墾のための人を集める責任者を特定した。黒竜江省への開墾者に優遇条件を提供するために、関連許可証の所有者には煙台から営口までの船の価格を軽減し、ハルビンから松花江、黒竜江までの官営汽船及び昂昂渓からチチハルまでの鉄道の価格を一律半額にし、同伴する家族はその料金を一切無

3．清朝末の辺疆新政及び民族関係に対する影響

料にした。東北鉄道の建設も大量の労働力を吸引し、中東鉄道の建設に参加した中国人労働者は 65,000 人に達し、そして鉄道の完成は移民の北上に便宜を提供してくれた。この時期、東北三省の人口流動は空前のブームを引き起こした。関内の多くの貧しい農民が未開墾の黒竜江省の辺境地域に進入し、同時に、人口が多い遼寧の人口も次第に北へ移動した。1911 年までに、黒竜江省の人口は 300 万までに急増し、吉林省の人口は、1890 年の 50 万未満から 1912 年の 554 万人までに急増し（この数字は吉林省の行政区域の変更と一定の関係がある）、遼寧の人口は、1893 年には 430 万人、1909 年には 1,100 万人までに増え、16 年間で 1.5 倍上昇し、年間平均 41 万人増加した[1]。

　もちろん、増加した人口の殆どは漢族であった。東北は満州族の居住地であるにもかかわらず、漢族人口の長期的流入により、満州族の人口は東北ですでに多数ではなかった。研究によれば、1894 年の東北地方の人口は 1,200 万人、その中で満州族人は 80 万人で、人口総数の 6.66％を占めた。清朝末までに東北の満州族人口は大きく成長し、その内、遼寧省は 96.31 万人、吉林省は 31.84 万人、黒竜江省は 25 万人、計 153 万人であった[2]。ところが、当時の東北三省の人口の数字をみれば、吉林 554 万人、黒竜江 300 万人、遼寧 1,100 万人、合計 1,954 万人であった。したがって、東北の 153 万人の満州族の人口は、依然として総人口の 7.8％だけを占め、他の人口は主に漢民族が占めた。

　内モンゴルの「移民実辺」を習慣上「蒙地開墾」と呼んできた。その基本的な内容は次の通りである。「蒙地開墾禁止政策を徹底的に廃棄し、国家の行政命令によって伝統的にモンゴル盟旗に属していたすべての土地・牧場を開墾することにする。その中には、開墾あるいは続けて開墾する総管制モンゴル各旗とその他の官営牧場・土地も含まれ、地方官庁

1．佟冬編『帝政ロシアと東北』吉林文史出版社、1985 年、117 頁
2．劉慶相「満州族人口の歴史変化とその特徴」、『人口学刊』、1995 年第 3 期。

の管轄・租税範囲に組み入れていなかった各旗の『私墾』土地も含まれ、全部『収める』ことにした。蒙地開墾で所得した押荒銀（土地代とも呼ぶ）と、開墾後、銀貨幣で上納する地租は、国家と蒙旗が分けてもらった。その割合は、折半、四対六、三対七など地域によって異なった。[1]」

東北に対する政策と同じように、清朝政府が長期的にモンゴル地区で実行したのも封禁政策であり、内地の漢民のモンゴル入りを厳しく禁止し、モンゴル族と漢族の往来を制限した。しかし、東北地方と同じように、各自の経済利益のために清朝半ばから一部のモンゴル王公は勝手に漢民を募集して蒙地を耕作させ、清朝政府もそれに対して黙認の態度を取り、そして漢民が集中している地方に州・県を設けて管理した。1880年以降、山西の巡撫、黒竜江の将軍と清朝政府の官吏などは相次いで、内モンゴルの各盟旗の土地を開墾して収益を増加させ、辺境を充実する建議を提出した。しかし、重大なことであり、モンゴル盟旗の反対もあったので清朝政府は採択しなかった。1901年5月、「辛丑条約」を準備する際、清朝政府は4億5千万両の巨額の賠償金を集める計画を立てた。「辛丑条約」に正式に署名した後、戸部は賠償金額を各省に割り振り、不足と遅延をしないよう求め、さもなければ、各省の総督と巡撫に問われるとした。[2]

内モンゴル西部の開墾は貽谷の統括の下で統一的に行われた。1902年の春、貽谷は着任後、綏遠城に督営の蒙旗墾務総局を設立し、その後、一部の地方の支局を続々と設立した。各地の開墾の進展は一致しなかった。1902－1905年、チャハルの8旗は基本的に収められ、開墾が終わった。しかし、ウランチャブ盟とイクチャオ盟の開墾は、初めから二つの盟の盟長と各旗ジャサクの一致する反対を受けた。清朝政府は強硬策を取るため、一方では、貽谷を理藩院尚書に封じ、綏遠城将軍を

1．郝維民編『内モンゴル近代略史』内モンゴル大学出版社、1990年、22頁。
2．朱寿朋編『光緒朝東華録』中華書局、1958年、4661頁。

3. 清朝末の辺彊新政及び民族関係に対する影響

兼任させ、彼に各盟旗を直接統轄する権力を与え、他方では、二つの盟の王公、ジャサクに迅速な開墾を厳達し、率先して開墾に反対したアルビン・バーヤールの盟長職務を取り消した。清朝政府の高圧下で、イクチャオ盟各旗は、1903年夏から続々と開墾を始めた。1906年8月、ウランチャブ盟6旗ジャサクも連名で開墾を始めた。1908年までに、開墾反対闘争が最も激しかったウーシン旗を除き、イクチャオ盟とウランチャブ盟の各旗の開墾は基本的に終わった。開墾を推し進める過程で、貽谷は官・民共同経営の二つの墾務会社を設立した。会社は開墾支出を節約し、土地商売人の独占を防止するとのスローガンを掲げて蒙旗土地の放墾（開墾することを許すこと—訳者注）を独占し、民財を搾取した。貽谷が強制的に開墾を推し進めたため、社会矛盾が激化し、モンゴル族各階層の開墾反対闘争が頻繁に起こったので、1908年5月、清朝政府は「貪欲と凶暴で蒙民を残害し、開墾局を破壊した」という理由で貽谷を罷免せざるを得なかった。その後、清朝は他の官吏に委任して開墾を続けたが、効果はあまりなかった。

内モンゴル東部の開墾は比較的順調であった。「一部の蒙旗の王公・ジャサクは早くから人を募集して勝手に蒙地を開墾し、居ながらにして開拓金と土地代の利益を得、また一部の王公・ジャサクは負債を背負ったので、急いで新しい生計の道を求めた。したがって、清朝政府が官営開墾を推し進めた時、一部のモンゴル族の中下層の断固とした反抗があったのを除き、王公上層部からの妨害は西部のように明らかで強烈ではなかったし、各盟旗全体の普遍的で一致した開墾反対行動も現れなかった。[1]」

東三盟モンゴル地域では、清朝初期から多くの流浪民が来て開拓を始め、乾隆年間と嘉慶年間の間には、広大な農区と半農・半牧畜地域が現れた。ジョーオダ盟とゾスト盟は、直隷と遼東の間に位置し、未耕作地

---

1. 郝維民編『内モンゴル近代略史』内モンゴル大学出版社、1990年、24頁。

は広く人は少なかったので関内の漢民が喜峰口、古北口などからこの地域に来て生計を求め、開墾を始めた者は数年間絶えなかった。康煕56年（1717年）、康煕帝は「今現在、古北口で耕作する他地方の内地人は数十万人いる[1]」と言った。これは当時の人口が多かったことを意味している。

　内モンゴル東部盟旗は、都統と東北各省将軍の統轄に隷属されたので、この地域の開墾は事実上、東北のほかの地方の開墾と歩調を合わせていた。1899年、黒竜江将軍・恩澤は、ジャライド旗、ドルボド旗とゴルロス後旗の「地面は広く、大地・地脈は肥沃で、開墾できる農地が実に多い」ので、「モンゴルの未耕作地を開墾し、大金を集め、辺境をしっかりすべきだ[2]」と奏報した。恩澤の奏報は朝廷の許可を得たが、ちょうど義和団運動とロシアの東北占領があったので実施できなかった。1902年、恩澤は命旨にしたがって「黒竜江・ジャライドなどを総理する蒙部荒務総局」を設立し、同時に、人をジャライド旗に派遣して正式に蒙旗開墾事務を始めた。

　内モンゴルの東西両部を総括して、清朝の新政期間に開墾した土地は約10万頃プラス330万垧[3]で、取得した押荒銀（開拓金）は7、8百万両であった。開墾を推進した地域はシリンゴル盟の辺鄙牧場と基本的に農耕化されているゾスト盟などの地域を除き、内モンゴルの殆どの盟旗で普及されていた[4]。

　しかし、東北三省と違うのは、内モンゴルの未耕作地開墾の地方は多いが、外来移民の大規模の成長はなかった。研究によれば、19世紀初

1．中国第一歴史ファイル館整理『康熙起居注』、康熙56年4月13日、中華書局、1984年。
2．朱寿朋編「光緒朝東華録」、前掲書、4478頁。
3．垧とは、土地の面積の単位である。1垧は地方により異なり、東北地方では15ムー、西北地方では3ムーまたは5ムーに相当する。（訳者注）
4．郝維民編「内モンゴル近代略史」、前掲書、26頁。

3．清朝末の辺彊新政及び民族関係に対する影響　　　　　　　　69

頭、内モンゴル地域の総人口は215万、その中のモンゴル族人口は103
万、漢族人口は100万、ほかの民族の人口は12万であり、1912年の
内モンゴル地域のモンゴル族人口は87万、漢民族の人口は約155万で
あった。このように、100年間で漢族人口は55万人増え、平均毎年
5,500人増加した。清朝末、新政期間に内モンゴル地域に流入した漢族
の人口がこの平均値を上回ることを考慮すると、清朝末、新政期間にモ
ンゴル地域に流入していた漢族人口は7万人ぐらいであった[1]。遍く内
モンゴルのすべての盟旗に及ぶ開墾面積に比べると、7万人は確かに大
きな数字ではない。では、どうしてこのような現象が現れたのか。それ
には概ね二つの原因があった。まず、清朝政府が蒙旗開墾事務を推進す
る過程で大量の「耕地開墾」現象が現われた。これに対しては、一部の
基本史料の記載があるが、耕地を「測量」、「整理」する自体が蒙旗開墾
事務の基本内容の一つであった。いわゆる「耕地開墾」とは、すでに農
家がそこで耕作し、居住している土地をいう。したがって、開墾、測量、
整理した「耕地開墾」が多いからと言って、その時多くの移民がそこに
来ているとは限らない。次に、清朝末の蒙旗開墾事務は一般的に「報
墾」、「丈放・招墾」[2]と「報竣」などの手順に分けられた。いわゆる「報
竣」とは、その地域の土地をすでに一定の価格で納めて受け取っている
ことをいう。その土地を実際に開墾しているかはこの手順に含まれない。
したがって、どれほどの土地を「報竣」したかは実際にどれほどの土地
を開墾したかを説明しないし、それに相応した数の内地の漢民がそこに
移住してきたことを説明することもできない[3]。

1．趙雲田編『20世紀初頭の中国辺彊清末新政研究』黒竜江教育出版社、2004
　　年、162頁。
2．「丈放」とは、土地の払下げを指している。つまり、官有地を個人や団体が
　　購入する手続きを指している。「招墾」とは、人を募集し、食料を与えて開墾
　　させることを指している。（訳者注）
3．汪炳明「『蒙地開墾』なのか、それとも『移民実辺』なのか」、『モンゴル史
　　研究』（3集）、1989年。

新政期間に内モンゴルの漢族移民の著しい増加はなかったが、その時期の「モンゴル荒地開墾」により、200年続いた漢族人口のモンゴル荒地開墾の行為を正当化したところにその意味がある。清の時代の蒙地に対する封禁政策は、新政の推進につれて徹底的に打破されたからである。

新疆は清朝前期にオーロト・モンゴルに占領され、内乱が頻発し、人民が安心して生活できなかったので、内地人はあまりそこに移住しなかった。乾隆帝が新疆を統一した以降、新疆東部と北部屯田に一部の漢民が移住し始めたが、その人口は多くなかった。1862年以降、その人数は90余万から110余万人の間を記録していた。1865年、中央アジアのコカンド・ハン国のヤクブ・ベクが南疆に侵入し、1871年にはロシアがイリを占領したが、その後の1877年に左宗棠が軍を率いて失った新疆の大部分の土地を回復した。長年にわたる動乱と戦火により、新疆の至るところで戦争・災害の傷跡が見られ、人口が大量に散逸した。清朝政府は統治を固め、秩序を安定させるため、1884年に新疆に省を建て、同時に一連の措置を採択して経済を回復し、人を招き寄せた。

清朝が新疆へ出兵し始めた頃、ハミ、古城、バルクルなどの地域で屯田を行った。西征各軍から削減された老弱兵勇は「屯丁」となり、すでに結婚して新疆に残ることを望む者には役牛・農具と種を貸してあげ、土地を分け与えて開墾させ、収穫した食糧でそれを返済させた。ヤクブ・ベクに占領された領土を回復した後、清朝軍はすぐ西の方向に進むことを強要された各地の農民数十万人を本籍に回復させ、役牛・農具と種を貸して彼らを復業させた。ヤクブ・ベクの統治を避けてあちこちに退散していた各民族の遊牧民も続々とその場に戻ってきた。1878年までに、格勒都斯草原だけでも戻って来たモンゴル遊牧民が1万人余りいた。イリ奪還後から1883年までに、イリ以外に流散していたソロン

1.「屯田」は、兵士に新しく耕地を開墾させ、平時は農業を行って自らを養い、戦時には軍隊に従事させる制度、またその場所や地域を言う。(訳者注)
2.「屯丁」は、屯田を行う人を指している。(訳者注)

3．清朝末の辺疆新政及び民族関係に対する影響 71

人、シベ人、オイラート人4、5万人を帰還させた。[1]1887年に清朝政府
は「新疆屯墾規程」を制定して、親子が共に働き、あるいは兄弟が同居、
あるいは仲間と組んで2人を1戸とし、戸別に60畝の土地を与え、官
庁が種を貸し、貸し借りを優待するようにした。同時に各地の農民の新
疆での「移民実辺」を奨励するよう各省の督撫に咨文を以て問い合わせ、
確かめた。規程が公布されてから間もなく、現地と外来人1,090戸が開
墾を申し込んだ。その後、零細に入ってきた移民が計り知れないほど増
え、更には家族をつれて入疆する者もいた。例えば、1895年、1896年
に西寧の数千人の回族が家族をつれてイリの綏安県とロプノール、キャ
リック一帯に入った。1899年、甘粛から新疆に毎月3、4百人、または
1、2百人のペースで回族が絶え間なく入り、山東、直隷から遠くまで
来た難民は「何千何万人」に達した。ほかに、以前帝政ロシアの略奪に
よって追い出されていたイリのウイグル族、回族農民が続々と戻って来
て定住を始めた。清朝前期に制定した内地犯人の新疆への流刑制度は同
治年間に一時停止されたが、1884年後、それと現行の屯墾募集を結合
して開墾に参加する犯人の安置方法を制定し、新疆に人口を移住させる
一つの源となった。[2]

　様々な形式の招き寄せにより、新疆の人口は徐々に増えた。1887年
の調査報告によれば、鎮迪、アクス、カシュガル3道の人口は266,959
戸、1,238,583人であり、その内、漢族は16,754戸、66,441人、回族
は8,065戸、3,3114人、ウイグル族は246,180戸、1,132,250人、その
他が1,522戸、6,777人であった。伊塔道の数字を含めない状況で、人
口総数が道光の中葉頃の数字を超えた。1909年前後までに、人口は40

1．新疆社会科学院民族研究所編『新疆略史』（二）、新疆人民出版社、1980年、
　241－43頁。
2．馬汝珩、馬大正編『清代の辺境政策』中国社会科学出版社、1994年、121頁。

万戸、約200万人に達し、清朝以来の人口統計数の最高記録を残した。[1]

　1888年と1904年の2回にわたる英軍のチベット侵攻は、清朝に大きな打撃を与えた。1889年、光緒帝は「四川を保護し、チベットを守る」というスローガンを打ち出し、英軍が第二次チベット侵攻戦争を発動した後、清朝政府は鳳全を駐蔵代理大臣に任命し、四川とチベットの管理を任せた。鳳全の四川とチベットでの「移民実辺」は屯墾を中心として展開された。しかし、彼は現地に赴任されて1年足らずのうちに、反対勢力の抵抗による「巴塘事件」で殺害された。[2]鳳全の後、趙爾豊が四川・雲南の辺務大臣に任命された。彼が取った「移民実辺」措置は次の通りであった。(1) 内地農民のチベットでの屯墾を募集し、主には中くらいの程度の家産をもつ農家を奨励し、政府が移住を支援した。もしある程度の家産をもつ人が移住を拒む時は、募集に応じる貧困農家を更に優遇した。(2) 屯墾に行く農家が家庭、家具、農具を持参するよう奨励した。種は政府が配給した。開墾農家が初めに来た時、政府が雑穀を配備して食糧の問題を解決し、フェルトと衣類を発給して極寒に装備させた。(3) 外国の開墾経験を学んで、タルツェドに招待所を設立して開墾農民を接待した。(4) 開墾農民をそれぞれタルツェド、ニャクチュ、ダパパ、チャクテン、バタン、マルカム、タンゴ、カンゼなどに安置した。(5) 開墾農家は、能力の限りで自ら開墾を決め、仕事に慣れた後、開墾した土地は開墾戸の産業とした。産量によって食糧を納め、土地代は納めなかった。(6) 独身兵士とチベット女性の通婚を奨励し、土地の分配や生活の面で優遇した。[3]これらの措置も一定の成果を上げた。

　広西とベトナムは山河がつながり、歴史上からみても人口が過疎で

1．馬汝珩、成崇德編『清朝辺境開発』(上)、山西人民出版社、1998年、167-168頁。

2．任新建「鳳全と巴塘事変」、『中国蔵学』、2009年第2期。

3．馬汝珩、馬大正編『清代の辺境政策』中国社会科学出版社、1994年、123頁。

3. 清朝末の辺疆新政及び民族関係に対する影響　　73

あった。中仏戦争の前に、ベトナムは清朝の従属国として中国南西のバリアであったが、戦後、フランスの植民地に転落した。それで、中仏戦争の後、広西はフランスの侵略の脅威に直面し、自然に清朝政府が推進する「移民実辺」地域の一つとなった。

　削減された兵勇をその地域で開墾させるのが、広西の「移民実辺」の主な措置であった。中仏戦争の間、広西は大量の兵勇を募集し、戦後は大量に削減した。光緒13年（1887年）5月までに、実際3万余人の兵勇を削減した。これらの削減された兵勇に、清朝政府は一年の賃金と糧食を発給して彼らを改業させた。しかし、政府の財政上の困難と官吏のピンハネにより、これらの賃金と糧食は全額支給されなかったので、削減された兵勇は職に就けず、放浪せざるを得なかった。そのため、広西当局は開墾規程を制定して、「沿辺の未開拓地百数十か所を予備調査して千余戸を安置させ」、「開墾者には、調査して計口授田[1]を行い、家屋を立てる資金を与え、役牛と農具を発給して耕作を命じた。そして、収穫する前に、塩米の量と編保甲法に基づいて連座と結びつけ、牌長を選んで専任させ、監査を便利にした。[2]」この政策は、放浪する兵勇に活路を与え、内地の大量の民戸を吸引してその地に転住させた。

　ほかに、将兵家族の住宅を解決し、農具、役牛などを提供することを通して、将兵家族の辺境での定着を積極的に奨励した。家屋と市場を建設して辺境民と外地人の居住と商売を積極的に奨励した。広西に残ろうとするベトナム難民に対しては、生産と生活に必要な道具を提供し、彼らの開墾と安住を支援したので、多くの人口が広西の中越国境地域に定住した。[3]

　移民の大量転入は、桂西南沿辺一帯の人口の空白を埋め、地元の経済を活躍させた。当時の辺境要塞であった大連城は、「元々古い未耕作地

1．「計口授田」とは、人口に応じて土地を分配することを指している。（訳者注）
2．戚其章編『李秉衡集』齊魯出書社、1993年、81頁。
3．熊春雲「清末桂西南地区の移民実辺」、『中国辺境史地研究』、2004年第1期。

であり、車輪と馬蹄が疎らで、戦乱以降、もっと荒涼となり、草木が雑乱し、人跡が少なかった。」しかし、「移民実辺」を通して大連城は、「多くの家の煙と火……内地の賑やかな雰囲気のある」辺境の繁華な都市に変貌した。

「移民実辺」と直接関係する新政措置は辺疆行政体制の変革であった。「因俗而治」は中国の政治の伝統であり、清王朝は辺境の民族地域で同じようにこの伝統を受け継いだ。漢民が封禁を破って蒙旗に進入し始めた時、清朝政府は漢民居住の辺境地域に生け花のように庁、府、州、県などの機関を設立して一種の旗民分割統治、蒙・漢分割統治の統治構造を形成した。清朝末の「移民実辺」政策が普遍的に推進された後、大量の漢民が民族地域に進入するにつれて、現行の行政制度を改革あるいは調整せざるを得なかった。

長期にわたり、清朝が奉天、吉林、黒竜江などの地域に設立した「将軍」は東北地方の最高軍政長官であった。将軍の下に八旗制と州・県制の2種類の管理体制を実行し、前者は満族事務を管理し、後者は漢人の事務を管理した。清朝中期以降、大量の漢民が東北、「旗、民」の雑居地に進入し、それぞれ異なる統制機構に属され、2種類の体制が日常事務を処理する過程で常に矛盾が発生した。したがって、19世紀70年代の半ばから清朝は東北三省の官制に対して一連の改革を行ったが、封禁政策の存在と対応してまだ旗民分割統治体制の根本に触れることはできなかった。1905年、東北での新政の推進につれて、特に「移民実辺」政策の強力な推進により、完全な行政改革も次第に開始された。当年、清朝は盛京の礼部、刑部などの5部を撤廃し、盛京の副都制度を終わらせた。黒竜江将軍の許可を経てチチハルなど4つの専城の副都統を撤廃し、黒竜江省の旗、民二重行政体制を部分的に取消しした。1907年

---

1. 因俗而治とは、少数民族の風習や民俗によって彼らを統治・管理するという意味である。（訳者注）

3．清朝末の辺疆新政及び民族関係に対する影響　　　　　　　　　75

に、清朝政府は盛京将軍を東北三省の総督に代えると発表し、盛京、吉
林、黒竜江の3将軍を撤廃し、奉天、吉林、黒竜江の3つの行省を改
設した。3将軍衙門の戸、礼、兵、刑、工の5司と3省の民署衙門の各
局を合併した。各省の公署に承宣、諮議という2つの機関と交渉、旗務、
民政、提学、度支、勧業、蒙務などの7司を設立した。旗の民事権を
統一するために、東北三省の巡撫は皆副都統を兼任した。行省公署内の
各庁・司の役人編制は満・漢官位比率の制限を打破して満、漢を問わず、
才能で任用した。三省外城の副都統の官などが高すぎて地方行政の支障
となったので、続々と各城の副都統衙門を廃止すると決め、府、庁、州
の地方行政官署をその代わりにして民官体制を重んじた。これは東北の
八旗軍署統治の終わりと道・府・庁・州・県の民治体制の確立を意味し、
2百余年にわたる東北の旗、民二重行政体制を廃除した。[1]

　清朝が内モンゴルで長期にわたって実行したのは蒙・漢分割統治制度
であった。旗、県が交わる地域の蒙・漢民は旗、県の管轄に分けられて
互いに統轄、隷属されなかった。しかし清朝末以来、蒙旗に対する一部
の駐屯防衛将軍都統の轄制権はある程度すでに地方州・県に委譲された。
1905年以降、清朝政府はモンゴルの経営策を全面的に企画した。1907
年、東北が行省制に変更された後、東北三省総督の下には蒙務局を設置
し、奉、吉、黒の3省には蒙務司を設置して管轄蒙旗の経営、轄制事
務を任せた。蒙地開墾が徐々に推進されるにつれて、内モンゴル地域の
直接管轄と軍政統治を強化するために、清朝政府は地方州・県を大量に
増設した。例えば、内モンゴル西部の武川、陶林、東勝、興和、五原な
どの庁、東部のジョーオダ盟境内の林西、開魯2県、ゾスト盟境内の
阜新、綏東、建平などの県、ジェリム盟境内の洮南府、遼源州と靖安、
開通などの10の庁・県、フルンボイル境内の臚浜府、フルン庁などで
あった。「モンゴル運営」を急げるために、昌図府、洮南府に洮昌兵備

1．薛虹、李澍田編『中国東北通史』吉林文史出版社、1991年、517、518頁。

道を設立した。清朝政府のモンゴル改制の核心的な内容は、モンゴル地域に州・県を設立し、行省を建て直し、元の間接統治を直接統治に変えることであった。1905年から、各地の将軍大臣がモンゴルでの行省の建て直しの主張を奏請したが、辛亥革命の爆発により、清朝政府が内モンゴル地域で州・県を設立し、行省を建て直す計画は実現されなかった。しかし、その後の北洋軍閥と国民党政府の特別区、行省設置のために基礎を築きあげ、条件を創造してくれた。[1]

　1877年から、左宗棠は何度も新疆で省を建てる問題を提出したが、イリの未回復で許可されなかった。1882年、左宗棠の後任として勅使に任命され、新疆軍務を監督した劉錦棠は省を建てるための具体的な案を提出し、省の所在地を迪化城にした。省の所在地には巡撫という官職を設け、陝甘総督の節制を受けた。下に鎮迪道、アクス道、カシュガル道という3つの道を設けた。道の下には府、庁、州、県を設けた。イリには将軍を設置したが、全疆軍務を総管するのではなく、イリ・チョチェク国境だけを管理し、チョチェクに副都統という官職を増設した。この方案は吏部、戸部の同意を得た後、清朝政府が執行を許可した。その後の調整と増設を通して、1902年までに全疆では鎮迪道、アクス道、カシュガル道、伊塔道など4つの道を設け、その下に6府、10庁、3州、23県と分県を置いた。[2]新疆での省の設立は地方の割拠勢力を弱体化させ、国内の他の各省行政制度との統一を実現し、同時に他の各省人民との往来を妨害する障壁を解消して各民族の交流と国家の統一に便利をもたらした。

　桂西南地域は「移民実辺」後、絶え間ない人口の増加につれて行政制度も次第に増改された。例えば、1886年に帰順州を直隷州に昇格させ、小鎮安庁を鎮辺県に改置し、雷土州と共に帰順直隷州に隷属させた。

1．郝維民編『内モンゴル近代略史』内モンゴル大学出版社、1990年、28頁。
2．新疆社会科学院民族研究所編著『新疆略史』（二）、新疆人民出版社、1980年、247、248頁。

3. 清朝末の辺疆新政及び民族関係に対する影響　　　　　　77

1887 年に太平帰順道を設立し、1892 年には太平思順道を設け、凭祥土州を弾圧に変え、1910 年にまたそれを凭祥庁に改置した。[(1)]

「移民実辺」及びそれに伴って発生した行政体制の変革は、中国民族分布の雑居化、散居化の構造形成中の重要な一環であった。「移民実辺」は東北、新疆などの地域の漢族人口を急増させ、内モンゴルなどの地域への漢族人口の進入に政策的保障を提供し、その意味は、当時の漢民族人口がどれくらい入ったかを遥かに超えていた。桂西南のような辺縁地帯への大量の漢人の進入は、現地の民族的構造を大きく変えた。いわゆる「旗・民分割統治」と「蒙・漢分割統治」の行政体制の打破は、歴史上清朝が実行した民族隔離政策に対する革命であり、漢族との同化を恐れて清朝政府が樹立した民族堡塁は、最終的に経済と社会発展規則の鉄槌によって破れた。

勿論、「移民実辺」以外に、清朝末の「新政」も経済と社会の幅広い領域に及んでいた。これらの領域での「新政」もある程度辺疆で推進された。

チベットの「新政」は、1906 年に清朝が張蔭棠を五品京堂候補としてチベットに派遣した時から始まった。張蔭棠はチベットの開発問題で実際に現れる効力や効果を取得してはいなかった。しかし、彼はチベットの歴史上で初めて当時にとっては最も全面的で、最も深刻で、最も先進的な開発案を提出し、それはある程度、画期的な意味を持っていた。[(2)] そして張蔭棠以後、チベットの新政で聯豫の功績が多かった。例えば、彼は張蔭棠とともに中国初のチベット語新聞・『チベット白話報』を創設した。1907 年にチベットで漢文とチベット語の伝習所を 1 カ所ずつ創設し、漢人の若者 10 余人を派遣して専門にチベット語を勉強させ、チベット人の若者 30 人を派遣して専門に漢文を勉強させた。これはチ

---

1. 熊春雲「清末桂西南地区の移民実辺」、『中国辺境史地研究』、2004 年第 1 期。
2. 馬汝珩、成崇徳編『清朝辺境開発』（上）、山西人民出版社、1998 年、243 頁

ベットの歴史上、最初に設立された新式学堂であった。1909 年 2 月まで
でに、チベット地域では 16 カ所の学堂を設けた。聯豫の学堂運営は前
蔵（チベット中央部のラサ地方）から始まり、その後、徐々に後蔵（チ
ベット南部のシガツェ地方）の靖西、達木、山南などの地域に広がり、
チベット教育の立ち後れ状況の改進に良好な効果を果たした。1908 年、
聯豫はチベットで陸軍小学堂を設立し、四川から指導員を派遣して漢
族・チベット族の生徒数十人を訓練させた。聯豫の主導により、チベッ
トではラサからギャンツェ（シガツェ市の県の一つ）までの約 30 里の
電線を敷設した。1911 年、ラサ、チャムド、シガツェ、西格孜などの
地域に郵政管理局、二等郵便局と郵便代理所を設立した。[1]

　新疆の「新政」は、新建陸軍を編成して訓練する以外に、「実業の奨
励」と新しい学堂の創設で成果を上げた。近代農業を発展させるため、
光緒帝後期に新疆を治めた官吏たちはいずれも「農林開設」と「農・牧
併務」を提唱した。光宣年間、新疆各地では農林実験場、農林講習所、
初等実業学堂、蚕桑実業学堂と水利会社などを開設した。工業の面では、
一方では人をロシア、ドイツなどの国に派遣して学習・考察させ、他方
では新式の鉱業企業を開設し、この時期に現れた独山子石油採掘場、イ
リの製革企業などは新疆の近代民族工業の先駆となった。学堂創設の面
では、1907 年から学堂建設が全省の範囲で展開され、1910 年末までに、
各種の学堂 600 余所を建設した。その分類からみれば、普通教育機構
として、高・初二等学堂、半日学堂、漢語学堂、簡易識字字塾などが設
けられ、特別教育機構として、法政学堂、陸軍小学堂、巡査学堂、武官
学堂及び中ロ塾（ロシア語専門学校）などが設けられ、実業教育機構と
して、紡織学堂、蚕桑学堂、鉱学堂、織毛製革学堂、初等農業学堂、初
等工業学堂などが設けられた。ほかに、異なる民族を対象とする満営学

1．馬汝珩、成崇徳編『清朝辺境開発』（上）、山西人民出版社、1998 年、248
　－ 251 頁。

3. 清朝末の辺彊新政及び民族関係に対する影響 79

堂、回部学堂及び纏師範学堂などを創設した。これらの学堂創設の活動
は新疆近代文化教育の風潮の先鋒となり、その功績は抜きん出ていた。[1]

　新政期間、内モンゴル地域は交通や商工鉱業、新式学堂創設の面でも
一定の成果を収めた。カラチンのジャサク・グンサンノルブなどは、何
度もモンゴル地域の鉄道建設を奏請し、殆どは計画に止まったが、完成
された京張鉄道と京奉鉄道は内モンゴルの経済発展に積極的な役割を果
たした。清朝末の新政期間、内モンゴルの昌図、遼源、トウ南、赤峰、
帰化城（フフホト）、外モンゴルのアルタイ、ホブド、ウリヤスタイ城
に電報局（所）を新設し、多くの地方に郵便局（所）あるいは文報局を
設立した。1904 年に、綏遠城将軍・貽谷が工芸局を設立して手織り絨
毯とラム・シープを生産し、1905 年に、帰綏兵備道の胡孚臣が帰化城
毛紡工芸局を創設して主に織り毛布と色染めなどの生産に従事した。ほ
かに、ドロン庁工芸局が設けられ、専門に毛布を生産した。1906 年、
ゴルロス前旗ジェリム盟長・和碩親王・斉克慶が漢族商人と合資して、
内モンゴル東部にダブスノール・アルカリ工場を建設した。一部の重要
な金鉱、銀鉱と石炭鉱、例えば、轉山子金鉱、土槽子銀鉱、甘河石炭鉱
などを採掘、準採掘した。これらの企業は、一部は官営、一部は商営、
一部は官・商共営であり、すでに近代的企業の性質を有していた。[2]実業
創立などの新しい事物の出現に伴い、体制・制度を改めようとする世論
と思潮が社会全般に蔓延した。1904 年、新疆・モンゴル郡王・パルタ
は「モンゴル新政事柄に関する処置 12 条」を提出し、モンゴル各部の
学堂創設、鉱産開発、近代技術の創設を主張した。1908 年、内モンゴ
ルのカラチン右旗郡王・グンサンノルブは「敬陳管見 8 条」[3]を提出し、
銀行の設立、鉄道の建設、鉱山の開拓、新建陸軍の訓練、巡警の開設、

1．馬汝珩、成崇徳編、前掲書、186 頁。
2．趙雲田編著『清末新政研究 20 世紀初めの中国辺彊』黒竜江教育出版社、
　2004 年、164、165 頁。
3．「敬陳管見」とは、狭い見識を述べさせていただくということである。(訳者注)

教育の普及などを主張した。1910年、ジェリム盟ホルチン左翼前旗賓図王・ゴンチクスレンが「蒙旗の創設・改廃などの事柄の処置に関する提案書」を進呈し、教育の振興、蒙旗の武装訓練、択地の開墾、至っては「宗教の取り締まり」などを主張した。このような奏報、意見書の提出による社会的な影響はモンゴル社会に対しても同様に革命的であった。

　清朝末、辺境民族地域での新政の実施は、その目的が不安定の帝国統治を維持するためであり、達成した成果も非常に限られていたが、これらの措置、特に近代的な意味での実業、交通と新しい教育の開設は、間違いなく民族地域の閉鎖的な社会構造に近代文明の風を吹き込み、これらの地域の近代社会への転換に積極的な役割を果たした。同時に、辺境民族地域を辛亥革命から始まった中国の民族国家構築に組み入れるために経済的及び文化的支柱を与えてくれた。

　これと同じく意義を有していることは、「移民実辺」が推進した民族構造の大変動以外に、辺疆での新政が民族関係に与えた影響は直接的であったということである。封禁政策の事実上の失敗に伴い、新政措置の一部として、清朝政府も漢族と少数民族間の交際の限界を完全に破った。1910年9月、清朝政府は理藩部のモンゴル事務を準備するために、先例を適宜に変通すべきであるという建議を許可すると発表した。その主な内容は、すでに開墾を始めた盟旗での漢民の蒙地賃借を許可し、漢・蒙間の田と畑、財産と住宅の抵当・売買を許可した。蒙・漢間の通婚を許可するだけでなく、それを奨励し、「蒙・漢通婚者」には各地の官吏が「花紅（結納）を送って奨励した」。「モンゴルでの漢文使用禁止の各条例を変通して」漢人教師、書吏の招聘禁止、上申書、公文書の漢文書き禁止、漢文命名の禁止などの旧例を廃止し、「今は、彼らの無知と風俗の不変を心配するので、漢文・漢字の学習と使用を禁止する理由がない」と言った。また、清朝政府はいわゆる憲政を推進し、地方審議局を設立する時、蒙旗の人に対しては「漢語に精通している」者だけに選挙権と被選挙権があると明確に規定し、満・蒙文字だけに通じる者は「文

3. 清朝末の辺疆新政及び民族関係に対する影響　　　*81*

章の意義を知らない」者として見なした。この政策は行き過ぎであるという感じもするが、清朝政府が長期間実行してきた民族隔離政策とその消極的な影響に対しては転覆的であったに違いない。[1]

---

1. 郝維民編、前掲書、29 − 30 頁。

第2章　中国民主革命と民族主義

1．中国民主革命と民族主義の共生

　世界近代史の一つの重要な特徴は資本主義の民主革命と民族主義の共生であり、両者は常に離れない状態で時間の流れに伴ってその関係も一層明らかになっていた。民族主義はアメリカの独立戦争とフランスの大革命後、疾風怒涛の如く欧米各地を急襲し、アジアとアフリカに衝撃を与えることで激しく世界を揺り動かした。まさに、レーニンが指摘した通り、「世界範囲で資本主義が封建主義に徹底的に勝ち取る時代は、民族運動と結びついた時代[1]」であった。これは一つの普遍的な現象であり、世界近代史の一部分を占める中国の民族革命も言うまでもなくそのような特徴から逃れることができなかった。毛沢東も「中国の反帝国主義・反封建主義のブルジョア階級民主革命は正確に言うなら孫文から始まった[2]」と認めていた。孫文はまさに中国の民族主義運動の積極的な唱道者であり、皆が認めるリーダーであった。孫文は一生をかけて三民主義のために奮闘し、その第一歩として民族主義を掲げていた。孫文革命の後継者であると自称する蒋介石の国民党が一貫して掲げていた看板も民族

1．レーニン「民族自決権を論ずる」、『レーニン選集』二巻、人民出版社、1995 年、370 頁。
2．毛沢東「青年運動の方向」、『毛沢東著作選読』上巻、人民出版社、1986 年、298 頁。

主義をはじめとする三民主義そのものであった。中国共産党は一般的に
自分の主張が民族主義であると言っていないが、その性質から言うと、
共産党が指導する新民主主義革命は依然としてブルジョア階級の民主革
命であり、その革命の目的は相変わらず封建主義及びすでに資本主義発
展の障害物となった帝国主義の圧迫を覆すことであった。

　これは民主革命の後期、毛沢東が数多くの論述の中で繰り返していた
論点であり、中国共産党も中国革命の目標、対象、性質などが、いまだ
模索段階の第一次大革命時期にあたっているという明確な認識を持って
いた。1926年、中国共産党中央が中国国民党員へ出した一通の手紙の
中でも、「中国のプロレタリア階級運動は始まった頃から濃厚な民族運
動の傾向を有し、また民族運動に直接参与する[1]」と示していた。した
がって、中国の民主革命は旧民主主義の革命、新民主主義の革命を問わ
ず民族主義的な性質を有していた。中国の民族主義は、近代の世界民主
革命史において重要な地位を占めているだけでなく、自分特有のはっき
りとした特徴も持っていた。

　中国民主革命の民族主義的な性質は、中国革命の対象、さらに言うな
ら中国近代の社会性質によって決められていた。20世紀の20－30年
代、中国の思想界で行なわれた中国社会性質をめぐる議論の中で、中国
は半植民地・半封建社会に属しているという論点が出てきた[2]。早速、こ
の論点は中国共産党人によって受け入れるようになった。毛沢東は『中
国社会各階級の分析』、『中国革命と中国共産党』、『新民主主義論』など
の著作を通して、中国社会の主要矛盾について詳細な分析を行なった。
また、帝国主義と中華民族の矛盾、封建主義と人民大衆の矛盾は近代中
国社会における主な矛盾であると論じ、帝国主義と中華民族の矛盾はま

1．「孫さんの逝去一周年に際して中国共産党中央が中国国民党員へ告げる手紙」
　（1926年3月12日）、中央ファイル館編『中国共産党中央書簡選集』（1926年）
　中国共産党中央党校出版社、1982年、42頁。
2．兪祖華編『中国現代政治思想史』山東大学出版社、1999年、473－475頁。

1．中国民主革命と民族主義の共生　　　　　　　　　　　　　　　　　85

さに様々な矛盾の中で最も主要な矛盾であると指摘した。したがって、中国革命の主な対象と敵はそれぞれ帝国主義と封建主義であり、そのうちの帝国主義は中国人民の第一の凶悪な敵であった。以上のように、「帝国主義と中国の封建主義が結託して中国を半植民地、植民地へと変えた過程は、中国人民が帝国主義とその手先に抵抗した過程でもあった。アヘン戦争、太平天国運動、中仏戦争、中日戦争、戊戌変法、義和団運動、辛亥革命、五・四運動、五・三〇運動、北伐戦争、土地革命戦争、今日に至る抗日戦争は、すべて帝国主義及びその手先に服従せず、粘り強く戦った中国人民の抵抗精神[1]」を現していた。この民族革命闘争はまた、同時期とその前後の世界民族主義と一致する運動でもあった。

　当時、中国の社会問題に対する討論には様々な不一致が存在した。しかし、人々はアヘン戦争以降の中国社会の情況と性質については共通の認識を有していた。つまり、長い間積み重なってきた貧困と無力が原因で、帝国主義列強たちの俎上の肉となり、「亡国亡族」の民族的危機に置かれているという認識であった。抗日戦争の際、「戦国策」派の中心人物であった林同済は中国そのものを、「昔のアヘン戦争から一貫として完全に民族生存の問題であり、すべては手段であり、民族の生存は目標である[2]」と指摘した。孫文も当時の中国を「完全な植民地よりワンランク下」の「亜植民地」であると述べながら、中国を救うことを目的とする彼の三民主義を「救国主義」であると次のように言いくるめた。「三民主義とは何であろう。最も簡単な定義で言うなら、三民主義とは救国主義である。……では何を以って三民主義は救国主義であると言うのであろうか。それは、三民主義は中国の国際的地位の平等、政治的地位の平等、経済的地位の平等をもたらし、それによって中国を永遠に世

１．毛沢東「中国革命と中国共産党」、『毛沢東選集』四巻合本、人民出版社、1969 年、595 頁。

２．林同済「ここ二十年間における中国思想の転換」、『戦国策』2 巻 17 期（1941年 7 月）。

界に存続せしめるからである。」[1]

　根本的に言うならば、民主革命は資本主義の発展問題を解決するものであった。封建的土壌の上に芽生えた資本主義的な要素は古い生産関係に拘束され、封建的専制統治に邪魔された。一方で、先進的な生産力を代表する資本主義の発展は、必然的に封建的な生産関係を突き破り、そのような生産関係を維持、支えている専制政治を解除するものであった。これはまさにブルジョア階級の民主革命が解決すべき基本的な問題であった。しかし、真っ先にブルジョア階級革命を完成した欧米諸国は、歴史的発展の不均衡や資本の本質によって帝国主義へと歩みだした。彼らはもう国内資本の発展と利益に満足せず、先人によって発展した近代的な技術と暴力を借りて、立ち後れている国家・民族に対する搾取・略奪を行ない始めた。ゆえに、資本主義の発展及びグローバルな拡張はまさに、世界範囲での植民地、半植民地を出現させた。帝国主義によって世界は二大陣営、つまり圧迫民族と非圧迫民族に分けられると言ったレーニンの指摘は、まさにこうした現象を指しているだろう。欧米帝国主義は資本によって発達したが、立ち後れている国家・地域への拡張はその地域の資本主義の発展を阻むことになった。また、植民地と半植民地の立ち後れ現象の存在が彼らに安値の材料、労働力の略奪を保証し、彼らの商品や資本の順調な輸出を保障してくれた。したがって、近代歴史の過程に置かれている植民地・半植民地人民の資本主義民主革命の完成には、必然的に民族革命の使命が伴っていた。つまり、封建的な生産関係や専制統治を覆す過程で、こうした生産関係と統治を維持しようとする外来の帝国主義勢力と闘うべきであり、もしくは最初にまず帝国主義勢力と戦う必要があったかもしれない。これは近代歴史上、民主革命が常に民族運動あるいは民族主義と共生する一般的な規則であった。

1．孫文「三民主義・民族主義・1講」(1924 年 1 月－ 8 月)、『孫文全集』9 巻、中華書局、184 頁。

1．中国民主革命と民族主義の共生　　　　　　　　　　　　　　　　87

　中国近代社会の情況について毛沢東は、「中国革命と中国共産党」の
中で綿密な分析を行なった。彼によれば、中国に対する帝国主義の侵略
は、中国の封建社会を解体し、封建社会を半封建社会に変えた。しかし、
一方では中国に対する残酷な支配を行ない、独立の中国を半植民地と植
民地に転落させた。外来資本主義の侵入は中国の封建社会的な自給自足
の自然経済基礎を余程破壊し、都市部の手工業と農民の家内制手工業を
破壊することで、客観的には都市・農村部の資本主義経済の発展を促し
た。しかし、帝国主義列強の中国侵入の目的は、封建的な中国を資本主
義の中国へ変えることではなく、自分たちの商品市場及び原料産地にす
ることであった。したがって、あらゆる手段を尽くして中国の封建勢力
を扶助し、封建主義的な経済システムを維持しようとした。

　さらに、帝国主義の国々は一連の不平等条約を通して中国から様々な
特権を奪い、中国の政治、経済、文化及び軍事を支配し、中国の主権を
奪い取った。帝国主義の間の争奪、特に中国人民の抵抗により、全体的
にみると、帝国主義列強は中国を直接支配下の植民地にすることができ
ず、中国の封建的統治者と結託、あるいは彼らを扶助することで中国人
民を統治・搾取する道具として利用しようとした。中国の封建統治者も
彼らの統治を維持するため、自ら進んで帝国主義に頼り、走狗となった。
このように、「近代の中国社会の主な矛盾は、帝国主義と中華民族の矛
盾、封建主義と人民大衆の矛盾であり……帝国主義と中華民族の矛盾は
様々な矛盾の中で最も主要な矛盾」となった。したがって、中国現段階
での革命の主な対象あるいは敵は、「まさに帝国主義と封建主義であり、
帝国主義国家の資本階級と中国の地主階級である。現段階の中国社会の
中で、中国社会の発展を阻み、圧迫している主なものは他でもなく、ま
さにこの二つの集団であるからだ。両者は手を組んで中国人民を圧迫

1．毛沢東「中国革命と中国共産党」、『毛沢東選集』四巻合本、人民出版社、
　1969 年、591 － 600 頁。

した。その中で、民族に対する帝国主義の抑圧は最大のものであるため、帝国主義は中国人民の第一の凶悪な敵である。」したがって、中国革命の任務は「言うまでもなく、主にこの二つの敵を打撃することである。つまり、対外的に帝国主義の抑圧を覆す民族革命と対内の封建地主の抑圧を覆す民主革命である。その中で、最も重要な任務は帝国主義を覆す民族革命である。中国革命の二つの任務は相互関連しており、帝国主義が封建地主階級の主な支持者であるため、帝国主義の統治を覆さない限り、封建地主階級の統治を消滅することはできない。一方、封建地主階級は帝国主義の中国支配の主な社会基礎であり、農民は中国革命の主力軍である。もし、農民を援助して封建地主階級を覆さなければ、中国革命の強大な隊伍を作り上げて、帝国主義の支配から逃れることができなくなる。以上のように、民族革命と民主革命の両者の基本的な任務は相互区別しながら相互統一するものである。」毛沢東はこの文章を書いた時点ですでに中国革命の二つの側面、つまり、反帝国主義と反封建の任務及び両者の関係について詳しくはっきりと指摘した。ここで、帝国主義に反対する「民族革命」はまさに民族主義であり、それは中国民主革命の二つの任務の中の一つであるだけでなく、二つの主要矛盾の中の「最も主要な矛盾」でもあった。

　民族主義に対する理解にはマイナス的な一面もあった。歴史及び現実の中で、自民族利益を維持・獲得しようとするすべての主張・行動はいずれもそうであった。具体的な例としては、国内の民族矛盾の中で言う「大民族主義」や「地方民族主義」、マルクスが指摘した「ローマとギリシャは民族主義によるもの[1]」などを挙げることができる。しかし、厳しく言うなら、民族主義はブルジョア階級革命の産物である。ブルジョア階級の封建主義に対する反対闘争の中で、個人の「自由」は民族の「集

1．中国社会科学院民族研究所編『マルクスとエンゲルスの民族論』（上）、民族出版社、1986 年、45 頁。

1. 中国民主革命と民族主義の共生   89

団自由」にエスカレートし、個人の「自治」及び「自決」は集団の「民
族自治」と「民族自決」と変わってきた。また、統一的な資本・市場を
構築し維持するため、国家単位となる政治的なアイデンティティを形成
させ、「民族」概念と政治的なアイデンティティとを関連させた。その
結果、民族は神聖で、民族の利益は最高のものであるという観念を作り
出した。「人類は自然に様々な民族に分けられ、それぞれの民族は政治
組織の厳密な単位にならなければならない。……各々の民族が自分の国
家を所有し、独立的な地位を所有しなければ、人類はいかなる美しい境
遇も得ることができないだろう。[1]」エリ・ケドゥーリーの言うこれこそ
が民族主義であった。この種の民族主義は政治、国家と一体となった。
国家は民族のシンボルであり、民族の生存と発展の保障であった。国家
の利益は民族の利益であり、しかも最高の利益であった。したがって、
国家が外部の侵略、抑圧を受けた際、人民大衆の抵抗は民族利益を守る
民族主義となった。

　国家概念は、中国の数千年の文明史において、度々「天下」の概念に
よって取って代わってきた。しかし、愛国主義は依然として優良な伝統
とみなされ、近代という特殊な時期には極力に広がった。中国に対する
欧米列強をはじめ、周辺の日本、ソ連などの国々の相次ぐ侵略と抑圧は、
覚悟と良識のある中国人を多大に刺激した。彼らは自分の国の滅亡、民
族の貧弱を憂慮し、自発的に外部列強の行為・主張に抵抗した。また、
民衆に対する彼らの政治覚悟の呼びかけ、引率は中国民族主義の当然の
叫び声となった。ゆえに、中国の民族主義は一種の自然的な民族自覚、
つまり、滅亡に瀕した中華民族の本能的な反応であると言えるだろう。
ただ孫文や毛沢東などの民族偉人によって中国の民族主義は理論化、イ
デオロギー化された。近代中国には次のような二つの課題があった。一

1．エリ・ケドゥーリー『ナショナリズム』、張明明訳、中央編訳局出版社、2002 年、
　　7 － 8 頁。

つは、民主主義、反封建・反専制、資本主義の推進であり、もう一つは、民族主義、反帝国主義、民族独立と繁栄の実現であった。二つの課題は、互いに補完関係でありながら主従の秩序が整然としていた。毛沢東が充分に指摘しているとおり、二つの課題の中で国の危機を救うことが核心であり、前提であった。民族主義なしに民主革命は不完全であり、成功もできない。しかし、民主主義は民族主義の一つの方向であり、一種の結果でもあった。以上のような内容は、歴史がすでに答えを出している問題であったと思う。

2. 民族主義に対する近代中国の主な政治派閥の解釈

中国歴史の中に広義での民族主義は数多く存在していた。その中で、「華夷の弁」と「我々の族類でなければその心は必ず異なる」などの思想の主張や政策行為は各歴史時代に継がれてきたものであった。これは、中国が昔から多民族国家であったこと、民族間の境界及び矛盾などが常に社会思想、政治活動と結びついていたことと直接関連していた。アヘン戦争から始まった中国の近代歴史は、一つの中華民族という全体となって外来強権の干渉、侵略に抵抗した歴史であった。また、近代以降の民族概念と民族主義が中国国内へ移入され、中華民族が民族解放・独立を目指した歴史でもあった。アヘン戦争でイギリス侵略勢力に対する中国人の抵抗は民族主義闘争の一部分に成りつつあり、太平天国運動は封建的な抑圧を覆すことを試みた農民階級の闘争であると同時に、外来侵略者へもその矛先を向かわせていた。しかし、中国で近代意味での民族概念や民族主義は19世紀末と20世紀初に現われ始めた。当時はちょうど、帝国主義による侵略が激化した時期であり、特に、中日甲午戦争の失敗と八カ国連合軍の侵入は帝国主義列強による中国の全面的な分割を示していた。康有為は「ロシアは北を俯瞰し、イギリスは西を狙っている。また、フランスは南を狙い、日本は東から入ろうと機会を伺って

2. 民族主義に対する近代中国の主な政治派閥の解釈 91

いる。まさに、中国は四つの列強に包囲され、非常に危険な情況に置かれている[1]」と激怒した。

また、ダーウィンの「生存競争や適者生存」など、進化論の重なる紹介は中華民族の生存危機感を充分に強化させた。一方、洋務運動の「西洋人の進んだ技術を用いて西洋人を制する」主張を受け継ぎ、武器の改良を通して中国を救おうとした様々な運動がそれぞれ失敗に終わっていた。その後、進歩的な中国人は次々と欧米の思想の中から救国の方法を模索することになった。以上の背景を基に、欧米諸国で 100 年余り流行し、中国の実践の中でも確実とされた民族主義は、自然に中国の人々が求めている思想武器となった。

中国の文化は奥深いものであり、「民族」という概念はすでに隋唐ないし南北朝時期から中国語の固有名詞として使われていた。以前、一般的に現代意味での「民族」概念は梁啓超が日本語から輸入したものであると考えていた。しかし、一部の研究では、現代意味での「民族」の語彙は、19 世紀 30 年代の中国語文献ですでに使われ、日本語での「民族」という単語は、19 世紀 70 年代に初めて翻訳・出版された欧米著書に現われ、それは漢学の影響を受けた結果であるという観点が出されていた[2]。しかし、漢語語彙の「民族主義」を梁啓超が最初に使い、詳説したことについては異議がない[3]。梁は 1901 年に発表した「国家思想の変遷異議論」で「家族主義」、「酋長主義」、「帝国主義」などの新造語を作ると同時に、「民族主義」概念をも提出した。彼によれば、「民族主義者とは、世の中で最も公明正大で公平な者である。他の民族が我々の自由を侵略することを拒み、我々も他の民族の自由を侵略しない。国の中にそれが

---

1. 康有為「首都の強学会端書」『康有為全集』(二)、上海古籍出版社、1990 年、185 頁。
2. 郝時遠「中国語語彙『民族』の起源についての考察及び弁証」、『民族研究』、2004 年第 6 期。
3. 楊思信『文化民族主義と近代中国』人民出版社、2003 年、2 頁。

あるがゆえに人々は独立することができ、世界中にそれが存在するがゆえに国は独立することができる」と指摘していた。

　翌年、梁啓超は再び民族主義の意義と意味について次のように述べた。「ナショナリズム（nationalism）が盛んだことやその刺激の影響で、十六世紀以降（約四百年前）のヨーロッパが発達し、世界が進歩してきた。民族主義者とは何であろうか。それは各地の同じ種族、同じ言語、同じ宗教、同じ慣習を有し、容貌を同胞のように同じくする集団であり、独立・自治に務め、政府を組織・完備し、共通の利益のために他の民族を尊重する人々である。」梁啓超は文章の中で、通俗的で分かりやすい用語を用いたが、民族主義についての彼の解釈は非常に正確であったと言える。

　梁啓超は漢語語彙の「民族主義」を最初に使い、解釈した者であるが、孫文の民族主義の方がより大きな社会影響力を持っていた。それは、後者は一つの学説であるのみならず、ある種の革命的な政治主張であり、近代中国の革命・社会変革に巨大で、指導的な役割を果たしたからである。

　民族主義に対する孫文の初期の主張は、清朝政府を覆そうとした彼の革命的な思想と関連していた。1895年、孫文が「興中会」のために起草した誓い言葉には、「韃虜を駆除し、中華を回復しよう」というスロー

1．梁啓超「国家思想の変遷異議論」、張枬、王忍之編『辛亥革命前十年間の時論選集』一巻、三聯書店、1960年、32頁を参照せよ。

2．梁啓超「新民説」、1902年2月8日『新民叢報』第1号。夏暁虹編『梁啓超文選』（上）、中国放送・テレビ出版社、1992年、106頁を参照せよ。

3．現在把握している資料から見れば、梁啓超は1902年の「政治学の大家・ブルンチュリの学説」の中で、「ここ2年の間、民族主義が少し我が祖国へ輸入されると排満ムードが復活し始めた」と言っている（『梁啓超法学文集』中国政法大学出版社、2000年、53頁を参照せよ）。しかし1900年にはすでに「民族主義」概念の使用と紹介が見られ、1901年からこの概念を使用し始めた梁よりやや早かった。

2．民族主義に対する近代中国の主な政治派閥の解釈　　　　　　93

ガンがあった。ここで言う「韃虜」とは、中国を支配している満州族の
ことであった。

　その後、彼は『民報』発刊1周年の記念講演の中で、民族主義につい
てある程度体系的な解釈を行なった。「民族主義というものについては、
如何なる研究なしにも分かることができる。例えば、人間は自分の親を
見れば、すぐ見分けがつき、彼らを他人にすることは絶対にない。一方、
他人を自分の親とみなすことも絶対にないだろう。民族主義もまさにそ
の通りである。民族主義は種族の性質から出てくるものであり、すべて
の人々は皆同じである。満州人が山海関に侵入してから今日に至るまで
260年以上も経っている。我々漢人は、いくら子供であっても満族と漢
族の見分けが可能であり、満族を漢人にみなすことは決してないだろう。
これがまさに民族主義の基本である。しかし、最も重要な、知らなけれ
ばならない側面がある。つまり、民族主義とは種族が異なる人々に会う
度に、彼らを排除することではない。その異民族の人々が我が民族の政
権を奪うことを許さないことが民族主義である。我々漢人にとっては政
権あっての国であり、もし、異なる民族の人々に政権を奪われるとする
ならば、国は存在してもすでに我々漢人の国とは言えない。ここで考え
てみよう。現在、国はどこにあるのか。政権はどこにあるのか。我々は
すでに亡国の民になっている！」さらに、「私は曾て民族革命とは満州
民族を消滅することであるという話を聞いたことがある。その話は大間
違いである。民族革命が必要であるのは、満州人が我が国を覆し、我々
の政権を取ったことに断念しないからである。したがって、彼らの政府
を消滅し、我が民族の国家を建て直さなければならない[1]」と述べ続けた。
明らかに、孫文のここで言う民族主義の定義には致命的な誤りが潜んで
いる。即ち、自分の「民族」を漢族だけに限定し、すでに中華民族の一

1．孫文「三民主義と中国の未来」、中国科学院哲学研究所中国哲学史グループ
　編、『中国の歴代哲学文選・清近代篇』中華書局、1963年、421 － 422頁。

員である満族を敵対者として扱ったことがそれである。こうした孫文の思想は彼一人だけのものではなく、当時の漢族知識人の中で存在していた普遍的な観念であり、国民党の成員たちは特にそうした傾向を持っていた。当時、満族に対して醜いイメージを極端的に作り出すことに、青年革命家として広く知られていた鄒容、陳天華なども一役買っていた。さらに、中国の学術史上高い位置にあった章態炎も民族主義問題について極端的、過激的な表現を使っていた。例えば、彼は「満州族が政治や社会問題において、我が民族に与えた災難は西欧列強より千万倍以上ある[1]」と主張した。1907 年、彼は日本で「アジア親睦会」を立ち上げ、彼の執筆した「アジア親睦会のポリシー」で、「帝国主義に反対し、国と民族を保護すること」を趣旨としていた。人々はこれを中国の近代に、明確に反帝国主義を唱えた最初のものであると見なしていた[2]。しかし同時に、彼は革命と「排満興漢」を同一視するなど、反満問題に関して最も頑固な革命者であった。彼は『革命道徳論』の中で、「私が思うに、革命者は革命でなく、回復がその使命である。つまり、中国の種族を回復し、中国の行政区域を回復し、中国の政権を回復することである[3]」と主張しながら、「今日のような民族主義の時代に、満・漢を混淆し、同時に挙げることは大間違いでないか[4]」と康有為の「満漢一家」論を批判した。

　孫文をはじめとする革命党の民族主義の主張は確かに時代的な限界を

1．章態炎「革命軍の暫定憲法における問答」、『章態炎政論選集』（上）、中華書局、1977 年、432 頁。

2．俞祖華、王国洪編『中国現代政治思想史』山東大学出版社、1999 年、426 頁を参照せよ。

3．章態炎「革命道徳論」、『中国歴代哲学文選－清近代篇－』（下）、中華書局、1963 年、372 頁。

4．章態炎「康有為の革命書に反駁して」、『中国歴代哲学文選－清近代篇－』（下）、中華書局、1963 年、381 頁。

2．民族主義に対する近代中国の主な政治派閥の解釈　　　95

有していた。しかし、当時の清政府が中国の封建専制の政治を代表し、
中国の封建的な統治に反対することはまさに、満貴族が統治する清政権
を覆すことであった。清は満族が政権を取っていた時代であり、彼らが
中国を支配していた200年余り、確かに漢族に対して相当な差別や圧
迫政策を施した。漢族、特に漢族の知識人の中には、しばしば満族統治
を覆し、漢族政権の回復を望む人々が存在した。漢族が大部分を占めて
いる中国社会では、「種族革命」を通して民衆を動員する方法は有効な
策略であった。例えば、洪秀全が指導した太平天国運動はそのような感
情を借り、以上のような策略を取っていた。また、孫文をはじめとする
革命党がこうした策略を採用したのも筋が通ることであった。

　1924年の「中国国民党第一回全国代表大会宣言」は、次のように述
べていた。「中国の革命は甲午以降に始まって庚子に盛り上がり、辛亥
に完成され、君主政権を覆した。その革命は決して突然に起こったもの
ではない。満族が中国を統治して以来、漢民族には不満の声や鬱憤が持
続していた。その上、領海が解禁され、数多い帝国主義列強の武力的略
奪・経済的搾取が絶えなかった。その結果、中国は独立を喪失し、半植
民地的な状態に陥った。一方、満族政府は海外勢力の侮辱に抵抗できず、
対内への束縛政策を取り、国内民衆への搾取を通して列強たちに媚を売
ろうとした。我が党の人々は、満政権が中国の現状を変えることができ
ないと悟り、党の総理である孫さんに継ぎ、革命の先駆になろうとして
いる。積み重なる努力を通し、辛亥になってようやく満政権を転覆する
ことに成功した。ゆえに、革命の目的は単なる満政権の転覆ではなく、
その後の中国を改造することである。当時の状況から見るならば、民族
問題は単一民族の統治から諸民族の平等へと移行しなければならない[1]。」
帝国主義列強の侵略に抵抗し、半植民地的な中国社会を変えるにはまず、

1．「中国国民党第一回全国代表大会宣言」、魏宏遠編『中国現代史資料選集2』
　黒龍江人民出版社、1981年、5頁。

「民族間の不平等」を無くし、「家奴政策」を取っている満州政府を覆さなければならなかった。

　辛亥革命は満族が統治する清政権を打倒した。しかし、革命後の社会改造を実現し、統一国家を維持するには民族間の親睦、団結が必要となった。ゆえに、対策を講じて「単一民族の統治から諸民族の平等へと移行しなければならなかった。」こうした背景の下、孫文の民族思想は転換を迎え、有名な「五族共和」の主張が持ち出された。1912年1月、孫は「臨時大統領就任宣言」で次のように述べた。「国家の本源は人民にある。漢、満、蒙、回、蔵の諸地を合して一国となし、漢、満、蒙、回、蔵の諸族を合して一体となす。これを民族の統一という。武昌蜂起をはじめとし、10数カ所の省が次々と独立した。いわゆる独立とは、各省が力を合わせて清から脱離することである。無論、モンゴルやチベットもそう思っている。したがって、同一の行動や趣旨を有し、中央を中心として周辺の各民族地域まで広がる。これを領土の統一という。[1]」

　その後間もなく、孫文はしばしばこの観点を述べていた。例えば、1912年、五族国民合進会を成立する際の「五族国民合進会発足文」では、次のように述べた。「五族の国民は同一の血統、同一の流派を持つまるで親子や兄弟のような仲間である。」「漢、満、蒙、回、チベット族という五つの民族を合して一つの大民族となす。つまり、漢、満、蒙、回、チベットの5つの民族の才能や知恵を合わせることで一つの大きな政党を作り上げる。」「最終的に、五族の国民は一つの大きな民族、一つの大きな政党となし、漢、満、蒙、回、チベットなどの名詞もなくなるだろう[2]」

　孫文の「五族共和」は明らかに、前に主張していた「排満興漢」に比べて進歩的であった。この際、彼の言う民族主義の主体は全中国国民へ

1．孫文「臨時大統領就任宣言」、中国第二歴史アーカイブ編『中華民国史アーカイブ資料集』（第二集）、江蘇人民出版社、1981年、1頁。
2．孫文「五族国民合進会発足文」、黄彦、李伯新編『孫文蔵档選篇』中華書局、1986年、400頁。

2. 民族主義に対する近代中国の主な政治派閥の解釈　　　97

と拡大され、以前の「漢族」だけにとどまらず、各少数民族を含む「中
華民族」になっていた。ここで示す民族平等思想は伝統的な民族観を超
えるものであり、優れたブルジョア階級革命家としての民主平等の認識
に基づいていた。同時に、清朝の独裁統治を覆し、彼の望んでいた「種
族革命」を完成し、新たな民族団結と統一国家を目指すことにも関連し
ていた。つまり、彼が以前の革命家から現在の建設家へとイメージを転
換した内面的な要因を、彼の述べた民族思想の変化の中から探ることが
できるだろう。

　しかし、孫文は後になって自分の「五族共和」の思想をきっぱりと否
定した。1919 年、「三民主義」の中で彼は次のように述べていた。「さ
らに無知で出鱈目な者は革命に成功した後、漢、満、蒙、回、チベット
族の五族共和説を作り出した。官僚たちはそれに従い、清朝の最高官員
の 5 色旗を我が中華民国の国旗としていた。彼らはそれぞれの五色を漢、
満、蒙、回、チベット族を象徴するとしたが、革命党の人々は違和感を
感じていなかった。[1]」

　1921 年、孫は「三民主義の具体的な方法」という演説の中で、また次
のように述べていた。「どうして民族主義はまだ完全な目標を達成してい
ないだろうか。満州族が中国に入ってきてから、我が漢族は彼らに 200
余年も支配されてきた。今日になって、満州の韃虜を転覆して漢族の事
業を回復したが、我が民族はいまだに自由と独立を遂げることができな
かった。……これは何故だろうか。それは、我が党に間違いがあったか
らである。祖国を復興した後、世襲官僚、頑固な旧党、王制復古を目指
す宗社党などが集まって五族共和を叫んだ。これがまさに、根本的な間
違いである。五つの民族から言うならば、チベット人は 4、5 百万足ら
ず、モンゴル族は百万未満、満州族は百余万、回教徒は多少多い。しか
し、大部分は漢人である。また、それぞれの民族の情勢から言うなら、

1.　孫文『三民主義』岳麓書社、2000 年、240 頁。

満州は日本人に支配され、モンゴルはロシアに操られている。また、チベットは殆どイギリスの所有物となり、彼らは皆自己保護の能力さえ持っていない。ゆえに、我が漢族は彼らを助けなければならない。漢族は四億人、あるいはそれ以上いる。しかし、真の独立した漢族の国家を持っていないということは、実は我が漢族の大きな恥である。また、これは我が党の民族主義の失敗も意味する。したがって、我が党は民族主義に力を入れ、満州族、モンゴル族、回族、チベット族を我が漢族に同化させることで一つの大きな民族主義国家を作り上げなければならない。[1]」

　以上のように、孫文の「五族共和」思想は段々と西洋の民族主義の思想へと変わりつつあった。つまり、西洋民族主義の核心的なものである「一つの国家と一つの民族」の実現へと転じていた。中国のような多民族国家がその目標を実現するには、「共和」や「団結」だけでは足りなかった。それらの民族を融合させ、より大きな民族を創り出す必要があった。まさに「中華民族」がそれであった。しかし、漢族の人口が絶対多数を占めているため、その他の民族は漢族に同化されなければならなかった。ゆえに、最終的に形成される大民族とは、漢族を中心とする民族にほかならなかった。

　今日の視点からみれば、これらの典型的な民族同化の主張は大きな危険を孕んでいる。しかし、コミンテルンと中国共産党の影響により、孫文は 1924 年に開かれた国民党第一次全国代表大会宣言の中で、民族主義について正式に定義した。「国民党の民族主義は二つの意味を有している。一つは、中国民族の自らの解放である。もう一つは、中国国内における各民族の一律平等である。」「国民党の民族主義は、中国民族が自由を獲得し、世界中に独立することをその目的とする。」「民族主義の意義は、いかなる階級においても、皆帝国主義の侵略から逃れるところにある。」「民族解放闘争は、多数の民衆においても皆帝国主義への抵抗に

1.　前掲書、260 頁。

2. 民族主義に対する近代中国の主な政治派閥の解釈 99

その目標がある。」これらの思想は中国共産党にも受け入れられ、中国人民を動員して民族解放運動を目指す旗幟となった。

まとめて言うならば、民族主義は孫文が一生懸けて追求してきたものであった。最初、興中会成立のために定めた「韃虜を駆除し、中華を取り戻そう」という誓い言葉から、彼の遺言である「民衆をよびさまし、そして、世界でわれらを平等に遇する民族と連合し、共に奮闘しなければならぬ」という一節まで、全部強烈な民族主義感情を具現していた。しかし、孫文の民族主義思想に関する前後の表現には大きな転換があった。それは、封建的な独裁政権に反対し、民族平等を追求する願望もあれば、旧時代の大民族主義思想の拘束から逃れず、少数民族に対する「同化」を主張し、彼らの地位を否定する部分も多かった。後者は、彼の民族主義思想の欠点であると言えるだろう。

孫文と同じ時期に活動していた維新派を政治上の「保守主義」であると言うが、しかし、民族主義に対する主張からみれば、彼らは革命派よりもっと多くの積極的な面を有していた。戊戌の変法の際、康有為が清政府へ出した初めの上書の中にはすでに「満漢境界を無くす」ことに関する内容があった。変法が失敗した後、「革命」と「排満」は一体化され、革命派による民族主義の主張は「排満」、「恨満」となった。しかし、康有為と梁啓超をはじめとする維新派は「満漢同族」を極力主張した。康有為は「革命を弁える」という文章の中で、中国歴史から大量の事例を挙げながら「満漢有別」、「排満興漢」説の誤りを指摘した。さらに、

---

1. 「中国国民党第一回全国代表大会宣言」、魏宏遠編『中国現代史資料選集2』黒龍江人民出版社、1981年、9頁。
2. ここで具体的には『変法通議』の末尾に収められる「変法通議・論変法必自平満漢之界始」のことを指している。(訳者注)
3. 康有為「革命書を論ずる」、『新民叢報』1903年第16期、張枬、王忍之編『辛亥革命前の十年間時論選集』(一巻)、生活・読書・新知三聯書店、1960年、213－217頁を参照せよ。

梁啓超は列強の競争、弱肉強食の世界において、中国の広い国土や膨大な数の民衆自体が有利な競争条件であることを意識していた。[1]また、彼は「排満復讐論」に反対し、満漢を含む各民族を合わせて一つの大中華民族を創り、世界中の他の現代的な民族国家に対応させると主張し、「大民族主義」と「小民族主義」という二つの概念を提案した。「我が中国で民族を論ずる者は、小民族主義よりは大民族主義を唱えるべきである。小民族主義者とは何であろうか。漢族と国内の他の民族を対立させる者である。大民族主義者とは何であろうか。国内の各民族を合わせて国外の民族と対立させる者である。[2]」彼は、漢族自体も歴史の中で多数の種族が混じり合って作られた民族であり、その上、多くの満族がすでに漢族に同化されたので、中華民族共同体を作り上げることには充分その可能性があると判断した。中華民族を4億同胞と呼び、「漢・満・蒙・回・チベット族を合わせて一つの大民族を作り上げ、世界人類の3分の1の人口を一つの巨大な民族となし、五大陸の主導権を取ろう[3]」と呼びかけた。

　康、梁をはじめとする維新派は、「満漢一体」論を鼓吹してきた。当然その中には、政治上からは清朝政府の合法的な地位を擁護し、民族問題の上からは一体化、連合だけを求める彼らの内的論理が潜んでいた。しかし、「大一統（大中華主義－訳者注）」の中華民族関係における影響からみれば、積極的な面を有していた。特に、帝国主義や少数の分裂主義勢力が中国の政治動乱を利用して、中国を分裂しようとする活動が勢いづいた世紀の変わり目に、その意義はさらに深く大きいものであった。維新派が呼びかけた「大民族主義」は、まさに中国近代民族主義の積極的な成果であった。その後、「大民族主義」は孫文を含む様々な進歩的

1．梁啓超「政治学の大家ブルンチュリの学説」、『梁啓超法学文集』中国政法大学出版社、2000年、55頁。
2．同書、55頁。
3．同書、55頁。

２．民族主義に対する近代中国の主な政治派閥の解釈　　　*101*

な思想流派と政党によって普遍的に受け継がれることになり、当代の思想界においても普遍的に高く評価された。

中国の民族主義思想における梁啓超の貢献は優れたものであった。彼の「大民族主義」は、ある意味ではまさに中国人民を団結させ、侮辱を洗い、独立と精進を実現するために早急に呼びかけ、強調する必要のある一種の観念であった。しかし、彼の思想がすでに彼の時代を超え、完全に平等な民族観であるというのは実際に合わない。それは、彼の発表した文章の中には依然として非常に強い「漢族中心主義」傾向の痕跡が見られるからだ。例えば、彼の「大民族主義」を論ずる文章の中で、彼が作り上げようとした「大民族」とは、まさに漢族を中心とする「民族」であった。「大民族は必ず漢族を中心とするものであり、それを組織するリーダーも必ず漢族でなければならない。[1]」1923 年、梁啓超が発表した「五十年における中国進展概論」は、彼の歴史観を代表する重要な文章であった。彼は文章の中で、数千年以来、特にこの 50 年の間、中国には巨大な変化があり、それを「中華民族の拡大」であるとまとめた。しかし、ここで言う「中華民族」は漢族の同義語であった。彼は以下のように論点を展開していた。[2]

「我が中華民族は元々、大なり小なり幾つかの部落に過ぎなかった。何千年間、山東や河南などの地域を根拠地にして段々と増やし続け、増やし続け、また増やし続けることで比べることのできない極めて巨大な民族となり、雄大なこの大国を作り上げた。中国が領域を拡大する方法には二つのルートがあった。その一つは、領域内外に住んでいる数えきれない異民族を我が民族に同化させる方法であった。もう一つは、本族（漢族－訳者注）の人々を毎年辺境へ移住させることで領土を拡大する方法であった。」

１．同書、55 頁。
２．梁啓超「中国の五十年間発展概論」、単純編『民族復興の道』海天出版社、2001 年、48 － 49 頁を参照せよ。

「辛亥革命が満族政権を覆し、漢族の政権を確立したことは多大な政治的意味を持つ。……民族の拡大ということだけにおいてもその意義は大きい。東胡民族は、我々に1千7、8百年も迷惑をかけた。五胡南北朝時代の鮮卑、例の慕容燕、拓抜魏、宇文周などがいた。唐宋以降、契丹、女真、満が入り込んで、それぞれ遼、金、清となった。これらすべての民族はまさに東胡民族である。彼らは、我々に十分な迷惑をかけたが、各民族は入り込んでから次々と我々に同化された。最後に入り込んだ満族の支配年数は最も長いが、徹底的に漢族に同化された。満族は東胡民族の結集物であり、東胡民族の結末でもある。最近の50年間、満族の漢化は著しいスピードで行われている。特に、満族の人々は革命後、皆漢族の名字を付け、これから世の中に満州族の存在はいなくなるだろう。このように2千年以上の歴史を有する東胡民族を全部漢族の中に受け入れ、中華民族の一部に変換させた。これでまさに、中華民族の拡大は大きな一幕を下した。」

　彼は、政治における国民の自覚を「政治進展の根本的な源」だと力説した。「ここ50年間、中国の政治は退化する一方で、発展というものはなかった。しかし、国民の覚醒において、その認識は日々鮮明となり、段々と大きくなり、自覚を持つようになった。どのように覚醒したのか。まず、すべての中国人でない人々は中国を管理してはいけないということである。次に、すべての中国人は誰でも中国を管理する権利があるという認識である。前者は民族建国の精神であり、後者は民主の精神である。以前に、このような二つの意識が存在しなかったのではなく、睡眠状態にあり、ぼんやりしていただけであった。ここ50年（より正確に言うなら、ここ30年）、このような意識がはっきりと浮かび上がるようになった。満族の政権が座を譲った後、もし別の民族が五胡、元魏、遼、金、元、清の古いモデルを真似して、『異民族が中国の統治者になる』ことは永遠に起こり得ないことであると私は断言する。……要するに、ここ30年間、我が国民は次のような二つの大事なことを成し遂げ

2．民族主義に対する近代中国の主な政治派閥の解釈　　　　　　　*103*

た。まず、五胡が中華を乱してから１千年以上も続いてきた他民族の政
治的な統治を根本的に取り除いた。次に、始皇帝以降の２千年以上も続
いてきた君主制の独裁政権を完全に消滅した。[1]」

　明らかに、梁啓超は近代的な意味上の「大民族主義」を呼びかけ、中
国の各民族を受け入れる「大中華民族」を作り上げようとした。しかし、
彼は旧時代からの「大漢族中心主義」から逃れることはできず、彼の望
む中華大民族は依然として少数民族を同化させることを前提としていた。
この点において、彼は孫文を抜けることはできなかった。つまり、後期
における孫文の「五族共和」の思想に対する否定及び民族同化の提唱と
本質的な区別がなかった。

　孫文と梁啓超の民族主義は中国の民族主義思想の主な代表とされた。
彼らの思想は、中華民族の歴史的受難時期である世紀の転換期を背景と
し、中華民族が外来勢力の侮辱に抵抗し、民族の向上を目指した面が
あった。また、国内に向けて、国内の統一・民族振興を呼びかけた面も
あった。彼らは積極的に中華民族の民族的自覚を呼び起こし、民族の復
興を実現させ、はじめて国内各民族の平等を唱えた。しかし、民族主義
理論における自己矛盾、彼ら自身の思想的限界や時代背景によって、対
外の帝国主義への抵抗においても、対内の民族平等においても、彼らの
民族主義を明確化・実質化することはできなかった。このようなことは、
蒋介石が孫文の遺訓を継承すると言いながら対外的に妥協し、国内で大
漢族主義の民族政策を取った理論的根拠ともなった。

　蒋介石は一生をかけて孫文の三民主義を履行し、民族主義を最優先し
たと言明していた。彼は「革命的民族主義」を国民党の党創建の源とし、
帝国主義への反対を「赤色帝国主義」に対する反対へと拡大し、国内
の「民族平等」を明確な大漢族主義へと変化させた。蒋介石は 1943 年
に発表した『中国の運命』の中で、中国の各民族は同じ始祖から始まっ

1．同書、48 － 49 頁。

た「宗族」であり、「同じ血統をもつ大小宗族の分派」であると主張した。さらに、様々な宗族は長い歴史発展の中で、生活の相互依存、文化の交流と婚姻関係によって「中華大民族」として同化、融合された。このような理論は国内における少数民族の地位を否定し、現代「大漢族主義」の典型的な表現となった。

　中国共産党は、民族主義に対するある種の積極的な意味での実践者であるが、しかし一般的な意味での反対者でもあった。共産党が着手していた新民主主義革命は帝国主義を主な敵とし、より積極的に人民をリードして帝国主義に抵抗し、徹底的な中華民族の解放を勝ち取った。こうしたこと自体がまさに一種の民族主義であった。しかし、共産党の理論の中で、民族主義は排除の対象でもあった。[1]レーニンは曾て、「ブルジョア階級の民族主義とプロレタリア階級の国際主義は二つの調和することのできない敵対的なスローガンであり、資本主義世界の二つの階級陣営に適応する民族問題での二つの政策（または二つの世界観）である[2]」と述べた。この理論に照らしてみるなら、中国共産党は「第四回全国人民代表大会」で採択した「民族革命運動に対する決議案」で、プロレタリア階級の民族革命運動は「ただ民族解放運動であり、決して民族主義運動ではない」とその性質を定めていた。その理由として、各階級の民族

---

1. しかしながら、初期にもこれとは異なる認識が存在していた。例えば、1924年9月17日に発表した「私たちの答え」の中で、陳独秀はこのように語っている。「民族主義は二種類ある。一つ目は、ブルジョアの民族主義である。自己解放を主張しながら同時に自分たちが管轄する民族の解放は認めない。この種の民族主義はまさに、矛盾する民族主義と呼ぶことができる。もう一つ目は、プロレタリアの民族主義である。すべての民族の自決権を主張し、自己解放を求め、他民族の抑圧を受けない。同時に、自己民族に隷属する弱小民族の解放も認め、彼らを抑圧しない。これは平等な民族主義と呼ぶことができる。」中国共産党中央統戦部編『民族問題文献集』中国共産党中央党校出版社、1991年、60頁を参照せよ。
2. 『レーニン全集』20巻、人民出版社、1958年、9頁。

2. 民族主義に対する近代中国の主な政治派閥の解釈　　　　　*105*

運動は各々の自己階級の利益から出発するからであると力説した。

　　プロレタリア階級が民族運動に参加したのは全世界の資本帝国主
　義の圧迫を覆すためである。つまり、外国の資本主義を覆すと同時
　に、自国の資本主義に反対し、民族革命からプロレタリア階級の世
　界革命を導かなければならない。……封建階級及びブルジョア階級
　の民族運動は一つの民族、一つの国家の利益に立脚し、結局は彼ら
　自己階級の利益だけに立脚する。このような彼らの民族主義（国家
　主義）的な民族運動は二つの意味を持つ。まず、自民族に対する帝
　国主義的な他民族の侵略に抵抗すること。次に、民族の利益を守る
　という名義の下で自国のプロレタリア階級を抑圧し、さらには光栄
　である自民族という名分の下で弱小民族を圧迫すること。例えば、
　トルコは大トルコ主義(汎テュルク主義－訳者注)を以て各弱小民
　族を圧迫し、中国は大中華民族というスローガンを以てモンゴル、
　チベットなどの属地を同化させた。前者は世界革命的な性質を有し、
　後者は世界革命運動の中の反動的な行為である[(1)]。

　その後、民族主義に対する中国共産党の記述には根本的な変化は無く、
1948 年になって劉少奇の「国際主義と民族主義を論ずる」という文章
の中で、民族主義に対する議論が体系的に行われた。

　　ブルジョア階級の民族主義・国家主義（nationalism）的な民族観、
　つまり、民族に対するブルジョア階級の観点及び民族問題を処理す
　る方針・政策は彼らの階級基礎であるブルジョア階級の狭隘な利益
　から出発するものである。

1．中国共産党中央「民族革命運動に対する決議案」、中央公文書館編『中国共
　産党中央公文書選集』（1921 － 1925）、中国共産党中央党校出版社、1982 年、
　272 頁。

利益を追求するブルジョア階級の本性は、ブルジョア階級が提議する
民族主義の階級基礎であった。

　　このような階級基礎から出発して、民族問題についてのブルジョ
　ア階級の民族主義の方針と政策は次のようなものであった。まず、
　国内においてすべての人民の利益はブルジョア階級の利益に服属し
　なければならず、一つの階級あるいは一部の上層階層の利益を全国
　人民の利益の上に位置づけた。また、彼らは「民族」の名義を独占
　し、自らは本民族の代表者あるいは利益の保護者であると声明し、
　人民を騙す道具として利用しようと企んでいる。次に、対外的に自
　己民族（実質的には上層階級）と他の民族の利益を対立させ、自己
　民族を他民族の上に位置づけ、出来る限り他民族を圧迫・搾取し、
　他民族の利益を犠牲にした。さらに、国外からの略奪品の一部を
　もって国内の人々を買収し、このような方法で自分たちに対する国
　内人民の反対意見を和らげ、分散させた。……自民族が他民族に抑
　圧されるかあるいは自国の封建主義の圧迫があった場合、ブルジョ
　ア階級は自己階級の利益のために、一定の条件下で人民と手を組ん
　である程度抵抗した。……しかし、ブルジョア階級が政権を取り、
　他民族を抑圧する力を備えた時にはすぐその姿勢を変え、他民族を
　圧迫し、他民族の抑圧者に変貌した。

劉少奇はまた、マルクス・レーニン主義は歴史に照らしてすべての問
題を分析したと述べた。

　　資本主義の初期段階でブルジョア階級の行った民族運動は、異民
　族の抑圧に反対して民族国家を作り上げようとするものであった。
　これは歴史的にプラス的な面を有し、プロレタリア階級はそのよう

2. 民族主義に対する近代中国の主な政治派閥の解釈 　　　　　　　　107

　な民族運動を擁護した。近代以降、植民地・半植民地的なブルジョ
　ア階級の民族主義が現れた。この種の民族主義も客観的な歴史から
　みれば一定のプラス的な面を有している。……例えば、中国、イン
　ド、朝鮮、インドネシア、ヒィリピン、ベトナム、ミャンマ、エジ
　プトなどの植民地・半植民地国家において、必然的にブルジョア階
　級の民族主義が芽生えた。その理由は、これら地域の民族ブルジョ
　ア階級は、まず帝国主義と矛盾関係にあり、そして各々の国家の立
　ち後れた封建勢力と矛盾関係にあったからである。さらに、封建勢
　力は帝国主義と手を組んで民族ブルジョア階級の発展を制限、損害
　していたため、それらの地域の民族ブルジョア階級は一定の歴史時
　代にはある程度の革命性を持っていた。また、大衆を動員して帝国
　主義、封建主義に反対する時にもある程度の進歩的な面を有してい
　た。まさにレーニンの指摘通り、「この種の民族主義は歴史的な正
　当性を有する。」（東方各民族の共産主義組織第二次全ロシア代表大
　会での報告）

　劉少奇は以上の理論を踏まえた上、孫文の民族主義について以下のよ
うに評価した。

　　孫文の民族主義は旧民主主義時代の二重的な性質を有している。
　まず、彼は当時の中国の統治者であった満族政府に反対する側面を
　持ち、それは進歩的な面である。次に、彼の唱える大漢族主義であ
　り、それは反動的な側面である。しかし、十月革命後、中国革命は
　新民主主義時代に入り、彼はソ連と我が中国共産党人の支援を受け
　入り、大漢族主義的な民族主義を訂正した。彼は帝国主義の侵略に
　反対し、ソ連・共産党と連携し、労働者・農民を援助する三大政策
　を主張することに転向した。また、民族主義革命の最中には「中国
　民族の自己解放」と「中国国内の各民族の均一的な平等」（国民党

第一次全国代表大会宣言）を主張した。これはまさに、新民主主義への転向であり、我が共産党人も彼と手を組む政策を取ることとなった。……以上のような状況の中でも、孫文の世界観は依然としてブルジョア階級あるいは小ブルジョア階級の価値観であった。彼の民族主義はある種のブルジョア階級の民族主義であり、さらには反動的な性質を持っている。（例えば、いわゆる「血統」、「国族」の観点やいわゆる「大アジア主義」などがそれである）しかしこの時、彼は「民衆を呼び起こし、我が民族を平等に待遇する世界中の各民族と連合し、共に奮闘する」ことをスローガンとする民族革命主義を主張し、ソ連との連携、共産党との連携、労働者と農民を支援する三大政策を実行した。こうしたことはまさに、世界社会主義革命の新たな時代における植民地・半植民地革命のブルジョア階級民族主義の進歩的な側面を現わす高度なパフォーマンスであり、重要な革命的意味を有している[1]。

　劉少奇の以上の論述はまさに、民族主義に対する中国共産党の最も体系的な解説であった。言い換えるならば、中国共産党は以上のような認識の下、民族主義に対して反対あるいは批判しながら、特殊的な歴史時代には民族主義と一致する立場を表明した。例えば、抗日戦争期、毛沢東は「民族主義を実行し、断固として日本帝国主義に抵抗する。対外的には中華民族の徹底的な解放を求め、国内では各民族の真の平等を実現する[2]」ことを宣伝要点として取り上げた。彼はまた「新民主主義論」で、「孫文は 1924 年、三民主義の中の革命的民族主義、民権主義、民生主義という三つの政治原則について新たな解釈を行った。それはまさに、

---

1. 劉少奇「国際主義と民族主義を論ずる」、中国共産党中央統戦部編『民族問題文献集』中国共産党中央党校出版社、1991 年、1176 − 1195 頁を参照せよ。
2. 毛沢東「目前の抗日統一戦線における策略問題」、『毛沢東選集』2 巻、人民出版社、1991 年、752 頁。

２．民族主義に対する近代中国の主な政治派閥の解釈　　　　　　　　　*109*

中国の民主革命段階における共産主義の政治綱領と基本的に一致する内容であった」と述べた。1937年、董必武は「共産主義と三民主義」の中で、孫文が国民党の第一次全国代表大会で制定した宣言は一種の「革命的な三民主義」の具現であると肯定しながら、以下のように評価した。

　　宣言の中で言及している民族主義は、民族問題についてのマルクス主義者の主張と原則的に同様である。国民党には今、革命的な三民主義へと転向・復帰しようとする動きがあり、改めて共産党と提携することになるだろう。国民党と提携後、共産党は力を尽くして革命的な三民主義を擁護し、国民党が全力で革命的な三民主義を回復するよう支援する。中国の独立を勝ち取る民族主義、庶民の民主と自由を勝ち取る民権主義、広範な民衆の生活の改善を勝ち取る民生主義は、抗日革命戦争において不可欠で非常に必要なものである。

周恩来も以下のように民族主義と国際主義の関係について述べた。

　　中国の民族主義と国際主義は矛盾もなく、ぶつかり合うこともない。中国で国際主義者は必ず中国の民族主義を実行すればこそ、中華民族の独立・解放を迎え、国際舞台へと進出することができる。それと同時に、中国の民族主義者は国際主義運動に同調し連携すればこそ、共に国際帝国主義の支配的な統治を覆し、国際上の真の民族平等を実現し、徹底的な中華民族の解放を迎えることができる。

1．毛沢東「新民主主義論」、『毛沢東選集』2巻、688頁。
2．董必武「共産主義と三民主義」、中国共産党中央統戦部編『民族問題文献集』中国共産党中央党校出版社、1991年、538－541頁を参照せよ。
3．『周恩来政論集』（上）、中央文献出版社、人民日報出版社、1993年、318頁。

3．中国民主革命における民族主義の動員

　中国の近代的な民族主義思潮は 19 世紀末から始まった。それは近代中国の民族的危機がもたらした結果であり、当然ながら、当時とその後の中国民主革命の発生、発展の主な思想基礎となった。辛亥革命、五・四運動、五・三〇運動から国民大革命と抗日戦争までの半世紀に及ぶ中国の民主革命史を貫き、民族主義は一貫として革命的エネルギーの粘着剤、革命高潮のエンジン、革命を進化させる推進機などの役割を果たしてきた。民族主義は中国革命の有機的な構成部分であるだけでなく、革命に不可欠の基本的な思想の源でもあった。民族主義運動は中国革命発生の基本的な動機であり、特に、辛亥革命と抗日戦争の時期にその特徴は顕著であった。

　辛亥革命は中国の民主革命であるだけでなく、中国民族主義が達成した初めての勝利の結晶でもあった。それは中国での封建的な独裁体制を覆し、中国の少数民族である満族が中国の政権を握っていた局面を変えた。歴史的な視点から見れば、真の革命的な価値は前者にあった。つまり、封建的な帝政を覆し、共和体制を確立したことにあった。しかし、革命の発動・進行中、革命者たちの掲げたスローガンは「排満興漢」であった。孫文は革命と満州民族に対する排除を同質化することを避けようと努力したが、依然として「民族革命の原因は、満州人が我が国を滅し、我が政権を主宰したことへの不満から発したことであり、必ず彼らの政府を消滅し、我が民族の国家を復興する[1]」と主張した。故に、辛亥革命を一つの「種族革命」であるというのも無理ではない。前述のように、当時の歴史条件に基づき、民族主義に「種族」の色彩を付与するこ

1．孫文「三民主義と中国の未来」、『中国歴代哲学文選－清近代篇－』中華書局、1963 年、421 － 422 頁。

3. 中国民主革命における民族主義の動員 111

とで、独裁的な統治を覆すことと漢族政権の「復興」を同一視したこと
は、ある意味においては有効な政治的策略であった。政治的な実践にお
いて、「排満興漢」と清朝の独裁統治を覆すことは同一の過程であった。
アヘン戦争後、清の統治集団は内外的な変革の波に洗われたものの、最
終的には没落から逃れることができなかった。保守勢力の主導の下で、
国の勢いは日々衰え、民衆は安心して暮らすことができなかった。特に、
甲午の戦敗、庚子の賠償金は、中華民族を「亡国亡種」の瀬戸際に立た
せた。事実がすでに証明しているように、中国の国家地位の凋落、民衆
の貧困、民族滅亡の危機すべては、清朝統治の腐敗と無能にその原因が
あった。したがって、変法改良に失敗した後、根本から独裁政権を覆す
ことは唯一の選択肢であった。辛亥革命は広範な民衆が普遍的に参与し
た民衆革命とは距離があった。革命に参加した社会的な構成からみるな
らば、知識人が大多数を占めていた。具体的には、海外での留学経験を
有する留学生グループ、華僑、さらには国内で新たな教育を受けた学生、
武官や兵士、最後には、清朝以来唯一の漢族の「民族主義」血統を維持
してきたと孫文に認められた「結社集団[1]」などが含まれた。これらの人
の中で漢族の人数が大多数を占め、民族意識の刺激を受けた背景、そし
て危機意識と知的能力も有していた。清朝統治者の政治上の「満州首
尊」による「満漢境界」は長い間、漢族社会の不満を呼んできた。「革

---

1. 孫文が思うに、清の康熙末年以降から明朝遺民が徐々に消失し、「博学鴻詞
科」の開設による漢族知識人の清への従属化が進んだので、漢族中の一部の
「民族意識のある者たちは洪業が去ってしまい、満州と抵抗できる能力が無い
と絶望し、社会情勢を観察しながら、会党を結合することを工夫した。」漢族
中の「良識者たちは文人だけに依る民族主義の維持は不可能であると認識し、
下層社会と世の中の流浪人を集めて団体を結成し、その団体の中に民族主義
を生殖させようとした。」「ゆえに、満州政権の二百年以来、どのような独裁
体制を展開しても、以上のような会党の口頭伝承によって中国の民族主義を
保つことが出来た。」孫文『三民主義・民族主義』岳麓書社、2000 年、27 －
28 頁を参照せよ。

命」、つまり漢族統治の「復興」は分厚い社会的基幹を持っていた。ゆえに、革命派の「反満」と独裁統治を覆すことは広範な社会的合意を得ることができた。同じ脈絡で、孫文は後になって、「この民族思想は気性的なものである。ここ 10 年間、様々な団体と集団が革命に向かい、今日の成果を出したのは『排満』という共通の『精神』があったからである[1]」と言った。革命の準備段階から革命派は実際に十分民族主義的な宣伝を重視し、以下のように主張していた[2]。

> 各民族の中で革命に務めている人々は、皆教育の影響を多大に受けている。……支那民族の人民は満州政府によって塗炭の苦しみに陥り、権利を奪われ、命まで犠牲になった人々は、災難を経験しながらも局面を変えることができなかった。根本的な原因について承知していた人々も存在し、満族政権を嫌悪していてもその災いから逃れる方法については知らなかった。教育者は時代精神の呼び水、指導者であり、教育事業のスポットライトである。したがって、教育だけを語り、革命を提示しなければ時代的な精神を推進することができなくなる。また、時代的な精神を推進することのできない者は、民族事業を育むこともできなくなる。

ここで言う「教育」は、明らかに宣伝の意味を含んでいた。まさに、民衆の情動を刺激しやすい「排満」を借りた民族主義的な宣伝によって、孫文、章態炎、鄒容と陳天華などが行った革命的な動員は巨大な社会的効果をもたらした。辛亥革命が頼りにしていた民族主義には、多くの弊

---

1. 孫文「武昌十三団体連携歓迎会での演説」、『孫文全集』2 巻、中華書局、1982 年、332 頁。
2. 「民族主義教育」（筆者不明）、『遊学訳篇』十期、張枬、王忍之編『辛亥革命前の十年間時論選集』（一巻、下）、生活・読書・新知三聯書店、1960 年、408 頁を参照せよ。

3．中国民主革命における民族主義の動員   *113*

害のある「種族革命」の成分が含まれているが、確かに有効的ではあった。

　民族主義は決して革命派だけが騒ぎたてたものではない。実際に、中国の変革を追い求めていた清朝末、民国初期の政治と思想派閥はほぼすべてが民族主義を自分たちの追求すべき目標として見なしていた。当時の維新派は政治的な保守集団に属したが、中国の富強や民族的な振興といった目標を追求する面においては革命派と噛み合っていた。維新派の最も代表的な人物の一人である梁啓超は、民族主義概念を紹介した最初の者であり、集中的に民族主義理論について論述し、多大な貢献をした中国近代史における思想家でもあった。今日に至っても、学術界などで中国の民族主義について言及する際には必ず梁が出てくる。「改良」と「勤皇」の指導者として有名な康有為は、民族主義理論について直接論述したことはない。しかし、自分の維新的な主張を行った彼の論述の中に溢れる愛国主義、民族的な感情は過激的な革命派に劣らない。例えば、彼は「我が中国人民の数は地球の3分の1を占め、広さはヨーロッパに等しい。また、産物はアメリカより豊富で、民族の資質は白人に劣らない。故に、地球第一大国の資格を有し、自分を守ることのできる力強い民族であると言える。我が同胞たちは幸運にもこのような文明大国に生まれ、如何に自らの喜び、奮闘、統合、保護をなすべきか……[1]」と述べていた。維新派の他の文章の中にも以上のような観点が数多くあり、他の進歩的な政治派閥の言説の中でもありふれる論点であった。統計によれば、国内知識人が1902年から1904年の間だけで、海外で創設した新聞・雑誌は30種以上あった。そうしたメディアは西欧の民族主義思想を多大に紹介し、民族主義を中国で展開する必要性を唱えていた。例えば、満族に反対し、民族革命を呼びかける内容が『湖北学生界』、湖

1．　康有為「革命書を論ずる」、『新民叢報』1902年、16期、張枏、王忍之編『辛亥革命前の十年間時論選集』（一巻、下）、408頁を参照せよ。

南の『遊学訳篇』、『浙江潮』、『江蘇』などの刊行物で占める割合は、少ない時でも 15％、多い時には 30％以上を占め、その中でも『民報』が扱っていた論題は、孫文の「韃虜を追い出し、中華を回復せよ」という民族主義的なテーゼをめぐるものが多かった[1]。これは民族主義がすでに清朝末、民国初期という特殊な歴史時代に、中国思想界で共通に掲げたスローガンとなり、列強に抵抗し、危機から逃れようとする社会変革の過程で民族主義が民衆を動員し、革命を推し進める巨大な役割を果たしたことを説明してくれた。

　抗日戦争は、中華民族が近代以降、外敵に抵抗して全面的な勝利を迎えた戦争であり、その時期は中国の民族主義が凄まじい発展を遂げた高潮期でもあった。この時期、中国人民は共通の敵に向かって憤り立ち向かい、苦楽を共にし、様々な政治的派閥も昔のことを水に流し、力を合わせて中華民族の大連合・大団結を実現した。まず、中華民族の全民抗戦及び勝利は、アヘン戦争以来、段々と覚醒し始めた中国人民の、列強の圧迫に対する更なる自覚的な抵抗であった。次に、中国に対する日本の侵略過程は、同時に、侵略に対する中国人民の抵抗を中心とする民族主義が高まる過程でもあった。「九・一八」事変は日本の侵略戦争の始まりであり、北平に避難していた政治人物たちによって組織された東北民族抗日救国会が発表した「民族の生存、国家の安寧のために戦おう」という宣言は、「中国の抗日政治」の「最初の具現」であった。同時に、北平、上海、天津などの大都市がリードし、全国の殆どの都市で現れた様々な抗日救国運動及び彼らが発した「死んでも亡国奴にはなれず、民族滅亡の危機を救い、国家滅亡の危機を救おう」というスローガンは、中国「民衆の民族主義」の強大な勢いと力を構成した。それは、15 年にも及ぶ反侵略戦争の最も忠実な思想基礎であり、19 世紀以降の「救

1．陶緒『清朝末期の民族主義思潮』人民出版社、1995 年、186 頁。

3．中国民主革命における民族主義の動員 *115*

亡図存」思想の結晶でもあった。[(1)]

　辛亥革命期間中の民族主義が、革命派と維新派をはじめとする民族エリートたちによって動員されたように、抗日戦争期の民族主義も中国共産党をはじめとする新しい民族エリートたちによって積極的に推し進められた。共産党を殲滅しようとし、しかも政権を握り、強大な武装兵力を持っている国民党との関係をうまく処理することは、中国共産党が全国の人民を動員して全面的な抗戦を実現し、そして勝利を収めるためのキーポイントであった。したがって、中国共産党は情勢の変化に伴って、「反蒋抗日」、「迫蒋抗日」から「連蒋抗日」への策略的な転換を行い、最終的には国民党と共産党の合作を基にする統一戦線を構築した。「九・一八」後、日本帝国主義は一歩一歩接近し、東北から南へ向かい、1935年には「華北事変」を発動し、華北地域に対する統治権までせがむようになった。それで、中華民族は再び生き残るか滅びるかという危機に直面することとなった。1935年8月1日、コミンテルンによって展開された反ファシズム統一戦線策略の指導の下、中国共産党駐コミンテルン代表団は中国ソビエト中央政府と中国共産党中央の名義で、以下のような「抗日救国のための全体同胞への手紙」（「八・一宣言」）を発表した。[(2)]

　　日本帝国主義は我が国に対する攻撃に拍車をかけている。南京の
　　売国政府は投降ばかりすることで、東北四省に継ぎ、我が国の北部
　　の各省は事実上、零落された。……四年も立たない内に、祖国の半
　　分に及ぶ領土が日本侵略者によって占領あるいは陥落された。まさ

1．池田誠他『抗日戦争と中国民衆－中国の民族主義と民主主義－』杜世偉他訳、
　求実出版社、1989年、45頁。
2．　中国共産党中央「抗日救国のための全体同胞への手紙」、中国共産党中央
　党資料収集委員会編『第二次国民党・共産党協力の形成』中国共産党校出版社、
　1989年、55 － 56頁。

に、我が国を完全に滅亡させるという田中の上奏文の予定していた悪計が着々と実行されている。このような事態が長引きすれば、次は、長江と珠江地域をはじめとする各地が日本侵略者の手に入ってしまうだろう。我が5千年の古国は完全な植民地になり、四億の同胞も亡国民になってしまう。……ここ近年になって、我が民族は危機一髪の運命の分かれ目に立つようになった。抗日すれば生存することができるが、そうでなければ死ぬ道しかない。抗日救国は各々の同胞の聖なる天職になってしまった。……我が国と民族が滅亡の危機に迫っている今日、共産党は再び全体の同胞に次のように呼び掛ける。過去であれ現在であれ、各党派の間に政治的見解や利害関係の差異があったとしても、各界の同胞の間に意見や利益上の違いがあったとしても、各軍の間に過去と現在に如何なる敵対的な行動があったとしても、皆は「内部の分岐を克服し、一致団結して侵略者に抵抗する」覚悟でまず内戦を止め、すべての国力（人力、物的資源、財力、武力など）を動員して抗日救国の神聖な事業のために頑張らなければならない。

　その後の11カ月間、中国共産党中央、中華ソビエト共和国政府と中国労農紅軍革命軍事委員会は相次いで宣言を発表した。それぞれの宣言はいずれも中華民族の「亡国滅族」の危機について深刻に提示した。具体的に言うなら、全国人民を団結し、内戦を止め、抗日と反蒋介石を通して抗日民族統一戦線を構築することを呼びかけていた。後に、中国共産党は瓦窯堡会議で正式に抗日民族統一戦線の策略を明らかにした。また、情勢に応じて「西安事変」、「迫蒋抗日」を適切に処理し、内戦を止め、共産党と連合して抗日するといった政治的な観点を、蒋介石が初歩的に受け入れるようにさせた。1937年7月7日の盧溝橋事件は、中国に対する日本の侵略戦争の全面的な開始を意味し、中国共産党が推進してきた抗日民族統一戦線の最終的な形成を意味した。抗日民族統一戦線

3．中国民主革命における民族主義の動員　117

は、日本帝国主義が中華民族を更なる生存危機に追いやろうとした際、中国共産党が全民族を動員してそれに抵抗した唯一の正確な形式であった。毛沢東は統一戦線の結成について、「中国の革命史に新紀元を創り上げた。それは中国革命に深刻な影響を与え、日本帝国主義を打倒することに決定的な役割を果たした[1]」と言った。しかし、抗日民族統一戦線は、「民族戦線であり、人民戦線ではない[2]。」「我々の抗日民族統一戦線は国内の各党派、各階級、そして国内の各民族のものである[3]。」抗日戦争史が確実に証明しているように、毛沢東のこの論断は正しいものであった。

　民族統一戦線は、抗日戦争時期における中国民族主義の卓然たる貢献であり、中国共産党が中国民族主義に対する卓抜な解釈でもあった。一般的に、民族主義は中国共産党の政治的立場ではないが、抗日戦争という特定の歴史時代において、それは中国共産党の宣揚、実施した政治的な主張であった。毛沢東は「共同綱領とは何であろう。それはまさに、孫文先生の三民主義と共産党が8月25日に打ち出した抗日救国における十大綱領である[4]」と指摘しながら、抗日戦争を行うためには一つの堅固な統一戦線が必要であり、統一戦線を成し遂げるには一つの共同綱領が必要であると主張した。さらに、民族主義は帝国主義に反対することであり、現在における民族主義とは、日本帝国主義の侵略に抵抗し、危

1．毛沢東「国民党と共産党聯合後の緊急課題」、『毛沢東選集』二巻、人民出版社、1991年、364頁。
2．毛沢東「新段階を論ずる」、中国人民解放軍軍事科学院編『毛沢東軍事文選』中国人民解放軍戦士出版社、1981年、181頁。
3．同書、176頁。
4．「十大救国綱領」とは、1、日本帝国主義を打倒する。2、全国軍事の総動員。3、全国人民の総動員。4、政治システムの改革。5、抗日の外交政策。6、戦時経済・財政政策。7、人民生活の改善。8、抗日教育政策。9、民族の裏切り者と売国奴、親日派の粛清。10、抗日の民族団結である。毛沢東「すべての力を動員して抗戦勝利のために戦おう」、『毛沢東選集』2巻、354－356頁を参照せよ。

機から民族を救うことであると指摘し、中国共産党が求める民族主義について明確な説明を行った。[(1)]

　中国共産党が追求する共産主義は、革命発展の将来的な段階で実行するものであり、共産主義者は現段階においては共産主義を実行しようと夢を見ない。代わりに、現段階で実行しなければならないのは、歴史状況が規定した民族革命主義と民主革命主義である。これはまさに、共産党が抗日民族統一戦線と統一的な民主共和国を提示した根本的な理由である。……10 年以来、共産党が実行してきたすべての政策は、基本的に孫文の三民主義と三大政策の革命的精神に一致する。共産党は一刻も帝国主義に反対しなかったことがない。これはまさに、徹底的な民族主義である。

実に、中国共産党は民族主義を提示しただけでなく、彼らが様々な実践の中で行ってきた民族主義は全面的であった。1939 年 4 月 4 日、陝甘寧辺区[(2)]で発表した「抗日戦争期における陝甘寧革命根拠地の施政綱領」の第一条はまさに「民族主義」であり、その内容は以下のような六つの項目から構成されていた。[(3)]

　（ア）　抗日民族統一戦線の地固め・拡大を堅持し、根拠地の人民
　　　　と党派を団結させ、すべての人力、物的資源、財力、知力を動

1．毛沢東「国民党と共産党聯合後の緊急課題」、『毛沢東選集』二巻、人民出版社、1991 年、367 － 368 頁。
2．「陝甘寧辺区」は、中国陝西省北部、甘粛省及び寧夏省東部に設立した抗日根拠地を指す。（訳者注）
3．『抗戦時期における陝甘寧革命根拠地の施政綱領』、中国共産党中央統戦部編『民族問題文献資料』中国共産党中央党校出版社、1991 年、622 頁を参照せよ。

員して根拠地、西北、中国を守り、失ったすべての領土を取り
戻すために戦う。
（イ）　根拠地人民の民族プライドと自信を高度に発揮させ、すべ
ての悲観と失望、妥協と降伏の傾向に反対する。
（ウ）　民族の裏切り者と売国奴を除去する作業を推し進め、根拠
地人民の警戒心を高め、徹底的に裏切り者、スパイ、武装匪賊
の活動を消滅し、抗日後方を固める。
（エ）　政治、経済上、モンゴル族と回族の平等な権利（漢族と対
等）を実現する。また、民族平等の原則に基づき、モンゴル族、
回族と連合して共に抗日戦争を行う。
（オ）　モンゴル族と回族の信仰、宗教、文化、風俗、習慣などを
尊重し、民族文化の発展を支援する。
（カ）　根拠地の主権を損しない範囲で、中国の抗日戦争を支持す
るすべての人民、労働者、商人、宗教の信者を保護し、根拠地
での生産、経営及び文化産業などの活動を保護する。

　ここで使われている「民族主義」には抗日という目標が含まれ、その
目標のために国内での各民族間の完全な平等が提示されていた。まさに、
孫文が晩年に述べていた「まず、中国民族の自己解放。次に、中国国内
民族の一律平等」といった民族主義の完全な具現化であった。以上のよ
うに、三民主義の具体的な実践としての抗日民族統一戦線綱領は、三民
主義に忠実であるだけでなく、中華民族の根本的な利益に一致したため、
中国社会の各階層、各党派、各民族の支持を得ることができた。また、
蒋介石をはじめとする国民党が共産党を消滅しようとした計画を一時的
に放棄し、中国共産党の提案を受け入れ、共産党と手を組んで抗日する
ように変化させた。中国共産党は、民族主義を基盤とする統一戦線とい
う政治形態を以て全民次元で中華民族を動員し、抗日戦争勝利のために
条件を創り上げた。

当然であるが、蒋介石をはじめとする国民党が中国共産党の統一戦線という旗幟を受け入れたのは、抗日という全国人民の強大な圧力以外に、蒋介石と大多数の国民党の人々が有していた固有の民族主義的な思想基盤があったからだ。孫文の後継者であると公言していた蒋介石は、あくまでも三民主義を基本としたゆえ、彼にとって民族主義は当然ながら、追求すべき政治目標の一つであった。外来搾取に対する中国の大地主、大ブルジョア階級の自然的な抵抗にしても、中国人として持つべき民族覚悟にしても、蒋介石には愛国主義的な感情が欠乏してはいなかった。例えば、抗日戦争が全面的に勃発する前に、彼は以下のように述べていた。[1]

　　我々は中国人の一員として黄帝の子孫であり、中華民族の同胞である。誰一人とも自分の国家、自分の民族、自分の同胞を愛すべきであることを知っている。また、国家、民族に対する愛情なしに自己中心的なつまらない人間であれば、国民の共同の敵であり、民族の罪人である。このような卑しい人は極少数に過ぎない。

　中国共産党と全国人民の推し進めによって最終的に抗日を決心した時、蒋介石はさらに以下のように述べていた。[2]

　　（盧溝橋事件によって）我々は蹂躙され、残酷で酷い立場に落ち込まれる寸前である。世の中の少しでも人格のある民族であれば、

1．蒋介石「外来の侮辱に抵抗し、民族を再興しよう」、中国共産党中央資料収集委員会編『第二次国民党・共産党協力の形成』中国共産党中央党校出版社、1989 年、287 頁を参照せよ。
2．「蒋委員長の盧溝橋事件に対する厳正な声明」、中国共産党中央資料収集委員会編、『第二次国民党・共産党協力の形成』中国共産党中央党校出版社、1989 年、325 を参照せよ。

3. 中国民主革命における民族主義の動員 *121*

だれも耐え忍ぶことができないだろう。……万が一、真に免れるこ
とのできない岐路に立たせるようになると、当然、我々は犠牲と抗
戦を選ぶしかない。……我が国が弱小国であることは間違いない。
しかし、我が民族の命を守らなければならず、先祖が我々に残して
くれた歴史を守ってゆく責任を負わなければならない。……もし、
ひと固まりの領土や主権を放棄するならば、中華民族の終生の痛恨
事となるだろう。その時、民族の命をかけて最終の勝利を祈るしか
ない。

　1938年3月、国民党は臨時全国代表大会を開催し、「今度の抗戦は、
国家と民族の存亡に係わっており、誰もがその命を捧げて国家と民族の
命を守らなければならない。勝利を勝ち取るため、如何なる犠牲をも辞
してはいけない[1]」と宣言した。その会議で採択した「抗戦救国綱領」は、
「宣言」を貫徹し、全国の情勢に多大な影響を及ぼす重要な文献となっ
た。したがって、蒋介石と国民党の有する愛国意識、「正統」な「指導
者」意識と「政党」の身分から言うなら、彼らが表わした民族主義精神
は実に強かったと言えるだろう。また、彼らは中国の民族主義のために
力強い動員を行った。しかし、国民党が行った民族主義の動員には、以
下のような二つの重要な特徴があった。

　まず、民族の伝統的な道徳と精神の役割を重んじた。「九・一八事変」
以降、日本帝国主義は中国を一歩一歩と激しく追い詰めてきた。全国で
益々高まる抗日運動に際し、蒋介石は全国範囲でいわゆる「新社会運
動」を発動した。その依拠としたのは、「四維（礼儀廉恥）」、儒学の
「八徳（忠孝仁愛信義和平）」などの伝統的な道徳観であり、そのような
伝統を以て人々の思想統一、全国的な軍事化、生産化、芸術化を実現す

1．北京師範大学歴史学部編『中国現代史』（下）、北京師範大学出版社、1983年、
　42頁。

ることで「社会を変化させ、国家を復興させようとした」。彼は明治維新以降の日本が国民に対して「忠君愛国」的な教育を行ってきたことを例えながら、以下のような結論を出した。⁽¹⁾

　「忠君愛国」的な教育の故に、対外作戦を行う際、共通の敵に向かって憤り立ち向かうことができ、気負い立って犠牲することができた。このような精神は敵に勝つことのできる最大の要件である。彼らはこのような条件が整ったからこそ、再三相手に勝つことができた。今日になって、彼らのすべての軍事的な要件は世界のどの国に比べても十分である。したがって、大胆にも我が中国を侵略し、東アジアを制覇しようとしているのである。しかし、中国は準備もできてなければ、少しの国防意識も持っていない。これから発展させるにはもう遅いし、日本に及ぶはずもない。こうして中国は「革命精神」、「民族精神」で全国の軍民を統一し、我々の精神で彼らの物質的な条件に勝つしかない。

　抗日戦争中、蒋介石は頻りに「抗戦の勝利はすべて精神にあり」と強調した。1939年3月12日、孫文逝去十四周年記念日に、蒋介石は全国同胞に告げる手紙を発表し、「国民精神総動員」の実施を布令し、「国民精神総動員」の目標は、「国家至上主義・民族至上主義、軍事至上主義・勝利至上主義、意志の集中・力の集中」であると定めた。そして「必ず国家と民族の利益が最高であることを忘れず、国家と民族のためにはすべての個人的な見解と利益を犠牲にし、個人の自由と命の犠牲までも惜しんではならない」と呼びかけた。さらに、「忠孝仁愛信義和平」を

1．蒋介石「外来の侮辱に抵抗し、民族を再興しよう」、中国共産党中央資料収集委員会編『第二次国民党・共産党協力の形成』中国共産党中央党校出版社、1989年、283－285頁を参照せよ。

3．中国民主革命における民族主義の動員　　　　　　　　　　　123

「救国のための道徳」であると唱え、全国の同胞に「国家への忠誠、民族への大孝行」⁽¹⁾を呼びかけた。明らかに、「新生活運動」であれ、「国民精神総動員」であれ、すべて民族主義的な動員であった。それは、両方とも全国民衆を動員して日本帝国主義の侵略に抵抗することを目標としているからである。即ち、伝統的な思想と道徳を手段として民族の凝集力を増強し、民族の「精神」的な力で軍事力の不足を補おうとした。このように民族精神を強調したことには一定の合理的な側面があった。例えば、民族自尊心と自信を高め、悲観的な情緒を克服し、中華民族の伝統文化を発揚することで、最終的に侵略者を退くことにおいて重要な励ましの役を担った。

　次に、専制独裁を強化し、共産党を防ぎ、共産党に反対する消極的な要素が混ざっていた。1927年、国民党を掌握してから長い間、蒋介石は完全に自分の地位を固めることができなかった。例えば、馮玉祥、閻錫山と桂系の軍閥など内部の派閥紛争以外に、正確な路線の指導下で生まれ変わり、日々大きく成長している共産党は蒋介石統治に対する最大の隠れた災いであった。したがって、蒋介石は迫りくる日本と全国人民の強い圧力によって、一方では抗日の旗幟を挙げながら、他方では共産党をはじめとする反対勢力に対する封じ込めや打撃を放棄することができなかった。「九・一八」事変以降の長い間、「対外への抵抗には国内の安定が必要である」という観点を堅持し、抗日戦争が始まってから段々と共産党の軍隊と「摩擦」を起こし、ひいては「皖南事変」を発動して新四軍の消滅を企てた。それと同時に、思想文化とイデオロギーによる自己統治の強化、中国共産党をはじめとする主な敵対政治勢力に対する打撃は、必然的に彼の民族主義観点にも現れた。新生活運動は「民族復興」をスローガンとしていたが、その背後には中国の伝統的な倫理道徳で民衆の思想を束縛し、「新」生活スタイルを推し進めることで国内で

１．兪祖華、王国洪編『中国現代政治思想史』山東大学出版社、1999年、44頁。

も一定の基盤をもつ共産主義思想を牽制し、取り除こうとする意図が
あった。まさに、日本の学者が述べるように、「名目上は欧米文明の移
植であったが、実際には『礼儀廉恥』を呼びかけ、濃厚な儒教思想をそ
の基礎としていた。頑固な伝統思想を以て共産主義に抵抗し、生活の生
産化、軍事化、芸術化を通して民衆の組織化を図ることが目的であっ
た。[1]」新生活運動を展開したその頃、蒋介石によって作られた「復興社」
と「力行社」などのスパイ組織は自分たちの専制統治を強化し、敵対の
共産党とその他の政治組織に打撃を与えるための措置であった。また、
「国民精神総動員」の中の「国家至上主義」、「意志の集中、力の集中」
などは、実は国民党の「一つの党、一人の首領、一つの主義」の言い換
えであった。蒋介石がこのような動員の実施を発表した後、毛沢東は延
安で「国民党が呼びかけている国民精神総動員について」という報告を
行い、「共産党はこれまで全国総動員を呼びかけてきた」と述べた。ま
た、国民党のアピールする「国民精神総動員綱領には積極的な面もあれ
ば、消極的な面もある。一方では全国人民を動員して日本帝国主義に抵
抗するように呼びかけながら、他方では共産党を限制している。」我々
の課題は、「国民党が正確な方針を手に入れ、日本と戦って順調に中国
を救うよう誘導[2]」することであると指摘した。

　「国民精神総動員」は民族主義動員であるという毛沢東の下した評価
は正しかった。蒋介石が強い反共主義、独裁的な傾向を有していた故、
中国共産党は蒋介石の実施した政策を「中国式のファシズム」と呼び、
それに対して大量の暴露と批判活動を行った。

　また、国内での民族主義の展開において、蒋介石は孫文の大漢族主義
という誤りを引き継ぎ、国内の各民族を中華民族の「同一宗族の支派」

1．池田誠他『抗日戦争と中国民衆－中国の民族主義と民主主義－』杜世偉他訳、
　求実出版社、1989 年、121 頁。
2．中央文献研究室編『毛沢東伝（1893 － 1949）』中央文献出版社、1996 年、
　536 頁。

3. 中国民主革命における民族主義の動員 125

であると位置づけた。したがって、少数民族の民族地位を抹消し、民族
的搾取や差別政策に依拠を提供した。1943 年、周恩来は蒋介石のファ
シズムを批判し、「彼は国内の少数民族に対して大漢族主義的な民族優
越感、伝統的な理蕃政策の観点を有している。対外において国民党の中
には、大中華連邦はベトナム、タイ、ミャンマー、朝鮮、南洋諸島まで
含むべきだと主張する人もいるのではないか[1]」と指摘した。要するに、
蒋介石率いる国民党は確かに民族主義精神を有し、民衆を動員して抗日
戦争のために多大な貢献をした。しかし、自分たちの反共主義と専制主
義的な立場に基づいていたので、彼らの民族主義には相当の消極的な側
面も含まれていた。このような消極的な面は、彼らの抗日態度や実際の
戦績を低減する原因にもなり得た。

　抗日戦争時期、中国共産党と国民党以外の政治派閥、特に民主党派も
立場を抗日へと変え、抗日救国をその内容とする民族主義運動の主要メ
ンバーとなった。有名な愛国将校である李済深と陳銘枢が率いる中国国
民党臨時行動委員会は「九・一八」事変後、抗日救国を呼びかけ、日本
への宣戦布告を主張した。彼らは、民族革命を完成すると同時に、蒋介
石の反共政策を排斥した。さらに、彼らは「華北事変」後、中華民族革
命同盟を創設し、「抗日で外来侵略を防ぎ、すべての勢力を集中して民
族革命を行い、……全国民衆を武装させ、日本と戦い、失った領土を取
り戻そう[2]」と提案した。1917 年、黄炎培が創立した中華職業教育社は
本来なら職業教育を普及させる教育団体であったが、「九・一八」後か
らは抗日を極力に主張した。例えば、「救国通信」を創設して抗日思想
を宣伝することで、抗日救国の政治団体に生まれ変わった。また、潘鈞
儒、章乃器は全国各界救国委員会を発起・設立した。このような団体や

1．周恩来「抗日統一戦線を堅持し、蒋介石の新専制主義に反対する」中央統戦部、
　　中央文献研究室編『周恩来統一戦線文集』人民出版社、1984 年、69 頁。
2．姜平『中国民主党派史』武漢大学出版社、1987 年、76 頁。

民主党派はすべて抗日のために創られ、民族を危機状態から救い出すことを呼びかけていた。中国共産党と国民党以外に、見過ごすことのできない民族主義の勢力を形成した。中国において、列強の侵略に抵抗するための民族革命は民主革命の一つの構成部分であり、この種の民族主義の動員は中国革命の動員でもあった。さらに、中国革命が勝利を勝ち取ることを保障してくれる重要な要因でもあった。

4．中国民族主義の国家構想

　民族主義の政治的な原則は「一つの民族、一つの国家」であった。1903 年、『浙江潮』に掲載した余一の文章では、「同じ『種』を合わせ、異なる『種』を分離させることで一つの民族国家を創り上げる。これがまさに、民族主義である[1]」と言った。この解釈は簡潔であるが、民族主義の完全な意味が濃縮されていた。「種」については異なる解釈ができるかもしれないが、「民族主義」に対する的確な定義であったと思われる。孫文と梁啓超などの論述に照らしてみると、民族主義理論が 19 世紀末から 20 世紀初頭にわたって中国に輸入される時から人々はすでに、その「一族一国」の原則を普遍的に理解していたことが分かる。したがって、民族主義闘争とは、自民族が自国に対する支配権を勝ち取り、民族国家を打ち立てる闘争であった。まさに、余一の指摘の通り、「世界の各民族との競争から勝ち抜き、自分の存在を守りたければ、民族国家を打ち立てることが一番[2]」である。それは、「自民族の特徴を十分に発揮させるのは民族国家だけであり、民族国家だけがその権利を合わせて権利として使い、その志を合わせて志とし、その力を合わせて力に使

1．余一「民族主義論」、『浙江潮』、1903 年第 1、2 期、張枬、王忍之編『辛亥革命前の十年間時論選集』（一巻、下）、生活・読書・新知三聯書店、1960 年、486 頁を参照せよ。

2．同書、487 頁を参照せよ。

4. 中国民族主義の国家構想

え、国と『種』の真の助け合いが実現できる」からであった。以上のような理解に基づくなら、満族は「漢族の権利を奪い取って」清朝を独占したので、民族主義はまず「排満興漢」をすべきであり、中国における漢族の統治を回復しなければならない。中国の近代は丸ごと帝国主義列強に侵略・略奪され、「半植民地」あるいは「植民地以下」の境地に置かれていた。ゆえに、民族主義はまず、帝国主義に抵抗し、中国における中華民族の完全なる主権を回復しなければならない。しかし、革命が清朝政府を覆し、中国人が帝国主義の外来勢力を中国から追い出した後、如何に自分の「民族国家」を創設するかが民族主義の解決すべき課題となった。

「民族国家」を創設することにおいて、何が「民族」であるかをはっきりさせることがその前提であった。西欧から中国へ輸入された「民族」の概念は大体二種類あった。まず、血統と歴史、文化によるいわゆる「種族」的なものであり、次に、政治と利益のアイデンティティによるいわゆる「国民」的なものであった。ゆえに、「民族主義」の英文 'nationalism' には「民族主義」の意味以外に、「国家主義」の意味も含まれていた。したがって、「民族国家」の中の「民族」には、「種族」的な意味以外に、「国民」的な意味もあった。要するに、辛亥革命前後、中国の学術界で普遍的に受け入れた民族概念は前者、つまり、「種族」的な民族概念であった。1905 年の当時、まだ過激的な革命者であった汪精衛の指摘は、その代表的なものであり、彼は以下のように述べていた。[1]

　　民族というものは人種学の用語であり、……民族とは気質の継がれた人類団体である。いわゆる「気質」とは、「民族の要素」であ

---

1. 汪精衛「民族の国民」、張枬、王忍之編『辛亥革命前の十年間時論選集』（一巻）、生活・読書・新知三聯書店、1960 年、83 頁を参照せよ。

り、そこには同一の六種類の要素がある。つまり、同一の血統、同
一言語・文字、同一住所、同一の習慣、同一宗教、同一精神・体質
がそれである。同時に、民族の結合というものは偶然のものではあ
るまい。歴史的に共通の関係によって結ばれ、その上、破れられな
い共同体になっているため、永続的な組み合わせとなっている。一
方、偶然に集まったものは民族とは言えない。

　20 年代の初頭、孫文は「民族」とは血統、生活、言語、宗教及び慣
習といった五つの「自然力」で構成されたと指摘したが[1]、汪精衛の定義
と本質的な区別がなく、両方とも典型的な種族的な民族概念であった。
梁啓超は「小民族主義」と「大民族主義」を区別しようと試みたが、
「民族」に対する彼の理解は依然として「同一の種族、同一言語、同一
宗教、同一の慣習を持つ人々で、顔立ちが同胞のようなもの」[2]に止まっ
ていた。まさに、このような種族を強調する民族概念が主導的な地位を
占めていた故、孫文とその後の旧中国の統治者たちは基本的に種族の性
質を強調する民族国家観念を持ち、民族国家建設の問題において、常に
同化主義的な理想を持つようになった。
　辛亥革命時期における狭隘な民族主義的な革命動員は、満族に対する
駆除や漢族政権の「復興」がその目的であった。ここに潜んでいる意味
とは、中国の政権を握っている満族を覆し、駆除することで中国政権を
漢族の手に入れ、中国と漢族の国家を創り上げれば、民族主義は完成し
たことになる。実際、革命者たちは孫文の述べている通り、「今日、清
朝が退位し、中華民国が成立した。また、民族と民権という二つの主義
の目標に達し、民生主義だけを手に入れていない。したがって、今後、

1．孫文『三民主義』岳麓書社、2000 年、4 頁。
2．梁啓超「新民説」、1902 年 2 月 8 日『新民叢報』1 号。夏暁虹編『梁啓超文選』
　（上）、中国放送・テレビ出版社、1992 年、106 頁を参照せよ。

4．中国民族主義の国家構想

我々が力を尽くすべきこととはまさに民生主義である」[1]と認識していた。孫文は政権を手に入れてから間もなく、民族主義理想と実際の中国民族状況との矛盾に直面していた。つまり、中国は一つの「民族」で構成されておらず、「漢、満、蒙、回、蔵」の五つの民族によって構成されていた。もし、中国を漢族だけの国家として理解するならば、中華民国が清朝から接収した領土の半分以上が中国に含まれず、漢族がそれらの地域を統治しようとしても適当な名分がなかった。一方で、清朝が所有していた統治領域を中国と理解する場合、領域内の多民族状況は必ず「一つの民族、一つの国家」という民族主義の目標に達することができなかった。ここで、孫文は理論においても実践においても混迷していた。彼が大統領という立場で公表した「五族共和」は、後人によって肯定的な理論と政策であると評価されているが、民族主義の原則に合わないと同時に、彼の全国統一を保全しようとする理念とも矛盾するため、彼自身によって否定されることになった。孫文は晩年、民族主義の「一つの民族、一つの国家」という原則を実現するため、さらに自分の中国統一を守ることと世界的に強い国を建設する夢を実現するため、「五族共和」理論を否定し、以下のような「国族」理論を提示した[2]。

　　中国において民族は国族であり、民族主義とは国族主義である。秦漢以降、中国は一つの民族が一つの国家を形成していた。しかし、現在の中国の民族について言えば、総数は4億、そのなかには、ただ数百万のモンゴル人、百余万の満州人、数百万のチベット人、百数十万の回教徒のトルコ人が混じっているだけだ。外来人の総数は1千万人にすぎない。そこで、大多数について言えば、4億の中国

1．孫文「南京同盟会会員予餞会での演説」、『孫文全集』2巻、中華書局、1982年、319頁。
2．孫文『三民主義』岳麓書社、2000年、3、5頁。

人は、まったく漢人であるといってよい。同一の血統、同一の言語
文字、同一の宗教、同一の風俗習慣を持ち、まったく一つの民族で
ある。

　しかし、以上のように中国の多民族状況を無視することで、漢族以外
の多民族の存在を覆い隠すことはできなかった。故に、孫文は四億の中
国人は皆一つの民族であると言いながら、一方では「必ずしも満、蒙、
回、チベット族を我が漢族に同化させなければならない」と強調した。
彼にとってアメリカの民族同化モデルは憧れの対象であったため、それ
について以下のように述べていた。[1]

　　今日のアメリカは世の中で最も強く、最も豊かな民族国家である。
　彼らの民族組み合わせの中には黒人もいれば白人もいる。何十種の
　人種を含む、世界中で最も多い民族を含む集合体となっている。ア
　メリカという国が誕生してからイギリス人、オランダ人、ドイツ人、
　フランス人などがその組織の中へ入っていった。アメリカの総人口
　は一億人であり、その中でドイツ人種は約２千万人で、実は総人口
　の５分の１も占めている。それ以外のイギリス、オランダ、フラン
　スなどの人種も少なくない。どうしてアメリカは英荷法徳米でなく、
　米国と呼ばれているのか。アメリカの新民族、つまりイギリス、オ
　ランダ、フランス、ドイツの人種をアメリカに同化させてその名を
　創ったことを忘れてはならない。そこからアメリカ民族が生まれ、
　そのアメリカ民族があるが故に今日の華やかなアメリカが存在する
　のである。民族の役割はこのように偉いものである。アメリカの民
　族主義は積極的な民族主義である。我が党もアメリカをモデルとし
　なければならない。今日、我々が民族主義について語る時、大雑把

1.　同書、261頁。

4．中国民族主義の国家構想

に五族と言うのは間違いで、漢族の民族主義であると語らなければならない。……つまり、漢族を中心に置いて五族を我が漢族に同化させなければならない。また、その他の民族にも我が団体に加入して国の建設に参与することのできるチャンスを与えなければならない。アメリカ民族の規模を真似し、漢族を中華民族に変えることで完全な民族国家を組み立て、アメリカと並んで東西半球の二大民族主義国家にならなければならない。

　孫文は具体的な国家、民族建設の措置として、家族から宗族へ、宗族から民族へ変換するアイデアを提示し、以下のように述べていた。[1]

　　外国人は中国人を一握りの砂に喩えることを好む。国家観念に対する中国人の認識は砂のようにバラバラであり、本来から民族団体という意識を持っていなかった。しかし、民族団体以外に別の団体は無いだろうか。以前にも述べたように、中国には頑固な家族と宗族団体があり、それに対し中国人は非常に深い愛想を持っている。例えば、中国人は路上で遭遇した場合、会話を交わし、名前を尋ねる。もし、両方が同族であることが分かったらより親しくなり、同じ名字の家族と見なす。このような考え方を広げれば、宗族主義から国族主義へのエクステンションも可能であるだろう。我々の失われた民族主義を回復しようとする際、団体が必要で、それに相当の規模の団体が必要である。我々が大団体を結成しようとするなら、小さい基盤から始め、互いを結びつけることができれば成功しうる。我が中国が利用可能な小さい基盤というのはまさに宗族団体であるに違いない。それ以外に、故郷の起源もある。故郷に対する中国人の執着も非常に深い。例え、同省同県同郷の人であればいつも

1．同書、53 － 55 頁。

連絡しやすくなる。私にとってみれば、この二つの観念を基に全国の人々を結びつけることができると思われる。……私にとって見れば、中国国民と国家システムの関係は、まず家族があってそこから宗族へ、そしてその後に置くのが国族である。このような集まりを一段一段と拡大していけば、整然とした互い結ばれている関係となり、着実なものになっていくだろう。もし、宗族を単位として組織の中身を改良し、国族へと連合させれば、個人単位で連絡している外国より優れたものになるだろう。……例え、中国に400の族があるとしたら、宗族を基に国族へ拡充していけば、400人に対して工夫する如きである。様々な名字を元来の宗教組織、同族の名義を以て段々と県・省・全国にまで広げれば、各々の名字も大きな団体と成りうる。例えば、「陳」という名字を以て郷・県・省へと連絡していけば、2、3年も経たないうちに陳という名字の人たちが主に集まり、非常に大きな団体となる。各々の名字の集まりが大きな団体となってから、関連性のある各名字を結びつけるならば、更なる大きな団体となるに違いない。最後に、各名字団体に国の危険を知らせば、彼らは連合し、大きな中華民国の国族団体となる。国族団体さえあれば、外部からの攻撃も自国の建設も心配する必要は無くなる。

　孫文の提示したこれらの発想は具体的に見えるが、実際は空想に過ぎなかった。家族、宗教から国族の間のそれぞれの部分同士のコミュニケーションを問題にするまでもなく、本当にそのような「連絡」可能な「団体」があるとすれば、それを「民族」と言えるだろうか。孫文は晩年になってコミンテルンの提案を受け入れ、古い三民主義を「ソ連と連合し、共産党と連合して労働者・農民を支援する」新三民主義に変換させた。しかし、国家システム問題においてはコミンテルンの「自由な中華連邦共和国」の提案を受け入れず、「中国国民党第一回全国代表大会

4. 中国民族主義の国家構想 *133*

宣言」では、「自由で統一的（各民族の自由連合的）な中華民国[(1)]」を創り上げると公表した。これは、中国の各民族を一つの中華民族に「融合」させようとした彼の構想と一致した。また、その歴史的な意義をもつ大会で、孫文の起草した「国民政府建国綱領」が採択された。その綱領に基づき、中華民国は完全な民主政治を実現するためには「軍政」、「訓政」と「憲政」という三つの大きなステージを踏むべきだと決めた。いわゆる「軍政」とは、武力を以て全国統一を実現する時期であり、すべての制度はこの段階では必ず軍政の統括下に置かれる。「訓政」は、国民の民主能力を訓練し、国家は県の次元から「自治」を行う段階である。試験を通して政府に認められた人たちが各県に派遣され、各々の県を支援して「自治」を実現する。つまり、制度と思想の面で全面的に憲政の準備段階に入り、県の次元から民選政治をやり始める。最後に、いわゆる「憲政」とは、省の次元で「自治」を完成し、全国範囲の国民大会を開き、憲法を定め、民主政府を創り上げることを指す。

　綱領の中には、以上のような三段階にわたる民主政治を実行・樹立する過程で、「国内の弱小民族に対し、政府は彼らが自決・自治するまで支援を行う」という方針があった。しかし、ここで言う「自決」は列強の侵略に抵抗することを意味し、「自治」は全国の他の地域の「訓政」と「憲政」を推し進める段取り上のことを意味していた。

　この時期の孫文の議論に照らしてみれば、三つの段階となる民主建設の中における中国の「各弱小民族」の位置づけは、次のようである。「軍政」時期においては、帝国主義の圧迫により、「五族」の領域は別々で、「異なる五族」を形成する。次に、「訓政」時期には、各県・省の設置や民族平等の発展による各民族間の接近、混合が行われる。最後の「憲政」時期には、単一の中華民族の「国族」を形成し、統一の民族国家へと成長し、中華民族の構成員たちは元々の痕跡は無くなり、完全な

---

1. 同書、116 － 117 頁を参照せよ。

平等を実現する。したがって、中国は民主政治の建設を完成するだけでなく、民族建設も完成し、最終的には孫文の民族主義原則による民族国家が誕生することになる。

孫文以後の国民党政府は、この種の民族国家建設の構想をほぼそのまま受け継いだ。1928 年、蔣介石は中国の政権を掌握することに成功してから、いわゆる「軍政」時期の終わりと「訓政」段階の開始を宣布した。また、抗日戦争期に至って、彼はさらに孫文の民族同化思想を展開した。例えば、1942 年、蔣介石は西寧での演説の中で次のように述べた。[1]

　　皆様は、我が中華民国がすべての中華民族によって建国されたこと、我が中華民族は我々の漢、満、蒙、回、蔵という5つの宗族を組み合わせた代名詞であることを忘れてはならない。我々は五つの民族ではなく、5つの宗族であると私は確信する。つまり、我々は皆中華民族の一員であり、兄弟のような一家族である。『詩経』には「子孫が昌盛」し、「血統以外に、婚姻関係による絆がある」と書かれている。これは、十分に我が中華民族の各単位が一つに融合しうる性質と関係を説明してくれる。数多い我々の家族は宗族と成り、さらには宗族を統合して全体の中華民族を構成する。国父である孫先生は「4億の人々を結びつけ、一つの強固な民族となす」と言っている。故に、我々には一つの中華民族だけが存在し、その構成単位は宗族と呼ぶべきである。

ここで蔣介石の述べている「宗族」は、明らかに孫文の言う「宗族」とは性質的な違いがある。後者は、我々が現在用いる「民族」という言

1．蔣介石「中華民族全員の共同責任」（1942 年 8 月 27 日）、国防研究院編『蔣大統領集』二冊、1961 年、1422 頁。

4．中国民族主義の国家構想 *135*

葉の内部の地域と血縁関係のある社会「集団」を指している。しかし、前者はどうしても否定することのできない正真正銘な「民族」を指し示している。蒋介石は確かに孫文の理論を展開していたが、その意味上では孫と距離を置いていた。二つの「宗族」間の差を縮めるため、蒋介石のその後の言論では、繰り返して「宗族」は皆同じ血縁関係を基にしていると強調した。このような事実を顧みない強引なまとめ方は、彼の望んでいる融合に達することができなかっただけでなく、民族関係においても危険性を増やしてしまった。

　マルクス主義の理論体系の中で、「民族国家」は一種の進歩的な国家形態であった。レーニンは「現代資本主義の要求を満たせる民族国家を建設することはすべての民族運動の趨勢である[1]」と指摘した。中国共産党はそれに基づいて、中国で民族国家を建設することについては反対の態度を取っていなかった。それどころか、毛沢東はかつて中国は「一つの偉大な民族国家である[2]」と述べた。しかし、どのような民族国家を建設すべきかいう点において、中国共産党は孫文とその後の国民党とは明らかに違う態度を見せた。

　中国共産党が民族政策について初めて問題提起したのは、1922 年に開かれた第二回全国代表大会であり、この大会で以下のように発表した。[3]

　　まず、中国本土（東三省を含む）を統一して真の民主共和国に建設し、モンゴル、チベット、ウイグルでは自治を実行し、民主自治

1．レーニン「民族自決権を論ずる」、『レーニン選集』2 巻、人民出版社、1995 年、370 頁。
2．毛沢東「中国革命と中国共産党」、『毛沢東選集』2 巻、人民出版社、1991 年、623 頁。
3．中国共産党第二回全国代表大会「国際帝国主義に対する中国と中国共産党の決議案」、中国共産党中央統戦部編『民族問題文献集』中国共産党中央党校出版社、1991 年、8 頁を参照せよ。

邦とする。次に、自由連邦の原則に基づき、モンゴル、チベット、ウイグルを連合して中華連邦共和国を建設する。

　明らかに、これは民族問題や国家システムに係わる政治構想であり、この連邦制のフレームは中華人民共和国の建国直前まで続けられた。一方、中国共産党も理論上で民族問題を解決できる異なる方式を探索してきた。実践を通して、自らの理論と政策に対する修正作業を繰り返し、最終的には民族地域の自治を中国の民族問題解決の基本的な政治制度と決めた。

　初期の中国共産党は一般的な意味での民族平等を提示しただけでなく、コミンテルンとレーニンの思想に応じて民族自決権を認め、各少数民族が自己意思によって自らの民族国家を独立させ、打ち立てることを尊重した。各民族の自決権を認める原則を基に、連合することだけが自由な統一国家を建設する道だと考えたのである。したがって、中国共産党は最初から孫文と国民党の民族同化政策に対して批判的な態度を取った。1925 年、中国共産党第四回全国代表大会で採択した「民族革命運動についての決議案」では、中国の封建階級、ブルジョア階級の民族主義（国家主義）は、「大中華民族のスローガンを掲げ、モンゴルとチベットなどの属国を同化」しようとし、それはある種の「世界革命運動の反動的な行為[1]」であると指摘した。その後、共産党の指導者たちは蒋介石の大漢族主義について厳しい批判を繰り返した。このように、一貫して少数民族の平等な地位を認め、最初は連邦制の国家を建設しようとし、後には単一制度の国家を建設したが、依然として民族区域自治の国家制度を実行したので、孫文の「一つの民族、一つの国」という構想とは対立していた。

1．「民族革命運動に対する中国共産党第四回全国代表大会での決議案」、中国共産党中央統戦部編『民族問題文献集』中国共産党中央党校出版社、1991 年、32 頁を参照せよ。

4. 中国民族主義の国家構想 137

　しかし、「民族国家」に対する理解は「民族」と同じく、種族の性質のある「一つの民族、一つの国」というモデル以外に、現代の民主制度下に置かれている国民を一つの「民族」と見なした。また、このような国家を「民族国家」と呼ぶことも他の一種のモデルであったと思われる。この種の国家が追求するのは血統や文化的なアイデンティティではなく、共同の政治目標に基づく共通する利益と運命の同一性であった。

　この点に関して、皆「民族」概念を用いているが、その理解や意味には大きな差があった。歴史的な原因により、中国共産党の初期文献で使われている「中華民族」という言葉には、「漢族」と混同している所があった。しかし、30年代以降からは段々と明確に区分された。1939年、「中国革命と中国共産党」の中で、毛沢東は中国の民族について、「九割以上が漢族である。しかし、それ以外にモンゴル人、回人、チベット人、ウイグル人、ミャオ人、イ人、チワン人、プイ人、朝鮮人など数十種の少数民族がいる。文化の発展はそれぞれ異なるが、皆長い歴史を有している。中国は多民族の結合による多人口の国家である。中華民族の発展（ここで言うのは主に漢族の発展）は世界上の他の民族と同様である……」と述べた。また、外来侵略に抵抗する際に、「中華民族の各族の人民は皆外来民族の圧迫に反対し、抵抗を通してこのような圧迫から逃れなければならない[1]」と指摘した。

　以上のような「中華民族」の概念は、各民族を皆同等の地位に置く「国民性」を強調する概念であり、このような民族で構成された国家は当然「国民性」を有する「民族国家」である。したがって、このような国家建設のプロセスも当然民族国家の建設過程に属する。

　近代学者・張東蓀は、「民主とは無条件なものではない。必ず一つの民族を創ってから民主政治は成り立つ。ゆえに、民主国家は必ず一つ

1．毛沢東「中国革命と中国共産党」、『毛沢東選集』（二巻）、人民出版社、1991年、622 － 623頁。

の段階、つまり、いわゆる民族創造の運動が必要とされる。……中国は
まず一つの『民族国家』を創り上げ、その後に民権即ち人権が生じう
る[1]」と指摘した。このような認識はまさに民族主義思想が広まった中国
近代思想界においては普遍的なものであった。故に、孫文は辛亥革命後、
民族主義が完成されていないと考え、大民族主義の国家を建設しようと
呼びかけたのである。

　中国共産党の新民主主義革命はその性質から言うなら、まずはブル
ジョア階級の民主革命であった。共産党の志向する社会主義の目標は、
民主革命という段階を乗り越えなければならなかった。したがって、こ
の段階に適切な「民族国家」を建設することは避けがたい選択であった。
1938 年、毛沢東は中国共産党の抗日民族統一戦線を論ずる際、国民党
と共産党の合作は長期的なものであると指摘しながら、抗戦後には「民
主共和国」を打ち立て、「この国家は一つの民族主義国家である[2]」と述
べた。しかし、中国の伝統的な言説の中で、「民族国家」は同化を通し
てのみ実現できるという「種族性」の意味合いが強かった。これは、中
国共産党が実際に実行してきた「民族自決」と「各民族の平等」の原則
に反するものであった。ゆえに、中国共産党は自らの民族国家構想を有
していながらも一貫して「民族国家建設」という内容としては公表でき
ず、これらの構想は党の民族綱領や政策の中で提示される他に、別の方
面の論述で表現される場合が多かった。例えば、毛沢東は新民主主義に
ついて語る時、「我が共産党人は長い間、中国の政治革命と経済革命の
ために頑張ってきただけでなく、中国の文化革命のためにも闘ってきた。
すべては中華民族の新たな社会と新たな国家建設をその目的とした[3]」と

1．張東蓀「中国文化の抜け道」、単純、張合運編『中国精神—百年の響き—』
　海天出版社、1998 年、144 頁。
2．毛沢東「新段階を論ずる」、中国人民解放軍軍事科学院編『毛沢東軍事文選』
　中国人民解放軍戦士出版社、1981 年、189 頁。
3．毛沢東「新民主主義論」、『毛沢東選集』2 巻、人民出版社、1991 年、663 頁。

4. 中国民族主義の国家構想 139

論じた。1935年12月、党の「瓦窑堡会議」は広範な統一戦線策略を決め、元来の政治スローガンであった「ソビエト労農共和国」を「ソビエト人民共和国」へと変えた。会議で採択された決議では、「こうした政策の転換は、まずソビエトは労働者・農民を代表するだけでなく、中華民族をも代表していることを明らかにするためである[1]」と転換の理由について説明した。自らの政治目標、国家のビジョンを「中華民族を代表する」ことと定め、しかも「中華民族」が全国各民族人民の通称であると定めたことは、全中国人民を代表する民族国家建設の思想をよく表わした。したがって、中国共産党の新民主主義が作り上げようとした国家イメージも民族国家であった。毛沢東は「新民主主義論」の中で、「中華民族の新たな政治、新たな経済と新たな文化」を建設しようと呼びかけながら、新たな政治の内容が以下のようなものであると定めていた[2]。

> 各革命階級の連合専制を国体、民主集中制を政体とする。これがまさに新民主主義の政治であり、新民主主義の共和国であり、抗日統一戦線の共和国であり、三大政策の新三民主義の共和国であり、名詮自性の中華民国である。

当然ながら、抗日戦争の全過程と3年間の解放戦争を経て、中国民主革命の結末とこの時の毛沢東の発想の間にはある程度の差があった。創られた国家は、中国共産党が指導する人民民主独裁の人民共和国であり、7、8年だけの時間を経て中国はまた新民主主義から社会主義への移行に成功した。しかし、我が国は依然として現代の国際法が認める民族国家であり、真に全体の中華民族を代表する民族国家である。この点にお

1．「中国共産党中央の目前政治形成と党の任務に関する決議」、中国共産党中央統戦部編『民族問題文献集』中国共産党中央党校出版社、1991年、331頁。
2．毛沢東「新民主主義論」、『毛沢東選集』2巻、人民出版社、1991年、677頁。

いては、理論上だけでなく実践上でも、民主革命時期の先賢たちの想定
をはるかに超えている。

第3章　日本の中国侵略と

中日民族関係

　中華民族と外国との民族関係において、中国と日本は近代以来最も注目すべき関係であった。歴史上、中日両国は長期に渡る「一衣帯水」の密接な友好関係であった。古代の中国文化は、日本に深い影響を与え、今日の日本の文字、宗教、倫理、及び生活礼儀までにも深い中国文化の印が残っている。中国も日本の歴史、文化から多くの有益な成分を吸収してきた。しかし、19世紀の後期から両国が進んできた異なる発展の道と世界情勢の変化につれて、二大民族の関係は激しい戦争と衝突に巻き込まれ、波瀾万丈の発展の過程を経験した。

　その基本的な軌跡を辿ってみよう。明治維新を起点に、日本は資本主義の道を選んで急速に発展し、帝国主義強国の行列に入った。軍国主義の奇形的な発展により、小さいながらも強い日本が大きいながらも弱い中国に一歩一歩迫ってきた。最終的には全面的な侵略戦争へと拡大し、中華民族に空前の民族的災難をもたらした。中国の全面的な抗戦と第二次世界大戦が日本帝国主義の拡張を終わらせ、戦後の二大民族の関係回復に条件をつくってくれた。しかし、歴史問題に対する日本国内の深刻な反省の欠乏と国際要因の影響を受け、20世紀後半に、二大民族の関係の発展には一貫して大きな障害と複雑な局面が存在していた。このような状況は21世紀にまで続いている。20世紀の中日民族関係は始終、中華民族の屈辱、抗争、勃興と振興の過程と関連しており、中国の国家次元での最も影響力のある民族問題の一つとなった。

1．日本軍国主義の台頭と「中日甲午戦争」

（1）日本の台湾侵略と軍国主義の台頭

日本は近代初期に何度も西方帝国主義国家の虐めを受けた。1868年の「明治維新」後、日本は資本主義の道を歩み、国内経済は急速に発展した。国家の実力が徐々に増強されるにつれて、日本は却って対外拡張を求めた。一部の人は公然と「征韓」、「征台」を喚いた。1871年11月、琉球国の難破した漁船が台湾に漂流し、一部の漁民が台湾の高山族によって誤殺される事件が発生した。当時の琉球王国は中国の藩属国（従属国—訳者注）であったが、日本はこれを借りて挑発した。1873年5月、日本は中国に人を派遣して総理各国事務衙門に質疑し、台湾は日本の「番地」であり、中国に属さないと言い触らしながら中国を侵略するための口実を作った。

1874年5月、日本はアメリカの支持のもとで、陸軍中将・西郷従道を派遣し、彼は兵士3,000人を率いてまずは琉球を制御し、そして琅橋から上陸して台湾を侵犯した。1874年10月、中日双方は「台事専約」（つまり中日「北京専約」）を締結した。日本はアメリカの支持のもとで、清朝政府から10万両の「救済銀」と40万両の「修道建築」銀を取得し、清朝政府を強迫して「台湾の生蕃（台湾の山地原住民—訳者注）がかつて日本国属民を意のままに殺害」し、日本の出兵は「保民の義挙」であると認めさせた[1]。その後、日本は隴を得て蜀を望むように、1875年に琉球を強迫して中国との藩属関係を断絶させ、1879年には武力で琉球を併合し、日本の沖縄県に変えた。

琉球占領と台湾侵攻の成功により、日本国内の軍国主義の勢力が強化

1．王鉄崖『中外旧約章集彙編』（一）、生活・読書・新知三聯書店、1957年、284、343頁。

1. 日本軍国主義の台頭と「中日甲午戦争」

された。1874 年に日本は陸軍省官制の実施を公布し、軍部大臣の武官性質を明確に規定した。1878 年に天皇直属の参謀本部を設立し、それにより政府は軍事に対して口出しする権利が無くなり、しかも参謀本部は天皇を背後に政府を強制した。本来「天皇制は誕生の時から濃厚な軍国主義の傾向を持っていたが、参謀本部の成立は天皇制が軍国主義を取ったことを正式に宣告した。[1]」その後、日本は欧米に対していわゆる「強硬外交」を取り、中国と朝鮮へ拡張しようと企んだ。

大陸へ拡張するため、日本は朝鮮で一連の事件を策動するとともに、一連の条約を締結して朝鮮での駐兵権を取得し、そして清朝政府を強迫して朝鮮での日本の特殊地位を黙認させた。

朝鮮での日本の行動は、更に中国を侵略するための準備であった。朝鮮で絶えず事件を引き起こすと同時に、日本の参謀本部はスパイを派遣して中国の各種情報を密かに調べた。1879 － 1880 年、参謀本部は収集した関連情報で「隣邦兵備略」を編成して天皇に進呈し、軍備拡張を主張した。日本天皇は「陸海軍整頓詔書」を正式に頒布し、10 年の軍備拡張計画を確定した。1887 年、日本参謀本部は「清国討伐策」を制定し、5 年を戦争の準備期間にすると提出した。戦争が始まると大兵力で北京を攻撃し、一部の兵力で長江流域の戦略要地を占領して江南清軍の北上を阻止し、北京の攻撃に協力するとした。戦後は、遼東半島の蓋平県以南の地域、山東半島、台湾、澎湖列島と長江両岸の 10 里ぐらいの地域を日本の勢力範囲に組み入れ、中国のほかの地域はそれぞれ東北、江南、華北、青海・チベット、内外モンゴル、甘粛、ジュンガル小国などに分割して日本に附属させるとした。[2]

その計画を実現するために、日本は全力を尽くして武力を拡充し、国

---

1. 井上清、鈴木正四『日本近代史』（上）、商務印書館、1972 年、101 頁。
2. 藤清道一『日清戦争』、45 頁。呉雁南編『中国近代史大綱』（上）、福建人民出版社、1982 年、265 頁から再引用。

家全体を軍国主義の軌道へ引き上げた。1892 年、日本財政の総予算額は 8,400 万円、その内、軍事費が 3,450 万円を占め、割合が 41％に達した。中日甲午戦争の開戦直前、日本の常備軍人数は 63,000 余人、ほかに 23 万余人の陸軍予備役部隊があり、日本海軍艦艇の総排水量は 6 万トンに達し、対中国侵略の軍事準備をほぼ完成して時機を待つのみであった。

(2) 日本は「中日甲午戦争」を故意に挑発した

　日本の軍備拡張により、国内経済が畸形的に発展し、階級矛盾が激化した。当時の国内苦境に対応するため、日本は対外戦争を通して国内人民の視線を転移させ、武力で他国の人民に危機を転嫁させようとした。1894 年春、朝鮮で「東学党」蜂起が起き、朝鮮統治者には鎮圧する力がなかったので清朝政府に派兵を求めた。日本は表では清朝政府の出兵を唆し、裏では動員令を出した。清朝政府は日本に対する警戒心に欠け、軽く日本を信じたので、1894 年 6 月 5 日、直隷提督・葉志超に 1,500 人の兵士を率いて朝鮮へ進軍するよう命じ、約束通り日本へ正式に通告した。清軍が朝鮮に入ると、日本は大使館と僑民を保護するとの口実で迅速に大軍を朝鮮へ進入させ、仁川からソウル一帯の軍事要地を制御し、6 月 10 日にはソウルを占領した。

　日本の挑発に直面して、清朝政府の内部では「主戦」と「主和」の紛争が現れた。「主和」を主張する后党が優勢を占め、李鴻章は消極的に戦闘を避け、いわゆる「万国公法」に希望を寄託したので、朝鮮にいる

1．信夫清三郎『日本外交史』（上）、商務印書館、1980 年、267 頁。
2．清朝の内部では、政治の実権を握っている西太后を戴く后党と、西太后を引退させて光緒帝の親政を実現しようとする帝党に分かれ、激しく対立していた。后党と帝党の対立は、祖先からの清朝の伝統を守ろうとする保守派と、衰えた清朝を制度改革によって立て直そうとする革新派（変法派）の対立でもあった。（訳者注）

1. 日本軍国主義の台頭と「中日甲午戦争」

将領に静かに守るよう命じた。これは日本の気炎を助長させ、中国軍隊はもっとパッシブな局面に置かれてしまった。

1894年7月22日、日本はまず朝鮮王宮を占領し、朝鮮国王を脅迫して大院君をはじめとする傀儡政府を構成し、続けて大院君を脅迫して中国軍を駆逐する「権限」を日本軍に与えた。7月25日、日本軍は宣告なしに開戦し、豊島海面の中国軍艦「済遠号」と「広乙号」及び中国が借用している運軍船「高升号」に向かって攻撃を始めた。それにより「高升号」が沈没し、殆どの中国将兵が遭難した。同日、日本の陸路部隊も牙山を守備する中国軍を攻撃した。追い込まれた清朝政府は、8月1日に日本へ宣戦布告した。しかし、主将・葉叶志超は一日中盛大な酒宴を開き、軍事に専念せず、戦いに臨むとすぐ投降を求めた。清軍の左宝貴などの将兵が平壌城と運命を共にすると誓い、奮戦を続けたが、最終的には日本軍の攻撃を阻止できなかった。9月15日、清軍は国内に後退し、朝鮮国内での中日戦争は終結した。

1894年9月17日、日本軍は大東溝附近の黄海海面で清軍の北洋艦隊を迎撃し、海戦を挑発した。この海戦で、中日双方が投入した艦艇の数はほぼ同じで、総屯数は日本がやや優位を占めたが、日本艦艇の多くは新しく造られたもので、スピードと砲火の面で比較的大きな優勢を占めていた。しかし、中国艦艇は比較的古く、武器装備も古かったので、戦争での被害が比較的重かった（中国は5艦を損失、日本は5艦が重傷）。それ以降、中国の北洋艦隊は「船を保護し、敵を制する」という思想の下で、完全に消極的に戦闘を避け、座して死を待つ局面に置かれた。

1894年10月下旬、日本軍は両路に分けて大挙して中国へ侵入した。一部は、朝鮮の義州附近から鴨緑江を渡り、九連城へ向かって攻撃し、川沿いの4万清軍が敗走した。日本軍は迅速に九連城、鳳凰城を占領し、続けて長甸、寛甸、岫岩、海城などの戦略要地を陥落し、遼陽へ進軍した。ほかの一部は、遼東半島の花園口から上陸し、旅順、大連を奪い取

り、北へ進んだ。1895年1月、日本は清の切り札である北洋海軍を徹底的に壊滅させるために、陸海軍の合同作戦を組織した。陸軍は山東の成山角から上陸して威海衛の海軍基地の陸上砲台を攻略し、海軍に協力して北洋艦隊に対する包囲を完成した。2月12日になると、北洋艦隊は守り切れず、主将・丁汝昌が服毒して殉国し、清の一部の海軍将領は丁汝昌の名を盗用して日本軍に降伏した。北洋海軍はこれで覆滅された。黄海海戦後、追い込まれた清朝政府は日本に宣戦布告するが、和解を求める活動はずっと続いたので、戦争の全過程で終始受動的な防御状態に置かれていた。3月初めに、西太后は李鴻章を日本に送って交渉を行った。李鴻章は息子の李経芳、アメリカ顧問・科士達（ジョン・W.フォスター）と一緒に日本に到着後、日本の首相・伊藤博文、外相・陸奥宗光と交渉を行った。1895年4月17日、双方は正式に「馬関条約」（下関条約－訳者注）に調印した。その主な内容は、以下の通りである。

　1．中国は朝鮮に対する日本の制御を認める。2．中国は遼東半島、台湾及び付属の諸島嶼、澎湖諸島を日本に割与する。3．中国は日本に軍事費2億両の白銀を支払う。4．沙市、重慶、蘇州、杭州などを通商交易港として開放し、日本の船が内地河川に沿って上記の港へ出入りするのを許可する。5．中国の通商交易港での日本の工場設立を許可し、内地への製品の運送、販売は輸入品として納税する。

　日本は「馬関条約」に基づいて、大量の中国領土を占領し、これは帝政ロシア以降、中国の領土に対するもう一度の大掠奪であった。日本が掴み取った巨額の戦争賠償金と後の「贖遼費」[1]を合わせると約当時の34,500万円であった。これらの費用は殆ど軍事費支出に使われ、その内、臨時軍事費7,895万円、陸軍拡充費5,680万円、海軍拡充費13,925万円、その割合は79.7％に達した。これは日本国内の資本主義の発展、特に軍国主義の台頭を大きく加速化させ、同時に中国人民に多大な負担

1．「贖遼費」は、中国が日本から遼東半島を買い戻す費用を指す。（訳者注）

1. 日本軍国主義の台頭と「中日甲午戦争」

をもたらした。日本は中国で通商港を新たに開通し、中国に対する資本輸出の需要を更に満足させた。同時に中国は世界資本主義システムにもっと束縛され、彼らの商品市場と原料基地になってしまった。日本が発動した甲午戦争は、中国の半植民地・半封建化の過程を大きく加速化させた。

日本の対中国侵略と「馬関条約」の締結は、中日両国の矛盾を一層激化させた。割地・賠償の情報が伝わると全国が沸騰し、抗議の波が絶えなかった。1895年5月2日、1,300人の挙人の「公車上書」は反割地・反賠償闘争を新たな高まりに向けて推し進めた。康有為は上書の中で、「詔を下して天下を励まし」、「遷都して天下の根本を定めて」、再戦で有利になれるよう清朝政府に要請した。[1]

台湾人民は日本の占領に反対するため、勇敢に闘争を行った。台湾が割譲されたという情報が伝わってくると人々は駆け回りながら知らせ合い、銅鑼を鳴らしながらストライキを行い、激怒してやまなかった。台湾人民の怒りの感情を恐れ、台湾を割譲した特使・李経芳は台湾に足を踏み入れる勇気がなく、6月2日、基隆港外の日本艦艇の上で日本の初任台湾総督と引き継ぎを行った。日本軍は台湾占領の過程で台湾人民の必死の抵抗を受けた。日本軍が台湾を占領した後も、台湾人民の抵抗闘争は一度も中断されたことがなかった。

(3) 中国東北に対する日露の争奪

帝政ロシアは、中国東北とモンゴル地域に対して昔から野望に燃えていた。遼東半島に対する日本の割譲は、帝政ロシアの拡張計画と利益に直接影響を与えたので、帝政ロシアはフランス、ドイツと集結して日本に圧力をかけ、日本は遼東半島から撤退した。日本は圧力により、ロシア、ドイツ、フランスに譲歩し、中国は日本に3,000万両の白銀を支

---

1. 翦伯賛編『中国通史参考資料・近代部分』(下)、中華書局、1980年、31頁。

払って遼東半島を買い戻した。三国干渉による「還遼」事件の後、西太后、李鴻章などはロシアの「友好」に感謝の意を表し、いわゆる「以露制日」（ロシアを利用して日本を制約する－訳者注）の政策を推し進めた。ロシアは遼東半島の帰還に「功労」があるとして「中露御敵相互援助条約」（即ち「中露密約」）、「中露東省鉄道会社共同経営契約」、「旅順・大連借地条約」などを通して中国東北での道路建設、軍隊運送、軍需産業、森林伐採、鉱山の採掘、行政、司法などの特権を取得し、そして旅順口と大連湾を租借した。1900年、8カ国連合軍が中国を侵略し、ロシアは中東鉄道を保護するとの名義で、1900年7月に大軍15万人を出動し、七つの路線に分けて中国東北に侵入した。ロシアはこれを借りて、長期に夢見てきた「黄色いロシア」の計画を実現しようとした。しかし、日本はロシアによって中国東北から押し出された後、ずっと報復の機を待っていた。義和団運動の期間中、ロシアが中国東北を独り占めしたことは日・露の矛盾を一層激化させ、イギリスとアメリカをも深く刺激した。1904年2月6日、日本はイギリスとアメリカの支持の下で、ロシアによって奪われた中国東北での権利と利益を武力で奪還しようと決議し、旅順口のロシア艦隊を奇襲し、日露戦争が勃発した。

　日露戦争は、帝国主義列強が中国の領土で、中国の東北を争奪するために行った侵略戦争であり、双方は中国の領土で1年以上も殺し合いをした。しかし、腐朽した清王朝は人民の生命と財産は考慮もせず、「局外中立」を宣言し、遼河以東を交戦区、遼河以西を中立区として画定し、日露両国は堂々と中国の領土で殺し合いをした。無辜の東北人民の生命と財産は残酷に蹂躙された。日露戦争はロシアの失敗で終わり、1905年9月、双方は「ポーツマス条約」を締結し、日本は南満でのロシアの権益を取得した。12月、日本は清王朝を逼迫してロシアから手にした権益を認めさせ、清朝政府と「中日会議東三省事宜（日本では満州善後条約と呼ぶ－訳者注）」の正約（本文）と附約（付属協定）を締結した。その後、日露の間では中国を抜きにして密約と協定を締結し、「南

1．日本軍国主義の台頭と「中日甲午戦争」

満」、「北満」の勢力範囲を画定して、列強が中国の主権を以て取引した先例を開いた。

日露戦争終了後、日本は「南満」を拠点として大いに中国を略奪し、再び攻撃するチャンスを待っていた。第一次世界大戦が勃発した後、日本は他の列強が中国に関わる暇がない時を利用して、中国大陸を制覇する目的を実現しようと企んだ。1914 年 9 月、日本は連合国に参加してドイツと戦うとの口実で、中国山東へ出兵して青島と膠済鉄道沿線を占領し、山東でのドイツの権益を引き継ぐと宣告した。1915 年 1 月、袁世凱の帝制回復の支持を囮に、袁世凱に「対華 21 カ条要求」を提出した。その主な内容には、ドイツが山東で有していた権益を日本が継承すること、「南満」、モンゴルでの日本の地位を更に強化し、借地、鉱山の採掘、工場設立権の享有を袁世凱に認めさせ、そして大連港、旅順港及び南満鉄道、安奉鉄道の貸し借り期間を 99 年に延長し、沿岸の諸島嶼を他国に譲与・貸与しないこと、中国政府は日本人を政治顧問、経済顧問、軍事顧問として雇用するなどの項目が含まれた[1]。このように、中国を植民地として独占しようとする日本の行為は、当然、中国人民の強い反対を受けた。反日運動は山東省から始まり、急速に上海、天津及び全国各地に拡散された。海外の留学生、華僑も大いに声援を送ってきた。結局のところ、「対華 21 カ条要求」は実施されなかった。

日本の明治維新は資本主義の発展のために通路を切り開いたが、それにより、日本は帝国主義の拡張の道へ進み、中国人民に危害を与えた。19 世紀 70 年代から、特に中日甲午戦争以来、日本は一回一回の戦争と一つ一つの「条約」を通して、ほかの列強と共に中国を植民地・半植民地の深淵へ陥れた。

1．王芸生『中国と日本の 60 年』6 巻、生活・読書・新知三聯書店、1980 年、74 - 76 頁。

2．日本の「満州国」策動と全面的な中国侵略戦争

（1）日本が画策した偽「満州国」

　日本帝国主義は昔から中国東北を完全に占領しようと企んでいた。1927年の夏に開催された「東方会議」で日本は「対華政策綱要」を制定し、いわゆる「満蒙」地域での「特殊地位」を強調した。7月25日、日本の首相・田中義一は天皇に上申して、「支那を征服せんと欲せば、まず満蒙を征服せざるべからず。世界を征服せんと欲せば、必ずまず支那を征服せざるべからず」と既定国策を提出した。[1]一方、軍国主義勢力も日本国内で大いに活動し、大規模の侵略戦争を発動するための準備を進めた。1928年6月、張作霖は関内で敗戦し、部隊の総退却を命じたが、日本関東軍は「皇姑屯事件（日本では、張作霖爆殺事件と呼ぶ－訳者注）」を引き起こして張作霖を爆殺した。

　日本帝国主義の行為は張作霖率いる東北軍の反日傾向の強化を推進し、1928年末に張学良は「改旗易幟」（これまでの旗を取り替える－訳者注）して国民政府に服従すると正式に発表した。日本人は当惑のあまり怒りだし、日本陸軍省と参謀本部は共同で「満州問題解決方策大綱」を制定し、中国東北部で直接軍事行動を取ると決めた。1931年9月18日、日本関東軍は瀋陽北部郊外の柳条湖近くの「南満」鉄道を爆破し、逆にそれを中国軍が鉄道を破壊して日本守備部隊を襲ったと誹謗中傷すると同時に、大挙して瀋陽を攻撃し、「九・一八」事変を発動した。国民党政府が不抵抗政策を取ったので、1932年2月、日本軍はハルビンを占領し、20万の東北軍が東北から撤退し、東北全体が陥落された。

　日本軍は軍事攻撃を発動する一方、積極的に東北を中国から分離させ

1．王芸生『中国と日本の60年』8巻、生活・読書・新知三聯書店、1982年、377頁。

2．日本の「満州国」策動と全面的な中国侵略戦争 151

ようと企んだ。1932年2月17日、日本が支援する漢奸政権である「東北行政委員会」が成立された。同年3月1日、日本は「満州国」の名義でいわゆる「建国宣言」を発表し、9日には「建国式」が行われ、溥儀が「執政」した。15日、日本政府は「満州国」を承認し、「日満議定書」を締結して「満蒙」での日本の権力と利益を確保し、「共同防衛」の名の下で日本軍の東北占領を合法化した。

「九・一八」事件後、中国人民と日本帝国主義の矛盾は急激に先鋭化し、北平、天津、上海、南京などの学生が直ちに抗日団体を組織し、「全国の同胞は一心同体となって共に日本の暴力に抵抗し、直ちに出兵して日本に対する宣戦を行うよう政府を促した。」中国共産党とソヴィエト政府は民意に順応して何度も抗日宣言を発表し、国民党に「剿共（共産党を討伐する－訳者注）」政策を放棄し、全国民衆を動員して抗日するよう求めた。上海、広州、香港、天津、漢口などの都市の労働者階級、商工業者と社会の有名人などもストライキ、行進、日本製品のボイコット、団体の組織、宣言の発表などの方式で応答した。馬占山などの一部の愛国将兵は国民党の妨害をものともせず、奮起して反抗し、民衆による抗日救国軍を組織した。1931年末に、東北各地の抗日義勇軍は10万人に発展した。1936年には東北抗日聯軍第1軍を成立し、後に続々と第2、3軍（全部で11軍）を編成した。[(1)] 彼らは極端に困難な条件下で長期的に日本軍を牽制し、傀儡軍に重い打撃を与えた。

日本は武力で東北を制御した後、東北で植民経済システムを確立した。1932年8月5日に、「満洲経済統制根本方策案」を発表し、いわゆる「日満経済一体化」を提出した。1933年3月1日には、「満州国経済建設綱要」を発表した。1934年、偽満州国政府は日本人の指示で東北を統制するための産業説明を行い、東北の企業を3種類に区分した。公

1．彭明編『中国現代史資料選集』5部（上）、中国人民大学出版社、1989年、540頁。

営と特殊会社統制事業には、金融、鉄道など 20 の業界が含まれ、政府の許可を得た経済事業には、車、毛紡など 24 の業界が含まれ、自由経営事業には、小麦粉、農牧など 20 の業界が含まれた。このような「統制」を通して、「工業日本」、「原料満州」という植民地主義の経済政策を実現し、東北経済は日本の「附属物」になってしまった。これにより、「満鉄」は東北の主な工業部門を制御した。1934 年、「満鉄」に附属する工業企業は 57 個、東北での投資額は 16,000 余万元で、東北に対する日本の当年総投資額の 91％を占めた。日本のほかの財閥である三井、三菱、住友、東拓、日産も続々とやって来た。1936 年までに、東北地方での日本の資本（日本が直接制御する偽満州政府の資本を含めて）は 145,500 万ドルに達した。[1] 資本の輸出を通して、日本は東北の工業生産と社会財産を独占し、自国に大量の戦略物資を提供した。1937 年、東北の石炭の産量は 1,438.7 万トン、銑鉄は 81 万トン、セメントは 86 万トン、小麦粉は 2,867 万袋、綿布は 553 万疋であった。[2] その内、石炭の 30％、銑鉄の 40％とほかの製品のかなりの部分が日本へ送られた。[3] これはある程度、日本の資源の欠乏を補い、日本に軍事力を強化するための条件を提供してくれた。

（2）日本の中国侵略の深化

　日本帝国主義は中国東北の占領だけに満足していなかった。1932 年 1 月 18 日、日本の駐上海武官・田中隆吉の入念の計画通りに、日本人僧侶・天崎啓昇など 5 人が馬玉山路へ行って三友実業社の労働者を挑発し、双方は衝突した。日本側は 1 人の日本人僧侶が負傷で死亡したと言い触らし、三友実業本社を焼却し、3 人の中国警察を負傷させ、多くの華人商店を打ち壊すなど意図的に事態を拡大させた。21 日、上海駐

1．呉承明『旧中国での帝国主義の投資』人民出版社、1955 年、49 頁。
2．厳中平『中国近代経済史統計資料選集』科学出版社、1955 年、146 頁。
3．于素雲編著『中国近代経済史』遼寧人民出版社、1983 年、422 頁。

2. 日本の「満州国」策動と全面的な中国侵略戦争   153

在日本領事は上海市当局に中国の謝罪、犯人懲罰、賠償などを求めた。同時に、中国に抗日運動の取締りを要請し、日本軍は僑民を保護するとの口実で軍艦と海兵隊を上海へ派遣した。国民党の上海市政府は事態の拡大を防ぐためにひたすら我慢し、日本の全部の要求を承諾した。しかし、日本は一意戦端を開き、1月28日の夜、閘北に駐屯して防衛する中国軍を攻撃した。上海防衛を担当した19軍は、蒋光鼐、蔡廷鍇の指揮下で、奮起して抵抗を行った。1月30日、国民党政府は張治中に第5軍を率いて増援するよう命じ、同時に、国民党中央党部、国民政府は南京から洛陽に移った。19路軍と増援に来た第5軍は日本軍と30日間血戦した。日本軍の進攻は挫折し、主将を数回更迭した。しかし、国民党政権は日本と妥協し、交渉を通して、1932年5月5日、「淞滬停戦協定」に調印した。その時、呉淞、閘北などの地域での日本軍の長期駐留と上海周辺での中国軍の防備を許可しないなどの実質的な条件を承諾した。これは後の日本の中国奥地への進攻に一つの隙間を残してくれた。

　1935年5月、日本は抗日義勇軍が停戦区へ進入したとの口実で、国民党の河北の駐屯軍と憲兵隊の撤退、河北省内の国民党のすべて党部の取消し、北平軍分会の政訓部などの機関の撤回、河北省の主席と北平、天津市の二人の市長の罷免、全国のすべての抗日組織と活動の取締りなどを無理やり要求した。国民党政府の代表・何応欽は日本の華北駐屯軍司令・梅津美治郎と交渉し、いわゆる「何梅協定」を結び、日本の要求を承諾した。しかし、舌の根の乾かぬうち、6月に日本はまた「張北事件」(1935年5月、日本のスパイがチャハル省の張北県で地図を描く時、現地で拘束された) で脅迫し、国民政府は日本の圧力に屈服して宋哲元のチャハル省主席の職を免じ、代理主席・秦徳純と日本関東軍代表・土肥原賢二が北平で「秦土協定」を締結した。この協定と「何梅協定」により、日本は実際に河北省とチャハル省を制御した。その後、日本は矛先を山東、山西と綏遠に向け、いわゆる華北の「自治」を画策した。9月24日、日本の新任の華北駐屯軍司令・多田駿は、「華北五省連

合自治」、「華北経済圏独立」を公然と提出した。11 月 25 日、土肥原賢二の画策下で、国民党冀東行政督察・殷汝耕が通県で「冀東防共自治政府[1]」の看板を掲げ、冀東の 22 県が中国政府から離脱した。

　日本の一歩一歩の接近、特に華北の併呑により、華北、更に全中国の危亡が目前に迫ってきた。そこで、中国共産党の指導下で、全国的な抗日救国運動が盛んに展開され、国民党政府の対日態度も徐々に強硬的な傾向を見せ始めた。

（3）日本の全面的な侵華戦争の展開

　1936 年 2 月 26 日、日本国内でクーデターが起き、軍国主義者・広田弘毅が権力を握った。6 月、日本は関連軍事計画を立て、それに応じて1937 年の軍事予算を増やした[2]。8 月 7 日、日本は「五相会議」で「国策基準」を採択して、東アジア大陸での「帝国」の地位を確保し、南洋へ向かって発展して北方ソビエト連邦の脅威を解消すること、そして英、米を防止していわゆる日本、「満州」、中国の緊密な協力を実現することなどを提出した。1937 年 6 月 28 日、日本は大連で関東軍、華北駐屯軍と朝鮮総督府の責任者会議を開催し、関東軍司令官・植田は 3 カ月以内に中国問題を解決すると宣言した[3]。

　1937 年 7 月 7 日、日本軍は入念に画策した後、盧溝橋地域の中国駐屯軍を攻撃した。防衛していた中国の 29 軍 37 師の 219 団は奮起して抵抗を行った。「七・七事変」発生の翌日、中国共産党は直ちに、全民族の抗戦こそ進むべき希望の道であるとし、南京の国民政府に軍隊を動員して抗戦するよう求めた。国民政府も直ちに口頭で日本に抗議し、26 路軍、13 軍、53 軍を派遣して増援した。日本はこのような局面に直

1．「冀東防共自治政府」は、1935 年から 1938 年まで日本軍が中国の河北省東部に設けた傀儡政権のことを指す。（訳者注）
2．日本防衛庁防衛作戦室『大本営陸軍部』（一）、朝雲新聞社、1967 年、412 頁。
3．張華勝編『中国現代史』高等教育出版社、1999 年、157 頁。

2．日本の「満州国」策動と全面的な中国侵略戦争　　　155

面して、一方では事態を拡大しないと虚言し、国民党と交渉しながら、他方では大軍を召集して全面戦争を準備した。7月11日、近衛内閣は「華北派兵声明」を発表し、東北、朝鮮、日本本土から4つの師団、それに加えて2つの旅団と18の中隊で構成された航空団を華北戦場へ派遣した。7月29日、日本の「参謀本部制定の対華作戦大綱」では、「このために必要な兵力は約19の師団と予定され」、「ほかに5つの師団を中央が直轄し、予備兵力にする」と提出した。その時、動員されて直接中国侵略に参加した日本軍は40万人を超えた。

1937年12月13日、日本軍は南京を攻略した後、大虐殺を始めた。南京城から撤退できなかった中国軍も、「安全地帯」に逃げこんだ難民も日本軍の虐殺から逃れることができなかった。日本軍は約6週間にわたって大虐殺を行い、30万人以上の中国人を虐殺した。この種の集団虐殺は蒙城、徐州などの地域でも発生した。

膨大な戦争損失を補うために、日本は中国でいわゆる「以戦養戦」（戦争をしながら相手国の資源を奪って戦争を継続する―訳者注）政策を実施した。1937年5月、日本は「重要産業統制法」を公布して、東北地方の戦略物資を制御した。「七・七事件」後、東北で「第一次産業開発五カ年計画」を実施し、1942年にまた「第二次産業開発五カ年計画」を実施するが、その主な目的は、鉄鋼、石炭、石油を略奪するためであった。略奪型開発の推進により、東北の工業生産量が大幅に増加した。日本は東北の農業に対しても厳しい統制を行い、強制的に綿花の栽培を命じ、更にはアヘン栽培を強制し、「アヘン公売」を実行して麻薬密売で軍事費を調達した。

日本は中国の華北、華中などの地域を占領した後、中国の工場と鉱山企業を大いに略奪した。華北で「軍事管理」の名義で工場と鉱山82箇

1．彭明編『中国現代史資料選集』五巻（上）、中国人民大学出版社、1989年、22頁。

所を略奪し、華中で137カ所の工場を「委託経営」し、31カ所を「租借」した。ほかに華中で16社の企業を「買収」し、華北では6、7社を「買収」し、また「中日共同経営」の名義で中国企業70社を併呑した[1]。日本はまた中央銀行、中国銀行、交通銀行、中国農民銀行の華北、華中の支店機構を略奪した。そして1937年10月、華北に「蒙疆銀行」を設け、1938年3月には北平に「中国連合準備銀行」を設立し、1940年に南京に「中央備蓄銀行」などを設立した。

　そのほかに、日本は中国東北、華北などの地域に大量移民し、そして中国の労働力を略奪した。1945年までに、日本は中国東北に120万人（日本に騙されてきた朝鮮からの移民は含めない）を移民させ、関内からの移民は1941年9月時点で既に約67万人に達した。日本は戦争による人力不足を補うために、欺瞞、夫役などの方法で中国の労働力資源を略奪し、1937年から1942年までの間、華北地域だけで捕捉され、騙されて通関した青壮年労働力は529万人に達した[2]。

（4）中華民族の全面抗戦と抗日戦争の勝利

　日本の侵略の激化につれて、中日民族の矛盾は30年代中国社会の主な矛盾となり、それにより、国内の各種の政治力も再統合された。1935年8月1日、中国共産党のコミンテルン代表は、中華ソビエトと中国共産党中央委員会の名義で「抗日救国のために全国同胞に告げる書」を発表し、抗日統一戦線問題を明確に提出した。1936年12月12日、張学良、楊虎城の2人の将軍は「西安事変」を発動し、抗日するよう蒋介石を逼迫した。追い込まれた蒋介石は、国民政府を改造して「剿共」を停止し、紅軍と連合して抗日することに同意した。

　全面抗戦が始まった後、中国共産党指導下の八路軍、新四軍、東北抗

1．鄭克倫「陥落区の工鉱業」、『経済建設季刊』一巻、第4期（1943年4月版）。
2．賀耀敏編『中国近現代経済史』中国財政経済出版社、1998年、265－278頁。

2．日本の「満州国」策動と全面的な中国侵略戦争　　157

日聯軍と華南抗日縦隊は、深く敵の後方に入って遊撃戦（ゲリラ戦とも呼ばれる－訳者注）を展開し、華北、華中と華南で多くの抗日根拠地を創建し、大衆を動員して持久抗戦と全面勝利のために条件をつくってくれた。戦争が対峙段階に入った後、日本軍は攻撃の重点を解放区に移り、共産党指導下の遊撃戦は抗日戦争の主戦場となり、敵の後方での抗日闘争は苦難の時期に入った。抗日根拠地の軍民は中国共産党の指導下で積極的に反「掃討」闘争を展開し、主力部隊、地方武装と民兵を結合した武装体系を構成し、弾力的で融通性に富んだ戦略・戦術を採用して日本軍を打撃した。[1]これは敵の後方の抗日根拠地を固めただけでなく、国民党軍の正面戦場での圧力を軽減し、同時に、太平洋戦場での連合軍の対日作戦を支援した。

　遊撃戦以外に、共産党指導の軍隊も機に乗じて一部の正規戦を行った。1937 年 8 月上旬、華北の日本軍は張家口などの地域に侵攻した。9 月中旬、前線へ赴く八路軍の 115 師は命令を受け、平型関に集結し、平型関の有利な地形を利用して板垣師団の 21 旅団主力を包囲して殲滅させた。ほかに、八路軍と新四軍は国民党軍に協力して一連の大戦役を行った。

　国民党軍は、日本軍に正面抵抗する任務を担った。彼らはある段階で対日立場の動揺を表し、消極的な抗日と積極的な反共政策を実行したが、汪精衛集団が 1939 年に公開反逆した以外に、大部分の国民党人は高い抗戦情熱を表し、抗日戦争の重要な力量となった。

　1941 年 12 月 8 日、日本は真珠湾の米軍基地を襲撃した。12 日 12 日、ドイツ、イタリアもアメリカに宣戦布告し、そして日本と新条約を締結してファシズム同盟を結成した。1942 年 1 月 1 日、アメリカ、イギリス、ソ連、中国などの 26 カ国が「連合国宣言」に署名した。これは世界反ファシズム戦争の新たな段階への発展を示し、中国の抗日戦争は世

1．張建祥、張楊編『中国現代史』（中）、陝西師範大学出版社、1988 年、107 頁。

界反ファシズム戦争と一体となり、世界反ファシズム戦争の重要な構成部分となったことを意味する。

1945年の初め、ヨーロッパ戦場の大局は決まり、5月にドイツが降伏した。7月26日にアメリカ、中国、イギリスは「ポツダム公告」を宣言し、日本政府に無条件降伏を要求したが、日本はそれを拒絶した。8月6日と9日、アメリカは日本の広島と長崎に2発の原子爆弾を投下し、そして8月7日から400台の大型爆撃機を出動して日本本土を空襲した。8月9日、ソ連紅軍は数千キロメートルの戦線で東北に駐留している関東軍に向かって猛攻を始めた。当日、毛沢東は「日本に対する最後の一戦」という声明を発表し、10日、朱徳は各抗日根拠地の八路軍、新四軍に戦略的大反撃の命令を下した。8月11日、蒋介石も国民党部隊に積極的な推進を要求した。中国、アメリカ、ソ連の共同作戦の打撃を受け、日本軍は太平洋戦場と中国戦場で迅速に瓦解された。8月15日、日本天皇は無条件降伏を宣言した。9月2日、日本代表は東京湾のアメリカ戦艦「ミズーリ」号で正式にアメリカ、中国、イギリス、ソ連などの国に降伏し、降伏書にサインした。14年に渡る中国人民の血塗れの抗戦と世界人民の反ファシズム戦争は同時に終わりを告げた。

抗日戦争は百年の国恥を洗い流し、中国を滅亡しようとした日本の長期にわたる企みは徹底的に破滅された。しかし、中国に対して日本が発動したこの戦争は、中国人民に3,500万人の死傷と6,000億ドルの財産の損失という巨大な民族的災難をもたらした。

3．戦後の中日関係の回復と発展

（1）中日関係の艱難な回復

抗戦の勝利後、日本国内の軍国主義勢力はある程度排除された。A級戦犯・東條英機などの7人に死刑判決を言い渡し、木戸幸一などの16人には無期懲役を言い渡し、ファシズム組織である「大日本一心会」、

3. 戦後の中日関係の回復と発展

「大政翼賛会」、「黒龍会」などは解散され、2万余人の軍国主義者が粛
清された。日本は新憲法の中に、戦争放棄と戦争準備放棄の内容を書き
入れた。中国でも大変動が起きた。中国人民は中国共産党の指導下で腐
敗した国民党政権を倒し、1949年10月1日の中華人民共和国の成立に
より、中国人民は百年の恥辱を蒙った後、遂に立ち上がった。中日関係
は、もはや近代的な侵略と被侵略の関係ではなくなり、激烈な対抗的矛
盾は終わり、平等な基礎の上で新たな友好関係を築き上げる可能性が現
れてきた。

　しかし、この時期の国際情勢の変化により、中日関係の改善は依然と
困難であった。抗戦勝利後、元の反ファシズム陣営は存在しなくなった。
アメリカは世界戦略の利益のために、反共産主義の「トルーマン主義」
と「マーシャル・プラン」を極力に推進した。そして連合国の対日共同
綱領と「ポツダム公告」に反し、単独で日本を占領した条件を利用して
極力に日本を自分の反共基地にしようとした。1950年に朝鮮戦争が勃
発すると、アメリカは反共包囲圏を構築するために、蒋介石を鼓動して
「大陸反攻」をさせるほか、日本に命じて75,000人の警察予備隊を編成
し、そして日本を扶植して軍事産業を発展させることで再び日本を武装
させた。1952年4月、アメリカは反共目的のために、当時の吉田茂政
府に圧力をかけ、台湾当局と「日本国と中華民国間の平和条約」（すな
わち「日台条約」）を締結させた。朝鮮戦争の後、アメリカをはじめと
する西洋諸国は中国を抑制するために、中国に対して封鎖、禁輸を実行
し、政治、経済の上で中国を孤立させようと企んだ。日本国内の主導的
な地位を占めている右翼勢力はアメリカの慫慂と支援の下で、極力に反
中、排中活動を行った。このような状況下で、中日友好関係の回復は困
難であった。

　1953年7月、中・朝とアメリカは板門店で休戦協定に調印し、これ
は朝鮮戦争でのアメリカの失敗と中国の国際的地位の向上を意味した。
1954年、ジュネーヴ会議の間、中国の総理・周恩来とインド、ミャン

マーの首相の間で友好会談が行われ、そしてフランス、イギリスの代表と効果的な接触を進めたので、中国を孤立、封鎖しようとしたアメリカの政策は挫折した。これにより、日本政府は中国との関係を見直すしかなかった。1954年12月、吉田内閣が倒れ、日本民主党の総裁・鳩山一郎が内閣を組織し、「アメリカ一辺倒」の外交政策を修正した。この政府は、外交の独立、日ソ国交の回復、中日関係の改善を主張した。

1957年、日本は岸信介をはじめとする新内閣を形成し、これにより、中日関係は新たな困難に直面した。岸信介本人は曾て偽満州国の実業部次長、総務庁次長を勤め、東條英機内閣当時には日本商工大臣を務め、東條英機を助けて戦時経済体制を推進し、中国人労働者を劫掠する面で重要な役割を果たした。岸信介内閣は、大いに反共し、中国「脅威」論を散布し、蒋介石に「大陸反攻」を扇動した。

1958年夏、中国政府は日本政府に、中国を敵視しないこと、アメリカに追随して「二つの中国」を扇動しないこと、中日関係の正常化への発展を妨害しないことなど、中日関係に関する「政治三原則」を提出した。日本の友好人士も運動を通して岸信介内閣に誤った政策の終了を求めた。佐多忠隆、浅沼稲次郎、石橋湛山などの友好人士は何度も中国を訪問し、日中友好協会などの進歩団体はデモ活動を通して中日国交の回復を求め、そして日本で中華人民共和国建国十周年大会活動を開催した。しかし岸信介政府は過去の過ちを直視せず、1960年にアメリカと新たな「日米安全条約」を締結した。これは日本各界の強烈な不満を引き起こし、各種の抗議活動が絶えず、夏には数百万人の政治ストライキが勃発し、岸信介は辞職を余儀なくされた。

新たに登場した池田内閣は国内民衆の圧力により、「アメリカに従属

---

1. 人民日報社説「中国人民は日本の潜在的な帝国主義に反対する」、『人民日報』、1958年7月7日。

3．戦後の中日関係の回復と発展　　　　　*161*

する屈従思想を捨てる[1]」と決め、互いに尊重し合い、互いに内政を干渉しない原則の下で、日中関係を改善したいと表明した。池田内閣の対中政策の調整について中国側は歓迎の意を表した。周恩来総理は、中国政府の政治原則を表明し、中日貿易を発展させるための三原則、即ち、政府協定、民間契約、個別配慮を提出した[2]。努力の末、双方は 1960 年 11 月に、中日貿易の再開に関する第 1 号契約に調印し、両国の経済、貿易関係を回復した。1961 年 4 月、池田内閣はバーター貿易制度を撤廃し、輸入・輸出物資の数量対等などの強制要求を変えた。1962 年 5 月、池田は貿易の定期決済の面で中国と西欧諸国を同等に待遇すると表明した。1962 年 10 月、双方は「中日長期総合貿易に関する覚書」に調印した。1964 年 8 月、双方は互いに貿易事務所を設立した。

　1964 年 11 月、池田勇人が病気で辞任し、佐藤栄作が内閣を組織した後、日本政府は大いに日台関係を強化し、「二つの中国」政策を推進した。そして米軍と共に、中国、ソ連、北朝鮮を仮想の敵とする軍事演習を行った。佐藤の政策は日本国内の有識者と民間の普遍的な不満を引き起こし、両国の友好人士と商工界の努力下で、両国の経済、貿易と文化交流活動は依然として厳しい状況下で前進を遂げた。1965 年、中国を訪問した日本の代表団は 62 グループ、中国を訪れた日本人は 4,472 人に達した。日本の若者で組織された 24 の団体は、中国の 15 の都市で中国の若者と友好交流を行った[3]。

　1966 年、中国で「文化大革命」が始まり、「極左」思潮の妨害によって中日関係は大きな影響を受けたが、両国の往来は依然として続いた。1970 年、中日貿易額は 8.2 億ドルに達した。1971 年、日本の通商産業省は中国の禁輸を大幅に緩和した。1971 年 10 月末、佐藤政府は反中、

1．　現代中国叢書編集部『現代中国外交』中国社会科学出版社、1988 年、204 頁。
2．　孫平化『中日友好随想録』世界知識出版社、1986 年、48 頁。
3．　楊考臣編『中日関係史綱』上海外語教育出版社、1987 年、202 頁。

排華政策を続けるのは無理だと思い、意図的に周恩来総理に手紙を送って、台湾は「中国国民の領土」であると認め、中華人民共和国政府が中国を代表すると認めた。周恩来総理は、今後の「一つの中国、一つの台湾」を作り上げるための余地を残した日本のこのような文字遊びを批判し、もし佐藤が本気で中日関係を改善したければ、中華人民共和国政府が中国の唯一の合法政府であることを示す「唯一」という二文字を必ず明確にしなければならないと指摘した。[1]

(2) 中日国交の正常化

20世紀70年代、世界情勢が激変し、アメリカは中国を封鎖、孤立する政策が不穏当だと認識し始めた。1971年4月、アメリカの卓球チームの訪中が中国の歓迎を受け、双方はあの有名な「ピンポン外交」を展開し、その後、ヘンリー・キッシンジャー博士が密かに中国を訪問した。1971年9月、第26回国連総会では、76対35票の圧倒的多数で中華人民共和国の議席を回復する決議を可決した。1972年2月21日、アメリカ大統領・ニクソンが中国を訪問し、上海で「中米共同公報」(米中共同コミュニケ─訳者注)を発表し、中米関係には歴史的な突破が現れた。中米関係の調整は日本に大きな影響を与え、特にアメリカが中米関係の改善を日本に通知しなかった「越頂外交」(同盟国を裏切って対立国と裏取引をする─訳者注)は、アメリカに追随する日本政府を当惑させ、国内の批判、非難が絶えなかった。

1972年7月、田中角栄は内閣を組織して間もなく、マスコミ界に対して中日関係正常化のタイミングはすでに成熟していると表明し、そして与党の自民党友好人士の支持下で、中日国交正常化に取り組んだ。田中首相の中日関係に対する積極的な態度は中国人民の歓迎を受け、周恩来総理は、「田中首相が北京に来て、両国の国交回復問題を商談するの

---

1. 孫平化『中日友好随想録』世界知識出版社、1986年、122－123頁。

3. 戦後の中日関係の回復と発展

を歓迎する[1]」と表明した。

1972年9月25日、田中角栄首相は中国を訪問し、中日両国関係の問題をめぐって真剣な交渉を行い、「中日共同声明」を発表し、「中華人民共和国と日本国との間のこれまでの不正常な状態は、この共同声明が発出される日に終了する」と宣言した。そして日本は、「過去において日本国が戦争を通じて中国国民に重大な損害を与えたことについての責任を痛感し、深く反省する」と表明した。中国は「日本国に対する戦争賠償の請求を放棄する」ことを宣言した。台湾問題で、日本は「日華（台）条約」の終了を宣言し、台湾の日本「大使館」を閉鎖し、「中華人民共和国政府が中国の唯一の合法政府であることを承認する[2]」と表明した。双方は、平和共存五原則を両国の友好関係の政治的基礎とし、アジア・太平洋地域における覇権を求めないことと反覇権主義の原則を確定した。1973年10月、中日双方は互いに大使を派遣した。中日両国の国交正常化は中日両国関係の新しい歴史を開き、日本軍国主義の中国侵略戦争によって生じた中日両国間の鋭い矛盾を緩和させた。中国人民は前向きの精神に基づいて、平和を愛する日本人民と共に努力し、信頼と友情を再建し、中日関係を新たな段階に発展させた。

中日国交正常化の後、両国政府、民間交流は空前の活発を見せた。中日貿易、航空、海運、漁業などの協定が相次いで調印された。両国の一部の都市の間では友好都市を結んだ。1973年、中国を訪問した日本各界の人士は200余回、1万人を超えた[3]。当時、双方の貿易総額は1971年に比べて1倍増えた。双方の関係が一層発展する基礎の上で、1974年9月、中国は日本に中日友好条約を締結することを提案し、中日友好関係を永久の基礎の上に置こうとした。日本はこの提案に応え、同年11月、双方は交渉を始め、12月、三木武夫が日本の首相に就任した後、友

---

1. 孫平化『中日友好随想録』世界知識出版社、1986年、99頁。
2. 外文出版社編『中日条約集』外文出版社、1983年、1－2頁。
3. 楊考臣編『中日関係史綱』上海外語教育出版社、1987年、212頁。

好条約の締結を促進すると表明した。条約草案に覇権主義に反対する内容があったため、当時のソ連は極めて不満を表わし、日本に圧力をかけ、ソ連の外交部長は日ソ関係を再検討すると脅威した。日本国内の一部の「慎重」派（元親台派）は、日本は中ソ対立に巻き込まれるべきではないと揚言し、中日友好条約の調印に反対した。内外からの二重の圧力下で、三木武夫は「等距離外交」を提唱し、反覇権条項の書き込みに同意しなかったため、交渉は妨げられた。しかし、中日両国人民の友好は大勢であったので、双方の人的交流、科学技術、文化、スポーツでの交流は日増しに頻繁となり、特に経済、貿易関係の発展は更に盛んになった。

1976年、福田赳夫が三木武夫に引き継ぎ、日本の首相になった後、中日友好条約の調印に賛同の声が高まり、先見のある日本の政治家たちは一日も早く中日友好条約を締結すべきだと主張した。福田赳夫は反覇権条項の書き込みに同意したが、特定の第三国に対するものではないという説明を入れることを要求した。中国政府はこのような反覇権条項には意味がないと認識し、双方の合意は難航した。1978年2月、日本は中日友好条約の交渉を再開するタイミングが成熟したと認識し、7月、双方は会談を始めた。1978年8月、日本の外相・園田直と中国の外交部長・黄華は、それぞれ本国の政府を代表して「中日平和友好条約」に調印し、同年8月、10月、中国人民代表大会と日本国会はそれぞれ条約の有効を許可した。1978年10月23日、条約の批準式が日本の首相官邸で行われ、中日双方は極めて重視し、鄧小平副総理が自ら代表団を率いて参加した。条約で双方は、平和共存五原則を認め、国連憲章を守り、平和的手段ですべての紛争を解決すると表明した。この条約の核心内容は、「両締約国はそのいずれも、アジア・太平洋地域においてもまたは他のいずれの地域においても覇権を求めるべきではなく、また、このような覇権を確立しようとする他のいかなる国または国の集団による試みにも反対することを表明する[1]」と

1．外文出版社編『中日条約集』外文出版社、1983年、132頁。

いう部分であった。「中日平和友好条約」は主に、中日両国の善隣友好関係を規定し発展させ、多くの具体的な問題には触れなかった。歴史が残した問題の処理については、積極的で真実を求める態度に基づいて、共通点を求め、相異点を保留するとした。

「中日平和友好条約」の締結は、両国関係に大きな影響を与えた。日本の昭和天皇裕仁は鄧小平を会見する際、条約の許可に喜びを感じると述べ、そして過去の戦争について中国人民に謝罪すると表明した。鄧小平は、「今後、私たちは前向きの態度で両国の平和関係を確立する[1]」と指摘し、条約の締結は両国の友好的な往来を一層増進させた。1979年、日本は中国の最大の貿易相手国となり、中国は日本に200余人の科学技術代表団と視察団を派遣し、中国を訪れた日本の各種代表団は1,000以上に達した[2]。その後、この関係は絶えず発展した。1985年、双方の貿易額は2,114,401万ドルに達した。その内、中国は日本に向けて610,897万ドルの物資を輸出し、日本に大量の物資、エネルギー、鉱産品及び農業副産物を提供し、日本は中国へ1,503,504万ドルを輸出し、主に中国へプラント、鉄鋼、化学工業、機械・電気製品などを提供した[3]。中国に対する日本の投資も急増した。両国の政府高官の相互訪問が絶えず、政府、民間の科学技術、文化などの交流も頻繁に行われた。この時期の中日関係はとてもよい段階にあった。

4．20世紀末、中日民族関係に存在する問題及びその影響

（1）20世紀末の中日関係の複雑な発展

1989年に中国で「六・四」政治風波が発生し、日本と欧米諸国は歩

1．新華社東京10月25日電、「福田首相が正式な儀式と宴会で鄧小平副総理を歓迎」、『人民日報』、1978年10月。
2．謝益顕編『中国外交史』河南人民出版社、1988年、542、543頁。
3．国家統計局『中国統計年鑑』中国統計出版社、1986年、566頁。

調を合わせて中国に対する制裁を行った。これにより、両国の政府要員の往来が停止し、民間交流が妨げられ、中日関係に深刻な結果をもたらした。第2次対中円借款の残りのプロジェクトが停止され、第3次対中円借款の関連事業も中止された。そして技術設備の輸出に障害物を設け、多くの経済、貿易の協力が正常に行われなかった。中国政府は中日関係を取り戻すために多くの努力をした。日本の民間友好人士も中日関係の修復のために奔走した。1989年9月25日、日本政府は北京旅行自粛勧告を取り消し、年末に両国の文化交流を回復した。1990年3月、日本銀行は中国に対する円借款を回復し、同年11月、日本政府は正式に第3次対中円借款の回復を決定した。

90年代以降、中日関係には新たな動向が現れた。まずは、経済、貿易の面での摩擦が激化した。中国経済の急速な発展につれて、日本経済は比較的に不景気になり、一部の日本人の中国に対する懸念がますます大きくなり、中国を主な競争相手として見なした。次に、政治上での双方の矛盾も激化した。ソ連の解体後、世界は新たな枠組みに入り、日本は自分の戦略を調整し始め、強大な経済実力を利用して政治大国と軍事大国の夢を実現しようとしたので、中国を主な障害として見なした。それから、一部の日本人は歴史問題で大騒ぎし、政府要人が度々「靖国神社」を参拝し、一部の人は小・中学校の教科書改訂を利用して歴史を歪曲し侵略を隠蔽しようとした。

中日の経済と政治の摩擦、特に日本政府と右翼団体のこれらの活動は、中日「共同声明」と「中日平和友好条約」に違反するだけでなく、戦後の日本の平和憲法にも違反したため、双方の民間感情が悪化し、中日両国関係に深刻な影響を与えた。

（2）中日民族関係に影響する主な要因

20世紀の前半期、中日両国の社会性質の違いと国力の巨大な相違により、二大民族が平等に付き合うことができなくなり、弱肉強食、侵略

4．20世紀末、中日民族関係に存在する問題及びその影響 *167*

と反侵略が二大民族関係の主な内容となった。戦後、特に中華人民共和
国の成立は平和共存、善隣友好の両国関係の発展に良好な前景を切り
開いた。1972年、多くの障害もあったが両国は苦難の努力の末、最終
的に国交正常化を実現した。その後、経済、貿易と文化交流が頻繁に行
われ、両国関係は徐々に良い方向へ発展した。中国の改革・開放と近代
化の推進は中日両国関係の発展にもっと大きな発展のチャンスを与えた。
中国の豊富な資源と広大な市場、日本の強力な資本と技術は互いの経済
発展に活力を与え、経済のグローバル化の構造の中で相互補完と相互依
存の関係を形成した。しかし、両国関係の発展は終始順調にはなれず、
二つの民族間の隔たりも解消されるどころか、かえって広がっていった
（21世紀の初めにもっと際立っていた）。その主な原因は、以下の通り
である。

　まず、歴史に対する日本の態度問題である。中日両民族間の友好関係
は主に、近代日本の侵略拡張によって破壊され、日本の軍国主義は中国
人民に対して大きな罪を犯した。戦後、日本の軍国主義勢力は打撃を受
けたが、ドイツのように清算されなかった。日本国内の右派勢力は歴史
問題について、絶対に認めない態度と過激主義的な態度を取った。例え
ば、岸信介本人は中国に対する戦争に直接参与し、執政期間中、新中国
に対して強い敵対的な態度を見せた。佐藤栄作（岸信介の弟）も執政
後、排華政策を推進した。1968年以後、入国管理法の修正などを通し
て在日華僑を圧迫し、中日間の友好往来を阻止した。中日国交正常化の
後、一部の日本人は依然と中国に対する侵略行為を意図的に薄め、それ
を隠そうとした。特に20世紀末、日本国内の一部の人は「謝罪疲労論」
を宣揚し、無償援助プロジェクトと円借款問題で世論を操作して、国内
で中国への不満を挑発した。

　日本政府はかつて確かに、中国と一部のアジア国に対する侵略問題で
何度も「謝罪」をした。しかし、日本の「謝罪」は一般に、日本とアジ
ア諸国の関係が回避できない障害に遭い、急いで国際的な孤立から抜け

出さなければならない苦境に直面した時、行われたことである。さらに注意すべきことは、一方では「謝罪」をしながら、他方では続けて中国を含むアジア人民の感情を傷つけているということである。

1972年、中国は中日国交正常化を実現し、日本に対する戦争賠償の請求を放棄すると表明した。その後、日本側は20世紀の80年代から、中国に数十個の無償援助プロジェクトを提供し、中国に巨額の円借款（1980 － 2000年の間に計4回、総額26,508億円）を提供した。しかし、1874年に日本が台湾に対して侵略戦争を発動して以来、70年の長い間、日本の中国侵略による経済損失をこれらのプロジェクトと円借款でカバーすることはできない。そして日本の初期資本主義の経済発展も中国に対する略奪と密接に関連している。尚且つ、中国に対する侵略戦争で民衆に対する虐殺と蹂躙、そして中国人民に残した心の傷はお金で補償できるものではない。21世紀の初めまでに、日本政府は化学兵器問題、慰安婦問題と戦時労働動員問題について、依然として受動的、無責任の態度を見せている。一部の日本人、特に政府要員の歴史に対する態度を見て、中国人民が日本の「謝罪」の誠意を疑うのは当然のことだろう。

次に、国家利益の方面での矛盾である。中日両国には多くの共通の利益があったが、異なる利益、ひいては対立と矛盾も存在していた。特に20世紀90年代以後、中国経済の急速な発展と日本経済の相対的な不景気につれて、一部の日本人は日本の資金や産業が中国へ流出して日本経済の「空洞化」につながることを懸念していた。中国は対日貿易で長い間、比較的大きな赤字の地位を占め、1994年、貿易赤字は47.4829億ドルに達し、当年双方の貿易総額の9.9％を占めた。中国はこのような受動的局面を逆転させ、貿易赤字を縮小するために、1995年から日本への輸出に力を入れ、当年の貿易赤字が5.4207億ドルまでに下がり、

1．馮昭奎「中日関係に影響する主なる要因」、『現代国際関係』、2001年第9期。
2．国家統計局『中国統計年鑑』（1996年）、中国統計出版社、1996年、586頁。

4．20世紀末、中日民族関係に存在する問題及びその影響　　　169

2000年に中国は貿易黒字1.4463億ドルを実現した。[1]日本は中国のやり方に不満を表し、20世紀90年代半ば以後、絶えず貿易戦を挑発し、貿易保護主義を実行した。

さらに、両国間の釣魚島（日本では尖閣諸島と呼ぶ－訳者注）の領土帰属紛争やここ近年浮上した東海境界線問題、ロシア・極東石油輸送の優先権争い問題などが中日関係に負の影響を与えた。

これらの要素により、日本は一方で中国の発展、市場のさらなる開放を望み、両国経済の相互補完性を利用して日本経済に活力を注入しようとし、他方では中国経済の発展がアジア経済での日本の主導的地位に取って代わることを恐れていた。そのため、対中政策での日本の両面性が現れた。一つは、引き続き中国との協力を推進することであり、もう一つは、中国の強大化を防ぐことであった。

日本は中国を抑制する目的を達成するために、一方ではアメリカとの関係を密接にし、アメリカの力を借りて中国を抑制しようとし、特に20世紀の90年代半ば以降、日本は経済大国から政治、軍事大国になれるために、アメリカとの防衛関係を一層強化した。他方では、明に暗に台湾問題に手を入れ、形を変えて「台湾独立運動」勢力を支持し、中国を弱体化あるいは抑制しようとした。

そして、国際情勢の変化の影響である。戦後、日本はアメリカに軍事的に占領され、日本政府の多くの政策はアメリカの制約と影響を受けざるを得なかった。朝鮮戦争後、中国とアメリカは深刻な対立状態に入り、西方世界では反共的な「マッカーシズム」が流行り、中日関係も改善できなかった。1960年、「新日米安全条約」が締結された後、日本はアメリカの戦車に縛られ、アメリカのグローバル戦略の重要な「碁石」になってしまった。ニクソンはアメリカ大統領に当選された後、当時の国際情勢の変化を考慮して中米関係を調整し、中日関係の正常化のための

1．国家統計局『中国統計年鑑』（2001年）、中国統計出版社、2001年、591頁。

きっかけを提供してくれた。

ソ連解体後、世界は新たな枠組みに入り、日米はともに自分の戦略を調整した。日本はアメリカに追随して中国を抑制する戦略を実施する外に、経済実力を利用して国連での発言権（常任理事国）を求め、そして絶えず軍事費予算を増加し、軍事力を拡充した。1989 年、日本の軍事費支出はイギリス、フランス、西ドイツ（約 280 億ドル）とほぼ同じであり、1991 年から 1995 年までに、日本の軍事費支出は 1,710 億ドルに達し、世界第 3 位を占めた。[1]日本は形を変えて日米軍事同盟を強化した。1996 年 4 月、日米首脳は「安保」共同宣言を発表して日米共同防衛指針を修正し、元の「日本の安全保護」を国際衝突への「日本の介入」に変え、アメリカの地域安全戦略での日本の地位を昇格した。1998 年 12 月 25 日、日本は北朝鮮の核ミサイル脅威を口実に、アメリカ主導の戦域ミサイル防衛システムに加入した。日本はこれを借りて日米同盟を強化し、21 世紀の新しい戦略の飛び板にしようとした。日本は中国を自分が経済大国から政治大国及び軍事強国へ進む時の主な障害として見なし、中国も自身の利益と安全のために、相応の対策を取るしかなかった。

最後に、イデオロギー方面の問題である。中日両国は社会制度が異なり、イデオロギー的にも相違するので、これも中日関係の正常な発展を妨害した。1957 年、アメリカの支持で台頭した岸信介内閣はアメリカの反共戦略に追随して、中国を「侵略国家」であると侮辱した。1964 年、佐藤内閣が執政した後、アメリカに追随して反中国包囲圏をでっち上げ、アメリカ軍と共に、中国、ソ連、北朝鮮を仮想の敵とする軍事演習を行った。1969 年の冬、佐藤栄作は岸信介を派遣して台湾を訪問させ、台湾に政府次元でのローンを提供しただけでなく、台湾の国民党当

1．中国軍事科学院外国軍事研究部『日本軍事基本状況』軍事科学出版社、1998 年、77 頁。

4. 20 世紀末、中日民族関係に存在する問題及びその影響 　*171*

局と共同声明を発表し、共同で中国大陸の共産主義政権の崩壊を促すと表明した。中米、中日の国交正常化の後、イデオロギー的な分岐が中日両国関係へ及ぼす影響は徐々に弱まったが、しかし問題は依然として存在していた。1989 年の中国の「六・四」事件後、日本と欧米国家が共同で中国に加えた制裁がそれを明らかに証明してくれた。

　百年以来、中日の二大民族間の関係には紆余曲折もあったが、歴史と現実が教えてくれるように、中日の友好関係は両国の発展に重要な役割を果たした。特に 20 世紀 80 年代の中国の改革・開放後、両国の経済、貿易分野での協力は、両国の経済成長を大きく促進させた。日本は中国に大量の資本、設備と技術を提供し、中国は日本に大量の原料と市場を提供した。1979 年に日本は中国の最大貿易相手国となり、90 年代半ばに、中国はアメリカに次ぐ日本の第 2 貿易相手国となった。双方の経済の相互依存度が向上し、双方の貿易は急速に成長した。2000 年に双方の貿易総額が 831.6399 億ドル（1999 年には 661.7398 億ドル、年間 25.67％以上成長[1]）に達した。民間関係においては、双方には摩擦も多かったが、より密接に往来し、中国を訪問した日本人観光客は、2000 年には 220.15 万人に達し、1995 年に比べて 68.67％増加した[2]。また、中国は地域の大国として、日本は世界経済大国として、両国の関係はアジア・太平洋地域の安定と発展にとって非常に重要であった。

　20 世紀末、そしてその後の 21 世紀の初めに、両国関係の起伏に伴い、中日の民族矛盾には確かに多くの問題が存在していた。例えば、中国に対する日本民間の不満の増加、時々現れる中国人に対する差別、排除事件、中国国内でも義憤に燃え、時々現れる日本に対する感情的な言論と事件など。しかし、これらは結局のところ主流にはなれず、中日両民族の根本的な利益には適していない出来事であった。まとめて言うなら、

---

1. 国家統計局『中国統計年鑑』（2001）、中国統計出版社、2001 年、591 頁。
2. 同上、628 頁。

中日友好は主流であり、トレンドである。これは両民族が有している地政学的な関係と共通の利益によって決められている。したがって、中日関係に現れる不協和に対しては、真剣に分析し、積極的に誘導すべきである。中日関係を故意に破壊する人と事件に対しては、理性的に節制した闘争を取るべきである。両国は努力して中日国交正常化の時の「共同声明」、「中日平和友好条約」という政治的基礎を保護し、同時に、新世紀における両国の共通の利益を探してそれを拡大させ、互恵協力を堅持し、互恵関係を通して友好事業に新たな原動力を注ぐべきである。

第4章　民国政府の民族政策

及びその制度

　辛亥革命は中国の封建君主制を覆し、中国の歴史に画期をもたらした。
1912年に樹立された中華民国は、孫文を大統領とする南京臨時政府を
始めに、袁世凱を中心とする北洋軍閥の統治を経て、蒋介石が指導する
国民政府までおよそ38年間中国大陸で政権を握っていた。民国時期の
中国は国内の反乱や外国の侵略によって、人民の生活がかなり苦しんで
いた。為政者たちの階級的な属性や時代の制限により、民族問題を公正
に処理することはできなかったが、そのうちの民族事務体制や民族問題
を解決するために打ち立てた政策は、ある程度重視すべき歴史的な遺産
でもあった。

1. 南京臨時政府における民族政策の主張

　1912年1月1日、孫文は南京で臨時大統領に就任し、中華民国の成立
を宣言した。南京臨時政府はただ3カ月という短い時間しか存続してい
なかったが、民族問題上の基本政策に対する主張はすでに表われていた。

（一）民族団結を推進し、国家統一を擁護した
　辛亥革命前に革命党が主張した「満族排除」と「韃虜駆除」とは異な
り、孫文は執政の初期から「五族共和」、統一擁護といった強烈な政治
傾向を見せた。彼は中華民国臨時大総統の就任宣誓書で、次のような声

明を発表した。「国家の本源は人民にある。漢、満、蒙、回、蔵の諸地を合して一国となし、漢、満、蒙、回、蔵の諸族を合して一体となす。これを民族の統一という。[1]」

革命後の政治的な安定や国家の統一を実現し、共和体制に対する清朝の残存勢力の反抗を弱め、新政権に対する少数民族上層部の認めを得るために、南京臨時政府は一連の交渉を経て、清朝皇帝退位に伴う優待条件及び清朝皇室や満蒙回蔵各王族に対する待遇条件を定めた。その中では、清朝皇帝の退位後、資金や物質条件の面で充分な優待を受けることを保証すると規定した。

これらの「待遇条件」あるいは優待は明らかに少数の民族上層部に限ったものであったが、種族論の色彩を帯びている辛亥革命が民族関係に対するダメージを減らし、政治上の安定や国家統一の擁護に有利であるという所に、そのポジティブな意義があった。

無論、国家統一に対する擁護は、臨時憲法的な性質を持つ「中華民国臨時約法」で更に反映されていた。なぜなら、「約法」の中で「中華民国の領土は 22 の行省、内外モンゴル、チベット、青海である[2]」と明確に定めているからだ。ここでは、「内外モンゴル、チベット、青海」を他の 22 の行省と並べ、これらの少数民族地方の行政制度上の特殊性をはっきり示すと同時に、これらの地方と他の行省の領土帰属上の統一性を明らかにした。

1912 年 1 月 28 日、孫文はモンゴル王公に一通の「電文[3]」を発信した。

1．「臨時大統領職宣誓書」、中国第二歴史ファイル館編『中華民国史ファイル資料集』2 集、江蘇人民出版社、1981 年、1 頁。
2．「中華民国臨時約法」、中国第二歴史ファイル館編『中華民国史ファイル資料集』2 集、江蘇人民出版社、1981 年、106 頁。ここでの「種族」とは「民族」の意味も有している。
3．「臨時大統領の各族一心団結してロシアのモンゴル侵略を防ぐことに関するハルチン（喀爾沁）親王などへの電文」、中国第二歴史ファイル館編『中華民国史ファイル資料集』2 集、江蘇人民出版社、1981 年、15 － 16 頁。

これは民国草創期、孫が少数民族上層部に対して新政権の政治主張を論述したものであり、モンゴル王公に対して共に帝国主義の侵略、浸透に抵抗するよう忠告、説得した典型的な資料でもあった。ここで、南京臨時政府の民族関係や国家統一問題上の政策に対しても良い説明を行なっていた。

(二) 初めての民族平等原則の表明

「漢、満、蒙、回、蔵」を合し、「五族共和」を唱えることの中にはすでに民族平等の意味が含まれていた。そして、上述した新政権の漢、満、蒙、回、蔵の各民族に対する待遇条件の中で、第1条は「漢人との平等」であった。さらに注目すべき点は、1912年3月11日に発布した「中華民国臨時約法」が中国歴史上初めて準憲法の形式をもって民族平等原則を表明したということである。

「中華民国は中華人によって構成された。……中華民国の人民は一律に平等であり、種族、階級、宗教の差別がない。[1]」

この平等原則の明確な表明は、世界大勢の赴くところであり、中国思想や政治発展史上からみても画期的な意義を持っていた。それは、臨時政府以降の中国政府がいかなる実際的な政策や具体的なやり方を執行したとしても、各種の重要な法令や政策の表現の中で、「民族（種族）平等」は動かせないものになっているからだ。

「種族（民族）平等」という政治原則の政権構築上での表現として、「中華民国臨時約法」は民族地区や「行省」に同等の参議員選出の権利があると定めた。「参議員は各行省、内モンゴル、外モンゴル、チベットから各々5名を選出し、青海からは1名を選出する。その選出方法は各地方が自らこれを定める。参議院会議の際、各参議員は一つの議決

1.「中華民国臨時約法」、中国第二歴史ファイル館編『中華民国史ファイル資料集』2集、江蘇人民出版社、1981年、106頁。

権を有する。」[(1)]

　それ以外、臨時政府は政権の構成上、清朝の「理藩院[(2)]」を排除し、辺境民族事務の管理を「内務」の範疇に組み入れた。1月3日、臨時政府が公表した中央行政機関の九つの部署は、陸軍部、海軍部、外交部、司法部、財政部、内務部、教育部、実業部、交通部であった。その中の内務部は、「警察、衛生、宗教、儀礼、戸籍、開墾地、河川工事を管理し、公共事業及び行政事務においては、所属する各官庁及び地方政府機関を監督する役目を果した。[(3)]」ここでは民族事務を管理することについての明らかな説明はないが、実際のところ、これらの権力を行使していた。1月28日に孫文がハルチン（喀爾沁）親王などのモンゴル王公に発した電報文をみれば、内務部次長・居正の許可の文言が事前に書かれていた。「よい、二十八日。[(4)]」これによって、民族事務に関する大統領の公文であっても内務部の許可を経て送付されたことが分かる。

　ここで注目すべき点は、内務部の下に専門的な民族事務管理組織を設けていたのかということである。なぜなら、同じ1月28日に発刊した『臨時政府公報』第4号の文書の中に、「現在の新政府（南京臨時政府－引用者注）はモンゴルやチベットと連合し、区別なく同等に扱い、昔の理藩の不意の名を取り消し、内務部に一つの蒙蔵経理局を設け、モンゴ

1．「中華民国臨時約法」、中国第二歴史ファイル館編『中華民国史ファイル資料集』2集、江蘇人民出版社、1981年、107頁。
2．清朝太宗により平定後の内蒙古の間接統治を目的に設置された蒙古衙門（monggo jurgan）を前身とする。1638年（崇徳3年）に理藩院と改称された。（訳者注）
3．「中華民族臨時政府中央行政各部及びその権限」、中国第二歴史ファイル館編『中華民国史ファイル資料集』2集、江蘇人民出版社、1981年、8、9頁。
4．「臨時大統領の各族一心団結してロシアのモンゴル侵略を防ぐことに関するハルチン（喀爾沁）親王などへの電文」、中国第二歴史ファイル館編『中華民国史ファイル資料集』2集、江蘇人民出版社、1981年、15頁。

1. 南京臨時政府における民族政策の主張　　　　　　　　　　　　　*177*

ル・チベットに関する中央行政機関として働かせる[1]」と書いてあるから
だ。この段落は、北京の殖邊学校の生徒であった唐彦保などが在京モン
ゴル王公へ送った電文の中で述べた内容である。その文の意味に従えば、
内務部はすでに「蒙蔵経理局」を設けていると思われるが、考証してみ
たところ、当時の内務部の中にはまだこの機構が設けていなかった。し
たがって、この段落の内容は、臨時政府の中にすでにそのような提案が
あったが、それはまだ実施されていなかったか或いはただ唐彦保などの
意見にとどまり、臨時政府はそれに反対せず支持さえ示していたことを
説明してくれる[2]。この提案はその後、中央政府が民族事務管理機構を専
門的に設ける発端となった。

（三）民族進歩や国家統一を励ます教育政策と辺境建設

　民国草創期、「五族共和」という国家統一を推し進めるために、何人
かの有識者は団体を結成し、提案を出して教育や実業を発展させること
によって国家建設や民族進歩を促進しようと努めた。これらの活動は臨
時政府に支持され、激励された。1912 年 3 月 19 日、黄興、劉揆などは
「中華民国民族大同会」（後に「中華民族大同会」と改称された）を組織
した。その主旨は、「五族の同胞と連合し、教育を普及させ、実業を振
興させ、大同の世へ共に入らせ、民国の基を固める[3]」ことであった。そ
れ以外に、黄興などはまた辺境開発を主旨とする「拓殖協会」を立ち上
げた。これらの組織は孫文の支持を得た。

1．「唐彦保などの強国のために国境計画を立てる局外者の在京モンゴル王公へ
　送る電文」、中国第二歴史ファイル館編『中華民国史ファイル資料集』2 集、
　江蘇人民出版社、1981 年、16 頁。
2．潘先林「南京臨時政府の民族問題を処理する政策及び構想を略論する」、『中
　国蔵学』、第 4 号、2008 年。
3．「黄興などの財政総長へ送る書簡」、中国第二歴史ファイル館編『中華民国
　史ファイル資料集』3 集、766 頁。

178   第4章　民国政府の民族政策及びその制度

　1912年2月、金崎生などは「中華民国国民回族代表」の名義をもっ
て「中華民国共和回民連合会」を創設しようとした。その目的は、「回
族と団結し、共和を討論し」、「学堂を設立し、実業を検証し、工商を盛
んにする」ことであった。これらの動議を表わす上申書も直ちに内務部
の許可を得た。その許可書には次のようなことが述べられていた。「今
回の君主制を覆して民国を改造し、漢、満、蒙、回、蔵の土地や人民を
合すことを立国の第一、二の要素と捉える。五大民族の享受する権利や
負う責任は区別なく同等に扱うべきであり、何の偏りもえこひいきもな
く、庶民は民国の基礎を固めることができ、共和の主旨にしたがって実
行することができる。これらの回民たちが組み立てる連合会は、宗教を
維持することや互いに気脈を通じることを目的とし、団体を組み立てる
に当たって共和の基準からずれないことを主旨とする。また、本会の成
立後、学堂を設け、実業を盛んにし、禁治産者の諸点を保護することを
本部はすべて同意する。」そして、本会は、「宗教の名義をもって回教連
合会と改称すること」や「認可を待ってすぐに組織を成立すること」を
提案した。[2]

　南京臨時政府の上述した政策や措置の多くは実施に移されなかったが、
新しい政権の設立と同じく先鞭をつける意義を有し、その民族関係に対
する理解や民族問題を処理する原則及び行政体制の構成は、後の民国政
府建設の基礎となった。

2．北洋政府の民族事務管理体制及び民族政策

　1912年3月、孫文は公開電報を通して共和に賛成した袁世凱と関連

1．清末は「学堂」と称したが，中華民国になって「学校」に改めた。(訳者注)
2．「金崎生などの回族連合会組織の登録願い出及び内務部の意見」、中国第
　二歴史ファイル館編、『中華民国史ファイル資料集』2集、江蘇人民出版社、
　1981年、25－27頁。

2. 北洋政府の民族事務管理体制及び民族政策 179

談判を終えた後、南京で約束通りに臨時大統領を辞任し、参議院は間も
ない内に北京へ移転された。こうして、南京臨時政府は自分の短い存在
に幕を降ろし、中国社会は北洋政府が主宰する時代に入った。

　北洋軍閥集団は辛亥革命の成果を盗み取ることには成功したが、それ
自体の濃厚な封建的属性のゆえ、中華民族を甚だしい苦難の中から救い
出すことはできなかった。逆に、政権を握っていた15年間における軍
閥割拠、混乱な政局などは様々な社会矛盾を益々激化させ、民族問題を
複雑に入り組ませた。北洋政府は統治を守り、政局を安定させるという
階級的本能によって、外モンゴルの「独立」とチベット分裂事件など重
大問題の解決に努めると同時に、民族事務の管理をめぐる制度的な案配
を国家建設に割り当てた。しかし、全体的に言うなら、北洋政府は民族
問題を処理する際の新たな見解を持たず、民族事務の制度と政策は主に
南京臨時政府のそれを継承していた。

(一) 民族事務管理における専門的機構の建設

　北洋政府にとって「蒙蔵」問題は新生国家の統一と領土の保全に拘
わっていたため、それはまさに民族事務管理における核心的な内容と
なっていた。南京臨時政府時期から民族事務を「内務」として定め、内
務部の管理を位置づけると同時に、専門的な機構である「蒙蔵経理局」
の設立をめぐるプランを提出あるいは受け入れていた。こうした南京臨
時政府のプランは、北洋政府の時期になって着実に実行されることと
なった。

　臨時政府を引き継いだ袁世凱は、内務部による民族事務管理制度を継
続していた。しかし、モンゴルとチベット「独立」の傾向の激化に伴い、
蒙蔵事務管理専門化の必要性が日ごとに差し迫っていた。1912年6月、
国務会議では、正式に参議院が提出した蒙蔵事務局設立の提案を審議し、
「蒙蔵地方のすべての条例と政策は他の省とは異なり、しかも設治の計
画は行省の新設に属するので、専門局を設けて国務総理に直禄させ、統

括して管理すべきである」と提出した。

7月24日、蒙蔵事務所を正式に国務院直轄の蒙蔵事務局に改設し、総裁と副総裁を各1人、参事2人、秘書2人、僉事8人、主事12人、執事官4人として編成した。また、局内には総務処や民治、辺衛、勧業、封賚、宗教の五科を設置すると同時に、蒙蔵事務会を附設し、蒙蔵関連の研究及び調査を担当させた。

1914年5月1日、袁世凱は「中華民国臨時約法」を廃棄して「中華民国約法」をその代役にし、責任内閣制と国務院をそれぞれ大統領制と政事堂に変えた。また、17日には蒙蔵事務局を袁の独裁統治と相応する蒙蔵院に改編した。そして、「大総統が制定・公布」した「蒙蔵院管理制度」の第1条では、「蒙蔵院は大統領に隷属し、蒙蔵事務を管理する」と規定した。蒙蔵院には総裁と副総裁を各1人、傘下に第1司、第2司を置き、官員には参事、秘書、司長、僉事、編纂、翻訳官、主事などを設けた。

北洋政府は常設組織である蒙蔵院以外に、需要に応じて民族事務に関する臨時組織も設けていた。例えば、陸軍部によって1922年10月から1923年5月までの間に設置された蒙蔵善后委員会がそれであるが、大統領が委員長を特派し、12人の委員、1人の秘書長、6人の秘書で構成され、後には何人かの専門委員を追加した。それ以外に、6人の参議、1人の秘書長、2－4人の秘書、6－10人の随員などで構成された大統領直轄の蒙古宣慰使もあった。

1．「蒙蔵事務局管理制度及びその理由に対する国務会議の審議」、中国第二歴史ファイル館編『中華民族史ファイル資料集（三巻政治）』江蘇古籍出版社、1991年、38－39頁を参照せよ。
2．孔令紀『中国歴代の官僚制度』斉魯書社、1993年、406頁。
3．「中国大事記」、『東方雑誌』11巻、1号を参照せよ。
4．孔令紀、前掲書、406頁。

2. 北洋政府の民族事務管理体制及び民族政策　　　　*181*

(二)「五族共和」、民族平等及び統一の擁護原則に対する重なる表明

　北洋政府は南京臨時政府が提示した「五族共和」、民族平等及び統一の擁護原則を引き継いだ。その点については、袁世凱大統領の「現在は五族共和を実施しており、蒙、蔵、回疆の各地域などはすべて我が中華民国の領土である。つまり、蒙、蔵、回疆の各民族も我が中華民国国民である」といった指示からも確認できる。袁世凱は五族団結と同化を促進するため、1912 年 4 月 13 日に、「漢、満、蒙、回、蔵の各民族に告諭し、協力関係を結ぶことに関する法令」を発布した。

　事実上、孫文によって提起された「五族共和」は素早く人々の心に届くスローガンとなり、漢族だけではなく少数民族もそのスローガンを認可し、受け入れるようになった。1912 年 2 月から 3 月の間、「内モンゴル」のモンゴル族、満州族、回族の代表であると自称する一部の少数民族団体は、袁世凱を「大統領」に「推し挙げる」上申書の中で、「五大民族を合わせて、一心同体となって大事業を興す」、「五大民族を一家にする」など度々「五族共和」について言及していた。[1]

　憲法では国家統一と民族平等などの原則を重ねて表明した。1914 年5 月 1 日、北洋政府によって公布された「中華民国約法」の第 3 条と第4 条では、「中華民国の領土は昔の帝国が所有していた国土に従う」、「中華民国の人民は法律上、種族、階級、宗教に関係なく皆平等である」と規定した。[2] これは南京臨時政府の「中華民国臨時約法」の関連条目と本質的な差がなかった。北洋政府の統治下では、中国の国家統一を擁護することも民族平等の原則を体現することも不可能であったが、そのような衰残で貧困な時代にそうした原則を重ねて表明し、外モンゴルの独立とチベット分裂などを阻止するために努めたことは高く評価すべきで

1．中国国民党中央委員会党史史料編纂委員会編『臨時公報』辛亥年十二月諸条、1983 年。
2．中国人民大学法律学科国家法律教育研究室資料室『中外憲法選集』人民出版社、1992 年、82 頁。

ある。

（三）各種民族政策の継承と普及

北洋政府は短すぎた南京臨時政府とは違って、10年以上の執政経験を持っていたので、民族問題の処理である程度は具体的な政策を具現化していた。

まず、少数民族の上層部に対して優遇政策を実行していた。北洋政府前期には、南京臨時政府が起草・制定した清の皇帝及び皇族に対する政策を受け継ぎ、基本的に実現させた。「皇室優待8条」や「皇族待遇4条」にしたがって、清朝政府が暫く故宮に居り、後に頤和園へ移ることを許可し、政府は清政府の生活費用として毎年400万元を支弁し、清皇帝は退位後も「大清皇帝」の尊号や年号を依然として保持し、その現有資産は中華民国により特別に保護されるとした。[1]

北洋政府は南京臨時政府が制定した「満蒙回蔵各族待遇条件」の第7条に基づき、民族上層部に対して爵位世襲と現有の特権を保留し、一部具体的な民族と民族上層部に対しても特殊的な待遇政策を制定した。例えば、1912年と1919年、北洋政府は「モンゴル待遇条例」を2回発布した。

しかし、1924年10月に馮玉祥が「北京政変」を発動し、中央政権は直系軍閥から奉系軍閥に引き渡され、11月4日に行われた摂政内閣会議では清皇室優待条件の修正を決定した。こうした政策によって清皇室に対する優待は弱められたが、具体的な実施過程は真剣に実施されなかった。

当然ながら、北洋政府の優遇・丸め込み政策の目的は、統一と自分たちの統治を守るためであったので、全体的に優待することで奨励と処罰を共に施す原則を主張した。

1．程為坤「清帝退位記」、『紫禁城』、第6期、1987年。

2. 北洋政府の民族事務管理体制及び民族政策　　　　　　　　*183*

　要するに、一方では統一を守り、分裂を打撃する上での北洋政府の原則性が窺え、他方ではモンゴル王公とその家族に対する「寛容」、「優待」の本質が窺えた。モンゴルやその他の少数民族上層部に対する優待は実際のところ、清朝の関連政策に対する継承であり、この政策の実施は自己統治の必要性以外に、国家統一の維持と民族関係の改善にも有利であった。

　次に、民族地域における土地開発を推し進めていた。北洋軍閥の中央政府であれ地方軍閥であれ、財政を増やすために民族地域に対する土地支配と開発を強化していた。統計によれば、北洋政府は民国初期、河北省だけで1,600万ムーの八旗圏地（皇・王所有地と一般八旗圏地が1,200万ムー余り、貸し出し土地が390万ムー余り）を接収した。北洋政府は八旗圏地を整理、接収することを通して国庫の税収を増やし、財政欠乏を埋め合わせた。[(1)]

　北洋政府は同じ脈略で税源を開拓するため、辺境民族地域に対する土地開発を強化した。こうして、北洋政府は辺境の民族地域に様々な駐屯開拓機構を設立したが、東北と内モンゴルでの規模が一番大きかった。例えば、1914年には黒龍江省に墾殖局を設立し、熱察綏に墾務総局を設けた。また、1923年には張作霖によって東モンゴルで墾務局が設立された。」

　それ以外に、北洋政府は未耕作地を開墾する際の通則、方法あるいは条例などを発布することを通して土地開墾を規範化し、推し進めていた。例えば、袁世凱政府は1914年に「個人による蒙荒地開墾禁止通則」と「蒙荒地開墾奨励弁法」、1915年には「辺境荒地条例」などを発布した。一方、一部の地方軍閥も関連政策（例えば、東北地方当局は「遼寧移民荒地開墾大綱」と「興安屯開墾区移民方法」などを発布した）をもって

---

1. 王立群「北洋政府時期における河北省の八旗圏地問題分析」、『歴史ファイル』、第3期、2005年。

土地開墾を奨励した。

　以上のような政策、措置は明らかに効果的であった。民国建設以前、東北三省における農用地の面積は小さかったが、民国建設後の20数年の移民、開墾、拓殖によって東北地域の数多い狩り山と未耕作地が農業用地に変貌した。例えば、1933年の遼寧省、吉林省、黒龍江省の耕作地はそれぞれ7,318.34万ムー、7,827.9万ムー、6,113.85万ムーとなり、全国農用地での比重は大幅に向上した。[1]

　しかし、以上のようなやり方は農業の発展を促進したが、それはモンゴル族をはじめとする少数民族の伝統的な領地及び産業を犠牲にした発展であった。例えば、張作霖は1916年にダルハン王旗を脅迫して遼河南北における4,000平方メートル以上の沃土を開発し、1922には遼寧省以西の2,800平方メートル以上の沃土を開発した。[2]清末－1928年、1912年－1913年、1914年－1928年の間に、未耕作地開墾政策によって綏遠地域で行われた未耕作地開発面積はそれぞれ1,984.92万ムー（清末に開墾された未耕作地は795.6万ムー）、12.34万ムー、1,189.32万ムーであった。モンゴルにおける未耕作地開発は内モンゴル地域の牧場面積を縮小させ、モンゴル族牧民たちの生計を脅かした。モンゴルに対する以上のような略奪的な開墾は内モンゴル地域に深刻なダメージを与えた。[3]

　さらに、民族地域における行政区域体制を統一した。北洋政府は辺境の民族地域で移民を通した開発を図ると共に、行政体制の統一化を推し進めていた。例えば、1914年1月、綏遠特別区を新設し、帰綏道の12

1．張国雄「中国歴史上における移民の主な流れと時代区分」、『北京大学学報』、1第2期、996年。

2．『モンゴル族通史』編纂グループ『モンゴル族通史』(下)、民族出版社、2001年、346頁。

3．『内モンゴル自治区誌・政府誌』(http://www.nmqq.gov.cn/content.aspx?classid=356&id=4099) を参照せよ。

2．北洋政府の民族事務管理体制及び民族政策　　185

県、帰化土黙特左翼・右派二旗、イクチャオ盟七旗やウランチャブ盟六
旗を特別区に組み入れ、帰綏を治めた。2月には熱河特別地区を設置し、
ゾスト盟7旗、ゾーオド盟12旗や旧直隷熱河都統が管轄する14県を
管轄させることで承徳を治めた。また、6月にはチャハル特別区を設置
し、豊鎮、涼城などの県及びチャハル左翼・右派八旗及びシリンゴロ盟
10旗などをそこに編入させることで張北を治めた。さらに、8月には
アルシャー、エジン両旗の行政的な事務を寧夏に処理させ、軍事的な防
衛役目を寧夏護軍使制度に転換した。[1] 一方、同じ年の4月、四川省の
辺東道、辺西道、両道を川辺特別区域に移管させ、特別区域を省一級規
模（1925年2月に西康特別区域と改称した）のものに建設することで
康定を治めた。8月、外モンゴルのアルタイ事務長管轄区域をアルタイ
区域に改設して承化寺を治め、中央に直接所属させた。また、1919年
6月にはアルタイ区を新疆省に編入させ、別途に阿山道を設置した。[2]　さ
らに、北洋政府は1915年、青海弁事長官と西寧鎮総兵の地位を廃止し、
蒙番宣慰使と甘辺寧海鎮寧使を新設することで青海と西寧地域における
軍政治務を統括した。こうして、青海は最初から「寧海区」と呼ばれ、
青海に省を建設しようとする意見が次々と提案されることになった。[3]

　北洋政府による行政区域体制の統一は辺境を固め、統一を守る願望か
ら始めたが、「慣習に従った統治」といった歴史的な伝統に逆らったの
で民族地域の様々な抵抗を受けた。

　最後に、少数民族に対する近代的な文化教育を展開した。北洋政府は
清末の一部政策を引き継ぎ、近代的な教育を少数民族に普及させること
に努めた。例えば、1912年に清殖民学堂と満蒙文高等学堂を北京籌辺
高等学堂に造り替えた。また、1913年には清景山、宗室、覚羅などの

1．袁継承編『中華民国政治制度史』湖北人民出版社、1991年、249頁。
2．鄭宝恒「民国時期における行政区画変遷述略」、『湖北大学学報』第2期、
　　2000年。
3．魏明章「青海省建設紀略」、『青海民族学院学報』第1期、1994年。

学堂と理藩院によって建設されたモンゴル学堂を合併して専門的に蒙蔵学生を育つ学校に改修した。

中央政府による学校の建設以外に、地方政府も蒙蔵教育の発展を推し進めていた。例えば、1912 年、青海省寧海鎮守使は青海のモンゴル学堂を寧海蒙番学校（西寧付近で農牧業を兼営するチベット族の学生たちが大部分の入学者となっていた）に改正し、蔵文の学習を必須科目に設定し、毎週 6 時間以上の受講を義務化していた。そして 1919 年には当該学校を蒙番師範学校に拡張し、1925 年以降からは青海籌辺学校に拡張することで青海における学校教育の発展に多大な影響を与えた。[1]1919 年まで、内モンゴルのすべての盟と旗ではそれぞれ小学校あるいは中学校を建設し、東北地域のモンゴル族、回族、満族、朝鮮族の学校教育は著しい発展を遂げていた。さらに、黒龍江省督軍署は 10 章 40条になる「鄂倫春（オロチョン）国民教育要綱」を発布し、省立鄂倫春国民学校を建設することで、オロチョン児童の学齢期教育に対して様々な規定を行った。[2]清末新政時期から大量の学校を新設し始めた広西省には、1914 年にすでに 85,305 人の学生が在籍し、各種学校 2,036 所もあった。[3]

北洋政府は国家統一と辺境の安定に有利な一部の政策を継承、実施してきた。しかし、混乱な政局、軍閥割拠、腐敗などの原因により、そうした政策の有効性と連続性は一部に限られていた。しかしながら、様々な政策の展開による民族平等理念の普及、多民族国家の統一局面の維持などに対する貢献は無視できない。

1．『モンゴル族通史』編纂グループ、『モンゴル族通史』（下）、民族出版社、2001 年、376 － 377 頁。
2．陶増駢『東北民族教育史』遼寧大学出版社、1994 年、130 － 132 頁。
3．鐘文典『広西通史（二)』広西人民出版社、1999 年、673 頁。

3．国民政府の前十年における民族政策と制度

　1927 年 4 月 18 日、蒋介石をはじめとする国民党右派は南京で「国民
政府」を成立し、武力をもって中国共産党を鎮圧し、北洋軍閥を打ち
破った。そして続く 1928 年 6 月 15 日には「統一の完成」を宣言し、
全国の政権を握るようになった。1929 年 3 月、国民党は第三次全国代
表大会を開き、その会議で可決した「政治報告に対する決議案」では、
民族政策に関して「本党は国民革命に力を尽くし、三民主義の実現を唯
一の目的とする。したがって、私たちはモンゴル、チベット及び新疆の
辺境地域に対して三民主義の実行以外に何の要求もない[1]」という態度を
示した。

　国民党の「第三次全国代表大会」は、全国「統一」を完成した国民党
が全面的に自分たちの施政理念を提示した重要な会議であった。一方で、
前の引用部分は民族政策をめぐる原則的なフレームでもあり、実際に一
つの基本的理念として民族問題の解決を「三民主義」目標の下部に位置
づけることを提示した。

　南京国民政府は民族問題を展開する際に、以上の理論と原則を貫き、
比較的に完全な民族事務管理システムと政策体制を形作った。しかし、
歴史的な背景と民族問題に関する内容の差異により、そうしたシステム
と政策は各時期においては幾つかの異なる様相を呈した。行政能力の不
足ゆえに、南京国民政府が執政した前 10 年間、民族問題の管理は依然
として蒙蔵事務を中心に展開され、その他の少数民族事務の管理は殆ど
が他の部門の事務と一体化されていた。また、民族政策の内容も政務、
教育、経済開発などの具体的な行政政策の中に散らばっていた。

1．栄孟源他『中国国民党歴代代表大会及び中央全体会議資料』（上）、光明日
　報出版社、1985 年、646 頁。

（一）任務と権利の分散的管理システムの形成

　南京国民政府の民族管理は、「蒙蔵」事務を重点にしていたため、民族管理機構の名称も依然として「蒙蔵」という語彙を保留した「蒙蔵委員会」を使用した。1928 年 2 月 4 日、国民党第二回中央執行委員会第四次会議で採択した「中華民国国民政府組織法」では、蒙蔵委員会を国民政府の職務部署に入れ、3 月 21 日に開かれた中央政治会議第 133 次会議では、「国民政府蒙蔵委員会組織法」を修正・可決した。

　当該組織法によれば、国民政府に直属される蒙蔵委員会は蒙蔵関連の行政治項を処理及び審議し、様々な蒙蔵関連事項の創設と改廃を企画する機能を執行した。蒙蔵委員会は 5 － 7 名の委員から構成され、傘下に秘書処、モンゴル事業処、チベット事業処を設けた。三つの処はそれぞれの課を有し、課長と課員の人数は蒙蔵委員会が国民政府に届け出てからその指示にしたがって決めた。

　ここで注目すべき点は、特に当該組織法で提出した「本法における『蒙蔵』地域とは、行省及び特別区を改設していないモンゴルとチベット地域を指す[1]」という部分である。以上のような視点に従うならば、チベットだけが「チベット地域」になり、ほかの地域の蔵区は含まれなかった。「モンゴル」は外モンゴルを指し、各省、特別区に分散している内モンゴルの各盟部旗は含まれなかった。しかし、外モンゴルは事実上独立しており、中央政府がチベット地域の事務に参入するにも限界があったので、実際に蒙蔵委員会が担った事務は成文化された規定の範囲を超えることになった。つまり、少なくとも内モンゴル、チベット自治区以外の関連地域の事務なども蒙蔵委員会の職務内容になっていた。

　国民政府は 1932 年 7 月 25 日、修正済みの「蒙蔵委員会組織法」を発布した。組織法の発布は委員長と副委員長を各 1 人、15 － 21 人の委

１．中国第二歴史ファイル館編『中華民国史ファイル資料集』一巻、政治（五）、江蘇古籍出版社、1994 年、1 頁。

3. 国民政府の前十年における民族政策と制度 189

員を設けるなど、委員会の定員を増やすこととなった。また、委員会の
活動内容を細分化し、内部組織の構成と他の院、部、会との業務上の関
係などについて規定した。それと同時に、蒙蔵委員会の会員は毎年交替
で蒙蔵の各地域に赴き、視察すべきであると規定した。[1] 1933 年、行政
院は「モンゴル盟、旗事項を処理する際の中央及び地方管轄機関の権
限分け方法」を発布し、蒙蔵委員会の職務をさらに細分化した。後に、
「蒙蔵委員会組織法」に対する修正を繰り返したが、蒙蔵委員会の基本
的な職務に対する変更はなかった。国民政府は蒙蔵委員会に必要な経費
を提供し、指示を惜しまなかった。ちなみに、蒙蔵委員会の 1932 年か
ら抗日戦争の前までの毎年の経費予算は 130 － 180 万元であった。[2]

　国民政府の設立から 10 年の間、蒙蔵委員会は 9 つの直属機関を建設
し、10 以上の蒙蔵事務関連の部署を指導した。1935 年、蒙蔵委員会は
調査室を増設し、各地の状況を調査・収集した。例えば、調査室は月毎
に辺境の状況に関する報告を作成し、様々な動態などに対してはその都
度報告するように決めた。

　一般的に、中央政府のその他の部門が辺境の民族地域に関する事務を
処理する際、蒙蔵委員会に問い合わせたり、関連事項を蒙蔵委員会に参
考用として提供したり、蒙蔵委員会の協力を求めたりしたが、一部の部
門では蒙蔵関連事務を専ら処理する部署を設けた。[3] 重大な民族問題に関

1．中国第二歴史ファイル館編『中華民国史ファイル資料集』一巻、政治（五）、
　江蘇古籍出版社、1994 年、2 － 4 頁。
2．『国民政府財政金融税収ファイル史料（1927 年－ 1937 年)』中国財政経済
　出版社、1996 年、260 頁。
3．　例えば、教育部は 1930 年 3 月、蒙蔵教育事務の処理部署として蒙蔵教育
　司を設けた。蒙蔵教育司は民族地域の教育を促進するための基礎的な事務を
　行い、次々と『蒙蔵学生待遇章程』、『蒙蔵教育実施に関する教育部の計画』、
　『辺境教育実施原則などを制定する際の法規及び計画』などを制定・発布した。
　さらに、以上のような法規と計画を実施するために人力、物力及び財力を投
　入し、一定の効果をあげた。

する事項に直面した際、蒙蔵委員会あるいは関連部署と協議し、行政院あるいは国民党中央の認可を得るという手順を踏むことが通例であった。

国民党の党務組織の中にも辺境の民族事務と関連する部署を設けており、中央組織部の蒙蔵組織課がまさにそれであった。蒙蔵組織課は名義上では外モンゴルとチベットの党務に務めることになっていたが、実際には外モンゴルとチベットの状況により、遼寧、吉林、黒龍江、熱河、チャハル、綏遠、甘粛、寧夏、青海、新疆など10カ所の辺境地域の党務しか担うことができなかった。さらに、そうした辺境地域の中でも省所属の県などに限られ、少数民族地域に対する党務は展開することができなかった。1936年、蒙蔵組織課を辺境党務課に改編し、1938年には辺境党務処に拡張した。一方、1939年から綏遠とチャハルなどの省の蒙旗地域に党務特派員事務所を設立したが、特派員たちが蒙旗事務に参入することは依然として稀であった。[1]

国民政府の国防部、軍令部、参謀本部は辺境の民族地域に対する統治を強化するため、それぞれ辺境事務を管理する機構あるいは特別派遣・駐在軍事要員を配置していた。[2]その中の参謀本部の辺務組は蒋介石が参謀本部総長に務めていた時に設置したものであり、次長の賀耀祖と黄慕松が相次いで責任者となっていた。辺務組は蒙蔵の情報及び動態の収集、蒙蔵状況の調査、辺境問題の研究を専門的に扱い、時には一部の具体的な任務をも執行していた。蒙蔵委員会以外に、一部の民族地域の地方政府は辺境民族事務機構を設けていた。

以上のように、南京国民政府の前10年の辺境民族事務管理は、任務と権利の分散的な管理システムであった。つまり、蒙蔵事務を管理する

1．楊潤霖「少数民族に対する国民党の政策及び党務事務」、張家口市委員会文史史料研究委員会編『張家口文史資料』8巻、159－163頁。
2．1938年、参謀本部は軍令部に合併される。

中央の専門的な部署であった蒙蔵委員会の権利は限られており、様々な民族事務は軍事、教育、財政、内政、商業、実業、建設などの部門の分業管理を受ける構造であった。協商制度は存在していたが、常に議論ばかりで決定を出せない官僚主義的態度と机上の空論であった。したがって、国民党の「弱小民族を支援する」という政治的約束は保障することが出来なかった。

(二) 雑然とした辺境民族政策の展開

　南京国民政府の前十年間の辺境民族政策の内容は複雑で、一般的に国民党の民族同化思想を反映しているが、その中には積極的な意味を持つ部分もあった。

1. 辺境民族地域における行政統一化の構築

　辺境の民族地域における行政統一化は国民政府の統治を強化し、政治的な統合を推し進める重要なステップであった。また、民族地域における特別行政区の建設といった北洋政府の政策を継承し、発展させたものであった。熱河、チャハル、綏遠、寧夏、青海、西康などの省の建設と土司制度の更なる廃除はまさにこの政策の実施中に完成させた。

　1928 年 7 月、国民党戦地政務委員会主席・蒋作賓は熱河、チャハル、綏遠など三つの特別区を省に改編することを提案し、内政部はその提案を正式に提議した。1928 年 9 月 5 日、国民党中央政府会議第 153 次会議では熱河、チャハル、綏遠、青海、西康を省に改編することを決定した。同じ年の 10 月、甘粛を分割し、寧夏省と青海省を設立することを決めた。

　熱河、チャハル、綏遠の省への改編と甘粛の分割統治、寧夏、青海省の設立は順調に行われたが、西康省の建設は様々な曲折を経て 1939 年に最終的に完成された。

　民族地域に省を建設すること、県制度の普及と土司制度の廃除は同時

に行われた。そうした改革を通して少数民族地域も省、県、区、郷、村といった行政体系の中に組み入れられるようになった。しかし、国民党の統治力の不足により、以上のような改革は徹底的に行われることはなかった。

一方、内モンゴル地域に省を設置すると共に、依然として法律をもって盟旗制度を保留したことは興味深い。1931年10月12日、国民政府は「モンゴル盟部旗組織法」を審議・発表した。当該規定では、「モンゴル各盟部旗は現有の区域をそのまま適応する[1]」と定めているが、それは中国政府は認めていないが実際には独立している外モンゴルにも適用され、すでに省県制を実行している内モンゴルにも適用された。これは明らかに行政体制を統一しようとする意欲とモンゴル族の伝統的な政治システムを認めなければならない国民政府のジレンマを顕にしていた。

2. 移住を通した辺境への人口入植

移住を通して辺境地域に人口を入植させる方法で国防を固めることは、中国の歴代統治者が取っていた伝統的な政策であった。国民政府の建設初期における様々な情勢はまさに、以上のような政策の考案を必要としていた。

1931年、国民党第四次全国代表大会では、辺境地域における駐屯開拓、移住による人口入植、国民経済発展などの重要な方針を持ち出した。そして、国民生計建設の五大方針の一つとして、「立案を通して積極的に展開すべきであり、財政をはじめとする様々な方面から支援すべきである。しかし、辺境地域の土着人民の生計を企画することは何よりも重要である。したがって、辺境地域を開発するには必ず辺境地域の土着人民の生計問題を重視すべきである[2]」と呼びかけた。同じ年の全国内政会

---

1. 「モンゴル盟部旗組織法」、中国歴史第二ファイル館編『国民党政府政治制度ファイル史料選集』（下）、安徽教育出版社、1994年、425頁。
2. 栄孟源他『中国国民党歴代代表大会及び中央全体会議資料』（下）、光明日報出版社、1985年、48頁。

3．国民政府の前十年における民族政策と制度

議では、「移住を通した辺境地域人口入植案」を可決し、人口の少ない
吉林、黒龍江、遼寧、新疆、モンゴル、青海、チベット、康省などの地
域への移住を提案した。また、1932年に開かれた全国国難会議では、
「移住を通した荒地耕作案」を可決し、上述地域への移住を上程し、移
住民の種類を難民、余計な軍隊、リストラされた政府官員にすることを
決めた。1936年3月、内政部などは「辺境移住開墾方法大綱草案」を
上程した。以上のような議案、関連措置の打ち出しは、辺境の民族地域
における人口の変化及び経済発展に対して重要な影響を与えた。

3．引き続く蒙蔵上層部に対する籠絡・優待政策

国民政府は民国初年から始まった少数民族に対する優待政策を引き続
けた。例えば、1932年、国民党は第三期中央委員会第三回全体会議を
開き、パンチェン・ラマとチャンジャ・フトコトを代表として参加させ
た。会議でパンチェン・ラマは国民政府委員に選ばれ、南京に事務所を
提供してもらうことになった。そして、国はその年から始めて彼に年
48万元以上の年俸と「事務費用」を提供することにした。一方、チャ
ンジャ・フトコトには「浄覚輔教」の称号を与え、彼を国民党に入党さ
せた。また、1935年に彼は中国国民党第五次全国代表大会で国民党中
央監察委員に当選された。

1933年、ダライ・ラマ13世が入寂し、国民政府は彼に「護国弘化普
慈圓覚大師」という封号を贈った。そして、玉冊と玉印を授与し、チ
ベットに特使を派遣してチベット地方政府に5万元の葬式代を回した。
それ以外に、特使は伝統的な慣習にしたがって大きな寺のラマたちに合
計40万元の銀貨を布施した。

1．『モンゴル族通史』編纂グループ『モンゴル族通史』(下)、民族出版社、2001年、
  403頁。
2．唐景福「民国時期における歴代中央政府のチベット主権を擁護するための
  措置」、『中国蔵学』、第1期、1997年。

以上のような措置以外に、社会の一般的な上層部に対しても懸命に籠
絡していた。例えば、内モンゴルの各盟長、総監などを省政府委員に任
命し、力を持っている王公、旗長にお金、銃を与え、彼らを国民党員に
加入させ、様々な司令官あるいは宣撫使などの名誉を与え、国民政府の
要職までに就かせた。烏蘭少布の研究によれば、蒙蔵委員会の支出す[1]
る経費は年100万元を上回り、その中の大部分は活仏（化身ラマ）、王
公とその他の上層部に払う年俸あるいは活動経費に使われていた。また、
残った経費の一部は蒙蔵上層部の招待、旅費とプレゼント用に使われた。

4．積極的な辺境民族教育政策

国民政府が行った初期の辺境民族教育は蒙蔵地域だけに限られていた。
例えば、1931年に発布した「蒙蔵教育の実施計画」では、蒙蔵地域に
おける教育事項に対して明確に定めていた（新疆の学生には蒙蔵地域の
学生の待遇を適用させた）。1936年7月、教育部は「二十五年度蒙蔵回
苗教育計画を推し進めることに関する指令」を発表し、民族地域教育の
範囲を西北、西南の民族地域までに拡大した。教師の育成を主な目標と
したその計画には、新疆、寧夏、青海、甘粛、綏遠、チャハル、雲南、
貴州、湖南、西康、チベットなどの地域が含まれていた。[2]

国民政府の前10年間、全国教育経費の総額は安穏な増加様相を見せ
ていた。例えば、1930年における教育経費の中央予算は1,440余万元
で、当年国家予算の1.46％を占めていた。しかし、1935年の教育予算
は4,913万元余りに上り、国家総予算の4.8％を占めるようになり、国
家予算における教育予算の割合が民国以来最も高かった年となった。張

1．烏蘭少布「モンゴルに対する中国国民党の政策」、『内モンゴル近代史論集』
　（三巻）、内モンゴル人民出版社、1987年、237頁。
2．中国第二歴史ファイル館編『中華民国史ファイル資料集』第五集第一編、
　教育（一、二）、江蘇古籍出版社、1994年、882頁。

3. 国民政府の前十年における民族政策と制度 *195*

元隆の研究によれば、1930 年から 1936 年までの間、国家予算におけ
る教育経費の占めるパーセンテージは年平均 3.54％であった[1]。辺境民
族地域の教育投入は以上のような背景の下で次第に増加し、各地域は
それぞれ様々な次元の特定経費に恵まれた。例えば、1935 年の民族地
域における教育経費の取得額は具体的に、貴州 16 万元、雲南 17 万元、
甘粛 16 万元、西康 6 万元、青海 8 万元、寧夏 7 万元、綏遠 8 万元、新
疆 8 万元、チャハル 8 万元、チベットゼロ元であった[2]。以上のような
経費は民族地域の教育に多くの面から役立った。

中央による経費の投入以外に、辺境の省・区自体の教育経費も次第に
増加しつつあった。例えば、チャハル省の教育経費は 1930 年度の
266,901 元から 1934 年度には 293,447 元に増加し、寧夏省は 1931 年度
の 45,816 元から二年後には 183,498 元に増加した。また、雲南省は
1930 年度の 259,615 元から 1933 年度の 587,800 元、甘粛省は 1931 年
度の 259,272 元から 1934 年末の 1,249,687 元に増加した。青海省の教
育経費は以上のような省と比べて少額で、1930 年度にはただ 76,900 元
しかなく、4 年後にも 96,343 元に留まっていた[3]。

教育経費の未払い現象が普遍的であったため、辺境地域の教育発展に
対する国民政府の投入を過大評価してはならない。しかし、すでに投入
された経費は少数民族の基礎教育をはじめとする近代教育全体に対して
画期的な影響を与えた。

内地も辺境民族地域の教育を支援する任務を担っていた。例えば、
1930 年、国民党中央政治学校は蒙蔵クラスを増設することを計画して
いた。そして、学生数 60 人とする蒙蔵クラスは甲（二年制）・乙（三

1．張元隆「民国教育経費制度を論ずる」、『安徽史学』、第 4 期、1996 年。
2．中国第二歴史ファイル館編『中華民国史ファイル資料集』第五集第一編、
  教育（一、二)、江蘇古籍出版社、1994 年、890 頁。
3．中国第二歴史ファイル館編『中華民国史ファイル資料集』第五集第一編、
  教育（一、二)、江蘇古籍出版社、1994 年、115 － 116 頁。

年制）に分けられ、卒業後には辺境地域に帰って就職するかあるいは国内の大学若しくは専門学校への進学を選ぶことができた。それと同時に、西康学生訓練クラス（4カ月）を設けていた。1934年には中央政治学校辺境分校の設立を計画し、次々と張家口、包頭、寧夏、康定、麗江、蘭州、イリ(伊犁)などの8つのキャンパスの建設を進めていた。[1] 1935年の蒙蔵学校名簿によれば、[2] 包頭、西寧、康定などの蒙蔵学校には268人のモンゴル族、チベット族、回族の学生が在籍していた。また、蒙蔵委員会の事務報告によれば、1929年から1933年までの間、内地の各学校へ推薦入学させた蒙蔵学生は256人いた。

1931年の教育部の「辺境教育実施原則の制定」では、「蒙蔵学生を奨学生として海外留学」させることに対しても規定していた。しかし、定員は少なく、毎年何十人に限られていた。さらに、教育部は1931年の秋に中央、北平大学に蒙蔵クラスを建設することを命令した。実際に1931年からの国立中央大学の新入生募集文書によれば、蒙蔵クラスはモンゴル族とチベット族を各20人、合わせて40人の学生を募集することになっていた。[3] 寧夏は民族地域として内地の教育優遇に恵まれていた。例えば、国立浙江大学と国立北洋工学院などは毎年寧夏の推薦学生1－2名を受け入れた。1933年に寧夏省は蒙蔵学生の待遇に照らして、国内の有名な各公・私立大学、専門学校に毎年試験免除で寧夏の1－3人の学生を受け入れることを求め、その要請は教育部の認可を得た。[4] 以上のようなことは、ある程度、民族地域におけるバランスの取れた教育資源の分配を促進した。

5．辺境民族地域開発の促進

1．同書、817頁。
2．第二歴史ファイル館ファイル、コード番号141、ファイル号97。
3．中国第二歴史ファイル館編『中華民国史ファイル資料集』、前掲書、833頁。
4．同書、864頁。

3．国民政府の前十年における民族政策と制度

1928 年 1 月、国民政府は建設委員会と資源委員会を創設し、辺境民族地域開発の企画と資源調査を強化した。1931 年 5 月に建設委員会は、交通、水利などの様々な方面に対して言及した繁雑な内容の「西北開発計画」を起草した。一方、同じ年に雲南、貴州、四川、西康省などにおける地質調査を完成させ、辺境地域における鉱業と石油の採掘に関する企画も打ち出した。

国民政府は、1931 年の「九・一八」事変による東北の陥落から西北辺境の開発を一層重視し、西北を復興の拠点にすべきであると強調した。したがって、様々な西北開発シリーズのプランと決議案が相次いで持ち上げられた。例えば、1933 年に開かれた国民党第四期中央委員会第三回全体会議における 60 項の議案のうち、8 項が辺境民族地域建設の開発に拘わっていた。国民党中央委員・劉守中は命令に従い、それぞれ 1932 年と 1934 年に、2 回に渡って西北へ赴いて調査を行い、「辺境を充実させ、交通の経営、農村の復興、牧畜の改良、鉱産の採掘、工業の奨励、民衆負担の軽減、地域治安の維持、辺境実務人材の養成、蒙旗教育の推進」などの 10 大重要任務を提言した。

1934 年 3 月、全国経済委員会の資金繰りによる西蘭道路建設の工事が開始され、1935 年 5 月に竣工された。1934 年から 1936 年までの間、国民政府は西北で他の省と繋ぐ道路など十以上の道路工事を通して西北地域の道路を 9,200 キロメートル以上に伸ばし、地域交通条件の改善に多大な貢献をした。[1]

国民政府は北洋政府の統治システムを基に、民族管理体制及び政策実践を作り上げた。民族同化目標と民族問題内容の類似性により、国民政府の民族管理システムと政策は北洋政府のそれをほぼそのまま継承していた。しかし、独立的な執政期を有する国民政府は当然ながら、民族政

1．劉政美「抗日戦争前の西北交通建設」、『民国ファイル』、第 2 期、1999 年。

策とシステムにおける自分だけの特徴を持っていた。

国民政府の全体的な統治時期を視野に入れるなら、1928年から1937年までの前10年間は民族政策とシステムの創設期に当たった。蒙蔵委員会はこの期間、中央政府が民族事務を管理する際の専門的な機構となり、軍事、党務とその他の行政部門も関連事務を分担していた。しかし、これは責任と権限が分散し、統一的な管理体制に欠けているシステムであり、民族関係を調和しようとする国家需要を満たすことも出来なかった。民族政策の具体的な内容と目標から言うならば、各民族の政治的な統合が占める比重は大きく、実施の強度も大きかったが、持続性と統一・計画性には欠けていた。どちらかというと、民族同化を主旨とする教育政策が割りに規範的で相当な効果を発揮し、民族地域の開発をめぐる政策は投入金額が少なく、執行力も足りなかった。特に、一部の開発プロジェクトは官僚たちに経費を横取りする機会を与え、政治的な統合にプラス効果をもたらすことは疎か、各民族民衆の抗争を引き起こすこととなった。

4．抗日戦争時期における国民政府の民族政策

1937年7月7日、日本侵略者による全面的な戦争の発動によって、中国は苦難に満ちた抗日戦争の歴史段階に入った。抗日戦争期は、国民政府の民族理論及び政策が最も十分に示された時期であった。なぜならば、日本帝国主義の全面的な侵略は中日民族矛盾を中国社会の主要矛盾に引き上げ、国民政府には中央政府として各民族を団結し、共同抗戦を展開する政治的責任があったからだ。同時に、戦争情勢により、少数民族が集中している西南、西北地域は侵略に対応するための中国の「大後方」となっており、そうした後方を揺るぎないものにすることが民族問題を処理することと密接不可分の関係にあったからだ。

4. 抗日戦争時期における国民政府の民族政策　　*199*

（一）国民党の辺境民族政策綱領

　1938年3月に開かれた国民党臨時全国代表大会は、全面的な抗日戦争の勃発後、国民党が自分の政治的主張を表明するために組織した重要な会議であった。大会では「帝国主義と軍閥に反対する革命が勝利を獲得した後、自由統一（各民族が自由連合した）の中華民国を建設する」と少数民族に対する約束を重ねて表明した。しかし、同時に「この約束の実践は抗日戦争で勝利することを前提とする。……日本が唱えている民族自決などは誘惑と扇動に過ぎない。それを信じたら領土が分割され、民衆がバラバラになってしまう[1]」と指し示した。

　以上のような内容は、抗日戦争期の辺境民族政策に対する国民党の重要な叙述であった。それは、各民族が共に中華民国を建設するという目標と目前の抗日戦争を関連付けただけでなく、抗日戦争の勝利を偉大な目標達成の前提とし、日本帝国主義による「民族自決」という扇動の真の目的を暴いたことに、その積極的な意味があった。しかし、それは一方では引き続いて少数民族の正当な権利を無視し、剥奪するための口実にもなっていた。

　1941年に開かれた国民党第五期中央委員会第八回全体会議で可決した「国内各民族と宗教の融和団結を強化するための辺境施政綱要」（以下「辺境施政綱要」と略す）は、抗日戦争期の民族政策に対する国民党のもう一つの重要な叙述であった。「歴代大会における重要な決議をまとめて」制定した「辺境施政綱要」は、抗日戦争期の民族問題に対する国民政府の核心的な政治綱領であった。「辺境施政綱要」は、「辺境における各民族のすべての施設は自治能力を育て、生活を改善し、文化を育成することで自治の基礎を確定し」、「各民族の宗教信仰と優良な社会習慣を尊重し、各民族人民の情感を調和し、国族統一の文化を建設する」

1．栄孟源『中国国民党歴代代表大会及び中央全体会議資料』（下）、光明日報
　出版社、1985年、467 − 468頁。

ことを辺境施政における「一般的な原則」として規定した[(1)]。そして、政治、経済及び教育などの面から逐条的に規定した。

国民党は以上の綱要の実行を十分重視し、行政院はこのために「辺境施政綱要実施計画草案」を起草して綱要の原則を具体化した。

一方、1941年4月に国民政府内政部は「民族政策初稿」を起草し、それは一般原則と個別規則という二つの部分で構成された。一般原則は、中国国内の各民族は一律平等であることを強調し、11項におよぶ実施規則を提出した[(2)]。第二部分の個別規則は、モンゴル、チベット、回族などの各民族に対するそれぞれの政策を提出した[(3)]。

その後、抗日戦争が終わるまで毎年開かれた国民党全体会議ではほぼ

1.「八中会議にて可決した辺境施政綱要」、『辺政公論』、第1期（創刊号）、1941年。
2.（1）各民族間における狭隘な民族的枠を無くす。（2）各民族の自治能力を育成する。（3）辺境地域における文化・経済建設を推し進める。（4）内地と辺境の人民の通婚を提唱する。（5）内地人民と辺境人民がそれぞれ辺境地域と内地への移住を奨励する。（6）辺境地域の言語を国語に統一する。（7）中華民族一元論の理論的基礎を作り上げ、辺境人民に対して普遍的な宣伝を行う。（8）いわゆる「少数民族」問題という謬論を退け、辺境人民に対して普遍的な宣伝を行う。（9）各民族利益の共通点を宣伝し、民族的な向心力を強化する。（10）普遍的に国民教育を実施し、辺境人民の国家意識をかきたてる。（11）普遍的に衛生教育を実施することをもって辺境人民の健康を増進する。
3.1、モンゴル人に対し、（1）外モンゴルに自治を取り消すよう忠告し、王公貴族たちを帰順させ、帰還した外モンゴルの青年たちに国民党党化教育を強化する。（2）積極的に内モンゴルの経済・文化などの建設事業を育成し、盟旗及び省・県の間の団結を強化する。2、チベット人に対してはチベット人と内地の関係を強化し、双方における紛争を無くし、三民主義を宣伝する。3、回族の人々に対してはウイグル人は中華国族の構成部分であることを宣伝し、内地と回族との間の種族観念を無くし、種族と宗教による分裂を厳重に処分する。4、辺境地域におけるその他の土着人に対して民族平等原則を宣伝し、土着人を搾取する行為あるいは制度を取り締まり、土着人集住地域建設を増進する。また、積極的に国民教育を実施し、辺境地域土着人の知識レベルと国家意識を高め、生産事業を促進する。（馬玉華『西南少数民族に対する国民政府の調査・研究』雲南人民出版社、2006年、122頁を参照せよ。）

4. 抗日戦争時期における国民政府の民族政策 201

毎回、民族政策をめぐる問題に触れていたが、その内容には実質的な変化はなかった。したがって、「臨時全国代表大会宣言」の中で言及した民族主義の目標と「辺境施政綱要」は、抗日戦争期及びその後の民族政策に関する国民党の綱領的な文書であった。

　終始一貫して、孫文の三民主義の忠実な継承者であると自称する国民党は、1938年の臨時全国代表大会で再び「三民主義と総理の遺教に従い、抗日戦争中の行動基準及び建国の最高原則を確立し[1]」、「建国の偉業は三民主義を最高の指導原則とし、外交方針と内政方針はいずれも三民主義から始めるべし[2]」と強調した。したがって、他の領域の方針・政策と同様に、国民党の民族政策も民族問題における「三民主義」の言い表しであった。1941年に『辺政公論』が正式に発刊され、それに発表されたトップ記事が「三民主義における辺境政治建設[3]」であった。蒙蔵委員会傘下の中国辺政学会が主催し、政府筋の背景を有する『辺政公論』の発刊号である第一巻、第一期にトップ記事として掲載されたことで、国民党の民族政策に対する解説は相当の権威性を持っていた。そこから国民政府の民族政策の要点を以下のようにまとめることができる。

　第一、「民族平等」の原則を堅持した。すでに述べたように、「民族平等」は民国初期に孫文主宰の臨時約法から確立され、北洋政府はその原則を繰り返した。一方、「三民主義」を強調する南京国民政府も当然ながら「民族平等」原則を否定するわけにはいかなかった。そこで、1931年、1934年、1936年の「約法」、「憲法草案」から1946年12月に可決された「中華民国憲法」まで、その中にはすべて民族平等に関する条文が入っていた。同じ脈絡で、各民族の団結をもって「統一国族」

---

1. 栄孟源『中国国民党歴代代表大会及び中央全体会議資料』（下）、光明日報出版社、1985年、485頁。
2. 同書、466頁。
3. 周昆田「三民主義の辺境政治建設」、『辺政公論』、1第1期、941年。

を建設するために、各民族の宗教と慣習を尊重することが求められた。

次に、民族同化政策を実行し、「大中華民族」を作り上げることを民族主義実現の目標としていた。国民政府は民族平等を唱えていたが、民族平等自体が目的ではなかった。民族間の境界がまだ存在していたので、融合と同化を通して民族間の境界を無くし、「大中華民族」を作り上げることで国際的な地位を獲得しようとした。以上のような傾向は、民族主義に関する孫文の晩年の論述の中にはっきりと登場しているが、それは抗日戦争期の国民政府の民族政策における核心的な観点でもあった。1943 年 3 月 30 日、蔣介石は陶希聖に代筆させて『中国の運命』という著作を発表した。その著作の第一章は「中華民族の成長と発達」であり、その中で、「民族成長の歴史から言うならば、我が中華民族は様々な宗族の融合を通して形成された。その多数の宗族はもともと一つの種族、一つの系統から分かれてきたものである。……彼らは各自の地理的な環境によって様々な文化を形成した。そして文化の差異によって様々な宗族に分かれた。ところが、5 千年以来、彼らの互いに接触する機会の増加、頻繁な往来、絶え間ない融和を通して一つの民族となった。しかし、その融和の原動力は武力ではなく文化の力であり、融和の方法は征服ではなく助け合うことであった[1]」と披瀝していた。

国民党は『中国の運命』が出版された後、統治区域内のすべての役所、団体、軍隊、学校に命じてこの本を読むよう義務付け、多くの党、政、軍の要員たちはその著作に対して多大な宣伝を行った。

国民党のこのような「一つの民族、一つの国家」といった「国族」理論が、民族主義の原則を厳守し、同一民族の名をもって人々の心を凝集することを通して、各民族の共同の抗戦と自分たちの統治を正当化しようとしたことには幾らか理解できる点もある。しかし、そのような理論は完全に実用主義的な立場から出発し、多民族の差異と各民族の保障さ

1．蔣中正『中国の運命』中正書局、1946 年、2 頁。

4. 抗日戦争時期における国民政府の民族政策 203

れるべき平等な権利を配慮せず、甚だしくは少数民族を「民族」として
認めなかったので、その理論は少数民族たちに受け入れられず、徹底的
な地主資産階級の「大漢族主義」理論であると中国共産党によって常に
厳しく批判された。

1945年5月18日、国民党は理論における以上のような深刻な誤ちを
省察したかのように、国民党第六次代表大会では、「三民主義政治綱領
に基づいて各民族に与えるべき権利を明確に承認することに対する議
案」を可決した。1946年版の「中華民国憲法」では、民族平等の条目
における1934年と1936年版の「中華民国憲法草案」の中の「中華民
国の各民族は皆、中華国族の構成部分であり、一律平等である」という
表現をストレートに「中華民国の各民族は一律平等である」と改正した。

第三、統一を前提に、辺境各民族の「訓政」あるいは「自治」を推し
進めた。孫文の三民主義理論によれば、民権主義の目的は「憲政」を実
現し、人民に政治参与の自由を与えることであった。しかし、中国で以
上のような過程を実現するには、必ず「軍政」、「訓政」、「憲政」といっ
た三つの段階を経験しなければならない。中国は北洋軍閥統治を終え、
国民政府を建設することをもって軍政の段階を終わらせ、訓政段階に
入った。訓政段階の課題は、「自治」を通して人民の参政能力を教え導
くことであり、言い換えるならば、人民に対する選挙、罷免、制定、決
定といった「四つの権利」能力の養成をもって、最後段階である憲政の
実現のために準備することであった。一方、辺境地域は文化的に内地よ
り立ち後れていたので、そうした地域での教え導きは何よりも重要で
あった。国民党第一次全国代表大会で可決された「国民政府建国大鋼」
では、政府は国内の弱小民族が「自治自決」するように支援すべきであ

---

1. 栄孟源編、前掲書、966頁を参照せよ。
2. 中国人民大学法律学部国家法研究室資料室『中外憲法選集』人民出版社、
   1982年、143 − 182頁。

ると定めた。しかし、ここでいう「自治自決」は、「各民族を大中華民族に融合させ、偉大な民族国家を建設し」、「民族国家の一体化を前提に実現できる」という原則を超えることはできない。さもなければ、もし日本が宣伝していたあの種の「自決」に従うと必ずしも領土の分裂を招きかねない。

どのように「自治能力」を育成するかについては、辺境の教育を発展させる方法しかなかった。国民党第五期中央委員会第八回全体会議の「辺境施政綱要」では、政治と教育の両方からこの問題について言及し、「辺境と辺境に近い地方政府は教育を振興させ、人民生活の改善を主な役目とし、教育経営をめぐる予算を次第に増加すべきである」と定めた。要するに、綱要は教育に対してその他のどの領域よりも具体的に叙述していた。

一方、辺境の各民族人材を養成して中央及び地方政権に参加させることは、「民族平等」原則の現れであり、訓政における民権主義の達成すべき目標でもあった。これは国民党の第四、第五次全国代表大会における関連決議と宣言の中で打ち出され、第五期中央委員会第八回全体会議の「辺境施政綱要」では再び、「各辺境地域の政府と各級辺境政治機関は環境及び情勢に適応し、なるべく各民族地域の人材を登用することを原則にすべきである。その中で、優秀な者に対しては特別選抜し、中央党政に参加させることでブレインストーミング効果を狙うべきである」と規定した。

第四、「土着人民の利益を図り」、辺境民族地域の経済を発展させた。三民主義における「民生主義」の目標は、人民の生存、生活問題を解決することであった。一方、「土着人民の利益を図ろう」というスローガ

1．黄彦編『孫文選集（上）』広東人民出版社、2006年、397頁。
2．「八中会議にて可決した辺境施政綱要」、『辺政公論』、第1期（創刊号）、1941年。
3．同書。

ンは、国民党が辺境民族地域の民生問題を解決するために掲げたスロー
ガンでもあった。「辺境施政綱要」は、「なるべく地元の土着人民の利益
を図ることを前提とする」ことを一つの「一般原則」として打ち出した。
また、その前に開かれた国民党第五次全国代表大会の宣言の中にも、
「辺境の各地域と西南各省の民族に対するすべての施設綱領は、優先し
て土着人民の利益を図ることを前提にすべきである[1]」という部分があっ
た。「辺境施政綱要」は、どのように以上の前提と原則を実行するかに
ついて、「迅速に辺境における主要な道路と鉄道を開設する」、「次第に
辺境各民族の金融機構、企業及び協力組織を増設することを通して経済
事業の発展を援助する」、「政府は辺境人民の現有の様々な生産事業に対
し、できる限り資本と技術面から支援すべきである」という三つの方法
を提示した[2]。一方、移住をもって辺境を建設する政策もこの一環に含ま
れるが、移住をもって辺境を建設する実践の中で多くの反対に遭ったの
で「辺境施政綱要」では言及されなかった。

(二) 抗日戦争期における国民政府の一般民族事務

　抗日戦争期における国民党の民族事務は辺境民族政治綱領に基づいて、
各方面から展開された。様々な要因によって、政治綱領の大部分の内容
は実現できなかったが、以下のような多くの面では成果を出していた。

1. 民族事務機構の改善

　抗日戦争期における民族事務と「辺政」事務を組み合わせた。蒙蔵委
員会は依然として中央の主な民族事務管理機構であった。蒙蔵委員会は
行政の運行において、辺境民族地域の事務に対する建言権とアドバイス
を提供する役割を担い、独立的な決定権はなかった。戦争の勃発により、

1.「八中会議にて可決した辺境施政綱要」、『辺政公論』、第1期(創刊号)、1941年。
2. 同書。

蒙蔵委員会の作り上げた臨時宣慰機構、派遣機関と調査チームなどは業務の拡大に多大な役割を果たした。一方、処理すべき公文書の量が増えるなど、仕事の量は大きく増えるようになった。

教育部蒙蔵教育司、中央党部組織部辺境地域党務処などは引き続き、中央の辺政民族事務部署として機能していた。

２．蒙蔵地域の安定と国家主権を擁護するための努力

中国に対する日本帝国主義の侵略はエスカレートし、日本人はチンギス・ハン陵を奪い取ることで蒙旗を支配しようとしたので、エジンホロに位置するチンギス・ハン陵は深刻な脅威に直面していた。それで1939年、イクチャオ盟の盟長兼チンギス・ハン陵奉祀官であったシャクトルジャップは、蒙蔵委員会を通して国民政府の国防最高委員会に報告し、安全のためにエジンホロにあるチンギス・ハンの棺を青海柴達木（ツァイダム）地方に移転することを提案した。国民政府はその提案を受け入れたが、チンギス・ハンの棺は甘粛楡中県興隆山太白宮に安置することにした。

1937年12月、パンチェン・ラマ9世は青海省玉樹で死去した。国民政府は明文をもってパンチェン・ラマ9世を称賛し、彼に名号を与え、葬式金を支援し、パンチェン・ケンポ会議場全員に彼の棺に付き添って西康のカンゼまで送り、チベットのタシルンポ寺に塔を建てて祀ることを命じた。その期間中、考試院院長・戴伝賢をカンゼに派遣して死者の徳行を称賛した。霊童（活仏の継承者）を探す過程において、蒙蔵委員会はチベット当局内の親英派たちの不良な企みに対する対処として「パンチェン・転生霊童を探し出す方法」を起草した。そして、活仏の継承者はパンチェン使徒の中から探し出し、引き継ぎ儀礼をもってパンチェン9世の転生を認定し、必ずしも中央が関係者を派遣して統括・弁理すべきであると強調した。当該方法は中央政府の認可を得、公布されることとなった。1949年、パンチェンの活仏継承者が探し出されて

4. 抗日戦争時期における国民政府の民族政策 *207*

認可を得た後、国民政府は蒙蔵委員会の委員長を務めた関吉玉を青海の塔爾寺に派遣し、パンチェン10世の継承儀式を主催させた。

1939年、ダライ・ラマ13世の転生継承者が承認され、国民政府は蒙蔵委員会委員長の呉忠信をチベットに派遣し、継承儀式を統括させた。1940年2月22日、中央政府の代表とチベット地方官僚500人が出席したダライ・ラマ14世の継承儀式がラサで行われた。国民政府は、重慶の長安寺でも同時に祝賀大会を開き、全国が旗を掲げて慶祝するよう命じた。呉忠信はチベットに滞在する間、チベット政府の摂政レティン活仏に蒋介石の書簡と中央政府の策命及び様々なプレゼントを渡し、回礼のプレゼントをもらった。そうした活動はチベット地方政府と国民政府の関係を強化し、国家主権と中央政府の権威の樹立に積極的な影響力を発揮した。実際に、国民政府は呉忠信がチベットに赴く前に、彼のためにチベット談話をめぐる11項の「要旨」[1]を確定した[2]。

1944年、蒋介石の侍従である瀋宗濂は在チベット事務所所長に任命され、計画通りに中央の徳政を宣伝し、友情を深め、文化の交流を進めた。また、康蔵道路を踏査し、無線電ネットワークを建設し、イギリス人がチベットで行う活動に対する探査などに務めた。彼は蒋介石に西康省の主席を交替すること、「西康を整頓し、役人を交換し、人材を選抜し、機構を充実にする」ことを勧めたが、ネガティブで放任的な態度を取っていた蒋介石に拒否された[3]。実は、蒋介石のそのような態度は国民政府の無力さと関係していた。

---

1. 王龍勝によれば、当該11項の談話要旨は呉忠信が起草し、行政院が発表したものであるという。（王龍勝「蒙蔵委員会歴史沿革概述」、『ファイルと社会』、2002年第1期を参照せよ。）
2. 「11項のチベット談話要旨を写して呉忠信に与えた行政院の訓令」、南京第二ファイル館編『中華民国史ファイル資料集』第五集第二編、政治、江蘇古籍出版社、1991年、469頁。
3. 陳錫璋「チベット官吏略記」、許広智編『チベット地方近代史資料選集』チベット人民出版社、2007年、469頁。

3. 民族地域における文化教育の継続的な展開

西部民族地域の文化教育事業は、抗日戦争期における中国政治と文化中心の西部への移転によって発展のチャンスを与えられただけでなく、国民政府も様々な政策をもって西部の文化教育事業を推し進めた。1939年、国民政府が公表した「辺境教育を推し進めるための方案」では、辺境における教育方針と各級教育における目標を明確にしていた。例えば、方案には「辺境における教育予算の中で、義務教育と社会教育の経費は年々増やすべきであり、義務教育と社会教育経費に対する中央の補助金の半分を辺境地域の各地域へまわすべきである[1]」と主張していた。以上のような主旨に従い、抗日戦争期における辺境地域の「教育文化補助費」は表1のように増える傾向を見せていた。

年度	1938年	1939年	1940年	1941年	1942年	1943年	1944年	1945年
金額(元)	150000	402210	532610	418600	19800	241100	770968	2633100

表1：抗日戦争期、辺境地域における「教育文化補助費」概況[2]

一方、「1943年度の辺境教育事務に関する教育部の報告」によれば、当該年度の「経常費」は10,745,480元に決めていた。しかし、1,673,000元の各「辺境学校建築・設備費」、後に通過した3,234,812元の経常費、1,000,000元の臨時費、880,000元の各学校建築・設備費、行政院、農林部などが支援した様々な経費などを合わせると1943年の辺境教育経費は24,554,384元であった。その中で、3,502,673元はモンゴル教育に、

---

1. 中国第二歴史ファイル館編『中華民国史ファイル資料集』第五集第二編、教育（二）、江蘇古籍出版社、1992年、122頁。
2. 同書、214－215頁。

4．抗日戦争時期における国民政府の民族政策

5,443,313 元はチベット教育に、3,301,167 元は新疆省に、2,951,925 元は西南各省に使われ、その他の経費及び地域によって割り当てることのできない経費が 9,355,297 元であった。[1] 以上のようなデータはある程度、民族教育に対する国民政府の投入程度を示していた。表 2 のように、予算の増加は様々な学校、学生（生徒）数の増加につながった。

年度	1939 年	1940 年	1941 年	1942 年	1943 年	1944 年	1945 年
学校数	4	14	24	29	35	38	39
学生数	334	3523	6112	7178	9490	10587	8634

表 2：抗日戦争期における国立辺境学校概況[2]

　また、国民政府は辺境教育のための教師の育成を全面的に企画し、辺境教科書、図書を翻訳・出版し、辺境における勧学制度を確立するなどの措置を取っていた。教育部は辺境教育の運営原則と様々な実際的な問題を研究するため、辺境教育委員会を設立した。辺境教育委員会は諮問機構として、教育委員会の役人以外に大学の学長と関連研究者で構成されていた。

　「1943 年度の辺境教育事務に関する教育部の報告」はある程度、全面的に 1943 年の辺境教育の状況をまとめた。報告によれば、抗日戦争期における辺境教育の範囲は、「蒙蔵及びその他の各地人民でありながら、特殊な言語と文化を有する者」であり、言語と各民族の分布状況によってさらに、モンゴル、チベット、新疆及び西南地域など、四つの地域に分けられた。また、辺境教育を実施する「最終目標」は、「大中華民族の各部分の文化を融合し、そうした文化の発展を推し進める」ためであ

1．中国第二歴史ファイル館編『中華民国史ファイル資料集』第五集第二編、教育（二）、江蘇古籍出版社、1992 年、207 頁。
2．同書、214 － 215 頁。

り、辺境教育の基本内容には、国民教育、教師の育成、職業訓練、専門大学及び中学教育、社会教育などが含まれていた。[1] 1942 年、教育部が運営している辺境民族地域高等教育項目には、以下のようなものが含まれ、ある程度民族教育の発展状況を反映した。[2]

　　国立辺境学校（短期専門コース）には、行政、辺境政治、衛生教育、牧畜獣医など四つの専門コースを設立した。国立東方言語文学専門学校の開校を準備した。また、国立西北、雲南、中山などの三つの大学、西北と貴陽の師範学院、私立大夏、華西、金陵などの大学は、教育部の支援によって辺境建設科目及び講座を設けた。中等教育機構としての 11 カ所の国立師範学校は貴州、西寧、康定、隴東、成達、大理、麗江、綏定などの地域に分布し、3,000 人以上の学生が在籍していた。寧夏、青海、拉卜楞、松潘、金江、西康などの地域に分布した六つの国立初級実用専門学校には 700 人以上の在籍生徒がいた。

　民国政府は以上のような一般的な学校教育の重視以外に、少数民族学生に公務員として働ける機会をも提供した。例えば、1944 年、国民政府の考試院は「蒙蔵地域の人々を中央に推薦・派遣する方法」を起草し、モンゴル地域の 11 人、チベット地域の 9 人を中央に推薦・派遣した。但し、推薦・派遣されるためには国文・国語に通暁し、現任の公務員あるいは公務員に務めていた経験のある者に限るといった条件が付いていた。[3]

1．中国第二歴史ファイル館編『中華民国史ファイル資料集』第五集第二編、教育（二）、江蘇古籍出版社、1992 年、207 頁。
2．同書、186 頁。
3．『国民党政府政治制度ファイル資料選集』（下）、安徽教育出版社、1994 年、453 頁。

4．民族差別を無くすための事務

国民政府の行った1934年の「西南苗夷民族調査」と1938年の「西南辺境地域民族調査」によれば、西南地域には200以上の繁雑な民族名が存在し、その中には少数民族の呼称に対する差別あるいは侮辱的なものが多く含まれ、少数民族の呼称を表す漢字の大部分が虫、獣、鳥、犬を偏旁としていた。1939年8月、国民政府は「民族平等」原則を具現化するため、少数民族の一般的な呼び名に対する以下のような規定を作った。

　　　必ずしもすべての侮辱的な名詞を改正し、普通の通知文と著作、宣伝品などに使われる辺境同胞の呼び名は出身地域をもって示す。例えば、内地の人々は何々省県人に呼び、モンゴル地域出身の者はモンゴル人、チベット籍の者はチベット人に呼ばなければならない。また、その他の各省の地方に雑居する文化的に異なる同胞に対しては……何々省の辺境地域人民と呼ぶことが無難であり、なるべく民族的分化を起こしかねない呼称は使わないことにする。[1]

1940年1月、国民政府の関連部署では「西南少数民族命名改正表」を制定した。当該表には呼び名に虫、獣、鳥の偏旁を使っている西南地域の66個の少数民族名称が収まれ、以下のような原則にしたがって改正すると決めていた。

　　　第一、呼び名におけるすべての虫、獣、鳥などの偏旁を除去し、「にんべん」にする。第二、第一の原則に当てはまらない者に対しては同音の仮借文字に替える。第三、生活習慣などによって少数民族の呼称に加えられた不良な形容詞は廃止すべきである。改正後の

1．馬玉華『西南少数民族に対する国民政府の調査・研究』雲南人民出版社、2006年、125頁。

呼称には必ずピンインを付けると同時に、命名表の後ろに当該民族の分布地域などの情報を付けるべきである[(1)]。

1940年10月、国民政府の行政院は命名改正表を出し、その規定通りに執行することを命じた。こうして、1946年に出版された『雲南全省辺境民族分布冊』の中で、雲南少数民族の名称から虫、獣、鳥、犬などの偏旁が見られず、全部「にんべん」に替えられた。差別的な民族名称を使わなくなり、雲南少数民族に対する初歩的な識別を行なった。

5．民族地域における有益な救済活動の展開

1940年、チベットのドモは149人の死者を出した洪水による災害に遭い、国民政府は蒙蔵委員会の在蔵事務所を通して2万元の銀貨を支援し、救済活動を展開した[(2)]。1942年、青海省の牧区では牛の伝染病が発生し、30万頭（50万頭であるという説もある）の牛を亡くした。農林部は直ちに防疫チームを現場に派遣し、地元の医療陣と共に積極的な予防・治療を行った。迅速に疫の蔓延を抑えると同時に、薬品の生産に10万元を支援し、それを青海に届けた[(3)]。1944年、蒙蔵委員会は事務計画の中で、「青海とチベットの境界に位置する東の玉樹から西の黒河一帯までの地域は、牛と羊の繁殖が一番盛んな天然牧場として、現在は中国とインドの間の陸運の重要な幹線にもなっている。地元に防疫と治療設備がないため、しばしば伝染病による牛と羊の損失が大きく、国家計画と民生に損害を出している。したがって、農林部は今年中に防疫機構を設け、巡回治療を実施し、各種の血清を製造することで疫病に備える

1．馬玉華『西南少数民族に対する国民政府の調査・研究』雲南人民出版社、2006年、125頁。
2．喜繞尼瑪「民国時期におけるチベット事務の主管機構－蒙蔵委員会－」、『中国チベット』夏号、1993年。
3．中国第二歴史ファイル館ファイル、コード番号141、ファイル号1343。

べきである[(1)]」と主張した。

(三) 辺境民族地域における政治的統治の強化

　国民政府の樹立後、辺境民族地域に対する統治は政令の通達に至らなかった。しかし、国民政府は抗日戦争が勃発してからは民族地域に対する統治を強化した。

　「七・七」事変後、内モンゴル地域の大部分は日本軍とデムチュクドンロブ（徳王）をはじめとする偽蒙疆政権に占領され、陥落されていなかったのはイクチャオ盟やアルシャー、エジン旗などの地域くらいであった。国民政府は抗日戦争の機会を利用してそうした地域の統制に努めていた。例えば、1941年、蒋介石は陳長捷をイクチャオ盟の守備軍総司令官に任命し、大部隊をイクチャオ盟に派遣・駐屯させることでモンゴル民族に対する政治、軍事、経済的な「浸透」を図った。1943年、イクチャオ盟境界内部の元の東勝県と漢族農民の耕耘地域に設けたダラト旗組訓処以外に、桃力民弁事処を増設した。こうして、東勝県、ダラト旗組訓処及び桃力民弁事処といった県政権の拠点は、イクチャオ盟蒙旗の情勢を監視する三つの「目」の役割を果たすようになった[(2)]。以上のような地域に対する国民政府の統制の強化は、地元人民の負担を増やすことにつながった。1943年3月26日、イクチャオ盟ジャサク旗の保安隊500人と地元大衆は武装蜂起を起こし、4月15日にはイクチャオ盟ウーシン旗の保安隊も地元の国民党軍隊を攻撃し、全国を震わせた「イクチャオ盟事変」を引き起こした。

　新疆は辛亥革命の時から楊増新、金樹仁、盛世才などの軍閥によって支配されていた。1943年、国民党中央政府は盛世才から新疆を奪い取

1．中国第二歴史ファイル館ファイル、コード番号（二）1、ファイル号6607。
2．傅観瀾「旧綏遠省桃力民弁事処に対する記憶」、『イクチャオ盟文史史料』1集、1986年を参照せよ。

り、呉忠信を新疆省政府主席に任命した。中央政府は大量の駐屯軍以外に、数多い事務員を新疆に派遣して党務事務を展開した。統計によれば、1943年1月から1945年3月まで、新疆の国民党党員は21,696人に増えた。その中で、ウイグル族と漢族がそれぞれ44.4％と35.3％を占め、残りの部分は回族とカザフ族などの民族で構成されていた。それと同時に、1945年3月までに147個の区党部、844個の区分党部、2,258個のチームを編成するなど、県、区、分区では積極的に国民党の党部を設けた。また、各行政督察専門地域には党務指導員を置き、党議の宣伝などを行った。1943年、新疆省政府は国民政府が公表した「各級県組織綱要」と行政院会議で可決した「県保甲編成規定」に基づいて、「新疆省の郷（鎮）における保甲戸籍の編成・調査の実施規定」を制定した。1945年までに、全省では3つの区政府管轄範囲以外に、基本的に保甲戸籍の編成・調査を終え、新疆の全地域を284の郷、185の鎮、3,955の保、39,716の甲に編成した。[1]

　国民党が辺境民族地域で政権建設を行った目的は、「土着人民の利益を図るため」ではなく、自分たちの独裁統治を拡大・強化するためであった。ゆえに、以上のような建設は少数民族に対する苛斂誅求、劫掠と強制的な同化などの様々な圧迫を伴っていた。当然ながら、そうした圧迫は次々と前述のイクチャオ盟事変、海固回族大蜂起、甘南各民族大蜂起、海南白沙人民蜂起などをはじめとする少数民族の抵抗を呼び起こした。

（四）辺境民族地域における各項建設の展開

　抗日戦争の勃発後、「国家至上主義」という旗幟の下で、民族地域に対して政治的な統治を強化すると共に、経済的な開発も強調していた。例えば、1939年1月29日、第五期中央執行委員会第五回全体会議で採

1．黄建華『国民党政府の新疆政策研究』民族出版社、2003年、89－97頁。

4. 抗日戦争時期における国民政府の民族政策 215

択した「政治報告に関する決議案」では、「西部各省における生産建設統制案」を重要な議案として可決し、以下のように指摘した。[1]

　西南と西北各省の産業と文化の建設に力を入れなければならない。今日、長江南北の各省の数多い地域は戦地になっている。今後における長期的な抗戦を堅持するには、必ずしも西南と西北各省を迅速に開発させ、抗戦を支援する後方にしなければならない。西部の各省は資源と人力資源が豊富であるので、先に交通運送の発展を図りながら、人力、物的資源、財力を有効にコントロールし、抗戦の需要に対処すべきである。

　国民政府は以上のような議案に基づき、西南と西北地域における開発に拍車をかけた。例えば、1939 年、国民政府は桂林に錫業管理処を設立し、平楽、梧州、八歩、南寧には事務所を設けることで広西における錫業の開発を管理した。[2] 1940 年、全国の国営金鉱は 260 個であり、その中の 118 個（全体の 45％）が四川、雲南、貴州、西康、青海などに分布していた。[3]

　戦争による運送発展に対する要望は、西南地域における交通業種の発展を促進した。1938 年の交通部の報告によれば、西南辺境民族地域に関連する鉄道建設には施工中の湘黔鉄道と湘桂鉄道、踏査測量中の川黔及び滇黔鉄道、拡大中の隴海などの線路があった。建設中の西蘭、西漢、蘭秦、天風、漢白などの道路、甘新道路工事をはじめとするその他の道

---

1. 栄孟源『中国国民党歴代代表大会及び中央全体会議資料』（下）、光明日報出版社、1985 年、485 － 488 頁
2. 唐凌「広西における国民政府資源委員会の鉱業経営活動を論ずる」、『広西社会科学』、第 5 期、1996 年。
3. 中国第二歴史ファイル館編『中華民国史ファイル資料集』第五集第二編、財政経済（六）、江蘇古籍出版社、1997 年、552 頁。

路工事は進行中であるなど、道路の建設も続々と行われていた。西南道路の中の湘桂道路は、すべての区間で車両の通行ができるようになり、湘黔、黔滇、川黔、黔桂などの道路は、当時の西南道路運送管理局が接収管理することになった。それ以外に、幾つかの重要な航路も開通され、川蔵航路は計画中であった。[1]

　国民政府は、民族地域における経済組織の建設も試みた。例えば、1940年11月、成都に川康家材建設委員会を設立し、川康経済建設に関わる様々なことの企画を担当させた。一方、1943年、社会部によって甘粛、綏遠、青海、西康などの省における行政機構の調整が提案され、[2]そうした機構の設置は辺境地域の経済建設に重要な影響を与えた。

（五）戦後における辺境施政のビジョン

　1945年5月、国民党は抗日戦争の勝利を間近に、重慶で第六次全国代表大会を開いた。その大会で可決した国民党の政治綱領、決議などの多くは、戦後における統治をめぐる企画を主な内容としていた。例えば、会議では「蒙蔵各民族の高度な自治を実現し、辺境における各民族のバランスの取れた経済、文化的発展を扶助することで、自由統一の中華民国の基礎を築き上げよう[3]」と公言した。一方で、国民政府は「国内の辺境各民族を融合・連結することだけにおいては、まだ力を尽くしてはおらず、扶助の役割を果たし切ったとは言えない。民族主義の中の『中国民族の自らの解放』と『中国国内各民族の一律平等』の使命を同時に貫徹することにも至っていない。今後、絶え間ない努力をもって、徹底的

1．中国第二歴史ファイル館編『中華民国史ファイル資料集』第五集第二編、財政経済（十）、江蘇古籍出版社、1997年、5－19頁。
2．中国第二歴史ファイル館編『中華民国史ファイル資料集』第五集第二編、財政経済（八）、江蘇古籍出版社、1997年、123頁。
3．栄孟源『中国国民党歴代代表大会及び中央全体会議資料』（下）、光明日報出版社、1985年、934頁。

4. 抗日戦争時期における国民政府の民族政策　　　*217*

に自由統一の中華民国を実現することを期待する[1]」と指摘した。

　蒙蔵委員会は以上のような精神に基づいて、「戦後における辺境政治制度建設の計画綱領（草案）」を起草した。草案は、戦後の辺境政治システムに対する国民党の全体的なビジョンを示した。

　まず、この綱領は国民党の民族同化理論を繰り返して表明し、国内各民族の存在を抹殺した。例えば、「中華国族は漢満回蔵及び苗夷といった各宗族で構成され」、「我が国の辺境における各宗族、言わば満蒙回蔵苗夷の各民族は中華民族の支系に過ぎない。ゆえに、宗族としか言えず、民族とは言えない。元々同じものなので強制的に分裂させる必要がない……」と主張した。また、「自決・自治」は中国の各少数民族には向いていないと力説した。

　次に、国民党民族政策の総目標を提示した。つまり、「その慣習に解け合うことで、国族統一の文化を作り上げ、狭隘な宗族の境界を無くし、大中華民族の建設を完遂する」、「三民主義が完全に実現される時、世界は大同を実現する。そして、国家内部の規律も同一化され、内地と辺境の区分などは存在しなくなり、その段階になって、我が国の辺境問題も完全に解決され、隔たりなどは存在しなくなるだろう」、「中華国族の融合は更なる強固な形を必要としている」ということであった。

　最後に、蒙蔵事務を処理する際の対策を打ち出した。蒙蔵政策に対して、「すでに省治を行っている地域に対しては、一律的に省県制度を普及すべきである」と規定し、「すでに省治を行っているモンゴル盟旗は、地方行政を統一することを原則とする。しかし、統一する前の過渡期においては盟旗制度を実行してもよい」と定めた。モンゴルに対する以上の政策は、事実上、当時の内モンゴル行政体制に対する黙認であり、前者はモンゴル政治制度を統一しようとする国民党の決心、後者は現実に

---

1. 栄孟源『中国国民党歴代代表大会及び中央全体会議資料』（下）、光明日報出版社、1985 年、同書、915 頁。

対する無力さを表していた。

　各民族の伝統と政治的権利を無視しながら「辺境政治制度の確立」を試み、延いては民族問題の解決を求めた国民党の望みは、自分勝手な願望に過ぎなかった。

5. 抗日戦争後における国民政府の民族政策及びその実行

　抗日戦争の勝利後、国民党は勝利の成果を争い、内戦を準備することを優先し、それから人民の反対にも拘わらず、更なる戦争を引き起こして中国共産党を消滅しようとした。一つの統治機構としての民族事務は依然として国民党の重要な内容であり、もう一度積極的な様相を見せていた。しかし、戦争で絶え間なく負け、それによる統治区域の縮小に伴い、国民政府の民族政策は明らかに空洞化され、民族事務も実質的な内容のないものになってしまった。

（一）民族政策の更なる標榜

　1945 年 8 月 25 日、国防最高委員会と国民党中央常務委員会は臨時会議を組織し、蒋介石は、「民族主義を完遂し、国際平和を守ろう」という演説を行った。演説の主な内容は、対外的に民族主義の目標は実現されたが、対内的には続けて民族主義の方針を確定し、積極的に展開すべきだということであった。[1]

　　　外モンゴルとチベットは元々、自分たちの長い歴史を有し、一つの地域に集住していた。しかし、彼らは今、ほかの宗族と雑居し、省を設けており、辺境地域とは全く異なっている……。省以外の地域に住む民族が自治能力と独立の意志を持ち、経済、政治上の独立

1．『戦争勝利後における指導者の宣言集』中華文化服務社、1945 年、4－9 頁。

5．抗日戦争後における国民政府の民族政策及びその実行　　　219

に達することができる時、我が国は好意的で友好的な態度と精神を
もって、彼らの独立・自由を支援すべきである。また、永久に彼ら
を中国の平等な兄弟国として見なすべきである。……各省内の大小
民族には、政治と法律上での一律平等、信仰と経済上での十分な自
由を与え、干渉を行ってはいけない。こうして、我が各宗族間の誠
意ある団結と友愛、互助の目的を達成する。

　蒋介石の以上のような発言はある程度、外モンゴルの独立を認めよう
とする国民党に逃げ道を与え、やむを得ず、ついでにチベット問題をも
持ち出した。1945 年 9 月 8 日、国防最高委員会中央設計局が起草した
「戦後における蒙蔵政治施設方案」では、戦後、チベットが実行すべき
政治システムに対して以下のような原則を打ち出した。[1]

　1．青海、西康省のチベット族「土司」、「千百戸」などの地域では、
　　　「改土帰流」[2]を核心にする省政改革を素早く推し進める。
　2．チベット地域の高度な自治を許可し、チベット特別自治区と呼
　　　ぶ。
　3．チベット特別自治区は憲法を制定することができるが、民国憲
　　　法と三民主義に反してはいけない。
　4．中央はチベット特別自治区に常駐事務長官公署を設立し、外交
　　　などの国家行政を執行し、地域自治を指導する。
　5．チベット特別自治区の各級政府組織法は、中央が分布・施行する。

1．陳謙平「戦後国民政府のチベット政策」、『南京大学学報』、第 3 期、2002
　年を参照せよ。
2．「改土帰流」とは、元代から清朝初期にかけての王朝中央政府による地方の
　原住民に対する間接統治システムであった「土司制度」を次第に廃止し、王
　朝中央政府直轄の州県制に転換させ、科挙に合格して選抜された「流官」を
　派遣し直接支配するという、明代以降の一連の制度転換をいう。(訳者注)

6．自治政府は状況に応じてチベット特別自治区の地方自治に関す
る内容を制定し、自分で取り扱い、中央はただ指導的な役割を果
たす。

7．チベット特別自治区を若干の国防軍区に分け、中央が派遣した
国防軍を駐屯させる。

8．中央はチベット特別自治区の宗教発展に対して、完全に放任し
てはいけない。宗教と政治の分割統治といった原則に基づき、宗
教のリーダーと各寺院は政治及び司法を干渉してはいけない。

9．チベット特別自治区と西康省の境界は、中央が派遣した人員と
両地域が共同で勘定する。

　以上のような原則は、蒋介石の前述の講演をチベット問題に政治的に
演繹したものであった。要するに、国民党の「チベットの高度な自治を
許可する」ことは、国家主権の擁護を前提にしていた。

　国民党は 1946 年 3 月 1 日から 17 日まで、重慶で第六期中央委員会
第二回全体会議を開き、依然として民族問題と民族政策に深い関心を寄
せていた。会議では辺境問題委員会と辺境問題報告審査委員会を成立し、
辺境地域の少数民族代表をそれぞれ委員会に参与させた。3 月 11 日、
辺境問題委員会会員であった白雲梯と格桑沢仁はそれぞれモンゴル問題
とその解決方法、チベット族現状に対する報告を行った。翌日、張治中
は新疆問題の解決方案に関する報告を行った。一方、「政治報告に関す
る決議案」も民族政策に関して、以下のように具体的に言及していた。[1]

　　1．三民主義・五権憲法に基づいて、統一的な民主国家を建設す
　　　るという原則の下、辺境民族の自治権利の保障を憲法ではっきり

1．中国第二歴史ファイル館編『中華民国史ファイル資料集』第五集第三編、
　政治（一）、江蘇古籍出版社、1999 年、474 頁。

5．抗日戦争後における国民政府の民族政策及びその実行　*221*

と規定すべきである。

2．再編後の国府委員と行政院政務委員には、すべて忠実で練達な蒙、蔵、回族同志を参加させるべきである。

3．蒙、蔵、回族の有能な者には、各院部会の実際事務に参加できる十分なチャンスを与えなければならない。

4．国民大会代表の新しい定員に蒙、蔵、回族の代表を増やすことを考慮し、中央の推選をもって具体的に代表を増やす。

5．蒙蔵委員会を辺政部に改編し、蒙、蔵、回族の練達な者を実際の事務に参加させ、実際の責任を負わせる。

6．辺境民族地域における各級学校の教育は、本民族の文学を重視すると同時に、国文を必修科目に設定し、教育部が実行を斟酌する。各級機関の公文書は国文と本民族文字を兼用することを原則とする。

7．中央は辺境各地の自治制度において、各地域の実際の状況に合わせて合理的に規定する。(1) モンゴルに対しては、現有のモンゴル地域自治政務委員会を回復し、盟旗政府と省県の権限を明確にする。(2) 新疆に対しては、新疆省局部における事変を解決するために定めた方法にしたがって実行すべきである。(3) 省属のチベット族に対しては、省県政治に参加できるチャンスを確実に与えるべきである。

8．辺境各地の経済、交通、教育、衛生、救済などの事業に対して特別支出金を設け、各主管機構に業務を遂行させて実施方案を起草し、速やかに推し進めるべきである。

9．国防軍を辺境民族地域の各戦略的に重要な地点に駐屯させ、その給料と食料は中央が供給し、地方の行政は干渉しない。すべての地方保安隊は、本民族と地元人民を結成して組織することを原則とする。

1947 年、国民党第六期中央委員会第三回全体会議では 13 条の改革事

項に関する「政治改革案」を可決した。その中の5カ条は以下のように民族政策と関連していた。[1]

9. 国内の各民族が一律平等であることは本党の一貫とした主張であり、国民大会の同意を経て憲法に書き入れたものである。本党は誠を尽くしてそれを擁護し、実施することに努める。
10. 本党は憲法の国策部分の第168条、第169条の規定に基づいて、迅速に辺境地域民生の実質的な苦しみを解決することに努める。
11. 政府は地元の状況と現行法令を配慮しながら旗と省県の関係の調整方法を整然と制定し、実施すべきである。
12. 辺境教育に着意し、各民族の青年たちを育成することで公共事業のサポート能力と機会を増進する。また、衛生機構と社会福祉事業の回復と充実に気を配るべきである。
13. 中央辺政機構を徹底的に改革し、充実させる。また、なるべく辺境地域の練達者たちを実際の事務に参加させ、実際の責任を負わせる。

　明らかに、国民党第六期中央委員会第二回と第三回中央全体会議での辺境民族問題に対する以上のような決議は、国民党第六回代表大会のいわゆる、「蒙蔵各民族の高度な自治を実現し、辺境における各民族のバランスの取れた経済、文化の発展を扶助し」、「国内辺境民族の融合」に力を尽くすといった精神に一致していた。それはまた、蒙蔵委員会が起草した「戦後における辺境政治制度建設の計画綱領（草案）」の更なる叙述でもあった。その中には、価値ある部分も含まれているが、滅亡に向かっている政権にとって、その大部分を実行する暇などはなかった。

1. 栄孟源『中国国民党歴代代表大会及び中央全体会議資料』（下）、光明日報出版社、1985年、1131頁。

5. 抗日戦争後における国民政府の民族政策及びその実行　　223

（二）統治の回復と擁護のための努力

1945年9月、日本の敗戦後、国民党中央は直ちに白雲梯を団長とする「蒙旗宣撫団」を組織し、北平におけるモンゴル籍の失業、失学者の登録、救済などの業務を任せた。一方、国民党軍事委員会は国民党中央の「恩恵」を宣伝するため、呉鶴齢を主任とする「モンゴル宣伝・指導団」を結成し、内モンゴルの東部盟旗へ派遣した。国民党東北本営政治委員会は「東北蒙旗復員委員会」を設立し、蒙蔵委員会蒙事処処長の楚明善を主任に任命し、専ら内モンゴル東部盟旗の「復員」活動（つまり、盟旗を恢復し、偽満州時代に廃止した王公ジャサク制度の恢復活動）を任せた。[1]行政院は各奪還地域における盟旗政府の迅速な「復員」を支援するため、一部の盟旗に経費を支給する形で援助した。[2]

抗日戦争の勝利後、蒙蔵委員会は情勢の変化に基づいて、一部の戦時事務機構を廃止した。例えば、蒙疆聯合自治政府部隊からの帰還者組織を策動するため、1939年に成立した蒙旗宣伝・慰問使署を廃止した。また、蒙疆聯合自治政府に対する情報収集と傀儡組織の破壊を目的に、1939年に成立したチャハル蒙旗特派員公署を廃止し、東北蒙旗に派遣した連絡要員と連絡員を撤回した。イクチャオ盟ダラト旗の民衆の組織・訓練事務を終結し、綏遠省政府が軍事行動に協力するために設置した民衆組織・訓練処の廃止をめぐる蒙蔵委員会の協商も行われた。[3]

蒙蔵委員会は辺境関連事務の人材を育成するために、1933年から蒙蔵政治訓練所を開設し、高校卒業生に蒙、蔵、回語と辺境政治知識を教えた。10年間で4期に渡る100人以上の卒業生を輩出し、蒙蔵各地へ

1．白拉都格其編『モンゴル民族通史』（五巻、下）、内モンゴル大学出版社、2002年、525頁。

2．中国第二歴史ファイル館編『中華民国史ファイル資料集』第五集第三編、政治（一）、江蘇古籍出版社、1999年、625頁。

3．中国第二歴史ファイル館ファイル、コード番号（二）1、ファイル号5104。

派遣して事務に務めさせた。蒙蔵委員会は 1946 年、抗日戦争によって中断された蒙蔵政治訓練所の恢復・開設を要請し、当時の経費予算は 3.5 万元であったが、蒙蔵委員会の暦年の年度事務報告からみると実行されていなかった。[1]

1946 年、国民党第六期中央委員会第二回全体会議では、「辺境党務に関する決議案」を可決し、適切なやり方で辺境党務を発展させ、経済、文化、衛生及び社会事業の発展問題を重視することを呼びかけた。また、「中央が経費を支出した辺境党部の生活及び協力事業開設基金」を各蒙旗党部、チベット党部、新疆党部、各直属区党部に分配することを打ち出した。それと同時に、辺境事務者を派遣する際の待遇と奨励方法、地元の言語・文字を用いた宣伝、光復区蒙旗に訓練機構を設置するなどの問題を打ち出した。以上のような措置は、民族地域における国民党党務機構の基層建設を進歩・発展させた。例えば、1947 年 12 月までの間、貴州、広西ではそれぞれ県級の党部を増設し、西康では 6 つの県級党部、蒙旗特派員弁事処には 76 の党部を設置した。[2] 要するに、国民党はまさに以上のような活動を中国共産党に対抗する資本として利用していた。

戦後、辺境民族地域は頻繁に各種の災害に遭い、国民党政府は民心を籠絡するために様々な災害救済活動を行った。例えば、1947 年、行政院と綏靖区の政務委員会は、帰綏、包頭、熱河、チャハル、綏遠などのモンゴル地区や青海で発生した様々な災害に対して 70 億元の資金と物資を支援した。また、行政院は 1948 年、匪賊と干ばつによる災害を支援するという名目でシリンゴル、帰化土黙特旗、イクチャオ盟、熱河、チャハル、綏遠などのモンゴル地区、そして新疆の阿山から脱出するカザフ族に 45 億元の救済金と小麦粉、布などを支援した。[3] しかし、以上

1．中国第二歴史ファイル館ファイル、コード番号（二）1、ファイル号 5104。
2．中国第二歴史ファイル館編『中華民国史ファイル資料集』第五集第三編、政治（一）、江蘇古籍出版社、1999 年、535 頁。
3．中国第二歴史ファイル館ファイル、コード番号 141、ファイル号 131。

5．抗日戦争後における国民政府の民族政策及びその実行 225

のような救済活動の効果はそれほどではなかった。特に、国民党地方官
の腐敗、関連管理の不備などによって、救済金は常に民衆には届いてい
なかった。

　抗日戦争の勝利後、国民政府は「4 強」になった中国の国際的地位と
イギリスがインドから引き下がる機会を利用し、チベットに対する影響
力を強化した。例えば、レティン活仏をはじめとするチベット愛国勢
力を全力で支援し、レティンには国民党中央執行委員の名誉と 10 万ル
ビーの支援金を渡した。蒋介石はイギリスとインド当局がチベットガ
シャ地方政府を挑発し、レティンを逮捕した後、チベットを「摂政」す
る達扎（タツァ）活仏に自ら電報を打ち、レティン事件を「慎重」に処
理するように求めた。しかし、チベットにおける国民政府の威信と統制
力の低下のゆえに、レティンを被害から救出することには至らず、国民
党が制定したチベット政策も展開することができなかった。[1]

　国民党執政下の 22 年の間、民族問題を解決し、国家統一を擁護する
ために、民族政策の制定から具体的な内容の実行に至るまで様々な努力
をしてきた。政治、経済の建設、文化教育のレベルを高めるために有益
なビジョン、計画及び方案を打ち出していた。しかし、まさに鄧小平の
指摘通り、「歴史上の統治者は皆、良い政策を宣布したことはあっても、
彼らは言葉ばかりで実行はしていなかった。[2]」実行されなかったことに
は、彼らの階級的属性、政治的能力だけではなく、当時における様々な
内外的な条件にもその原因があった。歴史的、全面的な視線でこの時期
の民族政策及び実践を見極めてはじめて有益な教訓が得られると思う。

1．陳謙平「戦後国民政府のチベット政策」、『南京大学学報』、第 3 期、2002 年。
2．鄧小平「西南少数民族問題に関して」、『鄧小平文集』（1 巻）、人民出版社、
　　1989 年、163 頁。

第5章　民族区域自治及び新中国

民族事業体制の探索と発展

　民族区域自治は民族問題を解決するための中国共産党の基本政策であり、同時に基本制度でもあった。中国共産党の民族問題を解決するための実践は、これらの体制の運用によって完成されるものであり、これらの体制の探索と確立、発展と改善過程は、まさに中国共産党が中国民族問題を解決するための道を探る過程でもあった。

1.「連邦制」から民族区域自治へ

　中国民族問題を解決するための中国共産党の基本主張は、まずは「連邦制」であり、次に民族区域自治であった。これらの探索や選択は、中国国内の事情に対する認識の深化につれて、新民主主義革命の全般過程を貫いていた。

（一）「民族自決権」や「連邦制」に対する強調
　中国共産党が創立された初期には、中国の歴史と現状、特に国内少数民族の状況に対する全面的な理解に欠けていた。そのため、国内における民族問題の解決に関する思考は、主に旧ソ連やコミンテルンの影響を多く受けていた。党の第二回代表大会以来の長い期間、党の民族綱領はずっと「民族自決権」を強調し、「連邦制」の実行を主張してきた。
　1922年7月、中国共産党は上海で第二回全国代表大会を開いた。今

回の代表大会の「宣言」で掲げられた「奮闘目標」は、「1．内戦を無くし、軍閥を倒し、国内の平和を確立すること、2．国際帝国主義の圧迫を覆し、中華民族の完全独立を達成すること、3．中国本部（東北三省を含む）を統一し、真の民主共和国にすること、4．モンゴル、チベット、回彊の3カ所で自治を実行し、民主自治連邦にすること、5．自由連邦制で中国本部、モンゴル、チベット、回彊を統一し、中華連邦共和国を成立すること[1]」であった。

これは民族問題の解決方式について提起した中国共産党の最初の綱領でもあった。その中で、「自治」、「民主自治連邦」、「中華連邦共和国」のスローガンや主張を提起した。ところで、この「自治」という言葉の元の意味は「自決」であった。20世紀初期に至るまで、漢語には「自決」という言葉は存在しなかったため、多くの場合、「民族自決」はすべて「民族自治」という言葉で表現されていた[2]。

1923年6月、党の「第三回全国代表大会」で可決された「中国共産党綱領草案」の中で、「チベット、モンゴル、新疆、青海などの地域と中国本部の関係は各々の民族が自決することである[3]」と重ねて表明した。ここでは「連邦制」について言及しなかった。しかし、他の文献の中で「モンゴル問題」を言及する際、中央は次のように明確に指摘した。「国家組織の原則上、経済状況、民族の歴史、言語の異なる人民に対しては、自由連邦制を採用するほかない。単一国家の政治制度は適用し難い……したがって、われわれは消極的にモンゴルの独立を承認するだけではなく、彼らが王侯及び上級階級の特権を覆し、彼ら自身の経済及び文化的

1．「中国共産党第二回全国代表大会宣言」、中央統戦部編纂『民族問題文献集』中央党校出版社、1991年、18頁。
2．王柯『民族と国家－中国多民族統一国家思想の系譜』中国社会科学出版社、2001年、247頁。
3．「中国共産党綱領草案」、中国統戦部編纂『民族問題文献集』中央党校出版社、1991年、22頁。

1.「連邦制」から民族区域自治へ   *229*

基礎を創造し、モンゴル人民の真の独立自治の客観的可能性を実現するよう積極的に支援しなければならない。⁽¹⁾」それで、党の「第三回全国代表大会」は、依然として「連邦制」を国家形式にする意向を続けた。

1924年1月、中国共産党党員は孫文が主導した中国国民党第一回全国代表大会に参加した。その会議で可決された「中国国民党第一回全国代表大会宣言」の中には、以下のように書かれていた。

「国民党の民族主義は二つの意義を有している。一つは、中国民族が自ら解放を求めることであり、もう一つは、中国国内の各民族の一律平等である……」

「国民党は厳粛に宣言する。中国国内の各民族の自決権を認め、反帝国主義及び反軍閥の革命に勝利した後、自由統一（各民族の自由連合）の中華民国を成立する⁽²⁾。」

これらは第一次国共合作期間中に、国共両党が共同で制定した民族綱領であった。

「宣言」では、「各民族の自決権」を主張し続けると同時に、革命が勝利した後、「自由統一の中華民国を成立する」と述べ、「中華連邦共和国」を成立するとは言わなかった。つまり、これらは「民族自決権」に対する国共両党の異なる理解と未来の国家構築に対する異なる認識を反映していた。中国共産党が主張するのは「連邦制国家」の中での「民族自決権」であり、国民党が主張するのは「統一国家」の中での「民族自決権」であった。ただ、後者の「自決」は、厳密に言えば一種の地方自治であった⁽³⁾。宣言文は、主に国民党の主張とこの問題上での共産党の妥

---

1. 「目前の実際問題に対する中国共産党の計画」、中央統戦部編纂『民族問題文献集』、24頁。
2. 「中国国民党第一回全国代表大会宣言」、中央統戦部編纂『民族問題文献集』、27－28頁。
3. 松本真澄『中国民族政策研究－清末から1945年の「民族論」を中心として』魯忠恵訳、民族出版社、2003年、115頁を参照せよ。

協を表しているだけで、中国共産党の主張を正確に反映してはいなかった。しかし、中国共産党は他の所で、「宣言」の中の「民族自決権」に対して国民党とは異なる解釈を行った。例えば、陳独秀は『我々の回答』の中で、国民党の第一次全国代表大会「宣言」の中での「民族自決権」は、まさに「中国からの離脱」という独立権利を認めることであると認識していた。⁽¹⁾恽代英も以下のように述べた。

「民族自決について語る際、多くの人は理解できていない。ある学生からこのような質問をされたことがある。なぜ民族自決を主張するのか。モンゴルやチベットを中国の統治から離脱させるつもりなのか。実はこの問題について私は逆に彼らに聞きたい。なぜ民族自決を主張しないのか。本党における第一次全国大会の宣言で、中国国内の各民族には自決権があると明確に認めたのではないか。どうして民族自決がモンゴルやチベットを中国から離脱させることになると理解するのか。ソ連は多くの他国内の弱小民族の自決を認め、これらの民族は皆一つの国家への連合に賛同したのではないか。」⁽²⁾

ここから読み取れるように、第二次全国代表大会後の一定の期間内において、国内の民族問題に対する中国共産党の基本主張は、民族自決権を基にする連邦制であった。しかし、ここでいう「民族自決」はレーニンの主張であった。「いわゆる民族自決は、民族が異族集団から離れる国家分離である。つまり、独立的な民族国家を成立することである。」「歴史的及び経済的な観点からみれば、マルクス主義者の綱領の中で言及した『民族自決』には、政治自決を除き、即ち、国家の独立、民族国家の成立以外に、他の意義があるわけがない。」⁽³⁾ しかし、いわゆる「連

1．陳独秀「我々の回答」、中央統戦部編『民族問題文献集』、60 頁。
2．恽代英「軍隊における政治事業の方法」、中央統戦部編『民族問題文献集』、78 頁。
3．レーニン「民族自決権を論ずる」、中国社会科学院民族研究所編『レーニンによる民族問題』（上）、民族出版社、1987 年版、312 － 315 頁。

1. 「連邦制」から民族区域自治へ

邦制」は、ソ連の国家構築に対する模倣でもあった。1922年、史上初めての社会主義国家ソ連が正式に成立され、それはまさに幾つかの民族を基にする「ソビエト共和国」の連盟であった。また、20世紀の20年代初期は、コミンテルンが民族や植民地問題をとても重要視した時期であり、レーニンの民族自決権理論や連邦制構想が各国の共産党の中で広く伝播された時期でもあった。コミンテルンの指導を受け、そしてコミンテルンの一つの支部としての中国共産党が、自らの行動綱領の中で、民族自決権や連邦制を含む各項目の理論方針を徹底して実行するのはごく自然なことでもあった。

1928年6月18日から7月11日まで、中国共産党第六次全国代表大会がソ連のモスクワ近郊で開かれた。大会で可決された「政治決議案」では、群衆を説得し、武装蜂起を計画して反動政権を覆すための十大政治スローガンや政治綱領の一つとして「中国の統一、民族自決権の認可」を提示した。[1] さらに興味深いのは、今回の大会で中国領土内の少数民族問題を「北部のモンゴル人、回人、満州の高麗人、福建の台湾人、及び南部のミャオ人、リー人などの原始民族、新疆やチベット」などを含む民族問題として見なしたことである。これは革命に対して重大な意味を持っている。[2] これは当時、そしてその後の長い時間、党は決して連邦制の構想を諦めてはいないが、しかし、すでに「中国本部」と「モンゴル、チベット、回疆」との区分にこだわらず、後者をモンゴル、チベット、回疆を含むもっと多くの中国少数民族へと拡大させたことを表明している。「これらは一方では、中国共産党が革命闘争の実践の中で、各少数民族の民族解放のための運動を全般的な中国革命の歴史の流れに組み入れようとした政治要求を表わしている。もう一方では、中国共産

1.「中国共産党第六回全国代表大会における政治決議案」、中央統戦部編『民族問題文献集』、86頁。

2.「中国共産党第六回全国代表大会民族問題に関する決議案」、中央統戦部編『民族問題文献集』、8頁。

党が民族問題を観察、処理、解決する実践の中で、中国の多民族という国情について新たに認識し始めたことを表している。」[1]

(二) 民族自決権原則における「自治」路線の探求

民族自決権と「自治」を結び付けることは、中国共産党が連邦制から民族区域自治へ向かう決定的な一環であった。しかも、このような結びつけは第二次国内戦争の時期からすでに始まっていた。

1929 年 9 月、中国共産党中央は雲南省委員会に送る指示文の中で以下のように述べた。

　　われわれが少数民族地域で提唱する四つのスローガンは、一、地主階級の土地を没収する。二、土司[2]制度に反対する。三、ミャオ (あるいは他の少数民族の名称)・漢における工・農業の提携を進める。四、ミャオ (あるいは他の少数民族の名称) 族の自決を進める。

　　民族独立というスローガンは、われわれがミャオ人などに対する事業を行なう時に使う適切なスローガンではない。現在、雲南の労働者や農民、ミャオ人などにおいても帝国主義に反対し、封建勢力に反対することが同じく求められているからである。もしこの時点で民族独立を掲げようとすれば、必然的に雲南の労働者や農民、少数民族の連合戦線を破壊する可能性が高い。そうすれば、結果的にはフランス帝国主義に利用される。今の時点において、宣伝すべきスローガンは民族自決であって、民族独立であってはならない。[3]

1．郝時遠『中国の民族と民族問題』江西人民出版社、1996 年版、71 頁。
2．「土司」とは、中国王朝が中国に隣接する諸民族の支配者たちに授ける特定タイプの官職に対する総称である。(訳者注)
3．「中国共産党中央が雲南省委員会に送る指示文」、中央統戦部編『民族問題文献集』、110 頁。

1.「連邦制」から民族区域自治へ

ここでは「民族自決」と「民族独立」をはっきりと区分して、「民族自決」には他の実現形式もあることを示唆した。この点については、1931年11月7日の中華ソビエト第一次全国代表大会で可決された「中華ソビエト共和国憲法大綱」の中で更に明確にした。この「大綱」では、以下のように規定した。

　　中国ソビエト政権は中国領土内の少数民族の自決権を認める。各弱小民族が中国から離れて、自ら独立した国家を成立する権利まで認める。モンゴル、回、チベット、ミャオ、リー、高麗人など、中国地域内に居住するすべての民族は完全なる自決権を有する。中国ソビエト連邦に加入することも離れることもできる。あるいは、自らの自治区域を打ち立てることもできる。中国ソビエト政権は現在、これらの弱小民族が帝国主義、国民党、軍閥、王族、ラマ僧、土司などの圧迫や統治から脱出し、完全なる自由民主を獲得することを支援すべきである。ソビエト政権は、さらにこれらの民族の中で、彼ら自身の民族文化や民族言語を発展させなければならない[1]。

なおかつ、今回の会議で可決された「中国領土内の少数民族問題に関する決議案」では、次のように述べた。「モンゴル、チベット、新疆、雲南、貴州など一定の地域内で、非漢族でありながら居住人口の大多数

---

1. 「中華ソビエト共和国憲法綱領」、中央統戦部編『民族問題文献集』、166頁。なお、1930年5月、この憲法綱領「案」が提出され、可決された。その中にも「モンゴル、回族、ミャオ族、リー族、高麗人など、中国地域に居住するすべての弱小民族は、中国ソビエト連邦に加入するかそれとも離れるかということを自由に決めることができ、自らの自治地域を作り上げることを完全に自分の意思によって決めることができる」と規定されている。(『中華ソビエト共和国国家における根本的な法律（憲法）綱領案』、同書、123頁)。したがって、中国共産党の提出した民族地域自治思想は1930年のこの綱領案に始まると言える。

234　　　第5章　民族区域自治及び新中国民族事業体制の探索と発展

を占める民族」は、「中華ソビエト共和国の中で自治区を成立する[1]」選択を有する。

　ここでは「自治区域」と「連邦」を共に取り上げ、「独立国家の成立」以外に、「自らの自治区域を打ち立てること」を民族自決権を実現するための内容として見なしていた。これは中国共産党がマルクス主義の民族理論と中国の国情を結びつけ、民族地域の自治問題に対する探求を始めたことを示唆している。同じく意義深いのは、今回の大会で次のように決めたことである。「ソビエト共和国に居住するすべての少数民族の労働者は、漢族人が多数を占める地域でも漢族の人民と一律平等であり、法律上のすべての権利と義務を享有し、いかなる制限や民族的差別も加えない。」同時に、「中華ソビエト共和国における少数民族共和国あるいは自治区内の生産力の発展、文化レベルの向上、当地の幹部養成や抜擢」に対して、「特別に注意」を払うことを要求した[2]。これらの内容はそのまま、後の新中国における具体的な民族政策の枠組みとなった。

　1934年1月22日から2月1日まで、中国共産党は瑞金で第二次全国ソビエト代表大会を開き、新たに「中華ソビエト共和国憲法綱領」を採択した。この綱領は、1931年綱領の中での民族問題に関する規定を再度表明した。

　1934年10月、中央紅軍は長征を開始した。2万5千里の長征によって、中国共産党は中南部、西南部、西北部の各少数民族と近距離で接触することができ、中国少数民族や民族問題に対する認識を一層深めることができた。

　1935年8月の中央政治局の決議によれば、中国共産党と中国ソビエト政府が少数民族の中で採択した基本方針は、無条件に彼らの民族自決

1．「中国領土内の少数民族問題に関する決議案」中央統戦部編『民族問題文献集』、169－170頁。
2．同上、171頁。

1. 「連邦制」から民族区域自治へ

権を認めることであった。しかし、「少数民族の中における階級分化の程度や社会・経済発展の条件から想定して、我々はソビエトの方式を用いて至る所に民族の政権を作り上げてはならない。」したがって、「現在、西北ソビエト連邦政府を創立することは時期尚早である[1]」と明確に指摘した。これで中国共産党の歴史上、誤った路線が主導した時代に合わない「連邦」政権の試みは中止となった。

民族自決は民族分離や独立と同様であるという観点から、民族自治は民族自決の実現形式でもあるという観点に至り、さらには民族独立に対する主張を放棄し、代わりに民族区域自治を主張する観点に至った。これらは常に中国社会矛盾の深刻な変化や中国革命の発展過程に伴う結果であった。また、中国民族問題に対する中国共産党の認識が絶えず深化した必然的な結果でもあった。

紅軍の長征が陝北地区を拠点にしたのは、当時の中国政治情勢の変化と緊密に関連していた。1931年、日本帝国主義は「九・一八」事変を引き起こして中国東北地域を占領し、偽「満州国」を作り上げた。その後、モンゴル地域で徳王をはじめとする「独立政府」の成立を策動した。同時に、華北地域にまで侵入して侵略の足取りを早めた。中華民族は空前の民族危機に直面した。紅軍が陝北地区を拠点にして抗日闘争の最前線に立ったことは、全国人民の抗日戦争を導き、国民党との闘争で主導権を握ることにおいて重大な意義を有していた。同時に、関連民族問題の処理にも直面していた。

情勢が非常に厳しい中、1936年8月24日、中国共産党中央が発表した「内モンゴル事業に関する指示文」には、次のような一節があった。「徳王らが成立した内モンゴル独立政府は、内モンゴル人民の真の独立解放といささかの関連もない」、「中国ソビエト紅軍と共産党は、国内の

1.「中国共産党中央による一四方面軍合流後の政治情勢や役目に関する決議」、中央統戦部編『民族問題文献集』、306頁。

弱小民族に対する中国国民党の圧迫に断固反対し、弱小民族が独立国家や政府を成立するまで民族自決を主張する。現段階において、中国のすべての民族は日本帝国主義の侵略に直面しており、国を失う危機にさらされている。すべての民族は平等・自発の原則の下で、緊密に連携して共通の敵に対抗し、互いに協力して侵略者に抵抗する力を強化すべきである。」⁽¹⁾

　明らかに、中国共産党はここで依然として民族自決を主張した。しかし、このような自決は内モンゴル人民の真の解放のためであって、決して国を裏切り、帝国主義に身を寄せる「独立」ではなかった。したがって、当時の中国各民族人民の主な任務は、「平等・自発の原則の下で、緊密に連携して共通の敵に対抗する」ことであった。そのため、当時の情勢が変化した後、「民族独立」は次第に共産党の主張として取り上げられなくなった。1937年2月7日、中国共産党中央は内モンゴル事業に関する一通の手紙の中で以下のように指摘した。

　　　前年8月頃、モンゴル事業に関する中央の指示文の方針は、現時点からみれば正確である。ただし、今年の状況は半年前とかなり変わり、このような新たな情勢により、モンゴル事業にも多くの重要な変動が生じた。

　それ以降、国内民族問題に関する共産党の文献の中で、民族独立に賛成する論述は殆どなくなった。即ち、中国共産党は依然として「民族自決」という旗を掲げていたが、1937年を境にして、それはもはや「民族独立」と同じ意味ではなかった。

　徐々に「独立」という主張を諦めると同時に、共産党は民族自決の下

1．「中国共産党の内モンゴル事業に関する指示文」、中央統戦部編『民族問題文献集』、416－418頁。

1.「連邦制」から民族区域自治へ

で民族自治思想を実践に移し始めた。1936年5月25日、回族人民を抗
日闘争に呼びかけるために、毛沢東は中華ソビエト人民共和国中央政府
主席の名義で、「回族人民に対する宣言」を発表した。その中の一節を
取り上げてみよう。

「我々は民族自決の原則に基づき、回民のことは完全に回民自らに
よって解決すべきであり、回族地域に属すところでは回民によって独立
した自主的な政権を作り上げ、すべての政治、経済、宗教、慣習、道徳、
教育及びその他のことを決めるべきであり、そして、回民が少数を占め
る地域においても、区、郷、村を単位として、民族平等の原則の上で、
回民自ら自分のことを管理し、回民自治政府を成立すべきである[1]」と述
べた。

この精神に基づいて、1936年に中央は、紅軍によってすでに解放さ
れた寧夏豫旺や海原東部の10カ所の地区に、回民自治政権を打ち立て
ることを許可した。また当年10月20日、同心県で各界における代表
大会を開き、豫海県回民自治政府を正式に打ち立てた。大会は3日に
渡って行なわれ、「陝甘寧豫海県回民自治政府条例」、「小作料と利子の
引き下げに関する条例」、「土地に関する条例」などの条例を採択した。
そして馬和福、李徳才、馬青年などの回族人士を主席、副主席、軍事部
長とする自治政府のリーダーを選出して政府機構を結成し、地方武装組
織、農民組合、少年先鋒隊、少年児童の革命組織[2]などを成立した。この
政権は、紅軍の転移によって半年しか存在していなかったが、労働者や
農民による革命と民族解放運動を結びつけた重要な実践であり、中国共
産党による民族自治政策の初期の試みでもあった。

1.「中華ソビエト中央政府の回族人民に対する宣言」、中央統戦部編『民族問
　題文献集』、367頁。
2.「少年児童の革命組織」とは中国語で「儿童団」というが、解放前、中国共
　産党の指導下に解放区で創建された少年児童の革命組織のことを指している。

238 第5章 民族区域自治及び新中国民族事業体制の探索と発展

1937年5月12日、中国共産党が指導する陝甘寧辺区議会及び行政組織要綱を発布し、その中の第13条では、次のように規定した。「少数民族（モンゴル、回）には、自由に自治政府を作り上げる権利及び辺区政府に加入したり、退出したりする権利がある。辺区議会の内部に少数民族委員会を設け、少数民族の特殊な利益を守ることにする。」8月15日、中国共産党は「抗日救国十大綱領」の中で、「モンゴル民、回民及び他の少数民族を動員し、民族自決や民族自治原則の下で共に日本と戦う」ことを呼びかけた。これらは中国共産党が民族政策上、民族区域自治へと転換しようとする絶え間ない自覚を現わしていた。

1938年9月、中国共産党中央は第六期中央委員会第六回全体会議を開き、毛沢東は会議で「新しい段階を論ずる」というタイトルで重要な報告を行なった。この報告は、中華各民族を団結させ、共に抗日するという目的から出発し、中国国内における民族問題の基本綱領や民族政策の解決について詳しく述べた。その主な内容は、以下のとおりであった。

　　　第一に、モンゴル、チベット、ミャオ、ヤオ、イ、番などの各民族は漢族と同じく平等な権利を有し、共に日本と戦うという原則の下で、自ら事務を管理する権利を有し、同時に漢族と共同で統一した国家を打ち立てるべきである。
　　　第二に、各少数民族と漢族が雑居している地域で、地元の政府には必ず地元の少数民族で組織された委員会を設け、それを省や県の政府部門の一つとする。委員会は彼らに関連する事務を管理し、各

1．「辺区」とは、中国革命の二次国共合作期（1937－1945）における解放区の正式名称である。

2．「陝甘寧辺区議会及び行政組織要綱」、中央統戦部編『民族問題文献集』、463頁。

3．毛沢東「すべての力を立ち上がらせ、抗日戦争の勝利を勝ち取るために戦う」、中央統戦部編『民族問題文献集』、556頁。

1.「連邦制」から民族区域自治へ

民族間の関係を調整する。また、省や県の政府委員の中で彼らの地位を確保しなければならない。

第三に、各少数民族の文化、宗教、習慣を尊重し、彼らに漢文、漢語を学ぶことを強要しない。さらに、自らの言語、文字が使用できる文化教育の発展を援助しなければならない。

第四に、大漢族主義を是正し、漢人が平等な態度で他の民族と接することを提唱し、しだいに親密に協力できるようにする。同時に、いかなる場合でも他民族に対する侮辱的、軽視的な言語、文字の使用や行動を禁止する。[1]

毛沢東の論述は、抗日戦争期における共産党の民族政策綱領を明確に述べていた。その中で、少数民族は「自ら事務を管理する権利を有し、同時に漢族と共同で統一した国家を打ち立てる」という民族区域自治原則を最優先にした。ここには民族独立を示す「民族自決」の意味もなく、それと関連する「連邦制」の意味もなかった。つまり、これは当時の共産党の民族区域自治思想に関する意見を集約したものであった。

1941 年 5 月 1 日、陝甘寧辺区の政府は中国共産党中央政治局の許可を経て「陝甘寧辺区における施政綱領」を発布した。その中の第 17 条は民族政策に対する規定であった。「民族平等原則に基づき、モンゴル族、回族と漢族は政治、経済、文化において平等な権利を行使し、モンゴル族、回族の自治区を打ち立て、モンゴル族、回族の宗教信仰と風俗習慣を尊重する。[2]」これによって、中国共産党は抗日民主根拠地での民族区域自治の実践を続けた。

抗日戦争勝利後、日本によって支えられてきた内モンゴル地区の「蒙

---

1. 毛沢東「新しい段階を論ずる」、中央統戦部編『民族問題文献集』、595 頁。
2. 「陝甘寧辺区における施政綱領」、中央統戦部編『民族問題文献集』、678 頁。

疆政府」などの傀儡政権は戦争の終結につれて崩壊した。元の「蒙疆政府」の最高法院院長であったポインタライをはじめとする人たちは、内モンゴルのソニド右旗でいわゆる「内モンゴル人民共和国臨時政府」を組織し、内モンゴルを中国から分離させようと企てた。その上、内モンゴル東部の一部の人たちは再び「内モンゴル人民革命党」を結成し、「内・外モンゴルの併合」、「独立自治」などのスローガンを掲げ、1946年1月には、いわゆる「東モンゴル人民自治政府」を成立した。

中国共産党は内モンゴルの情勢を非常に重視していた。1945年10月23日、中央は晋察冀中央局に内モンゴル事業に関する具体的な指示を与えた。

「現在、内モンゴルに対する基本方針は、区域自治を実行することである。まず、各旗から始め、時間を稼ぎ、モンゴル人の地方自治運動を思い切って発動、組織し、自治政府（ウランチャブ盟、シリンゴル盟などの純粋なモンゴル区域では自治の形式を取り、綏遠省東部、チャハル省南部などのモンゴル人と漢族の雑居地域では、蒙・漢連合政府の形式を取る）を打ち立て、内モンゴル自治準備委員会の組織をつくる準備をする。そして、各盟・旗における自治運動の指導を統一させ、共産党の内部でも統一的な指導や政策を実施しなければならない。[2]」

11月10日、中央書記処は晋察冀中央局へ返事を出す時、「まず、内モンゴル自治運動連合会をつくり、綱領を発表し、広範なモンゴル人を発動して将来的に内モンゴル自治政府を打ち立てる方針を準備する」ことに賛成した。さらに、「現在、各省・区内のモンゴル人は、地方性のある自治政府を成立することができ、綏遠省、チャハル省、熱河省の政

1．1937年、日本の影響の下、蒙古連盟自治政府が成立し、1939年には蒙古連合自治政府、1941年には蒙古自治邦と名称や形態が変化した。この三つの政府を総称して「蒙疆政府」と呼ぶ。（訳者注）

2．「中国共産党中央の内モンゴル事業方針に関する晋察冀中央局への指示」、中央統戦部編『民族問題文献集』、964頁。

府がそれぞれ指導する[(1)]」ことにした。

　これらの指示は詳しく表明されていて、内モンゴル民族の自治運動のために方向を明示してくれた。この時期を前後として、中央は延安からウランフなどの一部の幹部たちを内モンゴルへ派遣し、当地の自治運動の指導を担当させた。

　中央の指示により、ウランフなどは内モンゴル地区で著しい成果を上げた。彼らはまず、ソニド右旗で共産党の民族政策を宣伝し、進歩的な力を獲得し、分裂を図る人たちを孤立させた。その結果、「内モンゴル人民共和国臨時政府」はまもなく解体された。1945年11月25日から27日にかけて、ウランフを主席とする「内モンゴル自治運動連合会」が張家口で結成され、その後、代表を東モンゴルへ派遣し、民族事業に従事させた。その間、中央は東モンゴル問題を解決するために幾つかの指示を出した。例えば、「我々はモンゴルの民族問題について慎重な態度を取るべきであり、平和建国綱領に基づいて民族平等自治を求めるが、独立自決というスローガンを提示してはいけない[(2)]」と述べた。そして現在の情勢下で、「東モンゴル人民自治政府」のような自治共和国式の政府を成立するのは、「左翼思想に傾く」考え方だと認識した[(3)]。ここで中央は、「独立自決」のスローガンを放棄することを明確に提示し、民族自治を中国の版図以内に置いた。これは、中国共産党の民族政策発展史の上で重大な意義を有していた。

　1946年3月30日から4月3日にかけて、内モンゴル自治運動連合会と「東モンゴル人民自治政府」の代表は、承徳で会議を開き、内モ

1．「中国共産党中央の内モンゴル自治運動連合会成立の賛成に関する晋察冀中央局の返信」、中央統戦部編『民族問題文献集』、976頁。
2．「中国共産党中央の内モンゴル民族問題に関して慎重な態度を取るべきことへの指示文」、中央統戦部編『民族問題文献集』、1000頁。
3．「中国共産党中央の東モンゴル人民自治政府を成立すべきでないことに関する東北局への指示」、中央統戦部編『民族問題文献集』、1011頁。

ンゴル自治運動の統一問題について協議を行なった。重なる討論や座談、個別的な活動を通して、両方は最終的に一致した認識に至った。まず、内モンゴル自治運動は中国共産党の指導下にある人民民主革命の一部分であることを認めた。これらの自治は、祖国という大家庭から離れる「独立自治」ではなく、内モンゴルの統一を実現するための民族区域自治であるとした。会議では、「内モンゴル自治運動統一会議の主要決議」を採択し、「東モンゴル人民自治政府」の取り消しを決め、「内モンゴル人民革命党」を解散した。この会議は、内モンゴルの東西分断の状態を終わらせ、中国共産党の指導下で、内モンゴル地区の自治運動の統一を実現させた。[1]

　1947 年 4 月 3 日、内モンゴル人民代表会議が開催され、「内モンゴル自治政府施政要綱」を採択した。その中で、「内モンゴル自治政府は、内モンゴル民族の各階層、内モンゴル区域内の各民族によって高度な自治を実行する区域性のある民主政府である。内モンゴル自治政府は、内モンゴル各盟（盟の内部にある旗、県、市を含む）、旗を自治区域とする中華民国の構成部分である[2]」と規定した。ここに至って、中国共産党指導の民族区域自治の性格がすべて明らかになった。

　1947 年 5 月 1 日、内モンゴル自治政府が成立した。これは中国共産党の指導下で成立した最初の省級民族区域自治地方であった。その成立は、中国民族区域自治の理念や実践に一つの最も完璧なモデルを提供してくれた。

　「内モンゴル自治政府」は、規範的な行政部門ではなかった。1949 年 9 月 21 日、第一回全国政治協商会議が開催される時、全国には 7 つの地区代表団が存在していた。即ち、東北、華北、西北、華東、中南、西

1．張爾駒編『中国民族区域自治の理論と実践』中国社会科学出版社、1988 年、86 － 87 頁。

2．「内モンゴル自治政府施政要綱」、中央統戦部編『民族問題文献集』、1111 頁。

1.「連邦制」から民族区域自治へ

南の六つの行政区と内モンゴルであった。周恩来は代表団の名簿や文書を審査する時、内モンゴルの後ろに「自治区」という三文字を加えた。1950年3月、中央政府は「内モンゴル自治政府」を「内モンゴル自治区人民政府」に変えることを正式に決めた[1]。

　解放戦争時期、内モンゴル地区以外に、山東、山西、チャハル、河北、海南島などの幾つかの解放区にも曾て少数民族自治政権が打ち立てていた。それらも同じく民族区域自治の道を探るために貢献した。

(三) 民族区域自治制度の確立

　民族自治実践の活発化と民主革命の勝利につれて、新中国は民族問題を解決するために、最終的にどのような制度や政策を行うべきかという課題に直面した。実践が証明するように、民族区域自治は国情に合っていたが、多くの場合、共産党の文献の中には依然として連邦制が残っていた。例えば、1945年4月24日、毛沢東は中国共産党第七次全国代表大会での政治報告の中で、「新民主主義の国家問題または政権問題には、連邦の問題が含まれている。中国領域内の各民族は、自発的な希望や民主主義の原則に基づいて、中華民主共和国連邦を組織し、またこの連邦の基礎の上で、連邦の中央政府を組織すべきである」と述べた[2]。1948年8月3日、当時の中央東北局の指導者であった高崗は、内モンゴル民族事業について次のように語った。「全国の解放後、『自発的な希望や民主主義の原則に基づき、中国領域内の各民族によって中華民主共和国連邦』(毛主席の『連合政府について』)を組織する。内モンゴル自治政府は、この連邦制国境の北部にある重要な構成部分である[3]。」

　1949年、新中国の成立は間近であった。中国人民政治協商会議の準

1.『ウランフ伝』編纂委員会『ウランフ伝』中央文献出版社、2007年、505頁。
2. 毛沢東『連合政府について』渤海新華書店印行、1948年、37頁。
3. 高崗「内モンゴル幹部会議における演説」『民族事業資料集』(3)、中央人民政府民族事務委員会編纂、1951年、73頁。

備期間中に、毛沢東は連邦制の実行について李維漢に意見を求めた。李維漢はこの問題について研究を重ね、中国とソ連の国情は異なっているため、連邦制を実行するのは不適であると判断した。その理由は、一、ソ連の少数民族とロシア民族の人口の差はほぼないが、我が国の少数民族は全国総人口の6％のみを占め、さらには大分散・小集住の分布状況を現わしている。二、ソ連が連邦制を実行したのは、当時の情勢によって決められたことである。ロシアは二月革命と十月革命を経て、多くの民族がすでに異なる国家として分離していた。そのため、連邦制を採用し、ソビエトの形式によって結成された各国家を連合させ、完全なる統一に向かうための過渡的な形態にしなければならなかった。しかし、我が国では、中国共産党の指導下で各民族が平等な連合によって革命を行い、統一した人民共和国を打ち立て、民族分離を経験していない。したがって、単一制の国家構造形式がより中国の実情に適合し、また、統一した国家の内で民族区域自治を実行することが最も民族平等原則の実現に役立つ。中央はこの意見を採択した。[1]

1949年9月7日、中国人民政治協商会議の第一期全体会議を開く直前に、周恩来は政治協商会議代表に向けて、「人民政治協商会議に関する幾つかの問題」をタイトルとする報告を行なった。その中で以下のように指摘した。

「国家制度の面に関して、まだ一つの問題が残されており、それは我が国が多民族連邦制なのかということである。……中国は多民族国家であるが、その特徴は、漢族が人口の殆どを占め、4億以上である。少数民族はモンゴル族、回族、チベット族、ウイグル族、ミャオ族、イ族、高山族などであり、合わせて全国人口の10％にも達していない。勿論、人数の多少と関係なく、各民族の間は平等である。まず、漢族は他の民族の宗教、言語、風俗、習慣を尊重すべきである。ここで重要な問題は、

1．江平「前言」、中央統戦部編『民族問題文献集』、10頁。

1.「連邦制」から民族区域自治へ 245

民族政策は自治を目標とするが、やはり自治の範囲を超えているところである。我々は民族自治を主張するが、帝国主義が民族問題を利用して中国の統一を妨げることを必ず防ぎ止めるべきである。」

「すべての民族には自決権があり、これは疑問の余地のないことである。しかし、帝国主義は今もまた我々のチベット、台湾、そして新疆さえも分裂させようとしている。このような状況下で、我々は各民族が帝国主義者の挑発に乗らないことを望む。そのために、我が国の名称は中華人民共和国と呼び、連邦とは呼ばない。本日、会議に参加してくれた多くの人は民族代表である。我々は特にこのことについて皆様に説明し、同時に皆様もこの意見に賛成することを望んでいる。我々は連邦ではないが、民族区域自治を主張し、民族自治の権力を行使する[1]。」

このような中国共産党の主張は、少数民族代表を含む各界代表の高い支持を得ることができた。1949年9月29日、中国人民政治協商会議の第一期全体会議で採択された「中国人民政治協商会議共同綱領」によって、民族区域自治は中国の重要な政治制度の一環として正式に確立された。「共同綱領」は、「各少数民族が集住している地域では、民族区域自治を行い、民族集住地の人口密度や区域の面積によって、各種民族自治機関をそれぞれ設立するべきである。すべての民族雑居地や民族自治区内の各民族は、当地の政府権力機関の中に相当数の民族代表を置くことができる[2]」と規定した。

連邦制構想の放棄と民族区域自治制度の確立につれて、共産党が民主革命時期に強調してきた「民族自決権」も党の主張からフェードアウトしていくことになった。1949年、中国共産党中央は、人民解放軍第二野戦軍前線指揮委員会に送る指示文の中で、以下のように明確に述べた。

---

1. 周恩来「人民政治協商会議に関する幾つかの問題」、『周恩来統一戦線文選』人民出版社、1984年、140頁。
2.「中国人民政治協商会議共同綱領」、中央統戦部編『民族問題文献集』、1290頁。

「各少数民族の『自決権』の問題に関して、今日再び強調すべきでは
ない。過去の内戦時期において、我が党は少数民族を仲間として受け入
れるために、国民党の反動政治（それは各少数民族に対して特に大漢族
主義を表わしていた）に反対する意思をもって、このスローガンを強調
したことがある。これは当時の状況からみれば、完全に正確であった。
しかし、今日の状況は根本的に変わり、国民党の反動統治はすでに打倒
され、我が党が指導する新中国が誕生した。我が国の統一大業を完成さ
せるために、そして帝国主義及びその手先が中国の民族団結を破壊しよ
うとする陰謀に反対するために、国内民族問題を取り上げる場合、再び
このスローガンを強調すべきではない。これは、帝国主義及び国内各少
数民族の中の反動派に利用され、我々を受け身の立場に立たせるのを避
けるためである。今日になって、強調すべきことは中華各民族の友好協
力と相互団結である。[1]」

　連邦制に対する放棄や「民族自決権」のフェードアウトは、中国共産
党がマルクス主義の民族理論原則と時代背景、中国の特徴を結びつけよ
うとする自覚を現している。これはまた、現代中国の民族問題を解決す
るための一つの過程の終焉を示唆している。

2．民主革命時期における民族事業機構

　中国共産党の組織の中に、専門的な民族事業機構を設けたのは中国共
産党第六次全国代表大会以降のことであった。1928年7月10日、第六
次全国代表大会にて採択された「中国共産党規約」は、共産党の組織シ
ステムに関して次のように規定していた。各級別の党部委員会の下には

1．「中国共産党中央の少数民族『自決権』問題に関する人民解放軍二野戦軍前
　　線指揮委員会へ送る指示」、『建国以来の重要な文献選集』一巻、中央文献出
　　版社、1992年、24頁。

2．民主革命時期における民族事業機構　　　　　　　　　247

各部会あるいは各委員会を設けるべきであり、「他民族の労働者・農民
の中で多民族の言語を用いて活動を円滑にするために、当地の委員会の
下には少数民族事業部会を設けることにする。少数民族事業部は当地の
党部の指導や監督の下で働くべきである。」[1]

　1929 年 9 月 28 日、中央は雲南省委員会へ送る指示文の中で、次のよ
うに述べた。「少数民族に関する事業は、雲南党部の重要な仕事の一つ
である。……雲南省委員会は民族運動委員会を成立し、少数民族の中か
ら頼りになる人を 1、2 人選び、業務に参加させるべきである。この委
員会の役目は、資料収集を行い、仕事のやり方を定め、そして少数民族
の要求を提示することである。」[2] ここで言う「民族運動委員会」は、中
国共産党第六次全国代表大会にて採択した「中国共産党規約」の中で提
示された言い方とは異なるが、この組織の人員配置や仕事内容などにつ
いて具体的な要件を示していた。

　1930 年 9 月、中国共産党第六期中央委員会第三回全体会議の拡大会
議が開かれ、組織問題に関する決議案の中で、「少数民族区域にある省
委員会は、少数民族工作委員会を成立しなければならない」と提示し、
少数民族運動の管理と組織を担当させた。[3] ここで言う「民族工作委員
会」は、前述した「民族運動委員会」とも異なっていた。実際のところ、
当時の共産党の事業は思想路線から組織システムまで、未熟で不安定で
あったため、このような違いの存在はごく自然なことであった。その原
因により、この時期の共産党の文献の中で、しばしば「民族委員会」、
「民族部」などの用語が見られ、その用語の使い方には依然として差異

1．中国共産党第六回全国代表大会「中国共産党規約」、中央統戦部編『民族問
　題文献集』、88 頁。
2．「中国共産党中央の雲南省委員会へ送る指示文」、中央統戦部編『民族問題
　文献集』、110 頁。
3．「中国共産党 6 期中央委員会 3 回全体会議の拡大会議における組織問題決議
　案」、中央統戦部編『民族問題文献集』、133 頁。

が存在していた。ただ、このような違いがあったとしても一つの事実は否認できない。即ち、少なくとも第二次中国国内革命戦争時期から中国共産党はすでに専門的な民族事業組織を設けていた。ただ、これらの組織は、名称から仕事内容まで、変則的で統一されていなかっただけであった。実際のところ、当時の状況から見れば、少数民族地域における共産党組織の仕事はすべて少数民族と関連していた。「民族工作部」もしくは「民族委員会」を設けたのは、委員会職員の民族身分や言語条件などの面から考え、少数民族事業を活発に展開させるためであった。

　紅軍の長征以降、長征中に経由した民族地域での民族事業は、紅軍の政治事業の一部分になっていた。これらの活動の主要内容は、共産党の政治主張や民族政策を広く知らせることであった。1935年、長征の途中にいた中国労農紅軍総政治部は、各兵団政治委員会や政治部に向かって、少数民族を味方に取り込むことに関する指示を発した。まず、「全兵士に向かって少数民族を仲間として受け入れることの重要性を説明し、それを注意すべき事項として取り上げる」ことが求められた。その中には、政治規律を厳しくすること、少数民族大衆の生活をかき乱さないこと、少数民族大衆の宗教や風俗習慣に従うこと、少数民族を見くびる大漢族主義の偏見に手厳しい批判を加えることなどが含まれていた。次に、少数民族に向かって紅軍の主張を広く知らせるよう全兵士に呼びかけた。特に、民族自主や民族平等を擁護し、当地の漢族統治者に抵抗することを強調していた。また、少数民族の人たちが紅軍に加入することを勧め、人数が増えた場合、単独中隊を成立し、特に彼らの中から幹部を育てることを重視した。さらに、少数民族の状況調査に深く入り込み、それによって具体的な宣伝を行なうことにした。[1]これらの指示は、紅軍の民族事業の一般的な情況を示してくれた。

1.「中国労農紅軍総政治部の少数民族を味方に取り込むことに関する指示」、中央統戦部編『民族問題文献集』、339頁。

2. 民主革命時期における民族事業機構　　　　　　　　　　249

　一方、紅軍の民族事業のもう一つの重要な内容は、当地の少数民族を援助して自らの政権を打ち立てることであった。

　紅軍の援助により、「1936 年の春、四川省北部のアバ・チベット地域に幾つかのソビエト政権が打ち立てられた。1936 年 4 月、タウ（道孚）博巴（プーパ、チベット人）独立政府や泰寧、炉霍、カンゼ博巴政府を成立した。多くの県に人民政権を打ち立てた上に、1936 年 5 月 5 日、カンゼに中華ソビエト博巴中央政府を成立した。[1]」博巴政府はすべて民族の形式を用い、指導者の中には少数民族の労働大衆だけでなく、民族宗教の上層部の人もいた。このような政権も中国共産党が民族区域自治を模索する時の一つの経験となった。博巴政府が存在した期間は短いが、共産党に対する少数民族、特にその上層部の疑いや不信感をある程度和らげてくれた。また、少数民族大衆に働きかけ、多くの若者たちを紅軍に参加させた。紅軍が北上して抗日を行った後、チベット族の人民はあらゆる手を尽くして紅軍の傷病兵を保護し、国民党と戦い、中国革命のために多大な貢献をした。

　1935 年 10 月、中央紅軍と共産党中央は陝北に逗留し、陝甘寧根拠地の基盤を強化した。少数民族の力を合わせて共に日本の侵略に抵抗するために、モンゴル族と回族の人たちを味方に取り込むことを目標とするモンゴル工作委員会や定辺工作委員会[2]が速やかに成立された。1937 年7 月、中国共産党中央委員会は少数民族工作委員会の発足を決め、高崗を書記に、趙通儒を秘書長に任命した。定辺工作委員会及びモンゴル工作委員会は直ちに廃止され、少数民族委員会の回民工作部やモンゴル工作部に変えられた。

　1938 年 10 月、毛沢東は共産党第六期中央委員会第六回全体会議で、

1．張爾駒編『中国民族区域自治の理論と実践』中国社会科学出版社、1988 年、79 頁。
2．「定辺」とは、中国陝西省西北部に位置する県の名称である。（訳者注）

250 第5章 民族区域自治及び新中国民族事業体制の探索と発展

各少数民族の力を合わせ、共に日本の侵略に抵抗することを一層明確にした。その後、中央は幾つかの中央工作委員会を設け、党中央の部分的な仕事を受け持つことにした。その中に中央西北工作委員会が含まれた。

　1939 年初めの頃に成立された中央西北工作委員会は、民族問題研究室を設け、劉春を責任者に任命した。これは、国内の民族問題を主に研究する中国共産党の最初の専門機構であった。民族問題研究室は二つのグループに分けられ、それぞれモンゴルと回族の問題に関する研究を行った。彼らが書いた「回族問題に関する要綱」、「抗日戦争中のモンゴル民族問題に関する要綱」は、中央の承認を得て当時の民族活動を導く重要な文献として取り上げられていた。これらの研究活動に参加していた李維漢、賈拓夫、劉春、王鐸、周仁山、孔飛、牙含章、沈遐熙、秦毅などは、その後中国共産党の重要な民族理論家、民族活動の指導者として活躍した。

　1941 年 5 月 13 日、中央書記局は通知を出して、中央西北工作委員会と陝甘寧辺区中央局を併合し、新たに西北中央局を設けた。中央西北局は少数民族に関する仕事を続けると同時に、1941 年 7 月に少数民族工作委員会を設立した。

　共産党の中央民族工作機構の設立に応じ、政府の中の民族工作機構も延安時期から成立されていた。1937 年 5 月 12 日に採択された「陝甘寧辺区議会及び行政組織要綱」の中には、次のような項目が規定されていた。「辺区議会の中に少数民族委員会を設け、少数民族の特殊な利益を守る。[1]」これに基づき、1941 年 8 月 11 日、陝甘寧辺区政府委員会は議決を経て、趙通儒を主任とする少数民族事務工作委員会を設立した。9 月、辺区政府はまた、各地区や一部の県、市の中に民族事務課あるいは民族事務科員を置き、それぞれの範囲内で少数民族に関する仕事の管理

1．「陝甘寧辺区議会及び行政組織要綱」、中央統戦部編『民族問題文献集』、
　463 頁。

2．民主革命時期における民族事業機構　　　　　　　251

を行なうよう指示した。それ以来、辺区政府及びその地区、県、市政府
の中には、少数民族業務に従事する専門機構や専従人員が配置され、少
数民族の活動を大いに強化した[1]。

　党中央の正しい指導と民族事業部門の直接的な推し進めにより、延安
時代の民族活動は非常に活発であった。これらの活動には、以下の内容
が含まれていた。

　１．少数民族自治や民主参政を推し進めること

　すでに述べたように、抗日戦争時期の陝甘寧辺区は、すでに中国共産
党が行った民族区域自治の試みの一部であった。回民の人たちが集住す
る三辺や隴東などの地域には、回民自治区が相次いで打ち立てられてい
た。自治区内では、少数民族が自ら区、郷長を選び、自治区内の色々な
業務を管理することができた。それ以外にも、民族平等原則に基づき、
少数民族の人たちも辺区政府の仕事に関与することができた。1941 年、
辺区第一期参議会の選挙により、7 人の回族代表が辺区参議員に選ばれ、
多くの人たちが県、郷の参議員に当選された。

　２．少数民族の抗日救国団体や文化団体を作り上げること

　1940 年 1 月、西北工作委員会は「延安回民救国協会」を設立した。2
月 26 日、「延安回民救国協会」成立大会が開かれ、延安の回民たち及
び鄧発、李卓然、徐以新、そして辺区政府の代表たちが参加した。この
協会の成立及び大会の開催は、辺区少数民族が自ら抗日組織を作り上げ
た一大イベントであり、回・漢民族が力を合わせて日本に抵抗した一つ
の象徴的な行事でもあった。同様に、1940 年 1 月、陝甘寧辺区の文化
協会第一回代表大会では、少数民族文化促進会を作り上げる議案を採択
した。準備期間を経て、当年 3 月と 10 月、「モンゴル文化促進会」や

１．李維漢『思い出と研究』中国共産党歴史資料出版社、1986 年、452 － 467 頁。

「回民文化促進会」が相次いで成立された。

3．少数民族の文化教育事業を発展させること

辺区政府は少数民族の文化事業を発展させるために、モンゴル、回民文化促進会の成立を推し進めると同時に、少数民族教育を積極的に推進した。1944年に至るまで、回民のために8カ所のイスラム小学校を造り、定辺でイスラム公立学校を造った。また、2百余戸が住んでいるバラコスやハーラーシリに2カ所のモンゴル民族学校を造った。民族学院の創設は特別な意義を持っていた。[1]民族学院は、できるだけ早く少数民族の幹部を育て、日本に打ち勝ち、中国革命の聖なる使命を果たすために設立したものであった。学院は党中央や陝甘寧辺区政府の全面的な支持を得て、非常に苦しい環境の中で、抗日戦争や解放戦争のために大勢の少数民族幹部を育てた。1942年には延安の幾つかの学院・学校を併合して延安大学とし、1948年、他に統合されるまでその使命を果たした。

4．生産の発展を支援し、少数民族の人たちの生活レベルを向上させること

辺区地域の開明的な政治と生活の安定は、日本占領地区や国民党統治区の多くの少数民族の人たちを引きつけた。彼らにとって辺区は、一家の身を守る避難場所であった。辺区政府は彼らに積極的な援助や救済を与えてくれた。したがって、大勢の少数民族の移民たちが辺区に移住してから生産は急速に拡大し、生活のレベルも徐々に向上するようになった。

陝甘寧辺区は党の民族政策を模範的に執行し、少数民族の人たちの厚い支持を得た。また、全国の他の地域にも大きな影響を及ぼし、「民族

1．李維漢『思い出と研究』中国共産党歴史資料出版社、1986年、470頁。

解放の灯台」として称えられた。[1]

3. 新中国における民族事業体制の確立及び挫折

(一) 民族事業機構の全面的な設立

　中華人民共和国の成立後、民族事業機構の設立は規範化に向かって歩んできた。

　まず、民族事業に対する党の指導的な地位を維持し、統一戦線部を党が指導する組織系統の一部とした。統一戦線は、中国共産党の「三つの万能の宝（三大法宝）」の一つであった。1939年から中央とその傘下の各部門に統一戦線部を設立し、その後、他の部門に併合されたり、「都市工作部」に改称されたりした。1948年9月、中央都市工作部は中央統一戦線工作部（略して中央統戦部）に改名された。その職務上の責任は、国民党統治区の事業や国内少数民族事業、政権統一戦線事業、華僑事業及び東洋の兄弟党との連絡事業を管理することであった。具体的には、新しい政治協商会議の計画・準備を担当し、李維漢を部長に任命した。すでに述べたように、新しい政治協商会議を計画・準備する期間中に、李維漢が申し出た民族区域自治の案は中央によって受け入れられ、新中国の基本的な民族政策や政治制度の一つの項目となった。

　中華人民共和国の成立後、中央や地方、一部の企業及び公的機関（公共機関・公共団体）の党委員会は引き続き統一戦線部を設置し、民族事業は依然としてその重要な事業の一つとして取り上げられた。1950年3月21日、李維漢は当時の統一戦線の新たな情勢や役目を語る時、民族関係の緩和や少数民族内部の改革を統一戦線の重要な役目として取り上げた。彼は、「各民族内部制度の改革は、各民族の人民が自らを解放するために必須のものであるが、いかなる少数民族の内部改革も必ずそ

---

1. 李維漢『思い出と研究』中国共産党歴史資料出版社、1986年、471頁。

の民族内部の広範な人民大衆による運動でなければならない。……事業を展開する中において、通常はまず上層部とよい関係を保つことを心掛けなければならない。過去の民族対立を排除するために、各民族の中で我々に好意的な人々、さらには反動階級の人さえとも連合し、広く大衆に近づき、その中から積極的な人たちを選んで教育し、それによって初歩的な事業の基盤を打ち立てなければならない。これは目前、我々が各少数民族の中で行なうべき統一戦線事業である[1]。」これは新中国成立初期の統一戦線部門における民族事業戦線上の役割であった。それは過去の延安時代と異なり、その後の経済建設を中心とする改革・開放の時代とも異なっていた。しかし、民族事業に対する指導や研究、調整はすべて一貫していた。

　次は、政府部門による民族事務委員会の設立や完遂であった。1949年9月27日、第一期全国人民政治協商会議で「中央人民政府組織法」が採択された。その法律の第18条の規定によって政務院は35カ所の部門を設け、その中の第33位が民族事務委員会であった。同年10月19日、中央人民政府は民族事務委員会の構成メンバーを公表した。李維漢を民族事務委員会の主任委員に任命し、ウランフ（モンゴル族）、劉格平（回族）、セイプディン・エズィズィ（ウイグル族）を副主任委員に任命した。また、張沖（イ族）、朱早観（ミャオ族）、天宝（チベット族）、アリムジャン（ウズベク族）、朱徳海（朝鮮族）、王国興（リー族）、田富達（高山族）、劉春、楊静仁（回族）、王再天（モンゴル族）など22人を委員に任命した。

　中央民族事務委員会傘下の各級人民政府の中にも民族事務委員会を設けた。1952年2月22日、政務院会議で採択された「各級人民政府民族事務委員会の試行に関する通則」は、「中央人民政府や大行政区人民政府（軍事政治委員会）は民族事務委員会を設ける。省、市、行政区域、

---

1. 李維漢『統一戦線と民族問題』人民出版社、1981年、8頁。

3. 新中国における民族事業体制の確立及び挫折 255

県などの各級人民政府（民族民主連合政府を含む）は、管轄区域の民族
事業の需要に基いて、民族事務委員会を設けることにする。行政区域以
上の民族自治区の人民政府は、必要に応じて民族事務委員会を設けるこ
とができる。少数民族の人口が極めて少ない省、市、行政区域、県など
で、民族事務委員会を設けていない各級人民政府民政部門の中には専門
管理機構を設けたり、指定された責任者にその地域の民族事務を担当さ
せる」と規定した。

　この通則はまた各級民族委員会の責任を詳しく規定していた。一、中
国人民政治協商会議の「共同綱領」によって定めた民族政策及び中央人
民政府の民族事務に関する各法令や決定に対する執行を検査・監督する。
二、民族区域自治や民族民主連合政府政策に関する実施を督促・検査す
る。三、各少数民族の政治、経済や文化を徐々に発展させる事項に協力
する。四、民族団結を強化させる事項を取り扱う。五、少数民族の言
語・文字に関する研究に協力する。六、民族学院を管理し、その研究・
編集・翻訳作業をリードし、関係部門で民族幹部を育てることに協力す
る。七、同じ次元の各部門を連携し、その他の少数民族に関する事項を
取り扱う。八、下級の民族事務委員会及び各級人民政府部門の民族事務
を専管する機構や責任者の事務を指導する。九、人民政府から引き渡さ
れた事項を引き受ける。十、民族事務に対する各民族人民の意見を受け
入れ、処理する。地方民族委員会（あるいはそれに相当する機構）は、
地方政府が民族事務を主管する機能を果たす部門であった。

　民族事務に関わる範囲は幅広く、多くの部門の仕事が民族事務に関与
していた。したがって、専門的に民族事務を取り扱う中央民族委員会の
他に、政務院にも民族事務に関わる部署を置き、その職務上の責任を決
めていた。1951 年 2 月 5 日、「中央人民政府政務院の民族事務に関する

1.「各級人民政府民族事務委員会の試行に関する通則」、『民族政策公文書資料
　集』（第一編）、人民出版社、1958 年、88 － 89 頁。

256　　　第5章　民族区域自治及び新中国民族事業体制の探索と発展

幾つかの決定」は、次のように規定した。「各大行政区の軍政委員会
（人民政府）は、必ず関連省、市、行政区域人民政府の民族区域自治及
び民族民主連合政府の政策や制度の着実な実行を推進すべきである。そ
して、常に政務院に経過報告を行い、事前に指示を仰ぐ者は必ず政務院
に伺うべきである。また、1950年に公布した政務院の少数民族幹部を
養成するための試案を計画的、着実に実行し、それらの仕事の進行状況
を定期的に調べ、半年ごとに政務院へ報告すべきである。また、中央人
民政府の各委員、部、会、院、署、行に民族事業に関する業務を設ける。
政務院文化教育委員会の中に民族言語文字研究指導委員会を設け、少数
民族の言語・文字に関する研究活動を進める。そして、文字を持たない
民族に対しては文字つくりに協力し、文字が不完全な民族に対しては、
その文字を徐々に拡充させるよう協力する。そして、中央民族事務委員
会の定員を拡大する」[1]などの内容であった。

　1951年3月、民族事業に対する指導や各部門委員会の間の協力を強
化するために、政務院は「政務院民族工作会議制度」を打ち立て、政務
院秘書長及び29カ所の各省や委員会の主な責任者で構成された組織を
結成した。そして、2週間毎に会議を開き、民族事業における問題点を
討論、協調、処理した。

　1954年9月、第一期全国人民代表大会第一回全体会議では「国務院
組織法」を採択した。この法律では政務院を国務院に改称し、中央人民
政府の民族事務委員会は中華人民共和国国家民族事務委員会（略称「国
家民委」）に改称すると明示した。また、部署の配置は1つの庁、4つ
の司、1つの室、1つの処、即ち弁公庁、政法司・財政司・文教司・人
事司、政研室、宗教事務処とし、567名（民族出版社の160名を含む）
の定員制に決めた。元の主任委員と副主任委員の職務はそれぞれ主任と

────────────

1.「中央人民政府政務院の民族事務に関する幾つかの決定」、『民族政策公文書
　資料集』人民出版社、1953年、13-14頁。

3. 新中国における民族事業体制の確立及び挫折　　　*257*

副主任に改称した。具体的に、ウランフ（モンゴル族）を主任に、汪鋒、劉春、韋国清（チワン族）、薩空了（モンゴル族）、楊静仁（回族）、甘春雷（回族）、費孝通、謝鶴籌（チワン族）などを副主任に任命した。

　1955 年、中国共産党中央は少数民族幹部の育成事業と民族政策研究を中央統戦部に、少数民族の宗教事務は国務院宗教事務局に編入させた。一方、民族委員会の人事司、政策研究室、宗教事務所を廃止し、それぞれの部署及び定員を大幅に削減した。その後、民族関連事務の発展及び国家情勢の変化につれて、国家民族事務委員会の部署と定員にも相応の変動が伴った。⁽¹⁾1957 年 8 月、全国各級民族委員会主任会議を通して民族事務委員会の事業任務を再確認した。その特徴は、当時の事業と一層結合し、任務はより具体的になったが、主な職責と機構の機能には大きな変化がなかった。

　最後に、人民代表大会及び政治協商会の関与であった。各級人民政府の民族事務委員会は民族事業をリードしたが、人民代表大会と政治協商制度の成立に伴い、この二つのシステムの民族事業機構も設立された。

　1954 年 9 月、全国人民代表大会の組織法第 25 条に基づき、全国人民代表大会に民族委員会を設けた。そして同じ年の 9 月 28 日、全国人民代表大会第一期第一回会議では 85 人（30 の民族で構成された）の民族委員会メンバーが誕生した。主任委員に劉格平（回族）、副主任には張執一、包爾漢（ウイグル族）、奎璧（モンゴル族）、張沖（イ族）、謝扶民（チワン族）、桑吉悦希（チベット族）が選ばれた。

　民族委員会は、全国人民代表大会の初めての専門的な委員会であった。全国人民代表大会の組織法に基いて、次のような職責が与えられた。まず、全国人民代表大会あるいは全国人民代表大会の常務委員会から委ねられた民族事務の議案、民族事務にかかわるその他の議案を審査すること。次に、全国人民代表大会代表常務委員に許可を申請した自治区、自

1.　張崇根編『中国民族事業の道程』遠方出版社、1999 年、19 - 22 頁。

治州、自治県の自治条例・単項条例を審査すること。また、全国人民代表大会あるいは全国人民代表大会常務委員会に民族事務関連の議案と意見を提出すること。そして、民族事務をめぐる問題を研究することであった。

「文化大革命」の前に、全国人民代表大会民族委員会は三期にわたって組織され、劉格平が第一期と第二期の主任に、謝扶民が第三期の主任委員に就いた。副主任委員は全国人民代表大会の組織法に基づいて、委員たちの選挙によって選ばれ、民族委員会の委員も大幅に入れ替わることになった。1957年、劉格平主任委員は一年以来の業務について報告を行った。[1]

　　全国人民代表大会に許可を申請した民族自治地域の組織条例を審査し、6つの調査チームを雲南、四川、東北に派遣して少数民族の状況を調査・研究した。また、チベット族とイ族に対する慰問団及び慰問事業を展開した。そして、広西チワン族自治区と寧夏回族自治区の設立の準備に協力した。さらに、少数民族の社会・歴史状況を調査し、230名を8つのチームに分け、300万字に達する材料を整理した。

中国人民政治協商会議は、我が国の社会主義民主を表わす重要な様式である。政治協商会の政治協商と民主監督の性質により、民族事業も各級政治協商の主要な事業内容となった。全国政治協商会議の歴史に鑑みれば、民族事業をめぐる「民族組」は第一期全国委員会から設立され、当該委員会の8つの事業チームの一つとなった。第七期政治協商会議から始め、政治協商全国委員会は専門委員会を設立し、「民族委員会」

---

1. 全国人民代表大会民族委員会編『第一回より第九回全国人民代表大会民族委員会文献資料集』（上）、中国民主法制出版社、2008年、66頁。

（第九期からは「民族宗教委員会」に改称）は当該委員会の専門的な部署となった。全国委員会以外に、全国政治協商会議の各地方委員会もそれぞれ民族事業部署を持ち、これれの部門は自分の優勢を十分に発揮して積極的に国家民族政策を宣伝・貫徹した。また、少数民族上層部を味方に取り入れ、少数民族と政府との連携を図るため、少数民族の意見と要求を反映し、民族関係を改善するために重要な役割を果たした。

　新中国の成立後、我が国の民族事業機構システムの特徴は、中国共産党の統一的な指導下の政府、人民代表大会、政治協商会議の全面的な参与であった。このようなシステムは社会主義の優越性と中国の特徴をよく体現した。20世紀50年代及び改革・開放後、我が国の民族事業における良好な局面の出現は、このようなシステムにおける巨大な動員能力、調和能力と切り離せない関係にあった。

（二）民族区域自治の全面的な実施

　「中国人民政治協商会議共同綱領」の「少数民族が多く集中している各地域では民族区域自治を行うべきである」という規定に基づき、1950年から各少数民族地域では民族区域自治を普遍的に推し進めた。[1]

　その一般的な状況は次の通りであった。国民党の残余勢力に軍事的打撃を与え、人民政権を作り上げた。民主改革を行い、生産を発展させ、同時に民族政策を宣伝した。また、民族間のトラブルを解消し、民族区域自治建設のための条件を作り出し、条件が整った後、速やかに民族区域自治の準備を始めた。準備委員会は、当該地域の各分野の民族関係者たちの協議を経て、人民代表大会を通して成立した。そのメンバーには、該当地域の党、政、軍の責任者、自治を実行する民族及びその他の分野の人士、労働者、農民、牧民、知識人及び当地の民衆と密接な関係を有

1．張爾駒編『中国民族区域自治の理論と実践』中国社会科学出版社、1988年、97－98頁。

している民族リーダー、宗教の上層部、婦人代表などが含まれた。自治地域建設をめぐる様々な準備が終わった後、各民族、各分野の人民代表会議を開いて活動報告、人民政府の組織条例に対する審査・討論を行い、人民政府のメンバー及び人民法院院長を選び、そして、公式的に自治地域の成立を宣布した。

1952年6月末までに、全国範囲で130におよぶ各級民族自治区を建設し、各自治区内の少数民族人口は約450万人に達した。民族区域自治の建設と様々な事業の展開に伴い、これらの地域では未曾有の活気に満ちた新しい状況が現れた。各民族の積極性が発揮され、民族間及び民族内部の団結は空前の増強を呈し、人民の生活も改善された。

費孝通は貴州の黔東南に民族自治区を建設する際に、次のように述べた。これらの自治制度の建設は当地の農民に歓迎され、彼らは「ミャオ族の政府を作り上げ、自分のことは自分で管理するようになった。まさにミャオ族は生まれ変わり、民族平等を勝ち取った」と反映していた。区域自治政府が成立され、彼らは「皆自分の言語で話し合い、物事がやりやすくなった」⁽¹⁾、「ミャオ族の人はミャオ族のことをよく知っている」と認識していた。

民族区域自治のさらなる発展のために、1951年12月、中央民族事務委員会は国務院の決定を基に、全国民族代表会議の性質を有する第二次委員会拡大会議を開催した。会議では、各地での民族区域自治の経験をまとめ、「中華人民共和国区域自治実施綱要（草案）」を発表した。1952年8月8日、中央人民政府は十分な討論を通して草案の実施を許可した。

「中華人民共和国民族区域自治実施綱要」は、総則、自治区、自治機関、自治権利、自治区内の民族関係、上級人民政府の指導原則及び附則

---

1. 費孝通「貴州少数民族の状況及び民族事業」、『費孝通民族研究文集』民族出版社、1988年、68頁。

3．新中国における民族事業体制の確立及び挫折

など7つの章、40の条目で構成された。その総則では、「各民族自治区は、中華人民共和国領土の不可分の一部分である。各民族自治区の自治機関は、中央人民政府の統一的な指導を受ける一級地方政権であり、上級人民政府の指導を受けなければならない」と明確に規定した。

「綱要」では、以下のように規定した。[1]

　各少数民族の集住する地域では、当地の民族関係、経済発展条件、歴史状況などをもとに、以下のような自治区を建設することができる。

(1) 一つの少数民族集住地域をもとに自治区を建設する。

(2) 一つの大きな少数民族集住地域をもとに、人口の少ないその他の少数民族の集住地も含んで自治区を建設する。この種の自治区に含まれる人口の少ない各少数民族集住区でも、区域自治を実行しなければならない。

(3) 二つあるいは多数の少数民族が集住する地域をもとに建設する自治区。この種の自治区内の各少数民族集住区で単独に民族自治区を建設するか否かは、具体的な状況及び当該民族の意思によって決める。

　該当地域の経済、政治、歴史状況などを鑑み、各民族自治区内には必ず一部の漢族住民区、都市、農村を入れるべきである。各民族自治区内の漢族集住地域の政府機関は全国統一の現行制度を採用し、区域自治の実行は必要ない。ただし、自治区内の漢族人民が多い地域では、民族民主連合政府を建設すべきである。

1．「中華人民共和国民族区域自治実施綱要」、『民族政策文献集』人民出版社、1953年、164頁。

「中華人民共和国民族区域自治実施綱要」は、我が国の民族区域自治をめぐる初めての専門的な法規であり、新中国の民族法律制度建設に一つのモデルを提供してくれた。

「綱要」が公布・施行されたことは、民族区域自治制度の健全な発展に重要な役割を果たしたが、一方では漢族地域のやり方をそのまま移したり、少数民族幹部を尊重しなかったり、自治機関の権利を無視したりするなどの新たな諸問題が出てきた。中央民族委員会は1953年9月9日、政務院の許可を得て、「民族区域自治経験を推し進めることをめぐる総括」を発布した。「総括」は、以下の五つの点を提出した。「1．必ずすべての事業の中で各少数民族の特徴と具体的な状況を十分に考慮すること。2．必ず民族間、民族内部の団結を強化すること。3．必ず自治機関の民族化を次第に完成すること。4．必ず自治区が次第にその自治権利を行使するよう支援すること。5．必ず可能な限り政治、経済、文化事業を発展させ、それを民族問題解決の一環とすること。[1]」

この「総括」は、民族区域自治に対する認識の普及、民族区域自治の健全な発展に重大な役割を果たした。

民族区域自治は、少数民族の集住地域に適した政治システムであり、そこには都市部の少数民族も含まれた。したがって、50年代初期に建設した自治地域にも都市民族自治区があった。1954年まで、全国で設立した68の県級少数民族自治区の中に、綏遠省の帰綏（今日のフフホト）、包頭、黒竜江省のチチハル、河南省の鄭州、開封と青海省の西寧市など、6つの都市民族自治区があった。また、一部の都市と農村にも県級規模の自治区を建設した。したがって、新中国の初めての憲法が生まれる前に、条件を満たした都市と農村に異なる類型の民族自治区を建

1．「中央人民政府民族事務委員会三次（拡大）会議：民族区域自治経験を推し進めることに関する基本総括」、『民族政策文書集』（一巻）、人民出版社、1958年、103－112頁。

3. 新中国における民族事業体制の確立及び挫折　　　263

設したことは、国による民族区域自治実施の重要な構成要素となった。[1]

「中華人民共和国民族区域自治実施綱要」を分布、実施したことは、我が国の民族区域自治及び関連制度の法制化、標準化の第一歩であった。しかし、その法規及び実践において、経験の不足や認識上の限界などによる二つの欠陥があった。まず、郷（村）、区、県、専区、専区以上の5級自治地域を自治区と称したため、その呼称からはどの次元の行政単位であるかを区分することができなかった。次に、人口が少なくて地域自体が小さすぎる県以下の区、郷（村）レベルの少数民族集住地域は実際に自治権を行使することができなかった。

1954年9月、新中国の第一次全国人民代表大会では、「中華人民共和国憲法」を採択した。この憲法は、建国以来の民族問題の解決経験をまとめ、民族区域自治の基本内容を明確に定め、基本法の形で国家体制における民族区域自治の位置づけを完成した。また、民族自治地域を自治区、自治州、自治県といった3つの次元に分け、民族自治地域の行政区分を明確にした。それと同時に、県以下の民族集住地域での自治地域の設立を中止し、その代わりに民族郷を設立することにした。1955年12月29日、周恩来は「区レベルの民族自治区を変更することに対する国務院の指示」と「民族郷建設における若干の問題に対する国務院の指示」を公布した。それで、民族区域自治単位の行政次元におけるこれまでの混乱と民族集住地域の編制問題を解決し、民族区域自治の体制建設を一回り向上させた。

新憲法の誕生と憲法による若干規定の施行は、民族区域自治の健全な発展を促進し、新疆、広西、寧夏及びチベット自治区はその後、相次いで建設された。

1949年9月、平和的な解放を迎えた新疆に、新疆省民族民主連合政府を建設した。新疆自治区建設の準備は比較的に順調であったが、「新

---

1. 張勇「中国都市民族区研究」中央民族大学博士論文、2008年、29頁。

疆自治区」、「ウイグル自治区」、「ウイグルスタン」のように自治区の名称をめぐって様々な意見があった。「新疆自治区」には、新疆の民族的特徴がうまく表現できておらず、「ウイグル自治区」は、ウイグル以外の12に及ぶ民族を包括できず、「ウイグルスタン」は、30、40年代の新疆分裂主義勢力が掲げていたスローガンが「東トルキスタン」であったので妥当でなかった。重なる討論を経て、「新疆ウイグル自治区」にしようとする意見が主流になった。1955年9月、全国人民代表大会常務委員会は、新疆ウイグル自治区を建設する議案を許可し、10月1日には、正式に新疆ウイグル自治区を成立した。

　広西は我が国のチワン族が多く集住する地域であり、元々は広西省と呼ばれていた。1952年12月、チワン族が集住する広西省の西部と中部の42の県をまとめて、行政公署に相当する桂西チワン族自治区を建設し、1956年には憲法に基づいて、桂西チワン族自治州と改称した。しかし、州レベルの自治地域は、明らかにチワン族人口数に見合わなかった。1956年10月から広西の党と政府の指導者及び各界は、自治区の建設をめぐって広範な討論と下準備を行った。1957年の3月と5月、全国政治協商会議も二回の専門会議を開き、それについて協議を行った。それぞれの意見は、チワン族自治区の区画範囲に集中し、二つの案が出された。一つの案は、「分ける」案であり、これまでの広西省からチワン族が大多数集住している西部地域を分け出してチワン族自治区を成立する構想であった。もう一つの案は、「合わせる」案であり、広西省全体をチワン族自治区とする構想であった。十分な討論を重ねて、「合わせる」案が多くの人に受け入れられた。1957年7月15日、全国人民代表大会の決議により、広西省を廃止し、広西チワン族自治区を建設することに決めた。1958年3月、広西チワン族自治区を正式に設立した。

　回族が多く集住している寧夏は、1954年までは甘粛省が管轄していたので、寧夏回族自治区は甘粛省の行政区域内で設立された。新中国の誕生から1957年まで、全国で相次いで4カ所の回族自治州と10カ所

3. 新中国における民族事業体制の確立及び挫折 　　　　　　　　265

の回族自治県が成立された。1956 年 5 月以降、甘粛省の党と政府関係者及び各分野は、中央の指示にしたがって、回族自治区を建設するための下準備を始めた。1957 年 5 月、全国政治協商会議は専門会議を開き、それをめぐる協商を行った。討論した主な問題は、行政区画をめぐる二つの案であった。第一の案は、甘粛省の東部地域に寧夏回族自治区を建設し、モンゴル地域以外の元寧夏地域に固原回族自治州と隆徳県及び涇源県を追加する案であった。第二の案は、上述した地域以外に、平涼地域全体と天水地域の張家川回族自治県を追加する案であった。自治区設立後の農業、牧畜業、工業、鉱山における発展のビジョン、便利な交通条件などが回族の発展に有利であったので、最終的に第一の案が採択された。1957 年 7 月 15 日の全国人民代表大会で決議が採択され、1958 年 10 月、寧夏回族自治区を正式に成立した。

　チベット自治区は最後に成立された自治区であった。1951 年、人民解放軍のチベットへの進軍によって平和的解放を迎えた。1955 年 3 月、国務院はチベットを平和的に解放する 17 条の協議に基づき、チベット自治区建設の準備委員会を作り上げた。翌年には、ダライを主任委員に、パンチェン・ラマと張国華を副主任委員とする準備委員会を成立した。しかし、チベット上層部の強硬勢力が中央に抵抗し、チベットの社会変革を思う存分妨害した。1959 年 3 月 10 日には武装反乱が勃発し、ダライが海外へ逃げる事態が発生した。それにより、中国共産党中央はまず反乱を弾圧するしかなかった。その後、チベットの民主改革を始め、封建農奴制度を廃止し、人民政権を打ち立て、農牧業生産を発展させるなど、チベット自治区の建設に拍車をかけた。1965 年 8 月 25 日、人民代表大会ではチベット自治区建設の議案を採択し、9 月にはチベット自治区第一期人民代表大会がラサにて開かれ、自治区の成立を宣布した。

　中国の民族区域自治は、単一民族を基にする純粋な「民族自治」と異なり、様々な民族、部落を隔絶する「保留地」とも異なっていた。それは経済的な要素と政治的な要素、民族的な要因と地域的な要因を結合し

て、少数民族集住地域で実行する「区域自治」であった。それは民族分裂ではなく、民族協力を体現した。この種の「合する」ことを体現するために、中国共産党中央はチベット自治区の建設を展開する際、チベット族が集住するすべての地域を併合して一つの自治単位にする意見を採用せず、チベット自治区以外の青海、甘粛、雲南、四川にもチベット自治州あるいは自治県を設立した。広西チワン族自治区を設立する際にも、中央はチワン族が集住する桂西だけに自治区を設立し、広西省を留保する案を受け入れなかった。

　1957 年 8 月 4 日、青島民族事業座談会で周恩来は、以下のように民族区域自治の真の意味を極めて深刻に述べた。[1]

　　私たちが中国という大きな民族大家庭で民族区域自治政策を取ることは、民族協力、民族互助を通して共同の発展及び繁栄を成し遂げるためである。中国の民族は分裂してはならず、必ず「合」しなければならない。したがって、私たちは民族協力、民族互助を強調し、民族分裂、民族「独走」には反対すべきである。要するに、共同の発展、共同の繁栄を実現することをもって、我が憲法で明示している真に平等で友好的な各民族の大家庭を建設することができる。

　以上のような四大自治区が相次いで設立されるとともに、国内最初の自治区である内モンゴル自治区の建設も著しい発展を遂げていた。内モンゴル自治区は 1949 年以前にはフルンボイル、ヌン・モルン、ヒンガン、シリンゴル、チャハルなどの五つの盟を管轄していた。しかし、1949 年に遼北省が廃止され、遼北省が管轄していたジェリム及び熱河

1．周恩来「我が国の民族政策に対する幾つかの問題」、国家民族事務委員会政策研究室編『中国共産党指導者達が論ずる民族問題』民族出版社、1994 年、177 頁。

3. 新中国における民族事業体制の確立及び挫折   267

省のジョーオダ盟を内モンゴル自治区に編入させ、チャハル省所属のド
ロンノール、宝昌、化徳などの３つの県も編入させた。1952年、チャ
ハル省を無くし、内モンゴル自治区が臨時的に管轄していたチャハル省
のシリンゴルとチャハル盟を正式に内モンゴルに編入させた。1954年、
長時間の準備を経て、綏遠を省ではなく内モンゴル自治区へ編入させた。
1955年には熱河省が廃止され、管轄していた赤峰、寧城、烏丹などの
３つの省、熬漢、ホルチン、オンニュドなど３つの旗を内モンゴル自治
区に編入させた。さらに、1956年には寧夏が管轄していた甘粛省の巴
彦浩特モンゴル自治州とエジン自治旗を内モンゴルに編入させ、バヤン
ノール盟、アルシャー旗、アラゼン旗、磴口県とバヤンノール市を建設
した。1962年、河北省の商都県を内モンゴルの管轄に編入させること
で、三北（東北、華北、西北）を跨ぐ120平方キロメートルの行政区
域となり、「真の意味での内モンゴル全域の統一的な自治⁽¹⁾」を実現した。

　五大自治区の建設及び発展以外に、民族自治地域では次々と自治州と
自治県が建設あるいは調整された。1966年の「文化大革命」が始まる
直前まで、全国には95の自治地域（具体的に５の自治区、27の自治州、
63の自治県が含まれる）が建設された。以上のような自治地域の建設
と発展は、中国の民族区域自治地域の枠組みが基本的に完成されたこと
を意味する。

(三) 少数民族の散在地域における民族事業システムの建設

　少数民族の集住している地域で普遍的に自治を実行すると同時に、散
在地域や雑居地域での民族事業システムも稼働していた。

　1952年2月22日、政務院は散在少数民族の事業をめぐる「すべての
散在地域の少数民族が民族平等権利を享有することに関する決定」を採
択した。この「決定」は、散在少数民族の平等な権利に関する８条の

---

1. 『ウランフ伝』編集チーム、『ウランフ伝』中央文献出版社、2007年、243頁。

具体的な規定を定めた。この規定には、散在地域少数民族と当地の漢族人民は同様に様々な自由権利を有すること、法律に基づいて選挙権及び被選挙権を享受すること、人数の多い少数民族は当地の人民政府を通してその代表が政権機関に参加すること、少数民族の特殊な問題については十分に当該少数民族代表と協議することなどの項目が含まれた。[1]この規定は、散在地域の少数民族に対する中国政府の基本政策であった。

一方、様々な民族が雑居している地域では、民族民主連合政府の形を通して少数民族の権利を保障してきた。建国初期、民族民主連合政府は、民族区域自治と共に政権の主な形式を成していた。1952年、中央人民政府は「民族区域自治実施綱要」を公布・施行すると同時に、「地方民族民主連合政府実施方法に対する中央人民政府政務院の決定」をも採択した。以上の「決定」に従えば、民族民主連合政府を建設すべき地域は、(1)漢族人口が絶対多数を占めていても、少数民族人口が全体人口の10％以上を占めている省（行政公署）、市、地区、県、区及び郷（村）。(2)少数民族人口が全体人口の10％に及ばない地域であるが、明らかな民族関係が行政に対して様々な影響を与えうる省（行政公署）、市、地区、県、区及び郷（村）。(3)2つ以上の少数民族が雑居しているが、連合自治を実行していない地域。(4)民族自治区内において漢族住民が著しく多い地域。(5)その他の特殊な状況により、行政区人民政府あるいは中央人民政府政務院の許可を得て、民族民主連合政府を建設する必要のある地域などであった。

「決定」によれば、[2]「民族民主連合政府を建設する目的は、地方政権における少数民族の平等な権利を保障するためであり」、そのために、「人民代表会議について」と「人民政府について」という二つの節で少数民

---

1. 国家民族事務委員会弁公庁編『中華人民共和国民族政策法規選集』中国民航出版社、1997年、94-95頁。
2. 「地方民族民主連合政府実施方法に対する中央人民政府政務院の決定」、『民族政策文献集』人民出版社、1953年、183-185頁。

3. 新中国における民族事業体制の確立及び挫折 269

族の割合、職権などについて規定した。

民族民主連合政府は民族区域自治制度の補助的なものであり、様々な民族が雑居している地域における少数民族の平等な権利を守ってくれる役割を果たした。しかし、民族区域自治制度の普遍的な建設と我が国の行政システムの完遂につれて、「地方民族民主連合政府を改変することに対する国務院の指示[1]」に基づき、民族民主連合政府というシステムは終結することとなった。

民族民主連合政府の中の県から自治県に改編された地域は自治地域になったが、郷から民族郷に改編された地域は、地域と人口の不足により、自治地域の行列に入ることができなかった。民族自治地域の建設及び自治権利は、「中華人民共和国民族区域自治実施綱要」の中で詳しく言及され、民族自治地域に含まれない民族郷の建設などの問題に対しては、周恩来の「民族郷を建てる幾つかの問題に関する国務院の指示[2]」（1955年12月29日）の中にて詳しく言及された。

民族区域自治と散在・雑居地域での民族政策システムの構築は、中国少数民族の平等な権利を保障し、複雑な民族事業機構の建設は、少数民族の平等な権利の保障のために行政、立法と協調の主体を提供してくれた。こうして、中国共産党の民族理論原則を基にする中国民族事業システムは基本的に設立された。新中国成立後の一定期間内において、このシステムは全体的に順調に運行され、少数民族の平等な権利の実現と民族地域社会改革の完成及び社会主義民族関係の建設を有効的に保障して

---

1. 1955年12月29日、周恩来によって発布された「地方民族民主連合政府を改変することに対する国務院の指示」には民族民主連合政府の県と郷をそれぞれ民族自治県と民族郷あるいは一般の県・郷に改編し、専門区域と区は自治州、自治県あるいは専門公署、区公署に改編すべきであるという項目がある。
2.「民族郷を建てる幾つかの問題に関する国務院の指示」、『民族政策文献集』（二巻）、人民出版社、1958年、58－59頁を参照せよ。

くれた。

（四）民族区域自治及び民族事業システムの損害

　民族区域自治は、少数民族集住地域の各民族人民が享有する平等な政治的権利であり、少数民族内部事務の自己管理、経済・文化発展のための政治的な基礎であった。したがって、民族自治地域が建設されてから工・農業経済、社会事業は普遍的な発展を遂げ、少数民族の民俗習慣及びその他の伝統文化は尊重された。数多い少数民族地域では憲法と関連法規に基づき、自分たちの自治権利を十分に享受した。例えば、貴州省の黔東南ミャオ族・トン族自治州は、人民代表及び人民委員会組織条例を制定し、自治州の指導機構、組織原則、選挙制度、管理権限などについて明確に規定した。

　しかし、民族区域自治路線の探求は順調ではなかった。政策の実施は、最初から様々な認識及び実践中の障害に直面した。例えば、一部の漢族幹部たちは民族圧迫がなくなり、すでに民族平等が実現されたと認識していたため、民族区域自治制度を実施し始めた段階から区域自治制度実行の必要性に疑問を抱えていた。彼らは逆に、民族区域自治が狭隘な民族主義を煽り、自治地域の政治、経済、文化事業の発展を妨げる要素になりうると危惧していた。一方、一部の少数民族たちも民族区域自治に対して様々な誤解を抱えていた。例えば、区域自治は独立主義であり、上級人民政府の指導などは要らない。自治区では自治以外の民主などは要らない。自治である以上、漢族など要らない。民族区域自治を実行すれば、これまで少数民族の世話をしてきた漢族幹部たちが去ってしまう[1]などの考え方が普遍的に存在していた。

　さらに、民族地域建設を普及してからも、自治の実現問題、自治に対

1．ウランフ「中華人民共和国民族区域自治実施綱要に関する報告（1952 年 8月 8 日）」、『民族政策文献集』、173 － 174 頁を参照せよ。

3. 新中国における民族事業体制の確立及び挫折　　　　*271*

する上級国家機関の対応など様々な問題が存在していた。1957年4月、李維漢は民族自治権の実現問題について語る時、各級民族地域の自治機関は二重性を有し、その一つは、一級地方国家権力機関であり、もう一つは、一級民族自治地域の国家権力機関と行政機関であると述べた。「一部の少数民族幹部は、彼らの自治州、自治県の自治権は名実が一致しないと批判した。」「彼らは一般地域に対する上級機関の指示にしたがって、漢民族地域での遣り方で処理するしかなかった。このように、多くの具体的な政策とやり方において、その民族地域の特徴と人民大衆の願望を結合させなかったので、かえって互いに衝突し、互いに背き、至っては、誤りと欠点を発生させた。」憲法の規定に基いて、各級自治地域の自治機関は、地元の民族の政治、経済、文化の特徴に照らして、自治条例と単行条例を制定することができた。「しかし、憲法が公布されてから、各自治州、自治県ではこの権利をあまり運用しなかった。一部の自治県の自治条例は、上級機関の幾重にも重なる添削を経た後、一般化されてしまい、民族的な特徴を反映していなかった。」「もう一つの問題は、自治地方の財政権利の実施が適切に解決されなかったので、各種の自治権の実現に影響し、これは私達の一つの重要な欠点になってしまった。[1]」

　これらの誤った認識とやり方は、民族地域自治政策の正しい実行に直接影響を及ぼした。しかし、より深刻な問題は、「左」的な思想の誤りの影響によって、1958年前後と「文化大革命」時期に、民族区域自治が致命的な打撃を受けたことである。

　国全体が「大躍進」と人民公社の急成長という極端な方向へと進む中、1958年、我が国の民族事業も民族間の共通部分だけを強調し、少数民族と民族地域及び国家全体発展における格差と差異は無視されつつあっ

---

1. 李維漢「全国7次統一戦線事業会議での発言（1957年4月4日）」、李維漢『統一戦線問題と民族問題』人民出版社、1981年、193－194頁を参照せよ。

た。各民族地域では、いわゆる民族地域の「特殊論」、「立ち後れ論」に対する批判を普遍的に展開し、各民族が共に大躍進を実現し、共に社会主義・共産主義へ進入する活動を行った。発展計画と実現の上で、盲目的に速度だけを求めたため、政策システムの上でも民族区域自治制度の実行を深刻に妨げることとなった。例えば、広西と寧夏に建設した自治区は、「大躍進」と人民公社運動の影響を受け、「民族地域、民族郷などすべてが取り消され、一部地域では自治州さえも名だけのものに転落してしまった。[1]」

　新中国成立以来のすべての民族事業の成果は、「文化大革命」時期に全面的に否定され、民族政策とシステムは深刻に破壊され、民族地域自治制度には「分裂主義」、「独立王国」といったレッテルが貼られることになった。「文化大革命」が始まってから間もなく、雲南省のシーサンパンナタイ族自治州、徳宏タイ族自治州、迪慶チベット族自治州とサルウィン川リス族自治州は、それぞれ思茅、保山、麗江地域に編入された。1971年、雲南省委員会が中央へ出した報告の中で、雲南には13の州があると言った。この報告に接した周恩来は、雲南は13ではなく、17の州であると指摘し、地域、州単位を取り消したのは間違っていると厳しく批判した。それで四つの自治州を取り戻した。[2]一方、内モンゴル自治区の一部の盟・旗も「戦争準備」の理由で、他の省や地域に編入されていた。その中で、フルンボイル盟は黒竜江省に、ジェリム盟とホルチン右派前旗及び突泉県は吉林省に、ジョーオダ盟は遼寧省に、バヤンノール盟のアルシャー左旗は寧夏回族自治区に、アルシャー右旗とエジン旗は甘粛省に編入されていた。[3]1952年に自治区を設立した海南では、1958年に海南行政公署と併合された。1962年に周恩来によって恢復されたが、1966年の文化大革命時期にまた自治州不要論に巻き込まれ、

1．黄光学編『当代中国の民族事業』（上）、当代中国出版社、1993年、132頁。
2．梁文英『実践における民族問題理論の検証』民族出版社、1999年、113頁。
3．黄光学編、前掲書、148頁。

3. 新中国における民族事業体制の確立及び挫折　　　*273*

有名無実になってしまった。寧夏の民族自治区域では少数民族幹部の流失が酷かった。寧夏の民族自治区域では回族幹部が 48 － 50％を占めていたが、文化大革命時期に自治機関を取り消し、革命委員会を設立することで回族幹部が 10％ほどしか残らなかった。さらに、1968 年から 1974 年までの間、全地域における少数民族幹部は全体幹部の 9.5％のみを占めていた。[1]

1975 年 1 月 17 日、第四期全国人民代表大会第一回会議で、中華人民共和国の憲法修正案が採択された。しかし、この憲法修正案は「左」的傾向を帯びており、民族問題に対して粗末すぎるだけでなく、1954 年憲法における民族区域実施条目中の自治権関連の具体的な内容を削除してしまった。

1964 年、中央統一戦線部の内部では李維漢のいわゆる「修正主義」と「投降主義」路線に対する批判が始まった。そして、「文化大革命」が始まると中央統一戦線部には「修正主義司令部」というレッテルが貼られ、正常な業務が停止されてしまった。

同じように、「文化大革命」が始まってから国家民族事務委員会の主任、副主任、秘書長などは皆排除され、システム全体は麻痺状態に陥り、事業ラインは中断されてしまった。1968 年、国家民族事務委員会は「軍代表チーム」の指導を受けた。1969 年、全国人民代表大会、中国人民政治協商会議、民族、宗教など 4 つの部署を合併して、「全国人民代表大会、中国人民政治協商会議、民族、宗教工作機関革命委員会」を結成した。そして、その傘下に政治事業チーム、人民代表大会政治協商会議チーム、民族・宗教チーム、事務担当チームなど 108 人編制の 4 つのチームを設置し、国家民族事務委員会は事実上廃止された。1972 年 12 月、丹彤、唐鉄依、薩空了の三人組は国家民族事務委員会の臨時指導

1．周瑞海編『寧夏回族自治略史』寧夏人民出版社、1993 年、139 － 142 頁。

チームを結成し、翌年の3月にはその傘下に業務チーム、事務チーム、政治事業チームなどの部署を設けることで、日常的な事業はある程度復活した。[1]

「文化大革命」時期における第四期全国人民代表大会には専門的な委員会が設けられず、既設の民族委員会も自然に存在価値を失っていた。そうした状況の中、1975年6月、毛沢東及び中央政治局は周恩来の提案を承認し、全国人民代表大会常務委員会は民族政策研究チームを結成し、全国人民代表大会常務委員会の副委員長であったウランフにチームリーダーを兼任させた。

一方、各級地域の統一戦線部、民族委員会などの民族事業機構は全面的に破壊された。

4. 民族事業体制の復活、拡充と発展

党の第十一期第三回全国代表大会以後、中国共産党は「文化大革命」の過ちについて全面的な評価を行うと同時に、民族事業に対しても訂正作業を行った。1979年2月、中国共産党中央は統一戦線、民族、宗教活動における「投降主義」、「修正主義」のレッテルを外した。また、4月に開かれた全国辺境防衛工作会議では、党の民族、宗教及び統一戦線政策を再評価することで各事業は徐々に正常な軌道に乗り、発展し始めた。

（一）民族事業機構の恢復及び段階的整備

1978年3月、第五期全国人民代表大会第一回会議では、中華人民共和国国家民族事務委員会の恢復を決定し、楊静仁を主任として任命した。1978年5月26日、国務院は「国家民族事務委員会活動任務及び機構設

---

1. 張崇根編『中国民族事業道程』遠方出版社、1999年、23頁。

4．民族事業体制の復活、拡充と発展　　　*275*

置に関する指示」を発表した。その「指示」では、国家民族事務委員会の活動任務は、党中央、国務院の指導の下で党の十一大の路線と新たな時期における総任務を徹底的に執行すること、党の民族政策や国家民族事務に関する法令や規定を徹底的に執行すること、そして、全国民族事務を管理し、民族団結を強化し、民族進歩を推し進め、祖国の統一を強固にし、社会主義現代化建設のために奮闘することであると規定した。「指示」はまた、国家民族事務委員会の履行すべき 13 の項目を明確に規定し、「精兵簡政（組織を簡素化し、人員を精鋭化する[1]）」といった原則にしたがって、四つの司、一つの庁、一つの部を設け、その傘下に処、課などの部署を設けると共に、それぞれの責務について規定した[2]。

　1979 年 5 月、国家民族事務委員会は機構恢復後の第一次委員拡大会議を開き、中央に代わって民族政策再教育に関する指示と国家民族事務委員会党組織の「雑居、散居少数民族事業をうまく展開することに関する報告」の草案を制定した。10 月、中国共産党中央、国務院は指示を添えてこの報告を転送した。報告は、党の指導の強化、各級民族事業組織の恢復と建設に対する具体的な要求を提出した。

　　民族事務の多いすべての省、市、自治区及び、区を設けた市や地域では、できる限り速やかに民族事務委員会を恢復するか設けるべきである。民族事務が少なく、民族事務委員会を設けていない省、そして区を設けた市や地域でも専門的な民族事業機構を恢復するか設けるべきである。民族関連事務の多い県、市でも専門的な民族事業機構を恢復、設立するか、若しくは専門職の幹部を選抜して民族

1．「精兵簡政」とは、1941 年に中国共産党が抗日戦争を遂行するために唱え、文化大革命中に再び唱えられた政策である。（訳者注）

2．『民族宗教法律法規集（1950 年－ 1989 年)』撫順市人民代表大会常務委員会民族華僑事務室、1990 年、76 － 79 頁。

276 第5章 民族区域自治及び新中国民族事業体制の探索と発展

事務を管理させるすべきである。[(1)]

　以上のような要求に基づき、地方民族（宗教）委員会（庁、局）は
続々と恢復し、基本的には同じ級の人民政府に帰属された。地域あるい
は県級の政府における民族宗教委員会（局）は当地の統一戦線部に配置
され、党委員会と人民政府の指導を受けることになった。各級における
民族事業機構の恢復や設立は、後の新たな時期における民族事業発展の
インフラとなった。

　1987年1月23日、中央統一戦線部と国家民族事務委員会は「民族事
業における幾つかの重大な問題に関する報告」を通して、国家民族事務
委員会と地方民族委員会の機能を明らかにした。[(2)] 同じ年の4月17日、
中国共産党中央と国務院は指示を添えてこの報告を転送した。1994年
5月18日、国務院機構改革中の「社会管理機能部門を強化しよう」と
いう第八期全国人民代表大会の精神を基に、国家民族事務委員会は「マ
クロコントロール機能を強化し、党中央、国務院の民族事業に関する路
線、方針、政策及び国家民族問題関連法律を実行し、調査・研究、総合
調整、監督・検査事業を強化し、党中央と国務院の民族事業を展開する
際の有力なコンサルタントになる」[(3)] という12項目に及ぶ職務を明確に

---

1. 「雑居、散居少数民族事業をうまく展開することに関する報告」、国家民族
　事務委員会弁公庁編『中華人民共和国民族政策法規選集』、13頁。
2. 国家民族事務委員会は、国務院が民族事業を実行する際の機動部署であり、
　中国共産党中央、国務院が民族事業を展開する際のコンサルタント及び協力
　者である。また、地方民族委員会は同級政府の民族事業における職能部署で
　あり、党と政府のコンサルタント及び助手である。（「民族事業における幾つ
　かの重大な問題に関する中央統一戦線部と国家民族事務委員会の報告」、国家
　民族事務委員会弁公庁編『中華人民共和国民族政策法規選集』、57頁を参照
　せよ。）
3. 「国家民族事務委員会による国家民族事務委員会「三定」法案公表の報知」、
　国家民族事務委員会弁公庁編『中華人民共和国民族政策法規選集』、85頁。

4．民族事業体制の復活、拡充と発展 277

規定した。そして、1998 年 3 月、第九期全国人民代表大会第一回会議
では「国務院機構改革方案」が採択され、国家民族事務委員会は「国家
民族事務を管轄する国務院の部署」であると位置づけられた。同じ年の
6 月 20 日、国務院は「国家民族事務委員会の役割分担、内部機構及び
人員編制に対する規定」を認可し、14 項目の職責を規範化した。[1]

　職務上の責任を明確に規定すると同時に、党と国家の全体的な課題及
び実際の事業に基いて、国家民族事務委員会の内部機構に対しても適切
な調整を行った。その内、1979 年から 1983 年までの間、続々と弁公庁、
政法司、財経司、文化司、教育司、政治研究室、政治部などの部署を設
立し、行政機関の編制を 125 人に増やした。1988 年 10 月 8 日、国家
機構編制委員会第七次会議では「国家民族事務委員会『三定』方案」を
採択した。それにより、国家民族事務委員会の内部に 9 つの司、庁、室
（弁公庁、政策研究室、民族経済司、政法司、文化宣伝司、教育司、外
事司、計画財務司、人事司）を設け、行政編制を 280 人（1989 年 11
月には 250 人に調整）にした。1994 年 5 月、国務院は当時の機構改革
の原則と要求に基づき、1988 年の方案を基に、国家民族事務委員会の
実際状況に結びつけて「三定」方案を新たに確定した。それにより、元
の司、室、庁などを留保し、行政定員編制を 250 人から 230 名に縮小
した。1998 年 6 月、国務院の「国家民族事務委員会の役割分担、内部
機構及び人員編制に対する規定」に基いて、国家民族事務委員会の内部
に 8 つの職務司（庁）、即ち弁公庁、政策法規司、経済発展司、文化宣
伝司、教育司、国際司、企画財務司、人事司（機関党委員会）を設け、
行政編制を 230 人から 150 人にまで縮小した。以上のような調整過程
を通して、国家民族事務委員会の機構設置と定員編制はより合理的に最

1．「国家民族委員役割設営、内部機構及びメンバー編制の規定」、国家民族事
　務委員会編『民族事業文献選集』中央文献出版社、2003 年、187 － 189 頁を
　参照せよ。

適化され、事務的効率とサポートの質の向上を実現した。[1]

　中央と地方の各級民族委員会は新中国成立初期から委員制を導入していた。1949年10月22日に成立した中央民族事務委員会は、26名の様々な民族委員で構成されていた。1978年、第五期全国人民代表大会第一回会議では国家民族事務委員会の恢復を決定し、国家民族事務委員会の委員制度も恢復した。1979年1月、国務院の認定を得た国家民族事務委員会の委員73名も様々な民族で構成された。これは民族代表性にポイントを置いた委員会制度であり、民族間の隔たりを無くし、民族団結を擁護する当時の歴史的な状況に合致する制度であった。したがって、建国初期と改革・開放初期における民族事業の展開に重大な役割を果たした。しかし、党と国家の事業の重心が経済建設へとシフトし、少数民族と民族地域を発展させることが民族事業の主な課題となり、民族事業の及ぼす範囲がより広がり、社会全体のより広範な参与が必要となる時、既存の委員制は需要に適応できなくなった。ゆえに、これまでの伝統と経験などを鑑みながら職責に重点を置く新たな民族委員会委員制度の導入を試みた。2002年7月28日、国家民族事務委員会が提出した「国家民族事務委員会兼職委員の部門及び職責」と「国家民族事務委員会兼職委員」は国務院の認定を受け、国家計画生育委員会、国家経済貿易委員会、教育部、科学技術部、財政部、人事部、国土資源部、鉄道部、交通部、情報産業部、農業部、海外経済貿易部、文化部、衛生部、人民銀行、税務総局、ラジオ・テレビ総局、新聞出版総署、体育総局、国務院貧困援助事務室など20の国家部門が国家民族事務委員会の兼職委員部署となった。各部署の責任者一名が兼職委員となり、2007年末には24の部署に拡充された。

　国家民族事務委員会は定期的（年1回）あるいは不定期に民族委員会委員の全体会議を開いて民族事業状況の交流、民族事業に対する兼職委

1．張崇根編『中国民族事業の道程』遠方出版社、1999年、23－28頁を参照せよ。

4. 民族事業体制の復活、拡充と発展 279

員部署の意見・提案の聴聞、民族事業に現存する重大な問題の研究・調整などを行い、会議状況及び重大問題を直ちに国務院へ報告し、総合、協調、職務遂行の能力を存分に発揮した。また、各委員部署は厳密な責務分担にしたがって、少数民族と民族地域の実際状況に応じながら我が国の民族団結のための進歩的な事業に貢献してきた。

国家民族事務委員会の指導の下で、一部の地域では新たな民族委員会委員制度を導入した。民族委員会委員制度の建設及び拡充は、民族委員会だけが民族事業を担当してきたこれまでの局面を打破し、様々な部署の資源を有利に利用しながら有効的な民族事業システムを構築し、民族事業のために制度的保障を提供してくれた。[1]

政府関連部署における民族事業機構の恢復及び完備に伴い、人民代表大会所属の民族事業機構も同じ過程を辿った。

1979 年 7 月に開かれた第五期全国人民代表大会第二回会議では、全国人民代表大会民族委員会の恢復を可決し、当該委員会の主任委員、副主任委員及び委員候補を選定した。[2] 同じ年の 10 月、中央政治局常務委員会は全国人民代表大会民族委員会の活動任務、編制などを認可した。[3]

1. 以下の国家民族事務委員会ホームページ『民族事業指導システムの発展と完備』を参照せよ。http://www.seac.gov.cn/gjmw/zt/2008 − 12 − 16/1229136024037855.htm
2. 全国人民代表大会副委員長であるアポ・アワン・ジクメー（チベット族）が主任委員を兼任し、張沖（イ族）、白壽彝（回族）、李貴、杰爾格勒（モンゴル族）、杜易（チワン族）、阿木冬・尼牙孜（ウイグル族）、呉運昌（ミャオ族）、趙南起（朝鮮族）、伊爾哈里（カザフ族）などが副主任に、その他 71 名が委員に選ばれた。
3. 全国人民代表大会民族委員会の活動任務には (1) 全国人民代表大会あるいは全国人民代表大会常務委員会が交付する民族事務関連の議案及びその他議案の内の民族事務関連部分の審査 (2) 全国人民代表大会常務委員会の許可を得た自治区、自治州、自治県における自治条例及び単項条例の審査。(3) 全国人民代表大会あるいは全国人民代表大会常務委員会への民族事務関連議案及び意見の提出。(4) 国家民族政策及び法令の実行状況などの監視 (5) 民族事務関連の問題に対する調査・研究などが含まれる。

民族委員会は代表大会期間中には大会の活動に協力し、閉会期間には人民代表大会常務委員会の活動に協力した。民族委員会には秘書長を置き、事務室は秘書長の指導の下で事務を行った。党の指導を円滑に実施するために、人民代表大会常務委員会党組織の指導に基づいて民族委員会党組織を設置した。事務室は30人で編制され、それぞれ秘書、議案、調査・研究といった3つのチームに分けられた。

全国人民代表大会民族委員会が恢復してから1年の内に、2回に渡る主任委員、副主任委員の事務会議を開催した。第一次会議では、中央の十一期三回全体会議の路線と人民代表大会民族委員会の任務に基づいて、我が国の民族事業における新たな状況と問題に照らしながら、民族法制建設の問題をめぐって討論を行った。第二次会議では、憲法の中の民族問題に関する初歩的な修正案を研究し、省、自治区、直轄市の人民代表大会における民族委員会の設立問題をめぐって討論を行った。また、過去の郷に当たる少数民族集住地域の民族権利を如何に守っていくのかなどについて研究し、少数民族に対する計画生育法（草案）の研究、修正意見の提出などを行った。それ以外に、当該委員会のチームワークの向上、民族立法問題をめぐる調査・研究、民族地域における自治法の草案、内モンゴル自治区と延辺朝鮮族自治州での自治条例、単項条例の草案の作成に調査チームを派遣するなどの事業に務めた。

その後、民族委員会及びその職責は、毎回の全国人民代表大会を通して延期・継続され、国家の民族法制建設や民族政策の監督及び民族関連

---

1. 当該委員会の秘書長兼事務室主任には雲北峰、事務室副主任に史筠、党組織書記に李貴、副書記に平措汪階と雲北峰が就いた。（全国人民代表大会民族委員会編『第一回から第九回までの全国人民代表大会民族委員会文献資料集』（上）、中国民主法制出版社、2008年、395－405頁を参照せよ。）
2. 全国人民代表大会民族委員会編『第一回から第九回までの全国人民代表大会民族委員会文献資料集』（上）、中国民主法制出版社、2008年、409頁を参照せよ。

4. 民族事業体制の復活、拡充と発展　　　　　　　　　　281

問題の調査・研究に対して重大な役割を果たした。

　政府と人民代表大会の民族委員会以外に、統一戦線部と政治協商会の民族事業部署も正常な状態に恢復した。こうして、我が国の民族事業は改革・開放以降における模索と実践を重ね、次のような部門が主な内容を管轄することとなった。(1) 統一戦線部（以下統戦部と表記する）系統。中央統一戦線部は党中央が民族事業を展開する職務部署であり、地方の各級党委員会統戦部は地方の各級党委員会が民族事業を実施する際の職務部署である。統戦部は具体的に民族事業のマクロ的な方針に関する調査・研究、少数民族幹部の養成、少数民族代表人物との連絡などを担当する。(2) 民族事務委員会（以下民委と表記する）系統。国家民委は国家民族事務を主管する国務院の一部署であり、党中央と国務院が民族関連事業を展開する際のコンサルタント役を担う。地方の各級政府民委（あるいは民宗局）などは地方の各級政府が民族事務を管理するスタッフ部署であり、地方党委員会と政府が民族事業を展開する際のコンサルタント役を果たす。(3) 人民代表大会系統。全国人民代表大会と地方各級人民代表大会の民族委員会は民族法律・法規の審査・制定及び民族法規の貫徹・実行に対する監督、民族事業に対する調査・研究及び指導に務める。(4) 政治協商会議（以下政協と表記する）系統。全国及び地方の各級政協の民族宗教委員会は、民族宗教に関する調査・研究、状況の把握、意見・コメントの提供、関連事業部門の監督及び指導を職務とする。

　これ以外に、民族事業に対する指導と調和を目指し、様々な省、区、市では該当地域の状況に応じながら民族事業の指導チームあるいは類似した部署を設けた。

(二) 民族区域自治の法制化建設

　1952 年 8 月、中央人民政府は「中華人民共和国民族区域自治実施綱要」を公布し、中国の民族法制建設の幕を開いた。1954 年に憲法を公

282　　　　第5章　民族区域自治及び新中国民族事業体制の探索と発展

布して以来、全国人民代表大会民族事務委員会は曾て憲法の規定に従い、綱要の施行を前提に「民族区域自治綱要」の草案を制定していた。しかし、「左」的誤りの妨害と破壊によって、この事業を完遂することはできなかった。

1979年10月、全国人民代表大会民族委員会第一回事務会議でウランフは次のように述べた。全体的に新中国成立後の30年来の民族事業を顧みるなら、この路線は正しかった。主に民族理論と民族政策に重点を置き、無論その中にはうまく行かなかったことや様々な欠点もあった。「今日になって、方針の貫徹や執行、政策と理論上の欠点が見え始めたが、更に重要なのは30年来、民族法制建設に力を入れてこなかったことである。法制は党の方針であり、政策の具体的な体現である。にも関わらず、法律をもって少数民族の権利を保障することには大きな落とし穴が存在していた。」「ここ30年来のプラス、マイナスの経験は、私たちに完全なる法律をもって少数民族の平等な自治権利と民主権利を保障しなければならないことを教えてくれた。民族事業の指導的な観点から言えば、民族問題をめぐる法制方面からの研究はなされてこなかった。民族区域自治法は我が国の民族問題を解決する基本的な政策であるが、私たちには『民族区域自治実施綱要』しかない。それも憲法が公布される以前のもので、ただの『綱要』の形を持つものであり、それ以外には何もない。憲法では、自治地域において自治条例及び単項条例などを制定することができると規定しているが、今現在、自治条例は一つも作られておらず、単項条例も極めて少ない。[1]」

1980年11月4日、全国人民代表大会民族事務委員会の臨時党組織が彭真、ウランフ、そして中央書記処へ向かって提出した「第五期全国人

1．全国人民代表大会民族委員会編『第一回から九回までの全国人民代表大会民族委員会文献資料集（上）ウランフ副委員長の講演』中国民主法制出版社、2008年、529－530頁を参照せよ。

4．民族事業体制の復活、拡充と発展　　283

民代表大会民族事務委員会第二回会議に関する状況報告」には、以下の
ような内容が述べられていた。[1]

　確かに我が国の民族地域には様々な深刻な問題が存在し、多くの
地域で民族関係が緊迫しており、一部の地域は一触即発の情勢に
なっている。様々な問題が存在しているが、主な問題は真に民族区
域自治を実行していないことである。現在、多くの民族地域で少数
民族幹部の割合が減少しつつあり、自治権利はおろか人民生活自体
が非常に困難な状況に陥っている。民族事業、特に民族区域自治が
頼れる法律が無いことは限界になっている。現在、全国次元で憲法
の修正を行う際に、より明確で具体的に民族問題を規定する以外に、
民族区域自治法を制定することが急務であり、散居地域の民族平等
権利を保障するための立法、民族自治地域での自治条例及び単項条
例の制定に努めなければならない。[2]

　全国人大民委と国家民委は以上のような報告に応え、民族区域自治法
草案の制定に尽力した。そして、国家民委と全国人大民委は 1981 年 6
月までに民族区域自治法草案をそれぞれ 5 回と 4 回、書き起こした。
　1981 年 6 月 27 日、党の第十一期中央委員会第六回全体会議では「党
の建国以来の若干の歴史問題に関する決議」を採択し、明確に「民族区
域自治の実行を必ず堅持し、民族区域自治の法制建設を強化する」[3] とい
う方針を制定した。

1．全国人大民族委員会編、上掲書、445 頁。
2．全国人民代表大会民族委員会編『第一回から九回までの全国人民代表大会
　民族委員会文献資料集（上）第五回全国人民代表大会民族委員会第二次会議
　に関する状況報告』中国民主法制出版社、2008 年、445 頁を参照せよ。
3．『党の建国以来の若干の歴史問題に関する中国共産党中央委員会決議』人
　民出版社、1981 年、58 頁。

同じ年の 7 月、ウランフは中国共産党中央主席である胡耀邦の許可を得て、中央統戦部、全国人大民委と国家民委から何人かを選出して民族区域自治法の起草チームを結成し、専ら「民族区域自治法」の起草に専念した。

　1981 年 8 月 16 日、新疆視察中の鄧小平は、「法律の形をもって我が国で実行している民族区域自治制度を規定し、法律をもってこの問題を解決するにはやはり民族区域自治法が必要である[1]」と指摘した。その日、ウランフと自治法起草チームは全国人大民委と国家民委が起草し、修正を重ねてきた「中華人民共和国民族区域自治法」の草案を集中的に検討した。また、民族問題をめぐる憲法の条文に対する修正案をも整理し、中央に「『中華人民共和国民族区域自治法』を起草することに対する指示を仰ぐ報告」という正式的な報告を出した。

　報告では、「『民族区域自治法』は、民族地域自治における我が国の基本法規であり、民族法制建設の中心である。それは我が国の少数民族の平等な自治権利に対する保障、上級国家機関の統一的な指導と自治地方の自治権利の関係に対する調整、民族団結と祖国の統一に対する強化、そして四つの現代化の建設に重要な意義を持っている[2]」と述べた。

　報告ではまた、起草事業をめぐる組織とそのプロセスなどの問題についても具体的な提案を出した。その後、民族区域自治法起草チームは、内モンゴル、延辺、新晃、海南、広西、黔東南、黔南三都、湘西などの自治地域での調査・研究を展開し、それぞれの地域における自治の実行に対する経験と問題点を探るなど、様々な角度から自治法で規定すべき問題を整理し始めた。民族区域自治法の起草事業は、基本的に全国人大民委による民族問題関連憲法条文の起草と同時に行われた。憲法草案の

1．『鄧小平思想年表（1975 － 1997）』中央文献出版社、1998 年、199 頁。
2．全国人民代表大会民族委員会編『第一回から九回までの全国人民代表大会民族委員会文献資料集（1954 － 2003）』（上）、中国民主法制出版社、2008 年、574 頁を参照せよ。

4. 民族事業体制の復活、拡充と発展　　285

討論と修正の状況に応じて、自治法の草案にもその都度、修正が加えられた。

　1982年12月4日、第五期全国人民代表大会第五回会議を通して、新たな「中華人民共和国憲法」が採択された。民族区域自治に対するこの憲法の規定内容は、建国以来のすべての憲法より完璧であった。それは1954年憲法の関連規定を全面的に復活させた。さらに、建国以来の我が国の民族事業における経験・教訓などを踏まえながら、新しい時期の歴史的な状況に合わせて、修正と補充作業を行い、民族区域自治法の制定に憲法の根拠を提供してくれた。

　1983年2月、ウランフをリーダーとする「民族区域自治法」起草の指導チームが中央書記処の認可を受けて結成された。メンバーには当時の中央統戦部副部長・国家民委主任である楊静仁、国家民委副主任・伍精華、中央統戦部副部長・全国人大民委副主任である李貴、全国人大民委秘書長・雲北峰などが選ばれ、チーム秘書長兼起草チーム長には全国人大民委事務室主任の史筠が就いた。

　「民族区域自治法」の起草事業はウランフの直接的な指導によって展開された。ウランフの指示に従い、自治法の草案は次のような三つの原則を守った。まず、厳密に新憲法の規定にしたがって起草、修正を行った。次に、30年以上実行してきた政策、法令は、それが憲法の精神に一致し、尚且つ有効的なものであれば認め、そして新しい法律条文として自治法に加えた。最後に、上級国家機関と自治地域の経済関係に密着し、特に民族自治地域の社会主義建設の経験、新たな状況、新たな問題などを踏まえながら、民族自治地域の現代化建設の需要を満たし、各民族の共同の繁栄に貢献することのできる自治法を制定した。[1]

　草案が完成された後、彭真委員長とウランフの指示にしたがって、様々な形で国務院の関連部署、全国の関連省、市と自治地域の意見を求

1.　全国人民代表大会民族委員会編、前掲書、582頁を参照せよ。

めた。全国人大民族委員会及び法律委員会はそれらの意見に対して重なる討論、修正、審議を行った。1984 年 5 月 31 日、「中華人民共和国民族区域自治法」は各種の法律的な手続きを経て、第六期全国人民代表大会第二回会議で正式に採択された。[1]

「中華人民共和国民族区域自治法」は憲法以外に、序論を持つ我が国の初めての基本法律であった。民族区域自治と民族区域自治の実行問題について答えるこの法律は、我が国の民族区域自治が法制化の軌道に入ったことを示す重要なシンボルでもあった。

「民族区域自治法」が公布されてから、中央の関連部門は直ちに宣伝に力を入れた。1984 年 10 月 17 日、中央宣伝部と統戦部は自治法宣伝要綱の印刷、発行に関する指示を出し、『人民日報』、『光明日報』、『中国法制報』、『経済日報』などは関連社説あるいは評論を掲載した。一方、各自治区と多民族を有する省の党委員会、政府なども宣伝活動を行い、多くの地方の政府と人民代表大会は、「民族区域自治法」の貫徹・実施に関する規定と決議を提出し、自治法の実行に必要な具体的な部署を設け、業務分担を行った。「民族区域自治法」の公布と施行は、民族区域自治実践の拡大を促進した。1986 年 9 月までに全国で 16 の自治県（満族、シェ族、プーラン族など自治地域の建設を行っていなかった自治県も含む）を新設し、自治地域を元の 116 カ所から 132 カ所に増やした。

「民族区域自治法」の実施は我が国の民族事業の原動力となったが、自治法の制定当時、我が国が計画経済システムを運営していたので、多くの規定は計画経済システムに合わせたものであった。したがって、改革・開放の展開と社会主義市場経済システムの建設につれて、一部の内容は改革と発展の需要を満たすことができなくなった。そのため、民族地域の幹部と民衆は絶えず「民族区域自治法」の修正を求め、全国人大

---

1. 「中華人民共和国民族区域自治法」は、序論、7 つの章、67 の条で構成された。（訳者注）

4．民族事業体制の復活、拡充と発展

と政協にも絶えず関連議案が届いた。故に、新たな情勢変化への適応と民族区域自治制度の改善のために、「民族区域自治法」の修正は必要不可欠の課題となった。

「民族区域自治法」の修正は、全国人大常務委員会の指導の下で行われ、第八と第九期の常務委員会を経て、8年に及ぶ具体的な作業過程を経験した。党中央はこの修正作業を非常に重視し、中央政治局は第八と第九期の二回に渡る全国人大常務委員会の立法計画項目として指定すると同時に、初期の修正案に対する討論を行った。2000年10月8日、中央政治局常務委員会は「民族区域自治法」修正案に関する会議を開き、意見、提案をまとめて全国人大常務委員会会議に提出した。1999年2月11日、李鵬は「民族区域自治法」修正チームの結成を許可し、鉄木爾・達瓦買提（ティムール・ダワマイティ）副委員長を責任者に、全国人大民委主任委員・王朝文と副主任委員・尹克昇を副責任者に任命した。修正チームと全国人大民族委員会は修正を完成させるために、大量の会議を開いて具体的な修正意見を検討し、関連内容について中央、国務院の各部署と協議を行い、調査チームを各自治地域と関連省、市へ派遣して地元の意見を求め、各種の手順を履行するなど繊細な作業を行った。修正草案に対する全国人大常務会の3回にわたる審議を経て、2001年2月26日、正式に採択された。

「民族区域自治法」の序論には、鄧小平理論の指導的な地位、民族区域自治制度の継続及び拡充、改革・開放、中国の特色ある社会主義路線の堅持、社会主義市場経済の発展、社会主義民主及び法制建設の強化、社会主義精神文明建設の強化などの内容が追加された。また、「高度な文明、高度な民主」を「富強、民主、文明」に、「国家の重要な政治制度」を「国家の基本的な政治制度」に改正した。条文の修正は、主に少数民族と民族地域の加速的な発展への切実な要望に基づいて、民族自治地域への投入を拡大し、民族自治地域の加速的な発展を目指す若干の新たな規定を制定した。このような修正箇所には、三つの特徴が現れた。

まず、大部分の修正は経済と社会に関する規定に集中していた。次に、
「上級国家機関の職責」という章に集中していた。この章は元々13条
であったが、その中の7条目を修正あるいは削除し、新たに増やした9
条の中の6条がこの章に加えられた。最後に、経済発達地域が支援す
べき民族自治地域を明確に割り当てた。民族自治地域の自力更生と上級
国家機関の多大な援助及び経済発達地域の支援を通して、共同で民族地
域の発展を加速化させるといったこの「民族区域自治法」の主軸は、修
正を通してもっと鮮明に目立つようになった。[1]

民族区域自治の法制建設は、「民族区域自治法」の制定及び修正のほ
かに、各自治地域における自治条例及び単項条例の制定の上でも現れ
た。「民族区域自治法」が解決すべき問題は、各民族自治地域における
共通の問題であるが、各民族自治地域における個別問題や特殊問題は自
治条例と単項条例をもって解決するしかないからだ。そのため、1952
年の「中華人民共和国民族区域自治実施綱要」第23条にはすでに、「各
民族自治区機関は中央人民政府と上級人民政府が定めた法令の範囲内
で、それぞれの自治権限をもって本自治区の単項法規を制定し、上級人
民政府に認可を求めなければならない」という条文があった。1954年
の「中華人民共和国憲法」第70条でも、「自治区、自治州、自治県の
自治機関は当該地域における民族の政治、経済、文化の特徴を基に自治
条例及び単項条例を制定し、全国人民代表大会常務委員会に認可を求め
なければならない」と明確に規定していた。しかし、国家の法制システ
ムが整備されておらず、特に「左」的誤りの影響を受けるなど、民族区
域自治政策は様々な妨害を受けた。したがって、改革・開放以前の比較
的に長い間、自治地域における立法は民族区域自治法の制定同様、基本
的には停滞の状況に置かれていた。1979年、全国人大第五期第二回会
議で採択された地方各級人民代表大会及び各級人民政府組織法は、省級

1．王戈柳編『民族区域自治制度の発展』民族出版社、2001年、16頁。

4. 民族事業体制の復活、拡充と発展　289

人民代表大会及びその常務委員会に地方における法規の制定権を与えた。1982年の全国人大第五期第二回会議で採択された「憲法」は、民族自治地域の立法権を強化、整備し、自治地域における自治条例と単項条例の制定などの民族法制建設に良好な環境を提供してくれた。まさに、その時点から民族自治地域の立法は正式にスタートした。

1980年、内モンゴル自治区と延辺朝鮮族自治州は率先して立法事業を始め、全国人大民委の協力の下で、速やかに各々の地方の自治条例草案と単項条例草案を作り上げた。直接この事業を推し進めたウランフ副委員長は、「現在、内モンゴル自治区と延辺朝鮮族自治州が先んじて各々の自治条例と単項条例を起草した。この四つの条例は草案であり、様々な欠点もあるが、結局のところよいスタートをした。この二つの民族地域では引き続き自治条例と単項条例の事業に努め、その他のすべての民族地域でもいち早く自治条例、単項条例を制定してほしい」[1]と呼びかけた。1981年までに、五大自治区ではすべて自治条例起草委員会あるいは指導チームを結成した。起草委員会と起草指導チームは皆自治区の人大常務委員会の主任が先頭に立って指導し、各部門の責任者、各民族代表を参加させて調査と研究を行い、具体的な起草事業を展開した。

丁度この時期が、1982年「憲法」の修正と「民族区域自治法」の制定時期と重なり、自治地域の立法は「憲法」と「民族区域自治法」との接続を必要としたので、各地の起草作業はある段階に入った後、一時停止を余儀なくされた。しかし、「民族区域自治法」が公布・施行された後、各地は自治条例、単項条例の制定に拍車をかけた。条例を起草するために、各地では関連部門、関連人員を組織して憲法、自治法、地方組織法などを勉強させ、そして、当地民族の政治、経済、文化の特徴に対する調査と研究を行った。それにより、自治条例を起草する過程は、民族法制の学習と宣伝の過程となった。しかし、自治条例の制定はこれま

---

1. 全国人大民族委員会編、前掲書、418頁。

でに経験したことのない新たな作業であり、起草メンバーも法学知識に欠けていたので、憲法や他の地域の自治法、自治条例をそのまま写す現象が普遍的に存在し、現地の特徴に結び付けたものは少なかった。一部の草稿は上級国家機関に対して、合理的でない要求や権限を超えた規定を求めるなど、様々な問題が存在していた。

数多い問題が存在したが、自治条例と単項条例の制定は絶え間ない努力を通して多大な成果を遂げた。1985年7月31日、延辺朝鮮族自治州で「吉林省延辺朝鮮族自治州自治条例」が採択された。その後の数年の内、大多数の自治州でも各地の自治条例を制定した。90年代以降、絶対多数の自治県で自治条例及び単項条例が相次いで打ち出された。2003年末までに、民族自治地域では133の自治条例と384の単項条例が制定された。その他に、民族自治地域では該当地域の実際状況に基いて、婚姻法、相続法、選挙法、土地法、草原法などの法律に対して68件の変更と補充規定を行った。

しかし、すでに公布された自治条例の中には自治区レベルのものがなかった。五大自治区では自治条例の制定のために多大な努力をした。90年代までに彼らはすでに自治条例草案の制定を完成し、繰り返して修正を行ったが、始終公布できなかった。1990年7月17日、全国人大民族委員会は全国人大常務委員会委員長会議に出した報告の中で、「五つの自治区における自治条例の起草事業は数年に渡って展開してきたが、全国人大常務委員会の審議を受けたのは一件もない。その主な原因は、自治法の実施に対する上級国家機関、特に一部の業務部門の認識に幾つかの問題点が存在していたからである。事業の実践において依然として『画一化』、一般化が行われ、自治区の自治権を十分に考慮せず、自治区の特徴と需要及び利益に配慮せず……自治法に関する国務院の実施細則あるいは若干の規定が打ち出されず、権力と利益をめぐる国務院及びその関連部署と自治区の間には様々な矛盾が存在していた。例えば、計画、財政、人事、労働、信用貸付、税金、物資、資源開発などの面で自治区

4．民族事業体制の復活、拡充と発展　　　　　　　　　　　　　291

には様々な意見が存在していたので、彼らは自治条例の中に特殊条項を
定めようとしても、国務院の関連部門は全国の一般的な規定からはめよ
うとしたので、両者は一致した意見に達成することができなかった⁽¹⁾」と
述べた。当然ながら、以上のような原因以外に、各自治区内部及び自治
区と区外の利益のバランスの問題、自治条例とその他の関連法律、政策
との衝突問題などもその重要な要因であった。

　以上のような困難と問題点が存在していたが、中国民族区域自治の法
制建設と実践は依然として発展を続けていた。1989 年 11 月 3 日、ア
ポ・アワン・ジクメー副委員長は民族区域自治法を分布・実施してから
の 5 年間の成果について、「法律に基づいて 49 の自治地域の建設を終
えた。今現在、全国には五つの自治区、30 の自治州、122 の自治県、
トータルで 157 の自治地域がある。新しく建設した自治地域は全体自
治地域の三分の一を占め、自治を実行している地域の少数民族人口は全
体少数民族人口の約 78％前後を占めている。したがって、全国で自治
地域を建設する課題は基本的に完成したことになる⁽²⁾」と述べた。当然な
がら、県を市へ変え、または一部の自治県の建設などの原因により、自
治地域の数はその後も依然として変更しつつあった。

　民族区域自治は、中国共産党がマルクス主義民族理論と中国民族問題
の実際を折衷することで作り上げた我が国の民族問題を解決するための
斬新な基本政策であり、我が国の国情に合わせた基本政治制度である。
民族区域自治の実行は各少数民族と民族地域の積極性を呼び起こし、中
央が必要とする集中と祖国統一を保障してくれた。また、民族的な要素
と地域的な要素、政治的な要素と経済的な要素を適切に結びつけること
で、平等、団結、相互扶助、調和のとれた社会主義民族関係を形成し、

1．全国人大民族委員会編、『第一回から第九回までの全国人民代表大会民族委
　員会文献資料集』（中）、中国民主法制出版社、2008 年、1765 頁を参照せよ。
2．全国人大民族委員会編、前掲書（下）、2183 頁。

さらに発展させ、各民族の共同の繁栄に貢献した。まさに、鄧小平の指摘通り、「中国は民族問題を解決するために民族区域自治という制度を選んだ。民族区域自治制度は中国の状況に適合した制度であり、多くのよい面を有している。これは我が社会制度の優勢であるため、放棄してはならない。[1]」後に、党の第三代指導者グループ及び新世紀の指導者たちも一貫してこの立場を繰り返して表明した。

(三) 少数民族散在地域における民族事業システムの回復と発展

民族区域自治の絶え間ない発展と共に、少数民族散在地域における民族事業も恢復と発展を遂げた。1979 年 10 月 12 日、散在・雑居地域の少数民族事業を展開させることに対する国家民族事務委員会党組織の報告を、中国共産党中央国務院は指示を添えて伝達した。報告では次のように指摘した。

　　少数民族の雑居・散在地域の民族事業は全体民族事業の重要な構成部分である。林彪をはじめとする「四人組[2]」は全国範囲で封建的、ファシズム的、反動的な民族政策を推し進めることで、少数民族の雑居・散在地域に多大な被害を与え、少数民族と漢族間の団結を破壊し、少数民族の積極性を傷つけた。その結果、様々な面で少数民族の経済、文化生活は停滞あるいは逆戻り状態に陥ってしまい、民族関係はかなり緊張していた。

少数民族の雑居・散在地域の問題を解決するために、報告ではまず少

1.　1987 年 10 月 13 日、鄧小平がハンガリー社会主義労働党書記を会見した際の発言、『鄧小平文選 (三巻)』人民出版社、1993 年、257 頁。
2.四人組とは、中華人民共和国の文化大革命を主導した江青、張春橋、姚文元、王洪文の四名のことを指す。(訳者注)

4．民族事業体制の復活、拡充と発展   *293*

数民族の平等な権利を保障すべきであると指摘した。[1]

　　各民族の一律平等の原則に基づいて、地方の各級人民代表大会の
　中に各関連少数民族は一定の人数の代表を有しなければならない。
　人口の少ない民族に対しても相応の配慮をすべきである。……少数
　民族の人口が多い県、市、直轄区、鎮の人民政府と人民公社管理委
　員会及び少数民族の生産、生活と緊密な関係を持っている部門と組
　織では、必ず相応の少数民族幹部を配置し、少数民族幹部が指導者
　グループに参加するよう手配りするべきである。

　　政治思想が良好で一定の事業遂行能力があり、民衆と密接な関係
　を有する少数民族幹部を指導的な部署に大胆に抜擢する必要がある。
　都市人口がいないか少ない民族に対しては、農村部出身者の中から
　幹部候補者を選抜して養成し、これらの少数民族幹部が早く成長す
　るよう支援する。

　報告では、少数民族の経済、文化の発展を積極的に支援するよう求め
た。

　　生産の方針は必ず地元の状況に合致させるべきであり、少数民族
　の特徴に注目し、それを十分に発揮させ、一般化を避けなければな
　らない。社員が集団的生産条件を保持しながら、家庭内の副業に従
　事することを奨励し、少数民族の林・牧・漁業及び伝統工芸品の生
　産を支援し、発展させるべきである。回族などの豚を禁じる民族に

1．「散在・雑居地域の少数民族事業を展開することに対する国家民委党組の報
　告」、国家民委弁公庁編『中華人民共和国民族政策法規選集』中国民航出版社、
　1997 年、11 － 13 頁を参照せよ。

豚の飼育を強制してはならず、そうした民族の社団及び社員が羊あるいは牛を飼育することを全面的に支援する。豚の飼育に関する政策・規定を参照に、豚を禁じる少数民族による羊または牛の飼育を奨励する政策を制定する。また、積極的に文化教育、衛生事業を発展させ、民族中・小学校、民族師範学校の恢復と建設に努める。民族師範学校の卒業生は少数民族地域に配属し、農村部の教員はできる限り「回郷知識青年[1]」の中から選ぶべきである。大学などが新入生を募集する際、少数民族に配慮し、毎年一定の人数の少数民族学生が高等専門学校以上の学校に進学できるように尽力する。

報告では、少数民族の風俗習慣を尊重し、宗教信仰の自由政策を貫徹・執行するよう求めた。

少数民族の雑居・散在地域における民族事業の重点は何といっても共産党の指導を強化することである。したがって、関連地域の党委員会はこの事業を議事日程に入れ、専門的なチームを設けることで定期的な検査を行い、適時に問題を解決すべきである。

その後、報告は各級民族事業機構の恢復と整備に対しても具体的な要求を示した。

この報告の精神は雑居・散在地域の民族事業を対象としただけでなく、全国的な民族事業に対しても指針を示すものであった。文化大革命の災禍を経験したばかりであったため、従来の民族政策の一部や民族事業方針は確かに改めて取り上げ、強調する必要があった。

1954年、我が国の憲法は、国内における県以下の民族集住地域では

1．回郷知識青年とは、学校を卒業して故郷に帰り、生産に従事する若者を指す。（訳者注）

4．民族事業体制の復活、拡充と発展 *295*

自治地域の建設ではなく民族郷を建設すべきであると明確に規定し、国
務院は 1955 年 12 月に、「民族郷を建設する際の幾つかの問題に対する
指示」を出した。そして、翌年から民族郷を民族区域自治の一種の補充
的な様式として全国で普及させた。しかし、1958 年の人民公社化の実
施から「政社合一（郷人民政府、郷人民代表大会と「合作社」を一体化
した－訳者注)」制度を採用することで元の郷政府システムは取り消さ
れ、民族郷も次第に消えてしまった。民族郷の取消しによって、その地
域での民族政策の貫徹、民族幹部の配置、民族特徴に対する重視及び優
遇などが疎かにされた。改革・開放後、以上のような地域では次々と民
族郷の恢復と新たな民族郷の建設を求め始めた。それで、1982 年に中
華人民共和国憲法は民族郷の建設を一級下部単位の行政建設として位置
づけた。憲法の精神に基づいて、少数民族の平等な権利を守るため、国
務院は 1983 年 12 月 29 日に民族郷の建設に関する通知を出した。

　通知では以下のような 8 項目が規定された。(1) 少数民族の集住地
域に相当する地域では民族郷を建設すべきである。民族郷は、一つの少
数民族が集住している地域は勿論、二つあるいはそれ以上の少数民族
が住居している地域にも建設することができる。(2) 民族郷を建設す
る際、少数民族の人口が全郷総人口の 30％を占めれば理想的であるが、
個別の状況あるいは特殊な地域ではこのパーセンテージより低くても構
わない。(3) 民族郷の名称は地方の名称に民族の呼称を加えて決定す
る。(4) 民族郷の人民政府は該当地域の各民族を配慮して人員を配置し、
民族郷の郷長は民族郷を打ち立てた少数民族公民の中から選んでその役
を務めさせるべきである。(5) 民族郷では当該地域の少数民族に通用
する言語、文字を使用する。(6) 民族郷は法律と関連法規に基づいて、
当該地域の状況に応じながら民族的特色を生かして経済、文化、教育、
衛生などの事業を発展させるべきである。(7) 民族郷は各民族の住民
に民族政策と民族団結に関する教育を行うことに力を入れ、社会主義民
族関係の発展、各民族間の団結と互助を促進すべきである。(8) 上級

人民政府は的確に民族郷に対する指導を強化し、地元民族の特徴と少数
民族人民の需要に気を配るべきである。⁽¹⁾

1987 年 1 月 23 日、中央統戦部と国家民族事務委員会は民族事業をめ
ぐる幾つかの重要な問題に関する報告の中で、少数民族の雑居・散在地
域の民族事業を重要な内容として提出した。ここで報告は三つの指示を
出した。⁽²⁾(1) 都市部における少数民族事業をしっかり行うこと。(2)
民族郷における少数民族事業を重視すること。(3) 民族区域自治を実
行していない地域のホジェン族、ロシア族、トーアン族など 11 の少数
民族事業を重視すること。この報告は、新しい時期における民族事業の
指導的な思想、根本的な任務について明確に提示し、民族事業における
最も重大な問題は経済事業であると位置づけ、中央の認可を受けて伝達
されたため、全国の民族事業に対しても重要な指導的意義を持つように
なった。

中央と国家の関連部署による以上のような条例・規定の登場は、地
方各級政府の民族事業を促進した。20 世紀 80 年代以降、湖南、広東、
山東、黒竜江省などの少数民族散在地域でも実際の状況に応じて、散
居少数民族工作条例、都市民族工作条例、民族郷工作条例あるいは散
在・雑居少数民族工作暫定規定などの民族事業法規を制定した。その上、
1993 年 8 月 29 日、国務院は「民族郷行政工作条例」と「都市民族工作
条例」を許可・発表した。

24 条から成る「民族郷行政工作条例」は、民族郷の行政的な位置づ
け、民族郷建設の条件及び手順、民族郷人民政府の人事、使用言語、行
政的特徴、法による権利及び上級人民政府に対する民族郷の責任などに

1.「民族郷を建設することに対する国務院の通知」、国家民委弁公庁編『中華
人民共和国民族政策法規選集』中国民航出版社、1997 年、31 - 32 頁を参照
せよ。
2.「民族事業をめぐる中国共産党中央統戦部、国家民委の幾つかの重大報告」、
国家民委弁公庁編『中華人民共和国民族政策法規選集』中国民航出版社、

4. 民族事業体制の復活、拡充と発展

ついて具体的に規定した。30条で構成された「都市民族工作条例」は、主に民族事業を展開する際の都市人民政府の責任を規定した。「民族郷行政工作条例」と「都市民族工作条例」は、少数民族の散在・雑居地域における民族事業の重要な法規であり、民族郷と都市民族事業の基本準則となった。[(1)]

1984年の「民族区域自治法」が採択された後、関連部門は「民族郷行政工作条例」と「都市民族工作条例」以外に、「散居少数民族平等権利（権益）保障法」の制定にも力を尽くした。

民族区域自治法は、少数民族が集住している地域の少数民族の権益に法的保障を提供するものであったので、少数民族の散居地域に対する相応の法的保障も必要となった。

散居少数民族の合法的な権利と利益を保障し、彼らの経済、文化の発展を促進し、民族団結と社会の安定を維持するために、1986年から全国人大民族委員会と国家民委などの部門では「散居少数民族平等権利（権益）保障法」の起草作業について協議を行った。

第七期全国人大常務委員会では、「少数民族散在地域における民族平等権利（権益）保障法」を立法計画及び目前の事業対象として指定した。その後、全国人大民族委員会は10年以上の時間をかけて全国の様々な地域で広範な調査を行い、新中国の建国以来の散居少数民族事業に関する中央と地方の政策、法規と規定に対する資料収集と研究を展開し、そして、30の省、直轄市と自治区及び20以上の部門、最高人民法院（最高人民裁判所）、最高人民検察院、一部の県、市及び民族郷などの意見を基に、重なる討論と修正を経て、1991年と1994年に二つの草案を完成した。しかし、一部の基本的な問題においてコンセンサスが形成さ

---

1. 「民族郷行政事業条例」と「都市民族事業条例」に関しては国家民委弁公庁編『中華人民共和国民族政策法規選集』中国民航出版社、1997年、77-82頁を参照せよ。

れず、採択されることはできなかった。[1]

ア）概念の問題。「散在地域における少数民族権益保障法」（草案）では「散在少数民族」を（1）民族自治地域以外に住居する少数民族（2）民族自治地域内に住居しているが、区域自治を実施していない少数民族として定義した。

しかし、反対意見として、まず、以上のような定義方法は憲法、自治法、選挙法、地域組織法、訴訟法の関連規定と一致しない。次に、我が国における少数民族分布の実際状況に合わない。その原因は次の通りである。（1）本民族自治地域以外に住居する少数民族は必ずしも散居しているとは言えない。（2）民族自治地域内に住居する区域自治を実行していない少数民族も散居するとは言えない。（3）人口が少なく、民族自治地域を建設する条件が整っていない少数民族は、殆ど全員が一つの郷あるいは区に集中しているが、やはり「散在住居」とは言えない。（4）民族郷を「散在住居」範囲に割り当てることには法的な根拠がなく、歴史にも添わない。その原因は次の通りである。①我が国の従来の政策と法律では「民族郷」の概念を、集住している少数民族が建設した一級政権組織形態として定義した。②民族郷は民族自治地域ではなく、少数民族が自治を実行する一つの形式であり、一般の郷とも違う。それは民族区域自治の重要な補助的な部分であり、ある種の「小さな区域自治」である。

イ）当該法の制定の必要性。我が国には自治地域を建設していない少数民族が 2,000 万人以上いる。その中で、都市部に住居する人、民族郷を持っている人、漢族農村部に散在している人がそれぞれ 3 分の 1 を占め、つまり三種類の人たちが各 700 万人を占めていた。国務院が 1993 年に「都市民族工作条例」と「民族郷行政工作条例」を分布してから、

1．全国人大民族委員会編、『第一回から第九回までの全国人民代表大会民族委員会文献資料集』（下）、中国民主法制出版社、2008 年、2592 頁を参照せよ。

4．民族事業体制の復活、拡充と発展

専門的な法律がカバーしていなかったのはまさに、その三番目の漢族地域の農村部に散在している700万人の少数民族だけであった。我が国はこれらの700万人を対象にした専門的な法規は制定していなかったが、憲法及び選挙法、婚姻法などの法律、関連行政法規などは散在少数民族の法的な権益を守るためにその内容を全面的に規定していた。

要するに、異なる意見と未解決の課題は存在しているものの、少数民族の散在地域における民族権利保障法を制定する根拠、法律及び立法制定の需要は依然として存在している。したがって、散在少数民族の権益保障法の制定及びその実践の可能性は十分ある。

以上のように、民族区域自治あるいは少数民族の散在・雑居地域とその他の民族事業部署が協働して作り上げた民族事業システムは、中国共産党が中国の民族問題を解決する実践の中で模索し発展させたものであり、中国の特色ある中国革命と社会主義事業の一部であると言えるだろう。

第6章　少数民族及び民族地域の
発展問題

　20世紀の中国が解決すべき基本的な民族問題として次のような二点を挙げることができる。まず、民族圧迫を撲滅することで民族解放と平等を実現することである。次に、貧困から抜け出し、民族の復興と繁栄を実現することである。前者はアヘン戦争から100年間の努力を重ね、新中国の成立をもって実現した。後者は20世紀の半ばから始まり、今日になってもその実現のために努力を重ねている。民族発展は民族解放よりも極めて困難で長いプロセスであり、特に少数民族と民族地域ではそれがもっと顕著であることを事実が証明している。

1．20世紀前半の一般的な発展状況

　経済、社会の不均衡な発展は中国の基本国情の一つであり、民族関係から見れば漢族より少数民族の発展が遅れていることが普遍的にみられ、民族地域が漢族地域より立ち後れている現象がそうしたアンバランスを裏付けていた。以上のような現実は中華民族の負の歴史遺産であり、少なくとも20世紀前半期にはより際立っていた。

　チベットは内地から遠く離れ、独特の歴史文化及び地理的な環境を有しているが、経済、社会の発展は非常に立ち後れていた。広大な面積を有するチベットは交通条件が悪く、各地域は隔離され、経済状況も様々であった。雅魯蔵布（ヤルツァンポ）江流域とその北側の草原地域は基本的に「庄園」を単位とする封建経済が主流であり、経済生産において

も農業を中心とする牧畜業と手工業が一般的であった。農業は粗放経営
であり、農機具も簡単で乏しかった。また、水利施設は立ち後れ、農業
技術も劣っていたため、収穫量は非常に低かった。牧畜業は原始的な自
然放牧であったため、自然災害に対処することができなかった。手工業
は農民の副業にすぎず、一部都市の手工業者たちは家庭そのものが作業
場であった。平和的に解放されるまで近代的な工業がなかったため、大
量の西洋製品の流通は元の手工業に打撃を与えた。平和的に解放された
時に、チベット地方政府が管理する人口は 100 万人足らず、そのうち
の 6 分の 1 以上は生産活動に参加していなかった。[1]

　数年来、チベットの生産力は発展しなかっただけでなく、一部の地域
では逆に衰退し、大量の土地は耕作をせず荒廃化した。人口は減る一方
で、広範な地域の民衆は飢えに耐えず生存さえ難しかった。ラサ、シガ
ツェ、チャムド、那曲などの都市ではホームレスが溢れ、至る所で物乞
いをする老人、婦女と子供が見られた。[2]

　以上のような生産力に対応しているのは極端に遅れた封建的な農奴制
度であった。官家、貴族と寺院上層部の僧侶で構成された三大領主が殆
どの生産手段を独占していた。人口の 5 ％に過ぎない三大領主たちが旧
チベットの全地域の耕地、森林、山、川、河原及び大部分の牧畜などを
独占したのに対し、チベット人口の 90 ％を占める農奴たちは生産手段
と人身の自由が無く、領主たちに代わって土地を耕すことで生活してい
た。残り 5 ％の人々は「喋る道具」として扱いされ、代々奴隷となった。
奴隷に対し三大領主はその所有権を有し、農奴の活動範囲は所属領主の
庄園内に限られ、勝手に離れることも逃げることもできないと旧チベッ
ト地方政府は定めていた。農奴は代々領主に従属し、領主のために働か

1．『チベット社会概況』（『中国民族問題研究叢書』の一巻）、中央民族学院研
　　究部、1955 年、12 頁。
2．国務院ニュース弁公室『チベット民主改革 50 年』人民日報、2009 年。

1．20世紀前半の一般的な発展状況

なければならなかった。労働力を失えば、家畜、農機具、土地を奪われ、奴隷に転落した。農奴主は農奴を自分たちの私有財産として扱い、彼らをギャンブル、売買、譲渡、贈り物の用品として意のままに操った。

農奴主は土地を二つの部分に分けていた。まず、大部分の肥沃な土地を庄園の自営地としていた。次に、やせた土地、辺鄙な土地を農奴に貸し出していた。農奴たちは農機具、食糧を用意して荘園の自営地で無償で働き、余った時間を利用して借りた土地で働くしかなかった。農繁期、あるいは農奴主に用事がある時には、無償で物を運んだり、部屋を修理したり、あるいはその他の雑労働をしなければならなかった。それ以外に、チベット地方政府及び関連部署は奴隷を使役に供し、主に物資の運搬などの重い労働をさせた。チベットは土地が広くて人口が少なく、交通が不便なので、各種物資の輸送は主に人力と家畜に頼っていた。地方政府と庄園領主の使役のために農奴の50％以上（70％から80％に至るケースもあった）の労働量を占めていた。

政治と宗教の一体化は旧チベット社会制度の特徴であり、宗教の上層部と寺院勢力がチベットの主な政治的な支配者及び最大の農奴主であった。統計によれば、民主改革以前のチベットには2,676カ所の寺院があり、僧侶が114,925人いた。その中の500人程の者だけが上層部にあたり、経済的実権を握っている僧侶は4,000余人であった。当時、チベットの四分の一の男性が僧侶の道を選んでいた。デプン、セラ、ガンデンなど三大寺院の僧侶は1.6万人を超え、321の庄園、14.7万ムーの土地、450の牧場、11万匹の牧畜、6万人以上の農奴を所有していた[1]。以上のようなデータは宗教組織による物質、人力資源の消費規模、チベット宗教勢力の膨大さを裏付けている。

少なくとも民国初期に、四川と雲南省の涼山地域のイ族は、外部世界に取っては一つの神秘的な社会であった。国外の学者たちは彼らを

1．国務院ニュース弁公室『チベット民主改革50年』人民日報、2009年。

「独立羅羅」と呼び、内地の漢族たちは彼らを「蛮子」と呼んでいた。1928年から1929年にかけてイ族地域で野原の調査を行った民族学者・楊成志は、調査報告書の中で「独立羅羅」と「蛮子」という二つの呼び名の由来について、国外学者たちの論に基づいて次のように述べた。

「各書の立論から、我々は涼山の羅羅の前に「独立」という二文字を付けた主な理由は、彼らが中国の政治勢力の支配を受けなかっただけでなく、同時に自由に漢族の民を殺していたからであることが分かった。中国領土内に意外にもこのような部族が存在することは、一つの独立国家であるに違いない。これが『独立羅羅』という呼び名の由来である。」

周りの漢人たちが彼らを「蛮子」と呼んだことには三つの理由があった。「まず、金沙江流域の2千キロ以内の住民は略奪、殺戮、拉致に悩まれ、自衛と抵抗の方法を見いだせなかった。次に、漢人にとって山の奥に住むイ族の衣食住などの各種の社会慣習が野蛮なものに見えた。最後に、涼山が四川省と雲南省の辺境地域に位置し、両省の政府は彼らを征服あるいは説得する余力がなかったため、イ族のなすがままにしていた。以上の三つの理由をもって彼らに名実相伴う呼び名―「蛮子」を与えたのである。(1)」ここで外部世界がイ族に対する誤解を取り除けば、イ族社会はかなり閉鎖的であり、政府も彼らに対して支配（納税を要求）することも説得することもできなかった事実を確認できた。

当然、以上のような閉鎖状態には経済発展の遅れが伴い、楊成志の指摘通り、「羅羅」の装束の特徴は、「裸足、フェルトの羽織り、乱れた髪の毛に垢で汚れた顔、生臭いにおい」であり、「彼らの家屋は狭くて醜かった。屋上は草の上に泥土を塗り、壁は泥で積み上げるか竹で編み上げたものであった。暖房及び炊事用として部屋の真ん中には『火塘』と呼ばれる穴をあけ、椅子、テーブル、ベットなどの家具は一切なかっ

1．楊成志「雲南民族調査報告」、李文海編『民国時期の社会調査叢書（少数民族巻）』福建教育出版社、2005年、19頁。

1. 20世紀前半の一般的な発展状況 305

た。人々は地面で牛、羊、豚、馬、犬、鳥などの家畜と共に同じ部屋で生活し、隔てる壁も何もない所謂『六畜同堂』の状態であったので、そこから我々は生活の野蛮さを実感できた。」「彼らが住んでいるのは高山の極寒の地であったため、生産方式は牛、羊の飼育あるいは狩猟（多くはない）以外に、畑仕事で生計を維持していた。農作物としてはサツマイモ、小麦、高粱、トウモロコシ、四季豆などがあり、手工業は自制毛皮やフェルト毛織物、鍛冶（金属を鍛錬して製品を製造すること―訳者注）以外には何もなく、進化の初歩的な段階にとどまっていた。」[1]

報告はイ族の以下のような部落制度及び奴隷制度を公にした。[2]

「独立羅羅は部落時代の社会であった。昔、各部落を統轄したのは土司であったが、今日になって土司の姿は消え、次第に酋長が各部落の統治者となった。この種の酋長は世襲的なものであり、独裁的な魔王のように対内の政治、社会に対して絶対的な支配権を有し、対外的な戦争、略奪を指導する権力を有していた。酋長の統治区域は周囲の数十、数百、数千キロに及んでいた。……酋長の統括地域内の人民は酋長個人の奴隷であり、一般的に『哇子（ワーズ）』と呼ばれていた。大部分の『哇子』は拉致された漢人であり、インドのカーストのように階級に分かれていた。例えば、『鍋磚哇子』、『百姓哇子』、『女子哇子』、『漢把（酋長の外交官）』、『三道哇子』、『買路哇子』など様々な『哇子』の呼び方があった。これらの『哇子』の地位や身分は酋長によって決められ、勝手に変えることはできなかった。例えば、通婚は同じ階級に限られ、その範囲を超えることは禁じられていた。」

新中国成立後の20世紀50年代の半ばまで、以上のような状況には大きな変化がなかった。

---

1. 楊成志「雲南民族調査報告」、李文海編『民国時期の社会調査叢書（少数民族巻)』福建教育出版社、2005年、19頁。
2. 同上、23－24頁。

チベットと大・小涼山地域に比べて、新疆は中・西文化交流の要衝であったため、対外的な開放度はある程度高かった。したがって、民国に至るまで内陸と同様、大多数の新疆地域では封建的な生産関係が主流であった。しかし、その中のウイグル族が集中している南疆はより立ち後れた農奴制を有していた。

内モンゴルは新中国の成立直前まで比較的に多くの農業地域と半農・半牧地域を有していたが、牧地が全面積の半分以上を占め、モンゴル族は牧畜を主業としていた。しかし、当時の内モンゴル牧地における生産水準は、チンギスハンが国家を立ち上げる前の水準と殆ど変わりがなかった。さらに、地域間の生産水準もバランスが取れず、新中国が成立するまで、「多くの地域では飼料及び草による家畜の飼育は勿論、家畜小屋の作り方と井戸を掘ることさえ知らなかった。シリンゴル盟とフルンボイルの大部分の牧地では、冬と春における家畜の衰弱や死亡の現象を防ぐことも避けることもできなかった。[1]」

こうした生産力の低さにより、20世紀前半期における内モンゴル牧地の生産関係は、主に家畜や牧地の支配権を占有している封建階級の牧民に対する搾取や抑圧で現れた。彼らは、封建特権を利用して牧民に労役を課すか、あるいは牧民の普遍的な貧困を利用して家畜の貸し出しや働き手を雇用することによって牧民の生産物地代や貨幣地代を搾取した。それ以外にも、経済地位が上昇した裕福な牧民の貧困牧民に対する搾取もあった。

中国国内のエヴェンキ族は、主に内モンゴル東部のフルンボイル盟のエヴェンキ自治旗、モリンダワ・ダウール族自治旗、陳バルグ旗とアルグン旗及び黒竜江省の訥河と富裕などの県に分布していた。彼らは、経済様式や分布によって「ソロン」、「ツングース」、「ヤクーツク」の3つ

---

1. 賈敬顔他「解放前、内モンゴルの牧地における生産力の水準及び生産関係の変化に対する略論」、『中国民族』六期、1963年。

1. 20世紀前半の一般的な発展状況

に分けられていた。その中のヤクーツク人は、トナカイで有名で、17世紀にレナ川地域から我が国のアルグン川流域に移住してきた民族であり、当時の人口は700人前後であった。200年以上に渡る伝染病の蔓延、統治階級の圧迫などの原因によって、その人口は大幅に減少し、解放される時には100人くらいしか残っていなかった。

研究によれば、アルグン川のエヴェンキ族は20世紀の中期まで父系氏族末期の状態にあり、貧富の差はあったが、階級の分化は明らかではなかった。エヴェンキ族は四つの家族公社に分けられ、共同労働、平均分配、非定着の生活をしていた。

以上のようなケーススタディは、20世紀上半期の中国少数民族の全般的な発展状況を示すことはできないが、少なくとも以下のような特徴を反映していた。

まず、辺境地域に住居し、比較的に閉鎖的であった。チベットはチベット高原の真ん中に位置し、雲南、四川、青海と新疆などの地域と繋がってはいるが、海抜の高さ、気温の低さ、交通の不便さなどの原因によって外地との接触は極めて困難であった。大・小涼山は辺境地域ではなかったが、山と川によってイ族の住居地域とその他の地域は隔絶されていた。歴史的に新疆の天山南北は中国と中央アジア、ヨーロッパを繋ぐ陸路交通の要地であったが、内地から遠く離れていたので、同じくある種の障害となった。上述のモンゴル族、エヴェンキ族と言及されていない大多数の少数民族は殆ど中国の辺境地域、あるいは内地の険しい山々に囲まれた地域に住居していた。我が国の政府は20世紀末、辺境地域の135カ所の県、旗、市で「興辺富民（辺境地区を発展させて人民を豊かにすること－訳者注）」行動を推進した。その中で、民族自治地方は107カ所、辺境人口2,100万人の中で少数民族人口が占めるパー

---

1. 呂光天「アルグン川のエヴェンキ族の原始公社から社会主義への直接的な移行」、『民族研究』4期、1958年を参照せよ。

センテージは 48% であった。当然ながら、ここでいう辺境地域は主に西部を指し、今日に至るまで 75% 以上の中国少数民族が西部に住居していることは、ある種の歴史の継続を意味している。

次に、様々な経営様式を有し、生産力のレベルが低かった。漢族と同じく、少数民族の大多数（約 4 分の 3）は農業生産に従事していた。しかし、歴史と地理条件によって経営様式は様々であった。少数民族の中には入念に耕作する以外にも、面積当たりの収穫量が少ない粗放農業や焼畑農法が一般的に行われていた。ヤクーツクエヴェンキ族など一部の少数民族は狩猟で生計を立てていた。また、オロチョン族、ホジェン族、ツングースエヴェンキ族、京族などは狩猟あるいは漁業を中心として粗放農業、牧畜業を営んでいた。カザフ族、キルギス族、タジク族、ユイグー族及び一部のモンゴル族とチベット族などは牧畜業で生計を立てていた。ドゥルン族、ローバ族、ヌー族、ワ族、リス族及び一部のミャオ族とヤオ族などは粗放農業に従事すると同時に漁猟、狩猟、採捕を行っていた。それ以外に、工商業と林業に携わる民族もあった。各民族が使用していた道具もその材質からいうと、近代化につれてそれ相応の鉄器から石器時代の石器、木器と骨器まであり、その種類も簡単な投げ石器や弓矢からボーガンと火薬銃まで様々であった。多くの民族は自分たちの独特な手工業を持っていたが、近現代的な工業の面から言えば、その成果は無に近かった。1949 年の統計によれば⁽¹⁾、国土面積の 60% 以上を占めている少数民族地域の工業総生産量は、全国工業総生産量の 3.8% に過ぎなかった。その中でも少数民族が集中し、国土面積の 31% に及ぶ西北地域は全国工業総生産量の 2% に過ぎなかった。

最後に、置かれている社会状態が様々で、全体的に立ち後れていた。20 世紀 50 年代初期における我が国の少数民族は、マルクス主義の社会

1. 『当代中国』編集部編『当代中国の民族工業』（下）、当代中国出版社、1993 年、4 頁。

1．20世紀前半の一般的な発展状況

経済形態理論から見れば、前資本主義社会の段階に置かれていた。その中の蔵、回、ウイグルなどの30以上の民族が、封建的な地主経済を主流にしていたことは漢族社会と似ているが、様々な面から考慮すれば、やはり漢族地域より立ち後れていた。また、その人口は3,000万人以上であり、少数民族人口の絶対多数を占めていた。封建的な領主経済も相当な比重を占めており、前述のチベットのチベット族、新疆の南疆地域における一部のウイグル族と雲南のシーサンパンナタイ族などはこの種の経済システムを実行していた。封建領主経済の形態下に置かれた少数民族人口は約400万人程度であった。奴隷制度は一部の民族地域では依然として存在し、その中でも涼山地域のイ族奴隷制度が最も典型的であった。涼山奴隷制社会で生活していた人口は、約100万人であった。アルグン川流域のエヴェンキ族の経済形態には、典型的な氏族経済が残存していた。それ以外の一部の弱小民族の中でも、この種の前時代的な経済システムが普遍的に存在していた。例えば、東北地域のオロチョン族、エヴェンキ族、ホジェン族、海南島の一部のリー族、ミャオ族、雲南のトールン族、ヌー族、リス族、プーラン族、チンプオ族、徳昂族などを挙げることができる。彼らの大部分は原始的な農業あるいは漁・狩猟に携わり、基本的な生活を維持する以外に何の余剰も搾取もなく、明らかな階級の分化も行われていなかった。基本的に共同労働、共同消費といった原始経済システムを営んでいた民族は60万人程であった。

　以上のような経済形態は様々な地域や民族の中に交錯しており、比較的大きな民族の内部には二種類以上の経済形態が共存していた。例えば、涼山地域のイ族は奴隷制が普遍的であったのに対して、雲南と貴州及び広西のイ族は封建地主経済あるいは領主経済の形を取っていた。ウイグル族は全体的に封建地主経済が主流であったが、部分的な地域では領主経済が存在していた。また、白族の社会では地主経済が主流であったが、一部の山間地帯には領主経済、奴隷経済もしくは原始経済が残されていた。様々な異なる経済形態は各民族の間だけでなく、同一民族内部の異

なる地域でも現われていた。これは民族発展における中国社会の発展不均を浮き彫りにしていた。

2．民国時期の民族建設と開発

20世紀の前半、中国の少数民族は漢族に比べて立ち後れた発展状態に置かれていたが、その時期自体が中国社会の伝統社会から近代への転向期であった。中国社会の一部として少数民族と民族地域の発展も当然ながら歴史の流れにより推し進められた。

中華民国の成立初期、孫文の民生主義の目標を実現するために「五族共和」の国家統一が促された。一部の知識人たちは次々と社会組織を作り上げ、宣言を発表し、義援金を集めるなど実業を振興するブームを引き起こした。その中で、辺境を開発し、各民族発展を扶助することは彼らが関心を持つ議題の一つであった。1912年3月、黄興、陳錦濤、宋教仁、蔡元培、胡漢民、徐紹禎、柏文蔚などは「拓殖協会」を作り上げた。[1]

孫文と民国臨時政府はこの組織の成立を支持し激励した。孫文は拓殖協会の成立に対して、「国家が協力すべきであり、財政部は毎年の予算から30万元を維持費用として支払うことにする[2]」という指示を伝達した。しかし、この指示は孫文の辞職によって実現することができなかった。袁世凱が大統領に就いた後、黄興の要求に対して「100万元の予算を割り当てる」と承諾したが、おざなりに5万元だけの援助で済ませた。後に、拓殖協会は主に株を買い集め、借金する方法で一部の開墾事業を

1．「拓殖協会を作り上げるための宣言書」、『徐紹禎集』四川師範大学出版社、1991年、121頁を参照せよ。
2．孫文「黄興などの上申書に対する承認」、『孫文全集』2巻、中華書局、1982年、294頁。

2. 民国時期の民族建設と開発 311

展開するしかなかった[(1)]。

1912年5月、金崎生などは「中華民国国民回族代表」の名の下、「回族を団結させて共和を討論」し、「学校を作り上げ、実業を奨励し、工・商業を振興させる」ことを旨とする「中華民国共和回民連合会」（後に「中華民族回教連合会」と改称する）を作り上げた。連合会の成立後、南京市はモスクに働きかけて7所の回民族小学校を設立し、モスク内部の世襲制度を廃除することに努めた。

1912年3月19日、黄興と劉揆一などは「五族同胞を連合し、教育を普及し、実業を振興し、共に平等で自由な理想社会へ向かい、民国の基盤を強固にする[(2)]」ことを主旨とする「中華民国民族大同会」（後に「中華民族大同会」と改称する）を作り上げた。この組織の成立も孫文の支持を得ることができた。

1912年7月、黎光薫などは北京にて「五大民族生計会」を発起・成立した。この会は首都に総会を設け、各省及び東北、内外モンゴル、青海、チベットなどの地に支部を設けた。この会は、義務教育を普及し、農業、林業、牧畜業、鉱業などの実業を創立し、役所が管轄する未耕作地を調査し、開拓を実行することを唱えた[(3)]。

1912年9月、チベットとモンゴルの交通事業を企画する蒙蔵交通会社が北京で設立された（後に上海へ移転する）。この会社は「外・内モンゴルを横断し、西北をコントロールできる」鉄道企画を完成しただけでなく、中央政府からの建築補助金（毎年100万元の経費）を確保した。また、イギリスの東インド会社の官・商合弁の経営様式を取り、株を発行するなど様々な方法で資金を集めた。

---

1. 虞和平「北伐戦争前夜の民生主義運動及びその影響」、『「孫文北伐、梧州」セミナー論文集』、1999年、220頁。
2. 「財政長官に出す黄興などの手紙」、中国二歴史ファイル館編『中華民国史ファイル飼料集』三集、江蘇古籍出版社、1991年、766頁。
3. 中国二歴史ファイル館編、前掲書、「政治（二）」、766頁

312　　　　　　　　　　　　　第6章　少数民族及び民族地域の発展問題

　以上のような組織はいずれも辺境を開発し、統一を擁護し、少数民族を連合して共に国家を建設しようと努めた。そして、ある程度の範囲内で様々な活動をしたが当時の条件によって、彼らは最終的には夢を実現することができなかった。

　辛亥革命の成果を袁世凱に盗み取られた孫文は、民主共和制度を救うために相次いで「二次革命」、「護国運動」及び「護法運動」などの武装運動を発動した。続いて、「国家経済の大政策」の立案に着手しながら、1917年から1919年までに上海で『建国方略』の執筆に集中した。『建国方略』の「実業計画」という部分で、孫は中国の実業を発展させることに対する10項に及ぶ意見を述べた。[1]第1項の「交通の開発、10万マイルの鉄道の建設」、第8項の「モンゴルと新疆に対する灌漑」と第十項の「東北三省、モンゴル、新疆、青海、チベットへの移民」などはいずれも辺境の民族地域に対する建設、開発と直結していた。[2]しかし当時、置かれた時代と歴史的条件によって、孫文の雄大な計画は実現することができなかったが、国家の建設と辺境の開発を目指す後世の計画者にとっては、依然として参考の価値があった。

　北洋政府の統治期、袁世凱は内モンゴルのモンゴル王公に対する籠絡・買収政策から始めることで「モンゴルの心をつなぎ留め」ようとした。しかし、殆どのモンゴル王公が服従してからは、モンゴルに対する大規模な「開墾」を通して経済的な利益を作り出していた。1914年、北洋政府は「個人による蒙荒地開墾禁止通則」と「辺境荒地条例」などを公布し、モンゴル地域の開墾をめぐる権利を独占して多額の資金を手に入れた。例えば、清末から1928年までの間、綏遠地域だけで19,849,200ムーの開墾を許可した。その中で、1914年から1928年ま

1．孫文の実業計画に関する内容は1918年に書き上げた。当時、外モンゴルはまだ正式に独立していなかったため、孫文の鉄道システムや移民計画にはモンゴル全域を計画に入れていた。
2．孫文『建国方略』劉明編、中州古籍出版社、1998年、169－172頁を参照せよ。

2. 民国時期の民族建設と開発 313

での北洋政府時期に行われた許可は 11,893,200 ムーで、全体の 60％を占めた[1]。モンゴルでの大規模な開墾は北洋政府の財政を増やしただけでなく、モンゴルの王公や漢族の軍閥、官僚、地主を潤した。一方、モンゴル牧民には牧場の減少など多大な被害を与えた。

清末と民国初期における開墾と内地人口の大量の移動によって、20世紀 20 年代までの内モンゴルの社会、経済には様々な変化が起きた。内モンゴルの南部と東部の農業地及び半農・半牧地は次々に拡大され、一部の地域では牧畜業が農業に伝統の座を譲らなければならなかった。内モンゴルの各盟の中でシリンゴル盟は自然条件の制限によって未開墾であったが、その他の盟、部では農地の範囲がある程度増えていた。ゾスト盟の各旗は早くから開墾され、この時に大部分が農業地域あるいは半農・半牧地域になっていた。ゾーオド盟はシラムレン川を境界として、その南部は殆どが農地あるいは半農・半牧地になった。ジェリム盟の大部分の地域は農業を中心とした。チャハル右派の各旗やイクチャオ盟左翼 3 旗の牧畜業も減少する一方であった。清と北洋軍閥によるモンゴルの開墾は、牧畜業を中心としていた内モンゴルの経済システムと生態環境を大きく破壊した。それと同時に、農業地域と半農・半牧地域の拡大に伴って、内モンゴル地域の民族構成比率にも大きな変化をもたらした。つまり、漢族農民は絶えず増加する一方、大量のモンゴル族が流出することで、モンゴル族は現地の少数者となって雑居する局面が出てきた。半農・半牧地域において、漢族農民やモンゴル族農民・牧民が混ざり合って生活し、蒙・漢雑居地域を形成した[2]。

北洋時期の開墾や農地の拡大は内モンゴルだけに限らず、東北三省、直隷、西康、青海などの地域でも同じやり方を押し進めていた。その中でも、新疆は独特なやり方を採用していた。辛亥革命後、楊増新が政権

---

1. 郝維民編『内モンゴル近代小史』内モンゴル大学出版社、1990 年、94 頁。
2. 同上、96 頁。

を握り、新疆を支配していた。彼は遊牧民を定住させ、税金を増やすために「水路を開設し、未耕作地を開墾する」ことを奨励した。例えば、1915 年には新疆水利委員会を立ち上げ、新疆全体の水利事業を企画した。そして、1921 年までに北から南へ次々と水路を修築し、百万ムーにおよぶ乾いた土地に灌漑を行った。当時にとっては相当の業績であり、新疆の農業生産発展を促進したことに違いない。統計によれば[1]、1915 年における新疆のもち米の栽植面積と産量はそれぞれ 198,644 ムーと 51,079,800 石[2]だったが、1918 年には 547,904 ムーと 55,429,700 石に増えた。また、小麦の栽培面積と産量はそれぞれ 1915 年の 6,096,186 ムーと 609,768,800 石から 1918 年には 5,290,649 ムーと 745,687,700 石になった。水路の開設と未耕作地の開墾の主な労働力に遊牧民を選んだため、彼らに生活の活路を提供しただけでなく、社会安定、生産量の増加、新疆の安定と開発などに積極的な役割を果たした。

　蒋介石をはじめとする南京国民政府は、1929 年 3 月に開かれた国民党第三次全国代表大会で初めて、「本党は厳粛に次のような声明を発表する。私たちは今後、清朝と軍閥時代からのモンゴル、チベット、新疆人民の利益を愚弄した悪徳政治を直すことに努める。また、心から各民族の経済、政治、教育の発展を支援し、共に文明と進歩を勝ち取ることをもって自由で統一的な中華民国を建設する[3]」と民族政策に対する態度を示した。続く 1929 年 6 月、国民党第三期中央委員会第二回会議では「蒙蔵に対する決議案」を採択し、「本党の綱領に基づき、中央政府が各地方政府に協力する形で蒙蔵の各地域の教育、経済の施設、交通実業の

1．新疆社会科学院歴史研究所『新疆略史』（三）、新疆人民出版社、1980 年、28 － 30 頁。
2．古代の中国においては、「石」は質量の単位であった。米の 1 石は、下位単位では 10 斗にあたり、同じく 100 升、1,000 合に相当する。（訳者注）
3．栄孟源他『中国国民党の歴代代表大会及び中央全体会議資料（上）』光明日報出版社、1985 年、646 頁。

2．民国時期の民族建設と開発

建設に努めるべきである[1]」と強調した。

国民政府は以上のような綱領に基づき、具体的な事業を展開した。例えば、1930年の蒙蔵委員会全体会議では康蔵交通・郵便・電信計画企画案を採択した[2]。その結果、1933年以降、康蔵地域の郵便事業は著しい発展を遂げた。滇康郵送道路は565キロ、カンゼからデゲの経由で玉樹までの郵便電信は500キロ、玉樹から湟源まで西康、青海を連結する線は690キロであった[3]。また、四川、雲南、貴州などの省における郵便建設も成果を出した。しかし、交通建設の成果はそれほど顕著ではなかった。

孫文は『建国方略』の中で西北の開発（内・外モンゴル地域も含む）を相当重視し、西北交通及び資源の開発をめぐる一連の構想を出していた。そのため、康蔵の建設に比べて南京国民政府が実際に注目したのは西北であった。1931年の「九・一八事変」後、国民政府は国防の需要から西北の開発に拍車をかけることで中国の戦略的な環境を改善し、全面戦争の準備をしようとしていた。1931年当時、国民政府建設委員会の副委員長に務めていた曽養甫は、「総理の遺言に従えば、民族歴史、文化、民生、国防、人口など様々な面から考慮しなければならない。国内の地域に対して言うなら、最も開発すべき地域は西北である」と西北開発の重要性を力説した[4]。当然ながら、彼らは西北の民族問題の重要性及び外患の脅威を意識していた。劉は「西北は種族と宗教が複雑な地域であり、風俗・習慣も異なっている。そのうえ、ソ連と接しており、常

1．「中国国民党三回中央委員会二次会議の重要決議案」、『中華民国史ファイル飼料集』五集政治（二）、江蘇古籍出版社、1991年、138頁。
2．中国二歴史ファイル館「蒙蔵委員会全体会議における康蔵交通郵便電信計画」、『民国ファイル』三期、1992年を参照せよ。
3．中国二歴史ファイル館編『中華民国歴史ファイル資料集』五集財政・経済(九)、江蘇古籍出版社、1994年、600－601頁。
4．曽養甫「西北建設と今後の重要な問題」、『建設』1931年西北特集。

に危険を孕んでいる。慎重に扱わなければ、将来の災いには想像に堪えないものがある[1]」と危惧した。

　国民政府は全国を統一した後、まさに以上のような原因を考慮して西北の開発を「急務」の一つと位置付けた。1928年1月、建設委員会と資源委員会を立ち上げ、建設委員会は1931年5月に「西北開発計画」を起草した。そして、1932年12月、国民党第四期中央委員会第二回会議では「西北開発案」が採択され、国民政府の行政院に西北拓殖委員会を設けた。また、拓殖委員会の傘下に国道、勧工、採鉱、墾拓など四つの部署を作り、西北地域の経営・開発を任せた。1934年4月、宋子文は上海から西安へ赴き、西北経済を考察する際に西北開発における四つの計画を提示した。その計画には水利事業、西（西安）蘭（蘭州）道路の建設、農業の改良、衛生事業の創設が含まれていた。5月には、蘭州へ赴き、また西北開発を強調する演説を行った。宋子文の後を継ぎ、その他の一部の中央の重要人員や有識者たちも次々と西北を考察し、演説を行ない、西北開発を盛んに論じた。同じ年の6月22日、国民政府全国経済委員会第九次常務委員会では「西北建設計画」を採択し、同時にまた「西北水利事業推進方法」、「西北道路建設推進方法」なども採択した[2]。それに応じて、次々と西北開発をめぐる学術機構が設立され、雑誌などが創刊された。例えば、『辺政公論』、『西北建設月刊』、『新西北月刊』、『新新疆』、『西北研究』、『西北論考』などはいずれも西北開発をめぐって大量の論文を発表した。西北の考察、調査・研究がブームになり、政府の企画以外の学者や個人の構想や計画も発表され始めた。さらに、様々な公的銀行、民間銀行も西北開発活動に参加し、次々と西北に支店を開設し、業務を展開した。

1．劉鎮華「西北開発の企画書・序言」、『西北研究』1期、1931年。
2．「全国経済委員会常務委員会による西部建設計画の採択」、『経済旬刊』1期、1934年。

2. 民国時期の民族建設と開発

　全面的な抗日戦争が勃発した後、国民政府は一層西北開発を奨励する政策を展開した。1941年の秋、甘粛、寧夏、青海三省を視察中の国民党の中央組織部長・朱家驊は、蘭州で「西北へ行こう」というタイトルの演説を行い、西北へ赴くことを呼びかけた[1]。1942年8月、蒋介石は陝西、甘粛、寧夏、青海などの四省を視察した。彼は西北建設のキーワードとして「森林と水路の保護、ラバ、馬など家畜の保護」、「植林」、「水路の建設」、「牧畜業の発展」と「運送の開発」などに注目した[2]。

　1943年6月、国民党中央設計局は鉄路、水利、工業など12に及ぶ部門に分けた西北建設考察団を組織して西北へ赴き、実地調査を行なった。これは8ヶ月の時間を経て17,022キロに及ぶ考察であった。その後、国民政府に提出した「西北建設考察団による考察経過報告」は、考察対象を部門別に分けて詳細な論述を行った。そして、各省の実際の状況に基づき、多くの建設的な方案も提起した。これは西北考察に対する国民政府時期の最も全面的で詳細な報告であった[3]。

　以上のように、20世紀30年代から抗日戦争までの間に、西北開発は一定の成果を出した。例えば、1934年3月から建設し始めた西蘭道路を1935年5月に竣工した。1934年から1936年の間に開通した西北地域の道路は9,200キロメートルに達した[4]。連雲港から蘭州に至る隴海鉄道は、1905年から建設し始め、1931年末に潼関、1934年に西安、1945年には天水までしか敷設できなかったが、当時としては素晴らしい工事であった。また、甘新道路及び様々な新設道路、補修道路も抗日

1．朱家驊「西北へ行こう」、『甘粛省政府公報』513期、1941年。
2．蒋介石「西北開発の方針」、唐潤明編『抗日戦時における大後方の経済開発文献資料集』重慶大学建大印刷、2005年、239 − 242頁。
3．王栄華「国民政府時期の西北考察キャンペーンと西北開発」、中国史学会編『中国歴史における西部開発』商務印書館、2007年、271頁。
4．劉政美「抗日戦争以前の西北交通建設」、『国民ファイル』2期、1999年を参照せよ。

戦争期に完成された。蘭州から河西回廊とクムル市経由で迪化までの2,640キロメートル以上を繋ぐ甘新道路は、後にはソ連鉄道と連結してソ連軍が抗日戦争を支援する主なルートとなった。その他、西北には大量の工業会社が増えた。その中でも、甘粛玉門油田は旧中国が投入・開発した最大規模、最高産量の石油基地であった。新疆は抗日戦争の勃発前後に相次いで電気、印刷、機械、食品、製材、製革、化学などの事業を興し、ソ連がコントロールしていた独山子油田を受け継いだ。1933年、中国とドイツ共同経営の欧亜航空会社は上海から迪化までの航空便を就航させ、1939年には中国とソ連共同経営の航空会社は新疆クムル市－迪化－イリーソ連アルマトイ航路を就航させた。また、新疆の水利建設も著しい進歩を遂げ、1937年から1943年の間に15カ所のダムを建設することで140万ムーの土地に灌漑を行った。さらに、1944には完成度の高い沙湾新盛水路を開拓することで新疆の農業発展に有利な条件を提供した。[1]

　抗日戦争期に東部にあった経済の中心が内陸部へ移動したことに伴い、西北開発との相乗効果で西南地域も未曾有の発展のチャンスを掴んだ。全面的な抗日戦争の勃発に伴い、中国の政治と経済の中心は西への移動を余儀なくされた。国民政府は1938年、重慶への遷都を公布した。経済部が作成した「西南西北建設計画」では、四川、雲南、貴州、湘西を新工業基地として規定し、西南を中心とする大後方経済戦略を確立した。このため、西南地域の工業、交通、農業などは発展のチャンスに恵まれることとなった。

　工業方面から言えば、国民政府は戦争の必要から製錬工業を中心とする重工業を優先的に発展させ、「工業と鉱業を同時に発展させる」方針を実行していた。機械工業も大きく発展し、中央機械工場、中央電工器

---

1. 姚群民他「国民政府による新疆開発の歴史考察－抗日戦争時期を中心に－」、周勛初編『永遠に騙すな－抗日戦争勝利60周年記念文集－』南京大学出版社、2005年、314頁。

2．民国時期の民族建設と開発 319

材工場、中国自動車製造会社、中央自動車部品工場などの大・中型の企業を立ち上げることで1,000種類以上の製品を生産するようになった。1940年から1942年までの間、国民政府が国家資金や銀行投資・貸出金として支出した経費は2億元であり、その中で重工業は83.5％を占めていた。このように、重工業は比較的に順調な発展を遂げ、軽工業中心であった抗日戦争以前の西南の不均衡な産業構造を変えることができた。それ以外に、化学工業、紡織なども著しい発展を遂げることができた。さらに重要なことは、工業企業の内陸部への移転に伴って沿海地域の技術者と労働者たちが西南へ移住したことであり、それは西南における工業の持続的な発展に人的、技術的な資源を提供してくれた。

戦略的後方という特殊な地理的条件のため、西南開発における抗日戦争期の交通建設は重要な課題であった。抗日戦争以前の西南の鉄道は滇越線しかなかった。戦争期間に、桂林から衡陽と柳州、南寧から鎮南関、柳州から都匀までの川滇鉄道の一部を建設したが、戦時需要によって取り壊したり建設を止めたりした。一方、西南交通建設における道路の発展規模は鉄道より遥かに大きかった。1935年から1945年の間、川康地域では3,679キロにおよぶ六つの戦時道路の建設を終え、四川は重慶と成都を中心に全省の65％の県、市をカバーできる道路ネットワークを作りあげた。貴州地域は貧しく、投資も多くなかったが、戦時には2,159キロの道路を補修・建設し、3,500キロにおよぶ運営距離を実現した。

「9.18事件」後、雲南における道路の補修は重要な議事日程に入った。1933年に雲南省は、各県の県長に道路の監修を担当させ、彼らの業績を評価する際の主なバロメーターにすると定めた。抗日戦争期間に、雲南の各民族大衆は9本の道路を補修あるいは建設した。その中で、省と省を繋ぐ5本の道路の内、滇桂路以外の1,095.8キロの道路で車両の

1．陳東林『三線建設―軍備時期における西部開発―』中央党校出版社、2003年、19頁。

通行が可能になった。また、4本の省内道路の内、424.6キロの滇西道路（昆明から大理）だけが開通した。滇緬道路は全体の長さ960キロの国際道路であり、東端の昆明から下関までの411キロ区間は1935年12月に開通し、西端の下関から畹町までの547.8キロ区間は1938年に完成され、同じ年の8月31日から道路の全区間が開通された。以上のような道路の補修と開通は西南抗日戦争に多大な貢献をし、閉鎖的であった雲南の四分の一の地域の交通を改善した。

閉鎖的であった広西は、1925年の新桂系による広西統一をきっかけに道路交通を開発し始め、1937年までに7,300キロの県道、15,000キロの郷道を建設した（車両の通行が可能な県道と郷道はそれぞれ3,500キロと1,300キロ）。また、1944年には36,000キロにまで広がり、101の県、市の道路の平均長さ360キロを完成した。道路の補修と建設は経済発展と抗日物資の運送に役立ったが、車の数が少なかったため（1938年広西省の商用車の数は280台しかなかった）、運送能力は高くなかった。戦局の変化に応じるため、各地における水路の開発も行われた。貴州では10本におよぶ1,700キロの水路に対する調査を行い、全距離500キロの4本の水路を整備した。1938年、軍の需要により、経済部は15万元を投資して広西桂川の上流から湖南省までの水運を整備した。また、桂林から平楽までの河川を整備するなど、その他の河川に対する政府の投資は続いた。通航条件の改善と共に、広西の民船は1937年の6,855艘、11万トンの積載量から1942年の13,000艘、20万トン積載量に成長した。[2]

抗日戦争が始まった以降、国民政府と西南地方政府は農業の建設及び

1．「新桂系」とは、中華民国時代における南方軍閥の1つであり、新広西派とも呼ばれる。（訳者注）

2．謝本書編『抗日戦争期における西南大後方』北京出版社、1997年、218－248頁を参照せよ。

2. 民国時期の民族建設と開発

投入に力を入れた。その中でも次のような項目を重視していた。[1]

　まず、農業貸付を拡大した。中国銀行、中国農民銀行、交通銀行、農本局が西部に設けた支店、地方の金融機関もこぞって農業貸付業務を取り扱い、一部の特定項目では貸出委員会を設立した。

　次に、農業新技術の改良、普及を重視した。四川省と雲南省では農業普及委員会を設け、省内の各県には農業普及所を設置した。広西などの省では農業実験場あるいは省が直接運営する農場、林場（営林機構）を創設した。これらのシステムを通じて、農作物の普及、病虫害の防疫、牧畜獣医、農機具、肥料、農村副業、紡織訓練、農作物品種の改良、様々な農業生産新技術の普及などの事業を展開した。

　さらに、農村合作社を強力に普及させた。四川、雲南、貴州などの省では農村合作委員会を設け、すべての郷、鎮では少なくとも一つの合作社を設置し、世帯に一人以上の社員を確保するように定めた。合作社を農業ローンの末端対象として農業金融機関からの貸し出しをコントロールすることで、分散的な小作農経済発展の組織と計画を実現し、戦時農業政策を展開しようとした。1943年9月まで、雲南、貴州、広西省は実際に農村合作社をそれぞれ7,900社、1.07万社、1.27万社設けた。

　最後に、未耕作地の開墾を奨励した。食料とコットンの栽培面積を拡大し、冬期の耕作の普及、アヘンの栽培禁止、難民の移住開墾など様々な施策を行った。その結果、1942年から1944年までの間、四川、雲南、貴州省の開墾面積は333万ムーにまで拡大した。1940年、1941年、1942年における広西の冬期耕作面積はそれぞれ360万、750万、1,000万ムーと増え続けた。西部地域には農村開墾運動の展開に伴って近代的な農村開墾企業が出現し、伝統的な小作農経済に一定の衝撃を与えることになった。以上のような措置によって西南地域の農業総生産量は増加

---

1. 方素梅「抗日戦争期における沿海・沿川経済の西部民族地域への移動及びその影響」、『広西民族研究』4期、2004年を参照せよ。

し、商品経済にもある程度の発展をもたらした。

経済と政治の中心が抗日戦争時期に西へ移動したことに伴い、中国の文化、教育の中心も西南地域へと移動した。1937年7月、全面的な戦争が勃発した後、国民政府は「戦域内における学校の取り扱い方法」を制定・公布し、戦域における学校の移転などの項目を公表した。抗日戦争期、三つの期間にわたり西南へ移転した大学校は56所であった。

最初の時期は、1937年から1939年までであり、日本侵略軍の戦略的攻撃段階であった。燕京、輔仁にあるミッションスクールを除いた東南沿海の大学の多くは西南や西北、山間地帯へ移転した。例えば、北京、清華、南開などの大学は湖南省の長沙に移転して臨時大学を編成し、後に雲南省の昆明で西南連合大学を結成した。中央大学と復旦大学は重慶へ、武漢大学は四川楽山へ、金陵大学と斉魯大学などは成都へ移転した。また、中山大学は雲南の澄江へ、浙江大学とアモイ大学などは貴州へ移転した。

1940年から1943年までは大学の第二移転期であり、特に1941年の太平洋戦争が勃発してから一部の大学は次々と移転した。例えば、上海交通大学と滬江大学などは重慶へ移転し、北平の燕京大学は成都へ移転した。雲南が抗日戦争の大後方から大前線へと変わるに連れて、滇西地域へ移転していた国立芸術専門学校、同済大学、国立体育専門学校などの大学は四川へ再移転しなければならなかった。

1944年から1945年までは大学移転の第三期であった。日本軍が引き起こした豫湘桂戦役と黔南戦役によって広西、貴州などの一部の大学及び他の地方から移転してきた一部の大学は再び移転しなければならなかった。例えば、広西大学は貴州榕江へ、桂林師範学校は貴州平越へ、唐山工程学院と北平鉄道管理学院などは四川へ移転した。[1] 抗日戦争期における大学の大規模な移動は中国教育事業と人材の損失を減らしただけ

---

1. 謝本書編『抗日戦争期における西南大後方』北京出版社、1997年、248－258頁を参照せよ。

2. 民国時期の民族建設と開発

でなく、西南地域を大きく変貌させた。特に、辺境の民族地域の閉鎖的
な状態を変え、地元の文化教育を促進させるなどの役割を果たした。

　当然ながら、国民政府にとって西北の開発や西南の建設の目的は少数
民族の発展ではなかった。しかし、国民政府の西北と西南における民族
政策は評価することができる。前述の国民党第三次全国代表大会から国
民政府の民族政策に関する記述には常に「辺境地の開発」、「土着民の生
計」などの問題が含まれ、1931年に開かれた国民党第四次全国代表大
会では、以上の2項目を国民生計建設の五大方針の一つとして定めた。[1]
また、1941年の国民党第五期中央委員会第八回全体会議で採択した「辺
境施政綱要」の「一般原則」として、「辺境の各民族に対するすべての
施設は自治能力を育むことで彼らの生活を改善し、文化を育成し、自治
の基盤を作るべきである。……地元土着民の利益を前提としなければな
らない[2]」と定めた。以上のような原則や方針に照らして、国民政府の各
部署も具体的な実施措置を制定していた。しかし、歴史的な条件と国民
党の執政能力によって、少数民族及び民族地域の発展をめぐる措置は着
実に実行されなかった。即ち、前述のように西北、西南開発と建設が民
族地域にもたらした成果のほうがもっと大きかったと言える。

　20世紀30、40年代の西部開発ブームは中国の特定の時代の産物であ
り、抗日戦争の進行を支えた。また、ある程度不均衡な中国の近代経済
構造を是正すると同時に、我が国の少数民族及び民族地域の発展に一役
買っていた。しかし、この種の開発が少数民族と民族地域の発展に実質
的な変革をもたらすことは不可能であった。その原因として社会システ
ムの制約以外に、以下の点を挙げることができる。

　まず、この種の開発は抗日戦争といった特定の歴史環境の制約を受け、

1．　栄孟源他『中国国民党の歴代代表大会及び中央全体会議資料』（下）、光明
　　日報出版社、1985年、48頁。
2．「国民党5回中央委員会8次全体会議で採択した辺境施政綱要」、『辺政公論』
　　創刊号、1941年。

そうした環境の変化に伴って西部開発の原動力とチャンスも変わってい
た。西部の経済繁栄は主に抗日戦争の前期においてであり、それは大後
方といった独特の有利な状況に恵まれていたからだ。戦局の変化に伴う
西部地域の戦略的な地位が変化するにつれて、経済全般の状況も衰える
一方であった。さらに、西南、西北の経済は抗日戦争が終わり、解放戦
争の段階に入ると崩壊寸前にまで落ちぶれた。

　次に、この時期の西部建設と開発は、民族地域の奥深くまで浸透するこ
とができなかった。工業企業の配置、文化教育機構の設置は主に成都、重慶、
昆明、桂林、貴陽、蘭州、西安などの大都市あるいは交通の便利な地域に
集中していた。当然ながら、中央飛行機製造工場をタイ族が集住する瑞麗
市の曇允に建設するなどのケースも少なくはなかったが、まさにそのよう
なことが西部少数民族の閉鎖的な状態を打破するきっかけとなった。しか
し、以上のようなケースは少数に過ぎず、西部の広い地域の少数民族社会
への影響は小さく、少数民族社会の基盤を揺るがすことはできなかった。

　最後に、当時の発展基礎、社会状況及び財力の投入からみて、西部開
発・建設が大きな展開を迎えることは不可能であった。1905年から建
設し始めた隴海鉄道は西北開発ブームが起きた30、40年代に入ってか
ら進展を見せたが、40年経っても完成することができなかった。1934
年当時、甘粛省主席を務めていた邵力子は西北開発に対して水を差すよ
うな発言をした。西北を開発するならば、まず交通手段の問題を必ず解
決しなければならない。「これらの仕事は、本来ならば地方の人たちが
やるべきことである。しかし、今現在、確かにそのような力を持ってい
ない。一切取りかかるすべがない。」「西北現状の厳しさは想像を超えて
いる。今はまず、西北を救済することで目の前の危機から脱出し、それ
から西北の開発を話すべきである。[1]」したがって、少数民族地域及び西

1．邵力子「西北と甘粛の開発」、董兆祥編『西北開発史料選集（1930－
　　1947）』経済科学出版社、1998年、22頁

3. 社会変革中における飛躍

部発展の基礎となる立ち後れと貧困の問題は、スローガンと一時的な熱情だけで解決できる問題ではなかった。

以上のような原因によって、1949年における我が国の少数民族人口は約3,000万人であった。少数民族地域の工業・農業総生産量は36.6億元であったが、その中で工業と農業はそれぞれ5.4億元と31.2億元で、農業生産が全体の85.2%、工業が全体の14.8%を占めていた。また、全国少数民族の在学生は大学生1,265人、中学生37,698人、小学生79,1394人であった。医療機関は361カ所で、衛生技術者は3,531人であった[1]。これらのデータは、当時の少数民族と少数民族地域の発展状況を充分に表わしていた。

3. 社会変革中における飛躍

全国の解放と中華人民共和国の成立によって、民族地域の経済社会の発展は実質的な変化をもたらした。特に新中国の成立初期から1957年までの間の変貌は著しいものであった。

経済社会発展の進歩は生産関係と全社会の変革をその前提にしていた。新中国の成立初期、各民族の平等の権利が法律上で確立されるとともに、党と国家による一連の民族政策の実行や民族間の確執の排除を主旨とする各種措置の実施によって、旧社会が残した民族不平等と深刻な民族間の確執は解消された。しかし、少数民族の徹底的な解放と生産力の発展を実現するには、必ず少数民族内部の社会根底にある矛盾を解決し、自らが発展するための生産関係や上層構造を変革し、制御しなければならなかった。即ち、民主改革と社会主義改造を内容とする社会改革を推進すべきであった。

---

1. 『当代中国の民族事業』編集部編『当代中国民族事業大事記（1949－1988)』民族出版社、1989年、5頁

いわゆる民主改革とは、土地改革を中心とする各地の様々な搾取制度や政治的な統治を廃除することであった。社会主義改造とは、異なる方法を用いて様々な私有経済を社会主義公有制に変革し、人民を率いて社会主義の道を歩むことであった。民主改革と社会主義改造は二重性を有する改革であり、漢族地域では解放当時から明確に二つの方法に分けて対処してきた。しかし、前述のように、漢族地域と比べて立ち後れていた民族地域の社会経済的な状況においては、各民族地域間に大きな差が存在していた。このような状況に対処して、党と国家は民族地域の社会改革に対して常に「慎重で着実に前進する」方針をとってきた。

1950年4月28日、政務院第三十回会議において、中央民族委員会副主任委員を務めたウランフは当時の民族事業問題をめぐる報告の中で、「各少数民族地域の政治、経済、文化の発展の不均衡により、我々のすべての仕事は必ず『慎重で緩やかに前進する』方針を取り、着実に前進すべきである。すべての気ぜわしいやり方は、必ず重大な誤りを犯し、さらに重大な損失をもたらす恐れがある。これに対して新区では特に注意を払うべきである」と述べた。[1]

1950年6月6日、毛沢東は「少数民族地域の社会改革は重大な問題であり、必ず慎重に扱うべきである。我々はどのような事情があっても焦てはならない。焦るとミスが生まれるかもしれない。条件が整っていなければ、改革を展開してはいけない。一つの条件が満たされていても、他の条件が満たされていなければ、重大な改革を行ってはならない」[2]と述べた。その後、劉少奇、鄧小平等の他の中央幹部たちもこの問題について論じたが、周恩来はこの方針を「慎重で着実に前進する」方針であ

---

1. 当代中国の民族事業』編集部編『当代中国民族事業大事記（1949－1988)』民族出版社、1989年、8頁。
2. 毛沢東「少数民族地域の改革は慎重であるべきである」1950年6月6日、国家民族事務委員会政策研究室編『中国共産党の主要なリーダーたちの民族問題論』民族出版社、1994年、44頁。

3. 社会変革中における飛躍 327

ると明確に指摘した。

「慎重で着実に前進する」といった方針に基づき、民族地域の改革は自覚・自発の原則を堅持したため、すべてを地元少数民族の覚悟に委ねた。また、時間的にも差異があった。最初は解放戦争期、解放区の内モンゴル東部と東北地域の少数民族は地元の漢族と共に民主革命を始めた。解放後、即ち 1950 年から 1953 年春までの間、一部の少数民族地域の改革は漢族地域と基本的に同じ歩調を取っていた。これらの少数民族は経済形態上において、封建地主経済を実施し、少数民族人口の大多数を占めていた。

一方、四川、雲南とチベットの一部の地域は漢族地域と比べて立ち後れ、主に封建領主制と奴隷制の経済形態に留まっていた。四川と雲南のイ族、チベット族とタイ族地域は 50 年代中盤から民主改革を始めていたが、その中でチベットの改革は最も複雑であった。1951 年、中央人民政府とチベット地方政府が達成した平和的にチベットを解放するための協議の規定によれば、「中央はチベットの各改革事項に対して強制しない。チベット地方政府は自主的な改革を行うべきであり、人民が改革を求める際にはチベット指導者と協議する方法で解決すべきである[1]」と述べていた。しかし、チベット地方政府は一貫として消極的な態度を取っており、「チベット独立」勢力と結託して、1959 年 3 月 10 日には武装動乱を発動するまでに至った。そのため、中央は武装動乱の平定命令を下すことを余儀なくされ、民衆を発動して民主改革を展開し、2 年間の内に基本的に完遂させることになった。

民族地域における社会主義改造も各地域の状況に応じて行われた。漢族地域と同じ歩調を取っていた民族地域は大体、1953 年から互助組、初級社、高級社などの発展過程を経て 1956 年には基本的に完成した。しかし、民族地域であるがゆえに、さらに自発・互恵と民族団結といっ

---

1. 『チベット地方歴史資料選集』生活・読書・新知三聯書店、1963 年、403 頁。

た原則を強調し、少数民族の宗教・風習を十分に尊重することに力を入れなければならなかった。封建領主あるいは奴隷主経済システムを採用していた民主改革が遅れた地域は社会主義改造も遅れていて、民主改革後にそれを進行させた。チベットの社会主義改造はさらに立ち後れていた。毛沢東は、「封建奴隷制度から農民個人所有制へ替える社会制度の改革には一定の時間が必要である」と述べながら、チベットと内地の違いを指摘した。さらに、「民主改革を終えてしばらくは互助組だけを実施し、合作社は推進しない。互助組を実施することで生産力を発展させ、農民を安定させ、生活を改善すべきである[1]」と明確に指摘した。これらの指示にしたがって、チベットは武装動乱の平定及び民主革命以降の数年間に改革の成果を固め、全力を挙げて互助組を組織することで、1970年以降にはようやく社会主義改造を完成するようになった。

1956年、少数民族地域において多くはなかった資本主義的な工商業も社会主義改造を終え、私営工商業を公私合弁会社に改造することに成功した。

牧畜地域の社会改革は農村部と相当違っていた。その民主改革は基本的に牧場の公有と自由放牧、階級を分けることなく、牧工と牧畜主が共に利益を創出する方法を取っていた。以上のようなやり方は牧畜業の発展規則に適合し、牧畜地域の生産力を確保することができただけでなく、実質的には牧畜主の所有権を剥奪する効果へと繋がった。この改革は時間的に漢族地域とほぼ重なっていたが、遠隔地や民族間の隔たりが大きかった地域ではやや遅れが見られた。

牧畜地域の社会主義改造も共同経営の形をもって行われた。自発・互恵の原則に基づき、牧畜出資を実施し、合作社の集団経営を行ったが、場合によっては個人による牧畜業も認められた。牧畜主に対しては買い

---

1. 中国共産党チベット自治区委員会「毛沢東の旗幟はチベット革命勝利の旗幟である」、『チベット民族問題論文集』チベット人民出版社、1984年、13頁。

3. 社会変革中における飛躍

戻し政策を実施し、彼らの牧畜を公私合弁会社あるいは国営牧場に管理
させ、比例配分により利益を分けることにしていた。

　エヴェンキ族など氏族社会末期の状態に留まっていた民族は、剥奪対
象である搾取階級自体が存在しなかったため、民主改革を行うことがで
きなかった。したがって、このような民族の社会改革は国家の指導の下
で、生産能力の飛躍的な発展、互助・共同経営を通して直接社会主義へ
移行された。この種の改造過程にかかわったのは数十万人の少数民族人
口に過ぎず、人数は多くなかったが、生産に及ぼした影響は非常に大き
かった。それは、氏族社会から直接社会主義へ移行することで、一気に
幾つかの社会発展段階を超えたからである。

　以上のような社会改革を実行するとともに、各民族地域では民族区域
自治を通して少数民族が真の主体になる政権を作り上げ、政治的上層構
造の改革を完成させた。

　社会改革は民族地域の生産力の解放、経済発展に基本的な条件を創り
上げ、党と政府は着実な政策を通して民族地域経済の回復と発展のため
に極めて大きな努力をした。解放後、党と国家はアルグン川地域のエ
ヴェンキ族がまだ単一の狩猟経済に従事し、生産力水準がとても低い状
況に合わせて、彼らの経済、文化を全面的に支援し、共同経営を通して
彼らが社会主義の道を歩むように助けた。政府はエヴェンキ族の狩猟生
産を発展させるため、彼らに銃・弾薬を提供しただけでなく、合作社を
通して合理的な価格で大量の狩猟品を買い上げ、日常生活品を提供した。
合作社はホロンバイルの市場価格で彼らの狩猟品を買い上げただけでな
く、彼らの居住地からホロンバイルまでの運搬費用もすべて国家が負担
した。また、エヴェンキ族が必要とする麦粉、茶、布、砂糖、お米、食
塩などは安い価格で提供した。

　例えば、昔は15、16枚のキタリス皮と1プード（ロシアの重量単位、
1プードは16.38キログラム－引用者注）の黒麦粉を交換したが、現在
は3枚で済むことになった。平等な取引によって、エヴェンキ族の購

買力は徐々に向上し、生活は大幅に改善された。人口による平均を計算してみれば、1952年の1人当たり平均購買力92元から1957年には225元にまで増加し、収入の増加と共に大部分のエヴェンキ族が衣食を豊かにすることに成功した。[1]

チベットが平和的に解放された後、中央人民政府と駐チベット解放軍はチベット経済発展のために顕著な貢献をした。人民の負担を減らすため、チベット滞在の人民解放軍及び関係者たちは、「労役」の使用を禁止し、人を雇い、家畜を借りる際には市場価格を基準に費用を支払った。したがって、民衆たちは下働きの負担から解放されただけでなく、人民解放軍に雇われることで手厚い報酬をもらい、彼らの収入は大幅に増加した。解放軍は農業を発展させるため、ラサに農業実験場を作り上げ、温室・温床を建設した。1952年には、ラサで実験に成功した種を各地に普及させると同時に、チベット農業技術幹部教習所を通して農業人材の養成に努めた。同年5月、人民解放軍は5つの農業貸し出しチームをラサ周辺の21の県及び荘園へ派遣し、無利息で農民たちに資金を貸し出した。これらの援助の下で、生産の積極性が大いに高まり、大部分の貧困農民の生産問題も解決された。

ウールの輸出はチベット伝統貿易の主なアイテムであり、チベットの商業経済、人民の生活（特に牧民の生活）を直接に左右していた。チベット解放後、外国による経済封鎖によってウールの輸出は減り、1952年には流通困難による資金の停滞が酷かった。同年5月2日、牧民とウール商人を助けるために国営チベット貿易会社を設立し、公平で合理的な価格で600億元の価値におよぶウールを買い上げ、チベット各階層人民の歓迎を受けた。チベット貿易会社はウールの買い上げ以外に、代理購入などを通して物価を安定させ、チベットの商業を支えた。

---

1. 呂光天「原始社会から社会主義へ直接移行したアルグン川のエヴェンキ族」、『民族研究』4期、1958年を参照せよ。

3. 社会変革中における飛躍 331

　人民解放軍はチベットの経済繁栄と内地とのネットワークを広めるため、1950年5月のチベット進軍当初から康蔵と青蔵道路の建設を始めた。四年の時間をかけて完成した康蔵と青蔵道路は開通した後、チベットの交通状況を一変させ、チベットと内地の距離を大幅に縮めた。[1]

　アルグン川地域のエヴェンキ人とチベット地域の状況は当然、個別ケースではなかった。実際のところ、国家は解放初期に各民族地域の状況に照らして様々な方法で多角度から生産力の発展に努めた。例えば、氏族社会末期の状態に置かれていたチンポー、リス、トーアン、ヌー、プーラン、ワー、ジノー、オロチョン、エヴェンキ族地域と部分的なナシ族地域では補助金と無利息貸付を拠出していた。具体的に、貧困家庭一世帯につき平均して生産補助費127.5元、無利息資金852元、生活救済費221元を支給した。1952年から1958年まで、中国人民銀行が少数民族地域に貸し出したローン（無利息貸付と低利息貸付を含む）は合計13.7億元もあった。農機具を改良し、立ち後れた耕作方法を改善するため、国家は無償で鉄製の農機具を支給し、事業隊を派遣して農民たちに使い方を教えることで農業生産率を倍以上に高めた。

　1952年、西南地域へ無償で配った農機具は130万件を上回った。その後、中央は農機具の無償提供経験を生かして大幅に鉄製農機具の普及範囲を拡大した。[2]1953年と1954年間、西南の各省に無償で提供した鉄製農機具の価値は788万元にも上り、西康省チベット族自治州、涼山イ族自治州、四川省チベット族自治州には68万点を提供し、貴州省では17万の少数民族農民が無償農機具を貰った。様々な新農機具の普及は少数民族から遍く受け入れられ、農機具、農作法の普及に対する国

1．『中国民族問題研究叢書』一巻『チベット社会概況』中央民族学院研究部、1955年、36－41頁。
2．『当代中国』編集部編『当代中国民族事業大事記』（下）、当代中国出版社、1993年、26頁。

営農場、模範農場と技術普及部門の役割は大きかった[1]。それ以外に、国家は民族地域に対して税金の削減政策を実施した。例えば、1953 年 6月、政務院は「1953 年農業税事業に対する指示」を通して少数民族の集住地域と貧困地域を「社会減免」範囲であると指定した[2]。以上のような政策的措置は民族地域の経済回復と発展に対して大きく貢献した。

　我が国において 1949 年から 1952 年までは国民経済の回復時期であり、この段階の任務の完成に伴って、新中国は第一次五カ年計画建設時期に入った。民族地域の建設もその五カ年計画の中に含まれていた。1952 年 12 月 7 日、中国共産党中央は民族地域の五カ年計画をめぐる原則的な意見を提示した。この意見によれば、現在中央は五カ年建設計画を制定し、少数民族地域の政権樹立、経済振興及び文化・教育の拡充ならびにその他の民族事業をいかにこの五カ年建設計画の中に組み入れるかということが、各級の党委員会と人民政府が必ず解決すべき重大な問題であった。各級党委員会は中央の原則的な意見に研究を加えてから、少数民族の状況に合わせて具体的な計画を作り出し、さらに各民族自治区における独自の建設計画の作成を指導・援助しなければならなかった。「意見」はさらに、全国少数民族地域の建設と民族事業の基本的な任務、民族自治区の建設、少数民族の経済、道路、郵政事業の建設、少数民族文化発展の重点、政治幹部と知識人の養成、各少数民族地域の状況に合わせたやり方などをめぐる具体的な項目を発表した[3]。

　以上のような原則的意見は、少数民族地域の発展を全国の五ヶ年計画

1．「民族委員会二次会議での汪鋒の報告（1955 年 7 月 22 日）」、全国人民代表大会民族委員会編『第一回から第九回までの全国人民代表大会民族委員会文献資料選集』（上）、中国民主法制出版社、2008 年、26 頁。

2．中国人民大学農業経済学科資料室編『農業政策文献選集』（一）、中国人民大学農業経済学科資料室、1980 年、142 頁。

3．「少数民族地域の五カ年建設計画に対する中央の若干の原則的な意見（1952年 12 月 7 日）」、中国人民解放軍政治学院党史教育研究室編『中国共産党史参考資料』（19 集）、国防大学出版社、1986 年、601 － 602 頁を参照せよ。

3. 社会変革中における飛躍 333

に組み入れると同時に少数民族地域の特徴を十分把握していた。政治的な面では、民族区域自治の建設を政治事業の中心に位置づけ、各地、各階層で民族区域自治及び民族民主連合政府を建設することを提出した。経済的な面では、農業、牧畜業、貿易、交通を重点にすると明確にした。同時に中心地域や一部の人口集中地域での様々な規模の工業の建設、それに加え、少数民族文化の発展を重要な内容として提起した。事実はこの意見の正しさを証明してくれた。

1953年、全国の大部分の地域で民主改革を完成した後、中国共産党は社会主義の過渡段階の総路線を提示した。

「中華人民共和国の成立から基本的に社会主義改造を完成するまでは一つの過渡的な時期である。党のこの過渡期の総路線及び総任務は、相当の長い期間の内、徐々に国家の社会主義工業化を実現し、徐々に国家の農業、手工業と資本主義工商業に対する社会主義改造を実現することである。」

この総路線と呼応して、中国共産党中央も過渡時期における党の民族問題に対する総任務を提示した。

「祖国統一と民族団結を揺るぎないものにし、共に偉大なる祖国の大家庭を建設する。統一した祖国の大家庭の中ではすべての権利における各民族の平等を保障し、民族区域自治を実行する。祖国の共同事業を発展させる中で、祖国建設と密接に連携し、徐々に各民族の政治、経済、文化を発展させ、歴史的に残された各民族間の事実上の不平等を撲滅する。要するに、立ち後れた民族が先進民族の行列に合流し、共同で社会主義社会へ移行することである。民族問題をめぐる党のこの総任務は、党の過渡期総路線の一つの構成部分であり、祖国の社会主義工業化はこの総任務を次第に実現する基礎である。」

1954年10月、中国共産党中央は「過去数年における党の少数民族事業中の主要な経験に関する総括」という文の中で、この総任務に対して次のように解釈を行なった。「我々が少数民族を扶助して政治、経済、

文化事業を発展させ、少数民族人民の生活を改善する理由は、彼らが平等な権利を獲得してはいるものの、彼ら自身の条件と力だけではどうしても前進することができないからである。国家の大規模な経済建設が始まったばかりで、社会主義工業化の基礎がまだ形作られていない時期であるため、国家が全力で少数民族の経済・文化事業の迅速な発展を援助することはできない。しかし、少数民族の目前の状況と条件に基づき、政治、経済、文化の面で彼らの力になり、若干の建設事業を行ない、特にできるだけ農業と牧畜業などの生産を改善するよう援助し、一歩一歩適切に少数民族人民の生活を改善することは、我々にできることであり、そうしなければならない。[1]」

　党の民族問題における総任務と、民族地域における五カ年計画の原則的な意見に基づき、国家は第一次五カ年計画期間中に民族地域の様々な建設に対して尽力した。例えば、ウランフは1956年の国家予算について語る際、次のように述べた。「この年の国家予算の中で経済建設の支出は前年度より17.04％増加した。それに対して民族地域である内モンゴル自治区は65.46％、新疆ウイグル自治区は54.31％、青海は118.14％、チベットは27.27％の成長を遂げた。また、当年における国家予算の中で社会、文化、教育などの支出は前年度より18.36％増加した。しかし、内モンゴル自治区は50.36％、新疆ウイグル自治区は25.96％、青海は71.32％、チベットは28.72％の成長を実現した。その他の少数民族地域の経済建設や社会、文化、教育の支出も同様に前年度より伸びていた。[2]」

　それ以外に、第一次五カ年計画期間において民族地域工業の発展は重

1．中国共産党中央「党の少数民族事業に関する過去幾つかの年における主要な経験のまとめ」、中国人民解放軍政治学院党史教育研究室編『中国共産党史参考資料』（19集）、国防大学出版社、1986年、389頁を参照せよ

2．ウランフ「民族事業における成果及び若干の政策問題(1956年6月20日)」、『民族政策文献集』人民出版社、1958年、29頁。

3. 社会変革中における飛躍 335

点的な事業ではなかったが、実際の計画や事業の中で一定の配慮がなされた。第一次五カ年計画期間、国家が指定した694件の工業建設プロジェクトの中で、472件が京広線の西側（その中、多くが少数民族地域）に配置された。例えば、内モンゴル包頭鋼鉄工場、包頭の二大大型機械製造工場、新疆カラマイ油田、寧夏青銅峡谷水力発電所、雲南個旧錫業会社などは、少数民族地域に建設した工業建設団地であった。また、各地域においても国家の支援の下で、次々と中・小型のエネルギー、機械、建築材料、軽工業企業などを建設した。この時期、交通建設も国家の支持を受け、新たに建設した8つの鉄道のなかで5つが民族地域間を連結したもので、康蔵、青蔵、新蔵道路もまさにこの時期に完成・開通された[1]。

　少数民族地域は社会改革の展開と国家の大いなる支持に恵まれて「一・五」計画期間に著しい発展を遂げた。この時期、全国の民族自治地域の工・農業生産総額は1952年の57.9億元から1957年には92億元に増加し、その成長率は58.9％、年平均成長率は9.7％であった。1952年と1957年の工業総生産値と工農業総生産値の割合はそれぞれ19.7％と32％であった。また、全国民族自治地域の1957年の食糧生産量は188.25億キログラムで1952年より19％増加し、牧畜数は9914.2万頭で、1952年より30.3％増加した。鉄道開通距離は5,489キロで、1952年に比べて44.9％延長され、国道開通距離は62,700キロで、1952年に比べて1.4倍延長された。社会商品の売り上げは39.7億元で、1952年に比べて1.2倍も成長した。衛生施設は13,819カ所で、1952年の10.75倍、衛生技術者65,649人で、1952年の2.67倍であった。

　1957年全国で在学中の少数民族大学生は16,101名、中学生（普通中学）は276,900名、小学生は319.4万名で、その成長率は、それぞれ

1.『当代中国』編集部編『当代中国の民族事業』（下）、当代中国出版社、1993年、6頁。

1952 年の 4.46 倍、2.78 倍、1.17 倍であった。1957 年、全国範囲のモ
ンゴル語、チベット語、ウイグル語、朝鮮語、カザフ語、チワン語、イ
語、タイ・ルー語、タイー語、シボ語、キルキズ語、ジンポ語、リス語
などの 13 種類の民族文字で出版された新聞は 32 種類で、1952 年に比
べて 80％増加し、雑誌は 35 種類で、1952 年に比べて 133.33％増加し、
各種の図書は 1,204 種類で、1952 年より 207.9％増えた。[1]

　したがって、20 世紀 50 年代の前 7 年は中国民族事業の黄金期であり、
中国少数民族と民族地域が発展した黄金期でもあった。それは、少数民
族と民族地域が社会発展段階の飛躍を実現しただけでなく、経済と文化
の飛躍的な発展も実現したからである。

4. 試練の中での進歩

　1958 年 5 月、中国共産党第八期中央委員会第二回全体会議が北京で
開かれた。会議では、「大いに意気込み、高い目標を目ざし、多く速く
立派にむだなく社会主義を建設する」という総路線を打ち出した。要す
るに、全党及び全国人民が真剣に総路線を貫徹・執行することで、15
年または更に短い時間で、主要工業商品の生産量においてイギリスを追
い抜くことを呼びかけた。同じ年の 8 月、中央政治局は北戴河で拡大
会議を開き、工・農業生産の高い目標を設定し、農村で人民公社を建設
することを決議した。こうして、全国では間もなく「大躍進」ブームが
起き、人民公社化活動が行われた。その結果、高い目標、盲目的な指揮、
誇張風と「共産風」を標榜する「左傾化」の誤りが蔓延し、民族地域の
経済発展と人民生活に多大な影響を及ぼした。

　1958 年から大部分の民族地域で「大躍進」と人民公社化活動が展開

---

1. 具体的なデータは『当代中国の民族事業』編集部編『当代中国民族事業大
　事記（1949 － 1988)』民族出版社、1989 年、113 頁を参照せよ。

4. 試練の中での進歩

された。人民公社の「一大二公⁽¹⁾」の管理システムと分配様式は当時の生産力水準に大きく反し、各民族農民の生産積極性を損ねた。「誇張風」は民族地域の発展状況と生産ルールから離れ、盲目的に「漢族地域に追いつき、彼らを追い越そう」、「大胆さと産量は正比例する」などのスローガンを唱えていた。牧畜業地域でも農業地域と同じく「一大二公」の管理システムを実行し、生産においては「牧畜業を主とする」方針を放棄していた。その代わりに、「農業を主とし、牧畜業を排除する」という政策と措置を推し進めた結果、牧畜地域の広大な草原が開墾されることとなった。

また、一部の牧畜地域では既存の「階級を分けない」方針をあきらめ、新たに階級を分けるか細分化する活動を行い、牧畜業地域の階級戦略を崩し、人心を撹乱した。1958 年から 1962 年まで、「左」的な誤った思想の指導と政治的環境、それに 3 年間の自然災害が重なり、民族地域の農・牧畜業生産は多大な打撃を受けた。1962 年民族自治区の農業生産総額は 48 億元で、1957 年のそれより 24.5％も低下した。また、食糧、綿、牧畜の生産は 1957 年に比べてそれぞれ 8.76％、49.54％、5.2％低下した⁽²⁾。農・牧畜業生産の減少に伴い、全国民族自治地域の工・農業生産総量は 1957 年より 5.18％低下した。

工業生産も影響を受けていた。1958 年の「大躍進」は全民性の製鉄活動と結び付けられていた。全国情勢の影響の下、鋼鉄を生産することのできない多くの民族地域でも製鉄の群衆運動を巻き起こした。鋼鉄生産の任務を達成するため、各民族地域では大量の労働者、農民、幹部、学生と都市の住民を動員、組織して製鉄に専念し、ほかの生産活動

---

1. 「一大二公」とは、人民公社化運動期の用語であり、人民公社の目標は公社以前の高級農業生産協同組合に比べて、一つにはその規模はずっと大きく、二つには財産の共有化をいっそう進めなければならない。(訳者注)
2. 国家民族事務委員会編『民族事業の五十年 (1949 － 1999)』民族出版社、付録十及び十二を参照せよ。

はすべてこの任務に従うようになっていた。このようなやり方は農業生産を破壊しただけでなく、その他の工業生産も打撃を受ける結果を招いた。同時に、製錬した鋼鉄の質が悪く、巨額の資金、物的資源と人力の無駄遣いになってしまった。また、少数民族地域では製鉄活動と同時に、「全党・全民により工業を大いに起こす」ブームも展開された。農機具の修理を中心とした小さな機械工場及び炭坑、鉄鉱山、金属鉱山、化学工業、セメントなどの小規模の企業が大量に作られた。これらの企業は基盤が弱く、多くの商品は低質・高価で使用価値さえ持っていなかった。

こうして、1958 年から 1962 年までの第二次五カ年計画中における農業・牧畜業生産の低下とは逆に、水増しや質の問題はあるものの、民族地域の工業生産総量は増えていた。この期間中、民族自治地域（チベットを含まない）の建設投資総額は第一次五カ年計画より 2 倍以上、工業生産総量は 1957 年より 36.8 ％（1949 年より 6 倍以上）増えた。1962年の車両の通行可能な道路は 1957 年に比べて 93 ％増え、1949 年の 10倍も増え、交通・運送面でも大きな発展を成し遂げた。[1] さらに重要なのは、一連の戦略的な意義を有する工業企業と交通施設の建設である。

例えば、1958 年 5 月 1 日から施工した我が国の初めての石油パイプラインの建設、6 月 13 日、雲南省に建設した大型亜鉛製錬所（年産一万トン）、7 月の包頭鋼鉄会社機械総工場の建設、8 月 1 日、包頭から蘭州までの包蘭鉄道の開通、10 月 21 日、北京－包頭－銀川－蘭州航空便の就航などである。

1959 年 2 月 1 日、全距離 605 キロメートルの黔（貴陽）から桂（柳州）までの鉄道全線が開通され、5 月 22 日、包頭鋼鉄会社の年間生産量 50 万トンの大型現代化コークス炉（4 号大型コークス炉）が生産を

1．「民族事業に対する国家民族事務委員会服主任劉春の報告」、全国人民代表大会民族委員会編『第一回から第九回までの全国人民代表大会民族委員会文献資料集』（上）、中国民主法制出版社、2008 年、326 頁。

4. 試練の中での進歩   *339*

開始し、5 月 26 日、北京－フフホト、北京－赤峰－通遼航空便が正式
に就航した。

　1960 年 1 月、蘭（蘭州）から新（新疆ウルムチ）までの鉄道は新疆
クムルまで開通し、開通距離はすでに 1,315 キロメートルに達し、1 月
6 日、ウルムチからチョチェクまでの航空線が正式に開通し、1961 年 6
月 1 日、雲南省昆明から昭通に至る航空便が開通した。

　これらの工業企業と交通施設の建設は、民族地域における更なる発展
の重要なインフラとなった。

　実際のところ、民族地域の発展は「左」的思潮によって妨害されたが、
少数民族の発展に対する党と国家の基本的な政策は揺るぎなかった。
『人民日報』の報道によれば、国家は 1956 年、1957 年、1958 年にそれ
ぞれ 46 万元、350 万元、500 万元を雲南省辺境地域の原始社会に留まっ
ていたリリ族、ワ族、チンポー族、プラン族、ラフ族、ヌー族、トール
ン族などの民族に支援し、生産の発展を援助し、社会主義社会へと移行
させた。1959 年 5 月、中国共産党チベット労働委員会と人民解放軍チ
ベット軍区では、何十におよぶ農業貸し出し事業チームを派遣し、チ
ベット各地の貧しい農民たちに 175 万キログラム以上の食糧と種を無
利息で貸し出した。当年 10 月には国から無償でチベット農民・牧民た
ちに鉄製の農機具 366,957 件を支給した。1961 年、一部の地域は自然
災害に遭ったが、食糧生産量は大豊作であった 1960 年よりも大きく伸
びた。[1]

　国家は以上のような援助以外に、関連ある政策をもって民族地域の面
倒を見ていた。国務院は 1958 年 6 月 13 日に「民族自治地域の財政管
理暫定方法」を発表した。当該方法は自治区、自治州、自治県に対して
それぞれの財政管理の権限を与えたが、その他の同級クラスの財政権に
比べてより大きな権限を付与した。1962 年 10 月、商業部、対外貿易部、

---

1. 『人民日報』1958 年 5 月 19 日、1962 年 1 月 12 日などの報道を参照せよ。

中央民族委員会は、第五回全国民族貿易事業会議を開いて少数民族地域の農・牧特産商品を買い上げることを決めた。つまり、少数民族の特需商品の生産と供給、辺境山間地域、辺境牧畜地域の民族貿易に対しての資金、利益、価格保障などをめぐる優遇政策を決定した。さらに、少数民族地域の交通条件及び民族貿易の組織と人員などの問題を改善することに努めた。[1]これらの政策、措置の制定及び実施は、この時期における民族地域の経済発展の大きな原動力となった。

1961年1月14から18日まで、「大躍進」が経済事業にもたらした諸問題を解決し、指導思想の誤りによる農・工業発展の不調和、提供と消費の比例などを是正するため、中国共産党第八期九回全体会議で「調整、強固、充実、向上」の八文字方針を可決した。1962年、周恩来は政府事業報告の際、再び国民経済は調整を中心とする八文字方針を貫かなければならないと強調した。

1962年4月21日、全国人民代表大会民族委員会と中央民族委員会は、中央の精神を貫徹するために民族事業会議を開き、当時の民族事業で出てきた問題点などを提示した。その中に経済発展の問題も含まれた。第一、地元の状況に合ったやり方を選択するという原則を貫徹せず、南方の山間地域の少数民族の経済的な特徴を無視し、食糧と経済作物の配分が適切でなかった。第二、農業地域には銅・鉄、鍛冶屋、資金が不足したため、普遍的に小型農機具が足りなかった。また、少数民族地域における減税政策を重視していなかった。第三、牧畜地域では牧畜業を中心とする方針から離れ、草原で盲目的な開墾を行なった。第四、民族貿易機構の廃合が多すぎ、民族貿易幹部が大幅に減少した。少数民族の生産、生活特需品の加工及び提供の品種が大幅に減少し、過去の民族貿易政策が取り消された。最後に、一部の少数民族地域の災害状況は深刻であった。

---

1. 『当代中国の民族事業』編集部編『当代中国民族事業大事記 (1949 – 1988)』民族出版社、1989年、168頁を参照せよ。

4. 試練の中での進歩

これらの問題に直面し、当時の中央民族事業を統括していた主要な指導者たちは、「我々の事業の中の欠点、誤りと問題は確かに少なくないと思う。一部の地域と一部の問題に対する誤りは確かに深刻である。主に、社会主義革命と社会主義建設過程における民族問題を重視せず、民族の特徴に注意を払わなかった。……民族事業上に発生したこれらの欠点と誤りは、中央統一戦線部と中央民族委員会の党組織の責任である」と認めた。この会議の精神に基づいて、彼らは「今後五年以内の民族地域の事業方針」を提示した。「中央と毛主席の政策に基づいて民族関係を改善し、民族団結を強化する。各民族内部における各民主階級と階層間の関係を調整し、各民族内部の人民団結を強化することで少数民族人民の積極性を引き出し、発揮させる。農業生産の回復と発展に全力を尽くし、牧畜業区では牧畜業生産を発展させ、林業区では林業生産を発展させ、徐々に経済を回復し、人民生活を改善する。[1]」中央はこの方針を肯定的に評価した。[2]

この会議は、民族事業に対する「左」的誤りの是正に非常に積極的な影響を与えた。会議後、各省、市、自治区は相次いで中央の指示にしたがって民族事業会議を開き、過去の方針・政策の回復に努めた。その後の数年、民族地域の経済振興は健全なる発展を遂げた。1957年の不変価格で計算すれば、全国民族自治地域における1965年の農業生産総額は88.4億元で、1957年と1962年に比べてそれぞれ39.5％と84.76％増大した。また、同じ年の民族自治地域の食糧総生産は2,217万トン、綿花は8.87万トンとなり、1957年よりそれぞれ17.8％と48.4％増加し

---

1. 「民族事業会議に関する報告（1962年5月15日）」、全国人民代表大会民族委員会編『第一回から第九回までの全国人民代表大会民族委員会文献資料集』（上）、中国民主法制出版社、2008年、269－271頁。
2. 「民族事業会議の報告に対する中央の指示及びその伝達（1962年6月20日）」、中国人民解放軍政治学院党史教育・研究室編『中国共産党史参考資料』（24巻）、国防大学出版社、1986年、104頁を参照せよ。

た。牧畜業において、「牧畜業を中心に」する方針が徹底して実行され、盲目的な開墾が抑制されることで牧民の積極性は回復しつつあった。全国民族自治地域における1965年の家畜数は14,119.7万匹で、1957年より42.4％増えた。その中で、大型家畜は3,372万頭、羊は8,595匹、豚は2,151万匹で、1957年よりそれぞれ15.3％、59.2％、35.4％増加した。工業の面では、調整、強化、充実、向上のプロセスを経て、1965年末までの民族自治地域の工業総生産量は68.8億元で、1957年のそれより1.33倍も増えた。[1]

　1966年から始まった「文化大革命」は、中国社会に10年間の動乱をもたらした。その期間中、国家の民族政策は踏みにじられ、正常な民族事業を展開することができなくなった。少数民族地域の農村幹部の多くが「打倒」、「解任」、「排除」され、在任中の幹部たちも「生産力唯一論」のレッテルが貼られることを恐れて、生産に重点を置くことができなかった。さらに、農村部における市場取引、生産責任制など農村経済の措置は深刻な打撃を受けた。牧畜業地域では、「牧畜業を中心に」する方針が再び動揺され、それに取って代わって「牧畜地域を農業区へと変貌させよう」というスローガンが打ち出された。さらに、牧畜地域にも食糧生産と買い付け任務が与えられ、流動人口、農業団体、部隊及び政府機関団体による草原開墾現象の出現、食用油の生産基地の建設などが強いられた。その結果、広大な草原が破壊され、牧畜業生産の被害は深刻であった。

　このような状況は「文化大革命」の後期になって変貌し始めた。1972年1月から2月まで、中国共産党中央と国務院は北京で寧夏固原地域事業座談会を開催した。会議では、党の民族政策を実行し、すべての事業において民族平等、民族団結を堅持し、熱情をもって各少数民族

1．国家民族事務委員会編『民族事業の五十年（1949－1999）』民族出版社、付録五及び十を参照せよ。

4. 試練の中での進歩

の発展と進歩を支援しなければならないと提案した。同じ年の7月2日、中国共産党中央は座談会報告に指示を添えて伝達する通知の中で、ここ近年、一部の同志は「左」的思潮の影響を受け、党の民族政策に関する観念が非常に希薄であり、党の民族政策に違反する深刻な状況まで発生した。したがって、民族政策の執行状況に対する調査を行なうべきであると指摘した。その後、周恩来総理の提案に従い、農林部の学習グループの名義で調査団を派遣した。調査団は内モンゴル、新疆、チベット、雲南などの少数民族地域における民族政策の実行状況及び現地の民衆の生産・生活に存在する問題点などを調査した。[1] 1975年5月、農業部などの六つの部門は、周恩来と鄧小平の指示にしたがって全国牧畜地域の牧畜業事業座談会を開き、「牧畜業を中心とし、牧畜業生産をめぐる多様な経済様式を発展させる」方針を守り抜くべきであると強調した。

民族政策の一定の回復に伴い、民族地域の幹部や群衆の「左」的誤りは次第に修正され、民族自治地方における農・牧畜業生産は「文化大革命」期間中に深刻な破壊を受けたものの、全体的に言えば依然として穏やかな発展の傾向を見せた。例えば、1970年の不変価格で計算すれば、1975年の全国民族自治地域における農業総生産総額は152.2億元で、1965年より23.1％成長した。また、1966年から1975年まで年平均2.1％の成長率を維持し、食糧生産量は毎年3.3％増加した。大型家畜は3,848.53万頭、羊は9,346.57万匹、豚は3,031.85万匹で、それぞれ年平均1.3％、0.8％、3.5％ずつ増えた。[2]

「文化大革命」期間中に、民族地域の工業建設も破壊されたが、農・牧畜業ほどではなかった。1975年末、全国民族自治地域の工業総生産総額は（1970年の不変価格で計算すると）154.3億元で、1965年の

---

1. 『当代中国の民族事業』編集部編『当代中国民族事業大事記（1949 － 1988)』民族出版社、1989年、214 － 215頁を参照せよ。
2. 『当代中国』編集部編『当代中国民族事業』（下）、当代中国出版社、1993年、29頁を参照せよ。

68.8 億元より 1.24 倍増えた[1]。このような発展は、当時我が国で行われた「三線建設」と関係があった。

20 世紀 60 年代半ば頃、中ソ関係の悪化に伴い、我が国の西北と東北辺境地域の時局はまさに緊張状態そのものであった。一方、我が国に対するアメリカの抑制政策により、東・南部に対する脅威もベトナム戦争の拡大に伴って段々エスカレートした。このような状況の下で、1964年 6 月、毛沢東は「敵を奥まで誘い、積極的に防衛する」方針を制定し、経済建設の中心を西部へ移行させる「三線建設」という防衛戦略を取った。いわゆる「三線地域」は、外敵が攻めてきた時、その脅威の程度に応じて中国大陸の国境線を内地へと収縮する際に形成される地域を指していた。一線地域は沿海地域と辺境地域に位置し、三線地域は基本的に内地に含まれる四川、貴州、雲南、陝西、甘粛、寧夏、青海など 7 つの省及び山西、河北、河南、湖南、湖北、広西など内地寄りの地域を含み、合計 13 カ所の省・区に及んだ。西南、西北地域の四川、貴州、雲南と陝西、甘粛、寧夏、青海を「大三線」と呼び、各省・地域の内陸寄りの部分を「小三線」と呼んだ。二線地域は、一線と三線の間の地域を指していた。今日の区域概念から見れば、三線地域は基本的に新疆、チベット、内モンゴルを除いた中国の中西部地域を指していた[2]。

研究によれば[3]、三線建設期間（1965 年から 1980 年まで）中、三線地域には 2052.68 億元 (1953 年から 1964 年までの 12 年間の投資総額の 3 倍に相当する) の投資がなされた。同時に、沿海地域から三線地域へ国内先進水準の国防工業と科学技術をはじめとする大量の大・中型企業及び技術者、労働者を移住させた。10 数年に及ぶ三線建設を通して、西部地域の生産力水準は大幅に発展することとなった。交通輸送の方面

1．『中国民族統計年鑑－ 1949 － 1993 年－』民族出版社、1994 年、123 頁。
2．陳東林『三線建設－戦争準備段階における西部開発－』中央党校出版社、2003 年、2 頁。
3．同上、410 － 412 頁を参照せよ。

4．試練の中での進歩 345

から言えば、西部地域に核心的な鉄道、幹・支線道路などを建設した。

1965年から次々と建設した川黔、貴昆、成昆、湘黔、襄渝、陽安、太焦、焦枝と青蔵鉄道（西寧からゴルムドまでの区間）などの10本の幹線に支線と専用線を加え、合わせて8,046キロメートルの鉄道が新設され、その長さは全国の新設鉄道の55％を占めた。その結果、全国鉄道における三線地域鉄道の割合が1964年の19.2％から34.7％に増え、貨物の流通量は4倍（全国の3分の1を占める）にまで増えた。また、新たに建設した国道は22.78万キロメートルで、全国の同じ時期の55％を占めた。また、基礎工業建設の面で、西部地域では大量の機械工業、エネルギー工業、原材料工業の重点企業と基地が建設された。1964年から1980年までの間に、三線地域の工業固定資産総額は1435.98億元を突破し、4倍の成長を遂げた。職員と労働者の人数も325.65万名から1129.5万名に増加し、2.46倍増えた。工業生産総額は258億元から1,270億元に達し、3.92倍成長した。1980年の主な工業商品の生産量は1964年に比べて、石炭2.6倍、発電量6.5倍、鋼鉄5倍、10種類の有色金属5.4培、燐鉱16.4倍、化学肥料15倍、発電設備60倍、事業機械5.48倍、自動車4.1倍、成長した。

新中国成立の初期、西部地域は比較的に速く発展したが、東部に比べるとその発展速度には差があった。三線建設期に入ると、国は西部地域に対する投資を大幅に増加したので、工業建設に対する貢献レベルが全国平均水準に近づいた。その中で、陝西、甘粛、青海、寧夏の四つの地域の経済成長に対する工業の貢献度は全国レベルを上回った。このように、三線建設は我が国の東・西部工業分布の不均衡状態を是正し、実際のところ、建国以来の我が国の生産力分布を沿海から内地へ移動させた戦略的大転移と大調整であった。[1]

1．陳東林『三線建設－戦争準備段階における西部開発－』中央党校出版社、2003年、417頁。

三線建設の中心的な都市は、雲南、四川、貴州、青海、甘粛、寧夏、湘西、鄂西、桂北など我が国の少数民族が集住している地域であった。したがって、三線建設は基本的に少数民族地域における建設であった。まず、中央あるいは国有企業の建設・開発などは少数民族地域の経済発展を直接リードし、それらの地域における経済能力のレベルアップに貢献した。一方、少数民族地域は国家建設を支援あるいは国家建設に協力するために、地方の中・小企業及びエネルギー、建築材料などの基礎工業を積極的に発展させた。さらに意義あることは、三線建設のために流入してきた大勢の幹部、技術者、労働者と彼らによる先進的な管理経験、科学技術と人材資源が少数民族地域の持続的な発展の原動力になったことである。

5. 改革・開放後の迅速な発展と貧富の格差

1978年の末、中国共産党第十一期中央委員会第三回全体会議では、新たに党の正確な路線を定め、1979年からは全党事業の重点を社会主義現代化建設へと移行させた。それで中国社会主義事業は新たな歴史時代に入り、それに伴って民族事業も全面的な回復を迎えた。広範な民族事業者たちは1979年から次第に「左」的思想の束縛から自由になり、民族事業の是正と民族事業の重点の移行を完成するようになり、少数民族地域の経済は迅速な発展を遂げることができた。

中国共産党第十一期中央委員会第三回全体会議後[1]、中央は相次いでチベット、新疆、内モンゴル、雲南などの少数民族地域の事業に対する分析、配備を行い、新たな歴史条件における民族事業の任務、方針、政策を作り出した。1981年4月、中国共産党中央は「雲南民族工作報告会議紀要」に指示を添えて伝達し、党の民族事業の総方針は、「揺るぎない関心を

---

1. 以下「十一次三中全会」と訳すことにする。

5. 改革・開放後の迅速な発展と貧富の格差　　　　　　　　　　　347

持って少数民族の政治、経済、文化の全面的な発展を支援し、社会主義道路に沿って前進し続け、徐々に各民族の事実上の平等を実現する」ことであると提出した。そして、歴史が取り残した各民族間の隔たりと差別を徹底的に除去するには、長期的な辛い努力が必要であると指摘した。[1]

　1987年4月17日、中国共産党中央、国務院は、中央統一戦線部と国家民族事務委員会の「民族事業の幾つかの主要問題に関する報告」に指示を添えて伝達する通知の中で、新しい時期における民族事業の総指導思想と根本的な任務について次のように述べた。「四つの基本原則を堅持し、改革・開放、活性化の基本国策を堅持する。少数民族地域と少数民族の実情を密接に結び付け、民族平等、民族団結、民族進歩、相互学習、共同裕福の原則から出発し、経済建設を中心に、少数民族の政治、経済と文化を全面的に発展させる。社会主義の新たな民族関係を絶えず打ち固め、各民族の共同繁栄を実現する。」[2] これらの内容は、経済建設を中心とする民族事業への転向を意味していた。

　新しい時期における指導思想と主要任務を明確にすると同時に、国は少数民族地域の経済発展を図る一連の優遇政策を制定、実施した。その中には、内モンゴル、新疆、チベット、広西、寧夏、雲南、貴州、青海など8つの多民族地域に対する国務院の、他の省、市とは異なる財政システムの実行が含まれていた。機動資金と予備費用に対する配慮以外に、1980年から1989年までは毎年の定額財政手当を10％ずつ増やした。また、「少数民族地域補助金」、「辺境と少数民族地域教育補助金」、「辺境建設事業補助金」など特別項目の補助金を増設した。生産、生活に苦しむ少数民族地域に対しては、政策の緩和と負担の低減に取り組んだ。一部の民族地域では私営経済と集団経済を奨励するために、工商税

---

1. 「雲南民族事業報告会議紀要」、国家民族事務委員会弁公庁編『中華人民共和国民族政策法規選集』中国民間航空出版社、1997年、22頁。
2. 「民族事業における幾つかの問題点に対する報告」に対する中国共産党中央、国務院の通知、国家民族事務委員会弁公庁編、前掲書、48頁。

を免除し、農・牧・副産品の統一購入及び割り当て購買を廃止し、農・牧畜業税を免除あるいは減額するなどの政策を取った。国は少数民族地域の農・牧・副産品及び特産品の購入価格を調整して引き上げ、民族貿易の「三項優遇」地域を拡大すると同時に、自由市場や辺境貿易を開放し、農・牧民の個人販売を許可した。

1979年4月に開かれた全国辺境警備事業会議では、辺境と少数民族地域に対する東部の発達した省、市の「掛け合い支援」問題を提出した。同じ年の7月、中国共産党中央は全国辺境警備事業会議の報告を許可し、内地の発達した省、市と辺境・少数民族地域との「掛け合い関係」を確定した。北京は内モンゴルを、河北は貴州を、江蘇は広西と新疆を、山東は青海を、天津は甘粛を、上海は雲南と寧夏を支援し、全国がチベットを支援すると決めた。1982年と1984年、国家計画委員会、国家民族事務委員会と国家経済委員会などはそれぞれ銀川と天津で「掛け合い支援」に関する会議を開いた。会議では経験をまとめ、成果を肯定的に評価し、一連の政策・措置を制定した。その後、各地では次々と支援関係を結び、様々な形で民族地域の支援事業を展開するようになった。

第十一期中央委員会第三回全体会議以降、改革・開放は少数民族地域発展の内在的な原動力となった。一部の民族地域では1979年から世帯生産請負責任制が実行され、1984年には一般的な経済形態となった。1982年から1986年まで、中央は毎年農村改革をめぐる指示を出したが、立ち後れた山間地帯と少数民族に対しては一貫して優遇政策を展開してきた。世帯生産請負責任制の実行は農民の積極性を大いに刺激し、それは農村生産量の迅速な発展と繋がった。1981年から1984年まで、民族自治地方の農業生産総量は年平均7.7％、食糧は年平均5.6％、綿花生産量は年平均25.9％の成長を遂げた。その他の主要な農業の副業製品も全て大幅な増加を達成し、同時期の全国農業生産の発展速度を追い抜いた。

1987年6月、国務院は全国牧畜地域事業会議を開いて「牧畜業を中

5. 改革・開放後の迅速な発展と貧富の格差　　349

心とし、草業を優先視し、多次元の経営を行い、全面的に発展する」という方針を採択し、牧畜・草業の世帯生産請負責任制の経済形式の普及に力を入れた。1988年に至り、全国の牧畜業地域、半農・半牧地域の家畜数は10,531万頭を突破し、牧畜業生産の大幅な促進を実現した。

　1979年から1982年までの間、民族自治地域は国民経済の調整、改革、整頓、向上といった中央の指示に従い、二回に渡って国民経済の比率を調整し、工業内部構造の初歩的な調整を行った。このような改革はある程度、工業建設の戦線が長く、項目が多く、経済効果が悪い局面を変え、1981年から1985年までの「六・五」計画期間を少数民族地域の工業経済発展のピークへと導いた。1984年10月、中央は「経済体制を改革することに関する決定」という指示を発表した。その後、各民族自治地方はその他の地域と同じく、工業企業の活力の増強を中心とする改革を展開した。改革・開放と経済活性化方針の推進により、民族地域では工業経済の持続的・迅速的な成長を実現した。

　民族自治地方の発展は、国家経済・社会発展の五カ年計画の中で相当重視された。国の「六・五」計画では、少数民族地域の生産の発展、経済の繁栄を積極的に支援することを打ち出した。農・牧畜業の優勢を発揮し、農・牧生産品の増量に努め、資源の特徴を生かした計画的な工業建設を強化した。同時に、民族特需商品の生産に力を入れ、民族貿易を改善することで資金、物的資源と技術力などの面から少数民族地域を支援した。また、「七・五」計画では、民族地域の発展を加速化し、資源優勢という地域的特徴を生かして、農・牧畜業生産条件を改善することを打ち出した。また、食糧生産、草原の建設、緑化に力を入れ、徐々に生態環境の良性循環を実現することを取り上げた。エネルギー、原材料工業の発展を加速化し、輸送条件を積極的に改善し、民族貿易と民族特需製品の生産を発展させた。そして、民族教育と文化施設の建設を強化すると同時に、資金方面での支援と減・免税政策による負担の低減を継続し、発達地域、都市部との「掛け合い支援」などを組み立てた。「八・

五」計画では、積極的に少数民族地域と貧困地域の経済発展を支援し、共に裕福になる目標の達成を最も主要な課題とした。また、少数民族地域の経済発展に焦点を当て、少数民族地域の経済と社会発展をめぐる各項目の任務について明確に規定した。

20世紀90年代初期、東ヨーロッパにおける巨大な変化、冷戦の終焉に伴い、全世界はナショナリズムに巻き込まれ、民族問題は国際社会から注目を浴びる普遍的な問題となった。我が国の民族事業は、改革・開放の展開と経済建設の発展に伴い、新たな情勢に直面することとなった。したがって、中国共産党中央と国務院は1992年1月14日、北京で中央民族事業会議を開いた。会議では、40年間以上に渡って成し遂げた我が国における民族事業の成果を認め、民族事業の基本的な経験を科学的にまとめた。さらに、目前の民族事業をめぐる情勢を研究、分析し、90年代の民族事業における5つの主要任務を提示した。

(1) 少数民族と民族地域の経済発展に拍車をかけ、次第に全国の発展に適合させる。

(2) 少数民族と民族地域の社会事業を多大に発展させ、各民族の全面的な進歩を実現する。

(3) 改革・開放を堅持し、少数民族と民族地域の自我発展の活力を絶えず増強する。

(4) 民族区域自治制度を堅持・完遂し、「民族区域自治法」を全面的に貫徹し、少数民族幹部の養成に力を入れる。

(5) 各民族間の大団結を強化し、祖国統一を揺るぎなく守る。
会議では、新たな歴史時代において民族事業に努め、民族団結を強める核心的な問題は積極的に条件を作り出し、少数民族と少数民族地域の経済、文化など各項事業の発展を加速させ、各民族共同の繁栄を促進することであると強調した。これはまさに、少数民族の切実な望みであり、我が国の全面的な発展と建設の需要で

もあった。[1]

国と発達地域による援助や支援、一連の改革措置の進行と自らの積極
性の発揮によって、民族地域はその他の地域同様に、改革・開放以来、
経済と社会発展の大きな成果を挙げた。1978年から1998年の間、民
族地域の経済総量は猛スピードで成長し、GDPは324億元から7,571.32
億元までに増加した。

地方の財政収入は大幅に増え続けた。内モンゴル、新疆、寧夏、チ
ベット、広西、青海、雲南、貴州などの民族自治州と地域の財政収入
は、1978年の52.28億元から1998年の540億元に増え、9.3倍増加し
た。また、民族自治区における1人当たり財政収入は1978年の40.1元
から1998年の301.68元に増え、6.5倍の成長を遂げた。民族地域金融
機関の年末時点の各項預金残高は、1978年の136.37億元から1998年
の7,680億元に増え、年末時点の各項貸出残高は、1978年の172.83億
元から1998年の6,671.41億元に増えた。

住民の生活水準は大幅に向上し、生活の質も明らかに改善された。
1998年の農民1人当たりの純収入は1978年の120元から1,643元に
増え、都市住民1人当たりの可処分所得は1978年の375元から5,002
元に増え、1978年の12倍以上の向上を遂げた。職員と労働者の平均
給料は1978年の632元から1997年の5,986.36元に向上した。1997
年の年末、都市・農村住民の預金残高は3,765.77億元で、1978年の
22.95億元の163倍以上であった。1998年、主な少数民族地域である
8つの省、地域の社会消費品の小売総額は2,430億元で、1978年の16
倍であった。また、1981年における農村住民と都市住民の1人当た

---

1. 江沢民「各民族の大団結を強化し、中国特色ある社会主義建設のために
共に歩いて行こう」、国家民族事務委員会編『民族事業文献選集（1990年—
2002年)』中央文献出版社、2003年、31頁。

り消費支出はそれぞれ、159.46元と409.87元であったが、1997年には1,296.38元と3,803.2元に増えた。消費パターンも絶えず変化し続け、都市住民と農村住民の1997年におけるエンゲル係数は1981年の57.5%と65.7%からそれぞれ11.3%ポイントと5.5%ポイント低下して46.2%と60.2%となった。カラーテレビ、冷蔵庫、洗濯機、電話機、パソコン、エアコンなどの現代化された消費品も一般家庭に登場し始めた。住宅条件は一層改善され、1997年の農村住民1人当たりの住居面積は1981年の9.42㎡から18.38㎡に変化した。さらに、民族地域の食物消費、衣類消費と日常用品の消費にも大きな変化があり、医療保険条件も大いに改善されることで、人民の体質は明らかに改善された。

少数民族地域の発展成果を新中国成立後の半世紀に近い時点からみれば、更に励まされる。1952年から1998年までの間、8つの少数民族省、地域のGDPは56.57億元から7,571.32億元に増加し、不変価格で計算すれば、年平均7.7%ずつ成長した。第一、第二、第三産業の年平均成長率はそれぞれ5.1%、10.6%、10.2%で、その構成比は1952年の67：17：16から1998年の27：41：32に転換した。また、農産品の産量も大幅に増えた。例えば、民族自治地域の食糧生産量は1952年の1,581.5万トンから1998年の7,295.4万トンに、綿花と搾油作物の生産量は3.14万トンと41.62万トンからそれぞれ148.1万トンと290.6万トンに増えた。牧畜業も前例のない発展を遂げた。民族自治地方において、大型家畜は1952年の1,646万頭から1998年の5,669.4万頭に、羊は1952年の1,666万匹から1998年の1,2874.1万匹に、豚は1952年の796万匹から1998年の7,615.2万匹に増えた。民族自治地域の工業生産総量も大幅に増加した。民族自治地方の工業総生産量は、1952年の11.4億元から1998年の3994.6億元に増え、鋼鉄の生産量はゼロから1998年の632.8万トンになった。さらに、民族自治地方の銑鉄生産量は1952年の0.9万トンから1998年の701.7万トンに増加し、原炭（採掘されたままの石炭）は179万トンから17,569.8万トン、原油は

5. 改革・開放後の迅速な発展と貧富の格差   *353*

5.2万トンから2,047.2万トン、発電量は0.81万キロワット時から1,323.1万キロワット時に増加した。国と地方投資の増加に伴って、立ち後れていた少数民族地域の基礎施設の建設状況には極めて大きな変化が起きた。交通方面から言えば、民族自治地方の国道開通距離は、1952年の2.57万キロから1998年の27.41万キロに伸び、鉄道営業距離は、1952年の0.38万キロから1998年の1.73万キロに伸び、郵送路総距離は、1952年の13.13万キロから1998年の54.7万キロに伸びた[1]。

以上のようなデータとそれが反映する実際の状況は、半世紀に渡る社会主義建設を通して中国の少数民族及び民族地域には天地がひっくり返るほどの大きな変化が起こり、「経済的に立ち後れ、文化的には白紙に近い状態」は昔話になったことを裏付けている。

しかし、以上のような進歩は相対的で、垂直的なものであった。水平的にみれば、少数民族地域と全国のその他の地域、特に東部地域に比べると発展の格差は依然として大きかった。また、一部の格差はより大きくなっていることも事実であった。

研究によれば、少数民族の集住地域には長期に渡って経済発展、人類発展と社会発展という三大ギャップが存在していた。20世紀の最後の10年間は少数民族地域におけるGDP成長のピークであり、年平均9.6%の成長率を達成した。即ち、これは1952年から1978年、1978年から1990年に至るまでの時期よりそれぞれ3.9%ポイントと1.2%ポイント超えていた。しかし、都市と農村の発展差を縮めることにおいては、理想的な進歩をもたらすことができなかった。少数民族の集住地域において、1999年と1990年の都市住民の1人当たりの現金収入の増加の割合をみれば、漢族集住地域の増加速度に及ばず、農村住民の1人

---

1. 以上のデータは「民族経済の迅速な発展」、国家民族事務委員会編『中国民族事業五十年ー1949年ー1999年ー』民族出版社、1999年、33ー34頁から引用した。

当たり純収入の状況は漢族集住地域より差が広がる一方であった。また、民族地域と内地の漢族集住地域における住民の平均寿命、成人識字率、一人当たり所得水準など、人類発展指数方面の格差も 20 世紀 90 年代以降から段々と広がりつつあった。[1]

　国家民族事務委員会と国務院の貧困地域経済開発指導グループは、1988 年の下半期から全国における少数民族貧困県の 100 カ所を対象に調査を行った。その調査結果によれば、国が重点的に支援している 331 の貧困県の内、主に内モンゴル、新疆、寧夏、広西、貴州、雲南、青海などの 14 の省、地域に分布している少数民族貧困県は 141 カ所で、全体の 42.6％を占めていた。1984 年、中国共産党中央と国務院が「貧困地域を支援し、迅速に変貌させることに関する通知」を発表した後、少数民族地域の党委員会、人民政府は貧困家庭を支援する事業を非常に重視するようになった。貧困家庭支援の一連の優遇政策と措置を制定し、一部の群衆の生活難を解決するための手段や方法を模索し始め、貧困家庭を援助する事業の中で一定の成果を挙げた。しかし、歴史、自然、社会問題などの原因により、これらの地域の貧困問題は依然として深刻であった。1988 年末まで、141 カ所の少数民族貧困県の内、まだ 1,518 万人が衣食問題を解決できず、貧困人口が地元農村人口の 48％をも占めていた。そのうち、少数民族貧困人口は 1,075 万人で農村部の貧困人口の 71％を占めた。少数民族地域は普遍的に貧困問題が存在していただけでなく、一般地域より貧困の程度が深刻であった。1988 年、141 カ所の少数民族貧困県の 1 人当たり GDP は 338 元で、同じ時期の全国 1 人当たり水準の 20.7％にしか及ばなかった。また、1 人当たりの工業生産総額は 100 元で、全国平均の 7.5％であり、1 人当たり社会商品売り上げは全国農村の 1 人当たり平均額の 17％、財政収入は全国 1 人

1．温軍『民族と発展－現代化の新たなキャッチアップ戦略－』清華大学出版社、2004 年、152 － 165 頁を参照せよ。

5. 改革・開放後の迅速な発展と貧富の格差

当たり水準の 14％にしか及ばなかった。[1]

　まず、改革・開放以降の民族地域における発展格差の存在と拡大には、自然環境及び発展基礎の制約があった。我が国の多くの少数民族地域は豊富な資源、綺麗な景色を有する一方、険しい山々、高い海抜、干ばつ、僅かな草木も生えないゴビ砂漠などの劣悪な生存環境に置かれていた。こうした自然条件及び漢族地域より立ち後れた歴史的状況により、短時間で漢族地域との格差をなくすことは不可能であった。「大躍進」時期に「左」的誤りの影響によって、一部の地域では盲目的に漢族地域を追い越すというスローガンを出したが、その後の何十年に渡る発展の実践は、こうしたスローガンが実際にそぐわない幼稚なものであったことを充分に証明してくれた。

　次に、民族地域における発展の格差とその距離感の拡大は、我が国の全体的な発展戦略によるものでもあった。新中国成立後の一定の時間において、国際環境の悪化に応じて我が国では経済発展における区域均等化戦略を取っていた。即ち、比較的に発達した沿海地域の建設規模を抑える一方、工業が比較的に少ないか立ち後れている内地の建設を重視した。改革・開放後、鄧小平は一部の地域、一部の人たちを先に豊かにさせ、そして、より多くの人々を引っ張って共に裕福になる観点を主張し、同時に「沿海地域は対外開放に拍車をかけ、2 億の人口を有する広大な地帯が先に発展することを実現し、それから内地の発展をリードすることは一つの大局にかかわる課題である。内地はこの大局に気を配るべきである。一方、沿海地域が一定の程度まで発展してからは、またもっと多くの力を出して内地の発展を支援することが求められる。これも一つの大局である。その際、沿海地域もこの大局に服従すべきである」[2]とい

---

1. 「少数民族地域における貧困支援政策問題をめぐる国家民族事務委員会、国務院の請訓」、国家民族事務委員会弁公庁編『中華人民共和国民族政策法規選集』中国民航出版社、1997 年、218 頁。
2. 『鄧小平文選』（三巻）、人民出版社、1993 年、277 － 278 頁を参照せよ。

う「二つの大局」思想を提示した。「二つの大局」の思想は、中国経済発展が次第に非均等化戦略へと転換し始めたことを表わしていた。即ち、経済発展の重心を東から西へ、東部沿海地域から中部・西部地域へ段階的に移動させる戦略であった。こうして、西部の少数民族地域は自然にこの戦略的発展段階の後部に置かれることになった。したがって、改革・開放以降、国は民族地域の発展のために多くの関心を寄せたが、政策、投資と開放度などの面からより多くの恩恵を受けている東部沿海地域に比べると、少数民族地域に対する投資と支援はやはり少ないものであった。これが発展の実践上に反映されると、東部と西部の格差は出やすいだけでなく、ある程度段々拡大しつつある結果として現れた。

　「東を先に、西を後に」する階段式の発展戦略は、中国の社会主義現代化を効率的に促進し、20世紀80年代以降における中国経済の飛躍的な発展をもたらした。しかし、この戦略は中国経済の全般的な飛躍を推し進めると同時に、地域間の発展の不均衡状態を形成し、民族地域と東部漢族地域間の発展の格差を拡大させた。これは、中国現代化建設に伴う一種の避けられない代価であり、極めて重苦しい代価であった。東部沿海地域と西部の異なる発展状況は、民族地域の立ち後れを際立たせ、地域間、民族間の格差を拡大し、民族団結と社会安定に影響を及ぼした。そのため、新しい時期における中国民族問題の重要な内容となり、その他の民族問題を引き起こす重要な誘因ともなった。これらのことに対して、中国の学術界と民族事業部門は皆充分な認識を有していた。80年代後期から民族理論をめぐる学界では大量の研究成果を発表し、民族事業部門もこうした状況を変えるために様々な形で努力してきた。

　実際のところ、前述のように、中国共産党中央は民族地域の発展問題に対して終始特別に配慮し、様々な政策や措置をもって少数民族と民族地域の発展を促進した。民族地域と発展地域間の発展格差問題は、1992年に開かれた中央民族事業会議の中心テーゼとなり、江沢民は「現段階において、我が国の民族問題は少数民族と民族地域の経済、文化発

5．改革・開放後の迅速な発展と貧富の格差　　　*357*

展に拍車をかけることに集中している[(1)]」と指摘した。また、江が 90 年代の民族事業のために規定した 5 項目の主要任務の中で、前 3 項はすべて発展問題と関わっていた。

1. 少数民族と民族地域の経済発展に拍車をかけ、次第に全国の発展レベルに適応させる。
2. 少数民族と民族地域の社会事業の発展に力を入れ、各民族の全面的な進歩を促進する。
3. 改革・開放を堅持し、絶えず少数民族と民族地域の自我発展の活力を高める。

　しかし、民族地域の発展格差は地域経済発展の不均等問題である以上、その解決も必ず中国現代化発展の全体的な戦略という枠組みの中で考えるべきであり、これはまた 20 世紀末の国の西部大開発プロジェクトと重なっていた。

　鄧小平の「二つの大局」思想と中国現代化建設の実際状況に基づき、90 年代の半ばから西部大開発をめぐる中国共産党中央の戦略的な計画は次第に浮き彫りになりつつあった。1995 年 9 月、中国共産党中央第十四期中央委員会第五回全体会議の閉会式で江沢民は、次のように述べた。東部地域と中・西部地域の関係を正しく処理すべきである。地域発展の格差を解決する際、地域経済の調和的な発展を堅持することは、今後の改革と発展のための戦略的な課題である。「『九・五』計画から、中・西部地域経済の発展を更に重視し、支援すべきである。徐々に地域格差の継続的な拡大を解決するために力を入れ、積極的に格差を縮める

1．　江沢民「各民族の大団結を強化し、中国特色ある社会主義建設のために共に歩いて行こう」国家民族事務委員会編『民族事業文献選集（1990 年－2002 年）』中央文献出版社、2003 年、31 頁。

方向へ進むべきである。」1999 年に至って西部大開発戦略は正式に提示された。

1999 年 6 月 17 日、江沢民は西北五カ省・地域の国有企業改革と発展座談会で、次のように指摘した。「現在、我々は世紀の転換期に置かれている。時期を逃さず、中・西部地域の発展を加速化し、特に西部地域大開発を至急研究すべき必要性を全党と全国人民に明確に提示しなければならない。西部地域の大開発を実施することは、全国発展の大きな戦略であり、大きな方針でもある。西部地域の経済発展を加速化することは、国民経済の持続・快速・健全な発展における必然的な要求であるだけでなく、我が国の現代化建設の第三段階の戦略的目標の必然的な要望でもある。我々は何十年ないし 21 世紀全般の苦しい努力を以て経済の繁栄、社会の進歩、生活の安定、民族の団結を実現し、山河の綺麗な西部地域を建設する覚悟をしなければならない。」

江沢民はまた、「西部大開発は、我が国の次の世紀の発展における重大で戦略的な任務である。これは、党中央が遠い将来までを視野に入れながら大局から出発し、時局や状況をもとに判断・発表した重大な方針である。我が国の少数民族と民族地域は、主に西部地域に集中しているため、西部大開発戦略を実施することはまさに少数民族と民族地域の発展を加速することである。これは、地域間の発展格差を徐々に縮小し、全国経済の振興と発展を促進することに対して積極的な意味を持っている。また、全国の各民族人民が共に裕福になり、我が国の民族団結を強化・推進することに対しても重大な意味を持っている」と述べた。

2000 年 1 月 16 日、国務院は朱鎔基総理を責任者、温家宝副総理を副責任者に任命し、国家計画委員会、国家経済貿易委員会、国家民族事

1．江沢民「社会主義現代化建設中の幾つかの重大な関係を正しく処理しよう」、『江沢民文選』（一巻）、人民出版社、2006 年、466 頁。
2．江沢民「チャンスを逃さず西部大開発戦略を実施しよう」、『江沢民文選』（二巻）、人民出版社、2006 年、341 － 346 頁。

5. 改革・開放後の迅速な発展と貧富の格差   359

務委員会、財政部などの 19 カ所の部門の主要指導者をメンバーとする
西部地域開発指導組織を結成した。その後、西部の各省、市、区及び新
疆生産建設兵団では、次々と西部開発指導組織及び事務機構を設立した。
1 月 19 日から 22 日にかけて、指導組織は北京で西部地域開発をめぐる
会議を開いた。会議では、西部大開発戦略を実施する重大な意義を述べ、
現時点における有利な条件とチャンスを分析し、西部開発における目前
の重点事業任務に対する要求を提示した。これで西部大開発は正式に実
行されることになった。

　地理概念上から言えば、西部地域には西南と西北の四川、重慶、貴州、
雲南、チベット、陝西、甘粛、青海、寧夏、新疆などの 10 カ所に及ぶ
省、市、自治区が含まれていた。しかし、中央が西部大開発の戦略的な
政策を提出した後、国務院は 2000 年 10 月 26 日に発表した「西部大開
発を実施するための若干の政策措置に関する通知」の中で、モンゴルと
広西の二つの自治区も西部開発の政策適用範囲に入れた。それ以外にも、
国務院はまた次々と湖南湘西の土家族・ミャオ族自治州、湖北恩施の土
家族・ミャオ族自治州、吉林省の延辺朝鮮族自治州を実際の事業の中で
西部大開発関連政策に照らして優遇することを許可した。このことは、
民族地域の発展を促進させる西部大開発戦略の目的を明らかにしている。

　国の「『十・五』西部開発の全体的な計画」によれば、西部大開発の
総戦略目標は、何世代もの刻苦奮闘を経て、21 世紀の半ばに全国で現
代化を実現する時、西部地域の立ち後れた状況を根本から一変させ、地
域間の発展格差を著しく縮小し、経済の繁栄、社会の進歩、生活の安定、
民族の団結が保たれ、山河が美しく、人民が裕福に暮らせる新しい西部
地域を建設することであった。したがって、西部大開発は一つの大いな
る世紀のプロジェクトであった。

　2010 年 7 月 8 日、国務院の記者会見で国家発展改革委員会の責任者
は、西部大開発を実行してからの 10 年間、中国共産党中央と国務院の
確固たる指導の下で、また全国人民の多大な支持の下で、西部大開発は

世人の注目を集めるような著しい成果を上げたと発表した。

まず、西部地域の経済成長速度は立ち後れていた局面から抜け出し、年平均11.9％の成長率を達成し、10年間でマクロ経済目標の倍以上を達成した。

次に、インフラ建設の著しい発展をもたらした。例えば、青蔵鉄道、西部から東部への天然ガスと電力の輸送など、代表的なプロジェクトを相次いで完成した。鉄道と国道開通距離は10年前よりそれぞれ1.5倍と2.8倍に増え、電力システムは5倍の成長を成し遂げた。

第三に、生態建設規模の前例のない発展を収めた。西部地域で耕作を止めて森林を整備した面積は2.4億ムー、牧畜業を止めて草原を整備した面積は6.8億ムーであった。西部地域の森林被覆率は10年前の10.32％から現在の17.05％に向上した。

第四に、社会事業の急速な発展を挙げた。ここ10年間、中央は西部地域で相次いで50項目以上の社会事業建設プロジェクトを実施し、投資総額は何千億元にも上り、西部地域の教育、衛生、文化、体育、社会保障、就職などに貢献した。

第五に、人民生活水準は明らかに改善された。都市と農村住民の収入はそれぞれ10年前の2.7倍と2.3倍に増え、5,700万人の貧困人口が2,370万人に減った。同時に、西部地域における東、中、西など異なる地域の間で行なわれた相互協力関係は、より広くより深く進み、西部地域の対内・対外開放の基本的なフレームを作り上げた。広範な幹部と群衆の開拓・革新の意識が絶えず高まり、西部人民の精神の風貌が向上した。

まとめて言うならば、西部大開発の10年間は、西部地域の経済社会の発展が最も速く、都市と農村における変化が最も著しく、人民大衆が得られた恩恵が最も多かった時期であり、全国発展に対する西部地域の貢献が最も目立つ10年間でもあった。[1]

1．2010年7月8日、中国新聞網（中国新聞社のWEBサイト）を参照せよ。

5. 改革・開放後の迅速な発展と貧富の格差

　言うまでもなく、西部大開発の 10 年間で勝ち取った成果の中には、民族地域の大きな進歩が含まれていた。しかし、西部大開発が正に数世代に渡って完成すべきプロジェクトであるのと同じく、西部民族地域の立ち後れている状況と格差も数世代あるいはもっと長時間にわたる苦しい努力を通してのみ変化が生じてくると思われる。この点については依然として楽観的ではない。

第7章　社会主義条件下における

民族紛争及び調停

　多民族社会において民族紛争は避けられない現象であり、その紛争を
迅速かつ有効に調停することは民族団結と社会安定の必要条件であった。
新中国の成立後、新旧社会の転換過程における民族紛争及びその解決は
全く新しい様相を呈し、人民政府は民族紛争を解消するための有効的な
調停システムを建設した。民族紛争及びその解決策は、社会主義建設過
程における経済社会の変革から多大な影響を受けた。また、計画経済と
市場経済といった全く異なるシステムの中で、成因の共通性、類似性、
解決策の多様性といった特徴を呈した。

1．新旧社会制度の転換過程における民族紛争

　中国社会が半植民地・半封建社会から新民主主義社会と社会主義社会
へ移行することをいわゆる新旧社会制度の転換と言う。一部の民族地域
は、1949年に新政権が誕生する以前から民主改革を通じて搾取制度を
無くし、様々な民族紛争を調停することに着手していた。新中国の成立
後、土地改革とその他の事業の展開に伴って、歴史によって残されたあ
るいは新たに現れた様々な民族紛争は、各地域の民族事業が直面する課
題となった。したがって、各級の党組織と人民政府は、実際の状況に応
じて様々な利害関係を調整し、各当事者の協議・協力を促進することで
民族矛盾を最大限に解消した。

（一）土地改革における土地使用権をめぐる紛争

内モンゴルの元綏遠地域は元代からモンゴル族が住居してきた地域であり、牧畜業を主要な産業とする地域であった。清末から清政府の「開墾許可」、北洋政府及びその後の時期における「移民拓辺」、「派兵屯墾」などの政策によって、多数のモンゴル族は自分たちの牧場を離れ、遠い辺境地域まで移住しなければならなかった。その中で一部のモンゴル族の牧民は農業へと転向し、上層部の人々は地主へと変貌した。モンゴル族は農業へ転向した時間が比較的に短く、農業生産技術、経験と労働力が足りなかったため、多くのモンゴル族農民は土地を賃貸することで生活を維持するしかなかった。モンゴルの王侯貴族と地主は自分たちの土地を廉価な地代で漢族の「二次地主」に転貸し、漢族の「二次地主」はそれを高値で漢族の農民に転貸した。こうして、両民族の農民と両民族の地主の矛盾、歴史的に引き継がれてきた民族間の隔たり及び矛盾、土地問題と民族問題が絡み合うこととなった。長年以来、モンゴル族と漢族の民衆は団結できず、互いに相手民族を差別し、一部の地域では常に紛争が発生していた。また、内モンゴル東部地域には民族矛盾と表裏一体となった農・牧矛盾と紛争が存在していた。

内モンゴル西部における土地改革（1951 に始まって 1952 年に完成した）の過程で、人民政府は蒙・漢連合の土地改革委員会、土地改革事業チームと蒙・漢農民連合協会を組織し、民衆への民族政策の宣伝を通して民族間の矛盾と紛争を合理的に処理した。各地では有効的に民衆を動員し、蒙・漢雑居農村ではモンゴル族労働人民の同意を得た後に土地改革を展開した。蒙・漢民衆を動員する方法として、共同で呼びかけ、別々に動員し、連合による闘争を行う方法を駆使して、民族関係を利用した地主階級の挑発を低減し、土地改革に対する妨害の可能性を乗り越えた。また、占有している土地の量ではなく、実際の搾取量をもってモンゴル族内部の階級を区分する基準とし、蒙旗農村の経済状況と経済システムの特徴を考慮しながら打撃を最小限にする政策を選んだ。一

1. 新旧社会制度の転換過程における民族紛争 365

方、協議を通じて耕作地と牧場の境界を画定し、牧場と農地両方を保護することに努めた。こうして、綏遠省では120万ムー（全牧場の7分の1）の牧場が区画整備され、行政村を基本単位に蒙・漢族が共同で組織した牧場保護委員会によって管理された。以上のような措置を通して、歴史的に引き継がれてきた蒙・漢民族の土地紛争を解決あるいは沈静化し、内モンゴルにおける民族関係を改善し、友好な民族関係を育む環境を提供した。一方、内モンゴルの東部地域では農・牧矛盾を解決するため、土地改革における農業地と牧場の境界線を引くことに重点を置いた。例えば、ジョーオダ盟では65カ所の牧場を区画し、50カ所の牧場を開墾することでこの地域での農・牧紛争を解決した。[1]

　チワン族を中心に漢族、ミャオ族、ヤオ族、トン族などの民族が雑居している広西では、個別の条件に応じて1952年までに漢族とチワン族地域の土地改革を終え、1953年12月からミャオ族、ヤオ族、トン族などの民族地域における土地改革を開始した。歴史的に、これらの地域には比較的多くの民族紛争が残されていたので、人民政府は穏健な政策を採用して低い基準をもって階級を区分し、地主の財産の没収を避け、土地・林業地は保全した後に分割する政策を取った。土地改革を開始してから半年も経たないうちに、85.6万人を抱える4つの民族県、少数民族が集住する15の県の716の郷で土地改革を完成した。改革の最も重要な成果は、新たな土地及び山林所有制度の制定であった。[2] 政府は以上のような改革を展開する際、土地、森林をめぐる各民族の紛争を避けるために各民族代表会議を開催し、民族政策を基に積極的な協議を通して「民族団結公約」を制定することにより、歴史によって残された民族紛争の解決を加速させた。

　土地改革を首尾よく実現させるために、1952年、貴州省委員会は「現

---

1. 林幹他『内モンゴル民族団結史』遠方出版社、1995年、336 - 341頁。
2. 韋純束編『当代中国の広西』当代中国出版社、1992年、47 - 54頁。

時点で少数民族の土地改革を実行することに関する意見[1]」にしたがって、民衆を動員し、積極的に各少数民族の上層部と協議を行った。それと同時に、土地改革と生産を結び付けながら過去のことを問題視せず、モスクの土地には借地料の低減を行わないなどの政策を通して、これらの民族地域での土地改革を順調に遂行し、民族紛争を解決することができた。

(二) 旧社会の民族制圧と差別によって残された民族紛争

解放初期、四川省涼山地域はイ族、漢族、プミ族、ナシ族、チベット族、リス族など様々な民族が集住し、民族関係は常に良くなかった。その中でも、イ族と漢族の間には緊張関係が続き、イ族内部にも深刻な葛藤が存在していた。涼山地域では「土堡[2]」が林立し、人々は自分たちの縄張り内だけで活動し、互いの交流もなく、イ族・漢族間あるいはイ族内部でも復讐による闘争が絶えなかった。支配階級は矛盾を作り出し、離反をそそのかし、あるいは一方当事者に荷担することで自分たちの利益を守っていた。例えば、麦窪部落の所有権をめぐって西茂県の阿壩（アバ）の土司（どし）と黒水頭村の人たちは10年以上も対立していた。当時の国民党はアバの土司に武力で対抗するよう励まし、一方では黒水頭村の人たちに弾薬などを援助して戦いを煽ることで、1948年だけで200人以上の死傷者を出した。新中国の成立後、以上のような民族紛争、民族内部における戦いが自然に止むことはなかった。20世紀の50年代

---

1. 1952年、貴州省委員会が提出した「土地改革は少数民族の民族団結、少数民族の自覚・自発、幹部条件が整ってから展開すべきである。要するに、新たな紛争を作り出すのではなく、各民族のさらなる団結を図るべきである。いわゆる階級闘争はまさに、以上のような前提の下で行われるべきであり、漢族地域以外の少数民族地域における一番重要なポイントでもある」のことを指す。（貴州省民族事務委員会『貴州民族事業50年』貴州民族出版社、1999年、18頁。）
2. 「土堡」とは、外部立ち入り禁止の大きな建物で、長方形か円形をしており、厚い土壁と木の骨格から成る要塞型の建築物を指す。（訳者注）

1. 新旧社会制度の転換過程における民族紛争   367

初期に、普格、布拖、美姑、昭覚、普雄などの地域では大規模な集団闘争が 16 回も発生し、その中には 7,000 人が参加し、5 日間も持続した闘争もあった。当時、西昌地域委員会書記を務めていた梁文英は、イ族と漢族間の隔たり及び紛争の原因を以下のようにまとめた[1]。

まず、過去の統治者及び国民党反動派はイ族に対して武力的鎮圧、掃討政策、「彝をもって彝を治める」政策を一貫して展開してきた。その目的は、イ族を少数の統治者に降伏させ、支配するためであったので、武力による一時的な支配に過ぎなかった。また、武力による鎮圧は必ず復讐を呼び、彝・漢あるいはイ族内部の矛盾を煽り、長年に渡る紛争の誘因となった。

次に、一部地域の悪人や野心家が彝・漢矛盾、イ族内部の矛盾を利用して自分の勢力を築いていた。こうした人々と官僚たちが結託、または共犯関係を持つことによって、イ族と漢族間、イ族内部の紛争をより複雑化させた。

そして、反動統治者の大漢族主義の思想と精神は、漢族大衆にイ族に対する差別、恨みなどの情緒を形成させただけでなく、イ族の復讐行為を刺激した。このように、イ族との激しい対立状態の裏には、イ族に対する無責任で反動的な統治者たちの政策があった。

最後に、以上のような原因が、イ族の内部に漢族を敵視する雰囲気を作り出し、漢族に対する漫然とした復讐心理を助長した。一方、長期的に解決できなかった紛争は、様々な武力的な形をもって狭隘な民族主義的な復讐感情を悪化させた。イ族の一部の悪人や野心家はこうした感情を利用して反乱を煽り、社会の治安を破壊した。

歴代の反動的統治者及びその政策が作り上げた隔たりが原因となって、「解放前、この地域の各民族は日常的に争っていた。長期に渡る闘争の結果、イ族・漢族の境界地域は荒れ果ててしまった。また、イ族人民の

---

1. 梁文英『実践における民族問題理論の検証』民族出版社、1999 年、37 － 39 頁。

内部においても紛争が絶えず、互いを敵視する現象が普遍的に存在していた。至る所が防塞であふれ、互いの往来はなくなった。漢族の商人などの外部の人々はもとより、イ族自身も5キロを超えて行き来することがなかった。人々は争いに備えるため、蓄えがあれば全部武器の購入に充てていた。[1]」

　1950年3月末の人民解放軍による解放から2年後、西昌の民族関係は一変した。人民解放軍は民衆を動員して匪賊を掃討し、国民党の残余勢力が煽った少数民族動乱を平定し、漢族地域における借地料の低減、保証金の返還、悪質地主の打倒及び土地改革事業を完遂した。地元の少数民族に気を配りながら成果を分配し、同時に、民族区域自治あるいは民族民主連合制度を推進することで、少数民族の政治上での解放と経済上での活性化をもたらした。人民政府は以上のようなプロセスを基に、各民族間と民族内部の紛争を合理的に調停することを始めた。調停の過程で、まずは紛争の原因を探り出し、苦情を訴える活動を行い、各民族人民の問題意識を向上させることで、民族団結を破壊する国民党及び悪徳地主の罪悪を人々に認識させ、「復讐の闘い」の根源的な問題を追及した。各地では調停委員会を設けたり、団結公約を作ったりするなど積極的に活動に参加した。西昌では2年の間に5,810件の紛争を調停し、昭覚県では1951年だけで1,153件の紛争を調停した。こうして、「田植えをする際には見張りが必要で、かたき同士の食事は不可能であり、牛、羊を放牧する際、出かける際、寝るときさえも銃を身に付けなければならなかったイ族の生活が変わった。西昌から昭覚、昭覚から燈場まで、漢族とイ族を問わず、各民族の人々は一人で自由に外で歩けるようになった。商売を行う際にもボディーガードを雇う必要がなくなり、かたき同士でも食事、会議、仕事をすることができるようになった。各

1．梁文英、前掲書、51－52頁。

民族の人民はこうした変化を心から歓迎していた。[1]」

　以上のような状況は、涼山地域以外の様々な地域でも普遍的に存在していた。1953年、四川省のカンゼ地域では人民調停委員会を通して、2,013件の紛争を調停し、翌年には各民族の生活に大きな影響を及ぼす復讐闘争の問題を解決した。[2] また、馬辺県人民政府は、設立してから半年も経たないうちに25件の彝・漢族間の紛争、3件のイ族内部の紛争を調停し、アバ地域でも（1950年から1952年まで）130件の民族間、[3] 民族内部の紛争をうまく調停した。民族紛争を解決する際、人員調停委員会あるいは民族協商委員会などが重要な役割を果たした。これらの機構、特に委員会内部の少数民族委員の活躍を通して、大量の土地、借金、集団闘争などの紛争を解決した。

（三）民族事業における誤った路線が引き起こした紛争

　20世紀の50年代初期、西北軍政委員会の民族事務委員会主任委員を務めていた汪鋒は、西北地域における民族紛争について、「臨夏分区における回・漢民族間の武装衝突は千人以上の死傷者を出した。さらに、3万人以上の民衆が紛争を避けて地元を離れ、生産力に多大な損失を与えた。青海の大通、寧夏の同心城、甘粛の平涼地域でも大なり小なりの武装騒乱が発生し、生産に深刻な影響を与えた。以上のような不幸な事件は、発生からしばらくの間に解決されたが、私たちはそうした経験と教訓を検討してみる必要がある」と言及した。そして、歴史的な要素と反動派スパイの扇動が民族紛争発生の重要な原因であることを挙げながら、以下のような問題も反省すべきであると指摘した。[4]

1．梁文英、前掲書、53－54頁。
2．『当代甘孜』当代中国出版社、1994年、6頁。
3．『アバ州誌』（上）、民族出版社、1994年、402－404頁を参照せよ。
4．汪鋒「西北における民主人士団結と民族事業に関する状況」、中央民族事務委員会編『民族事業文献集』（三）、中央民族事務委員会、1951年、57頁。

まず、私たちの幹部の中には（特に漢族幹部）、西北民族事業を
展開する際の慎重で穏健な方針、漢族地域とは異なるステップを踏
むべきことを理解していない人々がいる。彼らには軽率で焦りがち
であるという欠点があり、常に漢族地域のやり方を少数民族地域に
そのまま当てはめようとする傾向がある。

次に、残存する大民族主義思想は民族政策の実行を阻む要素であ
る。例えば、臨洮県の指導者の審査を通った壁新聞の中にはこのよ
うな内容の文章もあった。「回・漢族間の紛争を解決するには２つ
の方法がある。まず、回民族を全国各地へ送り出す方法があり、次
に、回・漢族を通婚させる方法がある。」これは明らかに国民党反
動派が過去に少数民族を圧迫し、同化した方法であり、僅かな現象
ではあるが、それが我が幹部たちの思想の中に現れたことはこの問
題の深刻さを示唆している。

以上のような誤った考え方は甘粛と西北地域だけの問題ではなく、そ
の他の地域でも普遍的に存在していた。例えば、貴州の民族地域には幹
部たちの独断行為、違法行為、少数民族慣習を無視するなどの現象が起
こり、漢族幹部内部には大漢族主義的な思想が普遍的に存在し、少数民
族の慣習を時代遅れとして扱う傾向があった。また、少数民族民衆に散
髪することを強制し、彼らの服装と言語をタブー化することで少数民族
の不満を買い、度を越した農民負担による紛争など様々なケースがあっ
た。[1]

汪鋒は民族紛争を調停することは目前の民族事業における重要な課題
であり、これからの民族事業は以下のように展開しなければならないと

1．貴州省民族事務委員会編『貴州における五十年民族事業』貴州省民族出版社、
1999 年、39 － 41 頁。

1. 新旧社会制度の転換過程における民族紛争 *371*

主張した。[1]

> 民族紛争を調停あるいは停止し、引き続き団結を強化しなければ
> ならない。様々な民族が雑居している地域では、各民族間あるいは
> 各民族内部の紛争が多くの財産及び生命とかかわっているため、十
> 分に重視し、慎重に扱わなければならない。紛争事件に対して各級
> 人民政府が行ってきたこれまでのやり方は正しかったが、個別事件
> の調停から着手する必要があることに注意し、各地域における民族
> 紛争の社会・歴史的な原因を探ることに努めなければならない。各
> 民族の人々は適切な代表人物を通して十分な協議を行い、紛争を完
> 全に無くせる方法を求め、教育をもって各民族人民の問題意識を高
> めなければならない。……以上のような調停事業は地元の民衆、そ
> して農業、牧畜業、その他の副産業の生産と結び付けて考慮すべき
> であり、単独で行ってはいけない。

歴史的な原因がゆえに、西北における回・漢民族の関係は依然として
複雑であった。特に、軍閥統治時期により深い恨みを作り出していたた
め、西北の民族事業を展開する際には慎重で穏やかなやり方が何よりも
大事であった。汪鋒が指摘した上述のような政策の違反行為を除けば、
西北の回族地域における民族紛争の調停事業は比較的に順調であった。
1950 年から 1951 年 11 月の間、甘粛省民族事務委員会は 17 の事業チー
ムを組織し、6 回にわたって農村へ派遣して各自治区の活動に参加させ、
隔たりを無くし、団結を強化する原則をもって一部の民族間あるいは民
族内部の紛争を解決した。例えば、草原山岳地帯をめぐってチベット族
内部で 36 年間も存在してきた夏河甘甲と青海同仁県加吾の紛争、反動

---

1. 汪鋒「西北における目前の民族事業と任務」、中央民族事務委員会編、前掲
   書、63 頁。

派の圧迫による回、蔵、漢の仇討紛争、臨潭県清水郷の殺人事件、夏河穆珠灘における回・漢民衆と晒金灘チベット民の間の土地紛争、墓地をめぐる蘭州市西平の回・漢紛争、10数年間持続した美武草原山岳地帯紛争など、16件の深刻な紛争を解決した。[1]

　党の民族政策を貫徹するため、各地域では土地改革を実行する際に回族の風習を尊重し、民族宗教の指導者、大多数の民衆を動員・団結することに努めた。回族の地主を打倒する活動は一貫として回族幹部と民衆をその主体に、その他の民族幹部・民衆を支援者にする原則を守り抜いてきた。また、土地改革の成果を分配する際には、回・漢両民族の相互譲り合い、相互配慮、相互調整の精神に基づいて土地改革を順調に遂行しただけでなく、両方の友好的な感情を醸成することに成功し、長い年月持続してきた民族紛争と民族内部の紛争を解決した。甘粛省では土地改革を実行する際に、中国共産党中央西北局の指示に従い、拱北、道堂、モスクの土地はそのまま保留する前提で、宗教指導部と民衆が合意する範囲内で小作料を引き下げた。また、民族宗教指導者に対する民衆の告発を抑え、民族・宗教指導者及び民族幹部に対する適切でない場所での検討を控え、彼らを保護するための「背中合わせ」の方法を採用した。さらに、旧社会で発生した事件に関しては一切その責任を問わないことにし、一部の問題に対してはイマーム座談会あるいは指導部の協議を通じて解決する方法を取った。こうして、西北地域では1953年に土地改革を完成した。[2]宗教をめぐる封建的な圧迫・搾取などの問題は、数年後に民衆の問題意識の向上と条件が整ってきた時に、さらなる民主改革を通じて解決することにした。実践が証明するように、以上のやり方は当時の民族地域の実際状況に適応し、民族紛争の解消及びその他の民族事

1．高占福他「建国以来の甘粛省における民族関係にかかわる重大事件の分析」、『民族事業研究』、5期、2000年を参照せよ

2．牛穎編『当代中国の甘粛』当代中国出版社、1992年、41頁。

1．新旧社会制度の転換過程における民族紛争

業の展開に有効的な方法であった。

1951年12月20日、中央人民政府民族事務委員会副主任委員・劉格平は、「中華人民共和国の成立以来、各民族の間では未曾有の大団結現象が現れた。……各級地方人民政府と人民解放軍は民族団結を増強するため、積極的に各民族紛争の調停を支援してきた。不完全な統計によれば、西北地域では2年の内に3,000件以上、西康省チベット族自治区では一年で2,400件、大涼山イ族地域では去年の10月から今年の8月までに2,200件の紛争を調停した。例えば、西北臨夏地域における回族と漢族間の紛争、甘粛と青海辺境におけるチベット族の草山をめぐる甘加と甲吾部族間の紛争、大涼山イ族内部における長年に渡る復讐闘争をはじめとする紛争などは人民政府の積極的な援助・調停を通して公平かつ合理的に解決された。人民政府の民族団結という呼びかけ及び各民族人民の覚悟を基に、各少数民族地域では次々と団結公約を結び、大涼山のイ族は調停委員会を成立し、雲南普洱地域と広西の大瑶山では民族団結記念碑を建設し、記念碑に団結公約を書き入れた」と指摘した。[1]

事実上、1951年当時における「未曾有の大団結」は進行中の現象にすぎなかった。土地改革であれ民族紛争の調停であれ、いずれも実行したばかりであるか準備中であったため、大量の成果と実績は後になってから現れ始めた。中国共産党中央は1956年に初めて民族紛争の調停に関する次のような指示を出した。「今後、省と省、自治州（専区）と自治州（専区）、自治県（県）と自治県（県）の間で、少数民族内部に紛争問題が発生した際、双方の関連党委員会は直接連絡を取り合い、積極的に調停を行うべきである。各関連党委員会は常に該当地域の民族上層部と人民群衆を教育して団結を強化すべきである。各地域では反革命勢力による紛争のでっち上げ及び挑発的な破壊活動を厳しく偵察する必要

1．劉格平「ここ二年の民族事業」、『民族政策文献集』（一巻）、人民出版社、1958年、54－55頁。

がある。[1]」

　このような指示は少数民族の内部紛争に関する内容であったが、様々な民族間の紛争を調停する際の実質的で指導的な役割を果たした。

　民族紛争を解決するために行った各級党と政府の様々な宣伝、教育、調停事業以外に、各民族の一般大衆も民族関係を改善するために貢献し、様々な感動的な実績を残した。例えば、1952年秋、雲南のタイ族教師である周徳俊はシーサンパンナの格郎和ハニ族の山間地域に派遣され、学校を運営することになった。昔からこの地域のハニ族は漢族やタイ族と融和しておらず、学問を学ぶことと「漢人になる」ことを結び付ける習慣があった。したがって、周徳俊と地元の指導者との交渉は失敗に終わったが、彼は諦めず小呼拉寨に移転して積極的にハニ言語を学び、ハニ族の人々と友達になり、ハニ族を助ける活動を通して党の民族政策を宣伝した。彼の態度は小呼拉寨の頭領と人々を感動させ、現地に小学校を開設する同意をもらった。最初に学校に通ってきたのは大人たちであり、周徳俊はハニ語で授業を行い、文化知識の良さと無知の不便さを伝えたので人々の懸念が解消され、次々と自分の子供を学校に通わせるようになった。省民族事業チームが1952年末に格郎和を訪ねた際、ハニ族民衆は至る所で少数民族の慣習を尊重し、彼らを助けようとする事業チームの行動を直接経験し、学校の運営に対して「更に安心できる」ようになった。こうして、小呼拉寨の小学校は更に認められ、その他の地域に対するモデルとなり、蘇湖大寨でも小学校を開設できるようになった。[2]　要するに、各民族間に存在する隔たりの除去と信頼関係は、まさに以上のような具体的でささやかなことによって築き上げられたのである。

1．当代中国民族事業編集部『当代中国民族事業大事記』民族出版社、1989年、82頁。
2．『雲南民族事業の四十年』編纂グループ編『雲南民族事業の四十年』雲南民族出版社、1994年、417頁。

2. 社会主義計画経済時期における民族紛争

　中華人民共和国の成立後、一連の社会変革を経験しながら中国は社会主義の建設時期に入り、ここで民族関係は理論上、すでに社会主義の平等、団結、協力の関係にあった。しかし、様々な民族間及び民族関係にかかわる地域間の利害関係の存在と社会主義計画経済の実行過程での様々な問題の存在により、程度の差はあるものの、民族紛争は依然として継続していた。

(一) 境界の区切りによる民族紛争
　新中国における各地域間の行政境界には歴史的な連続性があり、その中には曖昧な境界あるいは不合理的な区画の問題が潜んでいた。このような問題が浮き彫りになり、民族間の関係と結び付けられる時に、民族紛争が現れた。
　粛南ユグル族自治県は 1955 年に成立した。1956 年から牧場の境界をめぐって、粛南ユグル族の牧民と青海牧民の間で紛争が多発していた。1958 年 6 月から 7 月の間、青海省の祁連及び天峻県の牧民が大量の家畜を連れて黒河を超え、粛南県内の鞭麻溝、大泉丘、托勒草原一帯で放牧する際に、双方の牧民の集団闘争事件が発生した。1958 年の 10 月、甘粛と青海省は解決方法を探る協議会を開き、甘粛省は三つの解決案を提示した。まず、粛南県を青海省に管轄させる方案。次に、粛南県を甘粛省の甘南州に移行させる方案。最後に、粛南県を青海省の皇城灘へ移行させる方案であった。三つの方案の中で、最初の方案は青海省に拒否され、第二の方案は遠く離れて実効性が落ちるという理由で採択されず、最終的に第三の方案が採択された。1958 年 12 月 30 日、張掖地域委員会は「青海との境界問題を解決することに関する伺い書」を省委員会に報告すると同時に、粛南県委員会にも出した。「伺い書」では、

粛南の移転先の地域に対して具体的な企画、段取りをした。即ち、天祝県哈渓区に所属されている四つの郷と祁連区全体、青海から甘粛に譲った皇城灘、永昌県の西河人民公社、山丹県の老君郷及び陳戸、新河郷の一部地域を粛南自治県の基本区域と画し、粛南県の指導部を皇城灘に移行させるという内容であった。粛南県委員会は「伺い書」の精神に基いて移転方案を制定し、移転指揮部及び事務所を設け、幹部たちには紅軍長征の精神をもって宣伝を行い、民衆に呼びかけることを求めた。今回の全県の大移転作業は、1959年6月から1962年まで4年間行われた。新たな行政区の区画は粛南県の元の構成を乱してしまい、粛南境内の托勒、八字墩、友愛における約5,000平方キロの草原を青海省に帰属させ、その代わりに青海省門源県所属の皇城灘の1,300平方キロの草原を粛南に割り当てた。移転する群衆と家畜は、650キロに及ぶ長距離の移行を強いられ、途中で6つの大きな川を渡り、重なる苦難の末、全県では4万頭以上の家畜が減少し、175万元の収入及び生活費を損失し、165万元の転居費用を無駄にし、13人の命まで奪われてしまった。移転による損失が中央に知らされ、周恩来は直ちに粛南移行を停止するよう甘粛省に指示を出したが、移転過程における損失は取り戻すことができなかった。[1]

　牧草地をめぐる紛争を解決するため、以上のような管轄区の移転や境界線の画定などの措置を取っていたが、うまくは行かなかった。研究によれば、粛南ユグル族自治県の誕生から1987年までの間、草原、森林、土地、水源、鉱山などの資源をめぐって辺境地域で起きた63件の紛争の中、青海省で8件、外部地域で19件、地元内部で36件も発生し、集団闘争は107件にのぼっていた。[2]

---

1. 甘粛省粛南ユグル族自治県誌編纂委員会『粛南ユグル族自治県誌』甘粛民族出版社、1991年、451 − 452頁。
2. 劉愛民他「少数民族地域における行政境界紛争の要因及びその対策研究」、『干ばつ地域の資源と環境』4期、2002年を参照せよ。

2. 社会主義計画経済時期における民族紛争 　　　　　　　　　　　　 *377*

　粛南の状況は非常に典型的なケースであった。それは周辺地域との紛争が一つの民族としてのユグル族成員とチベット、漢族成員との紛争であったからだ。牧畜業、特に遊牧を主とする民族は牧場あるいは草原に対して一定の領域を求めるが、この領域には大きな伸縮性があり、所謂「水と草を追い求めて居所を移す」ため、長期的に彼らを一つの場所に固着させることができなかった。したがって、解放後に政府が行政的な境界線を引いても厳守すること自体が無理であった。トラブルが発生する度に調停を行い、新たに行政境界を画定しても依然として新しい紛争が発生した。これは民族関係の上に現れた伝統的な生産様式と新たな秩序の矛盾による反映であった。

　甘粛省と青海省政府は粛南ユグル族の牧草地問題を解決するために何度も調停し合い、甘粛省は内部紛争を解決するために努めた。例えば、甘粛省政府は 1979 年に粛南ユグル族自治県皇城区と永昌県の行政境界線を画定し、牧草地をめぐる双方の紛争を調停した。また、1985 年には甘粛省辺境事務室の統括の下で、張掖市と金昌市及び永昌県と山丹県の責任者と民政部の協議を通じて、大青羊口から大幹溝までの行政境界線と草原山岳地帯の紛争を解決するための論争紀要を作成した。1989 年、甘粛省委員会、省政府は永昌県の新城子の実際状況を考慮し、独山子灘の草原山岳地帯を新城子が引き続いて利用し、そこでの放牧を許可した。1991 年、両市と両県一市一区の責任者は次第に民勤、武威、永昌、金川地域辺境の画定を終え、紛争解決に成功した。[(1)]

(二) 軍と地域の矛盾による民族紛争

　軍隊あるいは予備軍の駐屯と開発は地元少数民族の生産様式や利益と衝突していた。例えば、粛南ユグル族自治県の牧民は牧草地をめぐって

---

1. 金昌市地域編纂委員会編『金昌市誌』中国都市経済社会出版社、1995 年、527 頁。

周辺の地域とトラブルが頻繁に起き、また、隣の山丹軍馬場との紛争も絶えなかった。1980年、粛南ユグル族自治県北灘公社のユグル族牧員、全国人民代表大会代表である拉布吉は次のように述べた。「ここ10年間、青海と甘粛の山丹軍馬場などの部門は、ユグル族の牧草地を分割あるいは不法占拠して牧草地紛争を多発させ、100人以上のユグル族の幹部と群衆を負傷させ、ユグル族人民を窮地に陥らせた。」「本来なら、私たちがこの草原を占有し、使用するのは当たり前のことであった。しかし、山丹軍馬場は西漢時期からこの草原は彼らの所有物であると主張しながら、中央及び国務院の決定の執行を拒否した。山丹軍馬場の人々は絶え間なく我が家畜を追い払い、放牧者を負傷させることで双方の関係は日々緊張していた。私たちは人民解放軍を信頼し、熱愛し、擁護しているが、山丹軍馬場の一部の指導者の理不尽な態度と軍民団結を破壊する行為に対しては、これ以上我慢することができなくなった。1966年、山丹軍馬場の第一分場の責任者は200人の職員を引き連れ、当方の放牧員50人を負傷させた。彼らに殴られた私本人は2本の肋骨が折れ、その他の7人は障碍者となった。」1969年、「四人組」が横行する時期、「我がユグル族人民の生死を考慮せず、期限内に西大灘地域から退去するよう命じていた。退去後の居場所は提供されず、当方の3つの公社、7つの生産隊の人々及び家畜は居場所を無くした。」1974年、山丹軍馬場第一分場の職員500人が責任者の指示にしたがって、「当方の東灘、北灘、馬営などの3つの公社の放牧者を攻撃して26人を負傷させ、13人の重傷者を出した。」1980年6月、150人におよぶ山丹軍馬場の職員たちは「棍棒、石、刀、銃をもって当方の畜舎を攻撃し、放牧者を殴って11人を負傷させ、彼らが乗った馬に踏まれて60匹の羊を亡くし、7頭の馬を傷つけられ、30頭の馬を失った。[1]」

---

1. 全国人民代表大会民族委員会編『第一回から第九回までの全国人民代表大会民族委員会文献資料集』（上）、中国民主法制出版社、2008年、470－471頁。

2. 社会主義計画経済時期における民族紛争 379

　一部民族地域の幹部たちは軍用馬場の建設に不満を持っていた。「軍馬養成場は広大な肥沃な土地を占拠している。」「現代の軍隊にとって軍馬がどれだけ意味を持っているかが疑問である。甘南、寧夏では数多い大規模な軍用馬場を建設しているが、そこの馬の数は少なく、食糧の生産には無関心で、ただ菜の花を植え、油を搾るだけである。軍馬場の馬と牧場の馬の違いは一体何か。いずれも四本足で道を走り、車を引くことができる。現在、牧場の馬は放牧場を失っているが、軍隊はあれほどの軍用馬場を建設し、牧民の牧草地を占用している。軍隊は草原の整備には無関心で、草が無くなるとすぐに外へと拡大し、牧民の牧草地に手を出すやり方で様々なトラブルを発生させている。地域では解決できず、省政府も解決してくれない……[1]」

　チベット山南の行政公署副専門委員・措姆（メンパ族）が1980年の全国人民代表大会民族委員会の会議で発表した以下のような指摘通り、正規軍と地元少数民族との間にもトラブルが発生していた。

　　私の実家はインドに接している国境地域であるため、多くの解放軍が駐屯している。私たちは解放軍が祖国の辺境を守ることを擁護する。過去において軍人と民衆の関係は非常に良かったが、ここ数年の間は深刻な緊張関係が続いている。解放軍は原始森林に覆われていた私たち故郷の至る所で森林を破壊し、開墾を行うことで森林の面積は日々縮小し、雨が降ると土砂崩れが発生している。飼料用の草を全部刈り取って農牧業に影響を与えている。これが軍民関係が緊張になった原因である。……私たちは解放軍の優良な伝統がなくなっていることに胸を痛めている[2]。

1．全国人民代表大会民族委員会編、前掲書、494頁。
2．同書、474頁。

380　　第7章　社会主義条件下における民族紛争及び調停

　軍隊と地域間の以上のようなトラブルは立ち後れた軍の建設、つまり、長期に渡る大量の軍用馬の飼い馴らしと関係があった。また、計画経済時代に「規模が小さくても全てが揃っている」単位制[(1)]を追求し、「自ら働いて，衣食を豊かにする」ことを教条的に理解する政治的環境とも関係があった。軍隊の現代化の加速化、そして軍と地域関係の緩和に伴い、以上のような問題も減少した。

(三)「場」と「社」の矛盾による民族紛争

　ここでいう「場」とは、国営の農場を指し、「社」とは、地方の「人民公社」を指している。新中国の成立後、国は辺境を開発、建設、守備する目的で、黒竜江省、新疆、甘粛、内モンゴル、雲南、チベット、広西、広東、海南などの辺境地域に大量の国営農場と関連企業を建設した。それに応じて、大量の内地人が辺境へ移住した。20世紀50年代の初期、中央の命令及び国家経済建設の需要にしたがって、相次いで15個師の解放軍[(2)]が集団退役して開墾耕作戦線に投入された。辺境開発の加速化に伴って、開墾耕作の労働力問題を解決するために、中国共産党中央は1958年に「十万の退役軍人を動員して生産建設に参加させることに関する指示」を出して大量の解放軍を開墾耕作に参加させた。同時に、内地の若者を動員して開墾耕作活動に参加させた。1958年から1961年の間、辺境及び辺境の国営農場に動員された内地の若者の数は148.5万人に上り、それに伴う移転家族は43.8万人に達した。20世紀の60年代半ばから70年代の半ばまでの「上山下郷」[(3)]の運動によって、さらに

1．単位制とは、中国の都市の基本的な統治形式の一つである。(訳者注)
2．師とは中国軍隊の編制単位の一つであり、10000人前後の兵士を抱えている。(訳者注)
3．都市の知識青年（初級・高級中学生）が農山村に赴きまたは定住して農業生産に従事することを「上山下郷」と呼ぶ。(もとは1957年の整風運動後、江西省で幹部の「上山下郷」が行なわれたが、1960年初期には知識青年の大規模な運動になった。)(訳者注)

2. 社会主義計画経済時期における民族紛争 381

60万人の知識青年が辺境地域の国営農場へ派遣された。[1]

　数年来、辺境における開墾耕作活動は自らの農業生産の任務を完成すると同時に、地域発展のためにも重要な貢献をした。例えば、様々な水利、道路などの施設を建設する際、なるべく地域の各民族人民の利益を考慮し、各プロジェクトの敷設から地方が恩恵を受けるようにした。また長期にわたって、技術的な強みを十分に発揮し、地方の各民族民衆のために技術的サポートの提供を続けてきた。常に無償で大衆の代わりに耕作、種まき、収穫などを担った。[2]

　しかし、これらの農場はあくまでも辺境の民族地域に建設したため、様々な内外的な要因により、農場を建設する過程で地元との土地紛争、経済紛争、文化紛争などが発生した。この種の紛争は改革・開放の初期に特に尖鋭化した。1980年当時、雲南省委員会民族事業部長に務めていた王連芳は、以下のように述べた。[3]

　　ここ数年、民族関係は悪化し、物事を処理する際に実際の状況を無視していたので、各地の兄弟民族は極めて大きな不満を抱え、多くの問題は解決しなければならない限界に達している。今日の民族関係は、解放初期とは異なる様態を見せている。当時、新たに農業開拓農場を建設する際に、兄弟民族は銅鑼と太鼓を鳴らしながら歓迎した。彼らは自分たちを助けてゴムの木を植え、辺境を支援して生産力を発展させ、牛を連れて来て開墾耕作に協力してくれると思っていた。しかし、今は「場」と「社」の矛盾が尖鋭化している。昔、民族間の矛盾、部落間の矛盾は政府が出てきて調停してくれたが、現在の民族矛盾はむしろ少数民族と政府の矛盾として現れ

---

1. 王小平『中国共産党の指導による辺境開墾耕作の歴史経験研究』新疆人民出版社、2009年、12頁。
2. 同書、37頁。
3. 全国人民代表大会民族委員会編、前掲書、494 − 495頁。

ている。また、自治地域内部の矛盾は主に漢族幹部と民族幹部の矛
盾になっている。実際のところ、様々な矛盾の発生は私たちと少数
民族の間の権力、利益をめぐる争いに他ならない。……例えば、解
放初期に私たちが100人以上の人々を怒江に派遣した時は非常に
順調であった。しかし、現在は違う。様々な部署が増え続け、漢族
地域でのやり方をそのまま少数民族地域へ単純に移したため、必要
もない農業機械局、農業機械工場（怒江では大型の農機具は使え
ず、牛さえ入れない田んぼが多かったので機械は無駄に過ぎなかっ
た）を設立した。続々と多くの人々が送られ、そのせいで少数民族
の食糧まで足りなくなった。現在、毎年1,100万キログラムの食糧
と1,800万元の補助金を調達しなければならない。その結果、国の
負担が重くなり、群衆の不満を買ってしまった。

　新疆シボ族の人民代表大会代表・文合図の証言によれば、新疆でも以
上のような紛争が多発していた。[1]当時の新疆には160以上の農場があり、
開墾の任務を達成するために大量の牧草地を開墾したので、牧民の生活
に影響を与え、農・牧矛盾を拡大させた。農民は主に漢族であり、牧民
は主にカザフ族とモンゴル族であったため、農・牧矛盾は自然に民族関
係の矛盾として拡大された。[2]
　黒竜江省のドルボド・モンゴル族自治県は豊富な自然資源を有してい
るが、資源の利用において国営農場・牧場・漁場と地元の人民公社・生
産大隊との間には深刻な矛盾があった。国営漁場が全県の110万ムー
水源の78％（85万ムー）を占め、30個以上の生産大隊の副業収入に直
接影響を与えていた。さらに、1979年には湖で漁をする社員を国営漁
業場の職員が銃殺した事件が発生した。一方、国営牧場は全県における

1．全国人民代表大会民族委員会編、前掲書、491頁を参照せよ。
2．全国人民代表大会民族委員会編、前掲書、463頁。

2．社会主義計画経済時期における民族紛争 383

草原の 16.3％である 80 万ムーを占拠した。牧場と地元の人民公社・生産大隊との間には正式に劃定した境界が無かったため、草刈り時期には常に集団闘争が発生した。[1]

1980 年当時、海南は広東省の一つの行政区であり、管理システムに深刻な問題が存在していた。海南行政区、海南リー族・ミャオ族自治州、広東省所属の企業、中央の部委員会所属の企業などはそれぞれ独自の管理システムを有していたため、互いの協議が難しく、様々な矛盾が深刻であった。特に長年以来、「場」と「社」の関係が緊張していて土地をめぐる紛争などが原因で葛藤や流血事件がしばしば発生し、地元の経済発展だけでなく、民族団結に対しても悪影響を与えていた。1980 年、通什の開墾地域だけで「場」と「社」の矛盾による集団闘争が 85 回も発生し、3 人（農場職員 1 人、農村社員 2 人）が死亡し、239 人が負傷した。[2]

中央と関連部署では「場」と「社」の矛盾を解消するために様々な努力を重ねてきた。1980 年 6 月 30 日、国務院は海南事業座談会を開いて、海南の発展問題、海南の経済発展と民族団結を損なう「場」と「社」の矛盾を解消する方法などを中心に検討した。会議では、新しい状況に基づいて国家と集団、国家と農民、及び国家と民族の関係を合理的に調整し、労働者・農民連盟を固める歴史経験に着目すべきであり、海南地域の優勢を十分に発揮し、農場と人民公社・生産大隊の共同発展、共同裕福を求める農業発展方針に着目すべきであると提出した。さらに、多面的な自己批判、思想宣伝をしっかり行い、現実に直面して歴史を尊重することと合理性・合法性を基に、理解し合い、譲り合うことを呼びかけた。同時に、より具体的な措置を採択してトラブルを解消した。海南に対する政策を緩和して地域経済を活性化させ、生産と生活に困っている

1．全国人民代表大会民族委員会編、前掲書、500 頁。
2．中国社会科学院民族研究所理論室『海南黎族ミャオ族自治州調査報告及び資料集』1982 年、419 頁。

少数民族地域の人民公社・生産隊に対して5年以内に公購糧任務を免除（海南の1.2億の食糧購買任務を1981年からは協議による購買に変えた）した。農業副産品の統一購買や割当購買に対して一定の比率によって利益を保留し、ノルマを超えた部分は生産部門に残し、保留制品は自分で処理した。同時に、少数民族に対する諸費用の配慮を実施した。[2]当時の海南に対するこれらの政策・措置は、経済社会の調和的な発展と民族関係の調整に重要な役割を果たした。

1979年、国務院農墾部は「場」と「社」の矛盾を解決するために、「国営農場事業条例（試行草案）」を公布した。「条例」では、「国営農場と人民公社などの部門は、土地、水源、牧草地、森林、鉱山などをめぐって紛争が発生した際に、地方の党委員会の指導の下で、生産の発展と団結に有利な原則を基に、協議をもって解決しなければならない。過去にすでに画定した境界線はそのまま維持し、まだ区画していない地域は農場の関連部署と地元の政府が協議して境界線を画定すべきである」[3]と定めた。雲南農墾部は所轄の各農場に、自主的に責任を負い、民衆の利益を優先する原則を基に、歴史上の未解決の問題に対しては自主的に意見を求め、事実に基づいて謝罪すべきことは謝罪し、賠償すべきことは賠償し、土地紛争で譲歩すべきことは譲歩するよう求めた。1979年から1984年の間、積極的に耕作地48,319ムー、ゴム樹林13,722ムーを区画し、10万元以上の賠償金を払うことで歴史的に引き継がれてきた土地紛争を基本的に解決した。今後、発展の需要によって生ずる土地

---

1. 公購糧とは、公糧と購糧の総称である。公糧は、農業税を貨幣の形から物質の形に変換する方法、つまり、農家が収穫した食糧をもって農業税を収める方法である。購糧は、国が当時の食糧価格で農家の制品食糧を購買して国の食糧備蓄にする方法である。（訳者注）
2. 許士傑編『当代中国の海南』当代中国出版社、1993年、135－136頁。
3. 農業部農墾司編『農墾事業文献資料集－1949－1982－』農業出版社、1983年、958頁。

2. 社会主義計画経済時期における民族紛争 *385*

紛争に対しては、開墾地域及び地方が歴史、現在、未来を視野に入れる原則をもって、できる限り現状を維持することにした。未開墾土地に対しては、農村部のゴムの木を植える要望を満足させることを優先し、農場はそれを支援した。民衆の力では開墾できない土地は農場がその開墾を引き受けた。過去に農場が借用、占用していた土地に対しては、開墾区が具体的な状況に応じて返還、取り換え、補償あるいはその他の方法で解決すべきであるとした。20世紀80年代、シーサンパンナの開墾部門が農村に返還または調整した土地は6.2万ムー（その中、ゴムの樹林地1,496.9ムー）であった。地元の村民が農場に貸し出した生け花地は、約1,000ムーであった。[1]

1986年、中国共産党中央及び国務院が指示を添えて伝達した農牧漁業部の「開墾耕作経済システムの改革に関する報告」の中で、「辺境の開墾区は『駐屯地を開墾し、辺境を守る』任務を引き継ぎ、兄弟民族の経済・文化の繁栄を全面的に支援する[2]」と明確に述べた。それと同時に、「開墾耕作の関連企業は、経済協力、技術サポートなどを通して周辺の農民たちを支援し、彼らを率いて共同富裕の道を歩むべきである。これは開墾耕作企業の責任であり、経営を成功させる重要な条件でもある[3]」と強調した。要するに、開墾耕作事業の任務と責任は、少数民族の経済、文化を繁栄させることであると言う中央の以上の指示は、農場と人民公社の矛盾と紛争の解決に大きな役割を果たした。

(四)「左」的誤りによる民族紛争

計画経済時期における様々な誤った路線はすべて「左」的思想の指導

---

1. 王小平『中国共産党の指導による辺境開墾耕作の歴史経験研究』新疆人民出版社、2009年、260頁。
2. 農業部農墾司編『農墾事業文献資料集－1983－1990－』農業出版社、1983年、292頁。
3. 農業部農墾司編、前掲書、291頁。

と関連があり、民族関係もそれと関係していた。例えば、1958年の宗教改革運動で湖北省、河南省、安徽省の農村部の幹部たちは、回族とイスラム教の歴史の深い民族と宗教関係及び宗教感情を無視し、宗教改革の徹底性を表すために回族幹部、イマーム、モスクの管理者などをモスクに集めて彼らにタバコとお酒を強制した。そして、豚肉を食べるか否かは革命的であるか否かの印であると主張した。ある地域ではモスクを閉鎖した。このようなやり方は回族たちの不満を買ってしまい、地元の回族と漢族の関係を悪化させ、紛争を醸成することに至った。[1] 1959年、雲南省金平県坪河郷では「大躍進」中、ヤオ族の特殊用地（藍草地）と特殊家畜の所有を取り消し、彼らの銀製アクセサリーを強制的に買い取ることで民族感情を傷つけ、党の政策に対するヤオ族大衆の違和感と不満を増幅させ、深刻な衝突を発生させた。[2] 10年後の河口県では階級集団を整理する際に、ヤオ族民衆の生活を十分に考慮せず、ヤオ族の刀、銃を強引に没収することで彼らの不満を買ってしまった。その結果、深刻なトラブルが発生し、3,000人以上のヤオ族民衆が山に入る事態が生じた。[3] 乳源県は広東省境内の少数民族自治県の一つであるが、森林の所有権をめぐる紛争が長期に渡って存在していた。1964年以降、中央の指示及び県委員会と県政府の措置によって、森林所有権紛争は徐々に緩和された。しかし、1966年に「文化大革命」が始まると各事業システムが破壊され、森林所有権紛争が再度悪化した。1980年までにこの種の事件が2,015件（その中、県内1,896件、県外119件）発生し、森林の乱伐が日々深刻化された。[4]「大躍進」及び「文化大革命」期間に、極端

---

1. 許憲隆「湖北省、河南省、安徽省農村部における回漢民族関係の現状」、『中南民族学院学報』五期、1994年を参照せよ。
2.『雲南民族事業の四十年』編纂グループ編『雲南民族事業の四十年』雲南民族出版社、1994年、422頁。
3.『雲南民族事業の四十年』編纂グループ編、前掲書、425頁。
4.『乳源県誌』広西人民出版社、1997年、243頁を参照せよ。

2. 社会主義計画経済時期における民族紛争 *387*

的な「左」的思潮の影響を受け、末端部門では少数民族の風俗習慣を尊重しない事件が普遍的に存在し、時より大規模な衝突事件まで発生した。

「文化大革命」の時、一部の人は「貧農・下層中農」の力に頼ることを強調しながら、同時に辺境少数民族地域の「貧農・下層中農」は頼りにならないと見なしていた。こうして、雲南の保山地域では内地農民の中から「貧農・下層中農」を選抜して「貧困宣伝隊」を結成し、「革命をやる」ために地元のタイ族地域に派遣した。それと同時に、内地の漢族農民を組織して辺境のタイ族地域へ移住させたため、タイ族地域には外来人口が大量に増えた。例えば、瑞麗県の人口は解放初期の26,000人（その内、漢族は1,000人しかいなかった）から、1972年春の51,000人に増えた。しかし、少数民族の人口には変わりがなく、外来人口だけが25,000人増え、人口全体の半分を占めた。外来の人々は民族政策の教育を受けず、地元少数民族の風俗慣習など尊重せず、元の生産隊の食糧と資源を分かち合ったので地元少数民族の大きな不満を買うことになった。少数民族は漢族に逆らえないと判断し、漢族との生活を嫌がって次第に他の村に引っ越して行った。海外の「敵対勢力」はこれを機に地元少数民族と漢族の闘争を煽動した。[1]

1980年4月7日、「『チベット工作座談会紀要』の伝達に関する中国共産党中央の通知」では、以下のように指摘した。[2]

　　漢族とチベット族、ウイグル族、モンゴル族、その他の辺境及び内地の各少数民族の団結を強化し、各少数民族の政治、経済、文化の状況を改善することは、偉大な歴史的な意義と戦略的な意味を持つ重要な任務である。林彪、「四人組」の10年間の動乱によっ

---

1. 梁文英『実践における民族問題理論の検証』民族出版社、1999年、109頁。
2. 国家民委弁公庁編『中華人民共和国民族政策法規選集』中国民航出版社、1997年、16頁。

て、我が党の民族政策は多くの損失を受け、漢族と多くの少数民族の間に大きな隔たりが形成された。各民族間の相互の信頼、団結を回復するには極めて大きな努力が必要である。我が国が建国してから30年も経っており、目前の国際情勢も複雑であるため、時間を無駄にせず迅速に民族関係を大幅に改善しなければ、非常に大きな誤ちを犯してしまうかもしれない。全党はこの問題の深刻性について、統一した十分な認識を持つべきである。

まさに以上のような認識があったため、中央は全国人民を指導して段々と「左」的誤りを取り除き、党の民族政策は全面的に回復し、傷ついた民族関係も徐々に回復したと思われる。

3．社会主義市場経済における民族紛争

中国における改革・開放のプロセスは、ある意味で社会主義計画経済から社会主義市場経済への模索及び移行のプロセスであった。1992年、党の第十四期全国代表大会では正式に、我が国における経済体制改革の目標は、社会主義市場経済体制を建設することであると発表し、それは中国の経済改革が全面的な社会主義市場経済体制の新たな段階へ踏み出したことを意味した。しかし、それ以前の10数年の間、中国の経済構造、社会生活及びイデオロギーはすでに市場経済の変革の波に洗われていた。したがって、20世紀の80年代初期から20世紀末までに、中国の民族紛争は計画経済時期の継続と社会主義市場経済建設に相応する内容を有していた。

20世紀80年代、中国の農村では世帯生産請負責任制[1]が実施され、土

1．農業生産責任制の一つであり、1978年の改革・開放以後行なわれた、個人あるいは集団が一定の生産項目を請け負い、生産の成果に応じて報酬を受け取る制度。（訳者注）

3. 社会主義市場経済における民族紛争

地は各民族の各世帯の農民たちが生計を立てる手段と豊かになれるための主な資源となった。「一大二公」の人民公社が解体され、土地、林地、牧草地の請負責任制が次第に主流となることで、生産手段と資源をめぐるトラブルには計画経済時期における民族紛争の内容がそのまま引き継がれ、以前より普遍的なものとなった。一方、各民族人口の往来が増えるにつれて民族アイデンティティが強化され、一般的な経済紛争と文化的な衝突も増えていく傾向が見られた。

(一) 森林所有権、土地所有権をめぐる紛争

　世帯生産請負責任制の実施後、森林の境界線を画定する問題をめぐって常に紛争が発生した。貴州省天柱県の各級調停組織は1981年から1991年までの間に、全体紛争の29.4％を占める5,163件におよぶ山林紛争を調停した。また、広西チワン族自治区の馬山県喬利郷の5世帯のヤオ族農民たちは、1969年に政府の許可を得て巴興屯へ移住し、チワン族たちと雑居することになった。しかし、1981年にチワン族の一部の農民はヤオ族が自分たちの耕作地を占拠したと主張し、彼らが請け負った土地を取り戻したことで、9年間におよぶ紛争を引き起こした。1989年、郷の司法助手が農村部へ入り込み、様々な座談会と民衆大会を組織しながら「土地法」などの法律制度を宣伝することを通して、ようやく問題を解決することができた。貴州省には2000年時点で、87カ所の国有林場があり、その大部分は20世紀の50年代末から60年代初期に省政府の許可を得て整備されたものであった。70の県（市、区）に分布し、10,284人の職員を有するこの山林の発展を阻害した主な要因の一つは森林所有権をめぐる紛争であった。2000年までに、証書が発行された国有林場の面積は228万ムーであり、これは証書を発行す

---

1. 劉力群「少数民族地域の人民調停事業に関する浅述」、『当代法学』一期、1993年を参照せよ。

べき面積の 63％を占め、まだ証書を発行していない山林は 20 カ所あった。一部の国有林場は森林所有権を獲得したが、所有権をめぐる紛争は完全には排除されなかった。例えば、剣河林場では所有証書の発行済みであったが、大部分の森林を農民に貸し出していたため、正常な経営ができなかった。森林及びその所有権をめぐる紛争以外に、植林に適した荒山の所有権をめぐる紛争も存在した。例えば、羅甸林場の 3.5 万ムーの植林に適した荒山では、村民との紛争があったため、農民が植林を拒否し、造林ができない状態になっていた。[1]広西の一部地域では、土地、水利、山林をめぐる「三大紛争」の懸案による群衆集団闘争、種族集団闘争が時折発生し、人民内部の団結と民族団結を傷つけ、農・工業生産の発展にも悪影響を及ぼした。一部の農場、林場周辺の民衆は、農場、林場の土地を無理やり占拠し、山林を濫伐することで農場、林場の生産を妨害・破壊した。[2]

　民族地域の一部企業は、体制の転換あるいは政策の変遷によって地元の民衆と利益の矛盾が発生した。1998 年、黒龍江省黒河市遜克県新鄂郷と森林事業部門の間で土地をめぐる紛争が発生した。新鄂郷の 95％の地域が森林事業部門の林業作業地であったため、森林事業部門は森林所有権の証明書をもって土地所有権の証明書を代替し、この地域の牧草地、耕作地はいずれも森林事業部門に属された。これらのことが地元民衆の生活に影響を与え、矛盾が発生した。[3]内モンゴル自治区のエヴェン

1．柴忠金他「貴州省における国有林に対する調査報告」、『貴州社会科学』6 期、
　　2000 年を参照せよ。
2．「農村土地、山林、水利紛争の長期未解決事案の調停事業を真摯に完遂することに関する広西チワン族自治区人民政府弁公庁の通知」（2002 年 7 月 31 日）を
　　参照せよ。(http://www.gxi.gov.cn/feature/gxzc/gxzc-gjsf/2002731184045.htm)
3．孫懿「世紀交代期における我が国の民族紛争問題研究」、王希恩『世紀交代
　　期における我が国民族問題の基本情勢、さらに民族団結を促進することに関
　　する研究』（研究報告）中国社会科学院民族研究所、2000 年を参照せよ。

3. 社会主義市場経済における民族紛争 　　　　　　　　　　　　*391*

キ旗と地元林業企業との矛盾は新鄂郷のそれと類似しており、山林拡大
政策による草原の減少が原因で林業と牧畜業の紛争が激化した。[1]

(二) 資源開発における利益紛争

　改革・開放の深化につれて、益々民族地域の発展が求められたが、民
族地域における自然資源の開発と地元利益の関係は様々な紛争を引き起
こす誘因となった。一部の開発・建設プロジェクトは関連問題をうまく
解決できず、紛争と衝突を誘発させた。例えば、広西に建設した大規模
な水力発電所、鉱山、農林場は地元民族地域の経済・社会発展を大幅に
促進した。しかし、これらのプロジェクトと企業による敷地占用によっ
て生じた地元民衆の生計問題、経済補償問題などは様々な矛盾を形成し
た。それによって企業の財産に対する窃盗と奪い合い、技術者に対する
妨害、工事施工に対する干渉と妨害、集団直訴、上級党と政府機関への
座り込み、交通妨害、デモ行進などの事件が引き起こされた。雲南にお
けるスズ鉱開発も管理システムがうまく稼働せず、トラブルが絶えな
かった。例えば、1981年に中央企業としての雲南スズ業グループは
12,892トンのスズを生産することで、地元の財政に2,386万元を納税
した。一方、地方国営企業のスズ生産量は1,825トンであったが、納税
額は2,617万元で、雲南スズ業グループの7.6倍に相当した。税収分配
からみれば、縦割り・横割りの管理システムにより、中央企業の商品税
及び全部の所得税は中央に納税し、地方財政は30％の商品税を獲得す
るのみであった。以上のような利益分配の構造により、中央と地方企業
は自分の主張通りにそれぞれ勝手に振る舞い、資源をめぐる紛争はます
ます深刻化した。[2]

---

1. 施文正「自治立法を運用した林草矛盾の解決」、『前線』12期、2002年を参照せよ。
2. 黄仲権「資源の優位性を活かして雲南のスズ鉱業を着実に発展させよう」、『国
　土資源経済』2期、1993年。

（三）境界線の曖昧さによる紛争の継続的な発生

計画経済時期から引き継がれてきた境界線の曖昧さの問題は、市場経済建設の過程でも依然として存在していた。土地、牧草地、森林、水源などの使用権をめぐる紛争は市場的な要因の刺激を受けて益々深刻になり、その影響範囲も拡大しつつあった。一部の紛争は各級政府の調停によって一時的に緩和されたが、機に乗じて再発するケースも多かった。時代を跨いで何十年も続く紛争もあった。例えば、広西は雲南、貴州、湖南、広東などの省と接しており、そうした辺境地域にはチワン族、漢族、ヤオ族、ミャオ族、トン族、マオナン族、水族、イ族、ムーラオ族、プイ族などの民族が分布していた。歴史的に辺境地域では様々な紛争事件が多発していた。改革・開放後には更に普遍的な現象となり、時折大規模な集団闘争が発生した。湖南永州市と広西桂林の辺境は 380 キロメートルに達し、山、水、土地などの資源をめぐる双方の紛争が絶えなかった。1980 年から 1997 年までに集団闘争が 10 件発生し、1,500 人以上の死傷者を出した。[1] 1990 年、全国範囲で展開された境界調査事業以前に、青海省と甘粛、四川、チベット、新疆の省（区）境界線は 7,150 キロで、争議がある境界線は 3,700 キロに達し、85,000 平方キロの地域が議論に巻き込まれていた。また、青海省内の 8 つの州（地、市）、51 の県（市、区、行政委員会）、442 の郷・鎮の内、州と県の境界線だけで 14,000 キロに達し、争議がある境界線は 5,600 キロ以上であった。[2] 民族地域の牧区、特に西北地域では牧草地をめぐる紛争が深刻であった。例えば、1988 年 6 月から 7 月までの間、新疆新源県と和静県の隣接地帯で牧草地の隷属権問題をめぐってカザフ族とモンゴル族の間で衝突が起き、放牧地の家屋 10 軒くらい破壊され、多くの人が負傷

---

1. 李大宏「全面的な境界調査が如何に辺境論争に臨んだか」、『瞭望』17 期、1997 年を参照せよ。
2. 楊才旦「青海省における草山紛争の原因及び対策」、『青海社会科学』4 期、1999 年を参照せよ。

3. 社会主義市場経済における民族紛争 393

した。1994年3月から5月までの間、新疆生産建設兵団と霍城県格幹溝牧場は3万ムーの牧草地の使用権をめぐって10回の衝突事件を引き起こし、双方はそれぞれ23人と14人の負傷者を出し、数十戸の家屋と数百頭（匹）の家畜の損失を受けた。同年11月、ウルムチ県達坂城区阿克蘇郷及び高崖子牧場のカザフ族牧民90人とトルファン市艾丁湖郷のウイグル族牧民100人の間で、大河沿子牧草地の使用権をめぐって集団闘争が発生し、双方は8人の負傷者を出し、4台の自動車が破壊された。草原山岳地帯の紛争は、各級党委員会及び政府を悩ませる難題となり、一部地域の社会安定、民族団結と経済発展に深刻な影響を与えた。草原山岳地帯の紛争は、多数の関係者を巻き込み、一部の事件の暴力性は非常に高かった。1990年9月4日、甘粛省碌曲県拉仁関郷の50余人の民衆は青海省黄南州河南県賽爾龍郷の牧草地を襲撃し、手榴弾、自動小銃、七六二式、七九式小銃、五四式ピストルを使ってその場で青海省の牧民7人（重傷5人）を負傷させ、2匹の馬を殺し、8匹の馬を負傷させた。[1]

　計画経済時期における大部分の牧草地紛争の発生原因が、曖昧な境界線及び伝統的な生産様式であると言うならば、90年代以降からの紛争には環境と生態の要因が加わった。研究によれば、「牧草地の退化、砂漠化及び生産単位の牧養力の向上は新たな牧草地の開拓を必要とし、現有の牧草地をめぐる争いをもたらした。牧草地の退化と牧畜数の増加は、放牧区域の無限の拡大と辺境地域の牧草地の利用頻度の増加をもたらし、牧民の辺境を越えての放牧が増え、紛争発生の可能性を高めた。こうして、遊牧と固定的な辺境地域とのトラブルは避けられず、衝突事件を引き起こすことになった。甘粛省粛南県の冬春牧草地の牧養力は、羊76.82万頭であるが、1998年には実際に88.85万頭で、15.7％オーバーし、その牧養力は1968年に比べ45.2％低下した。天祝県では1949年

1．楊才旦、前掲論文を参照せよ。

以降から家畜総数が 17.4 万頭から 3.8 倍の 66.5 万頭に増えたが、放牧
用の牧草地は 2.25 ヘクタールから 0.59 ヘクタールに減少し、牧草地負
荷限度を 23.85％もオーバーした。牧草をめぐる深刻な紛争と牧草地の
圧力自体が大きい状況下で、自然災害が辺境地域における紛争発生の
誘発要因となった。1999 年春、深刻な干ばつによって天祝県旦馬郷で
は 1,000 頭以上の家畜を亡くし、牧業条件が良好な粛南県皇城区より損
失が大きかった。それが争議のある地域の心理的な不満を刺激し、辺境
紛争が目立つようになった。農地と牧地の交錯する地域では、曖昧な境
界線による農業区域と牧業区域の紛争が存在していた。つまり、農業区
域の耕作地の拡大は上質の草地の減少と繋がり、耕作地に対する地方の
不適切な政策にも既存のトラブルを刺激する要因が潜んでいた。農業と
牧業の矛盾は永登県と天祝県の辺境紛争の基礎形式を成していた。[1]」要
するに、甘粛省粛南県と天祝県の状況は極めて典型的なケースであり、
21 世紀の今日に至って、環境生態が行政地域の紛争の要因であること
が更に明らかになった。

　当然ながら、資源をめぐる紛争は牧草地に限ったものではなかった。
1998 年 2 月、広東連山チワン族・ヤオ族自治県吉田鎮新田管理区甲科
村の村民と連南ヤオ族自治県香坪鎮新聯管理区柴狗岭村の村民は、水田
を奪い取るための衝突事件を起こした。[2] 1981 年から 1991 年の間、貴
州省天柱県では 100 人以上が関与した大型墓地をめぐる紛争が 300 件
以上発生し、その中には参加者が 1,000 人以上を超える集団闘争もあり、
しばしば死傷者を出し、大きな経済的損失をもたらした。1992 年上半
期、貴州省三都水族自治県では良い「風水」と「龍脈」をめぐる大規模

---

1. 劉愛民他「少数民族地域における行政境界紛争の要因及びその対策研究」、『干
　ばつ地域の資源と環境』4 期、2002 年を参照せよ。
2. 孫懿「世紀交代期における我が国の民族紛争問題研究」、王希恩『世紀交代
　期における我が国民族問題の基本情勢、さらに民族団結を促進することに関
　する研究』（研究報告）中国社会科学院民族研究所、2000 年を参照せよ。

3．社会主義市場経済における民族紛争

な集団闘争が 12 件発生し、20 人の負傷者を出した。[1]

（四）一般的な経済活動における利害衝突

一部の商業活動において、市場規則の欠如と少数民族のリスク防止意識の不備などが原因で、以下のような利害衝突がしばしば発生した。

契約をめぐる紛争。1997 年 4 月から 11 月までの間、チベットチャムド地域の 60 人のチベット族の商人は成都世昌漢方薬加工工場に 4,000 万元相当（6,870 キログラム）の冬虫夏草を販売し、双方は 3 カ月後に虫草代金を全額支払うと約束した。しかし、1 年が過ぎてもその販売代金は支払われず、漢方薬工場の法人代表と支配人が行方不明になり、チベット商人たちは集団的に北京へ直訴に赴き、社会に悪影響を与えた。[2]

小私有生産における紛争。1994 年 10 月、四川省平武県虎牙郷上游村の村民・鄭少坤とチベット族村民・才汝牙は 1 頭の牛の所有権をめぐって紛争を引き起こした。[3] 1982 年から 1985 年までの間、河南省商丘では相次いで回族と漢族の紛争が発生した。紛争の多くは商売が原因で誘発され、個人紛争から集団紛争へとエスカレートした。[4]

偽ムスリム食品による紛争。民族知識あるいは政策観念の乏しい経営者による不正経営がムスリム信仰者の不満を買い、民族紛争を誘発する要因となった。1996 年、河南省南陽市宛城区のムスリム冷凍食品業者がイマームの認定を受けずに販売したことをきっかけに、回族たちの怒りを買って看板を叩き壊される衝突事件が発生した。[5] また、1998 年 11

1．劉力群「少数民族地域の人民調停事業に関する浅述」、『当代法学』一期、1993 年を参照せよ。
2．孫懿、前掲論文を参照せよ。
3．　羅国志他「民族地域における商品牛紛争、盗難事件の発生原因及び対策」、『山区開発』10 期、1999 年を参照せよ。
4．董丞明「民族紛争を正しく処理しよう」、『中国民族』12 期、1986 年を参照せよ。
5．「南陽では大規模な民族紛争がなぜ 50 年も起きなかったのか」、『民族団結』9 期、1999 年を参照せよ

月、天津市内の有名なムスリム菓子業者は、偽ムスリム食品を流通させたことでムスリムたちの強い不満を買った。[1]

(五) 風俗慣習と文化差異による紛争

　少数民族の伝統文化を尊重しなかった様々なメディアによる紛争は、その影響が最も広かった。1989 年 3 月、上海文化出版社と山西希望書刊社は『性の風俗』というタイトルの本を出版した。この本は、ある少数民族のセックス問題における特殊な現象を不適切に描いたことでムスリム民衆の強烈な不満を買った。5 月 6 日、国家新聞出版署は当該書籍の販売を停止し、印刷したものはすべて焼却することを命じ、著者及び編集長などに停職及び拘留などの処分を下した。にもかかわらず、蘭州市では一万人ものムスリムたちがデモを行い、5 月 12 日には『性の風俗』を焼却する民衆大会を組織し、一部のムスリムたちが省政府を攻撃する事件が発生した。同じ日、北京、西寧、フフホトなどの地域でもムスリムたちの抗議デモが行われた。同じく、1993 年に四川美術出版社で出版した『脳トレ・クイズ』にもイスラム教の慣習を侮辱する内容があったため、全国各地のムスリムたちの怒りを買い、デモを誘発した。[2]1994 年から 1995 年まで、『中国気象報』、『中国海洋報』、『襄樊晩報』、『杭州日報』、『昆明日報』、『中国婦女報』、『保定市報』、『南方日報』などの新聞は、少数民族の宗教及び民族感情を傷つける文章を載せたことで抗議を受けた。

　民族の散在・雑居地域の一部の漢族民衆たちは民族政策観念に欠けており、日常生活の中で有意識・無意識のうちに少数民族の伝統的な風俗を差別し、相手民族の感情を傷つけることで紛争を引き起こした。1998 年 1 月 15 日、湖南省漢壽県豊家鋪郷の二人が回族の親子が経営している

1．孫懿、前掲論文を参照せよ。
2．高占福他「建国以来の甘粛省における民族関係にかかわる重大事件の分析」、『民族事業研究』、5 期、2000 年を参照せよ。

3. 社会主義市場経済における民族紛争　　　　　　　　　　　397

肉屋で牛肉を購入する際、ムスリムの風俗慣習を貶すような内容の話を
したことでトラブルが発生した。このことが広がると、激怒した漢壽と
桃江県の回族たちはその2人を探し出して仇を打とうとした。桃江県の
回族たちはトラック30台を動員して漢壽県豊家鋪郷にある当人の家を爆
発しようとしたところ、益陽市の関連部門が迅速に介入して調停し、処
理することで紛争は解決された。[1] 2000年12月8日、山東省陽信県河流
鎮でもムスリムの習慣を尊重しなかったことが原因で、回、漢族間の紛
争が発生した。この事件は連鎖反応を起こし、12月12日には一部の人
の連結、組織下で、河北省孟村回族自治県の数百人の回族民衆を動員し
て陽信県へ赴き、陽信県内で制止しようとする警察と衝突した。それで、
6人の民衆が死亡し、19人が負傷し、警察の負傷者13人を出した。中
央はこの事件に注目し、山東と河北省委員会及び政府が迅速に負傷者を
救助し、法律にしたがって事件を調査し適切に解決するように指示した。

　河南省は回族人口が多く集住している省であり、全体的には民族関係
が比較的に良好であったが、風俗慣習と信仰の違いによる様々な矛盾と
衝突が発生した。例えば、1987年から1993年まで、洛陽市とその所
属県では100件くらいの少数民族にかかわる事件が発生した。その中
には少数民族がデモを要求した事件が10件くらいあった。大部分のト
ラブルと問題は迅速に解決されることで大きな紛争へと発展されなかっ
たが、幾つかの集団闘争や死者を出した事件が発生した。例えば、
1991年の正陽県で起こった「五・二三」事件、1人の回族幹部を漢族
農村に派遣して計画出産を宣伝させたところ、漢族大衆に反対され、そ
れが結局のところ、回・漢大衆の集団闘争となり、4人の死者を出した。
1992年の「五・二三」事件、ニンニクを万引きした疑いで漢族民衆が
2人の回族を殴り殺し、それが原因で回族たちの復讐を呼び、民家300

---

1. 益民「民族事務を調停し、処理することにおける幾つかの体験」、『民族論壇』
　3期、2000年を参照せよ。

軒以上が全焼された。特に、1992年の原陽県「四・一七」事件、市場での回・漢族2人の口論から始まり、誰かの挑発によってモスクに豚の頭を掲げたことが両民族の集団闘争を引き起こした。この事件によって7人の漢族が殴り殺され、10軒以上の家屋が焼かれた。[1]

(六) 民族紛争の発生原因に対する総合分析

　民族紛争の発生は多くの場合、複雑な背景及び要因などが同時に働きかけ、ある種の偶発的な事件が発端となるケースが多かった。総合的に見るなら、社会主義経済建設のプロセスの中では、以下のような原因によって民族紛争が発生していた。

　まず、自分たちの経済利益に対する各民族の追求が明晰かつ強くなっていた。改革・開放の深化に伴い、自分たちの経済発展と利益に対する少数民族の注目度は日々高くなっていた。このような状況下で、具体的な経済利益の差から矛盾及び利益の衝突が生ずるのは必然的な結果であった。社会転換期に特有のルールの欠如により、様々な利益の調整に規範が欠けており、衝突と紛争が発生する可能性が高まったのである。計画経済システムから市場経済システムへの転換によって、多くの少数民族は激しい市場競争の環境に適応できず、利益が保証されない状況の下で、しばしば強烈な不平等感を感じていた。

　次に、民族文化の差異を強調する時代背景があった。多民族社会における文化の差異あるいは多様性は、貴重な精神財産であるが、また文化の差異は常に民族矛盾を発生させる源でもあった。異なる民族の間で存在する文化の差異は、人々の生活観念に深刻な影響を与えた。異なる言語であれ、異なる宗教信仰と行動様式であれ、すべてが民族関係に影響を及ぼす重要な要素であった。20世紀90年代の中国は、一方では現代

---

1. 全国人民代表大会民族委員会編『第一回から第九回までの全国人民代表大会民族委員会文献資料集』（下）、中国民主法制出版社、2008年、2656頁。

3. 社会主義市場経済における民族紛争　　　　　　　　　　　　*399*

化の発展につれ、文化的要素が日々増加していたが、他方では各民族に
よる自己民族の特殊性を強調する傾向が一層高まっていた。したがって、
自らの伝統文化が侵害されると、少数民族の表す対抗の態度はより敏感
になり、対抗の程度はより激しくなった。

　そして、歴史的な要因による影響があった。一部の紛争と衝突は現実
の生活から直接生ずるのではなく、歴史的に作られた矛盾の蓄積あるい
は歴史的な偏見から生じたものであった。中国の歴史において、各民族
は相互不可分の関係にあったが、各民族間の矛盾と葛藤は普遍的に存在
していた。それによる隔たりと不信感は、現実の民族関係に影響する重
要な要因となった。歴史的に引き継がれてきた民族間のギャップを乗り
越えるために、国家は制度と政策の面から尽力してきた。例えば、地名、
民族名の中から少数民族に対する蔑称を徹底的に無くしたが、民間では
このような蔑称とそれについて語り継がれてきた伝説は依然として存在
していた。ここ近年、一部の民族紛争の起きた直接的な原因は、まさに
侮辱的な言語によるものであった。それはいわば、歴史上における民族
間の隔たりが現実の中での不適切な存続であった。

　さらに、地方あるいは各部署における行政管理方法の不適切さであっ
た。長年に渡って疎かにしてきた民族政策教育及び責任意識の欠乏によ
り、一部の部門の指導者と管理者は民族関係の問題を処理する際、ある
者は民族問題の敏感性を意識して他人に責任を転嫁するか責任逃れをし、
ある者は民族問題の特殊性を考慮せず乱暴に対処してきた。このような
やり方は、軽く言えば、問題を解決できず、矛盾を積み上げることとな
り、重く言えば、新たな矛盾と紛争の誘因となった。少数民族の散在、
雑居地域の突発事件に対する調査によれば、管理部門の不適切な対処に
よる事件が調査対象事件の 27.4％を占めていた。[1] 問題処理の不適切さ

1．王樹理『散在、雑居地域における民族事業研究』寧夏人民出版社、2001 年、
　11 頁を参照せよ。

あるいは職務放棄の現象は漢族地域でも存在していた。それは幹部と民衆の関係を激化する重要な原因になっており、少数民族地域若しくは少数民族関連事件においては幹部と民衆の関係だけではなく、民族関係にも影響していた。民族地域において幹部と民衆の関係は多くの場合、民族関係と重なる傾向があった。

　最後に、敵対勢力の扇動があった。我が国の民族関係は、中華人民共和国が成立したその日から敵対勢力の企みと破壊に晒されていた。改革・開放後、世界ナショナリズムの再興に伴い、一部の民族分裂主義者たちは転換期における中国社会矛盾の増加を利用し、また民族宗教問題を利用して事件を挑発し、少数民族地域の安定と民族団結を破壊していた。1987年から1989年までのラサ騒動、1990年の新疆アクト県巴仁郷の暴動などはすべて海外の「チベット独立運動」と「東トルキスタン」分裂勢力の扇動によるものであった。このような事件は国家安全と統一に危害を及ぼす政治的な動乱であったが、事件には関連民族が関与していたため、民族関係に影響を及ぼす重要な要素ともなった。

4．多次元的な民族紛争解決のメカニズム

　民族紛争の迅速かつ有効的な解決は民族団結、社会安定の重要な条件であった。新中国の成立後、我が国の民族事業の豊富な実践は、民族紛争をめぐる解決メカニズムの継続的な改善に経験を提供してくれた。半世紀の実践を振り返ってみれば、中国民族紛争の解決には、以下のような多次元的な調停メカニズムが必要であった。

（1）政府の調停を主とすること

　すでに発生した紛争の解決であれ、紛争の予防システムの建設であれ、政府は常にその主導力であり、核心的な役割を果たす主体であった。中国共産党指導下の各級政府は、その機構の設置及び政策の制定において

4．多次元的な民族紛争解決のメカニズム　　　401

常に不備な部分を持っていたが、社会管理、統括役、権威性においては
揺るぎないものであった。要するに、大規模の民族紛争は殆ど政府の調
停あるいは裁決を通して解決された。仮に一時的に解決できなかったと
しても、政府の権威に抑制され、抵抗力を弱めたり、沈静化したりした。
前述の甘粛省南県と青海省の境界地域における牧草地紛争、2000 年の
「陽信事件」などはまさにそうであった。1997 年 8 月 3 日、青海省河南
県寧木特郷と甘粛省瑪曲県欧拉秀瑪郷では、牧草地をめぐる紛争が起
こった。当該地域では建国以来、最大規模の衝突が発生し、多数の死傷
者を出し、大きな経済的損失をもたらした。今回の牧草地をめぐる紛争
の調停過程において、民衆の積極的な参加と影響力のある民族上層部の
協力もあったが、地元の県、州、省から国務院までの各級の党委員会及
び政府は、一貫して紛争処理の主導的な役割を果たした。

（2）法律に基づいた調停を主とすること

　法によって国を治めることは、中国共産党が人民を指導して国家を治
める基本方針であり、その方針は民族問題を処理する際にも反映されてい
た。改革・開放以前に、様々な民族紛争の処理は行政裁決に頼っていた
が、改革・開放後、特に 90 年代以降からは各民族人民が法を学び、法を
守ることで、法律によって問題を解決する認識が徐々に主流となった。一
方、民族事業に関する民族法制建設もそれに応じて大きな成果を上げた。
1984 年に「中華人民共和国民族区域自治法」が分布・実施され、1993 年
に国務院は同時に「都市民族事業条例」と「民族郷行政事業条例」を分布
し、各地域では実際に照らして次々と自治条例、単項条例及びその他の法
規を制定した。こうして、少数民族の集住地域は勿論、散在・雑居地域で
も民族事業と民族関係を規範化するための法律テキストが現れた。

1．「辺境地域の牧草地紛争を適切に解決する―両地域は一家となり、共に団結
　を築いていく―」、『青海日報』、2006 年 10 月 22 日を参照せよ。

402　　　　　　第７章　社会主義条件下における民族紛争及び調停

　少数民族の風俗慣習を尊重しなかったメディアによる民族紛争が多発すると、政府部門は次々と一連の公文書を出してそれを制約した。1993 年 10 月 19 日、中央宣伝部、統戦部、新聞出版署、国家民族事務委員会、国務院宗教局は連合で「イスラム教に拘わる出版物管理を強化することに関する通知」を公表し、すべての出版社は必ず党の民族政策と宗教政策を貫徹・実行すべきであり、憲法が定めた公民の信仰自由の権利を擁護し、民族団結と社会安定を守り、出版物に公民の信仰の自由を侵害する内容と信者の宗教感情及び少数民族の風俗慣習を傷つける内容の掲載を避けるべきであると指示した。公文書では、イスラム教経書の印刷、発行、宗教の歴史、人物、事件、教義、戒律に関する学術研究及び成果の発表、イスラム教を素材とする大衆書籍の編纂と出版などに関して明確かつ具体的に規定した。1994 年 6 月、国家民族事務委員会、中央宣伝部、中央統戦部、文化部、ラジオテレビ部、新聞出版署、宗教局の連合で「新聞出版及び文芸作品の中で民族団結を損害する内容を厳禁することに関する通知」を出した。「通知」では、「新聞、出版、文芸、映画、テレビなどの部署では必要に応じて規程、制度を制定し、各級指導者と編集者は職務を果たし責任を尽くすことで厳しく内容を確認し、新聞、出版及び文芸作品の中で民族感情、民族団結を損害する内容を完全に禁止すべきである[1]」と要求した。同年の 10 月に公布した「中華人民共和国広告法」の第七条第七項では、広告に民族、種族、宗教に対する差別的な内容が含まれてはいけないと明確に定めた。

　1997 年 3 月 14 日、第八期全国人民代表大会第五回会議で採択した「中華人民共和国刑法」の中に、新たな社会条件下で法によって民族関係をコントロールする必要から、「民族敵意扇動罪、民族差別罪」を追加し、「民族の敵意を扇動し、民族差別を行い、その状況が深刻な者に

1．国家民委弁公庁編『中華人民共和国民族政策法規選集』中国民航出版社、1997 年、397 － 402 頁を参照せよ。

対しては3年以下の有期懲役、拘留、管制あるいは政治的権利剥奪の処分を下す。その状況が特に深刻な者に対しては3年以上、10年以下の有期懲役に処する」と定めた。

民族関係をコントロールするために立法し、民族問題の解決を法治の軌道に乗せることは、中国の民族法制建設の重要な一環であった。事実が証明するように、法律による民族紛争の調停とコントロールは、長期的、有効的、規範的な特徴を有し、それは民族問題を根本から解決する方策であった。

(三) 各地域の協力による調停

大量の流動人口の出現と曖昧な境界線による民族紛争が増加することに伴い、事件が発生した地域のみで問題を解決することは多くの場合、不可能であった。したがって、様々な行政区が協調・協力できるシステムを構築し、共同で調停あるいは問題解決を行う必要があった。実際のところ、各地域ではすでに以上のような問題意識をもって良好な効果を上げ、経験を積んでいた。例えば、前述した甘粛省瑪曲県と青海省河南モンゴル族自治県における牧草地紛争の解決、山東省と河北省の「陽信事件」の解決はまさに典型的なケースであった。これ以外に、湖南省、広西省、広東省の辺境に位置する富川ヤオ族自治県における山林土地所有権をめぐる紛争も三省の協力によって調停された。[1]

異なる地域間の協力システムを作り上げるには、まず何よりも大局的な意識が必要であった。団結と安定に対する双方の共通願望なしには、協調・協力システムを設ける基盤がないのである。社会主義の条件下で、各民族人民の根本的な目標は一致しており、現実の社会実践においても、隣接した地域間の良好な関係は各自の発展と緊密に繋がっていた。この

---

1. 肖道南「手をつないで仲良く裕福に向かおう」、2000年9月25日の『広西日報』の4面を参照せよ。

点において、各級の政府は明確な認識を持つべきであった。次に、一連
の有効な機構が必要であった。この機構は必ずしも編制と専門化を必要
としなかった。しかし、必ず職務を果たし責任を尽くすべきであり、専
門の指導者が担当し、相手と協議する専門的なルートと方法が必要であっ
た。いわゆるシステムというものは、結局は相応の機構を通して実現で
きるものであった。最後に、双方における妥協の意思と優れた調停技術
が必要であった。紛争の出現は利益葛藤の結果であるため、問題の解決
には互いの思いやりと譲り合うマインドが欠かせなかった。双方が細か
いことを気にせず、未来に向かって真剣に取り組むなら、問題解決の方
法は必ず出てくる。問題解決の誠意と関係協調の技術は問題解決のキー
ポイントであり、協力システムを建設するためのキーポイントでもあった。

(四) 民間の伝統的な調停

　政府が主導し、法律規範に従うことが現代社会における紛争調停の主
流であることは間違いないが、少数民族社会には一般的に伝統文化の牽
制を多く受ける特徴があるため、民間の調停資源を使いこなし、それに
頼ることも民族紛争を解決する際の有効的な選択肢の一つであった。一
般的に、民間の調停は通常の紛争解決において、しばしば正規の解決
ルートより便利で有効である場合が多い。例えば、「徳古」は伝統的な
イ族社会において、家族内と外部の紛争を調停する重要な役割を担い、
以前から「漢族地域では長官を、イ族地域では徳古を親父にする」と言
われてきた。調査によれば、「田舎では紛争が発生すると訴訟を避けて
徳古に頼んで調停を行った。訴訟自体が面倒で費用も掛かる上、政府に
よる司法処理結果もイ族の倫理・慣習に完全に合致するとは言えず、当
事者も満足しているとは限らなかった。一方、慣習法の特徴は賠償を主
とし、罰を補にした。[1]」改革・開放後、「先祖を探り親戚関係を結ぶ」現

---

1. 白朗『火焔と懇情の地』重慶出版社、2007 年、57 - 58 頁を参照せよ

4．多次元的な民族紛争解決のメカニズム

象が続出するにつれて、民間では徳古が民衆の信頼を受け、より多く社会生活に関与するようになった。調査によれば、涼山老九件では重大な殺人事件以外の民事、婚姻などをめぐる紛争の90％を徳古が慣習法にしたがって解決していた[1]。また、広西チワン族自治区大瑶山地域には「『石牌』が天より大きい」という考え方が流行っていた。地元のヤオ族老人たちの間では、「漢族の衙門は桂林に設置され、広西全体を管理するが、ヤオ族の大石牌は金秀に設置され、瑶山全体を管理する」と言われてきた。「石牌」は大瑶山地域特有の社会組織形態であり、地元の慣習法から発展してきた法律的な効力を持つ規約であった。石牌の規定内容が認められると、石牌、木の板に刻み、紙に記入するか口頭で流布することもでき、その伝達方法に関係なく同じく尊重された。石牌の内容は非常に豊富で、生産と生活の各方面に触れ、その中には紛争、トラブルの処理も含まれていた。石牌制度は長い歴史をもち、今日における大瑶山ヤオ族社会の中でも重要な影響力を有していた。村の住民たちは日常生活の中で紛争に巻き込まれた際には、直に政府あるいは警察を訪ねるのではなく、まず年配の人に是非をはっきりさせてもらい、それでも解決できない場合は警察に解決してもらった。20世紀90年代以降、金秀ヤオ族自治県の各地域では石牌の形で様々な村の規定、約束事が決められた。もし、誰かがその規定あるいは約束事を犯し、証拠が発覚された場合、全村の人々が規定どおりに共同で処罰を与えた[2]。伝統的な慣習法以外に、各地のイスラム協会など一部の宗教団体も民族紛争を調停する重要な役目を担っていた。

　以上のような調停システムは過去の経験であり、今後の実践に対する

1．郭金雲他「涼山イ族『徳古』の特徴、現状及び復興」、『西南民族大学学報』5期、2005年を参照せよ。
2．莫嵐清「大瑶山石牌制度の伝統及び変遷」、李遠龍編『伝統と変遷－大瑶山ヤオ族に対する歴史人類学考察－』広西民族出版社、2001年、30－33頁を参照せよ。

戒めでもある。また、すでに発生した紛争の解決に適したシステムの建設も重要であるが、それ以上に重要なのは紛争発生を予防することであった。それには、様々な基礎的、基本的な事業が必要となるが、最も直接的なのは社会全体における民族団結教育であり、その中には民族知識教育と民族政策教育が含まれている。新中国の成立初期、我が国の民族関係における良好な状況は、民族政策教育を重視したことと直接的な関連があり、そうした経験を今日に照らしてみる必要がある。

第8章 「二つの民族主義」及び民族
事業における「左」的誤り

「二つの民族主義」と「左」的誤りは、中国共産党の民族事業における二大災いの源であり、それらを描き出すことは中国共産党の民族事業及び当代民族関係の挫折を探る際の主な手がかりになっていた。

1.「二つの民族主義」に反対する理論的根拠及び民主革命時期における応用

「二つの民族主義」は、当代中国の民族事業史における「大民族主義」と「地方民族主義」を指す特殊的な概念であるが、一般的に前者を「大漢族主義」、後者を「狭隘な民族主義」と呼んでいた。

「二つの民族主義」に反対する理論の源流については、レーニンとスターリンの関連論述にまで遡ってみる必要があった。彼らの民族理論の中で、民族主義は無産階級民族観と敵対的な搾取階級の民族観念であり、それには様々な表現と種類があった。つまり、「大民族主義（ショービニズム）」と「地方民族主義」は、民族主義の二つの種類に過ぎなかった。1913年、レーニンは「ロシア社会民主工党の民族綱領を論ずる」という文章の中で、「ツァーリ政府は隣国の政府より反動的であり、経済の自由発展に対する最大の障害である。そして大ロシア民族主義を多大に刺激している[1]」と指摘しながら、「大民族主義」について言及した。

1.　レーニン「ロシア社会民主工党の民族綱領を論ずる」、『レーニン全集』24巻、
　　人民出版社、1990年、240頁。

第8章 「二つの民族主義」及び民族事業における「左」的誤り

十月革命後、レーニンとスターリンは民族主義の力点を党内と国内の「二つの民族主義」に置いた。レーニンは1919年のソ連共産党第八次代表大会で、「大ロシア・ショービニズム」を警戒するよう呼びかけ、ウクライナ問題を言及する際に、「大ロシア共産党人の中で発生する大ロシア民族主義的なものは程度の差を問わず、厳しく追及すべきである[2]」と指摘した。当時、ウクライナだけでなく、ソ連と連盟関係を築き上げようとした国々はみな民族主義傾向を持っていた。そこでレーニンは、「資産階級民族主義の陰謀を砕き、様々な民族主義的な偏見を駆除しよう[3]」と各国の共産党員に呼びかけた。

その後、スターリンも異なる場所で二つの民族主義の表現と実質などについて論述した。彼は各民族の協力と団結を妨げる要因を、第一は「大ロシア・ショービニズム」、第二はツァーリ政府の「実質的な不平等」、第三は各民族共和国内部の「地方・ショービニズム」であると認識していた[4]。さらに彼は、「大ロシア・ショービニズム」と「地方・ショービニズム」は「一部の共和国を民族紛争の舞台に変質させている」と言い切った[5]。また、大ロシア・ショービニズムと地方・ショービニズムに反対する闘争を展開すべきであり、前者はソ連共産党員、後者は非共産党員の任務であると見なしていた[6]。一方、「事実上の不平等」問題は、まさに辺境地域の民族と中部民族の発展格差の問題であり、民族紛争を呼び起こす重要な要因であるため、二つの民族主義の克服に関

---

1. レーニン「ソ連共産党八次代表大会」、中国社会科学院民族研究所編『民族問題をめぐるレーニン論』（下）、民族出版社、1990年、752頁。
2. レーニン「ウクライナソビエト政権に対するソ連共産党中央の決議」、中国社会科学院民族研究所編、前掲書、776頁。
3. レーニン「デニーキンを打破するためにウクライナ農民と労働者に告げる書簡」、中国社会科学院民族研究所編、前掲書、792頁。
4. スターリン「党と国家建設における民族問題」を参照せよ。
5. 「ソ連共産党十二次代表大会」を参照せよ。
6. スターリン「問題とその回答」を参照せよ。

わる問題であると主張した。[1]

　中国共産党は早期からレーニンとスターリンの以上のような論点や経験を移植してきた。1924年11月7日、中国共産党のリーダの一人である瞿秋白が十月革命の経験を紹介するために書いた文章をスターリンの論述に照らしてみれば、瞿はここで明らかにスターリンの論点を移していた。[2]ただスターリンの「大ロシア・ショービニズムと地方・ショービニズム」を「大ロシアの尊大で狭義的な民族主義と各弱小民族の尊大な民族主義」に変えただけであった。両者には少し区別はあるが、二つの民族主義を指していることは確かであった。

　民主革命時期、二つの民族主義に関する中国共産党の批判は異なる状況に応じて、時には党外や敵対陣営を指し、時には党内や自己軍隊内部を指していた。

　1925年、中国共産党第四期全国代表大会で採択された「民族革命運動の決議案」では、中国の封建階級と資産階級の民族主義（国家主義）は、「大中華民族のスローガンの下で蒙・蔵などを同化」するための「世界革命運動の反動的な行為」であると定めた。[3]ここで、誰が「同化」を主張しているかについては明確に指摘していないが、当時はちょうど孫文が少数民族の同化を前提に「国族」理論を多大に振りかざしていた時期であった。1948年、劉少奇は「旧民主主義時代における孫文の民族主義は二重の性質を有する。つまり、当時の中国統治者である満族政府を反対する進歩的な一面と大漢族主義を唱える反動的な一面がそれである」[4]と

1．中国社会科学院民族研究所編『スターリンの民族問題論』民族出版社、1990年を参照せよ。
2．瞿秋白「十月革命と弱小民族」、中国共産党中央統戦部編『民族問題文献集』中国共産党中央党校出版社、1991年、63－64頁を参照せよ。
3．「民族革命運動に対する中国共産党4次全国代表大会の決議案」、中国共産党中央統戦部編、前掲書、32頁。
4．劉少奇「国際主義と民族主義を論ずる」、中国共産党中央統戦部編、前掲書、1195頁。

指摘した。したがって、大漢族主義に対する中国共産党の最初の批判は、共産党の外部である孫文に的を絞ったが、「大民族主義」、「大漢族主義」などの用語は用いていなかった。

1931年2月、党内部の「左」的教条主義の代表人物である陳紹禹（王明）が同じく左的誤りを犯した李立三を批判する際、李が民族問題に対するコミンテルンの指示、国内少数民族問題に対する中国共産党第六期代表大会の精神を執行しなかったと指摘しながら、「狭隘な『大漢族主義』的思想の残存が彼らに多大な影響を及ぼしている[1]」と述べた。また、1931年11月、中華労農兵・ソビエト第一次全国代表大会で採択した「中国国内少数民族に関する決議案」では、民族政策について述べる際、「すべての大漢族主義傾向に断固反対[2]」という表現があった。さらに、1932年2月、中国共産党中央の四川省委員会に対する批判の中にも、「党内における少数民族に関する基本原則には大漢族主義と民族改良主義的な傾向がある[3]」という表現があった。以上のような指摘は、中国共産党が党内部の大漢族主義傾向への批判を開始したことを意味していた。その後、「大漢族主義」は党の文献や政策の中で頻繁に登場するようになった。

当然ながら、「大漢族主義」以外に、少数民族の大民族主義も批判の対象であった。1930年11月5日、中国共産党中央は内モンゴル事業に関する計画綱領の中で、「大モンゴル主義の狭隘な民族観念に対して敵対するのではなく、宣伝を通して細かく解釈し、反対すべきである[4]」と

1．陳紹禹「中国共産党のボルシェビキ化を一層進めるための闘争」、中国共産党中央統戦部編、前掲書、148頁。
2．「中国国内少数民族問題に関する決議案」、中国共産党中央統戦部編、前掲書、171頁。
3．「四川省委員会へ出す中国共産党中央の便り」、中国共産党中央統戦部編、前掲書、179頁。
4．「内モンゴル事業に関する中国共産党中央の計画要綱」、中国共産党中央統戦部編、前掲書、141頁。

1.「二つの民族主義」に反対する理論的根拠及び民主革命時期における応用 *411*

指摘した。また、1934年7月7日、中国共産党中央の駐北方代表が内モンゴル党委員会に送った書信の中では、「党は日本帝国主義の大モンゴル主義やその代理者である王公ラマ、国民党の大漢族主義と調和せず、必ず闘争すべき」であり、「党は必ず責任を持って常に日本帝国主義や王公ラマの『大モンゴル主義』、国民党の『大漢族主義』の凶悪な面目を暴き出さなければならない[1]」と述べていた。ここで分かるように、中国共産党の主張する重点は、「大モンゴル主義」に反対することであり、これはモンゴル族集住区で党が仕事を展開するために必要なものであった。このことは特に1934年前後、日本にそそのかされて一部の分裂主義勢力が「民族自決」の名義をもって、内モンゴルを中国から分離させようと企てた厳しい形勢によって決められていた。また、国民党の大漢族主義にも当然反対する必要があった。それはその危険性が内モンゴルの分裂を助長しているからであった。

　抗日戦争時期、少数民族を動員して抗日するために、大漢族主義に対する中国共産党の批判は歴代の統治階級、国民党の民族政策、地方民族主義をめぐって行われた。1940年4月、中央書記処によって承認された「中国共産党中央西北事業委員会の回民族問題に関する概略」の中で、回民族の特徴の一つとして「漢化」の深刻さを取り上げ、それは「一方では漢族というこの比較的に進歩した民族の影響があったからであり、もう一方では大漢族主義の野蛮な圧迫のためである」と指摘した。「概略」はまた、「国民党政府の大漢族主義政策及びその影響」について専門的な論述を行なった。「回民族に対する大漢族主義の猛威は清代から始まった。……だから清朝の統治は中国各民族において最も暗い牢獄であった。辛亥革命後、『五族共和』の旗を高々と掲げたが、実際のところ、各民族の平等は未だ実現されていない。国民党第一回代表大会で

1.「内モンゴル党委員会への中国共産党中央駐北方代表の便り」、中国共産党中央統戦部編、前掲書、231 − 233頁。

の『対内民族平等』の宣言もただの実行されない約束に過ぎない。回族はすでに漢化され、回族はあくまでも回教徒であり、一つの民族ではない。したがって、回族に必要とされているのは民族平等ではなく教育である。つまり、教育をもって回族を宗教的な迷信から解放し、回族の知識文化を高めなければならない。これが正に大漢族主義の理論や政策である。……同時にもう一つは、大漢族主義に伴い、回族の内部にも狭隘な回族主義の思想が入ってきたことである。大漢族主義であれ回族主義であれ、回・漢族の上層部統治階級の利益を基に形成されたものであるが、重要なのは、回・漢両民族の広範な下層民衆の間でも依然として存在しているということである。」[1]

　同様、1940年7月、中央西北事業委員会の抗日戦争中のモンゴル民族問題に関する概略の中にも、「国民党は清政府や北洋軍閥時代の対モンゴル政策を受け継ぎ、モンゴル民族に対して大漢族主義的な圧迫を実行し続けている」と述べた。それによって、モンゴル民族に対する共産党の政策の中に、「大漢族主義の圧迫政策に対する粛清」と民族関係を改善するには必ず「トップダウン式に大漢族主義の伝統や狭隘な民族観点を徹底的に粛清しなければならない」[2]という内容が含まれるようになった。

　中央西北事業委員会のこの二つの綱領性文書とセットになって、李維漢、賈拓夫、羅霄、劉春などの民族理論をめぐる研究者たちも続々と回・蒙民族問題及びその中の大民族主義や地方民族主義に関する文章を発表し、論述を行なった。1941年4月15日、「民族問題研究会」の名義で編纂・発売された『回回民族問題』一書は、さらに詳しい資料に基づき、上述の観点を論証した。これらはすべて中国共産党民族理論発展

1．「回回民族問題に対する中国共産党中央西北事業委員会の要綱」、中国共産党中央統戦部編、前掲書、649－650頁。
2．「回回民族問題に対する中国共産党中央西北事業委員会の要綱」、中国共産党中央統戦部編、前掲書、661－667頁を参照せよ。

史上における代表的な作品となった。

　1943年、蒋介石が発表した『中国の運命』一書の中で、「中華民族」に関する第一章の部分では、中国の民族構成や性質問題を扱い、再び中国の各民族は「民族」ではなく「宗族」であるという論点を展開した。1943年7月21日、陳伯達は「『中国の運命』を批判する」という文章を発表し、その中で、「中華民族に対する蒋のこの本の理解は本来の歴史的実情と完全に合わない」と語った。彼は、蒋の主張する「我が中華民族は多数の宗族によって融合された」という内容は、「同一血統の大小宗教の分かれ」であるという見解であり、「もともとドイツ・イタリア・日本ファシズムの残滓」の言い方であると述べた。彼はこれらの観点に反論した後、それらを「大漢族主義」としてまとめ、「中国の大地主・大資産階級がこれらの単一民族論を捏造しようとするのは、その目的が大漢族主義を唱え、国内の弱小民族を圧迫するためである[1]」と批判した。同じ年の8月16日、周恩来も文章を発表して、「大漢族主義の民族優越感や伝統的な理藩政策思想に溢れ」、「蒋介石の民族観は、徹底的な大漢族主義である。名義上において彼は蒙、回、蔵、苗などを辺境民と呼んだが、それらを民族としては認めなかった。行動においても民族的な差別や抑圧を実行した」と国内の各少数民族に対する蒋介石の意識を強く糾弾した。文章は蒋介石の思想体系を「中国のファシズム的な思想体系」であると批判した[2]。これはすでに国民党の大漢族主義に対する最も厳しい攻撃であった。

　解放戦争時期、中国共産党は二つの民族主義に対する批判を展開し続け、これらの批判は同様に敵対階級に焦点を合わせたものもあり、自己内部に焦点を合わせたものもあった。1948年11月19日、中央西北局

---

1. 陳伯達「『中国の運命』を論ずる」、中国共産党中央統戦部編、前掲書、946頁。
2. 周恩来「抗日統一戦線を堅持し、蒋介石の新専制主義を反対する」、中国共産党中央統戦部編、『周恩来統一戦線文集』人民出版社、1984年、69頁。

の内モンゴル・イクチャオ盟事業に対する一通の公文書がこの問題を典型的に反映していた。この文書はイクチャオ盟党の事業上の成績を分析すると同時に、その中に存在する問題も指摘した。

したがって、この時期における中国共産党の少数民族地域に対する統治は基本的に「大漢族主義」として括り、党内のものは「大漢族主義傾向」あるいは「残余」として表現していた。

「地方民族主義」あるいは「狭隘な民族主義」に対するストレートな言及は見られず、「大モンゴル主義」、「回族主義」のような表現にとどまった。二つの民族主義に対する理論的なものは、当時の戦時環境と理論研究の不足により、残されている文献は多くない。その中で代表的なものとして李維漢の「回回問題研究」[1]（1940年6月16日、「羅邁」というペンネームで『解放』第109期に発表）があった。

論文は具体的に回族問題について述べたが、大漢族主義と地方民族主義の階級の実質、危害と除去の責任問題などに対しても一般的な論述を行った。したがって、この文章は普遍的な意義を有し、後には二つの民族主義問題における中国共産党の理論的基調となった。1941年4月15日に『回回民族問題』という本に収録されることで、広範な影響を生みました。

2．民族政策の大点検による大漢族主義の清算

新中国の成立初期から二つの民族主義に対する表現を「大民族主義」と「狭隘な民族主義」に規範化してきた。例えば、「中国人民政治協商会議共同要綱」の第50条には、「大民族主義と狭隘な民族主義に反対し、民族間の差別と圧迫及び各民族の団結を破壊する行為を禁止する」[2]と定

1．中国共産党中央統戦部編、前掲書、854－855頁を参照せよ。
2．「中国人民政治協商会議共同要綱」、『民族政策文献集』人民出版社、1953年、1頁。

2. 民族政策の大点検による大漢族主義の清算　　　　415

めた。また、1952 年 2 月の「中華人民共和国民族区域自治実行綱要」
第 35 条は、「上級人民政府は責任をもって各民族人民の民族間の平等、
友愛、団結、共済の観点を教育・支援することで、様々な大民族主義と
狭隘な民族主義的な傾向を克服しなければならない[1]」と規定した。

　1954 年 9 月の「中華人民共和国憲法」では「狭隘な民族主義」を
「地方民族主義」と改称した。憲法と民族区域自治法では 1982 年以降
から、「民族団結を擁護する闘争の中で、大民族主義に反対する。主に
大漢族主義に反対し、地方民族主義にも反対すべきである」という統一
的な表現を使うようになった。

　新中国の成立初期における主な課題は民族団結の強化であり、民族団
結の妨害要因は敵対勢力の破壊と各民族間に存在する大民族主義及び狭
隘な民族主義の残存であった。大民族主義は主に大漢族主義を指す用語
であり、二つの民族主義を清算する際の重点であった。鄧小平は 1950
年 7 月 21 日の「西南少数民族に関する問題」の中で、「中国の歴史上、
少数民族と漢族間の隔たりは深刻であった。……我々は先に少数民族の
狭隘な民族主義の取消しを求めるのではなく、まず正直に大漢族主義を
取り消すべきである。この二つの主義が取り消されると、団結が生まれ
る」と述べた。

　1952 年 8 月 9 日、中央人民政府は「中華人民共和国民族区域自治実
施要項」を公布し、政務院は「地方民族民主連合政府実施方法に関する
決定」と「すべての散在少数民族の民族平等権利の享受を保障する決
定」を公布した。また、政務院は以上の公文書を確実に実行し、各民
族団結・協力を促すため、8 月 18 日には「民族政策学習に対する通知」
を出し、民族政策に関する学習活動を行った。

　1952 年 8 月、甘粛省靖遠県で漢族幹部と民衆による回民族差別現象

1.「中華人民共和国民族区域自治実施綱要」、『民族政策文献集』人民出版社、
　1953 年、169 頁。

が発覚された。例えば、回族の風習を尊重せず、回族の民兵への参加を拒否し、彼らに対する借款を止め、土地改革の成果を不公平に分配するなどの現象が発覚された。中国共産党定西地区委員会は甘粛省委員会に一通の調査報告書を送った。甘粛省委員会と中共中央西北局はこの報告を非常に重視し、甘粛省と他の西北各省の民族雑居地域の民族政策実行状況に対する調査を行うよう指示した。中国共産党中央も同年の9月に指示を添えてこの報告を転送し、西北、南西、中南の各民族の集落や雑居地域で民族政策の実行状況を真剣に調査するよう求めた。同年12月、中央は再び民族政策に対する調査を指示し、少数民族の少ない地域でも民族政策の執行状況を調査するよう要求した。そして、一連の調査を通して以下のような問題点を発見した。

　まず、少数民族に対する無視と差別問題、不平等な態度で少数民族を処遇し、彼らの正当な権利を侵害したところが見つかった。次に、盲目的に突き進もうとした意欲、そして少数民族地域で、漢族地域の経験を機械的に当てはめようとした行動が少数民族の反感を買うこととなった。最後に、多くの末端幹部たちが強制的に命令を実行することを自らの任務完遂の手段と認識し、違法、規律を無視する現象が乱発していたことである。

　1953年3月16日、毛沢東は、党内部と人民大衆の中で民族問題におけるマルクス主義教育を行い、大漢族主義を批判し、少数民族の中に依然として存在する諸問題を具体的に解決することに関する中国共産党中央の指示文を起草した。

　　　中央政府は様々な資料から、少数民族が生活している大部分の地域には未解決の問題、深刻な問題が存在すると認識している。……多くの地方の党内と人民の中に存在する民族関係上の問題は、大漢族主義の残余問題ではなく、深刻な大漢族主義の問題である。すなわち、ブルジョア思想がこれらの同志と人民を統制しており、マル

2. 民族政策の大点検による大漢族主義の清算　　　　　　　　*417*

クス主義の教育を受けず、中央の民族政策を学んでいなかったのが
問題である。故に、真剣に教育を行い、一歩一歩、この問題を解決
すべきである。また、事実に基いた多くの文章を書いて新聞に掲載
し、公開の批判を通して党員と人民を教育すべきである[1]。

　3月19日、毛沢東は再び、「基本的に民族平等を実現した地方では民
族間の隔たりも消えたので、大民族主義はただの残存であると言える。
しかし、民族平等を実現できず、民族間の隔たりも消えていない地方で
は大民族主義が深刻な問題であり、残余だけの問題とは言えない。目前
における最も危険な考え方はまさに大漢族主義であり、大まかに大民族
主義と括ってはならない[2]」と指摘した。

　翌年になって、1952年9月から始まった民族政策執行状況の調査は
基本的に終わった。1953年6月の第四回全国統戦事業会議では、「内モ
ンゴル、新疆、青海、甘粛省などの自治区での民族政策の執行状況に関
する中央統戦部、民族委員会の報告」を起草した。毛沢東は以上の報告
を評価し、過渡期における民族事業の課題を具体的に指示した。また、
漢族幹部の中の大漢族主義、主観主義、命令主義などの訂正、地方民族
主義思想の防止が持つ意味について強調した。一方、『人民日報』も調
査結果がもたらした成果を評価し、大漢族主義の存在及びその危険性な
どに関する社説を載せた[3]。

　第一次民族政策の執行状況の調査後、毛沢東は数回に渡って大漢族主

1．毛沢東「大漢族主義を批判する」、国家民族事務委員会政策研究室編『中国
　共産党の主要指導者たちの民族問題論』民族出版社、1994年、94 – 95頁を
　参照せよ。
2．　毛沢東「中央による甘粛臨夏における民族政策執行状況に対する西北局報
　告の転送」、国家民族事務委員会政策研究室編、前掲書、96頁。
3．「民族政策を貫徹し、大漢族主義思想を批判する」、『人民日報』、1953年
　10月10日。

義に反対するよう戒めた。例えば、1955年3月21日、中国共産党全国代表会議で、「大漢族主義に反対しなければならない。漢族が少数民族を一方的に助けたという考え方は間違っており、少数民族も漢族を多大に助けてくれた。……現在、私たちが少数民族を助けることは少ないし、助けていない地方もある。しかし、少数民族は漢族の力になっている。一部の少数民族に対しては、まず私たちが彼らを支援してから、その後、彼らの援助を受けることができる。政治的な面で、少数民族は中華民族という大家庭に身を置くことで、政治上では既に漢族を支援してくれた。……したがって、政治、経済、国防の面で、少数民族は国家と中華民族に対して大きな役割を果たした。漢族が一方的に少数民族を支援しているだけで、少数民族は漢族を支援していないとか、多少少数民族を支援したことで自慢する観点は間違っている[1]」と指摘した。

1955年10月11日、毛沢東は再度、「今なお、大漢族主義は多く存在している。例えば、独断的な行為を行い、少数民族の風俗習慣を尊重せず、独り善がりであり、どのように立ち後れているとか喋りながら少数民族を差別している[2]」と指摘しながら、「続けて大漢族主義に反対するよう」呼びかけた。

以上のような毛沢東の言説には明確な指向性があった。当時、大部分の民族地域ではすでに合作化運動を展開した後、一部の地域では民族的特徴を無視し、強制的な命令を執行し、漢族地域での経験を強要したので、少数民族たちの強烈な反発を引き起こし、騒乱まで現れた。これらの問題と1956年2月に四川省のチベット・イ族地域で起きた叛乱は、民族地域の団結と改革を深刻に傷つけた。1956年3月、毛沢東は民族政策の執行状況を再調査するように指示し、それに応じて中国共産党中

---

1. 毛沢東「大漢族主義を批判する」、国家民族事務委員会政策研究室編、前掲書、113頁。
2. 毛沢東「大漢族主義反対についての再論」、国家民族事務委員会政策研究室編、前掲書、115頁。

2．民族政策の大点検による大漢族主義の清算　　　　　　　　　　　419

央は 4 月 16 日に、「民族政策の執行状況調査に関する指示」を出した。さらに、4 月 25 日に行われた中央政治局拡大会議で、毛沢東は幹部と群衆に対して、「広範に、持久的にプロレタリア階級の民族政策教育を行うべきであり、しかも漢族と少数民族の関係に対して常に調査を行う必要がある。2 年前に一度調査を行っているが、今もう一度調査する必要がある。もし関係が正常でない場合は、口頭だけでなく、真剣に処理しなければならない」[1]と強調した。1957 年 2 月 27 日、毛沢東は再度、「我が国の少数民族は 3 千万人で、全国人口の 6 パーセントだけを占めているが、しかし、少数民族は国土の 5、6 割を占める広大な地域で生活している。ゆえに、漢族と少数民族との関係をうまく構築すべきである。この課題のキーポイントは大漢族主義の克服である。……大漢族主義であれ地方民族主義であれ、各民族人民の団結には不利であり、克服すべき人民内部の矛盾である」[2]と強調した。

　第二次民族政策の執行状況の大調査は、1956 年から始まり、1957 年 8 月初頭に青島で開かれた全国人民代表大会民族委員会と中央民族事務委員会の民族事業座談会をもって幕を降りた。周恩来は座談会で、「我が国の民族政策における幾つかの問題」をテーマに「二つの民族主義に反対する」内容で、以下のような講演を行なった。[3]

　　　私たちが反対する二つの民族主義は、大漢族主義（中国では主に大漢族主義に反対する）に対する反対であり、地方民族主義に対する反対でもある。特に大漢族主義に注意しなければならない。この

1．毛沢東「漢族と少数民族の関係」、国家民族事務委員会政策研究室編、前掲書、121 頁。
2．毛沢東「少数民族問題を正しく処理しよう」、国家民族事務委員会政策研究室編、前掲書、144 － 145 頁。
3．周恩来「我が国の民族政策における幾つかの問題」、国家民族事務委員会政策研究室編、前掲書、162 頁。

二つの民族主義はいずれも資産階級民族主義の表われである。まず、漢族が大漢族主義的な誤った態度を有すれば、結果的に民族差別という誤りを犯すことになる。一方、兄弟民族が地方民族主義的な誤った態度を有すれば、民族分裂という傾向を生み出すことになる。要するに、この二つの誤った態度と傾向は、我が民族の団結だけでなく、各民族間の対立及び分裂を招くことになる。……民族問題上の二つの誤った態度と傾向は人民内部矛盾の問題であるので、人民内部矛盾の原則を持って解決すべきである。つまり、毛主席の提示した公式にしたがって、民族団結という願望から出発し、批判あるいは論争を通して新しい基礎の上で、各民族間の団結を勝ち取らなければならない。

　周恩来の以上のような問題意識は基本的に毛沢東の指示と一致し、二つの民族主義に反対する実践の指導的な指針となった。

　1952 年－1953 年、1956 年－1957 年に行われた 2 回に渡る民族政策の大調査は、正しい思想的指導と各級指導者の重視があったので、幅広い漢族幹部と民衆に対するマルクス主義民族観の教育活動となった。それにより、大漢族主義は清算され、民族政策の持つ意識が多大に増強されることで、民族関係の改善と民族事業の展開に大きな拍車をかけた。

3. 地方民族主義への反対と民族事業における盲目的な展開

　中国共産党の民族理論において、2 つの民族主義の中の一つである「地方民族主義」は常に従属的な地位に置かれ、厳しい批判を受けたことはなかった。しかし、二回に渡る大漢族主義の打撃を目的とした民族政策の執行調査が終わった後、民族地域では激しい地方民族主義批判の活動が展開された。

3．地方民族主義への反対と民族事業における盲目的な展開　　*421*

　1957年4月27日、中国共産党中央は「整風運動に関する指示」を出[1]
し、全共産党内部における主観主義、官僚主義、派閥主義に反対する整
風運動を組織すると同時に、民衆に対する社会主義の教育活動を行なっ
た。しかし、整風運動の機に乗じて中国共産党の指導と社会主義制度を
攻撃する人々が現われたことで、共産党中央は6月8日、「右派勢力の
攻撃に対する反撃の準備を行なう指示」を出した。それで、一瞬の間に
整風運動は反右派運動に変貌し、地方民族主義への反対運動と結びつく
ことになった。

　1957年9月23日、中国共産党中央第八期第三回拡大会議で鄧小平は
以下のような報告を行なった。[2]

　　生産手段所有制の社会主義改造をすでに実現した少数民族地域と
　少数民族人口に対しては、同様に社会主義教育と適切な反右派闘争
　を展開すべきである。少数民族中での社会主義教育と反右派闘争は
　漢族地域と同じ内容であるだけでなく、民族主義傾向への反対にも
　力を入れなければならない。……少数民族幹部と上層部の中での地
　方民族主義、大漢族主義傾向を指摘しなければならない。資産階級
　の反社会主義的な傾向である以上、社会主義祖国における各民族の
　団結・統一に対しても同じような危険性を孕んでいる。過去におい
　て、私たちは漢族幹部の中の大漢族主義傾向に反対することを強調
　してきたが、これは完全に必要な措置であり、今後も大漢族主義に
　反対し続けなければならない。しかし、今現在、同じ脈絡から少数
　民族幹部の中における地方民族主義傾向に反対することも必要であ
　る。

1．「整風運動」とは、1940年代に中国共産党が行った一種の反対派粛清運動
　を指す。（訳者注）
2．鄧小平「少数民族を論ずる」、『民族政策文献集』人民出版社、1958年、112頁。

422 第8章 「二つの民族主義」及び民族事業における「左」的誤り

　以上のような鄧小平の指示は、中国共産党中央の精神を代表したものであった。当時の状況からみれば、地方民族主義傾向は確実に深刻であった。まさに、全国人民代表大会民族委員会の第五回拡大会議での汪鋒（当時の国家民族事務委員会副主任）の指摘[1]とおり、地方民族主義には以下のような三つの特徴があった。

　まず、祖国に対する分離主義。独立国家を作り上げることを企てるかあるいは連邦と自治共和国を目指すため、祖国からの離脱を目的とした。例えば、ウイグル族の中にはいわゆる「自治共和国」、「加盟共和国」、「東トルキスタン」、「ウイグルスターン」を叫びながら「社会主義は要らなくても、独立は必要である」と主張する人々が現われた。モンゴル族の中の一部の人は「モンゴルは独立した国家を作り上げるべきである」と主張し、「モンゴルは加盟共和国を成立すべきだ」と主張する人も現れた。回族の中には「回族スタン」と「回回国」の成立を求める人もいた。……人口が３、４万人に過ぎないサラール族、ダフール族などの民族も「自治共和国」の成立を求めて憲法を書き出し、主席、総理、部長まで「内定」していた。

　次に、民族関係における孤立主義。民族間の団結・協力に反対し、特に漢人を排除する傾向が強かった。例えば、一部ウイグル族の人々は、「漢族幹部たちは自治区から脱退させるべき」であり、「辺境を封鎖して漢人の入り込みを防止し」、「漢人の援助なしでも同じく社会主義は実現できる」と主張し、「アメリカ人に来てもらうことにしても、決して漢人はいらない」と主張した。モンゴル族の中にも、「すべての漢族を追い出すか、内モンゴルを純モンゴル区と純漢族区に分け、蒙・漢分離統治を行うべき」であると主張しながら、現在のモンゴル人はチンギスハ

１．全国人民代表大会民族委員会編『１回から９回までの全国人民代表大会民族委員会文献資料集（1954 － 2003)』（上）、中国民主法制出版社、2008 年、72 － 73 頁。

3．地方民族主義への反対と民族事業における盲目的な展開 *423*

ンに及ばず、モンゴルの大門を守りきっていなかったと言った。チベット族の中には、ある地方では「民族幹部が成長したので漢族幹部はいらない」という言い方が流行り、ある地方では漢人に対して一貫して強烈な排斥態度を有していた。また、チベット族の中には「漢族幹部がいる限り、少数民族幹部には実権が無いのですべての漢族幹部を転出させるべきだ」という人もいた。朝鮮族と回族は民族連合社などの組織に反対することで漢族の排除を図り、ミャオ族、イ族の中にも漢族を排除する現象が現れ、「我々は漢族の援助なしに4、5千年も生き延びて来た」と語る人もいた。

　最後に、共産党に対する分裂主義。党の統一と団結、共産主義の原則に反対し、民族主義をもって党組織を解体しようと企んだ。彼らは異なる民族の党員が他民族の幸福を図るはずがないと判断し、民族固有の政党を作り上げようとした。例えば、ウイグル族は「自治区のすべての権利は漢族党員の責任者が握っており、彼らの主張通りにしなければならない」、「党の書記が漢族であること自体が大漢族主義である」と主張しながら、「ウイグル族共産党」の創党を求めた。モンゴル族は「党の書記にはモンゴル族が就くべきであり、そうでなければ真の自治は無理で、羊頭狗肉⁽¹⁾にすぎない」、「党内部の何人かの漢人が内モンゴルを把握している」ので「モンゴル革命党」を創り出すべきだと主張した。ミャオ族とトン族も民族政党の創建を主張し、「漢人の多い党委員会の決議は民族的な利益を代弁できず」、「少数民族は共産党の指導なしでも革命ができる」と言い出した。チベット族、ヤオ族、回族なども共産党を「漢族の政党」と見なし、漢族党委員会書記の暗殺を狙った事件まで発生した。

　地方民族主義に対する反対闘争は、政策問題と矛盾の本質問題に注目し、「地方民族主義者」と「地方民族主義傾向を有する人」の区分に注

1．「羊頭狗肉」とは、「羊頭を掲げて犬肉を売る」を略した四字熟語で、見かけや表面と、実際・実質とが一致しないことを例える言葉である。（訳者注）

目した。その中で「地方民族主義者」は民族の名の下で活動している資産階級右派勢力であり、社会主義と共産党の指導に反対し、祖国の統一と民族団結を破壊する反動分子と改造を受けようとしない封建的な残存勢力であると決めつけた。[1]

　大規模な地方民族主義への反対闘争は全国的な反右派闘争の終了と共に収束したが、後の民族事業における様々な問題と絡み合うことになり、「地方民族主義」は少数民族幹部を攻撃する際の「武器」となって、地域の民族団結に多大な損害をもたらした。例えば、寧夏における地方民族主義闘争は1960年の半ばになってピークとなり、自治区主席・劉格平等の幹部をはじめとする「地方民族主義反党グループ」を「摘発」した。そして、彼らに様々な罪名を被らせ、共産党から除名し、逮捕した。この活動による被害者は3人の省級軍幹部をはじめ、自治区の庁・局長以上の幹部だけで13人にのぼり、彼らは「地方民族主義分子」、「右派機会主義分子」、「党内部に潜り込んだ敵」、「イスラム教主義分子」などの罪名で国の法律と党の規律による処罰を受けた。[2]その後、1963年と1964年にも自治区内で地方民族主義に対する批判と闘争が展開された。これらのことにより、寧夏回族自治区の政治、経済、文化教育の発展と民族宗教政策を正確かつ徹底的に実現することは深刻な被害を受けた。

　中国共産党は一貫して大漢族主義を二つの民族主義事業の重点としてきたが、地方民族主義への反対運動の拡大は大漢族主義のエスカレートを招くことになった。例えば、1958年の指導者たちの講演や文章には、以下のような表現が溢れていた。[3]

1．「社会主義と民族主義」、『人民日報』、1958年3月2－3日を参照せよ。
2．周瑞海編『寧夏回族自治史略』寧夏人民出版社、1993年、120－121頁を参照せよ。
3．全国人民代表大会民族委員会編『1回から9回までの全国人民代表大会民族委員会文献資料集（1954－2003）』（上）、中国民主法制出版社、2008年、88－89頁。

3. 地方民族主義への反対と民族事業における盲目的な展開 *425*

「漢族を中心とする民族大団結を揺るぎないものにしよう」

「漢族は我が民族団結の中心である」

「大雑把に言えば、漢族の支援が必要か否かは、社会主義が必要か否かの問題であり、民族の発展と繁栄が必要か否かの問題でもある。漢族の先進性を認めず、漢族から学ぼうとしない態度、漢族の支援を歓迎しない思想などすべては誤ったものである。漢族を排除・反対する行動は少数民族人民の利益に反するため、そうした行動に反対すべきである。」

「我が国の各民族大家庭における漢族の指導的な地位は、長い歴史の発展の中で自然的に形成されたものである。したがって、その事実を認めて漢族に学び、漢族たちの支援を勝ち取ることは各少数民族の発展と繁栄に極めて重要な意味を持つ。」

　以上のような観点は明らかに、後期のスターリンによって作られた大ロシア族とその他の民族との関係に関する言説に類似していた。つまり、漢族と少数民族における平等な関係を破壊し、民族にランク付けすることで民族感情を刺激した。以上のような思想は、まさに「大漢族主義」に対する批判を通して解決すべきものであった。

　地方民族主義への反対活動を押し広げた誤りは、「文化大革命」後、明確に訂正された。例えば、1979年10月14日の「地方民族主義分子のレッテル是正に関する稟議」[1]によれば、活動による被害者たちの「地方民族主義分子」というレッテルを剥がし、確かに問題がある者に対しては、社会主義と共産党指導への反対、祖国統一と民族団結の破壊を企む思想の有無を基準に判断することにした。

---

1. 国家民族事務委員会弁公庁編『中華人民共和国民族政策法規選集』中国民航出版社、1997年、9頁。

426 第8章 「二つの民族主義」及び民族事業における「左」的誤り

　全国の「大躍進」と人民公社化活動の中で、民族地域では地方民族主義への反対闘争と共に、盲目的な躍進、民族関係における急進的な「融合」の風潮が現れた。実際に、チベット以外のすべての民族地域が発展の法則に反した1958年の「大躍進」と人民公社化活動に巻き込まれた。同年9月から年末まで、各民族地域では様々な人民公社を作り上げ、「走って共産主義へ進入しよう」というスローガンの下で、いきなり「公社化」を「実現」した。例えば、全国の牧畜地域の中で、1957年末までに入社した戸数の割合は、内モンゴル、新疆、青海がそれぞれ27％、38％、18％を占め、甘粛と四川は3％と0.2％であったが、1958年末にはチベットを除いたすべての地域で人民公社を実現した[1]。したがって、生産における盲目的な指導、高い指標、「誇張風」及び「共産風」が盛んになった。

　1958年9月下旬、広西チベット自治区の三江トン族自治県で開かれた民族事業現場見学会では、早稲の産量が上半期だけで1ムー510.5キログラムに達し、年産1ムー10,000キログラムを目標とし、総生産量は1957年の33倍以上を目指し、1960年には1人当たり糧1.25万キロを達成する計画であると三江における「大躍進」の情勢を紹介した[2]。

　それに対して、『人民日報』は次のように三江の経験を紹介した[3]。「山の奥の貧弱な山間地帯」である三江は、元々立ち後れていた。整風と社会主義大論争を行ってから、反右派闘争と地方民族主義への反対運動から偉大なる勝利を勝ち取り、各民族人民の社会主義的覚悟を高め、様々な「特殊論」及び「立ち後れ論」を一掃した。彼らは「山間地帯を変え、平原を乗り越えよう」というスローガンの下で全県民を動員し、不毛な環境を征服することで稲農作における大豊作を収めた。「産量は去年の

1．黄光学編『当代中国の民族事業』（下）、当代中国出版社、1993年、79頁。
2．『当代中国の民族事業』編集部『当代中国民族事業の大事記（1949－1988』民族出版社、1989年、123頁。
3．「少数民族は猛スピードで発展している」『人民日報』社説、1958年10月18日。

3. 地方民族主義への反対と民族事業における盲目的な展開　　　　*427*

9倍以上」で、全国少数民族地域において初めての早稲500キログラム
達成県となり、厳しい食糧不足県から豊かな食糧産地となった。同時に、
「4千カ所以上の工場を建設し、それは大躍進以前の600倍であった。」
短期間内で成し遂げた三江の実績は、「少数民族地域もその他の地域の
ように高速な社会主義建設が可能である」ことを力強く説明してくれた。
　牧畜業地域も農業地域のような管理システムに従う共産風が流行るこ
とで、「牧畜業を中心」にする方針を放棄し、農業をもって牧畜業を支
援する政策を採用した。それによって、牧畜業地域の土地を開墾して食
糧生産基地に建設する計画が立てられた。そして、大量の食糧納付任務
が付けられ、大量の牧畜業地域の草原が開墾された。[1]
　1958年から1960年までに開墾した牧畜地域の牧草地は570万ムー
であった。その中の210ムーは作況が悪いことが原因で耕作を諦めた
ため、農・牧畜業両方が失敗に終わった。1960年、内モンゴルのフル
ンボイルで新しく建設した18の国営農牧場は239万ムーもあった。し
かし、その中で農業に相応しくない土地は39万ムー、牧畜業に大きな
影響を与えた土地は184万ムーもあり、厳しい農・牧矛盾と民族矛盾
を引き起こした。内モンゴルの牧畜区では3回に渡る草原開墾活動が行
われ、3,700万ムー以上の草原が開墾された。その結果、砂漠化などに
よる草原破壊が累計で4億ムーとなり、それは草原全体の3分の1に
あたる面積であった。それに伴い、1958年から1960年の間、大部分
の地域で牧畜業が著しく減少していた。例えば、新疆、青海、甘粛、四
川では毎年それぞれ1.8％、14.7％、5.5％、4.2％の減少率を見せた。
　1958年12月、中央統戦部が開催した第十一回全国統一戦線事業会議
は、中国共産党の第八期中央委員会第六回全体会議の精神を貫徹して、
統一戦線、民族、宗教などにおける「左」的傾向を訂正しようとした。
しかし、依然として少数民族地域の民族的な要素と特徴を無視し、有効

---

1. 黄光学編『当代中国の民族事業』(下)、当代中国出版社、1993年、79－80頁。

的な優遇政策を取り消し、無理やり漢族地域の経験を模倣する現象が民
族地域で氾濫した。[1]

　民族地域における以上のようなやり方は深刻な悪影響をもたらした。
雲南で勤めていた梁文英は以下のように、全国的に人民公社運動を展開
した1958年当時の状況を証言してくれた。[2]

　　　雲南では地域、民族を問わず、一夜の内に人民公社化を実現した。
　　辺境の少数民族たちは迅速な運動の展開を見極めることができず、
　　自分たちを的にした革命であると誤解した。それで、ミャンマー、
　　ラオス、タイのシーサンパンナ、徳宏、臨滄などの地域の大量の少
　　数民族たちは海外へ逃げた。聞いた話によれば、当時、逃走した少
　　数民族は十何万にのぼるという。……人民公社を建設するだけでな
　　く、内地と全く同じように共同食堂を経営しなければならなかった。
　　それで、内地と同じく、少数民族地域でも共産風、平均風、盲目的
　　な指導などが……内地と同じように蔓延し、1960年末まで3年間
　　引き続くことになった。

　以上のような雲南の状況は、まさにその他の少数民族地域でも推し進
めていることの縮小版であった。

　こうした「躍進」風は実際の民族地域の事業だけでなく、民族研究に
まで蔓延していた。1958年6月11日から7月7日、全国人民代表大会
民族委員会と中国科学院民族研究所及び中央民族学院は、民族研究事業
科学討論会を共同で開催した。会議は階級闘争、資本主義と社会主義の
闘争を中心に、「調査事業に対する資産階級の民族学、社会学の影響」を
批判し、「民族研究事業の躍進的な計画」を研究・採択した。その計画に

1．黄光学編『当代中国の民族事業』（上）、当代中国出版社、1993年、131頁。
2．梁文英『実践における民族問題理論の検証』民族出版社、1999年、95頁。

3．地方民族主義への反対と民族事業における盲目的な展開　　　*429*

よれば、民族研究部署は１年の内に全国のすべての少数民族の社会・歴史調査を完成すると同時に、各少数民族の略史の執筆を終えなければならなかった。各民族の略史は、動員による調査・編著という極端な形でその原稿は完成されたが、出版のレベルに達するものではなかった。

　また、実際の事業における躍進の表現として、民族関係の単純な推定を挙げることができる。当時、社会主義建設事業の躍進に伴い、国内の民族関係も新たな局面を迎えるはずであると考えていた。その新局面の特徴は、各民族人民の大団結、大協力、共同労働、共同発展の社会主義の民族関係が全国各地で形成、発展されることであると認識していた。したがって、「我が国の各民族人民の間の交流が頻繁になり、差別が減ることで民族融合に有利な要素が増えつつあった。また、民族融合は歴史発展の必然的な傾向であり、この傾向に対して、我が国の各民族人民は歓迎すべきであり、積極的に推し進めるべきである。[1]」

　以上のような推定は、民族の発展過程における長期性を無視し、民族融合を単純化し、人為的な民族融合を推し進めようとした誤りであった。このような促進の故、実際の民族事業において民族政策に反する様々な現象が発生した。例えば、勝手に少数民族の風俗習慣を変え、少数民族服装の装着を禁止し、回族に豚の飼育を強制した。それで、少数民族の感情を大きく傷つけることになった。

　当然ながら、ここで言う「民族融合」は大体の場合、人為的な「漢化」であった。例えば、教師と学生の殆どが少数民族である延辺大学は、「大躍進」と整風運動の中で「漢族に学ぶ」ため、また、中国語を重視してこなかった以前からの傾向を修正するために、言わば「中国語大躍進運動」を行った。その中には、「漢語学習を突き進む大会」、「漢語学習デモ」、「アマチュア漢語大学」などの活動が行われ、人々に「戦闘的

1．汪鋒「目前の少数民族地域の状況と今後の民族事業における党と国家の課題」
　『民族政策文献集』人民出版社、1960 年、107 頁。

な態度をもって学ぶ」ことを命じた。さらに、漢語学習の日常化を図るために生活の集団化を実施し、全学校の教師と学生を合宿させた。一方、共産主義思想と関連付けた「五つの『化』」、つまり、「思想の共産主義化、生活の集団化、漢語の日常化、組織の軍隊化、行動の戦闘化」というスローガンを掲げた。学校は指導部を設け、その傘下に大隊、中隊、小隊を設置し、小隊単位で「共同の住、食、勉強、労働、躍進」を行った。「漢語大躍進」のため、学校では3カ月も専門科目の開講を中止した。それで「一枚のチケット」も漢語で言えなかった85％の先生と90％の学生が短期間に漢語で授業を行い、受講するレベルまでに達した。以上のような学習結果はよそにして、そのやり方が馬鹿げていたことは間違いない。それは間違った「大躍進」をもって、誤った「民族融合」を推進した典型的な民族事業の盲目性の事例であった。

1962年4月21日から5月20日まで、全国人民代表大会民族委員会と中央民族委員会は、全国人民代表大会と政治協商会議の後、民族事業会議を開き、大躍進時期における誤りについて反省した。

「大漢族主義」と「地方民族主義」に反対することは中国共産党が指導する民族事業の重要な内容であり、民族団結に良い社会環境を提供する一方、極めて深刻な教訓も残した。改革・開放以降、民族事業ではまさにそのような教訓に基づき、次第にこうした言い方を使わないようになった。例えば、1980年9月、延辺朝鮮族自治州で行われた自治条例の立案において、二つの民族主義問題への言及を避けた。当時、朝鮮族自治州の共産党書記に務めていた趙南起は、以下のようにその理由について述べていた。

1．中国共産党延辺朝鮮族自治州共同前線部編『民族問題学習資料（七）』延辺人民出版社、1959年、43頁。

2．全国人民代表大会民族委員会編『一次から九次までの全国人民代表大会民族委員会文献資料集・延辺朝鮮族自治条例及び林業管理条例に対する趙南起同志の叙説（1954－2003）』（上）、中国民主法制出版社、2008年、442頁。

3. 地方民族主義への反対と民族事業における盲目的な展開　　　*431*

　我々は理論上、「大漢族主義」と「地方民族主義」に対する具体的、正確的、科学的な概念を持っておらず、はっきりと説明することができないからである。また、実践においても、1958 年からの二つの「主義」への反対は主に地方民族主義に重点を置き、一部の民族幹部たちを「地方民族主義分子」として攻撃してきた。さらに、長期に渡る政治運動の結果、民族地域では大漢族主義への反対を示すと漢族に反対することであると誤解され、地方民族主義への反対を示すと少数民族に反対することであると誤解されてきた。ゆえに、私たちは二つの「主義」に対する言及を避けた。

　延辺朝鮮族自治州自治条例は、国内の民族地域における最初の自治条例として重要なモデル的な役割を果たした。したがって、その以降の様々な自治条例でも「二つの民族主義に反対する」といった表現を使わなかった。その代わりに、「平等、団結、互助の社会主義民族関係を維持・発展させる」あるいは「民族団結、民族政策と法律教育を強化し、あらゆる民族に対する差別と民族団結を破壊する行為を禁止する」という表現を使うことになった。

　それ以外に、民族事業をめぐる重要な問題について、中央統戦部と国家民族事務委員会は、「説得教育、民主協商、積極的な誘導などの方法で解決すべきである。……力を入れて無産階級の民族観を宣伝・樹立すべきであり……民族団結から出発してあらゆる問題を解決し、軽率にあれこれといったレッテルを貼ってはいけない」と共産党中央へ報告した。[1]

　新中国の成立後、二つの民族主義をめぐる理論は民主革命時期と比べ

---

1. 「民族事業をめぐる中国共産党中央統戦部、国家民族事務委員会の幾つかの重要な報告」、国家民族事務委員会弁公庁編『中華人民共和国民族政策法規選集』忠告民航出版社、1997 年、53 頁。

て明らかに増えてきた。しかし、その時期には掘り下げた研究は展開されなかった。この時期の認識を反映しているのは、李維漢が1961年9月に8つの方面から「大漢族主義と地方民族主義に反対する」ことについて叙述した「民族事業における幾つかの問題」であった。これらの認識は、明らかに当時の二つの民族主義に反対して実践された経験に対する総括であった。理論をめぐる探求が深く展開されてはいなかったが、実践における多くの失策を加えた。したがって、改革・開放後、二つの民族主義という表現を用いることは徐々に少なくなった。

4．「民族問題の実質は階級問題」という提議とその影響

20世紀50年代、我が国の民族事業における「左」的誤りには、1958年の甘粛と青海地域に対する度を過ぎた鎮圧が含まれていた。また、こうした鎮圧は「民族問題の実質は階級問題」であるという理論が生まれた背景でもあった。

解放後、我が国の各民族は次第に民主改革と社会主義改造に着手した。その過程で、中国共産党は一部の民族地域では漢族地域のような大規模で大衆的な階級闘争ではなく、平和改革の政策を展開した。こうした政策は民族地域の特徴に適合し、大部分の民衆と民族宗教のリーダーたちの支持を得た。しかし、一部地域の指導者たちは自分たちの特権が無くなることに甘んじなく、民主改革の展開に反対し、武装動乱まで引き起こした。解放初頭の数年の内、一部の民族地域では数回に及ぶ叛乱が発生した。そのような叛乱が起きた原因は主に、残存スパイや反革命分子による挑発や扇動であったが、民族地域での党と政府のミスが利用されたことも無視できない。それで、中国共産党中央は1954年10月の「少

1．李維漢「民族事業中における幾つかの問題」、『統一戦線問題と民族問題』人民出版社、1981年、541－546頁を参照せよ。

4. 「民族問題の実質は階級問題」という提議とその影響   *433*

数民族をめぐるこの数年における党の主要な経験と総括」の中で、「民族地域における叛乱に対し、必ず十分な軍事的措置（必須不可欠な条件）をもって政治的な解決を図る方針」を打ち出した。方針は、対象に応じてそれぞれ対処する政策を実施すべきであるとした。具体的に言うと以下のとおりであった。

　　地元民族の上層部メンバーを勝ち取ることが最も重要であり、彼らに対しては特別で緩やかな政策を取るべきである。外来の反革命分子に対しては、揺るぎない打撃と鎮圧を施すべきであるが、更生の機会は与える。一般民衆に対しては、なだめる政策を取り……彼らに「地方の匪賊」のレッテルを貼ってはならず、彼らが直面した悩みなどを解決してくれることで安心して生活できるように務める。
　　過去において、一部の民族地域に対して以上のような方針・政策を取らず、武力だけを強調し、政治獲得を無視したゆえに、少数民族人民の同情を失い、叛乱も多発していた。これは明記すべき教訓である。
　　叛乱が発生した地域に対する善後事業は非常に重要であり、迅速で厳かな対応を取り、現れた欠点や誤りに対する徹底的な訂正が必要である。さもなければ、反乱が治まったとしても匪賊に隙間を与え、反乱が再発する危険性がある。万が一、民族地域で再び叛乱が起きた際、以上のような方針以外に幹部たちの焦りや復讐心理を厳しくコントロールする必要がある。[1]

中央の以上の方針は正確であり、問題解決の方向を指し示したが、民主革命中の民族地域では依然として叛乱が起きていた。例えば、1958

1.「少数民族をめぐるこの数年における党の主要な経験と総括」、中国人民解放軍政治学院党史教育研究室編『中国共産党史参考資料』19集、国防大学出版社、1986年、399 － 400頁。

年以前には新疆、甘粛の西海固と平涼、四川と雲南で類似事件が発生し[1]、1958年の甘粛と青海チベット地域の叛乱は特に深刻であった。3月、甘南地域で発生した叛乱が、4月には青海まで蔓延した。叛乱勢力は「民族を守ろう」、「宗教を守ろう」といったスローガンの下で謀略宣伝を行い、民族幹部と知識人を大量に迫害した。また、州・県の政府を攻撃し、住宅を焼却し、交通を破壊した。中国共産党青海省委員会は6月18日、叛乱を鎮圧することに対する中央への報告の中で、青海地域の反革命武装叛乱とチベット・ラサの反動グループが帝国主義の支持の基で行った祖国分裂活動であると位置づけた。そして、実際は帝国主義とラサ反動派の分裂陰謀活動、社会主義改造及び反改造をめぐる闘争であり、厳しい階級闘争であるとし、以上の闘争から勝利するには民衆を勝ち取り、首尾一貫として社会主義改造を実施することで労働人民を政治的に解放させ、叛乱の根源を徹底的に取り除かなければならないとした。それと同時に、反革命的な武装叛乱に対しては、必ずしも革命的な武力で猛然な打撃を与えなければならないとした。中国共産党中央は青海省委員会の報告を許可し[2]、甘粛と青海では反乱を平定する闘争が始まった。打撃を通して、1959年には大部分の武装叛乱を鎮圧し、1961年には徹底的に粛清することができた。

　反乱を平定する闘争において、関連部署では政策問題に注意し、信仰の自由と寺院の保護などに務めたが、依然として様々な問題が発生した。例えば、軍事打撃を強調した結果、捕虜の扱い（勝手に縛り、吊り、殺し、殴り）によって、敵が民衆を扇動して頑固な抵抗を行うなどの不利な局面をもたらした。叛乱への参加者・協力者を無分別に打撃した結果、大量の人々を間違って傷つけただけでなく、該当地域の農・牧業生産

1．李維漢「全国7回統一戦線事業会議での発言」、『統一戦線問題と民族問題』人民出版社、1981年、206頁。
2．『建国以来の毛沢東文稿(1958.1 － 1958.12)』7集、中央文献出版社、1992年、287頁。

4. 「民族問題の実質は階級問題」という提議とその影響　　　*435*

に多大な被害を与えた。また、叛乱を鎮圧する真最中の 1958 年 9 月に、甘南、チベット地域で人民公社化を推し進めた。

　甘南では 1958 年叛乱が発生した後、甘粛省天祝県の少数の活仏やリーダーたちが噂を配布し、民衆を煽り、一部の人が共産党員とその積極分子を殺すべきであるとして反革命叛乱を企画したので、5 月 21 日から 1,172 人を逮捕し、1,032 人を判決した。しかし、1962 年、1976 年と 1979 年の数回に渡る再審を通して次第に冤罪であると是正した。例えば、1979 年 3 月 27 日、中国共産党甘粛武威地域委員会は、「いわゆる『天祝県反革命陰謀叛乱集団案』は間違った案件であり、徹底的に是正すべきである(1)」と指摘した。

　1958 年、寧夏でも甘南と同じく、いわゆる「反革命叛乱と叛乱企画」が 57 件も発生した。以上のような裁判事件の一部は事実であったが、ほかは主観的な憶測による立案であり、真面目に分析もせず、大多数の回族民衆を信用しないで敵に回した冤罪案件であったので、社会に多大な悪影響を与えた(2)。民族地域における打撃対象を拡大するやり方は、後になって訂正したりあるいは発生から間もないうちにある程度の是正を行ったが、新中国の民族事業史に残した損失は極めて手痛いものであった。

　民族地域における鎮圧の行き過ぎ、度を過ぎた地方民族主義への反対、大躍進・人民公社化と民族関係の盲進などは、民族事業に対する当時の中国共産党の「左」的な誤った思想と密接な関係があった。こうした誤りは後になって、民族問題を階級問題と同一視する理論的な誤謬にまでエスカレートした。例えば、1958 年 8 月 27 日、中国共産党中央は青海省委員会に以下のように指示した(3)。

1．武威市地方誌編纂事務所『武威通誌・大事件巻』甘粛人民出版社、2008 年、54 頁。
2．周瑞海編『寧夏回族自治史略』寧夏人民出版社、1993 年、117 頁。
3．『当代中国の民族事業』編集部『当代中国民族事業大事記（1949 － 1988)』民族出版社、1989 年、121 頁。

少数民族地域での民族事業は、現地の条件に合わせて揺るぎない
階級路線を貫徹すべきである。階級社会における民族問題の本質は
階級問題であり、階級実質の把握なしには民族問題の徹底的な解決
も不可能であることを銘記すべきである。

　一般的に、以上のような中央の指示が民族問題イコール階級問題とい
う理論の根源であるという認識は、「中央の指示」に対する誤読あるい
は下心による産物であった。「民族問題の実質は階級問題」であるとい
うのは、循化・サラール族自治県の反革命動乱などの階級闘争事件から
の教訓に対して提出されたものであり、文脈においても「階級社会にお
ける」という制限が付け加えられていた。しかし、階級闘争を強調した
当時の全体的な社会状況から見ても、「民族問題の実質」を「階級問題」
と見なすことは当たり前であった。つまり、以上の指示が出された時期
は、全党、全国が大躍進、反右派闘争、反地方民族主義のブームに晒さ
れ、全面的な「左」的泥沼に陥っていた背景と重なっていた。特に、
1958 年 5 月に開かれた中国共産党第八回第二次会議では、国内の矛盾
を「すべての過渡期、つまり社会主義社会建設以前に、無産階級と資産
階級の闘争、社会主義道路と資本主義道路の闘争は一貫として我が国の
主要矛盾[1]」であると明示していた。したがって、民族事業における「民
族問題イコール階級問題」という間違った理論の誕生は必然的なもので
あった。「民族問題の実質は階級問題」であるというのは、実は中国共
産党の民族問題における階級闘争の拡大化理論の具現であった。した
がって、「指示文」と毛沢東及びマルクス主義古典の中の「階級社会に
おける」という修飾語の有無を問わず、当時の中央精神との一致程度が
一番重要なポイントであった。つまり、当時の民族事業の関連部署では

1．胡縄編『中国共産党の七十年』中国共産党党史出版社、1991 年、348 頁。

4. 「民族問題の実質は階級問題」という提議とその影響 437

一般的に以下のような認識を持っていた。⁽¹⁾

> 民族問題の実質は階級問題であり、党の民族政策は一貫としてそ
> れを真髄とする。……党の民族政策は階級政策でもあり、民族問題
> における階級政策である。……マルクス主義において民族問題は階
> 級問題と関わっており、民族闘争も階級闘争と関連している。ま
> た、民族矛盾は階級矛盾を反映し、民族問題の実質は階級問題であ
> る。したがって、徹底的な民族問題の解決は言わば階級問題の解決
> によって可能である。

まさに、以上のような「左」的環境と階級問題をめぐる間違った判断
が民族事業に多大な被害を与えた。1959年3月、チベットで叛乱が発
生した後、中央は是正と改革を通して百万に上る農奴を解放させた。し
かし、改革の過程で宗教に対する打撃など過激な行動が普遍的に行われ
た。1962年、怒ったパンチェン・ラマは中央に七万字にも及ぶ意見書
を提出し、各地の民族政策の中で存在する「左」的誤りを是正するよう
求めた。7月24日、周恩来はパンチェン・ラマなどのリーダーを接見
する際、彼らは反帝国主義の愛国者であり、チベット族と漢族は互いに
尊重し、信頼すべきであると指摘した。また、党中央はチベット民族の
発展を支持するので、漢族は大漢族主義の傾向に注意すべきであり、チ
ベット族は地方民族主義の傾向に注意すべきであると表明した。⁽²⁾しかし、
1964年の中国共産党第八回中央委員会第十次全体会議の後、パンチェ

---

1. 「二次四回民族委員会拡大会議での副総理烏蘭夫の報告(1963年12月9日)」
   全国人民代表大会民族委員会編『一次から九次までの人民代表大会民族委員
   会文献資料集 (1954 − 2003)』(上)、中国民主法制出版社、2008年、297 −
   298頁。
2. 中国共産党中央文献研究室編『周恩来年譜』(中)、中央文献出版社、1997年、
   491頁。

ン・ラマの意見書は反党、反社会主義的な証拠として批判され、彼はチベット自治区での職務を解除され、「文化大革命」中には10年間の入獄生活を余儀なくされた。これは党の民族上層事業における階級闘争の拡大化による重大なミスであった。

1962年9月、中国共産党中央は北戴河で政治局拡大会議を開き、毛沢東は「決して階級闘争を忘れてはいけない」と呼びかけ、社会主義歴史段階の基本路線を提示しながら、「階級闘争は年々、月々、毎日」すべきであると強調した。同時に、李維漢と彼が主催する中央統戦部を「階級闘争を無視し、投降主義に傾いている」と批判し、間もなく李の統戦部長の職務を撤去した。1964年8月、中央事業会議の精神に基づき、李を「反党、反中央、反毛主席の修正主義路線を主張し、無産階級独裁と社会主義革命に反対し、資産階級と封建農奴主に投降して党の事業に多大な被害を与えた」と再び批判した。

当然ながら、「階級闘争を要」とした結果、実際の民族事業に様々な被害を与えた。例えば、1963年から全国の農村で始めた社会主義教育運動と「四清（政治、経済、思想、組織を清める）運動」は、階級路線を貫徹するため、すでに正しいと結論付けた政策も「階級」的修正主義路線であるとして批判した。同時に、民主改革における未分化階級に搾取階級というレッテルを貼ることで、地方民族主義への反対運動の時よりも多くの人々を打撃した。

階級闘争を要とする誤りは中国共産党第十一次中央委員会第三回全体会議で是正され、それによって「民族問題の実質は階級問題」の理論的ミスも是正されることになった。例えば、1980年4月7日、中国共産党中央の「チベット事業座談会紀要」を転送することに対する通知の中では、以下のように指摘していた。

---

1. 高化民他『三代リーダーたちと統一戦線』華文出版社、1999年、101頁。
2. 中国共産党中央文献研究室『新時期統一戦線文献選』中央文献出版社、1990年、93－94頁。

5. 「文化大革命」による民族事業の全面的な破壊　　　　　　　　439

　各民族の多くは数百、数千年の歴史を経て形成され、今後も長い
間、存在し続けるだろう。我が国の各民族がみな社会主義の改造を
実行した今日、各民族間の関係はまさに労働人民間の関係である。
したがって、言わば「民族問題の実質は階級問題」とう説は間違っ
ている（マルクス、エンゲルス、レーニン、スターリンと毛沢東は
誰もそんなことを主張したことがない。毛沢東はアメリカの黒人闘
争を支持する際、「民族闘争は煎じ詰めると階級闘争の問題である」
と指摘した。それはアメリカの黒人と独占集団及び反動派の間には
階級矛盾が存在するため、広範な黒人と白人労働者は連合すること
で真の解放を迎えることができるという意味であった。しかし、毛
沢東のその論理は明らかに我が国の解放後の民族関係に当てはめる
ことができない）。こうした宣伝は民族関係に深刻な誤解を招きか
ねない。

　1979年、中央は全国統一戦線、民族・宗教事業部門に対する「投降
主義路線」というレッテルを撤去することについての中央統戦部の稟
議を許可し、李維漢と統戦民族事業部に新たな評価を下した。翌年の7
月15日、『人民日報』は黄鋳の「いわゆる『民族問題の実質は階級問
題』を論ずる」という文章を掲載し、理論面からその問題に対して明確
にした。

5. 「文化大革命」による民族事業の全面的な破壊

　文化大革命期、民族事業における「左」的誤りは極点にまで至った。
「修正主義」や「投降主義」路線というレッテルを貼られた民族部門、
統戦部門はその役割を停止され、大部分の民族事業部署は取り消された
か機能を果たすことができなくなった。また、民族事業部門の多くの指

導者たちは李維漢のように迫害を受けた。

　ウランフは文化大革命が始まって間もなく（1966年5月22日から23日）、華北局事業会議によって無実で「五大罪状[1]」と「三つの『帽子』[2]」を被らせた。その会議でウランフの内モンゴル自治区党委員会第一書記と華北局第二書記、内モンゴル軍部司令員、政治委員、内モンゴル大学学長などの職務が撤去された。内モンゴルの造反組織は北京に「烏を捕む連絡点」を立ち上げ、随時に彼を「批闘」することができた。周恩来の保護によって命は助かったが、内モンゴルでは彼と関連する一連の冤罪案が発生した[3]。例えば、「新内人党[4]」案によって全自治区の34.6万人の幹部、民衆が「内人党」メンバーであるとして巻き込まれ、そのうちの16,000人は迫害によって命を奪われ、12万人以上が障碍者となった[5]。

　また、雲南省紅河ハニ族・イ族自治州における「沙甸事件」も人々を深く傷づけ、党の政策に多大な被害を与えた。1968年12月、省革命委員会は「宣伝隊」を沙甸に派遣し、「回族狩り」を始めた。造反派たちは回族民衆の信仰を「四旧」と見なし、イスラム経典を焼却した。そして、信者に対する批判闘争を展開し、清真寺を封鎖した。また、回族民衆に豚の鳴き声を学ぶように脅迫したり、井戸に豚骨を捨てたりするなど極端にエスカレートした。1971年から始まった沙甸の人々の強烈な

1．五大罪状とは1、毛沢東思想に反対し、違う旗印を掲げ、独立した組織を立ち上げようとする。2、階級闘争に反対し、社会主義革命を反対する。3、修正主義に対して卑屈にへりくだった。4、民族分裂を行い、独立国家を夢見ている。5、スパイを送り込んで指導権を奪おうとしている。

2．三つの『帽子』とは1、「三つの反対」（党・社会主義・毛沢東思想に反対する）分子。2、民族分裂主義（修正主義）分子。3、走資派を指す。

3．『烏蘭夫伝』中央文献出版社、2007年、496－536頁を参照せよ。

4．「内人党」とは「内モンゴル人民革命党」を指し、内モンゴルの歴史の中2回登場する。1回目は1925年10月であり、1945年8月である。しかし、内モンゴル民族民主革命の完遂と共に無くなった。

5．郝維民編『内モンゴル通史綱要』人民出版社、2006年、609－610頁。

5.「文化大革命」による民族事業の全面的な破壊　　*441*

是正要求に対し、雲南省の幹部たちは一貫として抑制的な態度を取り、1975年7月29日には軍隊を動員して回族が集住している村を包囲し、砲撃した。多くの回族民衆の死傷者を出し、大部分の住宅が壊されたが、事件を「反革命武装叛乱」と位置づけた。

　「内人党案」と「沙甸事件」は、それぞれ文化大革命の前期と後期に、北方と南方で発生した「左」的誤りの代表的な事件であった。文化大革命が終わってから中央、省、自治区の党委員会の許可を得て是正した大きな事件には、以上の「内人党案」と「沙甸事件」以外に、吉林延辺朝鮮族自治州の「反国暴乱案」と「地下国民党案」、四川の「黒彝案」、寧夏の「青銅峡案」、チベット自治区の「新叛拡大化案」などがあった。以上のような事件は、文化大革命時期における「左」的誤りが我が国の民族問題に与えた危害の普遍性、長期性、深刻性を裏付けていた。

　「左」的誤りの根源と主要実践、大量の冤罪案、相次ぐ政治活動も階級闘争の拡大化と関係があった。例えば、1968年から始まった「階級隊伍の片づけ」を通して、いわゆる裏切り者、スパイ、階級異質分子を逮捕した。また、歴史的に他の組織への参加者を含む大量の漢族幹部、海外の関係者、家庭出身のよくない者などはみな「整理」の対象となった。一方、農村部と牧畜地域では（特に牧畜地域と半農・半牧地域では）階級の区切りを主な内容とした。例えば、1968年7月20日、内モンゴル革命委員会では「牧畜地域で階級を整理・区切る幾つかの政策規定（草案）」を立案し、6つにも及ぶ階級ランキングを創り出した。そして、牧主、富牧、宗教などの上層に属するものは政府機関、公社、牧場、民衆団体のすべての職務を取り消されるなど打撃の対象となった。その結果、大量の遊牧民が搾取階級に区切られ（全牧畜地域人口の60％以上が搾取階級に区切られるケースもあった）、深刻な混乱を招くとこで地域の生産に多大な損失をもたらした。[1] 勿論、以上のような状況

1.　郝維民編、前掲書、611頁。

は内モンゴルだけのことではなかった。例えば、雲南省では1970年に「政治国境警備」を実行し、「政治国境警備事業隊」を派遣することで国境地域での階級闘争を強化した。それで、40％以上の人々が「スパイ」や「裏切り者」に区切られた。また、ある地域では「赤色恐怖」の実行を宣言し、95％の団結に達成するため、算盤をいじりながらパーセンテージを計算していた。皮肉にも、以上のようなやり方は成功的な経験として宣伝された。例えば、「年間9種類の人を28,162人つかみ出し、我が地域に潜んでいた『時限爆単』476人を処分し、階級戦線をはっきりとすることで様々な敵から権力を奪い取った⁽¹⁾」と成功経験を紹介した。極「左」的な政治雰囲気の中、以上のようなばかばかしい事例は数多く存在した。

　文化教育分野も「酷い災害」を被り、大部分の民族学校、中小学校は休学状態に入り、少数民族の文字、翻訳、出版も大量に切り捨てられた。例えば、少数民族の文字で1965年に出版された図書と雑誌はそれぞれ1,694種類の2,480万冊と36種類の268万冊であったが、「文化大革命」の真っ最中であった1970年にはそれぞれ312種類の1,331万冊と5種類の93万冊に減少した。また、少数民族の数多い文物、古本は「四旧」と見なされ焼却された⁽²⁾。

　1984年1月、第六回人民代表大会第九次委員会でのパンチェン・ラマ10世副委員長の発言のように、チベット言語に対する迫害は酷かっ⁽³⁾た。

　　　1958年以前、チベット語は重視された。毛主席と周総理の指示
　　　にしたがって張経武、張国華はチベットへ派遣され、チベット語を

1．梁文英『実践における民族問題理論の検証』民族出版社、1999年、107頁。
2．黄光学編『当代中国の民族事業』（上）、当代中国出版社、1993年、158頁。
3．全国人民代表大会民族委員会編『一次から九次までの人民代表大会民族委員会文献資料集（1954－2003）』（上）、中国民主法制出版社、2008年、858頁。

5.「文化大革命」による民族事業の全面的な破壊 *443*

学んだ。司令官から炊事係まで全部チベット語を学んだ。当時、中小学校では主にチベット語を教え、同時に漢語も教えていた。みな積極的に勉強していた。現在のチベット族幹部の中にはその時に育った者が多い。しかし、「左」的誤りの影響で民族言語・文字は抹殺され、学校では自民族の文字を教えなくなり、自治区の各党・政・部・署では少数民族言語を使わなくなった。……チベット語は認められず、チベット語が分かっても漢語が分からない者は非識字者と見なされた。党政部署では漢語の公文書が義務付けられたが、末端組織で漢語が出来なかったせいで数多いとんちんかんな事が発生した。自治区のチベット族の指導者が漢語でチベット民衆に話をすると、チベット語が話せる漢族がチベット語に訳してくれた。また、商店の販売員の多くが漢族であったため、チベット民衆はコミュニケーションができず、物を買うことさえできなかった。

　宗教・信仰政策も深刻に踏みにじられ、大量の宗教施設が壊されただけでなく、信仰者は迫害され、民衆の信教は禁じられていた。[1]例えば、寧夏では回族民衆による「豚の養殖」が重視され、豚養殖の「優遇政策」まで制定された。[2]

　「左」的誤りに対して、回族たちは「豚の養殖」を拒否することをもって抵抗したが、国境地域の少数民族たちは「逃げる」ことを選んだ。例えば、「タイ族は不満があるたびに海外への逃避を選んだ。1958年にも海外への移住があったが、文化大革命の時は28万人も国から逃げ出した。……問題解決が出来なくなる度に、ミャオ族は引っ越しを選び、ヤオ族は山の中に入った。」[3]

1．全国人民代表大会民族委員会編、前掲書、859頁。
2．周瑞海編『寧夏回族自治史略』寧夏人民出版社、1993年、143頁。
3．全国人民代表大会民族委員会編『一次から九次までの人民代表大会民族委員会文献資料集（1954－2003）』（上）、中国民主法制出版社、2008年、458頁。

1981 年の「建国以来の党の一部歴史問題に対する中国共産党中央の決議」では、以下のように民族事業中の誤りについて深刻に反省した。

社会主義の民族関係の改善・発展を図り、民族団結を強化することは、我が国のような多民族国家にとっては重大な意味を持っている。民族問題において、過去、特に「文化大革命」中に、私たちは階級闘争を拡大化するなどの重大なミスを犯し、数多くの少数民族幹部と民衆を傷つけた。その過程で、少数民族自治権利に対する尊重が足りなかった教訓は銘記すべきである。[1]

1.『建国以来の党の一部歴史問題に対する中国共産党中央の決議』人民出版社、1981 年、59 頁。

第9章　20世紀モンゴル民族の

分化と発展

　20世紀の人類歴史の発展は、世界各国、各民族間の関係を何時より一層密接にすると同時に、幾つかの民族を分化、分裂させ、異なった発展の方向に向かわせた。世界の歴史に深く影響したモンゴル民族が経験したのは、分化と分裂の歴史の過程であった。

　モンゴル民族の歴史の過程からみれば、13世紀はその発展の肝心な時期であった。その時、モンゴル民族は「雪だるま式」の発展を遂げた。一連の部族戦争と連合を通して、一つの巨大な遊牧封建帝国を築き上げ、初歩的な統合を実現した。しかし、モンゴル帝国（各汗国を含めて）は結局のところ、ばらばらの封建的な共同体であり、帝国の衰退と元庭の北進につれて、モンゴル民族体は段々分化してしまった。清王朝の樹立以降、モンゴルを治理する一連の政策の実施により、モンゴル民族体の分化状態は制度化された。歴史が20世紀に入り、国際・国内情勢の変化につれて、モンゴル問題は中国国内の民族問題から徐々に国際と国内の2つの部分に変化した。

1．外モンゴルの独立及びその国内外の要素

　近代以前のモンゴルの歴史に比べ、20世紀にモンゴル民族体が直面した統合と分化の問題、モンゴル社会と封建中央政権との関係問題など、すべてがより複雑になった。それはこの時のモンゴル社会がより複雑な

歴史的環境に直面し、経済状況の変化を含め、帝国主義の侵略と浸透、民族主義と社会主義理念の普及およびそれらと関連する各種政治力の出現と攻防などがあったからだ。これらの国内外の要素が交錯して、20世紀のモンゴル民族体をより一層分解させ、モンゴル社会の各部分の異なる方向への発展を推進させた。

外モンゴルの独立は、モンゴル民族体分化のシンボル的な事件であり、外モンゴル独立の発生には多くの要因が存在し、その過程は第二次世界大戦の終焉と共に終わった。

（1）清朝の外モンゴル政策上での失当

中国の歴史上、漠北のモンゴルは中央政府が大統一の局面を維持する辺縁地域に位置し、そこは帝政ロシアが東へ拡張し、中国の利益を弱体化させ、東方での覇権を確立するための始発点になっていた。従って、帝政ロシアは東進する過程で、続けてこの地域に浸透し、清朝の漠北モンゴルへの統制を離間、動揺させた。一方、清朝中央政府のモンゴル各部への統制方式はマンネリ化し、漠北モンゴルと清朝の関係は日々遠ざかっていた。

早くも18世紀から、共通の利益のため、モンゴル・ジュンガル（準噶爾）部の首領・ガルダン（噶爾丹）と東進中のロシア人は「政治同盟」を結び、1674年から1681年の間、ガルダンは毎年ロシアへ使者を遣わしたと言われていた。この連盟により、ガルダンの反乱はロシアの武器と兵力の援助を得た。[1]その後、帝政ロシアは東への拡張とより多くの利益を得るため、モンゴル王公への様々な籠絡政策を実施した。

清朝政府と帝政ロシアの間で結んだ一連の不平等条約は、漠北モンゴルの植民地化の過程を加速化した。統計によれば、1910年だけでクーロン（庫倫）に住むロシアの商人は3,000人に達し、定期的にクーロン

1．劉存寛「十七世紀清・ロとハルハ関係述略」、『辺彊史研究』、1993年、第3期。

1. 外モンゴルの独立及びその国内外の要素 447

に行った商人は7,000人以上であった。帝政ロシアはまたクーロンに翻訳学校を開設し、ピーターフォート大学とカザン宗教大学にはモンゴル言語研究専門を設置して、モンゴル問題を研究する専門の人材を育成した。クーロンにある領事館は、モンゴル王公と中央政府の関係を離間する指揮中心となった。[1]

　漠北モンゴルが帰順した後から、清王朝は漠北モンゴルの各部を頼りに北部の辺境を固めた。しかし、清朝政権が安定した後、モンゴル王公貴族の「奉仕」などは貢賦、課税の形で遊牧民に転嫁された。一方、清朝末期に、清朝政府はまたモンゴル僧俗王公の権益を損なう政策を施し、彼らの利益と需要を損害した。これらの要因により、社会の各方面から不満が上がり、またモンゴル王公の帝政ロシアへの依頼を促した。

　20世紀初頭、辺境への移民政策を核心内容とする「新政」は、全面的な統治危機の過程で、清朝が危局を取り戻そうと試みた重要なステップであったが、すでに手遅れであった。それは様々な要因の総合作用により、漠北の多数のモンゴル僧俗上層が帝政ロシアに籠絡され、中央王朝の支配力が日々衰えていたからである。ジェプツンダンバ（哲布尊丹巴）をはじめとする独立を主張する勢力が、帝政ロシアとの連携を強化し、モンゴル民族体の分裂の歩みを推進させた。

（2）モンゴル地域における経済の分化と畸形的な変化

　経済の発展は民族体統合の推進力であるはずだが、19世紀の中期以降、モンゴル経済の変化はかえってモンゴル社会分化の重要な要素となった。

　1840年以前、モンゴルの人口分布は、牧畜地域、半農・半牧畜地域と農区の三種類の経済類型地域を形成したが、その分布は基本的に北か

1.『モンゴル族通史』編纂グループ『モンゴル族通史』（下）、民族出版社、2001年版、286 − 287頁。

ら南へ向かっていた。清王朝政府の封禁政策が段々緩和されるにつれて、内モンゴル地域には異なる時期に大量の漢族農民が移入してきた。清朝後期には、「放墾」政策の強力な推進により、農耕地域がどんどん広がり、相当の数のモンゴル遊牧民が牧畜業から農業へ転じ、ひいては「近辺諸旗は、段々漢俗化し、……郡県を設立した地域では牧畜より農業を重んじ、耕すのが漢人如き」[1]であった。同時に、内モンゴルのモンゴル社会の手工業や商業も発展した。しかし外モンゴルでは気候条件の影響もあり、農業生産はあったが総量は非常に有限であり、畜産業が依然としてこの地域の基礎産業となった。

　経済生活の分化は、内外モンゴル分化を推進する主な動力ではないが、その中の一つの重要な要素ではあった。この分化の中で、内モンゴルの農業経済と内地の半封建・半植民地経済は徐々に一体化したが、外モンゴルの畜産経済は次第にロシアの植民地経済システムの中に組み込まれた。統計によれば、1891年から1908年の間、ロシアからモンゴルへの輸出商品は22％増え、モンゴルからロシアへの原料の輸出は566％増えた。1909年、モンゴルはロシアに総輸入の12％の製革原料、13％の毛と毛皮、25.5％の馬鬃、10.5％の牛、10.8％の馬と24.9 ％の羊を供給した。[2]このデータは双方の貿易上の不平等を明らかに示しただけでなく、外モンゴルの経済に対するロシアの厳しい制御と社会的影響の深刻さも説明していた。1958年に出版された「モンゴル人民共和国通史」では、次のように断言していた。「ロシア・ツァーリ国政府は、外モンゴルに対する関係で、もちろんロシアの統治・搾取階級である帝国主義の利己的な利益から出発した。しかしロシア・ツァーリ国政府の帝国主義政策は、ロシアとモンゴル人民の広範な大衆間の善隣友好関係を揺る

1．徐世昌編「東北三省政略」、『蒙務下・籌蒙』吉林文史出版社、1989年。
2．ソ連科学院、モンゴル人民共和国科学委員会編、『モンゴル人民共和国通史』巴根他訳、科学出版社、1958年、213頁。

1．外モンゴルの独立及びその国内外の要素 449

がすことはできなかった。ロシア人との往来、ロシアの文化的影響がモンゴル人民には良好な進歩の意味をもっていた。」[1]

　経済方式の分化や植民地化と同時に現れたのが、モンゴル地域の階層分化の激化であった。研究によれば、畜産経済が全体的に衰退した清朝末、モンゴル王公、牧主などの上層が持っている家畜は平均1万−1.3万頭の間であり、中等牧戸は約100頭くらい、赤貧者は10数頭だけで、何も持たない者もいた。[2]しかし農業区域では、封建王公上層の残酷な搾取や清朝の絶えない徴発、「放墾」などにより、貧困化の程度が拡大していた。統計によれば、1902年から1908年まで、清朝は「墾丈」を通して内モンゴル西部だけで「押荒銀」386余万両を搾取し、同時に大量の土地を奪い取った。[3]これは必然的にモンゴル遊牧民を貧困化させただけでなく、開拓に参与した大量の漢族農民の貧困化も促した。従って、地域的貧困が当時の内モンゴル社会の一つの重要な特徴となった。

　内モンゴル社会の経済の分化や貧困は、間違いなくこの社会の政治分化に物質的な条件を提供してくれた。

（3）外モンゴルの「自治」と「撤治」

　帝政ロシアが策動した外モンゴルの「独立」は、ちょうど中国の辛亥革命が起きた時期であった。革命の成果を横取りした北洋政府は、国内の分裂に反対し、統一の維持を訴える世評の圧力により、帝政ロシアと困難な外交交渉を行った。1913年11月5日にロシアと中・ロ声明5条及び添付4条、1915年6月7日にロシア、モンゴルと「中・ロ・蒙協約」を達成した。これらの協議によって、帝政ロシアは外モンゴルに対する中国の「宗主権」、領有権や大官派遣の権力を認め、外モンゴルの

1．同書、201頁。
2．『モンゴル族通史』編纂グループ『モンゴル族通史』(下)、民族出版社、2001年、100頁。
3．同書、67頁。

「独立」を取消したが、外モンゴルの「自治権」とロシアの外モンゴルでの特殊権利を認め、中国軍隊の駐屯は認めなかった。これにより、外モンゴルの独立は「自治」の名義で合法化され、ロシアは外モンゴルに対する制御を深めた。

外モンゴルは「独立」の過程で、絶えず「檄文」、「告示」を発布し、モンゴル各盟旗が一揆を起こして帰順するよう呼びかけ、ロシアもジャライド（扎賚特）旗、ドルボド（杜爾伯特）旗などに、反乱に使用する武器を提供した。これらの行為は内モンゴル地域に重要な影響を与えた。当時、内モンゴルの6盟、49旗の中で、相次いで35旗の王公がクーロンの「独立」に呼応あるいは支持を示したが、かなり多くの盟旗は独立に賛成しなかった。歴史の記録によれば、「外モンゴルのクーロンが共和に反抗し、独立を宣言してから内モンゴルの各旗はその影響を受け、困惑していた。東モンゴルのジェリム（哲里木）盟の盟長・斉王は、共和の政体に非常に賛同し、特に（1912年9月下旬）蒙旗会議を発起して同盟十旗王公と長春で集会を行い、共和の真理を解釈し、猜忌を取り除き」、そして予め政府に通告した。北洋政府は人を派遣して会議に参加した。参会者は計40人、その中で各旗王公及び代表は15人であった。北洋政府の代表は、「各王公は本旗を慰め、五族共和の利益を力説し、内外モンゴルは必ず年内に独立を取り消す」という意見及び奨励策を提唱し、出席した王公の賛同を得た。⁽¹⁾

外モンゴルは「独立」によって豊かにはなれなかった。社会経済の衰弱と人民の貧困は改善されず、「旗のジャサク（札薩克）は自分の牧奴アラッター（阿拉特）から自分が必要とする資財を搾取し、誰にも報告する必要のない様々な税金をアラッターに加えた。制限と監督がないため、彼らは搾取してきた資財を文化と進歩には無関係のことに費やした。……1912年から1915年まで、ロシアから運んできた商品は市場需要

1．『東方雑誌』第9巻、第6号、「中国年代記」。

1. 外モンゴルの独立及びその国内外の要素 451

の30％－35％を超えなかった。中国の商品が輸入されなかった状況下
で、市場では早速、厳しい商品の欠乏が起こった。[1]」ますます複雑化す
る社会対立と衝突を前に、外モンゴルの支配集団は無力であった。

1917年、ロシアの10月革命はツァーリの統治を覆した。1919年7
月25日と1920年9月27日、ソビエト政府は2回にわたり、対中宣言
を発表し、ツァーリ政府が中国人民から略奪したすべてを中国人民に返
還すると宣言した。[2]この国際環境が外モンゴルと中国との関係回復に提
供した転機も、外モンゴル「撤治」の一つの重要な原因となった。

いわゆる「撤治」とは、「自治」を撤回し、独立を取り消すことであ
る。1919年初め、北洋政府はクーロン在住の彼らの特使・陳毅を通し
て、モンゴルの王公や上層ラマと秘密の交渉を行い、彼らに「自治」を
放棄し、中国に帰順するよう提案した。この提案は最後の通牒の性質を
持っていた。[3]1919年8月4日のクーロン大会で、一部のモンゴル王公
は撤治の意を正式に表した。しかし陳毅は始終クーロンの官憲と公式協
議を行わず、密かに王公代表、自治官憲外相・ツェレンドルジ（車林多
爾済）と「外モンゴルが自治を取り消した後の外モンゴルに対する中央
の待遇及び善後条例」の草案を纏めた。この草案により、外モンゴルに
対する中央の完全な主権の行使が実現されず、外モンゴルの支配集団王
公と僧侶集団の間の内紛が激化し、外交危機と新たな外敵の侵入を誘発
した。局面を輓回するため、10月下旬に、北洋政府は西北籌辺使・徐
樹錚をクーロンに派遣してこの問題に対応させた。情勢を看破した徐樹

---

1. ソ連科学院、モンゴル人民共和国科学委員会編、『モンゴル人民共和国通史』
   巴根他訳、科学出版社、1958年、233頁。
2. しかし、これはソビエトが外モンゴルに対する中国の主権を認めるとの意
   味ではない。初めての対中宣言を発表すると同時に、ソビエトは外モンゴル
   に対しても声明を発表し、「外モンゴルは自由の国家であり、そのすべての権
   力はモンゴル国にある」と言った。
3. （蒙）チョッパーサン『モンゴル人民革命略史』世界出版社、1956年、11頁。

錚は、恩威並行して迅速に現地の王公と僧侶の二大集団の矛盾を協調し、撤治を完成した。11月17日、王公、ラマが連名で成文化した撤治の上申書を北京へ電送した。11月22日、北京政府は大統領令で正式に外モンゴルへ布告し、それに従うようにした。撤治問題は、付加条件無しで円満に解決された。[1] 外モンゴルの「撤治」は、広い範囲で民国の外交、政治及び社会自体に積極的な社会的影響を与えたが、残念なことに、この局面はその後、逆転を迎えた。

　1917年、ロシアの10月革命後、日本はそれを機に、東北やモンゴル地域の帝政ロシアの勢力範囲に拡張してきた。1918年の夏、日本軍は帝政ロシアのコサック軍官・セミョーノフ（Семёнов）を支持し、外バイカル（貝加爾）全地域を制御した。同年11月、セミョーノフの支持のもとで、ブリヤート（布里雅特）・モンゴル自治運動組織は上烏丁斯克（今のウラン・ウデ）で大会を開き、すべてのモンゴル人は連合して1つの独立した民族国家を設立するよう呼びかけた。1919年2月、「汎モンゴル独立」と呼ばれる会議がチタ（赤塔）で開催された。会議では、内外モンゴル、ブリヤート、フルンボイル（呼倫貝爾）、西モンゴルなど、すべてのモンゴル地域は共同で独立国家を建設することを決議した。それに従って、「モンゴル国臨時政府」を設立して「政府の首脳」を選出し、満洲里の西、ロシア国境のダウリ（達烏里）を臨時「首都」にした。1919年の夏、臨時政府の内からクーデターが起きた。1920年の初め、臨時政府の残り一部がキャフタ（恰克図）に駐屯する中国政府軍に降伏し、いわゆる「汎モンゴル独立」運動は瓦解された。[2]

　1920年10月、ソ連の紅軍によって国土から追い出されたベラルーシの軍隊800余人がウンゲルン（温甘倫）男爵に導かれ、外モンゴルに

1．劉昌藍「徐樹錚と外モンゴル撤治及びその影響」、『中国辺境における歴史・地理研究』、2001年、第4期。

2．烏雲畢力格、白拉都格其編『モンゴル史綱要』内モンゴル人民出版社、2006年、263頁。

1. 外モンゴルの独立及びその国内外の要素 453

逃走してきた。日本軍の支持のもとで、ウンゲルン軍は徐樹錚の軍事独裁統治に対するモンゴル人民の不満を利用して、モンゴル封建王公の支持を騙し取り、1921年2月3日に、北洋政府軍を破ってクーロンを占領し、ジェプツンダンバを再び「モンゴル皇帝」の座に登らせ、いわゆる「自治政府」を成立した。

(4) ソビエト革命と外モンゴルの独立

　ロシアのソビエト革命は外モンゴルに重要な影響を与えた。1917年、タンヌ・トゥヴァ（唐努―図瓦）で封建主に反対する闘争が現れ、1918年1月から2月、外バイカル地域でソビエト政権を創立した。1919年、ロシアの革命家はクーロンで秘密組織を造り、武器弾薬を買収してロ・蒙の国境で戦うゲリラ部隊に送った。[1] 1920年3月1日、ソ連の助けのもとで、モンゴル革命者はキャフタで第一回代表大会を開いた。会議では、「モンゴル人民革命党」を発足し、討論を通じて、「反帝・反封建の人民革命を進め、民族を解放し、政権を人民大衆に引き渡して社会生活を改造する」との第一革命綱領を定めた。波多、シャクトルジャップ（沙格杜爾扎布）、テンジン（丹増）、スフバートル（蘇赫巴托爾）、チョイバルサン（喬巴山）と額爾別克道爾基・仁欽諾（Элбек―Доржи Ринчино）などモンゴル革命に重要な役割を果たした人物全員が会議に出席した。[2]

　1921年3月13日、ソ連国境内のトロイツク（特羅伊茨克薩夫斯克）市で行われたモンゴル辺境旗の労働人民代表と党組織代表者会議で、臨時政府を選出した。臨時人民政府の要請で、ソ連軍は6月28日、モンゴルに進駐し、7月6日、スフバートルとチョイバルサン率いるモ

1．ソ連科学院、モンゴル人民共和国科学委員会編、『モンゴル人民共和国通史』巴根他訳、科学出版社、1958年、246頁。
2．二木博史『モンゴルの歴史と文化』呼斯勒訳、内モンゴル人民出版社、2003年、162頁。

454　　第9章　20世紀モンゴル民族の分化と発展

ンゴル人民軍は協同でクーロンを占領したウンゲルン軍を消滅した。7月10日、独立を宣言し、引き続きジェプツンダンバを皇帝に推挙した。クーロンにモンゴル立憲君主政府を成立し、モンゴル人民革命は勝利した。

　1921年10月末、モンゴルとソ連は友好協定を締結した。ソ連の紅軍はモンゴルの境内のベラルーシ軍を徹底的に殲滅し、モンゴル国内に長期駐留した。北洋政府はソ連出兵とその後の外モンゴルの「独立」に抗議したが、長鞭馬腹に及ばず、無力であった。

　革命勝利後のモンゴルで、1921年から1922年までの間、土地の私有制を廃止し、封建主は土地と牧草地での特権を失った。商業高利貸業者の債券と人民大衆に対する僧俗封建主のすべての税金徴収を廃止し、新しい税収制度を制定した。古い封建司法機構及び刑法を廃止し、世襲封建領主と農牧畜民との人身依存関係も廃止した。この過程で激しい闘争の試練を経験した。1921年12月には、チベットの高利貸商人・沙其ラマが発動した反革命反乱があり、1922年には、立憲君主政府首相・鮑道が発動した反革命クーデター未遂事件があり、1923年2月22日には、人民政権の創始者・スフバートルが毒殺される事件などがあった。これらの事件の発生は、モンゴル社会変革の中で、階級の利益衝突が先鋭化された必然的反映であった。

　1923年の冬から1924年まで、外モンゴルの全地域で地方政権機関の選挙を展開し、政府公職に勤めた王公の90％が交替された。同時に、元の四部に取って代わり、省制を実施した。トゥシェート（土謝図）汗部はボクドハンウラ（博克多罕烏拉）省に、チェチェン（車臣）汗部はホンコントウラ（杭肯特烏拉）省に、サインノヤン（賽音諾顔）汗部はチチルリクマンダラル（斉斉爾里克曼達爾）省に、ジャサクト（札薩克図）汗部はホントシルウラ（杭特希爾烏拉）省に変更した。[1]その後、外

1．李毓澍『蒙事論叢』台湾永裕印刷工場印、1980年、492頁。

1. 外モンゴルの独立及びその国内外の要素 455

モンゴルの行政区は前後 18 の省に区分された。

1924 年 5 月、ジェプツンダンバが病死した。11 月に、外モンゴルは第一回国家大フラル会議を開いて立憲君主制を廃止し、モンゴル人民共和国の成立を宣告した。

1924 年から 1928 年まで、モンゴルは一連の過激的な社会改革政策を推進した。封建主の財産を押収して遊牧民と下級ラマに分与した。強制的にラマを還俗、改造させ、社会生活に対する宗教の影響を排除した。牧畜業の集団化を推進し、累進税制を実行するなどがそれであった。これらの措置は社会の不安を誘発させ、政府は軍隊を動員して弾圧するしかなかった。[1] 1933 年以降、与党は過激な政策を変え、モンゴルの社会経済、文化教育、医療衛生などが前例のない発展を遂げた。[2] 1939 年、封建階級とその経済基礎が徹底的に廃止され、大量のラマが社会労働に参加し、幾つかの新しい工業部門が確立され、階級関係には大きな変革が起き、モンゴル社会はソ連式の社会主義の発展の道を歩み始めた。

北洋政府とその後の国民政府は、外モンゴルの独立とモンゴル人民共和国に対して、長期的にそれを認めなかった。1924 年に、中国とソ連が締結した「懸案解決大綱協定」では、外モンゴルに対する中国の「宗主権」を依然と認めたが、第二次世界大戦後、国民政府は変更を強いられた。

1945 年 2 月、アメリカ、イギリス、ソ連 3 カ国の首脳、ルーズベルト、チャーチルとスターリンは、ドイツ・日本ファシストに勝利するため、ヤルタで密会し、11 日に「ヤルタ協定」を達成した。その中の日本に対して共同作戦することに関する協定で、以下の内容を提出していた。

---

1. 李毓澍『蒙事論叢』台湾永裕印刷工場印、1980 年、496 － 497 頁。
2. ソ連科学院、モンゴル人民共和国科学委員会編、『モンゴル人民共和国通史』巴根他訳、科学出版社、1958 年、309 － 317 頁。

ソ・米・英三強のリーダーは、ドイツの降伏及びヨーロッパ戦争終了後の2カ月、あるいは3カ月以内に、ソ連が同盟国側に加え、対日作戦に参加することに同意し、その条件を以下のようにする。

1. 外モンゴル（モンゴル人民共和国）の現状を維持しなければならない。

2. 1904年、日本の背信による攻撃で破壊されたロシアの以前の権益は回復しなければならない。

　その中には、中国の大連港を国際化して大連港でのソ連の「優越権益」を保証すること、旅順軍用港に対するソ連の借用を回復すること、中東鉄道と南満鉄道をソ連と中国が共同で経営し、この方面でのソ連の「優越権益」を保証することなどの内容が含まれていた。

　協定には同時に、次のような内容もあった。「外モンゴル及び以上の港、鉄道に関する協定は蒋介石委員長の同意を得なければならない」、「ソ連は、中国の国民政府とソ・中友好同盟協定を結び、武力で中国を支援し、日本の束縛から中国を解放する目的を達成する。[1]」

　ヤルタ協定は2月11日、秘密に締結された。しかし、蒋介石は3月になって、やっと彼のワシントン駐在の大使を通じてこれを知った。当時、彼には信じ難いことであった。「中国がヤルタで本当に裏切られた？」と自問した。5月15日、アメリカ政府は正式に蒋介石に通報した。1946年2月11日、すなわち協定調印1週年の際に、調印に参加した3カ国の政府はやっとその協定を公表した。協定内容の公表、特に外モンゴルに対するソ連の介入が中国民衆の幅広い怒りを引き起こした[2]。

　「ヤルタ協定」は、三大国が中国政府と人民を無視して行なった政治

1．「米英ソ三カ国ヤルタ協定」、大公報出版委員会集、『国際重要文献』、『上海大公報』、1951年、23 − 24頁。

2．迪特・海敷物茨希（Dieter Heinzig）『中ソ連盟への困難な歴程』張文武他訳、新華出版社、2001年、104頁。

1. 外モンゴルの独立及びその国内外の要素 457

的取引であり、中国の主権に対する損害は極めて深刻であった。しかし、当時の国民党政府は無力で、何もできなかった。協定によって、1945年6月末から8月中旬まで、国民党政府代表とソ連代表はモスクワで両国の「友好同盟条約」を巡って交渉を行った。交渉の中で、最も激しかった論争は、外モンゴルの法的地位に関する問題であった。3週間の交渉を経て、巨大な圧力により、中国側は最終的にソ連が出兵して日本を撃破した後、①ソ連が東北の主権と領土の保全を尊重する、②新疆の内部事務に干渉しない、③中共を援助しないなど、3つの条件と引換に、外モンゴルの「独立」に同意した。今回の交渉に参与した蒋経国は、回想録で次のように述べていた。

　私たちはモスクワに着き、初めてスターリンと会った。初めの時、彼は非常に遠慮していたが、公式の交渉が始まると、彼の態度は豹変した。私ははっきり覚えている。当時、スターリンは一枚の紙を宋院長の前に投げ出した。傲慢な態度であった。……それから、「あなたはこれを見ましたか」と言った。宋院長が見ると、「ヤルタ協定」であるので、「私は大体の内容しか知りません」と答えた。スターリンは続けて強調した。「問題を話すのは構いません。但し、これを根拠にしないといけません。これはルーズベルトがサインしたものです。」私たちはモスクワに来ている以上、我慢して彼らと交渉するしかなかった。交渉中、双方は二つの点で激しく争った。一つの点は、「ヤルタ協定」にはいわゆる「租借」の二文字があった。父（蒋介石）は私たちに、「この二文字を使ってはいけない。この二文字は、帝国主義が他人を侵略する時に一貫して用いる言葉だ」と指示していた。次の点は、すべての問題を逐次に討論しても構わないが、しかし私達が考慮しなければならないのは、国家の主権と領土の保全であった。その後、スターリンは「租借」の二文字を使用しないことに同意した。中東鉄道、旅順、大連の問題で

も譲歩した。しかし、外モンゴルの独立問題（実際はソ連が外モンゴルを併合した問題）では、彼は決して譲らなかった。これが交渉の難関であった。交渉で結果がなかった上、当時の私たちの内外環境はとても険しかった。その時、父から私たちに電報が届いた。正式にスターリンと交渉するのではなく、私にプライベートでスターリンと会うようにと指示した。スターリンが私に聞いた。「あなたたちはなぜ外モンゴルの独立に反対するのか。」

　私は言った。「あなたに理解してほしい。我々中国が７年間抗戦をしたのは、失われた国土を回復するためです。今日、日本をまだ追い払っていないし、東北、台湾も回収されず、奪われたすべての土地もまだ敵の手にあるのに、逆にこのように広い土地を割譲してしまうと抗戦の意味がなくなるでしょう。我々国民はきっと私たちを許してくれないし、私たちが国土を売ってしまったと言うでしょう。このようになると、国民は必ず政府に反対し、私たちは抗日戦争を支持することができなくなります。ですので、私たちは外モンゴルのロシヤとの合併に同意することができません。」

　私が話を終えるとスターリンが続けて言った。「あなたのこの話には道理があります。私も知っています。しかし、あなたにも知ってもらいたい。今日は私があなたに助けを求めるのではなく、あなたが私に助けを求めています。もしあなたの国に力があって、自分で日本と戦うことができたら、私はもちろんこのような要求をしないでしょう。今日、あなたに力がないのに、このような話をするのは無駄なことです。」

　話す時に彼の態度は非常に傲慢で、帝国主義者の正体を露骨に現していた。私も単刀直入に彼に聞いた。「あなたはなぜ外モンゴルの独立を固執しますか。外モンゴルの面積は広いが、人口は少なく、交通も不便で、何もないのに。」

　彼はあっさりと言った。「正直にあなたに言います。私が外モン

1. 外モンゴルの独立及びその国内外の要素　459

ゴルを必要とするのは、完全に軍事的な戦略の観点からです。」彼は地図を取り出し、指差しながら言った。「もしある軍事力が外モンゴルからソビエト連邦に攻撃し、シベリア鉄道を切断すると、ロシアは終わりです。」

私は彼に言った。「あなたは今、軍事上で心配する必要はありません。もしあなたが対日作戦に参加すれば、日本を破った後、彼らには再び立ち上がって外モンゴルを占領し、ソ連侵略の根拠地にする力がありません。あなたが心配している外モンゴルからソビエト連邦を攻撃できるのは、日本以外に中国しかありません。しかし中国はあなたと友好条約を締結します。あなたは 25 年と言っていますが、私たちには 5 年を加えて 30 年の間、中国はあなたたちを攻撃しません。たとえ中国が攻撃しようとしても、そのような力がないのです。あなたはこれを知っているはずです。」

会話は続き、スターリンがまたまじめに私に言った。「私はあなたを外交官として話しているのではありません。あなたに教えますが、条約は当てになりません。また、あなたは一つ間違っています。あなたは中国にロシアを侵略する力がないと言っていますが、今はそのように言うことができます。しかしあなたたちの中国が統一すると、どの国よりも進歩が速いでしょう。」これは確かにスターリンの本音であった。彼が私たちを侵略するのは、私たちが強くなるのを恐れるからである。それで、目的のために手段を選ばず、百方手を尽くして私たちを圧迫、分化、離間するのだ。[1]」

蒋経国のこの話は、外モンゴルの独立問題に対するスターリンの立場を丸出しにした。

---

1. 曾景忠、梁之彦編『蒋経国自叙』団結出版社、2005 年、110 － 112 頁。

1945 年 8 月 14 日、宋子文、王世傑は中国政府を代表して、ソ連代表と「中・ソ友好同盟条約」及びその添付書類にサインした。これは有効期間が 30 年の条約であった。これに従って、双方は対日作戦で相互援助を提供し、日本と秘密交渉をしない、一方の同意なしに日本と休戦や平和条約を締結しないなどの義務を引き受けた。しかし外モンゴルの問題に対する交換公文の声明では、日本敗北後、もし外モンゴルの公民投票で独立の願望が確認できれば、中国政府は外モンゴルの独立を承認するとした。

1945 年 10 月 20 日、モンゴルで公民投票が行われ、国民党政府は人を派遣して「観察」した。全モンゴルで投票に参加できるのは 494,960 人、実際に参加した投票者は 487,409 人、投票率は 98.4％を占め、投票者は 100％の率でモンゴルの独立を擁護した[1]。「観察」に行った国民政府の内政部常務次長・雷法章は後で、この投票について言っていた。「投票を処理する事務員は、人民投票に対する案内役であったが、実際は監視役で、しかも極めて厳密であった」、「この公民投票は、外モンゴルの人民が世界に向かって独立の願望を表示した行動であると言われているが、実は政府人員の監督の下で、公開サインの方式で独立への賛否を表わしているので、人民が自由に意志を表わすのは実に難しかった[2]。」

1946 年 1 月 5 日、国民党政府は正式にモンゴル人民共和国を認めた。1949 年、中華人民共和国成立後も、モンゴル人民共和国と外交関係を結んだ。これで外モンゴルは完全に中国から離脱した。

ここで説明しなければならないのは、蒋介石をはじめとする国民党政府が外モンゴルの独立を阻止するために一定の努力はしたが、その立場は躊躇っていたということである。1945 年 8 月 25 日、すなわち、抗日

---

1. 茲拉特金『モンゴル人民共和国の発展史』陳大維訳、時代出版社、1952 年版、282 頁。
2. 李敖『蒋介石研究』（下）、台湾天元図書株式会社、1986 年、133 頁。

1. 外モンゴルの独立及びその国内外の要素　　　461

戦争が終わり、宋子文、王世傑が中国政府を代表してソ連と外モンゴル
の独立を認める内容を含む友好条約を結んでから9日後、外モンゴル
が全民投票をする1カ月前に、蒋介石は、「民族主義を完成し、国際平
和を維持する」と題された演説を発表した。中には、外モンゴルの独立
問題に対する長い説明があった。「外モンゴルは元々自分の悠久の歴史
を持っており、雑居する他の省の『宗族』とは異なる。我々中国国民党
が民国13年に改造した以来、外モンゴルは代表を派遣して祝ってくれ
た。当時、我らの国父は兄弟の国として見なし、上客として歓待した。
……私たちは彼らを藩属という意念や態度で見たことがないし、決して
北京政府時代のように制圧したこともない。……外モンゴルは北京政府
時代の民国11年から、事実はその独立の体制を完成してすでに25年
になる。世の成り行きが一新し、昔の友好を回復するこの際、私たちは
国民革命の原則を受け継がなければならない。我らの党が一貫してきた
方針と同じく、確固たる決心、合法的な手順を通して外モンゴルの独立
を認め、友好関係を築いてこの問題を円満に解決する[1]」と彼は言った。
国民党は以前に何度も、モンゴル、チベットとウイグル「地域の人民の
方言と習慣は他の省とは異なり、国家行政上でも少し特殊な形式をして
いるが、歴史上、地理上、及び国民経済上で中華民族の一部と同じであ
る[2]」との主張を表明していた。蒋介石のこの演説は立場を完全に変えた。
これは蒋介石が、外モンゴルを失ったことに対する口実を作っていると
理解することができる。1949年後、蒋介石は連合国に告訴し、中・ソ
友好同盟条約は無効であると言い、モンゴルの独立を認めなかった。そ
れは国連に承認され、蒋介石は常任理事国の権利を利用してモンゴルの
国連への加盟を何度も否決した。

---

1. 『戦争勝利後の領袖宣言集』中華文化服務社、1945年、4頁。
2. 栄孟源他『中国国民党歴代代表大会及び中央全体会議資料』（上）、光明日
　報出版社、1985年版、646頁。

2. 内モンゴルの自治運動及びその民族区域自治

（1）内モンゴルに対する日本の浸透と東モンゴルの「自治」

　日ロ戦争以前に、すでに幾つかの内モンゴル王府の中で、特殊任務を担った日本人が活動していた。日ロ戦争終了後、敗戦したロシアは日本によって、新たな勢力範囲の分割を余儀なくされた。双方は1907年、1910年と1912年の3回の密約の締結を通して、満蒙全地域の分割を完成した。これによって、外モンゴルはロシアの勢力範囲に入り、南満と内モンゴルは日本の勢力範囲に入った。これは日本の内モンゴル浸透に便利な条件と「合法」的な根拠を提供してくれた。

　外モンゴルが独立した後、日本人はこれを「モンゴル語の雑誌を発行して、親日の傾向を注入する折角のチャンス」だと見なした。従って、モンゴル語の刊行物を編集出版して日本文化と日・蒙の人種、宗教上の共通点を宣伝し、これによってモンゴル人に「畏敬の念」を樹立させ、彼らの政治傾向に影響を与えた。1915年、日本政府は北洋政府に中国を滅亡させる「二十一条」を提出し、後には改正案「二十四条」を投げ出した。中には、内モンゴルでの日本の特殊権力に対する内容が含まれていた。例えば、内モンゴルの地方税を担保に外債を借りたり、借款で道路を造ったりする際には、必ず先に日本側と「相談」すること、商業都市を開放する際には必ず日本の同意を得ること、日本人はこの地域で華人と農業や製造業を「共同経営」する権利があるなどが含まれていた。[1]これを機に、日本は内モンゴルに対する略奪を始めた。大量の日本商品が内モンゴルに流入し始め、日本製の商品が市場で溢れた。資本の輸出につれて、内モンゴルに「東モンゴル拓殖盛会社」、「中日実業株式会社」、

1.『モンゴル族通史』編纂グループ『モンゴル族通史』（下）、民族出版社、2001年版、50頁。

2. 内モンゴルの自治運動及びその民族区域自治 463

「満蒙毛織株式会社」など多くの日係、あるいは日係とモンゴル王公共同経営の企業が現れた。[1]長期の経営を通して、日本は内モンゴルで大量の富を略奪した。かなりの程度でこの地域の経済命脈を握り、一部の親日分子を育成し、彼らを利用して内モンゴル社会を統治し、影響を与えた。

1927年、日本の田中首相は就任後、「支那を征服せんと欲せば、まず満蒙を征せざるべからず、世界を征服せんと欲せば、まず支那を征服せざるべからず」の戦略を受け継ぎ、中国の東北と内モンゴルに対する戦略の足取りを速めた。その中の一つの重要な一環が、内モンゴルの独立或いは「自治」運動の策動であった。

「9・18」事変勃発後、カンジュルジャブ（甘珠爾扎布）とジョンジュルジャブ（正珠爾扎布）兄弟をはじめとする内モンゴル東部の各盟旗と一部の王公、上層と若い知識人は、日本関東軍の支持の下でモンゴル独立運動を始めた。当時、彼らは瀋陽で東北蒙旗師範学校の青年学生を鼓動して、通遼一帯の天紅、高山をはじめとする山賊やホルチン左翼後旗、ホルチン左翼中旗の地方武装と連携し、いわゆる「モンゴル独立軍」を設立した。日本関東軍は彼らに武器弾薬や軍事顧問を提供してくれた。しかしこの軍隊は内部矛盾が重なり、1931年10月中旬に、通遼を攻撃する時に惨敗してしまった。その後、日本人の意図に従って、「内モンゴル自治軍」に改編された。それから1932年4月に、関東軍によって「興安南警備軍」に編成され、完全に日本軍の傀儡になった。[2]

一方、内モンゴルの他の一部の「独立」活動も行われていた。1931年12月12日、泰来で東部蒙旗王公会議が開かれた。会議には、ジャルート（扎魯特）旗、ホルチン右翼前旗、ホルチン右翼中旗、ドルボド旗、ジャライド旗、イケミンアン（依克明安）旗などの旗のジャサクと

---

1. 馬寒梅「日本帝国主義の内モンゴル地域に対する経済侵略」、『陰山学刊』、2002年、第6期。
2. 白拉都格其他『モンゴル民族通史』5巻(下)、内モンゴル大学出版社、2002年、5頁。

黒龍江各旗の総監代表のバトマラプタン（巴特瑪拉布担）、寿明阿、ボヤンマンダフ（博彦満都）などが参加し、日本関東軍も代表を派遣して会議に出席した。会議では、内モンゴルの「各旗はこの機会に独立する」などを含む6項の決議が採択され、その後、鄭家屯で東モンゴル14旗の代表で構成された内モンゴル自治準備処を設立した。1931年10月、関東軍司令部は「満蒙共和国統治大綱案」を制定し、東北に新しい国の設立を決定し、モンゴル人居住地区を「自治」区域としてその中に含ませた。

　「満州国」を建てるため、関東軍は1932年2月、鄭家屯で東モンゴル各旗の代表大会を召集した。会議にはジェリム盟の盟長兼ゴルロス（郭爾羅斯）前旗のジャサク・チムトシムベロ（斉黙特色木丕勒）、ホルチン右翼中旗のジャサク・イェシハイシュン（業喜海順）、フルンボイルの総管・凌陞、ホルチン右翼後旗の協理・寿明阿など王公の上層およびボヤンマンダフ、マニバダラ（瑪尼巴達拉）、包色旺、那木海扎布、徳古来、包音扎布、ダワーオソル（達瓦敖斯爾）、胡鳳山などの紳士と知識青年計30人が参加した。会議では、関東軍代表・菊竹が日本側の決定を伝えた。即ち、これから設立する「満州国」で蒙・漢分治体制を実行すること、東モンゴル地区を一つの単独の行政系統にすること、興安省を設立すること、中央機関に興安省の事務を専門管理する興安局を単独で設立することなどであった。会議に参加した各旗の代表は日本側の決定を受け入れた。同時に、「建国を促進し、モンゴル自治行政区域を確定し、区域外のモンゴル人の居住を保証し、モンゴル人が新国家機関に参加する」などの書面要求を関東軍側に提出した。今回の鄭家屯会議は日本関東軍の制御下で行われ、東モンゴル地域の独立、自治運動は日本が「満州国」を設立する行程の構成部分になってしまった。[1]

1．白拉都格其他『モンゴル民族通史』5巻（下）、内モンゴル大学出版社、2002年、6頁。

2. 内モンゴルの自治運動及びその民族区域自治 *465*

　偽満州国設立の時、劃定した版図は、奉天、吉林、黒龍江、熱河の4省とフルンボイル、ジェリム、ジョーオダ（昭烏達）、ゾスト（卓索図）の各盟であったが、間もなく日本人は内モンゴルの行政制度に大幅な調整を行った。ジェリム盟とフルンボイル副都統衙門、西プトハ（布特哈）総管衙門の建制を取消し、興安南分省、興安北分省、興安東分省を設立し、3つの分省を併せて興安省と称した。そして「国務院」の内に興安局（その後、興安総署、蒙政部に変更した）を設立し、興安省を専門に管理した。興安南分省は、元のジェリム盟のホルチン左翼3旗、ホルチン（科爾沁）右翼3旗とジャライド旗を管轄した。興安東分省は、元の西プトハ地域を管轄し、新たに納文旗、バヤン（巴彦）旗、モリンダワ（莫力達瓦）旗、アロン（阿栄）旗、ブトハ左翼旗、ブトハ右翼旗、シジャガル（喜扎嘎爾）旗を管轄し、元のヤールー（雅魯）県を撤回し、ソロン（索倫）県と布西に治局を新設した。興安北分省は、フルンボイル地区のソロン左翼旗、ソロン右翼旗、新バルグ（新巴爾虎）左翼旗、新バルグ右翼旗、陳バルグ旗、オイラート（額魯特）旗、ブリヤート（布里雅特）旗、オロチョン（鄂倫春）旗を管轄し、元のフルン（呼倫）、臚浜、奇乾、室韋4県を撤回した。1933年3月、日本軍は熱河全土を占領し、それを偽満州国に合併させ、ゾスト盟とジョーオダ盟建制を取消し、興安西分省を設立した。1943年10月、偽満州国政府はソ連との戦争準備を強化するため、興安4省を合併して興安総省にした。[1]

　興安各省を新設して、元の各盟（部）に取って代わり、県を直接管理した。旗の名称と旗と同級の政権は保留されたが、元の意味での旗ではなかった。旗の行政長官である旗長は、「国家」が任命した地方役人であって、元の世襲制のジャサクや総管ではないからだ。新制は、過去の旗・県併存時代の旗はモンゴル人を管理し、県は漢人を管理するいわゆ

---

1. 郝維民、斉木徳道爾済編『モンゴル民族通史綱要』人民出版社、2006年、504頁。

る「属人行政」を廃止した。同時に、元の貴族、平民、奴隷などの社会
階級の差別を廃止し、行政、司法、財政などの方面で王公ジャサクの特
権を徐々に弱体化させた。最終的には、清以来、約300年続いてきた
モンゴル王公制度を廃除した。勿論、こうした調整と改革の目的は、日
本の植民地支配を便利にするためであった。日本は各省に「参与官」を、
各旗には「参事官」を派遣した。彼らは各省、旗の実権を握っていた。
興安各省は名目上では自治であったが、実際には、偽満州国と日本に操
られる傀儡政権であった。

　日本軍は内モンゴル東部の各盟、部、旗を偽満州国に合併させると同
時に、モンゴル民族に対して残酷な植民地支配を行った。

　1928年以降、国民党は内モンゴルに省、県を設立し、盟旗制度を廃
除する改革を実施しようとしたが、内モンゴルの各階層の反対を受けた。
1929年、一部の蒙旗の代表は国民党政府に、①孫文の弱小民族を扶助
し、彼らを自決、自治させるといった遺訓に従って、封建王公制度を廃
止し、真の民族自治を実行する、②既存の行政システムや区画を変更し
て、内蒙古自治政務委員会を設立し、中央に帰属させ、省県の管轄を受
けない、③自治政務委員会の下に盟を設立し、盟の下には旗を設立する
などの要請をするが、採択されなかった。1930年、国民党政府は南京
で各蒙旗代表が参加したモンゴル会議を召集した。会議では「モンゴル
盟部旗組織法」を制定し、1931年10月に、国民党中央の査定を経て公
表された。「モンゴル盟部旗組織法」は、法律上で盟旗制度の合法性を
保障した。そして盟旗は省県と平行であり、行政院に直隷されると規定
した。また、モンゴル王公世襲制を任命制に変更し、旗のジャサク以下
の役人を旗務委員に変更した。重要な旗務は旗務委員会で決定し、盟民、

１．金海『日本占領時期における内モンゴル歴史研究』内モンゴル人民版社、
　　2005年、34頁。
２．達力扎布『モンゴル歴史綱要』中央民族大学出版社、2006年、360頁。

2．内モンゴルの自治運動及びその民族区域自治 467

旗民の代表会議を設立して民主改革を推進させようとした。しかし、省県と盟旗が共にこの法規に反対し、最終的に法規は実行されなかった。[1]

（2）徳王が発動した「高度な自治運動」

内モンゴルの東部が「満州国」に組み込まれ、日本の統治下での「自治」を実現した後、1932 年、シリンゴル（錫林郭勒）盟のソニド（蘇尼特）右旗のジャサク兼副盟長・デムチョクドンロプ（徳穆楚克棟魯普）親王をはじめとするモンゴル王公上層も、内モンゴル西部でいわゆる「内モンゴルの高度な自治運動」を発動した。「徳王」と呼ばれるデムチョクドンロプは、開明思想の持主で、交際が広く、政界でも一定の影響があった。1932 年、彼は招待に応じ、武漢へ行って蒋介石と内モンゴルの問題で面談した。1933 年 7 月、彼はウランチャブ（鳥藍察布）盟の盟長・ユンデン・ワンチュク（雲端旺楚克・雲王）と共に、百霊廟（今のダルハン・ムミンガン連合旗百霊鎮）で行われた第一回内モンゴル自治会議を主催した。イクチャオ（伊克昭）、ウランチャブとシリンゴル 3 盟の部分代表が参加した今回の会議では、二つの決議を通した。

1．中央に内モンゴル自治の許可と自治政府の設立を要求する。
2．期日を決めて第二回自治会議を開催し、イクチャオ、ウランチャブとシリンゴル 3 盟の名義で各旗の王公を招待して参加させる。

この会議の電報原稿の中で、「自治」という言葉の前に「高度」という二文字を加えたので、「高度な自治」と呼ばれた。「高度」の意味は、軍事と外交は中央政府が直轄し、それ以外の事務は自治政府が全権をもって処理することであった。[2]1933 年 10 月、百霊廟で開かれた第二回

1．達力扎布『モンゴル歴史綱要』中央民族大学出版社、2006 年、353 頁。
2．同書、355 頁。

自治会議は、第一回会議の精神を受け継ぎ、「モンゴル自治政府組織法」
と幾つかの決議案を採択し、選挙を通して雲王を「内モンゴル自治政府
委員長」に、徳王を「政務長官」に選んだ。

　自治運動が提出した要求が、省県を設立して徐々に盟旗を代替しよう
とした国民党の措置、意図に逆らうので、国民党政府は強く反対した。
当時、日本が既に熱河とチャハル（察哈爾）両省を占拠している厳しい
情勢下で、国民党政府は止むを得ず、人を派遣して雲王、徳王と交渉を
始めた。1934年1月、国民党政府はモンゴル自治法11項を提出するが、
徳王側の要求と差が多すぎたので拒絶された。2月、国民党政府は「モ
ンゴル自治原則8項」を提出して、①内モンゴル地方自治政務委員会
を設立して行政院に直隷させるが、中央は人を派遣して委員会の所在地
に駐在しながら指導すること、②盟旗の公署は政府と改称するが、管轄
治理権は変わらないこと、③開墾を停止させ、元々あったモンゴルの公
私租税を一律保障すること、④県、局の増設を止め、省県が盟旗地方か
ら徴収した各種租税は蒙旗と分割することなどに同意した。国民党政府
が譲歩したので、モンゴル側は「モンゴル自治原則8項」を受け入れた。
これにより、1934年4月、百霊廟で雲王を委員長に、徳王を秘書長に
する「モンゴル自治政務委員会」が成立された。

　国民党政府が提出した「自治原則」の通りに、県旗が共存し、長官の
指導もあり、しかも関連規定が執行されなかったので、徳王の不満を
買ってしまい、彼が日本に身を寄せる重要な要素になってしまった。実
際、日本は東モンゴル地区を占領した後、内モンゴルの西部王公に対す
る浸透を少しも緩めなかった。彼らは各盟旗の王公を狙い、さまざまな
手段を用いて誘惑した。一方、この地域に対するスパイ活動を強化し、
西モンゴル地域の情報を把握して侵略活動を深めるための根拠を提供し
てくれた。1932年、日本関東軍の参謀・田中玖は部下を率いてシリン
ゴル盟のウジムチン（烏珠穆沁）右旗の索王府に入り、偽満州国への見
学を勧誘した。そしてこの旗に日本の特務機関やラジオ局を設置するよ

2．内モンゴルの自治運動及びその民族区域自治 469

うに要求したが、索王はそれを婉曲に拒絶した。索王が排除された後、代理盟長の大権を握った徳王は、関東軍のスパイ活動を寛大な態度で対処した。日本のスパイ・笹目は、徳王の掩護の下でラマになりすまし、長期間この旗のラマ寺院に潜んで活動していた[1]。日本のスパイは、「独立建国」を支持することで徳王を誘惑した。1935年の夏から日本は徐々に多くの銃器や物資を徳王に提供し、「偽満州国」への訪問を要請した。1936年2月、徳王は日本人の支持の下で、ソニド右旗に「モンゴル軍総司令部」を設立し、年号を変え、正式に日本帝国主義に身を寄せた。彼の策動したいわゆる「高度な自治」運動も、完全に日本が中国を分裂する戦略の一部となった。その後、1936年5月に、彼はまた「モンゴル軍政府」の設立を操縦し、1937年の「七・七事変」後、「モンゴル連盟自治政府」として再編した。1939年9月1日、「モンゴル連盟自治政府」と日本人が支えている二つの傀儡政権、「察南自治政府」と「晋北自治政府」を統合して、偽「蒙疆連合自治政府」を設立し、徳王が主席となった。「蒙疆連合自治政府」は、「防共」と「民族協和」を基本方針に、ジンギスカンの紀元を年号とした。その行政区域は、察南政庁、晋北政庁、ウランチャブ盟、シリンゴル盟、チャハル盟、バヤントーラ（巴彦塔拉）盟（1937年12月に設立）、イクチャオ盟（黄河沿岸の一部地域）と張家口、厚和豪特（今のフフホト）、包頭など3つの市を含んでいた。偽「蒙疆政府」では、大量のモンゴルの上層部が要職に勤めていたが、中央政府と各種機関で日本人が担当している「顧問」、「次長」、「参与官」などが実権を握っていた[2]。「蒙疆政府」は完全に一つの傀儡政権であり、日本帝国主義が中国人民を略奪するための一つの道具となった。

　中国共産党中央委員会は、1936年8月24日の内モンゴルに対する指

1．盧明輝『徳王其人』遠方出版社、1998年。
2．達力扎布『モンゴル歴史綱要』中央民族大学出版社、2006年、362 - 363頁。

示文の中で次のように述べていた。

「日本帝国主義は内モンゴルを占領する時、内モンゴルの『独立自治』の旗を揚げ、中国国民党政府の内モンゴルに対する圧迫と内モンゴルの不満を利用して、内モンゴルの一部の王公、軍人を挑発し、独立政府を組織して中国から離脱させたが、実際には内モンゴルのすべての経済、政治、軍事権力を日本侵略者が完全に握っている。……徳王などが組織した内モンゴル独立政府と内モンゴル人民の真の独立解放には何の関係もない。日本帝国主義の陰謀は、このような方法を利用して内モンゴルを侵略する時、内モンゴル人民の抵抗を回避するためである[1]。」これは当時の内モンゴルのいわゆる「高度な自治運動」に対する正確な評価であった。

(3) 内モンゴル民族区域自治の実現

1945年8月8日、ソ連は日本に宣戦し、その後、モンゴル人民共和国も「ソ・蒙同盟条約」に基づいて日本に宣戦した。ソ連の紅軍とモンゴル人民共和国の軍隊は、相次いで日本軍占領下の内モンゴル地域に進入し、日本軍は徹底的に敗れた。中国共産党が指導する抗日武装もそれに合わせて、内モンゴルの大部分地域を解放した。国民党の軍隊も機に乗じて内モンゴルでの地盤争いに加担し、中国共産党の武装力と膠着状態になった。

日本の降伏後、内モンゴルではモンゴル民族主義の火種が再び燃え上がった。一部の人は、「外モンゴルの道を歩み、内モンゴルは外モンゴルと併合して1つのモンゴル人民共和国になるべき[2]」であると主張した。異なる階層の人々が引き起こした内外モンゴル併合と内モンゴル「独

---

1. 「中国共産党中央の内モンゴル工作に対する指示文」、中央統戦部編『民族問題文献集』中国共産党中央党校出版社、1991年、416頁。
2. 達瓦敖斯尓「私の経歴見聞」、『内モンゴル記録資料』第31集、1988年、157頁。

2. 内モンゴルの自治運動及びその民族区域自治 471

立」の風潮は非常に強かった。その結果、ソニド旗、王翁廟、フルンボイル、3つの異なる民族運動中心が形成された。

1945年8月10日、戦火を避けてシリンゴル盟ソニド右旗陶克陶廟に隠れていた一部の偽「蒙彊政権」の閣僚、蒙旗ジャサクとモンゴル青年革命党の主な責任者は、ソ蒙駐屯軍の許可を得た後、ジルガラン（吉爾嘎朗・徳古来）、ムクドンンボ（穆克登宝）、ポインタライ（補英達頼）、ドゥジルソイン（都吉爾蘇栄）など13人を中心とする「内モンゴル人民委員会」を設立した。そして参議府、参軍府及び幾つかの委員会を設立して臨時権力機関とし、各連盟と連絡を行った。一方、ソ蒙駐屯軍司令官・羅布桑、イワノフ（伊万諾夫）に「内外モンゴル併合」の請求を提出した。羅布桑などは代表団を組んでウランバートル（烏蘭巴特）に赴き、モンゴル人民共和国政府高官との直接交渉を提案した。「ヤルタ協定」の制約もあり、外モンゴルは彼らの主張を拒否した。それで彼らは方向を転じて独立を求め、「内モンゴル人民共和国臨時政府」の設立を決定した。1945年9月9日、ソニド右旗で「内モンゴルの各連盟旗人民代表大会」が開かれた。シリンゴル盟の各旗、チャハルの7旗とウランチャブの4子王旗の「代表」など80余人が大会に参加した。彼らは関連機関を選出し、「内モンゴル独立宣言」と「内モンゴル人民共和国臨時憲法」を採択した。会議が終わると、彼らは再び代表を派遣してモンゴル人民共和国の支持と承認を求め、軍事と経済面での援助を期待したが、依然として果実はなかった。[1]

ソ連とモンゴルが日本に宣戦した後、ボヤンマンダフ、ハーフンガー（哈豊阿）、アスコン（阿思根）など一部の偽興案総省軍政幹部らが制御から抜け出し、8月14日に、ジャライド旗で「内モンゴル人民解放委員会」を結成し、王翁廟（今のウランホト市）に駐屯しているソ連軍と

---

1. 白拉都格其他『モンゴル民族通史』（5巻、下）、内モンゴル大学出版社、2002年、547－548頁。

連絡を取った。4日後、ボヤンマンダフ、ハーフンガーなどは内モンゴル人民革命党東蒙本部実行委員会の名義で、「内モンゴル人民解放宣言」を発表し、内モンゴルがソ連とモンゴル人民共和国の指導の下で、モンゴル人民共和国への加入を提出した。9月下旬から、内モンゴル人民革命党東蒙本部は、内モンゴル東部各連盟旗に続々と人を派遣して「内モンゴル人民解放宣言」を宣伝し、「内外モンゴル併合」の名義で署名活動を組織した。10月20日にはまた10余人で構成された「東モンゴル人民代表団」をウランバートルへ派遣し、外モンゴルの指導者に嘆願書を手渡して内外モンゴル「併合」の実現を求めたが、相手に拒絶された。ウランバートルから戻ってきた後、ボヤンマンダフ、ハーフンガーなどは内モンゴル「独立」の宣伝を止め、改めて「自治」を主張した。1946年1月19日、「東モンゴル人民自治政府」を正式に設立し、「ジェリム、ジョーオダ、ゾスト3盟、フルンボイル、ブトハ2部とイケミンアン、チチハル（斉斉哈爾）、ソロコ（蘇魯克）3旗を自治区域」とし、「高度な民族自治の実行」、「自由で平等な民主政治の建設」を主張した。[1]

　1945年8月20日前後、フルンボイルでも「内外モンゴル併合」のスローガンを掲げ、群衆の署名活動を始め、7人の代表団を結成してウランバートルで「併合」を要請した。ウランバートルは同じようにこの要請を断ったので、彼らは転じて「民族自治」を主張した。10月1日、ハイラル（海拉爾）の一部のモンゴル族、ダフール（達斡爾）族、エヴェンキ（鄂温克族）族の人たちが会議を開き、「フルンボイル自治省政府」の成立を宣言し、フルンボイルを中心とする「高度な民族自治」の実行を発表した。「自治省」は、新バルグ左右両旗、陳バルグ旗、アルグン（額爾古納）左右両旗、ハイラル市と満州里市を管轄した。「自治省政府」創立後、中国共産党側と2回の交流があった。1946年9月、

1．白拉都格其他『モンゴル民族通史』（5巻、下）、内モンゴル大学出版社、2002年、536－540頁。

2. 内モンゴルの自治運動及びその民族区域自治　　　473

東北行政委員会[1]はフルンボイル地区での地方自治の実行を承認した。1948 年 1 月、地方自治を取消し、フルンボイル盟を設立した後、すでに成立済みの内モンゴル自治政府の管轄に組み入れた[2]。

　中国共産党は内モンゴルの情勢を極めて重視し、内モンゴルに対して何度も重要な指示を提出した。「目前の内モンゴルに対する基本方針は、区域自治の実行」であり、脱中国の独立自治ではないとした。同時にウランフ（烏藍夫）などを派遣して内モンゴル民族自治運動を指導させた。

　ウランフは奎壁、克力更、田戸など一部の幹部を率いて、まずはソニド旗に来て「内モンゴル人民共和国臨時政府」方面の人たちと幅広い接触を行い、内モンゴルの民族問題の解決に対する中国共産党の主張を積極的に宣伝した。ウランフが西ソニド旗に駐屯しているソ・蒙連合軍の政治委員と意見交換をする時、このソ連軍将校は、内モンゴルには独立と分離の権利があるとして内モンゴル自決の実行を主張した。ウランフは道理に基づいて交渉を続ける一方、臨時政府の人に対してきめ細かい動員と説得を行い、中国共産党の主張が理解と支持を得るようになった。10 月下旬、ソニド右旗に集まった各方面の人たちは代表者会議を開催し、臨時政府メンバーの改選を行った。ポインタライなど元偽蒙疆政府のメンバーが落選され、ウランフが政府の主席となり、ウランフについてきたモンゴル族の幹部は部長、副部長などを担当した。11 月、ウランフは物資給養が困難であるとの理由で、人々を説得して臨時政府機関を次々と張北（張家口）へ移転させ、同時に、政府名義でのお知らせの配布と各盟旗との連絡を停止させた。これによって、「内モンゴル人民共和国臨時政府」は解体され、共産党は西モンゴル自治運動での主導権

---

1. 東北行政委員会は、1946 年 8 月、ハルビンで成立した東北地区最高行政機関である。1949 年 8 月に東北人民政府が成立すると東北行政委員会は取消される。その後 1953 年 1 月に重設され、1954 年 8 月に再び取消された。
2. 達力扎布『モンゴル史綱要』、中央民族大学出版社、2006 年、380 頁。

を獲得した。[1]

　内モンゴルの民族自治運動を正しく導き、統一するため、中国共産党中央の指示に従い、1945年11月6日、張家口で内モンゴル自治運動連合会準備委員会を組織し、ウランフが主任になった。1945年11月26日、内モンゴル自治運動連合会設立大会が張家口で開催された。大会に出席したのは、バヤントーラ、イクチャオ、シリンゴル、ウランチャブ、チャハル、ジョーオダ、ゾスト、ジェリムの8盟に所属する各旗とアルシャー（阿拉善）、エジン（額済納）、東ブトハ、西ブトハ、ソロンなど計36旗の代表及び軍政団体、大衆組織と学校関連の代表、計74人であった。中国共産党の晋察冀中央局、八路軍の晋察冀軍区、晋察冀辺区参議会、チャハル政府代表が会議に参加した。大会では、内モンゴル自治運動連合会は内モンゴル民族解放の主催者と指導者であり、内モンゴル解放運動を始める最高の統一指導機関であり、内モンゴル民主政府の建設に必要な架け橋であると確定した。大会では、ウランフを執行委員会の会長とする指導機関を選出し、連合会の定款と一連の宣言、広報と決議などを採択した。[2]内モンゴル自治運動連合会は、中国共産党の指導の下で、内モンゴルの自治運動を発展させる一つの統一戦線組織であった。内モンゴル自治運動連合会の成立は、モンゴル族の各階層の人民を連合して共同で解放を獲得するようにし、様々な形式の民族自治運動を指導して正しい方向へ発展させるために必要な条件を提供してくれた。

　1945年12月末、内モンゴル自治運動連合会は代表を派遣して、王翁廟で東モンゴル自治運動組織と内モンゴルの統一や自治問題を巡って談話を行った。

　1946年3月30日、ウランフ、劉春、克力更などは内モンゴル自治

1．白拉都格其他『モンゴル民族通史』（5巻、下）、内モンゴル大学出版社、2002年、549－550頁。
2．同書、576頁。

2．内モンゴルの自治運動及びその民族区域自治 *475*

運動連合会を代表して、ボヤンマンダフ、ハーフンガー、トムルバガナ（特木爾巴根・張成）などは東モンゴル人民自治政府を代表して、承徳で内モンゴル自治運動の統一問題について正式に会談を始めた。双方には幾つかの肝心な問題で大きな分岐が存在した。例えば、内モンゴル自治運動の指導権問題で、一方は共産党側に渡すと主張し、他の一方は内モンゴル人民革命党に渡すと主張した。東モンゴル代表は、内モンゴルは「独立」の道を歩むべきであるが、内モンゴルには産業労働者がいないのでプロレタリア政党ではなく、内モンゴル人民革命党を設立するしかないと判断した。したがって、内モンゴル人民革命党によって民族独立運動を指導し、「内戦からの脱退」、「国民党と共産党の争いに参加しないこと」、「独立自治を実施する」などの案を提出した。ウランフは東モンゴル代表に、内モンゴル自治運動連合会の政治主張を詳細に説明し、これは中国共産党が内モンゴルの民族問題を解決するための一貫した方針、路線、政策であると明示した。彼は内モンゴルの革命闘争の歴史を回顧しながら、モンゴル民族が何百年以来、生存と解放を求めて続けてきた闘争は悉く失敗に終わり、中国共産党が成立してはじめて、モンゴル民族は中国共産党の指導と支援のもとで、今日の勝利を取得したと述べた。内モンゴル革命に関するこれらの実践と理論を多くの東モンゴル代表は聞いたこともなかったので、強いショックを受け、一部の人は覚悟したが、東モンゴルの主な代表はウランフの主張を依然として受け入れなかった。ウランフなどは統一した認識を達成するため、本会議のほかに、個別談話の方式を利用して緻密な思想工作を行なった。トムルバガナは曾てウランフとソ連で留学した学友であり、2人ともコミンテルンの派遣で帰国した共通の経験もあったので、ウランフとトムルバガナの談話はとても素直で、有効であった。ウランフは、彼らは内モンゴル革命運動と中国革命運動との関連性を理解していないとし、東モンゴルの大衆を発動する自治運動は将来性がなく、モンゴル民族を真に解放することができないと指摘した。これらの道理は最終的にトムルバガナを

説得した。[1]

　十分な思想交流と話し合いを経て、双方の認識が近づき、内モンゴル人民革命党の指導者・ハーフンガーとトムルバガナも中国共産党に加入した。彼らの認識の変化と説得によって、多くの東モンゴル代表が立場を変え、民族自治運動の指導権、東モンゴル自治政府と内モンゴル人民革命党の解散など重大な問題が解決された。この過程は4月2日に終わった。

　4月3日、内モンゴル自治運動連合会と東モンゴル人民自治政府の代表が承徳で、内モンゴル自治運動統一会議を開いた。これが内モンゴル革命史上で有名な「四・三」会議であった。双方を合わせて正式代表14人、列席代表4人であり、そのうち、ウランフは内モンゴル自治運動連合会の代表と中国共産党中央代表の二重の身分で出席した。会議で、「内モンゴル自治運動統一会議の主要決議」を通過させ、連合会の組織機構を拡大し、執行委員63人、執行委員候補12人、常務委員26人を選出し、ウランフ（雲沢）が執行委員会主席と常務委員会主席に、ボヤンマンダフが副主席になった。[2]

　今回の会議は、内モンゴル民族解放史上で画期的な意義を持っていた。それは東モンゴルと西モンゴル分離の局面を終わらせ、モンゴル民族の内部団結を強化し、内モンゴル統一民族自治地方の形成に基礎を築いたからである。それ以来、内モンゴル自治運動連合会の統一指導の下で、内モンゴルの民族運動は順調な発展を遂げた。

　1946年5月、東モンゴル人民自治政府は王爺廟で第二回臨時代表会議を開いて「四・三」会議の決議を執行し、東モンゴル人民自治政府の存立を取り消し、興安省政府と臨時参議会を設立した。興安省は東北行政委員会の指導を受け、トムルバガナが省の政府主席に、ボヤンマンダ

1．王樹盛『ウランフ略伝』中国檔案出版社、2007年、36－40頁を参照せよ。
2．白拉都格其他『モンゴル民族通史』（5巻、下）、内モンゴル大学出版社、2002年、589頁を参照せよ。

2．内モンゴルの自治運動及びその民族区域自治 477

フが参議会議長になった。同時に、内モンゴル自治運動連合会の東モンゴル総分会を設立し、ハーフンガーが主任になった。やがて、連合会の興安盟分会、ジェリム分会、ジョーオダ分会、ナウンムレン（納文慕仁）分会、フルンボイル分会などの機関が相次いで設立された。7月3日、チャハル省は民族自治を推進させるため、シリンゴル盟とチャハル盟を内モンゴル自治運動連合会に編入させた。[1]

　1946年6月、全面内戦が勃発し、国民党は大量の軍隊を動員して各解放区を進攻した。東北、華北、西北解放区は徐々に戦火に覆われた。同年7月、戦時中の必要に応じて、興安省政府機関をハイラルへ移した。9月下旬、内モンゴル自治運動連合会本部も張家口から撤退し、シリンゴル盟貝子廟（今のシリンホト市）に移転した。ウランフらが10月に貝子廟に到着した後、シリンゴル、チャハルの2盟会議を開催し、中国共産党錫察（シリンゴルとチャハル）委員会を設立した。11月、連合会総部は更なる調整を行なった。

　国内情勢の変化に基づき、内モンゴル自治運動と解放戦争の発展及びモンゴル族各階層の普遍的な要求に応じて、1946年11月18日、中国共産党中央西満分局は、中国共産党中央と中央東北局に内モンゴル自治政府の設立を提案した。中国共産党中央は11月26日に返電し、内モンゴル自治政府設立の機は熟したので、関係部門とウランフに具体的な実施意見を提出して準備を進めるよう指示した。[2]

　1947年4月3日から21日まで、内モンゴル自治運動連合会は、王爺廟で実行委員会の拡大会議を開催した。会議では、1年余りの自治運動の経験を総括し、内モンゴル人民代表大会と内モンゴル自治政府の設立に関連する事項について十分な準備をした。4月23日、内モンゴル

1．白拉都格其他『モンゴル民族通史』（5巻、下）、内モンゴル大学出版社、2002年、592－594頁を参照せよ。
2．「中国共産党中央の内モンゴル自治政府設立に関する指示」、中央統戦部編『民族問題文献集』中国共産党中央党校出版社、1991年、1083頁。

人民代表大会が王翁廟で盛大に開かれた。イクチャオ盟、アルシャー、エジン旗など国民党の支配区域が代表を派遣して参加できなかった以外、内モンゴル各地の蒙・漢・回などの各民族代表、計393人が会議に出席した。その中には、労働者、農民、遊牧民、革命軍人、女性、青年及びモンゴル族の上層と宗教関連者などがいた。会議が選挙に近づくと、一部の人は思想葛藤を繰り返し、内モンゴル人民革命党の復帰と内モンゴル民族自治運動に対する共産党の指導を排除する問題を提出した。ウランフなどは、これに真っ向から対決する一方、多方面の協議と十分な検討を行い、最終的には全会一致でウランフの政治報告と内モンゴル自治政府の自治宣言、施政綱領、組織大綱などを通過させ、内モンゴル自治政府臨時参議会及び構成人員を選出した。5月1日、代表大会は21人の政府委員を選出し、ウランフは内モンゴル自治政府主席に、ハーフンガーは副主席に当選された。そして、5月3日に閉会した。内モンゴルの民族解放と団結の夢を乗せた1つの省級民族自治地方がこれで誕生した。

ところが、国際的な要因や国内情勢の進化と制約によって、モンゴル民族は、中国国内のモンゴル族とモンゴル人民共和国のモンゴル族、つまり異なる2つの部分に徹底的に分化されてしまった。20世紀に高騰した民族主義は、自らの「一族一国」の原則に従ってモンゴル民族の統一を実現させず、かえって既存の分裂を恒久化させた。

3. 20世紀後半の内・外モンゴル

20世紀後半、モンゴル民族は異なる主権国家に分散された。それぞれの国の発展につれて、中国国内のモンゴル族と外モンゴルのモンゴル族は社会生活の各方面で大きな変化が起きた。

（1）中国国内のモンゴル族の繁栄と発展

3. 20世紀後半の内・外モンゴル　　　　　　　　　　　　　　　479

　20世紀の中期以降、中国のモンゴル族は主に内モンゴル、新疆、青海、
甘粛、黒龍江、吉林、遼寧などの省区に分布していた。半世紀に渡る発
展の過程で、多くの紆余曲折と不遇も経験してきたが、しかし1つの
事実だけは否定できない。かつての隔離されたモンゴル社会、普通のモ
ンゴル人には労働以外に何の権利もなかった社会が、20世紀の後半に
至っては、質的な変革を引き起こし、中国のモンゴル族は空前の団結と
社会の統合を実現した。

　モンゴル族の政治的進歩は前代未聞のものであった。内モンゴル自治
政府の成立後、内モンゴル民族解放運動を全面的に推進し、モンゴル族
の政治的統合を徐々に完成した。1949年5月、ジェリム盟、ジョーオ
ダ盟を内モンゴル自治政府に編入させ、同年12月には、内モンゴル自
治政府を内モンゴル自治区人民政府に改称した。1949年10月、中華人
民共和国成立後、内モンゴル自治区以外の黒龍江、吉林、遼寧、甘粛、
青海、新疆などに分布しているモンゴル族も異なる行政レベルの自治地
方を建設した。モンゴル族人民の諸政治権利は益々保障された。モンゴ
ル社会の階級搾取と圧迫制度は廃除され、王公貴族を主体とする社会政
治は、既に民主改革を通してモンゴル社会の中から除外された。モンゴ
ル族の労働者は、地方事務と国家事務に参加できる諸権利を獲得した。
普通の労働人民の利益を代表する数多くのモンゴル族の幹部、知識人が
成長し、国家や民族の発展を支える重要な推進力となった。

　民族人口の発展は民族繁栄の重要な印である。20世紀後半のモンゴ
ル族人口の発展は、モンゴル人口発展の遅延状態を徹底的に変えた。
1949年のモンゴル族人口は130万人[1]、1953年の人口調査時は146万人
に達し、1964年には196万人に増え、1982年には341万余人、1990
年には480万人にまで増えた。モンゴル族の人口は、数だけで大きな
発展を遂げたのではなく、人口の質の上でも前例のない向上を達成した。

1．田雪原編『中国民族人口』中国人口出版社、2005年、111頁。

関係資料によれば、歴史上のモンゴル族の人口は、定住や遊牧に関係なく、死亡率は非常に高かった。その結果、人口の出生数は死亡数より低く、常に人口のマイナス成長が現れた。20世紀の40年代、興安省東部と南部に定住していたモンゴル族の死亡率は56‰に達し、人口の毎年のマイナス成長率は16‰、乳児の死亡率は295‰、現地漢族乳児の死亡率64‰より高く、平均寿命が僅か19.6歳であった。1949年以降、衛生条件の改善につれて、人口状況には大きな変化が生じた。中国医科大学の調査によれば、1952年－1953年、遊牧を主とするモンゴル族の出生率は41.5‰、1941年に比べ約倍増、同期の死亡率は17.9‰までに下がり、自然成長率は6.6‰から23.6‰までに向上し、人口の平均寿命は46.9歳までに延びた。[1]

　人口の文化素質は民族の発展状況の重要な印であると同時に、かなりの程度でこの民族の未来をも説明してくれる。経済社会の発展によってモンゴル族人口の文化素質は絶えず向上した。1949年以前、90％以上のモンゴル族人口は文盲であった。1982年には、1万人の中で高卒以上文化レベルの人口は875.3人、1万人の中で大学以上文化レベルの人口は81.3人、12歳及び12歳以上の人口の文盲割合は28.55％であった。[2]1990年の第四回人口調査によれば、全国のモンゴル族の中で、大学文化レベルの人口は本民族総人口の18.5‰を占め、順番の高い順で並べると、中国の56個民族の中で第12位、漢族より4‰高く、全国に18個ある人口100万人以上の少数民族の中で、朝鮮族に次ぐ第2位であった。モンゴル族の文盲率（15歳及び15歳以上の文盲・半文盲が本民族総人口の中で占める比率）は11.43％、漢族より4％低く、全国各民族の中で、文盲率の低い15個民族の1つであった。18個ある人口100万以上の少数民族の中で、モンゴル族の文盲率は朝鮮族、カザフ族、満

1．鄧力群他編『当代中国の人口』中国社会科学出版社、1988年版、386頁。
2．同書、386、402、404頁。

州族に次ぐ第4位であった[1]。

モンゴル族の伝統経済の各要素も20世紀の後期には大きな変化を現わした。集団化生産がモンゴル族の伝統的な生産組織形式と生産の目的を改造した。人々の生産活動は、王公貴族の切りのない請求を支払うためではなく、自分自身の生活の質を改善するためであった。牧畜業の生産は徐々に水草を中心とする草原建設を展開した。牧場の合理的な使用と保護、ゲルと畜舎の建設、畜疫の予防、畜種の改良、獣医拠点の建設、渇水牧草地の開発、定住型放牧の普及および取水、草刈、薬浴、剪毛、畜産品加工の牧畜業機械化などの面で、普遍的な発展と大きな成果を収めた。農区の農地基本建設、育苗、選種および播種、収獲、農産物加工および農業機械の使用と農村副業の発展なども内地農業のレベルに達するか或いは接近した。モンゴル族人口の従業分野は、伝統的な牧畜業生産と一部の栽培業を超え、既にかなりの人が産業労働者、科学技術者、芸術家、企業家のメンバーとなった。生産性の向上は、モンゴル族の人民生活に普遍的な改善をもたらした。

20世紀後半、モンゴル族地域の現代化方面への国家投入が益々増え、包頭鋼鉄連合企業、霍林霍口天炭鉱、ジュンガルロ天炭鉱など、多くの現代企業が形成され、それによって、モンゴル族が居住する内モンゴル自治区には、各部門が基本的にそろった工業体系が形成された。他のモンゴル族自治州、県でも自分の資源状況に合ったそれぞれの現代産業を発展させた。

モンゴル族の科学、文化教育事業も急速に発展した。中華人民共和国成立以前、内モンゴル自治区には一つの大学や専門学校もなく、小中学校学生は総人口の2.6%を占めていた。20世紀後半、内モンゴルは幼稚園から大学までの完備されたモンゴル語の教育体係を築き上げた。ほか

---

1. 沈斌華「モンゴル族の教育と文化レベル」、『内モンゴル師範大学学報』、1994年、第3期。

のモンゴル族自治州、県でも中、小学校の教育が普及された。モンゴル
の言語と文字を使用する新聞・出版、ラジオ、演劇、映画事業が躍動的
に発展した。文化館、図書室はモンゴル族居住地の各都市と広範な農
牧区に広がった。1999 年、内モンゴル自治区で出版したモンゴル語の
図書は 758 種、前年に比べ 11.51％増え、モンゴル語図書の印刷部数は
849 万冊に達し、前年に比べ 6.25％増加し、モンゴル語の雑誌は 3 種類
の 275 万部であった。[1]

（2）独立後の外モンゴル

　独立してから外モンゴルは異なる二つの歴史時代を経験した。第一時
期は、モンゴル人民共和国の時期である。モンゴル人民革命党は与党と
して、自身の合法的な地位を確立した。経済社会の発展を推進させると
ともに、一歩一歩ソ連について行き、その強固な同盟として社会主義陣
営の中で積極的な役を果たした。しかしソ連に依頼し過ぎたあげく、独
立・自主的に発展することが出来なかった。第二時期は、モンゴル国
時期である。冷戦の終焉、東ヨーロッパの激変、ソ連の解体によって、
90 年代後半から 20 世紀末に至るまでに、外モンゴルでも民主化の改革
運動が始まり、新たな発展の道を探り求めた。

　1924 年、モンゴル人民革命政府が政権を取ってから 3 年後、ジェプ
ツンダンバの死去によって、モンゴルは立憲君主制から共和体制に転じ、
モンゴル人民共和国の時期に入った。1940 年、モンゴル人民共和国は
民主主義の段階を終わらせ、非資本主義の発展の道を歩むと宣告した。[2]
20 世紀の 50 年代に入って社会主義建設の開始を宣告した。

　当時、国家政権は強化されたが、国内の政治はソ連の高度の制御を受

1．『内モンゴル統計年鑑』中国統計出版社、2000 年。
2．『モンゴル人民革命党第十四回代表大会文書』世界知識出版社、1962 年版、
　5 頁。

3. 20世紀後半の内・外モンゴル

けていた。ソ連の直接影響によって、その政策は強烈な「左」翼的傾向
を帯び、党内の闘争は非常に残酷で激烈であった。モンゴル人民共和国
の時期、民衆の参政水準が向上し、人民は広い範囲で国家と地方の各種
選挙に参加した。モンゴルの国家政権の最高執行機関は部長会議であっ
た。部長会議は大人民フラルで任命し、主席、副主席と各部の部長で構
成された。部長会議の主席は政府の首脳であり、モンゴル人民革命党
の第一書記・ツェデンバル（沢登巴爾）が長期にこの職務を担当した。
1972年、大人民フラル主席団の主席・サンブー（桑布）の死後、激し
い闘争を経て、1974年、ツェデンバルが大人民フラル主席団の主席に
なった。[1]大人民フラルは人民民主制度に属するが、政治生活の非正常化
につれて、この体制は日々硬直化し、制度設計当時の性質と大きな差が
生じた。

　モンゴルの社会経済は絶えず進歩した。第一次五カ年計画（1948 −
1952）後、モンゴルの食品工業は大きな発展を遂げた。製品の種類か
らいうと、1947年には、23種類のお菓子、24種類の肉制品、14種類
のお酒と5種類のパンを生産したが、1953年には、33種類のお菓子、
36種類の肉制品、18種類のお酒と20種類のパンを生産した。ほぼす
べてのソム（蘇木）にはクリーム製造工場を建設し、クリームはモンゴ
ルの主な輸出品の一つになった。[2]畜産業は依然としてモンゴル社会の主
な経済部門であった。1956年まで、畜産業の従業員数は国内住民のほ
ぼ5分の4を占め、その生産額は全体国民所得の3分の2、製品は輸出
額の80％を占めた。1人あたり32頭の家畜を所有し、畜産品の商品率
は戦前に比べて約2倍増えた。畜産業のインフラ建設の面でも大きな
業績を上げた。1956年に3,000基の井戸を掘り、1957年には全国に

1．内モンゴル大学モンゴル研究所『モンゴル人民共和国概況』（内部資料）、
　　1976年版。
2．『新華社新聞稿』、第1226 − 1255期、1953年。

21,000 基の井戸があった[1]。1959 年、ツェデンバルはモンゴル人民革命党の第四回全体会議での報告の中で、「モンゴルで個人畜産業の協同化の過程を基本的に完成した。目前、全国の 99.3 ％の牧戸が農牧業合作社に加入し、全部家畜の 73.3 ％を公有財産として集めた」と言い、社会主義的単一経済がすでに形成され、生産手段の社会主義的所有制が経済全体の中で統治的地位を占めていると宣言した[2]。

　モンゴル人民共和国の経済は多くを外国の援助、特にソ連の援助に依頼していた。ソ連は大量の専門家をその経済計画の制定に参加させただけでなく、大量の借款も投入した。統計によれば、1961 年から 1975 年の間、モンゴルがソ連から借りた借金は約 23 億ルーブルで、モンゴル人の平均借金は 1,600 余ルーブルに達し、世界で 1 人当たりの負債が最も多い国家の一つになった。20 世紀の 70 年代以降、モンゴル人民共和国中央政府の 10 余個の経済部門と一部の地方政府は、ソ連の関連部門と「直接協力」と「部門別連携」の関係を結んだ。したがって、モンゴルの経済発展は完全にソ連によって制御された[3]。70 年代の末、モンゴルは基本的に工業化を実現したと宣言した。モンゴルがコメコンに加入した後、ソ連と東ヨーロッパ諸国はモンゴルに 200 個以上の大型プロジェクトを立ち上げた。これによって、モンゴル国の工業生産値が増え、比較的単純な牧畜業経済から工業、栽培業と牧畜業が並行する多元経済に変換した。しかし、コメコンが強調する「国際分業」によって、モンゴルの経済は畸形的に発展した。日用品工業は非常に薄弱であり、それらしい機械製造、鉄鋼製錬及び国防工業もなかった。20 世紀の 20

1．（蘇）特・阿・雅庚莫娃『各人民民主国家の経済発展』陳兆興他訳、財政経済出版、1957 年、3 － 10 頁。
2．「ツェデンバルのモンゴル人民革命党第四回全体会議での報告（要旨）」、『新華半月刊』、1960 年、第 2 期。
3．内モンゴル大学モンゴル研究所『モンゴル人民共和国概況』（内部資料）、1976 年、74 頁。

3. 20世紀後半の内・外モンゴル

年代から90年代までに、モンゴル国の経済は始終ソ連とコメコンの経済と結合され、コメコンの「経済一体化」の枠組みの内で牧畜業と採鉱業に偏重した。従って、経済発展は何時も独立性と自己発展能力に欠けていた。[1]

モンゴル人民共和国の教育は著しい発展を遂げた。1957年に、学校の総数は444校（その中、小学校426校、中等専門学校14校、大学4校）であり、学生総数は108,177人（その中、小学生97,205人、中等専門学校生5,916人、大学生5,036人）であった。当時、モンゴルには一万人ごとに平均1,255名の学生がいた。1975年までに、各種学校は624校（その中では、普通学校568校、中等専門学校21校、技術学校29校、大学6校）であった。在校生数は33余万人（その中で、大学、中等専門学校、技術学校の学生は36,800人）[2]いた。20世紀末には、すでに完璧な現代国民教育システムが構築された。牧畜経済生活に適した寄宿制学校を建て、無料教育を実施し、国民教育のレベルは非常に高かった。[3]しかし、モンゴル国の教育は言葉の使用から課程の設置、教学の管理まで、すべてがソ連の影響を深く受けた。1946年には更に、ソ連・東欧諸国で使っているスラブ（キリル）文字を正式に使用し、モンゴル民族の伝統文字を放棄した。[4]

1961年10月28日、モンゴルは国連に加盟し、1962年6月7日には、コメコンに加入した。地域と国際的組織への加入を通して、モンゴル人民共和国は自身の国際的地位を上げ、コメコン内の各方面の支持を得た。

---

1. 潘乃谷、馬戎、根鎖「モンゴルの社会経済発展と中蒙関係」、『西北民族研究』1997年、第1期。
2. 内モンゴル大学モンゴル研究所『モンゴル人民共和国概況』（内部資料）、1976年、189頁。
3. 郝時遠、杜世偉『モンゴル国』中国社会科学文献出版社、2007年、196－197頁。
4. 図門其其格「モンゴル国の言語文字及び文字改革」、『言語と翻訳』、1995年、第2期。

しかし、一方的には独立発展のための大きな空間を失った。

20世紀50年代、中蒙関係は良好な発展を迎えた。1950年7月、中蒙は相互に大使を派遣し、1951年の秋には双方軍事互助協定を結び、1952年には経済と文化協力協定を締結した。1956年、集寧からエレンホト（二連浩特）を経由してモンゴルに至る鉄道を建設し、双方貿易の発展を大きく推進させた。双方の文化交流活動も強化され、1955年10月に、ソ・中・蒙3方のモンゴル学研究者たちはウランバートルで10日間の学術会議を開いた。その後、各種の文学、芸術、科学代表団の相互訪問を頻繁に行った。関連協力協定に基づいて、中国は1955年、1958年、1960年にモンゴルへ約2万人の労働力[1]を派遣し、モンゴルの経済発展に重要な役割を果たし、モンゴル社会の好評を得た。中蒙の間で、内外モンゴルの牧場を共同で利用するという協定を結び、フフホトに領事館を設立した。

20世紀の50年代末、中ソ関係が破局し、中蒙関係にも影響を与えた。1962年、モンゴル人民共和国は中国の労働者を送還し、1964年、中国は中国を経由してモンゴルに至るすべての通路の閉鎖を余儀なくされた。モンゴル方はソ連軍のモンゴル進駐を許可することで中国へ圧力をかけた。その後、中蒙関係は中ソ関係の衝突と緩和に伴って波動した[2]。

20世紀の90年代からソ連・東欧の劇変の影響を受け、モンゴルでは一連の重大な変革が起きた。

①　政治の民主化を目指した政治体制の改革。1990年4月、モンゴル人民革命党特別代表大会は、「モンゴル人民革命党綱領」を採択し、改革時期の経済方針を確定した。即ち、「世界経済の発展、国際労働分業と現代科学、技術の進歩に柔軟に適応でき、多種の所有制形式に支え

1．李毓澍『蒙事論叢』台湾永裕印刷工場、1980年、532頁。
2．内モンゴル大学モンゴル研究所『モンゴル人民共和国概況』（内部資料）、1976年、179頁。

3. 20世紀後半の内・外モンゴル

られ、拡大な再生産能力を持ち、社会団体や個人の利益に基づく国家調
節の効率的な市場経済の複合体を建設する」という経済方針を定めた。
そして、社会主義の放棄、多党制の実行、所有制の改革、市場経済の発
展、個人利益の配慮、世界市場へ向かった改革構想、党の宣言から「マ
ルクス・レーニン主義」と「社会主義」などの用語の削除を提出した。

同じ年、モンゴル人民共和国の大人民フラルは討論を通して「選挙法
草案」を採択し、憲法を改正して議会制度の改革を実行し始めた。モ
ンゴル人民革命党の法定指導地位を排除し、多党参政の議会制を実行
した。そして、法律の形式で人民大フラルと国家小フラルの関係（2院
制）を確立し、自由選挙を実行した。1991年以降、国家小フラルで採
択した「政党法」とその他の関連法律の影響で、モンゴル人民革命党の
党員数は減り始め、1990年に10万人であった党員数が1995年には8.2
万人までに減った。党員数は減少したが、多党制と民主政治を実施し、
1994年までに、すでに14の政党が登録した。しかし、モンゴル人民革
命党の主導的な地位は変わらなかった。

1992年2月、モンゴル人民共和国は「モンゴル国」に改名し、大統
領－議会制を実行した。新憲法では次のように規定した。モンゴル国は、
独立・主権的な共和国であり、本国に人道的な公民民主社会を創設する
ことを崇高な目標とする。モンゴル国の行政区は、21の省と首都で構
成される。首都はウランバートルにする。

② 市場経済への転換を指向し、財産の私有化を主旨とする経済体制
への改革。この改革は1991年から始まり、財産私有法の施行がその印
であった。1997年7月、政府は「1997－2000年国有資産の私有化方
案」を採択し、その目標は、私営経済の成分が国家経済の中で主導的な
地位を占めることであった。第一段階の私有化は、1995年に基本的に
終わり、1995年7月には第二段階に入り、その重点は資本市場の創立
と改善であった。この過程で、220万人のモンゴル公民は「持分証憑」
を受け取り、国有資産の44％、即ち、220億トゥグルク（モンゴル貨

幣）の資産を均等にモンゴル全公民に分配した。モンゴルの固定資産の 19.2%、農牧業の 90%、商業、サービス業のほとんどは私有化への転換を完成した。この過程は多くの困難に遭い、国内でも異なる論争があったが、私有化の方向はモンゴル国の不変の選択であった。[1]

　モンゴル国は、単一遊牧業経済構造を徐々に改善したが、国民経済の発展過程をみれば、栽培業の経営は粗放であり、工業部門は不全であり、日用消耗品の生産は国内市場のニーズを満たすことができず、牧畜業は依然として国民経済の基礎産業であった。2000 年末、家畜の飼育数は約 3,010 万頭、子羊は 1,000 万匹、全国の備蓄飼料は 65.32 万トンであった。1999 年末、牧畜業の従業人口は約 40 万人、総労働力の 44% を占めた。1999 年の国内総生産の成長率は 1998 年と同じであり、インフレ率は 1998 年より高く、対外貿易額は 1998 年に比べ減少し、貧困人口はある程度増加した。[2]

　③　伝統文化の復帰。体制改革の以前、モンゴルの黄教の寺院はほとんど破壊された。20 世紀 90 年代以降、大量の黄教の寺院が整備され、ラマの数も大量に増え、伝統宗教がモンゴル国の都市、牧畜地域で再び流行した。文化活動の中でレトロ現象が現れた。例えば、新しい「憲法」では、ジンギスカンがモンゴルを統一する時に使った伝統白旗をモンゴル国の象徴とし、建国記念日やナーダムなどの重要な祝典の時には、ジンギスカン時代の礼儀、服装と語彙などを模倣あるいは使用するような規定を設けた。

　1989 年からモンゴルの小中学校では続々と伝統モンゴル文の授業を開設し、「国家公務での伝統文字使用指導委員会」を成立した。1991 年、モンゴル国家小フラルで、1994 年から国のすべての公文書は正式に伝統モンゴル文字を使用すると決定した。その後、数年の努力を経たが、

1．阿岩「モンゴル国経済改革と発展」、『経済学動態』、1998 年、第 3 期。
2．『モンゴル』http://www.chinaql.org/qqzl/gggk/YAZ/qqlz-yaz-menggu.asp。

3. 20世紀後半の内・外モンゴル 489

国内経済の困難、経費・教師の不足、モンゴル伝統文字自体の不備や、大多数の人が既にキリル文字使用に慣れているなどの原因により、この計画は実現されなかった。それで、モンゴル国家大フラルは1994年4月16日に、旧文字を大衆文字に、新文字を国家文字にすると提議した。7月、モンゴル議会は、文字問題を専門に討論し、キリル文字を続けて使用することを決め、条件の成熟を待って伝統モンゴル文字使用の回復問題を再討論することにした。[1]

④　文化・教育・衛生事業の発展。モンゴル国は無料の普通教育制度を実行した。その投入は大きく、1996年5月までに、文盲は全国人口の10%近くを占めた。2000年には、全日制普通教育学校は683校、各種学校の学生は59.71万人、卒業生は6.47万人であった。すでに建設した高等学院が60校以上、主には国立大学、技術大学、国立師範大学、国立農・牧業大学、医科大学などであった。新聞出版事業も発展した。1998年の新聞発行量は570万部であった。主な新聞雑誌には、『日報』、『世紀新聞報』、『今日報』、『真理報』、『索音博報』などがあった。モンゴル国の医療衛生事業は発達しなかった。しかし一定の発展はあった。1995年末、千人ごとに9.79床の病床があり、2.5人の医師がいた。[2]

⑤　独立・自主の多国間の外交関係の確立。20世紀90年代初頭のソ連解体後、モンゴル外交の独立性と自立性が強化され、同盟を結ばない全方位的な外交政策の実施を宣告した。国家大フラルが1994年に採択した「モンゴル国の対外政策構想」の規定では、モンゴルは開放的で、同盟を結ばない多軸的な平和外交政策を実施すると定めた。ロシア、中国と友好関係を築くのはモンゴル対外政策の主な任務であると強調し、中・ロと「均衡的な交際、広範な善隣協力関係を発展させる」と主張し

1．図門其其格「モンゴル国の言語文字及び文字改革」、『言語と翻訳』、1995年、第2期。
2．『モンゴル』http://www.chinaql.org/qqzl/gggk/YAZ/qqlz-yaz-menggu.asp。

た。同時に、米・日・徳などの欧米先進国家、アジア太平洋国家、発展途上国や国際組織との友好協力関係も重視するとした。1996年、モンゴル議会が採択した政府の「施政綱領」の規定では、政府は本民族の利益に適合した均衡的、積極的な外交政策を実行し、「対等、善隣の原則を基に、隣国との平等な交際を行なうこと」を重視し、「ロシア、中国、アメリカとの関係には重要な意義がある」と見なした。1999年8月21日までに、モンゴルは140カ国と国交を樹立した。

（3）「三蒙統一」と「汎モンゴル主義」

　モンゴル人民共和国が徐々にソ連の制御から離脱すると同時に、モンゴル国内で民族主義思潮の暗流が激しく湧き立っていた。1990年2月18日、多党制、民主化の風潮の中、モンゴル民主党の創設大会で、党の指導者・ソソルバラム（蘇索巴林）は公開に「三蒙統一」のスローガンを提唱し、「ジンギスカンの子孫よ、行動を起こせ！」、「モンゴル世紀の到来を迎えよ！」と呼びかけた。即ち、「モンゴルの既存の版図を中心に、ソ連のブリヤート共和国、トゥヴァ共和国、カルムイク共和国、中国の内モンゴル自治区、新疆のボルタラ（博爾塔拉）・モンゴル自治州、バインゴリン（巴音郭楞）・モンゴル自治州を併合して、『大モンゴル国』を成立する」と主張した。その後、モンゴルには「モンゴル人協会」、「ジンギスカンの世紀」が現れ、ソ連のブリヤートには「ブリヤート青年連盟」などの組織を設立した。ごく少数の内モンゴル人も積極的にモンゴル民主党の論調に同調し、国外で反中国政府の行動を起こすことで自分の主張を宣伝した。1991年12月、モンゴル民主連盟が先頭に立って国際的組織・「国際モンゴル族協会」を設立し、「東ヨーロッパ、ハンガリー、オーストラリア、ソ連のブリヤート、中国の内モンゴルを1つに連合させ、『大モンゴル国』を設立するための基礎にする」と揚言した。民主連盟は人を派遣して中国の新疆、内モンゴルなどで活動させ、「ここは外モンゴルの領土だ。外モンゴルに返すべきだ。」「万里長

3. 20 世紀後半の内・外モンゴル

城の北、こちらこそ本当のモンゴルだ」と宣伝した。

1993 年 9 月、モンゴル政府の援助のもとで、モンゴルで第一回「モンゴル人世界大会」が開かれた。モンゴルの総理・賓巴蘇倫（Dashiyn Byambasüren）と 9 カ国、地域からの 300 余人が大会に参加した。大会では、モンゴル族は団結し、交流を広め、モンゴル族の言語、文字と習慣を発展させるべきであると呼びかけた。そして、ウランバートル市に常設機構・「世界モンゴル人連合会」を設立した。同時に、モンゴル人が居住する 12 カ国、地域に世界モンゴル人協会の支部を設立し、定期的に会議を開催することを提案した。この会議では、「モンゴル文化を復興・発展させ、モンゴル経済を振興させる」ことがその宗旨であると強調したが、「汎モンゴル主義」の色合いが濃いのでやはり世界の注目を引き起こした。

「三蒙統一」は、外モンゴルや他の地域の一部のモンゴル民族主義者が、世界情勢の変化を借りて巻き起こした一筋の「汎民族主義」思潮であった。彼らは西洋の勢力に依頼し、宗教、民族文化の助けを借りて「モンゴル社会」を統一し、統一した「大モンゴル国」を回復、構築しようと試みた。モンゴル国の民主化は「三蒙統一」の勢力に発展の空間を与えた。アメリカ、日本などの国の一部の政治勢力もそれぞれの利益から出発して、様々な形で初めから「三蒙統一」を支持した。モンゴルの一部の宗教団体はダライ・ラマと密接に往来し、モンゴル民族の中でのチベット仏教の影響を利用して「三蒙統一」のために仲介の役割を演じた。

「三蒙統一」は、中国国内の一部の人たちの呼応をも得た。例えば、内モンゴルで生まれ、20 世紀 80 年代に「学生運動の指導者」であったジャランバヤル・ソヨルト（蘇億拉図）は、1992 年にモンゴル国へ行って政治「保護」を受けた。1993 年に彼は、第一回世界モンゴル人大会の講演で、中国政府の民族政策は「種族の洗浄と文化の虐殺」であると言った。後に、モンゴル国の公民になり、いわゆる「人権活動家」

の身分であちこちを回りながら人目を引いた。同じように、一部の人たちは国内外にさまざまな組織を設立した。例えば、「内モンゴル人民党」、「南モンゴル民主連盟」、「南モンゴル復活運動協調総会」などがそれであった。彼らは直接「三蒙統一」に呼応するか、あるいは「内（南）モンゴル独立」の旗を掲げた。同時に、中国の民族政策と政治体制を攻撃した。彼らの活動は国際反中勢力の支援を得た。1997年、欧州議会は「蒙独」勢力の要請に応じて、いわゆる「内モンゴル人権問題」議案を提出した。モンゴル国の一部の官僚、民間団体や有名人も「モンゴル民族の利益」を守るという旗を掲げ、内モンゴルの分裂活動を支持した。外へ逃走した一部の「蒙独」組織のメンバーやいわゆる「反体制活動家」を受け入れて安置させ、モンゴル国籍への加入と長期居住を認めた。さらには「蒙独」の分裂活動に経費を提供してくれた。[1]

　歴史的に見れば、「三蒙統一」はモンゴル近代史における「汎モンゴル主義」思潮の一時的な輝きに過ぎない。「汎モンゴル主義」という言葉は、19世紀末のロシアの哲学者・ウラジーミル・ソロヴィヨフ（Владимир Сергеевич Соловьёв）によって最初に記されたものであった。当時はちょうど世界「汎民族主義」の最盛期で、「汎ゲルマン主義」、「汎スラブ主義」、「汎アフリカ主義」、「汎テュルク主義」、「汎イスラム主義」など、いずれもこの時期に発端した。ソロヴィヨフは、1895年の中日甲午戦争の際に一編の詩を書いたが、そのタイトルが「汎モンゴル主義」であった。しかし、ここでいう「汎モンゴル主義」は、日本、中国、モンゴル、「満州」と「チベット」を含む東アジアの黄色人が世界への「危害」、あるいは「黄禍」[2]の再発生に対する作者の恐怖的想像

1．闇文虎「国境を跨ぐ民族問題が我が国の平和的台頭に及す影響」、『安徽師範大学学報』、2005年、第4期。彼らの言論や活動は http // southern ― mongolia.com を参照せよ。
2．黄禍論（Yellow Peril）とは、19世紀半ばから20世紀前半にかけてヨーロッパ・北アメリカ・オーストラリアなどの白人国家において現れた黄色人種脅威論であり、人種差別の一種である。（訳者注）

3. 20世紀後半の内・外モンゴル 493

であり[(1)]、実際にそれが出現したことは一度もなかった。真の「汎モンゴル主義」は、外モンゴルの独立につれて各国のモンゴル民族の中で現れたモンゴル国家統一の回復を求める思潮と運動であった。1919年2月、チタで開催された「汎モンゴル独立」大会とその後に成立した「臨時政府」は、この運動のスポットライトであった。20世紀30、40年代、内モンゴルで現れた外モンゴルとの併合を目的とする「自治」と「独立」の運動もこの思潮が巻き起こした波瀾であった。しかし前述のように、これらの運動と思潮は人民に幸福を与えることができず、失敗の運命から逃れることもできなかった。

　「汎モンゴル主義」の初登場と似ているのが「三蒙統一」である。「三蒙統一」の訴えが冷戦の終焉と共に現れる時、さまざまな「汎民族主義」が再び浮上した。また、「汎モンゴル主義」の発生地の周辺には、より過激な「汎イスラム主義」と「汎テュルク主義」があった。これは「汎モンゴル主義」が復興する強い誘因となった。しかし、他の「汎民族主義」思潮と同様に、20世紀末の強い反発を経験した後、「汎モンゴル主義」が支えていた「三蒙統一」の騒ぎも間も無く静まった。その理由は、その存在の基礎があまりにも衰弱しすぎていたからである。「三蒙統一」の発祥国である外モンゴルでも、真にこの運動を支持している人はごくわずかであった。

　今日の世界では、グローバル化が猛スピードで進み、民族概念を打破する人口の散居化が一つの変わらぬ傾向となっている。同時に、現代の主権国家はかなり長い歴史の時期において、依然として人類社会の基本的な政治単位と利益単位になり続けるだろう。モンゴル民族にとっては、すでに数百年間分化してきた民族体の各部分がそれぞれの国の国民の有機的組織となり、その文化的特性、政治、経済的利益の多くはすでにその国家と一体化になっていた。このような構造を打破し、「汎モンゴ

1．ハインツ・ゴルヴィツァー『黄禍論』商務印書館、1964年、126頁を参照せよ。

ル」の統一を追求しようとするには、統合の内在的動力が不足するだけでなく、国際社会の認める合法性にも欠けていた。この意味から言えば、20世紀末の「三蒙統一」にしても、あるいは今後のそれに似た企てにしても、成功の可能性はないだろう。

第10章　20世紀の「チベット問題」

　いわゆる「チベット問題」は、二つの意味を持っている。一つは、チベットについてのさまざまな問題、あるいは事情である。1959年4月28日、中華人民共和国第二回全国人民代表大会第一次会議で採用した「チベット問題に関する決議」の中で語っているのは、「チベットに関する様々な側面の問題」であり、当時のチベット上層の叛乱と鎮圧、そしてチベットの改革と実行予定の民族地域の自治問題なども含まれていた。もう一つは、20世紀以来、チベットの主権の帰属と政治的地位に関する争議である。長年以来、チベットの分離・独立勢力と国際舞台で騒ぐ「チベット問題」は、主には二番目の意味を語っていた。しかし、歴史あるいは現実の面からみてもチベットの政治的地位、もしくは主権の帰属は非常に明確であり、主権未定の意味でのチベット問題は存在しなかった。この章で扱う「チベット問題」は、二番目の意味で用いるものであり、その目的は、この問題の発生と発展、及びこの問題をめぐる闘争を説明するためである。

　チベット発展の歴史からみると、早くも7世紀から13世紀に至るまで、チベットと中原の関係は徐々に近づき、いわゆる「甥舅の国」は、このような良好な関係の発展を鮮やかに表していた。13世紀からアヘン戦争以前まで、中国の中央王朝はチベット地域に対して有効な統治を行い、それによってチベットは中国の不可分の重要な部分になった。近代以来、チベットに対する中国の管理は、従来の帝国としての模式図か

ら現代国家としての模式図への変換を始めた。しかし、帝国主義の侵略と旧中国の貧弱により、チベットに対する中国歴代政府の管理パターンの変換は困難であるだけでなく、「チベット問題」をも生み出した。新中国の建国後、中国共産党と人民政府は壮絶な忍耐と知恵をもってチベットの歴史と文化的特性を尊重し、チベットの人々の選択を尊重する上で、民族地域の自治を成功的に実現し、管理パターンの変換を完成させた。それだけでなく、民主改革、社会主義建設と改革・開放を通して、チベットでも経済社会発展の全面的な進歩を実現し、歴史的飛躍を達成した。しかし、ダライ・ラマ14世をはじめとする分離・独立勢力の破壊と国外勢力の干渉により、「チベット問題」を巡る闘争は常に新中国の国家統一と民族団結を守るための重要な部分となった。

1. チベットに対する近代列強の侵略と干渉

1840年に発生したアヘン戦争によって、中国は近代に入った。中国に対する西欧列強の侵略と略奪は、中国の経済社会発展に計り知れない損害をもたらしただけでなく、「チベット問題」をも徐々に浮上させた。

(1) イギリス領インドの侵略と浸透 [1]

チベット地域に対する西欧列強の影響は、明朝末の布教活動にまで遡ることができる。1624年、ポルトガル宣教師がアリグゲ(阿里古格)にカトリック教会を建てた。その後、1627年と1715年に、他のポルトガル人がシガツェ(日喀則)とラサで布教活動を行い、1745年に、清朝は命令を出してラサの外国人宣教師を強制送還した。

---

1. 1914年以前に、チベットに対するイギリスの侵略と干渉の詳細は、第2章5節を参照せよ。この部分に関する内容は、梁勁泰、李碧憲「イギリスのチベット侵略歴史事実」、香港『文匯報』、1997年5月1日-5月31日(31篇連載)を参照せよ。

1．チベットに対する近代列強の侵略と干渉 497

　その後、イギリス植民地主義者がポルトガル人とフランス人を破り、インド亜大陸を占領し、東インド会社の名義で侵略と拡張を行った。1764 年、東インド会社はバングラデシュを征服した後、続けて侵略の矛先をヒマラヤ山南麓のブータン、シッキム、ネパールなどの国に向け、同時に商業貿易の名義でチベットに入ろうとしたが、パンチェン・ラマ6 世などのチベット政教指導者に拒否された。

　1793 年にイギリスは、ジョージ・マカートニー（Lord George Macartney）を特使として熱河に派遣し、乾隆帝に朝見したが、目的を達成できなかった。その後、イギリスの東インド会社は、先にネパール、シッキム、ブータンなどの国を「保護」し、そして彼らを通してチベットにイギリス商品をダンピングする策略を取った。

　1814 年に東インド会社は、ネパールへの侵略戦争を発動した。1816 年、ネパール敗戦後、イギリス領インドと条約に調印した。1817 年にイギリス領インドはシッキムと契約し、シッキムはイギリス領インドの「保護」を受けるようになった。1835 年に、東インド会社はシッキムからダージリンを「租借」し、1861 年にイギリス領インドはシッキム南部の広い地域を占領した。1864 年、イギリス領インドはブータンへ出兵し、ブータン南部の山口地域を占領した。このように、イギリス帝国主義は侵略の基地をチベットの南大門に建て、チベットに巨大な脅威を与えた。

　アヘン戦争以降、チベットに対するイギリス、ロシアなどの国の浸透はあらゆるところで行われた。彼らは様々なスパイ、宣教師と探検家を派遣して不平等条約をお守りに、チベット地域の道路、地形、社会状況を偵察し、地図を描いて更なる侵略のための準備を進めた。このような行為は、チベット族の僧侶、民衆と地方政府の強い反対を受けた。しかし、中国チベットに対するイギリスの浸透はエスカレートし、1888 年と 1903 年に、チベットに対して 2 度の武装勢力による侵略を発動し、清朝政府を脅迫してチベット地域の権益を損なう一連の条約に署名させ

た。一方、ロシア・ツァーリ国も積極的に追いかけ、イギリスと熾烈な争いを展開した。

19世紀以来、中国チベットに手を出した国には、イギリス、ロシア、アメリカ、インド、日本が含まれ、さらには第二次世界大戦中のドイツさえも加担しようとしたが、ロシア、日本、ドイツは結局のところ、心余って力足らずで、チベット問題の形成は主に、イギリス、アメリカ、インドの侵略、干渉と破壊によるものであった。

インドをスプリングボードに中国のチベットへ侵入し、そしてチベットを根拠地として中国の長江流域を制御し、それによって中国でより多くの勢力範囲と権益を得るのが、長期に渡るイギリスの宿願であった。この目標を実現するために、イギリスは全力を尽くした。

シムラー会議でイギリスは欲しいものを獲得できず、その後、チベットに対する侵略は「チベットの独立を助ける」とのスローガンで行われた。最初は、ガシヤ政府に協力してチベット軍を拡張させ、軍事力で初歩的に中央政府と対抗できる能力を持たせることであった。拡張されたチベット軍は新式の武器装備を備え、1917年の川蔵戦争で優勢を見せ、そして東進して金沙江を渡った。最後は、「チベット地方官と中国の高官が1918年に絨壩岔で「停戦協定」に調印した。停戦協定により、チベットの境界はデゲ（徳格）以外の金沙江流域まで東へ進んだ。即ち、チベットが金沙江東岸を制御した。チベット軍のこの勝利によって、彼らの望んだ通りにリタン（里塘）、チャンドゥ（瞻対）地域まで進んできた。[1]」

中国チベットへの侵略、制御を目的とするイギリスは、チベット問題の解決に焦る北洋政府の心理を利用して、中国を助けてチベット問題を解決すると提案した。そして、中国政府がチベット軍の西康各地の占領

1．メルヴィン・C・ゴールドスタイン『ラマ王国の崩壊』杜永彬訳、時事出版社、1994年、84頁。

1．チベットに対する近代列強の侵略と干渉　　　　　　　　　499

を認めることを前提に、「内外チベット」に分離させようと企み、1919年にチベット問題で北洋政府と交渉した。交渉の時、イギリスがチベットと中国の他の省との境界の分けに干渉したので、8月26日に、北洋政府は国務会議を開き、チベット問題を巡る交渉を暫く控えようとした。北洋政府の外務省幹部がこのことを駐中国イギリス公使・ジョーダン（John Newell Jordan）に伝えた。

　「国務院は安定した政府を構成するか、あるいは外相・陶征祥がヨーロッパから戻るまでにチベット問題の交渉を延期することを望む。」

　ジョーダンは、「中国人が現在会談を中断するのは前例のない背信行為であり、イギリスに対する一種の侮辱である」と述べた。これをもってイギリスは、外交上で中国に報復した。[1]

　北洋政府とイギリスがこの問題を巡って対抗した最終原因は、一つは、中国世論の反対であり、もう一つは、日本政府がこの時、チベット問題への関心を表しすぎたからであった。ジョーダンは日本の行為を看破し、8月28日、イギリス領インド総督・カーゾン（George Curzon）への電報の中で、「日本政府が公使に指示して中英会談に干渉する行為は、イギリスのアジアでの頂点地位に対する挑戦である」と言った。彼はイギリスがこのような挑戦を受け入れることを望んだ。

　「過去数ヶ月の間、駐中国日本公使の直接鼓舞の下で、日本人が制御している中国の新聞で一筋の反英宣伝の潮流が持続的に現れた。……日本は過去数年の間、あらん限りの手を尽くしてアジア大陸に対する制御を強化してきた。これは彼らが初めて正式に、中国政府に対する日本の制御の凄さを証明しようとしたものである。[2]」

　チベットに対する直接侵入と浸透のほかに、イギリスはチベット地方

1．張北根「1919年中英のチベット問題に関する交渉」、『中国辺境における歴史・地理研究』、2004年、第3期。

2．DBFP, Series 1, Vol.6, pp.694 − 695.

と中国中央政府間の関係を極力に挑発した。1919年8月、北洋政府は朱繍、李仲蓮と紅教ラマ・古朗倉を委員とする代表団を派遣して青海からチベットへ入り、ダライ・ラマ13世と直接連絡を取ろうとした。代表団は初めてダライ・ラマの接見を受け、双方の関係は融和的であった。李仲蓮らが1920年4月8日に、大統領に伝えた書簡の中で、チベットの平和問題を巡るダライ・ラマとの交渉には紆余曲折もあったが、ダライ・ラマもガシヤ地方政府も平和への願いを現していると述べた。

「大衆役場で連続して3回の会議を開き、感情は非常に良く、昔の恨みはすべて忘れ、代表たちは喜びを表し、中断された中国とチベットの親交関係は回復され、昔のように友好であることを望んでいる。」

朱繍らがダライ・ラマ、パンチェン・ラマの公文書とプレゼントを持って甘粛に帰る時、ダライ・ラマ13世は送別の宴で懇切に言った。

「私の親英は本心ではありません。勅使の逼迫によってやむを得なかったのです。代表たちの今回のチベット訪問に、私は非常に感謝します。特命全権代表を派遣して懸案を解決してくれることを大総統に願います。私の心は内地に向かい、五族の幸福を共に謀ることを誓います。[1]」

1920年9月、李仲蓮、朱繍が上申したチベット到着後の情況に関する書類の中でも同じことを語っていた。即ち、チベットに着いた後、ダライ・ラマの優遇を受け、チベット地方には中央政府に親和的な者が相当の優位を占めていると述べながら、以下のように提案した。

「目の前の難問から解決していけば、後悔することはない。最近イギリスの勅使が北京で提出した各条を李仲蓮らが面前でダライ・ラマに尋ねると、ダライ・ラマは事情をよく知っていなかった。中国への反抗はチベット人の本心ではなく、イギリス人の仕業であることは明らかである。以上の各節は、李仲蓮らがチベットに行って調査した実の状況であり、挽回の機会は随分ある。何とか挽回するよう大統領に乞求する。我

---

1. 朱繍編『チベット60年の年代記』、民国14年鉛印本、57頁。

1．チベットに対する近代列強の侵略と干渉　　　501

が固有の土地を取り戻すのは、四川、雲南、甘粛、新疆だけでなく、全人民の幸運である。」[1]

　これで分かるように、当時、チベット地方と民国中央政府間の関係が異常であったのは、イギリスの妨害と暗中唆しが主な原因であった。

　1919年、北洋政府が派遣した代表団がチベットに入ってダライ・ラマと直接面談した後、中国中央政府とチベット地方政府との関係には積極的な変化が起きた。イギリスはチベットの事務から淘汰されるのを悔しく思い、チベットに対する制御を強化するため、一度はラサにイギリスの使節を派遣しようとした。

　1920年から1921年の間に、ラサを訪問したことがあるベルは、もし中国政府が強引に代表を派遣してラサに進駐すれば、イギリスは「勢いに追われ、自分たちもラサに委員会を設けるしかないが」、しかし今は、「イギリス政府とチベット政府が必要とする時だけ、イギリス官吏をラサへ遣わすことで十分だ」[2]と言った。イギリス政府はチベットと自由に「交際」するため、1921年8月27日、中国政府に「カーゾン覚書」を提出して、イギリス領インドが「自由にチベットとより密接な関係を結び、自由にラサへ役人を派遣し、気軽にチベット政府に助言する」[3]ことを中国政府が同意するよう求めた。それでベルの後、イギリス植民地当局は続けてシッキムの政治委員・ベリー、ウィル、ウィリアムソンなどを派遣して何度もラサを訪問した。無論、イギリスの最後目的は、ラサに代表団を派遣することであった。長年の努力の末、1937年2月17日になってチベットは、イギリスの一部の代表がチベットに駐在してチベットの多くの「懸案問題」を討論することを容認した。これが駐ラサ

1．ドルジェ・ツェテン編『元朝以来のチベット地方と中央政府の関係公文書史料集』(6)、中国蔵学出版社、1994年、2456頁。
2．チャールス・ベル『チベット史』宮廷璋訳、商務印書館、1935年、175頁。
3．IOR, L/P&S/20/727, P4126/1921, Curzonto B. Alston, 26 August 1921.

イギリス代表団（British Mission at Lhasa）であった。イギリス代表の
ラサ駐在の実現は、チベット制御に便利をもたらした。

1933年、ダライ・ラマ13世の円寂後、わずか24歳のレティン・リ
ンポチェ5世（熱振活仏降白益西）がチベット政務を司ったが、実
権は龍夏と首席ガロン・ノルブワンジェ（赤門・羅布旺傑）の手に落ち
た。やがて龍夏が内紛で赤門によって誅滅され、親英勢力がガシヤ政府
を制御した。

愛国的なレティンは国民政府蒙蔵委員会委員長・呉忠信を招いて、
1940年にラサで行われたダライ・ラマ14世の即位の礼の主催に務めさ
せた。そして、ラサに蒙蔵委員会チベット事務所を設立することに同意
し、パンチェン・ラマ9世の棺のタシルンポ（扎什倫布）寺への返還
を許可したので、イギリス領インド政府とチベット地方政府の親英勢力
に憎まれていた。彼らは共同でレティンが政治改革を行うと非難した。
1941年1月には彼の経師・タツァ（達扎）活仏が摂政職務を2、3年
間代理し、自分はレティン寺に戻ると宣告するようレティンを逼迫した。
タツァは代理「摂政」後、すぐに親英派の代表人物となり、チベットと
国民政府の関係は次第に悪化した。それだけでなく、代理「摂政」3年
の期間満了後も、タツァは職位に居座り続け、そしてガシヤ（噶夏）の
親英勢力の助けのもとで、レティンの勢力を一掃した。レティン本人の
無力に加え、当時の南京国民政府が判断ミスで「レティンの復位への支
持を猶予する」という政策を採ったので、レティンの立場は非常に危険
であった。

1947年4月、イギリス領インド政府駐ギャンツェのビジネス代行兼
駐ラサ使節団担当者・リチャードソン（H．E．Rechardson）はタツァ
と面会し、レティンが2人の個人代表を南京へ派遣して国民党大会に
参加させ、さらに彼らは南京に残って職務に就いていると証言した。そ
して、国民政府がレティン集団を支持し、武装反乱を引き起こして権力
を奪い、延いては飛行機でラサを爆撃する可能性もあると嘘を言った。

1．チベットに対する近代列強の侵略と干渉 503

それを信じたタツァは、1947年4月14日にレティンを逮捕する計画を立てた。それによって、レティンが所属しているセラ（色拉）寺の僧たちと親英分子が操縦するチベット軍の間で武力衝突が発生し、数百人の死傷者を出した。4月27日、蒋介石はタツァへの電話の中で、「慎重に処理し、詳細を電報で迅速に報告[1]」するよう要求した。5月7日、監禁されていたレティンが獄中で急死した。ガシヤは事後、レティンが「脳卒中で、……治療が効かず、不幸にも陽暦5月7日の夜に円寂した[2]」と電報で中央政府に報告した。レティン事件によって国内が騒ぎ、国民政府は意見の不一致で積極的に対応できず、5月28日、電報でガシヤ当局に、「レティンの葬儀を適切に処理し、すべての遺産を確実に保全し、破損された寺院は迅速に修復[3]」するように求めるしかなかった。これで国民政府のチベット政策は徹底的に失敗した。

イギリスが1914年に構想した「マクマホンライン」は、始終中国政府に受け入れられなかった。しかし、イギリスは依然として中国に圧力をかけ、不法境界線を認めさせようとした。

1935年、イギリスの探検家・植物学者であるF・キングドン＝ウォード（Francis Kingdon Ward）大尉がチベットに入って「考察」を行う時、タワング（達旺）地域の舎加昂（Sherganon、或いは「澤拉康」とも訳す）でチベット地方官僚に拘束された。チベットのガシヤ政府は、これについてイギリス領インド政府に詰問した。キングドン＝ウォードが考察のために不法越境して拘束されたことが、イギリスに中国とチ

1．ドルジェ・ツェテン編『元朝以来のチベット地方と中央政府の関係公文書史料集』(7)、中国蔵学出版社、1994年、2870－2871頁。

2．「噶厦公所電復熱振謀叛畏罪発病亡故詳情等電」(1947年5月13日)、『蔵王タツァとレティンとの仲たがい』(4)、台北「国史館」蔵国民政府檔案、0592／4414.01－04。

3．ドルジェ・ツェテン編『元朝以来のチベット地方と中央政府の関係公文書史料集』(7)、中国蔵学出版社、1994年、2879頁。

ベット地方政府を圧迫して服従させる契機を与えた。イギリス領インド政府は、このことを利用してガシヤと境界線問題で交渉した。当時のインド外交部次長・カルー（O．K．Caroe）は、このキングドン＝ウォード事件を通してこの境界に存在する問題を発見することができたと言った。有名な藏学者・柳昇祺は、キングドン＝ウォードのこの活動について、「彼が1935年に無理矢理チベットに入った目的は、彼の越境に対するラサ当局の反応を試すためであり」、「カルーに一つの事件を作り出すための非常に必要な理由を与えてくれた[1]」と評価した。その後、カルー、キングドン＝ウォード、及び遠くイギリス国内にいたマクマホンなどは相次いで声援を送り、不法の「マクマホンライン」を合法化させるための与論を形成した。しかし、ヨーロッパ情勢の変化、第二次世界大戦の爆発と世界反ファシズム戦線の形成につれて、不法の「マクマホンライン」を合法化させようとした今回の努力は再び失敗に終わった。

　イギリス政府はチベットをソビエト連邦の南下を遏止するための障壁とバッファとしてみなしたので、チベット問題で「ソ連を制約してインドを保護する」という戦略を実行した。「マクマホンライン」以南の地域を占領する過程で、インド東北部に防御システムを建てようとしただけでなく、外モンゴルに対するソ連の政策を模倣して、チベットを援助することで自治を実施させ、ソ連軍がチベット経由でインド亜大陸へ侵入するのを防ごうとした。

　1943年4月10日、イギリス外交部は「チベットと中国の宗主権問題」と題された報告を内閣府に提出し、「徹底的、有効的にチベットの独立を支持するため、私達は昔に認めた中国の宗主権を放棄しなければならない[2]」と政府に提案した。29日、イギリス外交部は、インド事務

1．柳昇祺「1929年版『艾奇遜条約集』14巻はなぜ異なる2つのバージョンがあるのか」、『中国藏学』、1990年、第1期。
2．IOR. Fo 375/35755, Tibet and the question of Chinese suzerainty, Dated 10, April , 1943.

1．チベットに対する近代列強の侵略と干渉　　　　　　　　　　505

部にも同じ提案を転送した。インド事務部のペル（Pell）は、これはインドの防衛と印藏国境問題の解決に有利であると認め、賛同した。しかし、この提案は結局のところ、イギリス内閣で通らなかった。そこで転じて、「条件付きでチベットに対する中国の宗主権を承認する」と提案した。その条件とは、中国政府が「チベットの高度な自治」を認め、チベットを第二の外モンゴルにすることであった。しかし戦後、イギリスの国際影響力と実力が大幅に低下したので、この提案と企図は新中国の建国と共に遠い過去の夢になってしまった。

（2）アメリカの浸透

　アメリカとチベットの接触は、最初は民間の遊歴探険活動から始まった。アム・ウッドヴィル・ロックヒル（W．W．Rockhill）は、1884 年に駐中国アメリカ大使館の二等秘書を務め、最初にチベットへ入ったアメリカの政府要員であった[1]。3 年後、彼は外交官の職務を辞め、ラマを装ってチベットに対する 4 年間の秘密「調査」を行った。当時、地形の険しさと交通の不便によって彼はラサに入れず、チベットの東部と西南部の地域で政治・文化・宗教・歴史・言語及び人物などに関する資料を収集したが、情報量は非常に少なかった。しかし、ロックヒルは自分が収集した有限の資料をもとに、いくつかの旅行記や論文を書いた。例えば、『チベット』、『1891 － 1892 年モンゴル・チベット旅行記』など。ロックヒルのこれらの著述は、チベットに対するアメリカ人の好奇心と探検の楽しさを喚起してくれた。ロックヒルの後、約 30 名以上のアメリカ人がチベットへ行って探検を行なった[2]。しかし、彼はチベットが中国の領土である事実を顧みず、上記の著作の中で、「チベットは宗主国

1．張植栄『国際関係とチベット問題』、観光教育出版社、1994 年、79 頁。
2．Karl E Meyer. Close Encounters of an American Kind：William Woodville Rockhill in Tibet. World Policy Journal, Volume 15, Issue 4.1998.

である中国の属地」[^1]であると述べた。彼は中国とチベットの関係につい
て書いた最初のアメリカ人だったので、1908年に再び駐華アメリカ大
使に任命された。そのため、彼はアメリカの早期のチベット政策に大き
く影響を及ぼした人物であった。即ち、彼はチベットに対する中国の宗
主権（Suzerainty）だけを認め、チベットに対する中国の主権は排除し
た。ロックヒルとダライ・ラマ13世の個人関係は非常に良かったと言
われていた。1910年にロックヒルは、亡命中のダライ・ラマ13世に、
「チベットは、大清帝国の一部として保留しなければならない」[^2]と提案
した。

　第二次大戦時のアメリカと中国は共に日本侵略者と戦った盟友であっ
た。ルーズベルト大統領はダライ・ラマを中国チベット地域の宗教指導
者として見なし、手紙の中でダライ・ラマを「ラマ教」の「最高教長」
だと言った。[^3]

　1942年8月、アメリカ戦略情報局（OSS）の2人の将校、イリヤ・
トールソーイ（Ilia Tolsoy）とブルック・デュラン（Brook Dolan）は、
ダライ・ラマ宛のルーズベルトからの手紙とプレゼントを持ってラサに
到着した。[^4]トールソーイとデュランがダライ・ラマに持ってきた贈り物
は非常に特別なものであった。それは、ダライ・ラマ宛の大統領親筆の
手紙、直筆サイン入りの大統領の写真、および一枚の高価な時計であっ
た。ダライ・ラマは対等のプレゼントでお礼をした。大統領宛の親筆の
手紙、1枚のダライ・ラマの肖像画、高価な宗教タンカと高価なチベッ

1．（米）N・C・ホール「アメリカ、チベットと中国」成軍訳、『20世紀のチベッ
　ト―海外蔵学研究訳文集』（10集）、西蔵人民出版社、1993年版、288頁。
2．Houghton Library. Letter from Rockhill in St.Petersburg to the 13th Dalai
　in Darjeeling, India, 30 Sep ― tember 1910, Harvard University. Rockhill
　Papers. file 49M ― 284(90).
3．FRUS, President Roosevelt to the Dalai Lama 1942, China, pp.624,625.
4．メルヴィン・C・ゴールドスタイン『ラマ王国の崩壊』杜永彬訳、時事出版社、
　1994年、401頁。

1. チベットに対する近代列強の侵略と干渉　　　　　　　　　　　507

ト切手セットであった。それだけでなく、トールソーイとデュランは、
チベットがアメリカから無線通信設備を購入しようとする要請を勝手に
承諾した。また、チベットの中国からの分離と国連への加入を支持しよ
うとするアメリカの考えを伝えた。これは当時のダライ・ラマとその治
下のチベット人にもし将来チベットが独立すれば、アメリカからの支持
を得るだろうという印象を与えた。

　1943 年の後半に、アメリカの OSS はチベットのガシヤに 3 台の無
線発信機と 5 台の無線受信機を贈った。同年 11 月 30 日、援助物資を
輸送するアメリカの軍用機がラサ付近で墜落し、乗員全員が遭難した。
終戦直後の 1946 年に、ダライ・ラマはアメリカ大統領・トルーマンに
手紙を送って同盟国の勝利を祝ってくれた。1947 年、ダライ・ラマは
チベットの貿易使節団がアメリカを訪問する際、アメリカ大統領への直
筆手紙を委託し、アメリカ大統領との単独会見を求めた。後に中国政府
の抗議を受け、アメリカ側はこの要求を満たしてくれなかった。1949
年 1 月 5 日、国民党政権が間も無く覆滅される時、駐インド米国大使・
ヘンダーソンは国務院に、中国チベットに対する政策の改訂を提案した。
その中で、国民党政府が中国を失うことによって、彼らの中国での利益
に与えられる不利な影響を挽回するため、「チベット独立」を考えなけ
ればならないと提言した。しかし、アメリカ国務院は、歴史上でのチ

---

1. FRUS.1943.China..Washington D C. United States Government Printing
　Office. 1958, p.636.
2. Hollis S. Liao. The United States and Tibet in the 1940s. Issues and
　Studies. May 1990. Vol.26. No.6:123.
3. N・C・ホール「アメリカ、チベットと中国」成軍訳、『20 世紀のチベット
　－海外蔵学研究論文集』（10 集）、西蔵人民出版社、1993 年、296 頁。
4. ダライ・ラマ 14 世は、1935 年 7 月生まれである。ビジネス代表団の派遣
　事件にしても、アメリカ大統領に送った大戦勝利のお祝いにしても、全ては
　当時の親英米のガシヤ政府の所為である。なぜなら、その時のダライ・ラマ
　には、独立行為の能力がなかったからである。

ベット独立の根拠を見つけることができなかったので、最終的には「共産党のチベット接収を避けるため」、「チベットに十分な援助を提供する」政策を採択した。そして「チベット独立」に必要な実行可能で、合法的で、永久的な根拠を探し求めた。[1]

2. 民国政府のチベット管理[2]

1912年1月1日、孫文が南京で宣誓して中華民国臨時大総統に就任してから、1949年に中華人民共和国が成立するまで、中国歴史上の民国時期は37年間続いた。この時期の中国では絶えない内部紛争があったが、しかし各時期の中央政府は、チベットに対する主権の行使を中断しなかった。「弱国に外交なし」というが、民国時期の各政府は帝国主義の浸透と干渉に直面し、苦しい立場でありながらもチベット地方の管理、帝国主義の干渉と破壊に抵抗する面では一定の役割を果たした。

(1) 南京臨時政府と北洋政府のチベット管理

中華民国南京臨時政府の成立後、臨時大総統・孫文は「国家の根本は人民にあり、漢、満、蒙、回、蔵の諸地を合せて一つの国家とし、漢、満、蒙、回、蔵の諸族を合せて一人の如きにするのを民族の統一と言う。武昌起義をはじめに、十数の省が前後『独立』した。いわゆる『独立』とは、清朝に対しては離脱であり、各省に対しては連合であり、モンゴル、チベットに対しても同じ意味で、行動は一つ、不一致は絶対になく、枢機は中央で決め、四至点経緯度範囲に至れば、領土の統一という[3]」と

---

1. FRUS. 1949, IX, Status of Tibet, Memorandum of the Ambassador in India (Henderson) to the Secre — tary of State, pp.1065、1075、1078.
2. 民国時期、中国政府のチベットに対する民族政策に関しては、本書第6章を参照せよ。
3. 『東方雑誌』第8巻、第10号、『中国大事記』。

2．民国政府のチベット管理 509

宣告した。中華民国は、歴史上の中央政権の自然的な継承者であり、従ってチベットなどの地方の直接管轄権を自然に継承していると表明した。他に、孫文は1912年3月11日に公布された「中華民国臨時約法」の中でも、「中華民国の領土は、二十二行省、内外モンゴル、チベット、青海である⁽¹⁾」と明確に規定した。これは国家の基本法の形で、チベットは中華民国領土の一部であると規定した。

袁世凱が南京臨時政府を引き継いだ後、同年4月22日に公表した大総統令の中で、「中華民国政府が理藩に専門部を設けなかったのは、元々モンゴル、チベット、回疆が内地の各省と平等であったからであり、将来、ここの各地方のすべての政治は内務行政範囲に属させる。現在、統一政府はすでに成立し、その理藩院事務は併合して内務部で接収管理する。その各部に属するものは、依然として各部で管理する。地方制度が画一・規定する前に、モンゴル、チベット、回疆のことは、依然として各々の恒例で処理する⁽²⁾」と述べた。北洋政府が、チベット、モンゴル、「回疆」の事務を内務部の統轄に組み入れたのは、国家体制の上で、民族地区と内地の一致を維持しようとする重要な措置であった。1912年6月、国務会議は参議院の提案を正式に審議し、蒙蔵事務局を設け、国務総理に直接管轄させた。1914年5月、袁世凱は「中華民国臨時約法」を廃止し、「中華民国約法」でそれを代替し、責任内閣制を大総統制に、国務院を政事堂に代え、同時に、蒙蔵事務局を蒙蔵院に代えた。「蒙蔵院は大総統が直接管轄し、蒙蔵事務を管理⁽³⁾」した。チベット地方の国家次元での参政権を保証する面で「臨時約法」第3章第18条では、中華民国政府参議院の議員にチベットから5名の代表を選んで参加させ、共に国事を討議すると具体的に規定した。代表選出の具体的な方法はチ

1．『中華民国臨時約法』上海商務印書館、1916年、1頁。
2．『東方雑誌』第8巻、第12号、『中国大事記』。
3．『東方雑誌』第11巻、第1号、『中国大事記』。

ベット地方政府が自分で決めたと言った。[1]

　南京臨時政府と北洋政府のチベット管理について、上記のほかに、二つの方法に触れる必要がある。

　一つは、ダライ・ラマ13世とパンチェン・ラマ9世に対する「回復」令を頒布した。1910年、四川軍がチベットに入るとダライ・ラマ13世は脅かされてインドのダージリンに逃げたので、清政府は駐チベット大臣・聯豫の話を信じ、「弾劾」を通してダライ尊号を取消した。1912年に南京の臨時政府が成立すると、ダライ・ラマはチベットに戻り、民国政府が任命した蒙蔵事務局の総裁・グンサンノルブ（貢桑諾爾布）に自ら手紙を書いて、「先日、宗教事務のことで北京からチベットに戻り、宗教事務を振興させるため、極力に整頓を行っている。嗣は名号を取り除かされ、暫くダージリンに居候している。去年の冬、四川省の事件からチベットは未だに安定を取り戻していないので、仏教を守るため、相談の意をお伝えする[2]」と言った。蒙蔵事務局はダライ・ラマ13世の名号を恢復するため、臨時大総統・袁世凱に、数回にわたるダライ尊号剥奪の経緯や彼に代表される黄教がチベット社会安定の維持に果たした役割を伝えた。10月28日に、袁世凱はダライ・ラマ13世の名号を「回復」すると命令を下した。また1913年4月1日に、パンチェン・ラマ9世を加封する「大総統令」を頒布した。

　　「パンチェン・エルデニの電報によれば、中国と出会って実に恩恵を受け、中国との辺境地域の官民には、資金と食糧を調達してもらい、至れり尽くせりであるなどの言葉もあった。パンチェン・エルデニは、実は共和に賛成し、民国に忠誠し、チベット事務を維持

1．『中華民国臨時約法』上海商務印書館、1916年、3頁。
2．ドルジェ・ツェテン編『元朝以来のチベット地方と中央政府の関係公文書史料集』(6)、中国蔵学出版社、1994年、2354頁。

2. 民国政府のチベット管理

し、勤勉を備えているので本大総統は実に深い慰安を感じた。直ちに『致忠闡化』名号を加封し、忠良を優遇し、黄教を尊崇する民国の意を表すべきである。此令。」[1]

「名号回復」の令を受けた後、ダライ・ラマ13世とパンチェン・ラマ9世は、中央政府に対する認可と服従を表明した。

もう一つは、北洋政府はチベット辺境の安定を守るため、軍隊を派遣してチベットに入り、そしてシムラー会議で原則を堅持し、国家の主権を守った。辛亥革命勃発後、イギリスの支持の下で、ドモ（亜東）、パグリー（帕里）などのチベット軍と清軍が衝突し、緊急情勢になった。中華民国成立後、雲南都督・蔡鍔は出兵してチベットを支援するため、1912年5月6日、袁世凱に電報で、「チベットを調べ、西藩を防衛するのは大局に関わり、もし破裂してしまうと雲南と四川を失う恐れがある。……迅速に辺境防備を整え、危機を挽回すべきである」と言った。四川都督・尹昌衡も5月12日に、電報で袁世凱に、「チベットをなくすと辺境が不安になり、辺境を失うと全国が危機に陥る[2]」と言った。北洋政府は蔡鍔と尹昌衡2人に、軍隊を率いてチベットに入るよう命令した。雲南軍と四川軍のチベット入りにイギリス人はまず不満を表し、続けてチベット地方を離間し、そして民国中央政府外務部に「抗議」した。イギリスの干渉に対して、北洋政府は断固として「抵抗」した。その後、イギリスは「中国、イギリス、チベット」三者の「シムラー会議」の開催を策動し、中国の領土を分割する「シムラー条約」をでっち上げた。会議中、北洋政府は陳貽范代表に、正式の条約に署名しないよう指令を出した。そして公式声明で、「イギリスとチベットが本日、または他の

1．チベット社会科学院他編『チベットは中国の不可分の一部』チベット人民出版社、1986年、458頁。
2．牙含章『パンチェン・エルデニ伝』チベット人民出版社、1987年、228頁。

日に結んだ契約、または同様の文について、中国政府は一切認めない[1]」
と表し、断固として主権を維持する立場を表明した。

　清朝末期以来、チベット地方政府と清朝政府との関係の悪化は、中
華民国政府の努力では改善されなかった。逆に、ダライ・ラマ13世は、
民国初年の内外の苦境を機にチベット軍の規模を拡大し、外国軍事顧問
を任用してチベット軍を訓練させるなど、中央政府に対抗した。「シム
ラー会議」が終わってからまもなく、国内では袁世凱の帝位に就き、護
法戦争が起こり、その後は袁世凱の病死、国内の軍閥混戦などの出来
事が次々と発生した。チベット地方政府は機に乗じて、1917年9月に、
チャムド（昌都）などに駐屯して防衛する四川軍を攻撃した。

　「辺境軍は、守備時間が長かった上に武器の供給が欠乏し、軍の闘志
さえ消え、防衛する場所も多く、兵力も薄弱だったので挑発が始まると
守り切れなくなった。[2]」

　四川軍はチベット軍の侵攻に抵抗することができず、最終的にチャム
ドなどの地域がチベット軍に占領されてしまった。1919年、北洋政府
は2回に渡り、官員をチベットに派遣してダライ・ラマ13世と直接連
絡を取ろうとした。最初に派遣された代表はダライ・ラマに会えず、チ
ベットに入る機会さえ得られなかった。2回目は、1919年8月に北洋
政府が甘粛督軍・張広建に命令して、朱繍、李仲蓮と紅教ラマ・古朗倉
を委員とする代表団を派遣し、青海からチベットに入り、ダライ・ラマ
13世と面会した。11月24日、代表団はラサに到着し、ダライ・ラマ
との会談は良好な効果を得た。翌年の4月、朱繍などはダライ・ラマ
とパンチェン・ラマの公文書やプレゼントを持って甘粛に戻った。これ
は中央政府が辛亥革命以降、初めて妨害を取り除き、官員を派遣してチ

1．ドルジェ・ツェテン編『元朝以来のチベット地方と中央政府の関係公文書
　史料集』(6)、中国蔵学出版社、1994年、2422頁。
2．ドルジェ・ツェテン編『元朝以来のチベット地方と中央政府の関係公文書
　史料集』(6)、中国蔵学出版社、1994年、2440頁。

2. 民国政府のチベット管理 513

ベットに入ったことであり、チベット地方と中央政府との関係は緩和し始めた。[(1)] しかし、このような緩和は依然としてとても脆弱であった。

「シムラー会議」の後、ダライ・ラマ 13 世はチベットで「ニューディール」を推進し、自分の政治的権威を強化したが、彼とパンチェン・ラマとの関係は傷つけられた。1923 年 11 月、ダライ・ラマ 13 世はラサで、「親漢」の罪名でパンチェン・ラマ 9 世の数人の側近を投獄した。パンチェン・ラマはダライ・ラマが自分を謀殺する前兆であると判断し、11 月 15 日に、15 人の侍従を率いて密かに内地へ逃げた。パンチェン・ラマはまず、甘粛省安西県に到着し、親切な接待を受けた。その後、パンチェン・ラマ一行は蘭州へ行き、西安、太原経由で北京に着いた。北洋政府は、清朝の乾隆皇帝がパンチェン・ラマ 6 世を接待した前例に従って、パンチェン・ラマの北京到着を歓迎し、中南海の瀛台をパンチェン・ラマの本営とし、グンサンノルブなどを指定して接待の準備を任せた。途中で甘粛督軍・陶洪涛、北洋政府の特派員・李乃芬、山西督軍・閻錫山、臨時執政段祺瑞の長男・段宏業、モンゴル王公・楊桑巧とチャンキャ・ホトクト（章嘉呼図克図）などの官僚たちの高レベルの歓迎を受けた。1924 年 8 月、パンチェン・ラマは北京に着き、次々と袁世凱、段祺瑞執政府から「致忠闡化」、「宣誠濟世」などの封号や金冊金印を授かり、同時にパンチェン・ラマの北京事務所設立の許可をもらい、福佑寺を所在地にした。翌年、パンチェン・ラマは青海省西寧市、四川省成都にも事務所を設立した。益々増える事務を処理するために、パンチェン・ラマは部下に命令して「班禅堪布会議庁」を結成した。この機構はパンチェン・ラマに協力して国家に有益な多くの仕事をした。

パンチェン・ラマが内地に着いた後、ダライ・ラマ 13 世は単独でチ

---

1. 唐景福「民国時期歴代中央政府のチベット主権を守るための措置」、『中国蔵学』、1997 年、第 1 期。

ベット地方政教の大権を制御した。彼はいわゆる「ニューディール」を極力で推し進めることで、自分の実力を増やした。彼が依頼する主な勢力は、彼自身が自ら選んだ側近であったが、そのうちのある人はイギリスに買収され、イギリス人がダライ・ラマを制御する道具になった。ダライ・ラマが採用した警官がイギリスのスパイであり、このスパイ警官は直接ダライ・ラマ13世に政務を放棄して仏教に専念するよう「勧告」したので、最後はダライ・ラマによってチベットから追放された。さらに、イギリスに買収された一部の人は、軍事クーデターを発動してダライ・ラマを代替しようと企んだ。ダライ・ラマはこのような様々なことを通して、イギリス人は頼りにならないと認識した。パンチェン・ラマ9世がチベットを離れ、内地に着いた後に受けた様々な歓待を見たダライ・ラマは、チベット問題を解決するためには、中央政府に助けを求めるべきであって、「口に蜜あり腹に剣あり」のイギリスではないと認識した。ダライ・ラマ13世も人を派遣して、国民政府と連絡を取り、中央政府との関係改善を図った。

（2）国民政府とチベット地方との関係

　1928年に、国民党は南京に国民政府を成立した。パンチェン・ラマ9世はロブサン・ギェルツェン（蘇本堪布羅桑堅賛）と朱福安を代表として派遣し、正式に連係を結び、南京に事務所を設立した。1932年にパンチェン・ラマは、国民政府によって国民政府委員に選ばれた。1928年10月、ダライ・ラマ13世は北京雍和宮のケンポ・クンチョク・ジュンネー（堪布梶却仲尼）、ツルティム・テンジン（楚称丹増）、巫懐清3人を南京に派遣して蒋介石に謁見し、「イギリス人に親しまない、中央に背かない、パンチェン・ラマのチベットへの帰還を歓迎する[1]」な

1．ドルジェ・ツェテン編『元朝以来のチベット地方と中央政府の関係公文書史料集』（6）、中国蔵学出版社、1994年、2475頁。

2．民国政府のチベット管理

ど、自分の忠実を表明しながら支持を求めた。蒋介石もダライ・ラマ
13世への親書で、ダライ・ラマが中央政府の意向を尊重していると賛
美し、ダライ・ラマも蒋介石に感謝の意を表明した。1930年、国民政
府は「チベット慰問要員」をチベットへ派遣して特別に慰問を行った。
その後、チベット地方政府は代表を派遣して南京にチベット事務所を設
立した。チベット地方政府とパンチェン・ラマ側も代表を派遣して、
1931年と1936年に、南京で開催された国民代表大会に参加し、チベッ
ト地方と中央政府の関係は軌道に乗り始めた。

　1930年、チベットのガシヤ政府はラサで納税を拒否した数人のネパー
ル商人を拘束した。ネパール政府は全国を動員してチベットを侵攻しよ
うとした。ダライ・ラマ13世は国民政府に援助と調停を要請した。国
民政府は蒙蔵委員会参事・巴文駿を派遣して調停をしながら、ネパール
国王に書面で縁由を説明し、最終的にはチベットを助けて紛糾を鎮めた。
それ故、チベット地方政府は国民政府に感謝の気持ちを表し、チベット
地方と中央政府の関係はより一層密接になった。

　ダライ・ラマ13世が晩年に、自主的に中央政府との関係を改善した
主な目的は、中央が彼をはじめとするチベット地方政府を支持し、歴史
上に残された各種問題の解決に協力してくれることを望んでいたからで
あった。しかし、当時の国民政府にはチベットの事務について真剣に考
える余裕がなかった。従って、当時のチベットと中央政府の関係は徐々
に改善され、チベット内部ではダライ・ラマ側とパンチェン・ラマ側の
協調と和解が行われたが、国民政府はこのチャンスを把握することがで
きなかった。それで1933年12月に、ダライ・ラマが病気で円寂する
と各種未解決の矛盾が再び激化し、緩和していたチベット情勢は新たな
混乱を生み出した。

　ダライ・ラマ13世が円寂した後、チベット地方政府は、国民政府と
パンチェン・ラマ9世に電報で訃報を伝えると同時に、レティン活仏
を推薦して摂政させ、中央に承認を申し出た。国民政府はダライ・ラマ

13世に、「護国弘化普慈円覚大師」と追諡し、玉冊、玉印を与えた。チベット地方政府は北京事務所を通して、「チベットに対する愛は、深くて厚い」と国民政府に感謝の意を表し、チベットは中華民国の一部であると認め、中央政府の指導に服従すると宣言した。内地にいたパンチェン・ラマ9世も電報で国内各寺院に、共に大経を誦すり、7日間哀悼するとした。そして銀貨7万3千元を寄付して、チベット、青海、西康、内モンゴル各地の寺院の読経費用として供えた。1934年2月14日、南京の各界でダライ・ラマ13世を追悼する大会が盛大に行われた。国民政府は特に、汪兆銘を派遣して大会の主催を任せ、弔辞を捧げた。国民政府主席・林森の代表、行政院の代表なども祭詞を捧げ、北京駐在チベット代表は一々返礼した。北京、山東、山西、河南、陝西、察哈爾、安徽、湖北、広東、雲南、青海なども代表を派遣して大会に出席した。南京でダライ・ラマを追悼する時、北京駐在チベット事務所の4人の代表、クンチョク・ジュンネー（貢覚仲尼）などは連名で「ダライ略伝」を書いた。その中で、「ダライ・ラマは中央を懐かしむ。民国の創造、政体の革新、ダライ・ラマは遠い西の辺境で五族共和を建国の基にすると聞いた。チベット人は立場を決めず、驚喜を覚えていた。しかし中土は毎年戦争が続き、辺境のチベットまで中央の配慮は及ばなかった。ダライが思うに、政体はすでに革新し、中枢の政治は清末摂政王時代のように暗愚ではない。全力でチベット政教の管理に取り組んでいるが、実は一日も中央を忘れたことがない。機に乗じて昔の関係を回復しようと思い、五族共和国の建国の真の意味に合わせたい……[1]」と言った。これらの言葉は褒め過ぎのところもあるが、ある程度ダライ・ラマ13世の心境を表していた。

　内地でダライ・ラマを追悼すると同時に、国民政府は1934年4月に、参謀本部次長・黄慕松を特使とする代表団を派遣してチベットでも追悼

1．牙含章『パンチェン・エルデニ伝』チベット人民出版社、1987年、259頁。

2．民国政府のチベット管理 517

を行った。代表団は南京から出発し、成都、康定、甘孜、徳格、太昭を経由で、8月28日、ラサに到着した。チベット地方政府は役人を派遣して、メルド・グンカル（墨竹工卡）で出迎い、ラサに着いた後、盛大な歓迎式を開いた。ガロン・ティモンパ（噶倫赤門巴）、朗窮巴などは黄慕松に拝謁し、黄慕松らもレティン活仏と一部の官僚に答礼した。10月1日に黄慕松は、代表団のメンバーとレティンなどの地方政府の役人を率いて、ポタラ宮のダライ・ラマ霊廟で追悼儀式を共同で行った。黄慕松はラサに3カ月間泊まり、中央とチベットの関係問題についてチベット地方政府の役人と数回の協議を行った。11月28日、黄慕松一行はラサでの使命を終え、インド経由で南京に戻った。しかし「特使行署」の名義で駐ラサの代表を残し、一台の発信機を残して連絡を保った。[1]

パンチェン・ラマはダライ・ラマ13世が逝去後、南京、上海、杭州、北平などを転々とした。1934年6月3日、上海では30万人が参加したパンチェン・ラマを歓迎する大会が行われた。パンチェン・ラマは会議で、「蒙蔵は中国の重要な国防」と題された演説を発表し、「モンゴルとチベットは中国西北の最前線の防衛であり、土地は広く人口は少なく、豊富な宝が埋蔵され、……パンチェンは漢人とチベット人の感情を回復させるため、苦労を恐れず、東奔西走してから既に11年なり、早いうちに五族が団結して共に極楽を享受することを望む」と強調した。[2]パンチェン・ラマはダライ・ラマの追悼活動に参加しながら、チベットへ帰る準備をしていた。しかし、ダライ・ラマの円寂はパンチェン・ラマのチベットへの帰還を早めることができず、むしろ帰還への阻害を増加させた。その理由は、チベット新摂政のレティンは20歳で、政治経験が

1．色新・洛桑頓珠「国民政府特使黄慕松の接待に参加した私の経緯」、張暁明編『目撃百年チベット』五洲伝播出版社、2004年、18 − 22頁。牙含章『パンチェン・エルデニ伝』、265頁。
2．牙含章『パンチェン・エルデニ伝』チベット人民出版社、1987年、261頁。

なかったので親英勢力が台頭し始めたからである。彼らがコントロールしているガシヤ政府は、「蒙・漢将兵のチベット入り」に反対するとの理由で、パンチェン・ラマのチベットへの帰還に反対し、至っては、もしパンチェン・ラマが蒙・漢将兵を連れてチベットに入るとウラを提供してくれないだけでなく、地方政府を招集して「武力で蒙・漢将兵のチベット入りに抵抗する[1]」と威嚇した。一方、イギリス政府も彼らの大使館に命令して国民政府外交部に一部の備忘録を提出し、ガシヤの意見を借りて、パンチェン・ラマが国民政府が提供した親衛隊を率いてチベットへ入ることに反対した。この問題について、国民政府はイギリスの介入に反対したが、「七・七事変」、抗日戦争が全面的に爆発すると、英米の財政と武器援助を得るために、パンチェン・ラマの早期帰還を支持する態度からパンチェン・ラマの「帰還の猶予」に同意する態度に変えた。パンチェン・ラマ9世はとても意外に思ったが、護送特使・趙守鈺に、「絶対に、中央護送兵と儀仗隊を捨ててチベットに入らない。チベットに入った後、ラサ政府の制限を受けて、中央と疎遠になりたくないので命令に従って猶予する[2]」と表明した。パンチェン・ラマは帰還が妨げられた後、1937年10月に青海の玉樹に戻り、祖国の抗戦を支持するために3万元を寄付し、公債2万元を購入し、部下を動員して踊躍的に寄付に参加させ、玉樹寺で抗日戦争の勝利を祈って神仏に対して経を読み、法文を唱えた。しかし、不幸なことに、パンチェン・ラマは1937年11月4日に病気に罹り、12月1日に玉樹で円寂した。パンチェン・ラマ9世の円寂は、チベットの平和事業に対しても、中央とチベット地方政府の関係の正常発展に対しても巨大な損失であった。

　1938年12月、レティンは中央に、役員を派遣してダライ・ラマ13

1．牙含章『パンチェン・エルデニ伝』チベット人民出版社、1987年、273頁。
2．ルジェ・ツェテン編『元朝以来のチベット地方と中央政府の関係公文書史料集』(7)、中国蔵学出版社、1994年、2740頁。

2. 民国政府のチベット管理

世の転生霊童籤引きをつかさどるように要請した。中央は蒙蔵委員会の委員長・呉忠信をラサへ特派することに決めた。呉忠信は「観視」する方式でダライ・ラマ14世を認定し、中央に報告して「金瓶掣籤」[1]の免除を求めた。1940年2月22日、ダライ・ラマ14世の坐床式（地位継承式）がラサで盛大に行われ、坐床大典で呉忠信は歴史規定に従ってダライ・ラマと一緒に「面南平座」し、関連官員に封賞を行った。期間中、ラサで正式に藏蒙委員会の駐チベット事務所を設立し、中央政府との連係に便利をもたらした。

パンチェン・ラマ9世の逝去後、班禅堪布会議庁とガシヤ当局は別々人を派遣してあちこちでパンチェン・ラマ9世の「転生霊童」を探し始めた。1941年、堪布会議庁は青海省循化県で3歳のゴンポ・ツェプテン（官保慈丹）を見つけた。占いなどの宗教的な過程を通してパンチェン・ラマの「転生」であると認定し、国民政府に報告した。1947年、ガシヤ側も2人の霊童を見つけたと言い、「金瓶掣籤」を要求した。パンチェン堪布会議庁は、それに対して断固反対し、国民政府行政院に報告した。1949年6月3日、国民政府の代理総統・李宗仁は青海の「霊童」を承認すると発表し、「青海霊童・ゴンポ・ツェプテンは、才知と器量があり、生まれつき聡明怜悧であり、調べてみるとパンチェン・エルデニ9世の転生であったので籤引きを免除し、パンチェン・エルデニ10世の後続を特に批准する[2]」として、「金瓶掣籤の免除」を命令した。6月18日、行政院は第10代パンチェン・ラマ坐床式に対する訓令を発表した。その内容は、「総統に請願して、ゴンポ・ツェプテンを第10代パンチェン・エルデニにすると公表し、青海タール寺での就任

---

1. 金瓶掣籤とは、ダライ・ラマやパンチェン・ラマなど高位の化身ラマの転生霊童を決定する際に用いる、「金瓶」と籤による選定法を指している。（訳者注）
2. 牙含章『パンチェン・エルデニ伝』チベット人民出版社、1987年、285頁。

を批准し、中央は人を派遣してそのことを処理する[1]」ということであった。8月10日、国民政府は蒙蔵委員会委員長・関吉玉を特使に、青海省政府主席・馬歩芳を副使に特派して、青海のタール寺でのパンチェン・ラマ10世の坐床式を司会させた。国民政府がパンチェン・ラマ10世に合法的な地位を賦与したのは、中央政府の権威を擁護しただけでなく、チベット仏教の内部安定にも役に立ったと言えるだろう。

タツァがレティンに取って代わって、チベットのガシヤを主宰した後、チベット分裂勢力の「独立」の意図は徐々に公開化した。1942年、彼らは「外交局」を設立し、蒙蔵委員会の駐ラサ事務所をイギリスやネパールなどの外国駐ラサ使節団と同一視した。後に、蒋介石自らの交渉によって、駐チベット事務所の元の地位とガシヤとの直接交渉の権利を回復したが、「外交局」を撤回させることはできなかった。

抗日戦争勝利後、ラサ駐在イギリス使節団の指示の下で、ガシヤは「同盟国慰問代表団」を派遣して、まずはインドへ行って英米政府を「慰問」し、後に南京国民政府を「慰問」するなど、英米と中国を同等に扱い、それによって、チベットは「独立国家」であることをアピールした。

1947年3月、インドが主催する「汎アジア会議」がニューデリーで開かれた。ガシヤは「代表団」を派遣して出席しただけでなく、その会場でチベットの独立を象徴する「雪山獅子旗」を掲げた。また、主席台の後ろに掲げたアジア地図には、中国以外の地域としてチベットを描いた。国民政府の代表団は容認しがたいとして、即座で会議を司会するネルー（尼赫魯）に抗議した。チベット「代表団」がラサに戻った後、すぐレティン殺害事件が起きた。

1947年10月、イギリス人の唆しによって、チベットのガシヤは「ビ

---

1. チベット社会科学院他編『チベットは中国の不可分の一部』チベット人民出版社、1986年、523頁。

2. 民国政府のチベット管理 521

ジネス考察団」を組織し、チベット自製の「パスポート」を持ってインド、アメリカ、イギリス、フランス、イタリアなどの国を訪問した。これに対して、国民政府は多くの努力を費やして、米英などの国が公開にチベットの独立を支持しないよう圧力をかけたが、ガシヤの分裂活動を阻止する能力はなかった。

1949年7月8日、チベット当局はインドのカリンポン・ラジオを通して国民政府に、チベットで共産主義動乱が起きるのを防ぐため、「ラサにいる中国の代表及び随行、無線オペレータ、学校の先生、病院の従業員及び不審な漢人と巴塘人をそれぞれの原籍に速やかに帰らせる[1]」と通知した。国民政府駐チベット事務所の役人や家族など、いわゆる容疑者100余人はすぐさま、7月11日、17日、20日の3回に分けて、中印国境に武力で連行され、インド海路を通して中国内地に送還された。祖国を分裂するこの重大な事件は、チベットの分裂勢力が帝国主義と外国反動派と結託して入念に計画したものであり、中国各界の強烈な非難を受けた。当時、すでに広州に逃げた国民党政府も自身が崩壊の危機に直面しているにも関わらず、この事件に対して強烈な反応を表した。行政院院長・閻錫山はチベット事件に対する声明の中で、中央が派遣した役人は皆厳選した者で、共産党人は絶対に混ざっていないと指摘し、「一歩譲って言うならば、もし怪しい者がいたら、チベットは事前に申告して居残りを決めるべきであって、部分で全体を言い、全部を撤退すべきではない。従って、チベットと西洋当局のこの措置は道理にも法にも合わない[2]」と言った。中国共産党は新華社と『人民日報』を通して、9月2日と7日に、「外国侵略者の中国領土の併呑を絶対に許さない—チベット」と題された社説と署名記事を発表して、「七・八」事件の実

---

1. ドルジェ・ツェテン編『元朝以来のチベット地方と中央政府の関係公文書史料集』(7)、中国蔵学出版社、1994年、2938頁。
2. 同書、2943頁。

質を暴露し、厳正な態度を表明した。

　「7月8日、チベット地方の権力者が漢族人民と国民党の駐チベッ
ト役人を追い払った事件は、イギリス、アメリカ帝国主義とその追
従者であるインド・ネルー政府の策動によって発動されたものであ
る。イギリス、アメリカ、インド反動派がチベット地方反動当局と
結託して、この『反共』事変を引き起こした目的は、人民解放軍が
間も無く全国を解放しようとする時、チベット人民を解放させない
ためであり、さらには自由と独立を奪って、外国帝国主義の植民地
奴隷に転じさせるためである。……

　イギリス、インド反動派は、チベットを併呑するため、チベット
が中国の一部であることを否定しようと妄想したが、これは侵略者
の寝言にすぎない。国内外で公開出版された地図や中国の内政外交
についてのすべての資料を調べても、その『根拠』を見つけること
はできない。チベットは中国の領土であり、チベット民族は中国の
各民族の大家族に属し、漢族及び中国国内の他の民族と兄弟関係を
結んだのも、悠久の歴史を持っている。……

　……中国人民解放軍は、必ずチベット、新疆、海南島、台湾を含
む中国の全領土を解放しなければならない。決して一寸の土地も中
華人民共和国統治以外に残してはならない。チベットは中国の領土
であり、いかなる外国の侵略も決して許さない。チベット人民は、
中国人民の不可分の構成部分であり、いかなる外国の分割も決して
許さない。これは中国人民、中国共産党と中国人民解放軍の確固不
動の方針である。[1]」

---

1. 「外国侵略者の中国領土の併呑を絶対に許さない―チベット」、中央統戦部
　編『民族問題文献集』中国共産党中央党校出版社、1991年、1262 - 1263頁。

3．チベットの平和的解放と社会変革　　　　　　　　　　　　　　　　　　　　523

　歴代の民国政府がチベットの管理問題で努力し、しかもこのような努力によって、帝国主義の支持を得たチベット分裂勢力が最終的にチベットを中国から分裂させることはできなかった。しかし、国力が及ばず、チベット地方政府と中央との関係は、付かず離れずの異常な状態に陥った。したがって、厳密に言えば、南京臨時政府も北洋政府または南京国民政府も国家の完全統一を実現することができなかった。チベットでの中国の主権は強固なものではなかった。この歴史的使命を完成させるのは、中国共産党及びその指導下の人民政府だけであった。

3．チベットの平和的解放と社会変革

(1) チベットの平和的解放

　帝国主義の扇動と支持によって、「チベット独立」の活動が勢いづいたので、チベット解放は、中国人民解放軍が全中国を解放する一つの構成部分であるのみならず、国家の統一と領土の主権を守るための必要行動でもあった。1949 年 9 月 26 日、朱徳は中国人民解放軍総司令の名義で第一回全国政治協商会議で、人民解放軍はチベットを含む全部の国土を必ず解放すると表明した。新中国成立後、中国共産党中央委員会は間も無く、チベットを解放するための準備を行った。10 月 13 日、毛沢東が立案した「西南、西北に対する作戦配備」という電報の中で、中国人民解放軍第二野戦軍全軍と 18 兵団、計約 60 万人が「雲南、貴州、四川、西康及びチベット経営」を担当すると正式に明かした。[1] チベット情勢のさらなる複雑化を防ぐため、1949 年 12 月、毛沢東は訪問先のモスクワに向かう特別列車の中で、至急電報で中央に、「チベットへの進軍は、早めた方が良い」と言った。それに従って中央は、西康、雲南、青海と

1.「毛沢東が西南、西北作戦配備に関して彭徳懐に送った電報」、チベット自治区党史資料募集委員会他編『チベットの平和的解放』チベット人民出版社、1995 年、45 頁。

新疆の4つの方向からチベットへ進軍した。12月31日に中国共産党中央委員会は、「前線の将兵と全国同胞に告げる手紙」を発表し、チベット解放を1950年の戦闘任務として定め、すべての形式の妨害と破壊を断固として粉砕し、中国の領土と主権の万全を守るための新中国政府の決意を表明した。[1]

しかし、中国共産党と中央人民政府は、最大限でチベット人民の利益を保護するため、チベットの平和的解放を目指して弛まない努力を続けた。中央人民政府は1950年1月に、人民解放軍に命令してチベットへ進軍する際、北京へ代表を派遣してチベットの平和的解放のための交渉を行うようチベット地方政府に通知した。[2] 1950年1月8日、中央人民政府の民族事務委員会は北京で召集したチベット族各界人士の座談会で、チベットを平和的に解放するための具体的な政策や方法を共同で協議した。1950年、中央西南局と西北局は、前後4回に渡って、代表あるいは代表団を派遣してチベットを勧告した。しかし、一連の勧告と対話促進活動は外国の侵略勢力とチベット上層頑迷勢力の破壊と妨害を受け、対話促進代表は追い出されるか軟禁され、更には勧告を行ったゲタク・トゥルク（格達活仏）がチャムドで毒殺された。

一方、チベット地方政府は帝国主義侵略勢力の扇動と支持のもとで、武力で人民解放軍のチベット進軍を阻止しようとした。彼らは極力的にチベット軍を拡充し、西南からチベットに入る通り道であるチャムド地域にその主力を配置した。帝国主義とチベット地方政府の幻想を砕くために、そして、チベットの平和的解放に有利な条件を与えるために、人民解放軍は1950年10月、チャムド戦役を発動し、チベット進軍部隊は南北の2つの線から金沙江を渡り、順調にチャムドを解放した。そ

1．「中国共産党中央の新年を祝って前線の将兵と全国同胞に告げる手紙」、『中国人民解放軍軍事文集』5集、中国人民解放軍総部編印、1951年印、56頁。
2．チベット自治区党史資料募集委員『中国共産党チベット党史大事記』（1949－1994）、チベット人民出版社、1995年、5頁。

3. チベットの平和的解放と社会変革 　　　　　　　　　　　　525

の後、チャムドに地元の人民政権とチベットの平和的解放を獲得するための実行委員会を設立した。

　チャムド戦いはチベット地方政府の内部分化を促し、愛国進歩勢力が優位を占め、親帝国主義分裂を主張する摂政・ガワン・スンラプ（達扎・阿旺松繞）は失脚を余儀なくされ、ダライ・ラマ 14 世が 11 月 17 日に繰り上げて親政を始めた。1951 年 1 月 2 日、ダライ・ラマ 14 世はチベットのドモに移住し、情勢の変化を眺めながら、イギリス、アメリカ、インド、ネパールなどの支援を求め、機会を待って国外へ逃げようとしたが、公開に「チベット独立」を支持する国は一つもなかった。中央政府及び各界の共同の努力によって、チベット地方政府はようやく情勢を把握し、1951 年 2 月に、ンガプー・ンガワン・ジクメ（阿沛・阿旺晋美・首席代表）、ケメイ・ソナムワンデイ（凱墨・索安旺堆）、トゥプテン・タンダル（土丹・旦達）、トゥプテン・レタムン（土登・列門）とサンポ・テンゼントンドプ（桑頗・登増頓珠）など 5 人の全権代表を派遣して北京で交渉を行った。中央人民政府は、李維漢（首席代表）、張経武、張国華、孫志遠を全権代表として派遣し、4 月 29 日に、チベット地方政府の全権代表と交渉を行った。

　和平交渉は、チベット地方政府がチベットは中国の不可分の一部であることを認める前提のもとで行われ、交渉で解決しなければならない根本的な問題は、民族団結の強化と祖国の統一を守る問題であった。20 余日の交渉の中、双方の代表は幾つかの問題で論争と意見の不一致を見せたが、終始、友好と誠実に満ち、十分に協議する雰囲気の中で行われ、最終的には、チベットの平和的解放をめぐるすべての問題で合意に至った。

　5 月 23 日に双方は、「中央人民政府とチベット地方政府のチベットを平和的に解放する方法に関する協議」、全 17 条（以下「17 条協定」）に調印した。協議の前 3 条には、「(1) チベット人民は団結して、チベットから帝国主義侵略勢力を駆逐し、チベット人民は、中華人民共和国・

祖国の大家庭に戻ってくる。(2) チベット地方政府は、人民解放軍の
チベット入りに積極的に協力して国防を強化する。(3) 中国人民政治
協商会議共同綱領の民族政策に基づいて、中央人民政府の統一的指導の
下で、チベット人民には民族区域自治を実行する権利がある。……」な
どがあった。

協議では、チベットの現行政治制度を中央は変更しない、ダライ・ラ
マとパンチェン・ラマの固有の地位や職権も変更しないと規定した。チ
ベットにおける各改革について、中央は圧力をかけないが、チベット地
方政府は自動で改革を行わなければならず、人民が改革を要請する場合、
チベットの指導者と協議する方法で解決すると規定した。[1]

「17 条協議」は、チベット人民の幅広い賛成と擁護を得た。1951 年
9 月 26 日から 29 日まで、チベット地方政府は、全体僧俗役人、三大寺
院代表が参加した 300 人大会を開催し、一致してこの協議は、チベッ
ト仏法、政治、経済諸方面の発展と繁栄に有益であり、それに従って実
行すべきであると認識した。

10 月 24 日、ダライ・ラマ 14 世は毛沢東主席への電報で、中央政府
の決定を支持、賛成すると表明した。10 月 26 日に毛沢東は答電で、チ
ベットを平和的に解放する協議の実行に対するダライ・ラマの努力に感
謝の意を表した。

1951 年 9 月から 1952 年 6 月まで、チベット人民の強力な支持の下で、
人民解放軍の各チベット進軍部隊は、ラサ、ギャンダ(太昭)、ギャン
ツェ、シガツェ、ルンツェ・ゾン(隆子宗)、ドモ、ザユル(察隅)な
どの地域に進駐し、平和的にチベットを解放する任務を円満に完成した。
「17 条協議」の締結とチベットの平和的解放の実現は、チベットを帝国
主義の侵略から脱却させ、中国の国家主権、統一と領土の保全を守り、

1.「中央人民政府とチベット地方政府のチベットを平和的に解放する方法に関
　する協議」、『民族政策公文書集』第一編、人民出版社、1958 年、30 － 32 頁。

3. チベットの平和的解放と社会変革　　　527

民族団結を促進し、チベットの進歩と発展のための基本的な前提を与え
てくれた。

（2）チベットの民主改革と民族区域自治

　長年以来、チベットが実行してきたのは祭政一致の封建的農奴制度で
あった。この制度は極めて遅れ、チベットの広大な農奴が受けた圧搾と
搾取は極めて残酷であった。従って、民主改革を実行し、農奴制度を廃
止するのは、チベット人民の切実な願いとチベット社会発展の必然的な
要求であり、中国共産党が指導する人民革命の重要な任務でもあった。

　上記の通り、「17条協議」では、「チベットにおける各改革について、
中央は圧力をかけないが、チベット地方政府は自動で改革を行わなけれ
ばならず、人民が改革を要請する場合、チベットの指導者と協議する方
法で解決する」と明確に規定した。ここで用いた言葉は比較的に温和で
あり、チベット上層の「自動で改革を行う」ことに対する期待を表して
いるが、チベットの改革に対する要求は明確であった。

　チベットの平和的解放は、チベットの改革に条件を与え、多くの中層
と上層の開明人士を含むチベットの広範な人民と進歩階層の改革を求め
る声は高まっていた。しかし、チベットの歴史と現実の特殊な情況を考
慮して、中央人民政府はチベットの改革に対して十分慎重な態度と極め
て寛容的な政策を取り、ダライ・ラマ14世とチベット地方の上層支配
集団に対して多方面的な説得を行い、彼らが主導的に改革を行うよう促
した。

　1954年9月、全国人民代表大会第一回会議が北京で開かれ、ダライ・
ラマ14世とパンチェン・ラマ10世が人民代表として参加し、全国人
民代表大会副委員長と常務委員にそれぞれ選ばれた。彼らが8月に団
体で上京し、翌年の3月に北京を離れてチベットへ帰るまでの間、毛
沢東、朱徳、劉少奇、周恩来など、第一世代の国家の指導者は彼らに対
して細かい配慮を行い、高い礼遇を与えた。毛沢東は何度も彼らと会見

し、彼らに学習を強化し、大胆に仕事をし、断固として反帝愛国の立場に立って祖国のため、チベット人民のために意義あることをするよう励ましてくれた。ダライ・ラマとパンチェン・ラマはこれに対して、感謝の意を表した。ダライ・ラマは大会での発言で、これから制定して実行する中華人民共和国憲法では、毛沢東の民族平等、民族団結と民族区域自治の政策が規定され、「これは非常に正しいことであり、我々チベットの全体人民は熱烈に賛成する[1]」と表明した。

ダライ・ラマとチベット上層の「自動的改革」を待つため、彼らに覚悟する十分な時間を与えた。1956年、中国共産党中央委員会はチベットの改革問題について数回の指示を出し、「六年不変」と決定した。1956年11月下旬から翌年2月まで、ダライ・ラマは招待に応じて、インドで釈迦涅槃2500周年の仏教法会に参加した。1957年1月、周恩来総理はインド訪問の期間中、ダライ、パンチェン及び随行しているチベット地方政府の主な幹部らと会見し、彼らに毛沢東主席の手紙を渡し、中央の決定を伝え、「六年不変」を強調し、6年後の改革については、依然としてチベットがその時の情況と条件に基づいて決定するとした。1957年2月27日、毛沢東は「人民内部の矛盾を正しく処理する問題について」という文章の中で、「中央とチベット地方政府の17条協議に基づいて、社会制度の改革は必ず実行する。しかし、何時実行するかについては、チベットの多くの人民群衆と指導者が可能であると認識した時、その時に決定すべきであり、焦ってはならない。今現在、第二次五カ年計画（1958－1962年）期間には改革しないと既に決めている。第三次五カ年計画（1963－1967年）期間内に改革を進めるかどうかについては、その時の情況を見て決定する[2]」とさらに明確に指摘した。

---

1. 降辺嘉措「1954：毛沢東がダライ、パンチェンを会見」、『百年潮』、1999年、第9期。
2. 毛沢東「人民内部の矛盾を正しく処理することについて」、『人民日報』、1957年6月19日。

3. チベットの平和的解放と社会変革

　しかし、チベット上層支配集団の中の一部の人は、改革を根本的に反対し、封建農奴制度を永遠に維持しようと企んだ。そのため、彼らは中央の寛容と忍耐をものともせず、初めから「17条協議」を故意に破壊し、絶えず祖国を分裂する活動を企画し、更には武装反乱まで発動した。

　1952年3月と4月の間、チベット地方政府のスチョウ・ルカンワ（司曹魯康娃）とロプサン・タシ（洛桑扎西）は、不法組織「人民会議」のラサでの騒動を陰で支持し、「17条協議」を公開的に反対し、人民解放軍の「チベットからの撤退」を求めた。

　1955年5月、ダライ・ラマが内地からチベットへ帰る途中、随行したチベット地方政府のガロン・ソカン（噶倫索康）などは、仏教活動を口実に、それぞれカンゼ（甘孜）、デゲ、リタンなどの地域で、地方の土司と寺院の武力を策動して民主改革に対抗した。

　1957年、チャムド・ジョムダゾン（江達宗）のチメイ・ゴンプ（斉美貢布）は、「ダライの指令」に従い、反乱武装を糾合して局部での反乱を発動し、チベット地方政府のガロン・リュシャ・トドンタパ（柳霞・土登塔巴）、シェンカ・ギュルメ・トプギェル（先喀・居美多吉）の支持の下で、「チュシ・ガンドゥク（四水六崗）[1]」などの反乱武装組織も相次いで成立された。彼らは公開に「チベット独立」と改革反対のスローガンを掲げ、チャムド、テンチェン（丁青）、黒河、山南などで、交通を破壊し、中央が地元に派遣した機関、部隊を襲撃し、あちこちで財物を略奪し、幹部を殺戮し、人民を殺害した[2]。

　中央人民政府はこれに対して、反乱勢力を退治して社会治安を守るようチベット地方政府に何度も指示を下した。しかし、彼らの中の一部の

1.「チュシ・ガンドゥク(四水六崗)」とは、チベットの東部カム地方出身のチベット人たちが1958年6月16日に結成し、1950年代末から1970年代初頭にかけて抗中統一ゲリラ戦を展開した組織の名称である。「チュシ」は「4つの河」、「ガンドゥク」は「6つの山脈」の意である。（訳者注）
2. 国務院報道弁公室「チベット民主改革の50年」、『人民日報』、2009年3月2日。

人は、「9年の間、漢人には私たちの最も美しく最も神聖な制度を変える勇気がなかった。私たちが攻撃すれば、彼らは遣られるだけで反撃する力はないはずだ。私たちが外から大量の武装をラサに集めて、漢人を攻撃すれば、漢人は必ず逃げる。もし逃げなければ、私たちはダライ仏様を山南へ向かわせ、勢力を集めて反撃し、ラサを取り戻すのだ。最後に駄目なら、インドへ逃げるんだ。インドは私たちを同情し、私たちを支援するかもしれない。そして強いアメリカも援助してくれるかもしれない……[1]」と思っていた。このような認識のもとで、彼らは反乱武装の襲撃撹乱を制止せず、逆にラサに勢力を集め、もっと大きな反乱を準備した。

　1959年2月7日、ダライは一度チベット軍区文工団の公演を見たいと言い、3月8日に彼は観劇する時間を3月10日の午後3時に決めた。しかし、3月9日の夜、反乱勢力は市民に明日ダライ・ラマが軍区で観劇する時、漢人が飛行機を準備して彼を北京へ強制連行すると扇動した。そして家族毎に呼びかけ、ダライ・ラマが居住しているノルブリンカ（羅布林卡）へ人を送って軍区での観劇の取り消しを嘆願しようとした。3月10日の朝、反乱勢力は2,000余人を脅迫してノルブリンカへ送り、「軍区はダライ・ラマを毒殺しようとする」との噂を散布し、「チベット独立」、「漢人を追い払おう」などのスローガンを叫んだ。そしてその場でチベット地方政府の退任者ガロン、チベット軍区副司令官・サンポ・チェワンリンジン（桑頗・才旺仁増）を負傷させ、自治区準備委員会委員・カンチュンパパラ・ソイナム・ギャツォ（堪窮帕巴拉・索朗降措）を殺害した。その後、反乱勢力の頭目は連続して「人民代表会議」、「チベット独立国人民会議」を開催し、公開的に「17条協議」を破棄し、

1．「新華社のチベット騒乱事件に関する公報」（1959年3月28日）、『民族政策公文書集』第三編、人民出版社、1960年、120頁。

3. チベットの平和的解放と社会変革 531

「チベット独立」を宣言して武装反乱を全面的に発動した。[1]

　反乱が起きた当日、チベット駐在中央代理代表、チベット軍区政治委員・譚冠三は、手紙でダライに反動勢力の反乱があり、彼にしばらく観劇の控えを要請した。3月11日、ダライは譚冠三への返事で、「昨日、軍区での観劇を決めたが、少数の悪人の扇動があり、そして真相を知らない僧俗人民がそれらに追随し、妨害を行ったので、確かに行けない状態で、私は恥で言葉を失い……反動勢力は私の安全を守るとの口実で私を脅かす活動を行っている。これに対して、私は反乱を平定する方法を考えている」と言った。当日、譚冠三は再びダライに手紙で、反動勢力の軍事挑発が非常に深刻に国防交通安全を破壊していると指摘し、チベット地方政府に、直ちに制止するよう求めた。3月12日、ダライは返信で、反動勢力が「私を保護するとの名義で、中央と地方の関係を離間させた事件を私は全力を尽くして処理しようと思う」と言った。3月15日、譚冠三はもう一度手紙でダライに、この事件に対する中央の態度を説明し、この事件を処理しようとするダライ・ラマの態度を歓迎すると伝えた。3月16日、ダライは返事で、彼はすでにチベット地方政府の幹部を教育し、数日後には軍区に行くかも知れないので、その時に「確かな措置を取ってほしい」[2]と言った。しかし、3月17日の夜、ダライは約束を破り、同索康、柳霞、夏蘇などの反乱勢力の頭目と一緒に変身してラサを脱出し、まずは山南へ行き、後にインドへ行った。

　ダライ・ラマは3通の手紙で自分を被害者に装ったが、ラサを離れた後、彼は直ちに自分の真の立場を露わにした。逃亡の途中でも彼は、「チュシ・ガンドゥク（四水六崗）」反乱武装の頭領・ゴンボ・タシ（貢布扎西）に手紙を書いて彼らの「英雄的な闘争」を励ましてくれた。3月26日、山南のルンツェ・ゾンに逃げた後、「チベット臨時

---

1. 国務院報道弁公室「チベット民主改革の50年」、『人民日報』、2009年3月2日。
2. 「ダライ・ラマと譚冠3将軍の往復書簡」、『民族政策公文書集』第三編、人民出版社、1960年、126－130頁。

政府」の成立を宣告し、ルンツェ・ゾンを「臨時首都」に決めた。[1] 4月18日、インドのテズプル（提斯浦爾）に到着した後、「ダライ・ラマの声明」を発表して、チベットの独立を望む彼の「強い願い」を公然と表し、[2] 至っては、1960年7月にインドで「チベット亡命政府」を成立し、徹底的に祖国を裏切った。

それでも、中央政府は寛大を旨とし、ダライ・ラマに覚悟と反省の余地を残し、ダライの逃走は反乱勢力の「乗っ取り」によるものであると公の場で表明した。そして彼の全国人民代表大会副委員長とチベット自治区準備委員会主任委員の職を1964年までに保留した。同年12月17日、国務院の全体会議第十五回会議で、「ダライ職務の撤回に関する決定」を採択した。決定では、ダライは1959年に、売国的な反革命武装反乱を発動し、国外へ脱出した後、亡命偽政府を組織して偽憲法を発表し、インド反動派の中国侵略を支持し、しかも国外に逃げた残党を積極的に組織して訓練させ、祖国の辺境を撹乱したと言った。このすべては、彼がすでに祖国と人民を裏切り、帝国主義と外国反動派の道具に化かした反逆分子であることを証明してくれた。国務院はチベット地方人民の要求に従って、ダライ・ラマのチベット自治区準備委員会主任委員と委員の職務の取消を決定した。[3] そしてダライ・ラマの副委員長の職務は、1964年第二回全国人民代表大会の満了と共に自然に終了した。

ダライ・ラマが逃走した後、3月19日の夜、反乱勢力は解放軍のラサ駐屯軍に対して全面的な攻撃を開始した。20日の午前10時、解放軍チベット軍区の部隊は命令を受け、反乱勢力に対して反撃を行った。チ

1．チベット自治区党史資料募集委員『中国共産党チベット党史大事記』（1949－1994）、チベット人民出版社、1995年、160頁。

2．チベット自治区党史資料募集委員『中国共産党チベット党史大事記』（1949－1994）、チベット人民出版社、1995年、102頁。

3．チベット自治区党史資料募集委員『中国共産党チベット党史大事記』（1949－1994）、チベット人民出版社、1995年、160頁。

3．チベットの平和的解放と社会変革 533

ベット族の愛国僧俗人民の協力の下で、2日間の戦いを経て、ラサの反
乱武装を徹底的に殲滅した。その後、迅速にチベットの他の地域の反乱
も抑えた。毛沢東はチベットの平定に高い関心を示し、1959年4月28
日、自ら新華社に「チベットの人民大衆は人民解放軍の平定を擁護し、
家族の如く親しむ」と題された一通の原稿を書いた。文章の中で、「ヤ
ルツァンボ江以南、ヒマラヤ国境線以北の広大な地域の平定戦いは基本
的に終わり、大きな勝利を得た。これは現地人民大衆の平定戦闘に対す
る熱烈な支持と人民解放軍の勇敢な戦いの両方面の結合によって完成さ
れた」と書いた。文章では、平定戦いが勝利するはずがないという海外
の言論にも反駁した。しかし、この通信の原稿は公表されなかった。[1]

　チベット地方政府の多数のガロンが反乱勢力を集めて反乱を引き起こ
し、人民を殺害し、チベットの平和的解放の方法に関する「17条協議」
を破棄したので、1959年3月28日、周恩来総理は国務院の命令を発表
してチベット地方政府を解散し、チベット自治区準備委員会に地方政府
の職権を行使させ、パンチェン・エルデニ10世に主任委員の職務を代
理させた。ダライ・ラマとチベット上層の反動集団が反乱勢力を集めて、
封建農奴制度を永遠に維持しようと企み、チベット人民と国内各民族の
根本的利益に背き、ダライ・ラマとチベット上層の覚悟と主動的改革を
待つ中央の期待が外れたので、反乱を鎮めると同時に、中央人民政府は
「平定しながら改革する」方針を打ち出し、チベットの民主改革はそこ
から展開された。

　チベットの民主改革は幾つかの段階に分けて順序に行われた。第一歩
は、「三反」（反乱に反対、烏拉差役制度に反対、人身依附制度に反対）[2]
と減租減息（小作料、利子の引き下げ）運動の展開であった。農村では、

1．チベット自治区党史資料募集委員『中国共産党チベット党史大事記』（1949
　－1994）、チベット人民出版社、1995年、102頁。
2．烏拉差役制度とは、租税、賦役（労役）、地租などの総称である。（訳者注）

反乱に参加した領主の土地に対して、「誰が植えば誰が収穫する」政策を実施し、反乱に参加しなかった領主の土地に対しては、「二八減租」（領主が2、小作農が8）を実施した。同時に、奴隷を解放し、人身依附を廃止した。牧場では、反乱に参加した牧主の家畜に対して、元の遊牧民が放牧し、収入は牧畜民が所有するとした。反乱に参加しなかった牧主の家畜に対しては、依然として牧主が所有するが、牧主の搾取を減らし、遊牧民の収入を増やした。第二歩は、反乱に参加した領主の生産財に対して押収を実施し、貧しい農牧民に分配した。反乱に参加しなかった領主に対しては、買い戻す政策を取って、国家が資金を出して彼らの生産財を買い戻し、無償で貧しい農牧民に分配し、農牧主も一部の生産財を分けてもらった。これらの政策措置は、貧困農奴と奴隷からの歓迎を受け、より多くの上層人士の理解と協力も得た。1960年末、チベットは土地改革をほぼ完成し、共産党指導下の農牧民協会、平定保畜委員会などの大衆組織を全区各地に遍く設立し、そしてその基礎の上で各級人民政権を創立した。チベット民主改革は、徹底的に封建農奴主所有制を廃除し、数千年の間、「しゃべる牛馬」扱いされた農奴と奴隷が束縛から抜け出し、初めて真の意味での人間、自分の運命の持ち主、社会の主人公になった。

　チベットが平和的に解放された後、「17条協議」の精神に基づいて、1956年4月、チベット自治区準備委員会がラサで設立され、ダライ・ラマ14世が準備委員会の主任委員を担当し、パンチェン・ラマ10世が第一副主任委員を担い、ンガプー・ンガワン・ジクメが秘書長を務め、チベットは改革と民族区域自治を実行する契機を迎えた。しかし、ダライ・ラマ14世と他のチベット上層集団の一部の人が既得権益や特権を守るため、改革に反対して反乱を発動したので、民族区域自治の過程が遅れてしまった。

　ダライをはじめとするチベット上層が国外へ逃げた後、中央人民政府は「17条協議」の規定に基づいて、チベット自治区の建設を順調に進

めた。1965 年 8 月に、すべての準備が整った。9 月 1 日、チベット自治区第一回人民代表大会第一次会議がラサで盛大に開幕され、チベット自治区の成立を正式に宣告した。中央代表団は党中央、国務院を代表して大会の成功を祝った。9 月 8 日、大会では選挙を通してチベット自治区人民委員会を選出し、ンガプー・ンガワン・ジクメが自治区人民委員会会長に当選された。チベット自治区成立のその年、チベットの約 92％の地方で、解放された農奴と奴隷を主とする郷人民政権を設立した。自治区第一回人民代表大会が開催される時、大会に出席した301 人の代表の中で、チベット族を含む少数民族代表が 80％以上を占め、チベット上層愛国人士や宗教界人士が 11％を占めた。チベット自治区の成立は、チベット人民が主人公となった証であり、チベットの繁栄と進歩のための基礎を築いてくれた。

(3) チベットの社会発展と進歩

1959 年の民主改革とその後の民族区域自治の実現は、祭政一致の封建的農奴制を廃止し、百万の農奴と奴隷が解放され、彼らは国家の主人公、チベットの主人公になった。同時に、空前の生産と生活の情熱が燃え上がり、迅速にチベットの社会様相を変貌させ、何十年の発展を経て、チベットの社会は大きな変化を遂げた。

チベット人民は全国各民族人民と同じように、国家の憲法と法律規定のすべての権利を享受することができた。彼らは法律に基づいて人民代表を選挙し、各級人民代表大会を通して国家と地方事務を管理する権利を行使した。民主改革初期、全区のチベット族の幹部は 2,767 人のみで、全区の幹部総数の 30％を占め、しかも県級以上の幹部職に勤める人は極少数であった。1965 年に自治区が成立される時、チベット族の幹部は既に 7,608 人までに増え、全区の幹部総数の 33.3％を占めた。1998年には、チベット族の幹部は全区幹部総数の 74.9％を占め、区、地、県の三級に及ぶ中堅幹部の中で、チベット族や他の少数民族の幹部が

各々78％、67％と62％を占めた。2007年、チベットの自治区、市、県、郷（鎮）の四級に及ぶ改選選挙の参加率は96.4％、一部の地域は100％に達した。直接と間接選挙を通して選ばれた34,000人の四級人民代表大会代表の中で、チベット族と他の少数民族が94％以上を占めた。チベット自治区は憲法と民族区域自治法に基づいて、省級国家機関の地方性法規を制定する権利だけでなく、地元の政治・経済・文化の特徴に基づいて、地元の事務を決め、自治条例と単行条例を制定する権利も享受した。それによって、自治区人民代表大会常務委員会は、数百件の地方性法規と法規の性質を持つ決議、決定を制定した。

中央政府は、チベットの経済社会の発展を促進するため、チベットに対して一連の優遇政策を実施し、財力、物資、人力などの面で強力な支持を与えた。統計によれば、1951年から2008年までに、インフラ建設だけで国家は累計1,000億元を投入した。1959年から2008年までに、中央財政はチベットの財政に無償で累計2,019億元を支出し、年平均成長率は12％近くになった。中央の関心と全国の支援によって、チベットの経済社会は飛躍的な発展を遂げた。統計によれば、1959年から2008年までに、チベットのGDPは、1.74億元から395.91億元までに増加し、不変価格で計算すると、65倍に増え、年平均8.9％増えた。1959年から2008年までに、チベットの1人当たりの平均GDPは、142元から13,861元までに増え、13,719元増加した。これらの数字の背後にあるのは、農業、牧畜業の近代化と、チベットの特色ある現代工業システムの初歩的形成であった。

民主改革以前に、チベットの農牧民は生産手段を持たず、ほとんど終身の負債を背負っていた。しかし、2008年のチベット農牧民1人あたりの純収入は、3,176元に達し、都市住民の平均可処分所得は、12,482元に達した。居住条件も大きな改善をもたらした。都市から農村に至るまで、すでに社会保障システムが構築された。全国で農牧畜区の最低生活保障制度を率先して建設し、都市住民の医療保険の普及を率先して実

3．チベットの平和的解放と社会変革　　　　　537

現した。徐々に無料医療を基礎とする農牧畜地域の医療制度を建設し、
チベットの平均寿命は、平和的解放時の 35.5 歳から 67 歳までに増えた。
　政府は有力な措置を取って、チベット語の学習、使用と発展を促進さ
せた。チベットではチベット語と漢語を共に学ぶが、チベット語を主と
した。学校教育、社会と公務使用もこの原則を守った。国家はチベット
の伝統文化を代表する戯曲、歌謡、民間舞踊、演芸、民話などに対し
ても大量の整理と収集を行い、大型口伝英雄叙事詩、『ケサール王伝』
を整理出版し、重点プロジェクトとして資金援助を行った。ポタラ宮、
ジョカン（大昭）寺、デプン（哲蚌）寺、セラ寺、ガンデン（甘丹）寺、
タシルンポ（扎什倫布）寺、サキャ（薩迦）寺などは、国家級重点文物
保護単位に指定され、大量の経費や金、白銀などを出してそのメンテナ
ンスや修理に充当した。2008 年までに、チベットには 1,700 カ所の様々
な宗教活動場所があり、寺院の僧尼は約 4.6 万人で、信者たちの需要を
十分に満足させた。
　数十年来、国家は巨額の資金を投入してチベットの教育事業を発展さ
せ、チベットは全国で率先して都市と農村の無料義務教育を実現した。
1985 年からは農牧区で全寮制を主とする小中学校の学校運営モデルを
実行し、そして義務教育段階の農牧民の子供に対しては給食無料、寮無
料、学費無料の政策を実施した。2008 年、チベットの 73 の県（市、
区）では、6 年義務教育の普及と基本的な文盲の一掃を全部実現した。
その中で、70 の県は 9 年制義務教育の普及を完成し、文盲率が 2.4％ま
でに下がった。小学校の児童入学率は 98.5％、1 人当たりの教育を受け
る年限は 6.3 年に達した。図書出版、ラジオ・テレビ、映画、文化館や
様々な演出団体を含む現代文化事業も急速に発展した。[1]
　民主改革以来、チベットは暗黒から光明へ、落後から進歩へ、貧困か
ら富裕へ、専制から民主へ、閉鎖から開放への大変革を経験した。した

1．国務院報道弁公室「チベット民主改革の 50 年」、『人民日報』、2009 年 3 月 2 日。

がって、帝国主義の干渉と侵略によって、近代のチベットに「問題」が生じ、祖国の大家族から離脱する危険があったとしても、チベットの解放、民主改革の完成と民族区域自治制度の実行につれて、そのような問題はもはや存在していないと言えるだろう。事実が証明するように、政治地位と主権帰属の意味での「チベット問題」は、完全にチベットの分裂勢力と国際敵対勢力がでっち上げた問題であった。それは過去の幻であり、永遠に真実にはなれないだろう。

4. 20 世紀後半、チベット問題に対する外国の干渉

20 世紀後半、国際情勢の変化につれて、アメリカがイギリスに代わり、中国のチベット問題に干渉する主な国際勢力となった。第二次世界大戦後のアメリカは、国民党政府のチベット制御を支持しながら、一方では、国民党が中国を失った後のチベット問題の利用可能性についても考えた。アメリカは「インド、ミャンマー、インド支那と中国の反米勢力が政権を取るのを防ぐ」ために、「ダライ・ラマの仏教主義」を「アジアの中部と南アジア仏教国の中で、影響力の大きい反共イデオロギー」として見なし、それを改造して、「アジアで共産主義を抑制する障壁」にしようと企んだ。しかし、アメリカは慎重に考慮してそのやり方を「十分慎重に非公式的なルートを通して」行った[1]。新中国の成立後、特に 1950 年 6 月 25 日の朝鮮内戦勃発後、中米両国は朝鮮半島で直接軍事対抗を展開した。アメリカは直ちにチベットのガシヤ政府を援助すると決定し、チベットのすべての可能な反乱武装に武器装備を提供する準備を終えた。11 月 1 日、国務長官・アチソンは記者会見で、人民解放

---

1. FRUS. 1947, VII, Tibet, The Charge in India (Merrell) to the Secretary of State. The Acting Secretary of State to State to the Charge in India (Merrell), pp.589 - 594.

4．20 世紀後半、チベット問題に対する外国の干渉 539

軍のチベット進軍を「侵略」行動だと中傷し、アメリカは共産党がチ
ベットを侵攻するいかなる新証拠に対しても真剣に対処すると主張した。[1]

　1951 年、チベットが平和的に解放された後、アメリカ政府はチベッ
ト問題に直接介入し始めた。同時に、ダライ・ラマに、「チベット人自
らが本気で努力し、断固として抵抗する時のみ援助が功を奏する」と表
明した。アメリカの援助を得るために、1951 年 6 月の初め、まだドモ
にいたダライ・ラマは、「自分とチベット政府は、『17 条協議』を認め
ていない。チベットの代表は圧力と脅威によってサインを余儀なくされ
た」[2]とアメリカに言った。その後、アメリカはダライ・ラマのラサへの
帰還を阻止する一連の企画に参与し、中央政府がチベットを接収する行
動を破壊した。ダライ・ラマのドモからインドへの逃亡を策動するため、
インド駐在アメリカ大使はインド政府にダライ・ラマのインドへの招待
を促し、同時に、もしダライ・ラマがインドへ行って、勢力を集めて中
国政府に対抗すれば、アメリカはダライ・ラマに軍事援助と借款を与え
ると承諾した。しかし、チベットの平和的解放と中央政府の強力な圧力
によって、同時に、チベットの独立に対するアメリカ政府のより明確な
支持を正式に得られなかったので、最終的にダライ・ラマはドモを離れ
ず、1951 年 7 月 20 日にドモからラサに戻った。その後は「17 条協議」
を完全に賛成し、中央政府に協力する態度を表明した。

　1954 年 3 月 15 日、アメリカのアイゼンハワー大統領は国家安全委
員会の NSC5412 計画を許可した。すなわち、チベットの地下反共抵
抗勢力を密かに援助することであり、中央情報局にそれを担当させた。
1955 年 3 月 12 日と 12 月 28 日、アメリカ大統領はその計画の修繕を
許可した。1954 年から 1955 年に至って、アメリカ中央情報局は元の

1．FRUS. 1950, VI, China Area, p.555. The Secretary of State to the
　Secretary of Defense (Marshall).
2．FRUS. 1951 VII, China Area, p.1693. The Secretary of State to the
　Embassy in India.

チベット・ガシヤ渡米ビジネス代表団の団長・シャカバ（夏格巴）など
を支持して、インドのカリンポンにいわゆる「チベット国民大会」本部
を設立し、チベット地区の反乱と分裂活動を計画、指導させた。

1955年の春、アメリカ中央情報局の下部機構がカリンポン郊外でチ
ベット兵士を召集して、台湾、沖縄諸島、サイパン島、グアムなどで秘
密訓練を行い[1]、同年の夏、中央情報局はゲリラ戦専門家・アンソニー
（Anthony）を派遣し、チベット分裂勢力を助けて解放軍を襲撃する軍
事暴動を組織した。1958年11月4日、中央情報部はチベット分裂勢力
に、武装反乱の計画を実施させるために武器装備を提供した[2]。1959年
3月17日の夜、ダライ・ラマ14世は逃走を始め、途中でアメリカ中央
情報局の訓練を受けたスパイたちの助けを得た。そのスパイたちもダラ
イ・ラマの逃亡情報を電報でアメリカに報告した。アメリカ政府はダラ
イ・ラマの「避難」をめぐって、即座でインド政府と交渉を行った。

その後、アメリカのチベット政策は依然とNSC5412号計画に従い、
チベットに対する干渉行動はより激しくなった。1959末から1962年3
月までに、170余人のカム（康巴）人が、アメリカのコロラド州ロッ
キーで中央情報局のゲリラ戦争訓練を受けた。彼らはインドへ戻った後、
中央情報局の支持のもとで、時々越境してチベット境界内の解放軍を襲
撃した。同様に、中央情報局の援助のもとで、ダライ・ラマ集団はチ
ベット近くにあるネパールのムスタン（木斯塘）で「チュシ・ガンドゥ
ク（四水六崗）護教軍」を再建した。この武装勢力は発足後、どんどん
チベットの西部と南部に進入してきて襲撃を行い、その人数が最も多い
時は、2,000人に達した。アメリカ中央情報局は武器と物質支援を提供

---

1. John Prados, Presidents Secret, Wars － CIA and Pentagon Cover
   Operation Since W. W. II, New York: William Marrow and Company, Inc ,
   1986, p.159.
2. Chris Mullin, Tibetan Conspiracy, Far Eastern Economic Review,
   Volume 89 (36) 1975.

4. 20世紀後半、チベット問題に対する外国の干渉   541

するため、ネパールにいわゆる「アリゾナヘリコプター」航空会社を登
録した。20世紀70年代の初め、中米関係の改善に伴い、ムスタン反乱
武装に対するアメリカの支持は完全に終了し、その後、ネパール政府軍
の打撃を受け、この反乱武装勢力も瓦解された。もっと深刻なのは、
1959年5月、アメリカの国務院極東司、国際組織事務局、法律顧問委
員会が合同会議を開催し、ダライ・ラマを助けて「チベット問題」を国
連総会に提出すると決定し、民族自決の方式を通して亡命中のダライ・
ラマ集団を国際社会に認めさせようとしたことであった。アメリカの推
進により、インドとイギリスは1960年に、ダライ・ラマ「亡命政府」
の国連に嘆願書を提出する権利を認め、ダライ・ラマ一行のインドへの
「避難」を受け入れ、「チベット独立」分裂勢力を支援する活動は最高潮
に達した。中国政府はさまざまな国際の場で、チベットは中国の領土で
あるという基本的な事実を尊重すべきだと何度もアメリカに警告したが、
アメリカ政府はそれを無視した。

　第二次世界大戦後、インドとパキスタンの分割支配と両国の独立に
よって、イギリスは中国に対する直接侵略と干渉に手を染める地理的基
盤を失い、次第にチベットの事務から脱退し、インドが中国チベットの
内政に干渉する直接隣国となった。

　1950年、中国人民解放軍のチベット解放に対して、インド政府はまず、
中国の国連議席回復に影響を与えることで、中国のチベットへの進軍を
猶予するよう「説得」し、後は、「侵入」だと避難し、「深い遺憾」を表
した。その後、インド政府は、イギリス植民地支配時期にチベットで得
られた特殊な利益を継承したいと表明し、「ある権利は、慣例と協定に
よって生まれ、このような慣例と協定は、密接な文化と商業関係を有す
る隣人同士では自然なものだ。インド政府がラサに代表を派遣し、ギャ

---

1. FRUS. 1958—1960, XIX, Tibet, Draft Memorandum from the Assistant
   Secretary of State for Far East — ern affairs (Robertson) to Secretary of
   State, p.765.

ンツェとドモに商業代表を置き、ギャンツェの商業街に郵便及び通信機関を設置し、その商業街を守るために40余年間、ギャンツェに衛兵小隊を駐留させ、インド政府がこれらの機関の存続を望んでいることなどがこのような関係を示唆している[1]」と言った。

　チベットが平和的に解放された後、中国政府は、インドが上述の権利を継承しようとする企図に対して、主権を堅持する原則を守りながら、両国の友好関係を発展させる方針を取り、1953年12月31日から1954年4月29日までの間、インド政府と交渉を行い、双方は「中国チベット地区とインド間の通商と交通協定」を達成した。これにより、「インドは、1914年7月の秘密のイギリス・チベット貿易定款によって、イギリス領インド帝国政府が行使していたすべての治外法権を放棄した。……協定の最も重要な内容は、協定名称の中に含まれていた。この名称はチベットを『中国チベット地区』と表していた。インドはこれからイギリスがチベットを支持して緩衝国にしようとした政策を永遠に放棄すると中国に明確に[2]」保証した。この交渉と協定の締結は、中国の主権を守っただけでなく、矛盾を適切に解決し、しかも協定の序言で、相互間の主権の尊重と領土の保全、不可侵、内政不干渉、平等互恵、平和共存など5つの原則を提出し、世界に公認された国際関係のガイドラインを提供した。

　チベットでの権益を継承しようとするイギリスの意図に関連して、インドはずっと武力で不合理的な領土要求を中国に押し付けようとした。1951年2月、インドは軍隊を派遣して西山江、達旺河を渡り、モンユル（門隅）の首府タワング及び「マクマホンライン」以南、南モンユルの馬果、ロユ（珞瑜）の巴恰西仁地方を占領し、梅楚卡などの地域に強引に兵舎を建てた。その後、インド軍は続けて「戦果」を広げ、1953年にはモンユル、ロユ、下ザユル各地を基本的に制御した。

1．「添付4件」、『人民日報』、1950年11月17日。
2．卡・古普塔『中印国境秘話』王宏緯、王至亭訳、中国蔵学出版社、1990年、31頁。

4. 20世紀後半、チベット問題に対する外国の干渉 *543*

1954年、インドは「東北辺境特区」を設立して、すでに占領されたか或いはこれから占領しようとする「マクマホンライン」以南、伝統習慣線以北の元々中国領土であった9万平方キロのすべての土地をインドの領土に組み入れた。中印国境の中段と西端地域でもインド軍は絶えず中国側を蚕食した。1950年、インドで公式出版された地図では、中国とインド国境の西端と中段を依然として「境界未規定」と表記し、東端に対しては、「マクマホンライン」を描いたが、「境界未定」と表記した。しかし、1954年7月のインド公式地図では、中国とインド国境の全部を既定の国際境界として描き変えた。[1]

インドの領土拡張活動に対して、中国政府は一貫して平和共存という五原則の基礎の上で、平和的交渉を通して両国の領土と国境紛争を解決しようとした。しかし、インド政府は中国の善意を空吹く風と聞き流した。1959年3月のチベット騒乱発生後、インドは国境問題でさらに中国に圧力を加え、連続して一連の境界衝突事件を引き起こした。3月22日にインド総理・ネルーは、正式に中国総理・周恩来に手紙で、中印伝統的国境の「大多数の部分は、当時のインド政府と中国中央政府間の専門的国際協定で確認した」ものであると提出し、さらには、「マクマホンラインは、1913年から1914年までに、中国政府、チベットとインドの全権代表がシムラーで行われた3方会議で画定した」[2]との認識を表した。これによって、中国に広大な領土要求を提出した。

中国政府は、一方では、中印国境はすべて未確定であると主張しながら、他方では、現実に直面して、特には中印友好関係を考慮して、積極的に双方の公正かつ合理的な解決方法を求めた。1959年9月8日、11月7日と12月26日に、周恩来総理は何度もネルーに手紙を書き、その後、1960年4月に自らインドへ交渉に向かい、中印国境問題に対す

---

1. 趙蔚文『印中関係風雲録』（1949－1999）、時事出版社、2000年、144頁。
2. 同書、145頁。

る中国政府の立場を全面的に闡明し、衝突を避けるために双方の武装部隊を実際の制御線から 20 キロ退却させるなどの積極的な提案をした。しかし、インド側は中国政府の積極的な態度を無視し、政府と民間を問わず、中国がインドの領土を「侵犯」していると攻撃し、インド国内で中国駐インド機関の役員や華僑を逮捕、追放した。また、中印国境紛争地域では「前進政策」を推進した。1962 年 10 月 12 日に、ネルーは命令を下して境界の中国部隊を「排除」し、インド人民を動員して「中国の侵略」に対抗した。堪忍袋の緒が切れた中国の国境部隊は、1962 年 10 月 20 日からインド軍の侵略に全面的に反撃した。1 カ月の戦闘を経て、中国軍は東、中、西 3 つの境界段でインド軍に打撃を与えた。しかし、自衛反撃が次々と勝利を収める絶好の情勢下で、中国政府は 11 月 21 に停戦を宣告し、そして 11 月 7 日から主動的に双方の実際制御線から 20 キロ後退すること[1]で、中印国境問題を平和的に解決しようとする中国の誠意を表した。

　1954 年の「中国チベット地区とインド間の通商と交通協定」に基づいて、インドはイギリスがチベットに残した治外法権を放棄したが、イギリスが残したチベット問題に干渉する伝統を完全には放棄しなかった。1955 年、西康地域の農奴主がチベット上層に唆されて反乱を発動し、失敗後は、ほとんどインドのカリンポンに逃げた。インド政府は彼らを容認する態度を取ったので、カリンポンはカム分裂勢力が「チベット独立」活動を行う中心となった。

　1959 年のチベット騒乱が発生する前に、インドの一部の新聞はチベットの多くの地方で反乱が発生するだろうという「予告」を散布し、反乱発生後、インドの新聞は連続して中国を誹謗中傷する言論を発表した。インド政府も公開的にチベット問題に干渉した。ダライ・ラマが 3 月 31 日にインドに着いた後、インド外交部は人を派遣して出迎い、そし

1．同書、176 頁。

4. 20世紀後半、チベット問題に対する外国の干渉 *545*

て、ニューデリーまで同行させた。インド総理・ネルーは、4月24日にダライ・ラマを接見した。そして、いわゆる中国の「武装干渉」を批判し、「チベット人民の自治の願い」を同情するという言論を連続して発表した。ダライ・ラマが逃走した3月17日から4月末までに、ネルーはチベット問題についてインド議会だけで7回の演説を発表した。[1]ダライ・ラマ集団のインドでの活動は、インド政府の多方面での支持を得た。彼らはダライ・ラマに政治避難権を与え、ダラムシャーラー（達藍薩拉）での「亡命政府」の設立を支援した。1962年の中印国境戦争後、インドはチベット反乱勢力の主な支持者となった。インドはアメリカと協力してオリッサ（奥里薩）にチベットの反乱勢力を援助する秘密拠点を設立し、チベットの反乱勢力に航空支援を提供するチャーバディーア情報ステーションをアメリカが密かに設立することを許可した。そして、大量の亡命反乱勢力を受け入れ、軍事訓練をさせた後、すべてヒマラヤ国境線の辺境歩哨やチベット境内に派遣して破壊活動を行った。特に、1962年に亡命反乱勢力を中心とするインド・チベット「特別辺境部隊」を密かに組織し、インドのウッタル・プラデーシュ州（北方邦）付近のチャクラータ（恰克拉塔）に長期駐留させ、チベット境内に浸透して抵抗グループを組織しようとした。[2]

　1962年以前に、インドは国連総会でチベット問題について議論する時、一般的には曖昧な態度を取り、棄権票を投じたが、中印国境戦争後、インドはチベット問題の国際化を積極的に推し進め、中国を被告の席に座らせようと企んだ。1964年にネルーが逝去した後、インド総理の座を継承したシャストリ（夏斯特里）は、インド政府は国連総会で「チベットの人権と自由の回復」についての提案を支持すると表明した。翌

1．人民日報編集部「チベット革命とネルーの哲学」、『人民日報』、1959年5月6日。
2．張植栄『国際関係とチベット問題』観光教育出版社、1994年、112頁。

年の国連総会で、インドは過去のやり方を変え、「チベット問題」を第二十回国連総会の議題に組み入れることを投票で賛成した。

チベット問題に対するインドの干渉は、中印関係を悪化させた。20世紀80年代以降、国際情勢の変化につれて、チベット問題に対するインド政府の態度は少し変わり、インドで亡命中のダライ集団に対する公開支持は両面政策に転向された。一方では、ガンデンポタン（チベット亡命政府）を認めない、ダライ集団がインドの如何なる所で反中政治活動に従事するのを認めないと公表し、チベットは中国の一つの自治区であることを認めると言いながら、他方では、様々な方法を通してチベットの分裂勢力を容認、支持した。[1]

1987年にラサで騒乱が発生した時、インド国会の665人の議員は、「チベット人の自決と自由を獲得するための闘争を見直す」と呼びかけ、「中国人の強制占領はチベット人民に数々の苦難をもたらし、インドの安全に直接脅威を与えた」と言った。1989年3月のラサ騒乱後、一部のインド議員は、中国が武力を乱用してチベットの「情勢悪化」をもたらしたと侮蔑した。[2]また、チベットの分裂勢力に対する直接支持に合わせて、1986年12月8、9日の2日の間、インド協議会両院は法案を通して、20世紀50年代初頭以来、中印国境東端で占有していた中国領土に「アルナーチャル・プラデーシュ州（阿魯納恰爾邦）」を設立した。その前の1954年に、インドがここに設けたのは「東北辺境特区」であり、外務省がそれを管轄し、外交ルートを通してこの地域の帰属問題を解決する余地を残していた。[3]1972年には「アルナーチャル」中央直轄区に変えたが、今回はまた升格させて「州（邦）」にした。これは中国のチベット地域で占領していた領土を「合法」化、恒久化しようとするインドの横暴を表した。

1．張植栄『国際関係とチベット問題』観光教育出版社、1994年、118頁。
2．同書、124頁。
3．趙蔚文『印中関係風雲録』（1949－1999）、時事出版社、2000年、294頁。

4. 20世紀後半、チベット問題に対する外国の干渉　　　　　547

　1959年にダライ・ラマがインドへ逃げた後、直ちに国連に呼びかけ、国連のチベット問題への介入を要求し、同時にアメリカに助けを求めた。アメリカに操られ、マラヤ、アイルランド、エルサルバドル、タイなどの国が相次いで1959年、1961年と1965年に、国連総会でチベット問題についての議案を提出し、三つの関連決議を採択して中国政府がチベット人民の「基本的人権と自由」を侵害し、チベット人民の「民族自決権」を奪ったと非難した。一部の国は、これらの決議を用いて中国のチベット政策を攻撃した。ダライ集団も国際舞台で活動しながら、「チベット独立」の言論を散布し、中国政府を攻撃した。

　1971年、中国は国連での合法的な議席を回復し、国際環境は改善された。1972年2月、アメリカのニクソン大統領が中国を訪問し、中米関係には解凍の兆しが見えた。その後、アメリカはダライ集団への軍事と経済での支援を相次いで中断し、ダライ集団は「冷戦の孤児」になってしまった。

　1978年末に始まった改革・開放は、中国と国際社会との交流を日増しに広げ、各種の政策ももっと実践的に行われた。ダライ集団の立場の孤立と中国国内情勢の変化によって、「チベット独立」を鼓吹する勢いは弱まり、一度人を派遣してチベットを参観訪問しようと中央の同意を求めた。中央は寛大を旨とし、彼らの要求に同意した。

　1979年2月28日、ダライ・ラマの兄であるギャロ・トゥンドゥップ（嘉楽頓珠）が北京に来て主にダライ・ラマの帰国問題を相談した。3月12日に、鄧小平は彼らを接見し、二つの問題を指摘した。一つは、1959年のチベット騒乱は良くなかった。もう一つは、チベットは中国の一部であり、彼らの帰国問題は国と国の対話としてではなく、国内問題としてしか話さない。これは根本問題であると述べた。[1]

　1979年から1980年まで、ダライ・ラマは2回にかけて5人参観団

1．チベット自治区党史資料募集委員『中国共産党チベット党史大事記』(1949
　－ 1994)、チベット人民出版社、1995年、220頁。

を派遣してチベットを見学させたが、彼らはそれを機会に、チベット独立を扇動する演説を発表したので厳しい制止を受けた。

　1984年10月2日、チベット自治区党中央委員会はダライ集団に関する方針と政策を発表した。主要な内容は以下の通りであった。

（1）ダライ・ラマは国外へ逃げ、海外で「チベット独立」を企み、多くの間違った言論を散布した。この2つのことは良くない。彼は祖国とチベット人民に申し訳ないことをし、彼自身の名誉も損なわれた。

（2）私たちはダライ・ラマを続けて説得し、彼の良い方向への転化を期待する。ダライ・ラマについて一緒に逃げた一部の人に対しては、祖国へ帰還する人を私たちは一律に歓迎し、帰還して帰らない人は適切に安置し、帰る人は礼儀をもって出国させ、早く帰還する人を私たちは歓迎し、遅く帰還する人を私たちは待ち、帰還しなかったら私たちは努力し、もし分裂を行うと私たちは反対する。

（3）ダライ・ラマに対する中央の五条方針は変わらない。

（4）チベットは中華人民共和国の不可分の一部であり、独立してはならず、半独立を行なってもいけない。チベットと台湾は皆中国の不可分の一部であるが、大きな区別がある。アメリカは「一つの中国、一つの台湾」を訴え、「一つの中国、一つの台湾、一つのチベット」を企む人もいるが、これは絶対に許さない。「大チベット族自治区」も現実的でないし、ありえないことである。

（5）ダライ集団は何度も海外の若いチベット人インテリをチベットへ派遣して、教育に務めさせようとしたが、彼らには他の目的がある。私たちの回答は、帰国して仕事をしたければ、私たちは歓迎する。しかし、必ず中国国民であることを認め、仕事

4. 20世紀後半、チベット問題に対する外国の干渉　　　　　　549

　の配分に従い、長期計画がなければならない。
　（6）中央とダライ・ラマの間に交渉問題は存在しない[1]。

　ここで分かるように、中央政府はダライ・ラマに対して原則を守りながら説得する態度を取った。しかし、ダライ集団は引き続き分裂の立場を維持し、80年代の半ば以降、彼らはチベットで現れた宗教熱狂と民族主義の風潮を借りて、一方では、国内に対する浸透を強化し、他方では、積極的に国際支持を求め、「チベット問題」の国際化を推し進めた。
　1987年9月27日、ラサで大規模な騒乱が起きた。少数のラマが「雪山獅子旗（チベットの旗）」を掲げて、「チベット独立」、「漢人を追い払おう」などのスローガンを叫び、八廓街一帯でデモ行進を行い、ジョカン寺門前広場で反動演説を発表し、それを阻止しようとする警察を負傷させた。10月1日、ラサ市民が建国記念日を楽しむ時、一部のラマと正体不明の人たちがラサの繁華街でデモをした。彼らは「チベット独立」のスローガンを叫びながら暴力を振る舞い、騒乱の過程で6人が死亡し、19人の警察が重傷を負った[2]。その後も、類似事件が相次いで起こった。1987年9月27日から1988年9月まで、ラサ市では様々な規模の騒乱事件が計10回も発生した。少数の分裂主義勢力が絶えずラサで騒乱を引き起こし、社会の安定に深刻な危害をもたらしたので、国務院は1989年3月8日から1990年5月1日までに、ラサ市で戒厳令を実行した。戒厳令は分裂主義勢力を抑制し、チベットの社会秩序と安定を守った。
　ダライ集団と国内の分裂主義勢力の活動は、アメリカをはじめとする西洋のチベット問題への再介入に条件を提供してくれた。1977年、ジミー・カーターはアメリカ大統領に就任後、全世界で基本「人権」の保

1．チベット自治区党史資料募集委員『中国共産党チベット党史大事記』(1949
　　－ 1994)、チベット人民出版社、1995年、295頁。
2．『人民日報』、1987年9月30日と10月3日の報道を参照せよ。

障を目的とする外交政策を実施すると宣言し、1979年に、ダライ・ラマ
を接見した。ダライ・ラマもそれから頻繁にアメリカを訪れ、あちこち
で演説し、国際反中勢力と協力して中国に圧力をかけた。1987年9月
21日、ダライ・ラマはアメリカでチベット全体を一つの「平和区」に変
え、中国はチベット地域への移民政策を止め、チベット人民の基本人権
と民主権利を尊重すべきだと言いながら、中国の分裂を狙い、独立を宣
伝する「5つの平和計画」を提出した。ダライ・ラマのこの「提案」を
支持するために、アメリカ合衆国上院外交委員長・ヘルムズ (Jesse
Alexander Helms) などは「チベット問題修正案」を提出して、アメリカ
は対中外交と人権問題をリンクさせるべきであると主張し、レーガン大
統領にダライ・ラマを会見するよう呼びかけ、海外の亡命チベット人を
援助するようアメリカに提案した。1988年6月15日、ダライ・ラマは
フランスのストラスブールでの欧州議会で記者会見を開き、いわゆる「チ
ベット問題」を解決する新たな提案を提出した。すなわち、チベットの
独立を追求するのではなく、チベットの「高度な自治」を求めると言い、
大チベット区を建設してチベット独特の伝統文化の保護を目指すと伝え
た。彼はまた西洋社会が関心を集める問題に合わせて、「チベット問題」
を反原発、環境保護、人権や文化などの問題にリンクさせ、「チベット問
題」を徐々に加熱化させた。1988年7月、アメリカ合衆国議会は、ダラ
イ・ラマに初の人権賞、ウォーレンバーグ賞を授与した。1989年、アメ
リカ政府は中国に対して厳しい措置を実施し、広範な内容の経済制裁を
加えた。同年、西洋勢力に操られたノーベル平和賞委員会は、「平和賞」
をダライ・ラマに授与した。西洋の支持を得てダライ・ラマはあちこち
で演説し、国際上で反中国旋風を引き起こした。それで香港メディアは、
「ダライ・ラマは世界で最も忙しい『政治坊主』である」と述べた。[1]

1．中国人権研究会「アメリカが支持するダライ集団の分裂活動解析」、『人民
日報』（海外版）、2001年5月26日。

4. 20世紀後半、チベット問題に対する外国の干渉   *551*

　東ヨーロッパの激変とソビエト連邦の解体後、欧米諸国は絶えず中国に
対する「人権攻勢」を強化し、「チベット人権問題」で中国の内政に干渉
した。1991年4月、ブッシュ大統領は、ホワイトハウスでダライ・ラマ
と会見した。その後、1993年から1998年まで、クリントン大統領は毎
年ダライ・ラマと会見した。1997年、アメリカ政府は「チベット問題特
別コーディネーター」を設立し、それをチベット問題に干渉する専門機関
とした。アメリカ合衆国議会はもっと積極的であった。1992年7月18日、
アメリカ合衆国上院は、「チベット問題」を専門に討論する公聴会を初め
て開き、その後は、何度も関連法案を通して公聴会を開いて中国を非難し
た。チベット問題は、アメリカ合衆国議会が人権問題を利用して反中国活
動を行う重要な題目となり、必要な時に取り出して中国に圧力をかけた。
アメリカは国連人権大会で、チベットの人権に関する議案をどんどん出し
て中国に圧力をかけた。アメリカの一部のメディア、民間組織、学術機構
も政府や議会に協力して、様々な活動を通してダライ集団を支えた。アメ
リカ以外の一部のヨーロッパ諸国もダライ集団を支持した。欧州議会はダ
ライ・ラマに演壇を提供して中国政府に圧力をかけた。欧州連合の主な国
では、ダライ集団への支持を対中外交の内容として見なし、ダライ・ラマ
に対する支持を中国と駆け引きをする手段として用いた。

　アメリカをはじめとする西洋諸国は、ダライ集団に様々な支援を与え
たが、「チベットカード」は彼らが中国に対処し、共産主義世界を抑制
しようとする戦略的武器、あるいは道具に過ぎなかった。実際のところ、
ダライ・ラマはとっくにそのことを認識していた。1995年11月、彼は
自分が長期滞在しているダラムサラ（達蘭薩拉）で、アメリカ中央情報
局の元関係者と会見する時、「アメリカ政府がチベット問題に巻き込ま
れたのは、チベットを助けるためではなく、冷戦時代に、中国に対処す
るための戦術的需要に過ぎなかった[(1)]」と言った。にもかかわらず、ダラ

---

1. 張偉「アメリカ中央情報局がチベット分裂勢力を支援した始末」、『湖南文史』、
　2003年、第7期。

イ・ラマの分裂活動は、アメリカをはじめとする西洋の支持から離れることができず、西洋勢力のダライ集団に対する利用も持続し、両者の関係は 21 世紀の今日でも依然として変わっていない。

2008 年 3 月 14 日、一群れの不法勢力がラサ市内で、ショッキングな暴力事件を引き起こした。彼らは狂気的に暴力を振る舞い、路上の車を焼却し、通行人を追い打ち、マーケット、電信営業拠点と政府機関を衝撃した。それによって、地元住民の生命と財産は重大な損失を受け、地域の社会秩序は酷く破壊された。暴動によって、18 人の無辜の群衆が焼き殺されたり刺殺され、負傷した群衆は 382 人、その中で重傷は 58 人であった。ラサ市の直接財産損失は、24,468,789 万元であった。大量の証拠が表明しているように、今回の重大事件は、ダライ集団が組織的、計画的に苦心して企み、扇動したものであり、国内外の「チベット独立」分裂勢力が相互に結託して引き起こしたものであった[1]。しかし、一部の西洋諸国は事実を無視し、この事件を利用して中国政府を再び「包囲攻撃」した。事件発生直後、アメリカ衆議院議長・ペロシ（Nancy Pelosi）はインドでダライ・ラマと会見し、国際社会に、チベット問題で中国に圧力をかけるべきだと呼びかけた。4 月上旬、アメリカの衆参両院もそれぞれチベット問題に干渉し、中国に反対する決議案を通してチベットの歴史と現実を歪曲し、乱暴に中国内政に干渉した。欧州連合委員会の一部の関係者も公正を装って中国政府とダライ・ラマの対話を求めた。欧州連合代表団も訪中の間に、この問題を中国側との会談内容として扱った。大量の欧米メディアはこの事件を利用して、中国政府に向けて新たな世論攻勢を展開した。

イタリアの著名な歴史哲学者・ドメニコ・ロソルド（多梅尼科・洛蘇爾多）教授は、それに対してネット上で不平不満を表し、中華人民共

1．「ラサ『3・14』暴動事件の真相」、新華ネット http: // news.xinhuanet.com /news、2008 年 3 月 22 日。

4. 20世紀後半、チベット問題に対する外国の干渉　　　　553

和国を「妖魔化」する卑劣な行動が一部の西洋の国で展開されていると
次のように指摘した。この運動を準備、指導したのは、何万人の死者を
出したまるでイラクで発生したいわゆる予防戦争みたいな暴動を支持し
ようとする政府やマスコミである。彼らは、「自治」の旗を掲げながら、
「チベット独立」を支持した。この目標が実現されたら、彼らの次の
ターゲットは新疆、内モンゴルなど中国の他の地域になるだろう。彼ら
の目的は、多くの世紀を経て形成され、現在は56の民族で構成された
多元文化の中国をバラバラに解体しようとすることである。ドメニコ・
ロソルドは、一部の西洋勢力がダライ集団を支持して中国を分裂させよ
うとしていると非難し、国際知識界と広範な民衆に中国を支持するよう
呼びかけた。[1]

　実際のところ、事実の真相が暴露されるにつれて、「三・一四」ラサ
暴力犯罪事件が発生してからわずか一週間の間に、すでに約百の国家政
府が公開に中国が国家の主権、領土保全とチベットの安定のために行
なった行動を支持すると表明し、暴力犯罪行為とその舞台裏の首謀者を
非難した。[2] これは国際社会がもう西洋の言論によって左右されないこと
を証明してくれた。チベット問題に対する西洋の様々な不公正と悪意は、
最終的に事実によって暴かれるだろう。

---

1. 「西洋がダライ・ラマを支持して中国を分裂しようとする陰謀に対する歴史
   学者の非難」、新浪網 http: // www.sina.com.cn、2008 年 5 月 3 日。
2. 「外務省スポークスマン・秦剛が記者の質問に答える」、新浪網 http: //
   www.sina.com.cn 、2008 年 3 月 22 日。

第11章　新疆分裂主義問題と

社会安定

　分裂主義は国家の統一と民族団結の重大な脅威であった。新疆の「東トルキスタン」問題も他の民族分裂主義と同じように、中国近代史から発端し、外国勢力の干渉・浸透と密接な繋がりを持ち、20世紀中国の社会進歩、民族団結と国家統一に大きなマイナス影響を与えた。

1. 汎テュルク主義、汎イスラム主義の台頭と新疆への浸透

　新疆分裂主義勢力の形成と発展が利用したのは、「汎テュルク主義」、「汎イスラム主義」の理論であり、掲げたのは「東トルキスタン」独立の旗であった。

　テュルク（突厥）は、我が国の歴史上の一つの遊牧民族であり、アルタイ山で発祥し、最初は柔然の統治を受け、552年に突厥汗国を建てた。全盛期にその領域が、東は遼河、西はカスピ海或いはアラル海、南はアムダリヤ川、北はバイカル湖に至った。582年に、東突厥と西突厥に分裂した。東突厥は630年に回紇などの部によって敗れ、西突厥は対外に重い圧迫をかけたので、西域各部の抵抗を引き起こさせ、657年に、西域各部と唐の連合によって滅ぼされた。唐は西突厥の故地に安西都護

---

1. 柔然とは、5世紀から6世紀にかけてモンゴル高原を支配した遊牧国家を指している。（訳者注）

府（現在のクチャ）と北庭都護府（現在のジムサル）を設置して天山南北を分割統治した。

東西突厥汗国の滅亡後、セルジュークとオスマンの二大部族が中央アジアから小アジアまで西遷し、ヨーロッパ歴史上で Turan（図蘭）遊牧民と呼ばれた。セルジューク突厥は 1000 年前後、シルダリヤ川下流に移り、そこでイスラム教を受け入れ、徐々に西アジアを制御した。オスマン突厥も徐々に西遷し、13 世紀にセルジューク突厥の地位に取って代わり、オスマン帝国を建てた。15 世紀中葉、オスマンは東ローマ帝国を破り、その首都を占領し、イスタンブールと改称した。西暦 16 世紀、オスマン帝国は全盛期に達し、東南ヨーロッパ、北アフリカ、西アジアを占有して、ヨーロッパ、アジア、アフリカの 3 洲に跨る膨大な帝国となった。

オスマン帝国が対内的に民族抑圧と強制同化政策を実施したので、帝国内部の、特に経済、文化の面でオスマン突厥より先進的な東南ヨーロッパ人民の絶えない反抗を引き起こさせ、オスマン帝国の迅速な衰退をもたらした。18 世紀からヨーロッパの主な資本主義国家は、「オスマン遺産」をめぐる争奪戦を始めた。つまり、オスマン帝国を分割した。1 世紀以上の一連の戦争を経て、ヨーロッパ・バルカン半島の一部の民族国家が独立し、オスマン帝国も徐々に半植民地に転落した。

突厥汗国の形成、分裂、崩壊とセルジューク、オスマン突厥の西遷の歴史からみれば、突厥は古代、中世の部落連盟或いは部族に過ぎなかった。過去に突厥人が統治した多くの部族は現在、多くの異なる民族を形成し、それぞれ別の国に属され、突厥自体は近世の民族に発展されなかった。

汎テュルク主義は、1 世紀以前のロシアで生まれた。19 世紀末に、汎テュルク主義の父と呼ばれたクリミア・タタール人のイスマイル・ガスプリンスキー（1854 － 1914 年）は、モスクワで勉強している間に汎スラブ主義の影響を受け、汎スラブ主義をモデルに、「同じムスリム

1．汎テュルク主義、汎イスラム主義の台頭と新疆への浸透　　　　557

の突厥、つまり共通の言語、共通の歴史・伝統のフレーム」を設計して、帝政ロシア国内の突厥語を操るムスリムに適用できる新たな「民族共同体」を創造しようとした。そしてその基礎の上で、「アドリア海から中国に至る大帝国」を建てようと夢見た。早期の汎テュルク主義は、ロシア、オスマン（バルカン人も含む）、中国、及びイランとアフガニスタンの突厥人を含むすべての突厥人を連合させ、突厥ムスリム間の連係を強化して、共同でロシア・ツァーリ国の統制に反対することを目的とした。

　ロシアよりやや遅れ、トルコでも汎テュルク主義が出現した。19世紀末からロシアの汎テュルク主義がトルコに伝わってきたのだ。青年トルコ党人は、「テュルク」という言葉の前に「オスマン」の名を被らせて「オスマン・テュルク主義」と呼び、それを提唱した。青年トルコ党の支持のもとで、オスマン帝国の汎テュルク主義者は立ち上がり、「突厥人連合会」と「突厥の心」などのクラブやコミュニティを設立し、宣伝用の刊行物を創設した。

　20世紀の初頭、青年トルコ党はブルジョア革命を指導してハミト2世の統治を打ち倒し、汎テュルク主義で帝国の運命を取り返すと提案した。汎テュルク主義は、国の指導層の提唱と支持を得、青年トルコ党の主な政治組織である「団結と進歩委員会」が民族政策の指導原則と基本的な内容を制定した。この組織は、ボスポラス海峡からアルタイ山脈に至るアジア西部と中部地区の突厥語を操る各民族をオスマン・トルコ・スルターンの統治下に置くべきであると宣伝した。このことによって、ハミト2世の遺産を相続、踏襲した。

　汎テュルク主義は一種の極端な民族主義であった。文化観念の上では、

1．A・阿爾沙魯尼、哈・扎・加比杜林「ロシアの汎イスラム主義と汎テュルク主義略論」李琪、陳継周訳、『双汎研究訳叢書』2集、新疆社会科学院、1992年、18頁。

突厥語を操る民族の「共同文化論」を鼓吹し、突厥語を操る諸民族が歴史の過程で創造した異なる文化遺産を抽象的な所謂「突厥文化共同体」に組み入れようとした。また、歴史観念の上では、勝手に歴史を解釈し、突厥語を操る諸民族の各々の発展の特徴を乱暴に歪曲し、長い歴史の中で、「突厥人はかつてオスライオンのようにアジア大陸で吼え、異民族と『聖戦』を行い、数十個の国家を建てた」と極力に誇張した。汎テュルク主義者は、「言語共通性」、「文化共通性」、「歴史共通性」を用いて、「祖国のない民族統一体(1)」を憶測ででっち上げ、「世界各地に分散しているすべての『突厥人』の思想意識から組織行動までを一つの全体として結成させ」、「政治的連合を達成し」、祖国と兄弟民族を基に、中国の万里の長城からバルカンに至る「大突厥」国家を構築して、オスマン帝国の輝きを取り戻そうと企んだ。

　汎イスラム主義思潮は19世紀の後半に出現し、提唱者はイラン（アフガニスタンという説もある）人のジャマールッディーン・アフガーニー（1839－1897年）であった。ジャマールッディーンは、1858年から1865年までにインドへ行ってさらに研鑽し、視野を広げ、反帝国主義の意識も芽生えていた。1857年、彼はメッカ参りの期間に汎イスラム主義組織「オウム・グラ」を設立し、後にはアフガニスタン、エジプト、インド、イランとトルコなどで演説、著述を通して自分の学説を宣伝した。彼は、全世界のイスラム教徒は民族を問わず、共同で同じハリーファを仰ぎ、一つの統一したイスラム大帝国を築き上げ、西洋植民地主義の攻撃に抵抗すべきだと主張し、経済面での自強と宗教社会の改革を通して「イスラム教の復興」を実現すべきだと主張した。汎イスラム主義はある程度、西方の侵略に反対し、社会の進歩を求めるイスラム国家人民の願望を反映したが、一方、中国で汎テュルク主義と結合して、「東トルキスタン」勢力が中国を分裂する思想的武器となった。

1．A・阿爾沙魯尼他、前掲論文、前掲書、64頁。

1. 汎テュルク主義、汎イスラム主義の台頭と新疆への浸透　　　　559

　地理的位置の近さ、および外部勢力の介入により、トルコとロシア統治下の中央アジアで輸出した汎テュルク主義思想は、逸早く新疆に影響を与えた。1908 年、バイ人のムッラー・ムーサー・サイラーミーが『安寧史』を修正する時、書名を『ハミト史』（あるいは『イミト史』）に変え、そして前書きで、この本を全世界ムスリムのハリーファ・アブデュル・ハミト 2 世に捧げると書いた。これは「双汎」思想がこの時期に、すでに新疆へ一定の影響を与えていることを説明してくれた。

　第一次世界大戦の期間中、汎テュルク主義は、帝国主義国家が世界を再分割し、植民地を争う道具となった。「同盟国」のドイツとトルコは、「協商国」のメンバーであるロシア・ツァーリ国と軍事的に対抗し、ロシア統治下の中央アジア、クリミアとコーカサスなどの地域の汎テュルク主義勢力の支持を得るため、この二つの地区に汎テュルク主義と汎イスラム主義の大量の宣伝品を配布し、そして迅速に中国の西北辺境地区とアフガニスタンのカーブル、ヘラート、カイバルなどの地域にも拡張してきた。ロシア統治下の中央アジアの汎テュルク主義者は、『トルキスタン・ムスリム新聞』を通して、「すべての突厥人は、タタル人、サルト人、カザフ人、ウズベク人、塔蘭奇人（新疆から中央アジアに移住してきたウイグル人）、ドンガン人（中国の陝西、甘粛から中央アジアに移住してきた回民）などに分けるのではなく、これらの民族の言語を取り除き、統一の純粋な突厥族言語を創造し」、「突厥民族を連合して、一つの突厥国家を構築すべきである」と呼びかけた。[1]

　第一次世界大戦が勃発した直後、中央アジアで活動していた汎テュルク主義組織・トルコ「統一と進歩党」のメンバーは、世局の変化を利用して中国の西北辺境に窺入し、新疆を中央アジアの後を継ぐ第二の汎テュルク主義イデオロギーの思想基地にしようと企んだ。汎テュルク主義、汎イスラム主義思想の新疆での早期伝播は、主に以下のルートを通

1．A・阿爾沙魯尼他、前掲論文、前掲書、64 頁。

して行われた。

　まずは、学校を設立し、新式学校を開設するという名義で青少年に対して「双汎」思想を植え付けた。1914年4月、アフメト・カマールがアルトゥシュで師範学校を開設し、一つの特別クラスを設け、経文学校でアラビア語、ペルシャ語を習った学生のみを受け入れた。その教材はすべてトルコの訳本を採用した。オスマン・トルコ・スーダンを指導者に、ハリーファを精神の父親にするよう学生に教え、トルコの歌曲のみを教えた。1915年、マスード・サブリ、及び彼が連れてきた数人のトルコ人がイリ、カシュガルで医師を開業し、学校を開設して「私たちの祖先は突厥であり、私たちの祖国はトルコである」と公開に宣伝した。その中の一つの学校は、その名を「図冉」（つまり土蘭）とした。20年代までに、マスード・サブリはイリで8校の学校、28のクラスを開設し、2,000人以上の学生全員がトルコ語で授業した。同時に、「Darnek（講習会）」などの非正規の学校を4校開設した。他に、1915年に中央アジアのタタル人のルシル・ワンルがクチャで密かに学校を運営し、1916年にトルコ人のヤコプ（アク・プボクとも訳す）がヤルカンドで実業学校を開設し、1920年にトルファンの布教者・ムソルなどがタタル人のハサンミ・ハイドルなどを採用して密かに学校を運営し、トルコ人のイスマ・イルアジが和田へ行って学校を運営した。これらの学校は、汎テュルク主義、汎イスラム主義を広く伝える重要な場所となった。

　次は、出国して巡礼するか、モスクで礼拝するムスリムを対象に伝播を行った。新疆では毎年何万人がインドや中央アジアを経由してメッカへ聖地巡礼に行った。その中の一部の人は、意識的、あるいは知らぬ間に汎イスラム主義、汎テュルク主義思想を受け入れ、帰る時は各種書籍や雑誌を持ってきたが、特にトルコ文（改革以前の古い文字）は最も簡単に新疆で伝播、拡散された。前で挙げたアフメト・カマールは、南疆で学校を開設し、刊行物を印刷したが、後にはウルムチに来て一方では、カプリンスキーの『訳文新聞』、ジャルラーホの作品『長い日々の小青

1. 汎テュルク主義、汎イスラム主義の台頭と新疆への浸透   561

年』などを伝播し、他方では、より多くの精力を投入して『新生活』雑誌を編集・印刷し、計30期まで出版した。アフメト・カマールは、この雑誌は「もっと率直、激烈に、少しも隠さず、ムスリムが進むべき道を照らした」と自称した。民族文字の読み物が極めて少ない新疆で、この2種類の刊行物がムスリム青年の中で果たした役割は尋常ではなかった。またカシュガルの大教長・アプト・ジャイダーモッラーは何度も刊行物創設の申請をしたが、許可が下りなかった。それで彼は書き抜いた宣伝品を各モスクに貼り、同時に大衆に朗読してあげたが、その影響力は大きかった。1928年にサービト・ダーモッラーが書いた『穆聖小伝』も印刷、伝播された。他に、海外の一部の機関や個人、新疆駐在外国領事館なども政府関係者に宣伝品を直接届けた。1917年、カシュガルの道尹[1]・朱瑞墀は、海外イスラム教の指導者が送った書信をもらったが、その文章は、中国のムスリムを扇動して第一次世界大戦中にドイツと同盟を結ぶという内容であった。1918年、アラブ人に異民族の統治から脱却して独立するよう呼びかけたメッカ総督の宣言をカシュガルのイギリス領事館が各県の政府に配布した。これらは新疆のムスリム群衆を扇動する面で大きな役割を果たした。

　海外で商業に携わり、ハッジに参加し、留学する人の中でも一部の人は「双汎」思想の影響を受け、少数の人はさらにそれを自分の政治的信条として信奉し、至っては惜しまず、帝国主義勢力と手を結んだ。汎イスラム主義、汎テュルク主義は、新疆で一部の中堅勢力を育成し、彼らを新疆での帝国主義の代理人として扱った。例えば、マスード・サブリ、サービト・ダーモッラー、ムハンマド・アミーン・ブグラ、アイサなどがその代表的な人物であった。

　10月革命以降、及び20年代から国際汎テュルク主義の活動は、主に

1.　道尹は、民国初年の官名であり、省長に隷属する「道」の行政長官のことを指している。（訳者注）

中央アジアを中心に、トルコを拠点として新生のソビエト政権への反対を重点に行われた。新疆の汎テュルク主義は、文化的浸透活動を中心に、未だ大きな規模を形成していなかった。無論、これは楊増新の力強い統治が汎テュルク主義に与えた抑制作用と無関係ではない。楊増新は民国成立後に新疆の都督となり、彼は強力な手段で支離滅裂の新疆を迅速に統一し、新秩序を再建して権勢を確立した。新疆は土地が広く、民族が多様で、対内、対外の交通が不便で、周辺には強いロシアがあり、ごく少数の漢人官吏が絶対多数を占めるウイグル族、カザフスタン族、回族、モンゴル族などの民族を統制していたので、民族問題と対外交渉こそ楊増新が直面した主な課題であった。第一次世界大戦中、トルコがドイツに身を寄せたので、楊増新は直ちに秘密の指令を下ろして新疆のドイツ人とトルコ人を監督、限制した。1917年に彼は部下に、「ドイツ人とトルコ人が国境に来たら……直ちに抑留して身元を確認し、地方の人との接触を防ぐ」という訓令を発した。同年、彼は各属に命令を下して、トルコ人の教習への採用と学校の設立を禁止し、外国籍の人が教鞭を取った学校に対しては一律取り締まりを行った。翌年、トルコ人のアフメト・カマールをウルムチに押送し、1919年に上海経由で強制送還した。そして関係者を監禁し、その後、アフメト・カマールを勝手に教師として採用した者を厳しく取り締まった。同時に、彼は北京政府に如何なるトルコ宣教集団の新疆入りも許可しないよう要請した。イギリス人が配布したメッカ総督の宣言書を没収して焼失し、国外イスラム教の指導者が派遣した書簡の配送者は一律追放した。彼はまたサービト・ダーモッラーを追放し、マイマイテッリカンの宗教反乱を厳しく弾圧した。そして、分裂思想を伝播した現地人のマスード・サブリを1926年にウルムチへ押送して自ら審査し、翌年に新疆から追放した。楊増新は新疆に対する中央アジアの影響を非常に重視し、日々増えるアフガニスタンから入国する外国人、特にトルコ人とイギリス領インド人への防御を強化するため、省都から蒲犁（タシュクルガン）へ武装を増派して防衛を強化

2. 「東トルキスタン」分裂主義の第一回政治実践

した。これらの措置は間違いなく汎テュルク主義と汎イスラム主義に有効な抑制作用を果たしたと言えるだろう。

2. 「東トルキスタン」分裂主義の第一回政治実践

1931年、日本帝国主義は中国に対する侵略戦争を発動し、東北三省を占領した。同年、新疆で金樹仁の反動統治に反対するハミ農民蜂起が爆発した。蜂起が始まると一部の汎イスラム主義、汎テュルク主義組織が指導権を握り、蜂起を分裂運動に導いた。これらの組織は主に、カシュガルで活動する「青年カシュガル党」と和田で設立したムハンマド・アミーン・ブグラをはじめとする「民族革命委員会」であった。「民族革命委員会」の趣旨は、断固とした反共、反東干（回族を指す）と反漢であり、ひいては新疆でイスラム教権国家を建てることであると自称した。[1] ここから彼らは宗教を羽織に、「汎イスラム主義」と「汎テュルク主義」の宣伝、説教を大いに行い、聖戦を鼓吹し、分裂を扇動した。

1933年2月20日、「民族革命委員会」は「和田臨時政府」（後に「和田イスラム政府」に改称）を設立すると宣言し、6月にはカシュガルへ進出し、やがてカシュガルで「青年カシュガル党」勢力と合流した。一連の計画を経て、1933年11月12日に、「東トルキスタン・イスラム共和国」の成立を宣言した。この「政府」は、ホージャ・ニヤーズを誘って「大統領」に就任させ、サービト・ダーモッラーは「総理」に自任し、ムハンマド・アミーンは「民族革命委員会」の最高指導者になって実権を握った。彼らは「憲法」及び「政府」の「組織綱領」、「マニ

---

1. A・D・W・フォーブス「新疆軍閥とムスリム（1919 - 1949年民国新疆政治史）」王嘉琳、胡錦洲訳、『双汎研究訳叢書』1集、新疆社会科学院、1991年、41頁。

フェスト」を発表した。この「憲法」では、イスラム法で中華民国法律制度を代替し、藍底白色星月旗を「国旗」にすると宣言した。そして「東トルキスタン」は「永久の独立国」であり、「東トルキスタン人の東トルキスタンだ」とでたらめに公言した。彼らはトルコ人を軍事教官に採用し、インド、アフガニスタン、日本、イランなどに使者を派遣して「外交活動」を行い、カシュガルと和田で「東トルキスタン・イスラム共和国」銀行の紙幣を発行し、『東トルキスタン週報』、『独立』月刊などの刊行物を出版した。

　「東トルキスタン・イスラム共和国」の出現は、海外の汎テュルク主義と汎イスラム主義勢力を大いに励まし、トルコのメディアは彼らのために大風呂敷を広げ、アフガニスタン政府の首脳も公開に同情と支持を示し、ドイツ、日本両国の代表も彼らと秘密接触を行ったが、彼らは最終的に、大胆に分裂政権を認めることができなかった。

　新疆とソ連の間には長い国境線があり、国内の一部の少数民族は中央アジア地域の民族と自然に接触していた。20世紀の20年代初頭、中央アジアの汎テュルク主義、汎イスラム主義の活動は、帝国主義の支持のもとで、ソ連を分離する「バスマチ」などの政治反乱を発動したが、ソ連によって厳しく弾圧された。「東トルキスタン・イスラム共和国」が成立されると直ちに中央アジアのウズベキスタン加盟共和国と連係し、タシュケントの支援を求めたので、ソ連政府の警戒を引き起こした。彼らは南疆で狂気的な分裂行為を行い、国際ファシス勢力と結託したので、更にソ連側の警戒を引き起こした。以前、ソ連内部の一部の指導者は新疆の蜂起を「民族解放運動」として認定し、この運動は世界革命の一部になり得ると認識していたので、南疆分裂政権の頭目と接触・交渉を行い、彼らに一定の武器装備を提供してくれた。しかし、ソ連が勘案してみると、ファシス軍国主義が自分の「腹部」である中央アジアと周辺地域に手を出すことは容認できなかった。ソ連は中国政府にもし中国が新疆を管理すれば、我らは関係しないが、もし彼らの意のままに第2の

2.「東トルキスタン」分裂主義の第一回政治実践　　　　　　　　565

偽満州国にすれば、我らは必ず行動を起こして自らを守ると自分の態度
を示した[1]。この時、日本がすでに東北、華北に侵入し、甘粛省から新彊
に進入した軍閥・馬仲英の勢いが依然と旺盛し、国民党政府には新彊を
構う暇がなかったので、盛世才はソ連に緊急支援を求め[2]、ソ連は直接出
兵して盛世才を助けると決定した。

　1934年1月、ソ連軍は盛世才軍隊を助けて北彊で馬仲英部隊を撃退
し、強制的に南彊まで後退させた。2月、馬仲英部隊は南彊へ撤退する
途中、カシュガルを攻撃した。「東トルキスタン・イスラム共和国」成
立後、治下の民衆に「人民の生活を改善する」と許諾したが、実際には
統治を維持するため、庶民に対してもっと狂気的な収奪と略奪を行った。
これによって、人民の恨みが沸き上がり、彼らは完全に孤立され、馬
仲英の部隊がカシュガルを攻める時、分裂政権の武装は今にも壊滅し
そうな状態になっていた。2月6日、馬仲英部隊がカシュガルを占める
と、分裂政権は蜘蛛の子を散らすように逃げた。その後、逃亡中のホー
ジャ・ニヤーズ「大統領」は、ソ連の圧力のもとで協約に署名し、「東
トルキスタン・イスラム共和国を解散し」、「東トルキスタンで勤める
すべての外国軍事顧問は直ちに東トルキスタンから離れさせる」と宣
言し、新彊地方政府に帰順した。4月には兵士を率いてサービト・ダー
モッラーなどの頑迷分子を逮捕した。ムハンマド・アミーン・ブグラは
人を連れて和田へ逃げ、偽「和田イスラム王国」を回復しようと企んだ
が、間も無く和田へ進入した馬仲英の残余部隊によって撲滅され、ムハ
ンマド・アミーン・ブグラはインドへ逃げた。「東トルキスタン・イス
ラム共和国」はこれで徹底的に覆滅された。

　「東トルキスタン・イスラム共和国」の存在は短い時間だけであった

1．Ａ・Ｄ・Ｗ・フォーブス、前掲論文、前掲書、61頁。
2．1933年4月12日、新彊で「四・一二」クーデターが発生し、金樹仁が倒れ、
　盛世才が情勢を制御し、徐々に新彊の統治権を取得した。

が、新疆歴史上の最初の分裂政権として政治的影響は極めて深刻であった。

その一つ目は、分裂主義の思想から実践への移行を完成させ、分裂政権を設立する下劣な先例を切り開いた。20 世紀の初めから分裂主義思潮は、「汎イスラム主義」と「汎テュルク主義」につれて新疆まで浸透し、1933 年 11 月に、分裂政権を設立するが、この過程には 20 年以上の時間がかかった。

その二つ目は、「汎イスラム主義」思潮の影響のもとで、宗教熱狂を扇動・利用して分裂の目的を達成するための下劣な先例を切り開いた。宗教は分裂の幟となり、何千何万人の信教民衆は宗教熱狂の誤魔化しと駆使のもとで、「聖戦」を通しての異教徒（漢人）統治の転覆とイスラム共和国の設立を宗教義務とし、殉教のスローガンを叫びながら分裂勢力の大砲の餌食になってしまった。

その三つ目は、「汎テュルク主義」思潮の影響のもとで、一部の民族の解放と発展を、他の一部の民族への排除や打撃の上に建て、民族間の戦争や復讐を扇動し、民族圧迫に反抗する闘争を分裂運動へ導く下劣な先例を切り開いた。

その四つ目は、軍閥統治下での新疆の政治的反動、社会的腐敗、経済的貧困や後進を利用して、民衆が反動統治の圧迫や搾取に反抗する階級闘争を分裂運動に導入した下劣な先例を切り開いた。

その五つ目は、事件の中で、分裂主義の「リーダーとなる人物」が現れた。カシュガルと和田分裂政権の設立は、サービト・ダーモッラー、ムハンマド・アミーン・ブグラなどの分裂の首謀者を「リーダー」の王座に座らせた。[1]

---

1. 厲声「新疆歴史上の短命分裂政権『東トルキスタン・イスラム共和国』の覆滅」、『中国辺境における歴史・地理研究』第 1 期、2003 年。

3. 新疆の「三区革命」とその影響

1944年、新疆のイリ、チョチェクと阿山（現在のアルタイ）の3つの地域で有名な「三区革命」が発生した。この事件は、当時及びその後の新疆、そして全国の情勢に重大な影響を与えた。

「三区革命」の発生には、深い社会歴史の原因があった。国内から見れば、盛世才と国民党政府の残酷な圧迫統制が主な原因であった。盛世才は1933年に新疆の統治権を取得した後、ソ連の助けに頼ってかつて一度は進歩的な行動が現れ、中国共産党と統一戦線を樹立したこともあった。しかし、1942年から元の立場を破棄し、完全に国民党に近寄り、大いに反ソ連、反共産党活動を行い、人々が恐れる恐怖政策を推進した。その前の1939年、統治の安定を確保するために、盛世才は命令を下してカザフスタン、キルギス、モンゴル族遊牧民の銃器を押収し、それに拒絶する者は直ちに逮捕され投獄された。銃は遊牧民の生産道具であり、銃を押収することは牧畜民の生計を台無しにするのと等しいことであったので、遊牧民の強い抵抗を受けた。1943年3月、盛世才と国民党政府は人民の財産を収奪するため、全新疆の各民族人民に軍馬10,000匹を寄付するよう命令した。そのため、各地に献馬委員会を成立し、馬を寄付する力がない者には相場より2分の1高い馬の価格を支払うよう規定した。この重い負担は主に、イリ、チョチェク、阿山三区の広大な貧しい遊牧民が背負った。新疆の社会矛盾の鋭い対立は、一触即発の事態に達した。

1944年4月、ソ連駐グルジャ領事館の助けのもとで、「グルジャ解放組織」がグルジャ県（現在のグルジャ市）で成立され、イリハン・トレが主席に就任した。この組織のメンバーとその政治立場はとても複雑であり、盛世才と国民党の統治に反対する者もいれば、汎イスラム主義、汎テュルク主義を実践する者もいたが、後者は直接漢人への反対と排除

を呼びかけ、「聖戦」と分裂を鼓吹した。

1944年8月、国民党に反対する遊撃隊がコンハ県（現在のニルカ県）で成立され、10月にコンハ県を攻め落とした。その後の11月7日に、グルジャに迫り、国民党の守備軍が全力で抵抗したが、一歩一歩退守し、1945年にはグルジャを失った。

1945年4月8日、遊撃隊を民族軍に改編し、北、中、南の3線に分かれてチョチェク、阿山、迪化（現在のウルムチ）を攻撃した。同年9月までに、民族軍北線は相次いでチョチェクと阿山を占領し、南線は南疆で国民党軍に重傷を与え、中線はマナス川西岸まで進攻し、国民党軍と川を挟んで対峙した。

遊撃隊はグルジャに進入した後、1944年11月12日、「グルジャ解放組織」を基に、「東トルキ（あるいは「東突厥」－作者）スタン共和国臨時政府」を設立し、イリハン・トレを「主席」にした。1945年1月5日、「臨時政府」は宣言を発表した。

(1) 「東トルキスタン」の領土で徹底的に中国の専制統治を根絶する。

(2) 「東トルキスタン」内の各民族人民は一律平等である基礎の上で、真の自由独立の国家を設立する。

(3) 「東トルキスタン」を経済的な面で全面的に発展させるため、まずは工業、農業、牧畜業及び民間商業を発展させ、人民の生活水準を向上させる。

(4) 「東トルキスタン」人民の大多数はイスラム教を信仰しているので、特にこの宗教を提唱する。同時に、他の宗教にも自由を与え、それを保護する。

(5) 文化教育や保健衛生事業を発展させる。

(6) 全世界の各民主国家、特に「東トルキスタン」の隣国であるソ連と友好関係を築くと共に、中国と政治、経済面での連係を

3. 新疆の「三区革命」とその影響 569

　促進する。

(7) 「東トルキスタン」の平和を防衛するために、各民族人民を引き入れて強力な軍隊を組織する。

(8) 銀行、郵便、電話、電報、森林及びすべての地下資源は国有にする。

(9) 国家公務員の中から個人主義、官僚主義、民族主義及び汚職腐敗の悪質な作風を消除する。[1]

　ここから分かるように、三区革命前期には、国民党の専制統治に反対する要因もあったが、中国から分離する明確な「独立」の立場もあった。「東トルキスタン共和国臨時政府」は 11 月 12 日に成立されたが、それは 1933 年の南疆分裂政権の成立日と同じ日であった。これは決して偶然ではなく、明らかに 2 つの間の継承関係を表明していた。そのため、「東トルキスタン共和国臨時政府」の成立は、東トルキスタン分裂主義の新疆での発展を表していた。

　1945 年 8 月、中国の抗日戦争は勝利で終わり、国内外情勢の影響により、三区問題の平和的解決は各当事者の選択となった。ソ連政府の調停のもとで、三区の代表と国民党中央政府の代表は、1945 年 10 月 17 日に迪化で和平交渉を行った。交渉は、1946 年 1 月 2 日以前と 4 月から 6 月 6 日までの二つの段階に分けて行われ、交渉の結果、双方は「平和条款」及び断書に署名し、そして条項に基づいて新疆連合省政府を結成した。政府主席は、中央政府代表・張治中が兼任し、副主席はアフメトとブルハンが担当した。

　交渉の成功と連合省政府の創立につれて、三区の政治傾向と名号には重大な変化が生じた。6 月中旬、イリハン・トレなど一群れの汎テュル

1.　「新疆三区革命史」編纂委員会編『新疆三区革命大事記』新疆人民出版社、1994 年、51 － 52 頁。

ク主義と汎イスラム主義の勢力が駆逐された。7月1日に、新疆省連合政府の成立大会で就任・宣誓した三区方面の指導者・アフメトなど8人は、「新疆の各民族人民に告げる手紙」を発表し、「この協議、(『平和条項』－引用者) に基づいて、我々が今年の6月28日にイリ、チョチェクと阿山専区でその設立を宣告した『東トルキスタン共和国』政府は、その使命を終え、3つの専区はそれぞれ直接省連合政府に帰属される」と述べた。7月18日、新疆省連合政府第二回会議で、「新疆省政府施政綱領」を採択し、その主旨は、「中央政府の指導のもとで、全省の平和を保障し、国家の統一を擁護し、民主政治を実行し、民族団結を強化させ、共同で努力して三民主義の新しい新疆の建設を完成する」ことであった。アフメトとブルハンなどはこの綱領を積極的に評価した。[1] これは各種勢力の駆け引きの結果、「三区革命」が元の分裂主義立場を放棄したことを説明してくれた。

　「平和条項」の締結と連合政府の創立は、三区と国民党の矛盾を解消することができなかった。連合政府が創立した後、国民党側は協議を利用し、三区軍隊と行政機関に対する改造を通して、三区に対する制御を実現しようとしたが、三区方面も真っ向きから対決し、三区範囲内の各種権力を譲らなかった。様々な摩擦が絶えず発生したので、1947年8月中下旬、アフメトジャン、アバソフ、セイプディンなど三区指導者は続々と迪化からグルジャへ撤退し、連合省政府は破裂に向かった。1949年8月中旬、中国共産党中央委員会の代表・鄧力群がグルジャに到着し、アフメトジャンなど3区の指導者と会見を行い、中央と毛沢東の挨拶を伝えた。1949年8月18日、毛沢東は新政治協商会議準備委員会主任の名義で、アフメトジャンに手紙を送り、三区方面が代表を派遣して北平で開催される新政治協商会議に参加するよう要請した。手紙の中で、「帝国主義、封建主義、官僚資本主義及び蒋介石をはじめとす

---

1. 「新疆三区革命史」編纂委員会編、前掲書、177－181頁。

3. 新疆の「三区革命」とその影響　　　　　　　　　　　　　　　　　　571

る国民党反動統治に反対するわが国の人民解放戦争は、間も無く全中国の勝利を取得するのだ。……あなたたちの長年の奮闘は、全中国人民民主革命運動の一部である[1]」と書いた。

　3区指導者は中央の配慮に感謝の意を表し、中央の指揮と決定に従うと表明した。8月20日、アフメトジャンは毛沢東に電報で、「敬愛なる毛沢東様、お手紙拝見いたしました。あなたが私達に出した問題は、ずっと前から全省人民が期待していたものであります。人民解放戦争の偉大な勝利は、同時に全世界と全新疆人民の勝利でもあると私たちは認識しております。したがって、私たちは最高の情熱で敬愛なる毛沢東様に感謝と興奮を表し、北京へ代表を派遣して人民新政治協商会議に参加します」と伝えた[2]。

　不幸なことに、8月27日、人民新政治協商会議に参加するため、アフメトジャンなどがソ連を経由して北平へ向かう途中、飛行機が山にぶつかって墜落し、機上の17人全員が遭難した。

　三区革命は紆余曲折の発展過程を経験した。国民党の統治に重大な打撃を与えたこともあり、民族関係を悪化させ、分裂主義を助長した厳重な傾向もあった。その中で、汎テュルク主義と汎イスラム主義が非常に悪い影響を与えた。三区革命の初期の顔役であったイリハン・トレは、強烈な分裂主義傾向を持っていた。彼はロシアの宗教家庭で生まれ、サウジアラビアで経文を勉強した。1929年にソ連から新疆のグルジャへ来て定住し、宣教と医学に従事する有名な大アホンであった。最初は新疆を鼓動して一揆を起こすため、ソ連は民衆に対する彼の宗教的影響を利用し、彼を支持して三区「臨時政府」の指導者の座に座らせた。イリハン・トレは自分の地位を利用して汎イスラム主義を極致までに拡張させた。彼は至る所で中国を分裂する演説を行い、「東トルキスタンは

1．「新疆三区革命史」編纂委員会編、前掲書、308頁。
2．同書、311頁。

我々の祖国」であると語った。民族軍の設立大会で、彼は宗教熱狂と民族感情を扇動し、イスラムの星月徴を表記し、「東トルキスタン独立のために前進する」というスローガンを書いた軍旗と経文を書いたイスラム教の白い旗を各部隊に授与した。軍隊の中で聖職者を駐箚させると同時に、アッラーのため、そして「異教徒」の撲滅のために戦うよう兵士を鼓動した。彼は断固として漢人政府とのすべての交渉に反対した。平和条項が間も無く調印される時、彼はソ連顧問の軍事攻撃の停止命令に反対し、続けての進軍を強く主張した。至っては、グルジャで大会を開き、「東トルキスタン共和国臨時政府」を正式の政府に変えると宣告した。イリハン・トレが熱狂的に分裂主義を推進し、中国でのソ連の利益を妨害したので、連合省政府が正式に成立される前夜、駐イリ・ソ連領事館は強制的にイリハン・トレなどを密かにアルマトイに護送した。イリハン・トレの崩壊は、3区革命の正しい方向への転換に条件を与えてくれた。

　無論、革命後期の三区指導者層も自分たちの過ちを意識していた。1949年8月20日、三区の中央機関紙『民主報』（漢文）は文章を発表して、三区革命の「初期には誰が敵で、誰が味方であるかを区別できなかった。その結果、現れてはならない現象が起き、自分たちと同じように圧迫を受けている漢民族人民を乱暴に扱った。」「各民族の間に民族矛盾が生じ、漢族人民を敵視する誤った観点が生まれた主な原因は、統治階級が反動的な民族抑圧政策を執行した結果であり、それにより、他民族人民の多くは、漢民族統治階級が漢民族を代表していないことと、漢民族統治者は漢民族人民の最も凶悪な敵でもあることを認識していなかったからである。」「今、我々は旗幟鮮明に様々な狭いナショナリズムに反対し、各民族の間で民族矛盾を作り出す人たちと情け容赦のない闘争をしなければならない[1]」と述べた。

1.「新疆三区革命史」編纂委員会編、前掲書、311頁。

3. 新疆の「三区革命」とその影響 573

　1962年、李維漢は文章の中で、「新疆三区革命の構成要素は複雑であり、封建上層とブルジョア民族主義者もいれば、革命知識人や労働人民もいた。三区革命の初期は、封建上層とブルジョア民族主義者が革命の指導権を把握し、革命を民族分裂主義の道に導いた。彼らは盲目的にすべての漢人に反対し、ひいては無辜の漢族労働人民を虐殺した。しかし、本民族の内部では、封建主義に反対する土地改革を実行しないだけでなく、封建勢力が把握していた末端政権を改造しようともしなかった。彼らはまた、祖国の大家庭から分裂して、いわゆる東トルキスタン共和国を建立しようとした。このように、彼らは三区革命に大きな損害と危険を与えた。1947年、アフメトジャンは革命知識人と労働人民を代表して、このような反動傾向に対して批判と是正を行い、徐々に革命を正しい軌道に導いた。……アフメトジャンは正しい方向へと導いてくれた。三区革命は、アフメトジャンなどの指導者の内部闘争を通して、1949年、中国各民族人民の解放前夜、中国人民解放軍の新疆進軍を支持し、中国人民民主主義革命の一部分となった[1]」。

　三区革命発生の背景には、ソ連の策動と支持があった。20世紀30年代、ソ連は盛世才を助けることを通して政治・経済・軍事的に新疆を制御した。盛世才が反帝・親ソを終わらせ、国民党に近寄り、ソ連の勢力を新疆から追い出した後、ソ連は新疆での影響を再び回復するため、盛世才と国民党の統治による不満を利用し、汎イスラム主義、汎テュルク主義勢力を借りて「東トルキスタン」の「独立」を扇動した。彼らはタシュケントとアルマトイで『東方真理』、『カザフ人民』という二種類の雑誌を出版し、新疆のウイグル文字、カザフ文字で組版印刷してわざわざ新疆のイリ、チョチェク、アルタイなどの地域に輸送した。聖職者を利用してモスクで直接ムスリムに反漢「独立」の「聖戦」を宣伝し、ムスリムに武器をもって戦闘に参加するよう扇動し、至っては、海外のア

---

1. 李維漢『統一戦線と民族問題』人民出版社、1981年、648 - 649頁。

ルマトイで「新疆突厥人民民族解放委員会」などの組織を設立した。三区革命爆発後、ソ連の将校・ピート・ロマノヴィチ・アレクサンドロフが一つの武装勢力を率いてグルジャへ潜入し、グルジャの解放組織と共に軍事指揮部を組織した。その後は、三区遊撃隊の司令官、三区政府委員、軍事庁長官を務め、三区武装力を直接指揮、統率した。その他に、グルジャで設立された「東トルキスタン共和国」・「臨時政府」は、ソ連専門家を各庁局の顧問として採用した。

　ヤルタ会議で、ソ連、アメリカ、イギリス3国は、ソ連が極東の作戦に加入する条件を採択した。それは、外モンゴルの現状を維持し、大連港の国際化とソ連の優越権益を保証し、ソ連は旅順港を軍事基地として借用し、ソ連と中国が共同で中東鉄道と「南満」鉄道を経営するが、ソ連の優越権益と「満州」での中国の主権を保証するなどの内容であった。1945年7月9日、国民党政府はソ連政府に交換条件として、新疆に対する中国の領土保全と行政主権を保証し、「新疆暴乱」などの問題で如何なる支援もしないと約束すれば、中国政府は外モンゴル問題で譲歩すると提案した。8月に、「中ソ友好同盟条約」を締結し、条約の添付文書で、国民政府は日本敗戦後、もし外モンゴルの公民投票で独立への願望が確認できれば、中国政府は外モンゴルの独立を認めると約束した。ソ連は条約の添付文書で、新疆の最近の事変について、ソ連政府は友好同盟条約第5条に基づいて中国の内政に干渉しないと表明した[1]。このような歴史的背景によって、三区革命への支持から、三区と国民党中央政府の平和交渉を調停するまでに至ったソ連の転換が現れた。無論、このような転換は三区革命の問題に対するソ連の隠れた意図と関係があった。ソ連が「三区革命」を全面的に支援した目的は、盛世才が制御している新疆省政権を徹底的に顛覆し、中国から独立した分裂政権ではなく、一つの民族の自治政府をその代わりにすることであった。もし、

1.「新疆三区革命史」、編纂委員会編、前掲書、95頁。

汎テュルク主義と汎イスラム主義を思想的基礎とする「独立国」が本当に存在すれば、ソ連の中央アジア地域での汎イスラム主義と汎テュルク主義の氾濫を刺激し、ソ連自身の安全と安定に直接影響を与えるからであった。これはソ連の国家利益が許容できないことであった。したがって、ソ連は「三区革命」を策動し、新疆に対する制御の回復を企てたが、自分の将来に災いをもたらすような存在は容認できなかった。これは後に彼らが極力に調停を行い、「三区革命」と国民政府の交渉を促成し、連合省政府を創立させたもう一つの原因となった[(1)]。

「三区革命」の前期には分裂の性質があったので、東トルキスタン分裂主義勢力はそれを国民政府時期の「二回の革命」の一つであると見なし、「国民政府が中国の政権を掌握した後、『東トルキスタン』人民を外国の占領から解放させるために、彼らは2度に渡って『革命』を引き起こした。初めは1933年に、2回目は1944年であった。彼らは『東トルキスタン』で一つの『独立した国』を創設したが、その『独立した小さな国』は、ロシアの軍事的干渉と政治的欺瞞によって短命に終わってしまった[(2)]」と述べた。

4.「ソ僑」問題と新疆辺境民の流出

ロシアの10月革命以降、及び全般集団化と富農駆逐の時代に、大量のロシア人が中央アジアから新疆に流入してきた。民国の新疆政府はこれらのソ僑に公民証を発給し、中国への帰化を認め、「帰化族」と呼んだ。第二次世界大戦後、戦争による巨大な人口の損失を補うため、ソ連の最高ソビエト主席団は、1945年11月10日と1946年1月20日に、

---

1. 薛銜天「民族要素がソ連の三区革命調停に与えた影響を論ずる」、『中国共産党党史研究』、2003年、第1期。
2. エールケン・バートケン「中国共産党統治下の東トルキスタン」白川訳、楊発仁編『双汎研究訳叢書』3集、新疆社会科学院、1993年、9頁。

「満州」、新疆、上海、天津などに滞在している「原ロシア国民、及びソ連国籍を失った者をソ連公民」に回復することに関する命令を頒布した。迪化駐在ソ連総領事館も 1946 年 2 月 1 日に布告を発表して、以前に失ったか或いは取消されたロシア・ソ連国籍者とその子供のソ連国籍を回復し、中国国内の元ベラルーシ僑民にもソ連国籍を回復する権利があるとした。[1] ソ連国籍を回復させる事業の展開を推し進めるために、ソ連は一方で中国に滞在しているロシア籍の人たちに圧力をかけると同時に、他方では金銭と品物を与えながら誘惑した。これらの仕業には明らかに効果があった。1945 年 11 月までに、新疆省在住のロシア僑民は 25,000 人であったが、前述のソ連最高ソビエト主席団の命令が発布された後、約 12 万人のカザフ人、ウイグル人、ロシア人などがソ連の国籍を取得し、海外で居住できるソ連の証明書を発給してもらった。中国の公文書に記載されている新疆のソ連領事館で発給したパスポート番号の統計によれば、1946 年にはソ僑が 2,000 人増えたが、1947 年には 1.3 万人増加し、新疆の解放を前に、現地のソ僑とその家族はすでに 6.5 万戸に増え、合計 20 万人に達した。新疆の解放後、ソ連は続けて領事館などの機関を通して、新疆各地でソ連国籍の回復と中国公民のソ連国籍への加入を鼓動する仕業を行った。その後、中国政府が一部を送還したが、50 年代の末に、新疆にはソ連のパスポートを保有している僑民が 12 万人くらいいた。[2]

　ソ連が新疆で大量の僑民を発展させたのは、一方では、これを機に僑民をソ連へ送還して国内の労働力を充実させるためであり、他方では、中国でのソ僑集団の拡大を借りてソ連の影響を広げ、特に中国の党、政府、軍隊機構の中でソ連籍の幹部を保留し発展させ、新疆に対するソ連の制御

---

1. 沈志華、李丹慧『戦後中ソ関係における若干問題研究―中・ロ双方による公文書文献』人民出版社、2006 年、494 頁を参照せよ。
2. 李丹慧「新疆のソ連僑民問題に関する歴史的考察」、『歴史研究』、第 3 期、2003 年。

4.「ソ僑」問題と新疆辺境民の流出　　　　　　　　　　　　577

に便利をもたらすためであった。新疆のソ僑とその構成による複雑な社会
関係は、ソ連の影響を広げる重要な社会的基礎となった。中ソ両国の関係
が悪化する傾向を見せる時、ソ僑集団とその社会ネットワークは、ソ連が
新疆の中ソ国境地域でトラブルを引き起こす一種の潜在力となった。

　1946 年 11 月、ソ連はソ僑事業を強化するため、イリ、チョチェク、
阿山にソ僑協会を設立した。翌年の 4 月、新たにソ連籍に加入した迪
化市の「帰化族」はソ僑協会の回復を求め、「帰化族文化会」の財産を
ソ僑会に割り当て、新疆省政府の承認を得た。同年 8 月、迪化のソ連
協会も成立した。1954 年までに、イリ、チョチェク、阿山三区のソ連
協会会員は 27,095 人で、全新疆のソ僑総数の約 34 ％を占めた。1955
年 12 月、イリ・カザフ自治州が成立された後、イリ・カザフ自治州の
ソ僑協会総会も設立され、イリ、チョチェク、阿山、ボルタラ各地のソ
僑協会と各分会はこの総会に所属された。新疆のソ僑協会は完全にソ連
領事館の制御を受け、常にソ連領事館に状況を報告し、情報を提供した。
この社会団体は自らの経済力と新聞、旗を持ち、三区で特権を享受した
ので、グルジャ駐在ソ連領事に「国の中の国」であると呼ばれた[1]。

　新疆各地のソ連協会、特にイリのソ連協会は、新疆各民族の思想文化
に対するソ連の制御を強化する面で重要な役割を果たした。20 世紀 50
年代、ソ連は新疆各地のソ僑協会を通して、さまざまな手段でソ連社会
主義制度の優位性を宣伝し、中国の辺境民に「ソ連優越」の思想を植え
付けた。ソ僑協会は、ソ僑学校を開設することで、ソ連籍の幹部を組織
してソ連の新聞・雑誌や国家建設の方針政策などを学習し、ソ僑青年、
幹部に対する思想的制御を強化した。「三区革命」時期から 1958 年ま
でに、イリ地区の中小学校の少数民族学生はずっとソ連の教科書を使用
し、ソ連の国民教育を受け、学んだのは、私たちの「祖国はソ連」、「首

---

1. 李丹慧「新疆のソ連僑民問題に関する歴史的考察」、『歴史研究』、第 3 期、
　2003 年。

都はモスクワ」、新疆は「東トルキスタン」などの内容であった。1960
年代初期に至っても、イリ地区の少数民族の子供は依然としてソ連やモ
スクワだけを知り、中国や北京は知らなかった。祖国の観念がこのよう
に混乱し薄れたので、「イリ・チョチェク事件」以後、イリ州で「三一」
教育を行った。つまり、「一つの党－中国共産党、一つの祖国－中華人
民共和国、一つの道－社会主義」を宣伝し、少数民族の愛国心に対する
宣伝と教育を強化し、彼らに新疆のイリは祖国の領土であり、ウイグル
族とカザフ族はソ連人ではなく、祖国の少数民族の一つであると理解さ
せ、祖国の偉大さと中国人に成ることの栄光を宣伝した。[1]

　ソ連が新疆で僑民事業を発展させる行為に対して、中国はそれを制限
し、ソ連側も遠慮していた。しかし、50年代末から60年代初め、中ソ
両党と両国の関係が悪化することにつれて、ソ連は中国辺境民の中で不
法的な僑民事業を発展させ、彼らを動員してソ連に近寄せる歩みを加速
させた。1960年代の初め、ソ連は彼らの集団農場、区郷政府などの末
端組織を通して新疆各地でポスティングを行い、各類の不法証明書を
提供し、新聞、雑誌などの宣伝品を寄贈した。すでに越境してソ連へ
行った人たちも頻繁に中国国内の親友と通信を行い、米、小麦粉、石鹸、
コットンなど中国で定量供給する品物を送り、それを通してソ連での生
活の優越さを宣伝し、ソ連へ行くように誘った。新疆に対するソ連のウ
イグル語ラジオ放送は、ソ連を賛美し、民族分裂の情緒を扇動する内容
の番組をよく放送した。そして放送の周波数や時間も中国側のウイグル
語放送に近かったので、新疆地域の聴衆はとても容易に受け入れた。

　ソ連の領事機関は、中国辺境民を扇動してソ連へ行かせる方面で重
要な役割を果たした。1961年以降、グルジャ駐在ソ連領事館の秘書は、
チョチェクなどの地域でソ僑とソ連行きを希望する中国公民を接見する

1．李丹慧「新疆のソ連僑民問題に関する歴史的考察」、『歴史研究』、第3期、
　　2003年。

4. 「ソ僑」問題と新疆辺境民の流出 579

時、ソ連の生活の豊かさと政策の優越さを繰り返し宣伝し、ソ連の扉は開いており、ソ連は皆の到来を歓迎し、しかもソ連は必ず行くべきであり、主な問題は中国政府の承認の可否にあり、ソ連側には何の障害もなく、国境を越えると正式な公民証明書などを発給すると説得した。一方、グルジャ駐在ソ連領事館の副領事・チトフらも前後6回チョチェク地区へ行って違法活動を行い、現地住民を延べ4,743人接見した。特に1962年4月、チトフはチョチェクで無断で大会を開き、大衆を扇動してソ連へ逃げるようにし、ソ連を2回往復しながら連係を行った。その後、現地の逃走情緒は世論を形成し、辺境民のソ連への不法越境行動が始まった。[1]

1962年4月9日、チョチェク県の国境地帯近くで疎らな辺境民の越境現象が現れた。ソ連側はいつものように彼らを送還するのではなく、車で出迎え、そして国境線の鉄条網に3、4個の穴を開けて辺境民の越境を誘い、彼らを励ました。それから間もなく、裕民県とドルビルジン県の国境地域近くの住民も疎らに越境を始め、それがトリ、ホボクサル、ウス、沙湾などの県にも波及した。

　4月15日以降、ソ連へ行く人は疎らな越境から大量の越境へ発展し、夜間の密かな越境から公開の大規模な越境へと発展した。越境する人は子供を連れ、自分の財産を携え、家畜を追いながら堂々と国境を越え、ソ連へ向かった。越境過程で、ある人は隣人や団体の家畜や財産も一緒に持って行き、更に一部の不法者は、公開的に集団や国営農牧場の家畜または他の財産を略奪して逃げた。ソ連の国境側では、非常に真剣に越境民を接待し配置した。彼らは、昼間には全力で越境者を事前に選んだ配置場所に運び、夜にはサーチライトで越境者に照明を与え、宣伝車は絶えず越境者を励まし、ソ連

---

1. 沈志華編『中ソ関係史大綱（1917 − 1991）』新華出版社、2007年、308、309頁。

社会主義の美しい生活を宣伝した。先にソ連へ行った越境者は励ましを受け、わくわくする心境で躊躇している親友に、ソ連ではすでに広くて明るい家を建て、部屋にはチーズ、ナン、角砂糖、林檎などがいっぱい置いてあると「朗報」を伝えた。多くの人はそれを聞いてソ連を仙境として感じ、がむしゃらに家族や家畜を連れて賑やかに国境へ向かうが、まるで国境の向こうに天国でもあるかのようであった。

　チョチェク地域は、土地が広いが人口は少なく、国境線が580キロメートルに及んだ。中ソ関係が友好であった時期に防衛を疎かにしたので、事件が突然発生すると防御できなくなった。軍隊と公安警察がきりきり舞いするので、地元の政府が国境へ幹部を派遣して協力するが、越境の勢いを制止することはできなかった。わずか数日の間に、チョチェク全地域の越境者は4万人に達した。

　チョチェク地区辺境民の越境を未だ押さえていないのに、イリ地区の霍城県などでも大量の辺境民の越境が発生した。4月14日から、少数のウイグル族とカザフ族の群衆が勝手に越境を始めたが、すぐさま全県に波及した。15日以降、越境の勢いはすぐグルジャ、綏定、チャプチャル、ニルカ、昭蘇県などに波及した……[(1)]。

　5月28日以降、ドルビルジン県で14,010人が相次いで故郷を離れ、ソ連の国境地域に殺到し、越境の準備をしていたが、国境が閉鎖され、万人余りが国境地域に滞在していた。地元の県で派遣した幹部の説得と教育により、大多数の人は故郷へ戻った。

　5月下旬以降、グルジャでもソ連へ行こうとする辺境民が大量に増え、5月29日には最高潮に達した。彼らの大部分は切符を買って車でまず

1．中国共産党新疆ウイグル自治区委員会党史研究室編　『現代新疆風雲』新疆人民出版社、2002年、182－183頁。

4. 「ソ僑」問題と新疆辺境民の流出　　　　　　　　　　　　　　581

は霍城へ行き、そして霍城から出国しようとしたが、人は多く車は少なかったので秩序は非常に混乱していた。午後2時頃、イリ州の知事・グルバンアリは駅へ行って誘導したが、包囲攻撃を受け、駅の施設が破壊され、同行者は殴られた。午後6時頃、暴乱者はグルバンアリを脅迫してイリ州人民委員会のオフィスビルに侵入し、州の党政幹部や役人50数人を殴ると同時に、自動車、戸や窓、机と椅子など、大量の公共施設を破壊し、大量の財物を略奪した。7時頃、暴乱者は州の党委員会オフィスビルを攻撃した。自治区の警備員は指揮システムの安全を確保するため、上の指示に従い、説明と警告が無効となった後、暴力を振る舞う暴乱者に発砲して鎮圧し、迅速に暴乱を抑えた。

　「五・二九」グルジャ暴乱が鎮圧された後、イリとチョチェク辺境民の越境事件も制御された。この事件で、4月から5月末までに、イリ、チョチェク地区で越境に参加した総人数は74,570人、その中で不法越境者は61,361人であり、持って行った家畜は23万頭、車は1,500台であった。[1]事件後、中国側は事件で不名誉な役割を演じたイリ駐在ソ連領事館を閉鎖し、越境を策動、扇動したイリ、テケス、昭蘇、ニルカ、チョチェク、ウス、アルタイ、ボルタラなど8つのソ僑協会を取り締まった。[2]

　この事件について中央は特に重視していた。1962年4月30日、周恩来はこの事件についてセイプディンと談話を行った。談話の中で周恩来は、「今の新疆は多事多難の時期である。事件が起こった以上、悪いことを良いことに変えれば良い。辺境民の越境問題には外因もあれば、内因もある。内因面では、数年来、私達は民族の特徴、宗教の特徴と現地の経済特徴に配慮していなかった。越境問題は私たちに警鐘を鳴らし、内部問題と各方面の問題をスムーズに解決するために努めなければなら

1．沈志華編『中ソ関係史大綱（1917 − 1991)』新華出版社、2007年、311頁。
2．中国共産党新疆ウイグル自治区委員会党史研究室編　『現代新疆風雲』新疆人民出版社、2002年、187頁。

ない」と指摘した。周恩来の談話精神に基づいて、関係部門では、「新疆の越境者と越境から戻ってきた人を処理する問題に関する中央の指示」、「新疆地区の中ソ国境を封鎖する問題に関する規定」などを起草した。これらは周恩来の改定を経て5月中旬に調達された。[1]

　事件発生後、新疆現地の党と政府は迅速に行動し始めた。自治区の党委員会は緊急会議を開き、関係庁局と共に工作団を編成して農村と工場へ入り、大衆の生活を理解し、大衆の情緒を安定させ、地元政府に協力して越境する辺境民に対して勧告を行った。国家の主権と法規を守るため、1962年8月と1963年4月に、自治区人民政府と自治区人民委員会は相次いで命令を発布して、噂を飛ばした者、住民の越境を扇動、組織した者、祖国を分裂し、民族団結を破壊し、率先して騒ぎ、反革命暴動を企画し、外国の指示を受けてスパイ活動や顛覆活動に従事した者は一律法に基づいて処罰すると宣告した。二つの「命令」の発表と徹底的な実行は、祖国を分裂し、民族団結を破壊する犯罪活動に打撃を与え、新疆の社会秩序の安定と祖国の国境の統合に重要な役割を果たした。

5. 新中国建国後の「東トルキスタン」関連事件

　「イリ・チョチェク事件」の発生とソ連の策動には直接の関係があった。「東トルキスタン」の影響は明らかではないようだが、新中国の建国後、新疆の分裂性動乱は「東トルキスタン」と切り離せない関係を持っていた。

　新疆の解放前夜、新疆連合省政府で重要な職務を担当していたマスード・サブリ、アイサ、イミン、クルバン・クタイなどの汎テュルク主義者は勝手気ままに分裂主張を宣伝した。彼らは『自由』、『火焔』などの

---

1. 中国共産党中央文献研究室編『周恩来年譜』(中巻)、中央文献出版社、1997年、475頁。

5. 新中国建国後の「東トルキスタン」関連事件 583

　新聞を出版して、「我々は民族主義者であり、宗教信仰者である。我々の故郷は東トルキスタンであり、ウイグル人だけが主人公としての権利を有し、他の各民族はすべて仮住まいの民族であり、彼らには主人公の権利がない」と公開に言いながら、イギリス、アメリカの勢力に依存して新疆に「独立」した「東トルキスタン共和国」を建てようとした[1]。

　新疆の解放後、イミンとアイサは外国に逃亡し、一方では積極的に分裂組織を設立し、他方では国際汎テュルク主義の行列に参加して政治宣伝を行い、国内の暴乱活動を組織した。

　例えば、彼らは元の「カシミール新疆僑民同郷会」を「東トルキスタン僑民連合会」に再建した。その目的と任務は、(1)「新疆に東トルキスタン・イスラム国家」を設立すること、(2) 国連と連係して人を新疆に潜入させること、(3) トルコ、インド、サウジアラビアなどの国との連係を強化して援助を求めること、(4) トルコ、アメリカ、エジプトに青年を派遣して留学させること、(5) 僑民の募金活動を発動して連合基金会を充実させること、(6) 経済的な面で米国、日本、蒋介石の援助に依頼すること、(7) ソ連（中央アジア）の突厥組織と連係すること、(8) 組織の範囲を拡張するのことなどであった。

　その後、彼らは相次いで、「東トルキスタン僑民協会」、「東トルキスタン委員会」、「東トルキスタン民族統一連盟」、「東トルキスタン文化協会」など、多くの分裂組織を設立した。1954年、イミン、アイサはトルコで国際汎テュルク主義組織、「トルキスタン民族統一委員会」に参加した。そして、その組織で要職に務め、具体的には新疆に対する反動活動の策動を主に管理した。1959年、チベット騒乱の機を借りて、彼らは「国旗」、「国章」を制定し、「我々の祖国はトルキスタン、我々の

---

1. ブルハン「新疆平和解放の思い出」、中国人民政治協商会議全国委員会文史資料研究委員会編『文史資料選集』合本、第24巻、中国文史出版社、1986年、53 − 54頁。

人民は突厥、我々の宗教はイスラムである」と叫んだ。

　これらの組織と宣伝に呼応するのは、彼らが境内で頻繁に発動した分裂活動であった。1949年の新疆解放前夜、イミンはカルギリクに逃げる時、現地の分裂主義勢力に指示して教徒の力を大いに発展させ、機が熟した時に内外が呼応して共同で人民政権を顛覆させ、「イスラム共和国」を設立することにした。正にこの指示により、アユブ・ハルなどは1950年から具体的に暴乱を準備したが、反革命を鎮圧する運動が始まったので暫くはその企画を放棄した。1954年、ア・イミトと釈放されたばかりのイミンの側近・パティティンなどが共同で和田、カラカシュ、ロプ3県連合の和田暴乱を引き起こし、1956年にジリリ・ハルなどもイェンギサールの暴乱を策動した。暴乱が鎮圧された後、彼らが供述した暴乱の理由は、以下のものであった。

（1）私たちの祖国は元々独立しており、「東トルキスタン」と呼ばれていたが、漢族人が来て新疆と改称し、我々に対して植民地統治を行った。

（2）我々の民族は一つの突厥族であったが、統治を容易にするため、漢族人が我々をウイグル族、カザフ族、タジク族など11の民族に分裂した。

（3）我々はすべてイスラム教を信じているが、漢族人が我々の宗教の五大活動や宗教の規律を制限した。したがって、我々は祖国の「東トルキスタン」を復興させ、突厥の民族独立を獲得し、宗教規律を回復するために闘争するのだ。[1]

　これに関連して、ジリリ・ハルの家で見つかった小冊子―『イスラム

1．馬大正『国家利益は全てに冠たる―新疆の安定問題に対する観察と思考』新疆人民出版社、2002年、37－38頁。

の歴史基礎と民族独立の声』（別名、『7つの生活』）は、政治生活、経済生活などの7つの面から分裂主義思想の主張を宣伝し、この組織の思想綱領となった。調査結果、この冊子は、カシュガル行政公署とヤルカンド専区の幹部隊伍に混入した分裂主義者・カスィミジャン、アブドイミト・マフスームなどが書いたものであり、その基本的な内容は、イミン著の『東トルキスタン歴史』によるものであった。関係部門はそれを糸口に、『7つの生活』を通して別の反革命集団を見つけ、調査結果、これもやはりイミンが南疆地域のイスラム教内に潜伏させた分裂組織であった。この組織の3人の主要メンバーは長期的にイミンに追随し、3人とも一定の文化理論知識を身につけ、「東トルキスタン・イスラム共和国」の創立を志向し、狭い民族感情を利用して大衆を扇動し、多大な危害をもたらした。

　長期にトルコを拠点にしていたイミン、アイサ集団は打撃は受けたものの、依然として国内に浸透し続けた。彼らは出版物や宣伝品を新疆へ密輸し、国内の宗教信仰者と青年を扇動して海外で訓練させ、出国してハッジに行く人、親戚訪問や留学に行く人などを反動組織に引き入れ、海外でデモを組織するなどのことを通して国内の「東トルキスタン」分裂主義勢力の活動を声援した。イミンとアイサはそれぞれ1964年と1996年に亡くなった。彼らは20世紀において、最も長期間に国外で活動し、そして最も影響の大きい「東トルキスタン」の分裂主義者であった。

　イミン、アイサ分裂集団のほかに、新中国建国後の20年ぐらいの間に、ほかの分裂主義勢力の破壊活動も新疆の安定に重大な脅威を与えた。

　その1つがウスマン及びその追随者の反乱であった。ウスマンは新疆のコクトカイ県の人で、カザフ族であった。1942年から1945年の間、奇台、孚遠（現在のジムサル県）地域で多人数を集めて強盗を行った。1948年にウスマンはアメリカのスパイ・馬克南の特務組織に加入し、1949年には馬克南の指示を受け、新疆の平和的解放を妨害した。新疆

の解放後、人民政府は数回に渡り、彼に投降を勧めたが、ウスマンは5,000人余りを集め、4、5万人の群衆を脅迫して公開に反乱を引き起こし、新疆地区の主な匪賊となった。

ウスマンと同時に反乱を引き起こしたのは、ジャニムカン組織であった。ジャニムカンはカザフ族の新疆承化（現在のアルタイ市）人で、国民党の新疆省財政庁庁長を勤めたことがあった。1949年5月、新疆解放の前夜、ジャニムカンは馬克南の意向に従って、まずは療養を装って迪化の南山に盤踞して強盗を行い、8月には馬克南の指令で40余人を率いてバルクルに逃げ、そこでウスマンと併合した。ほかに、ユルバース・カーン、フサイン、タリム・マレクなどもウスマンとジャニムカンに呼応した。新疆の解放後、彼らは凶暴に反乱を行い、人民を殺害し、地元の幹部を暗殺したが、その手段は極めて残虐であった。同時に政府の宗教政策を破壊し、狭い民族観念を利用して民族関係を挑発した。1950年3月から7月までに、反乱は昌吉、阜康、奇台、モリ、バルクル、迪化（現在のウルムチ市、以下同じ）、南山やグルジャ、チャルクリクなどの地域までに及び、新疆の社会安定に深刻な影響を与えた。中央はこれらの反乱活動に注目し、「これらの匪賊は、時代遅れの封建的な部落の数十年に渡る常習的な強盗であるのみならず、米・英帝国主義のスパイ、国民党の残存匪賊でもあり、大トルコ主義勢力と密接に結合した政治的匪賊でもある[1]」と認識していた。中央の指示と各民族大衆の強い要望により、新疆駐在中国人民解放軍は、迅速に匪賊討伐闘争を開始した。新疆軍区は匪賊討伐総指揮部を設立し、王震司令官が自ら指揮を執り、張希欽を指揮部の参謀長に、六軍軍長・羅元発を北疆前線の指揮官に、北疆・東疆地区の匪賊討伐闘争の指揮を担当させ、奇台に指揮部を設立した。南疆地域の匪賊討伐闘争は、カシュガル軍区が担当した。全軍区は、歩

1．張希欽「新疆匪賊討伐の始末」、張玉璽編『新疆の匪賊討伐と平定』新疆人民出版社、2000年、358頁。

5. 新中国建国後の「東トルキスタン」関連事件　　　　　　　　587

兵、騎兵、砲兵、装甲兵、通信兵、工兵、後勤兵などの兵力約 2.5 万人を動員し、数百台の自動車、数台の装甲車、民工、民間の馬、民間の駱駝も投入した。1950 年 3 月からまずはウスマン勢力を消滅し、その後、南疆、東疆などの地域で順次に討伐を展開した。3 年の戦いを経て、新疆軍区は全部で 1,152 人の匪賊を殺傷し、4,865 人を捕虜にし、42,419 人を投降させ、その総人数は合計 48,436 人に達した。同時に、各種の銃器 7,150 丁、家畜 16.7 万匹を戦利品として獲得した[1]。しかし、これらの反乱は後もずっと引き続き、1958 年になって徹底的に除去された。

　もう一つは、「大テュルク主義イスラム党」に関連する反乱であった。新疆の平和的解放の初期、イリの分裂主義者・アブドゥッラー・ダーモッラーはイリで密かに「大テュルク主義イスラム党」を創設し、迪化、カシュガル、阿山（現在のアルタイ）などに人を派遣して支店を設立した。「大テュルク主義イスラム党」のイリ組の担当者は、元の三区民族軍で改編された駐新疆人民解放軍第五軍イリ防衛隊の小隊長・ローハマンノフであった。彼は部隊兵士のイスラム教への信仰を利用して、あちこちで「汎イスラム主義」、「汎テュルク主義」思想を宣伝した。1950 年の上半期に、「大テュルク主義イスラム党」イリ組は、現地で 8 組、1,500 人の組織に発展した。彼らの活動により、グルジャでは反ソ・反共と独立を誘う噂、ポスターやチラシが何度も出回った。陰謀と計画を通して、「大テュルク主義イスラム党」イリ組は、7 月 26 日に武装を動員して反乱を企てた。しかしこの企みは迅速に粉砕された。8 月 17 日に、ローハマンノフが逮捕され、その逮捕された場所と彼の家で大量の銃器や刀、及び分裂主義組織に参加するための誓いの言葉、申請書、証明書など、幾つかの犯罪証拠を押収した。

　8 月 18 日、五軍駐昭蘇の少数の末端将校や現地の一部の区長、郷長

1．張希欽「新疆匪賊討伐の始末」、張玉璽編『新疆の匪賊討伐と平定』新疆人
　民出版社、2000 年、372 頁。

が分裂主義者・イドリース・ヌルパース、サリジャンの扇動で暴乱を発動した。彼らは夏特村で強引に群衆会議を開き、その場で200余人を脅迫して分裂主義組織・「イスラム政府忠義軍」に参加させた。8月19日、暴乱勢力は夏特区の駐屯軍を攻撃し、軍区の協同組合を焼却し、昭蘇、テケスとグルジャを占領しようと企んだ。平定部隊は直ちに駆けつけ、暴乱の主力を撃退した。残敵は逃げ隠れたが、後に相次いで囚われ、首謀者のイドリース・ヌルパースは12月26に逮捕された。平定を通して47人を逮捕し、29人を処罰した。

　1951年10月28日、昭蘇に隣接している巩留県の敵対勢力もマリックアジの指揮のもとで暴乱を発動した。現地の駐屯軍は、迅速に出動して敵を撃破した。残敵は南疆へ逃げる途中で再び攻撃を受け、分散された。翌年の1月8日、マリックアジなど18人がバイ県境内で捕虜となり、暴乱は徹底的に鎮圧された。平定中に143人の暴徒を捕まり、98人を処罰した。⁽¹⁾1952年2月2日、巩留県で分裂暴乱勢力に対する公判が行われた。その後、「大テュルク主義イスラム党」は基本的に崩壊された。

　「東トルキスタン人民革命党」とその反乱。1962年の「イリ・チョチェク事件」と同じく、「東トルキスタン人民革命党」の案もソ連の策動と直接関係があった。

　1956年、ソ連情報機関は人を新疆に潜入させ、反乱策動を行い、ザハロフなどの分裂主義勢力に、「新疆に残って根を下ろし、新疆独立の実現とウイグル共和国の成立のために最後まで戦う」ように指示を下ろした。1966年に「文化大革命」運動が始まり、様々な大衆組織が続々と現れた。国内の一部の「東トルキスタン」分裂主義勢力は、これをチャンスだと思い、1968年2月に、新疆解放以来の最大の民族分裂組織・「東トルキスタン人民革命党」を創設した。ソ連の関連部門は海外

1. 厲声編『中国新疆の歴史と現状』新疆人民出版社、2006年、331頁。

5. 新中国建国後の「東トルキスタン」関連事件　589

の「東トルキスタン」勢力を派遣してそれに参加させ、具体的な指導を
与えた。「東トルキスタン人民革命党」の政治綱領は、「東トルキスタ
ン」の独立を獲得するために努力する前衛隊を創設し、断固として武装
闘争の道を切り開き、新疆に堅固な根拠地を開拓することであると確定
した。そしてその最終目標は、新疆での中国政府の指導を覆し、「東ト
ルキスタン共和国」を創設することであるとした。「東トルキスタン人
民革命党」の基本任務は、現在の有利な時機を利用してソ連を頼りに全
疆の範囲内で行動を1つにし、暴乱を施すことであるとした。そのた
めに「東トルキスタン人民革命党」は、12回に渡り、26人を派遣して
ソ連と外モンゴルで訓練を受けるようにした。ソ連と外モンゴル関連機
関も9回に渡り、14人を新疆に派遣して「東トルキスタン人民革命党」
と連絡を取った。1969年末に、この組織は新疆の12の専、州、126の
県と22の自治区級単位に78の末端組織を創設し、1,552人のメンバー
に発展させた。彼らの目標を実行するために、「東トルキスタン人民革
命党」のメンバーは何度も国家の財産を略奪した。ウルムチなどの地域
だけで銀行、物資倉庫、商店に対して22回の強盗を行い、その価値は
数十万元に達した。

　1969年8月、公安機関の打撃などの原因により、「東トルキスタン人
民革命党」の指導的中核には変動が生じた。新頭目は、「現在は戦闘を
行う最良の時機だ」と認識し、彼らは「武装闘争の前衛隊となり、断固
として武装闘争の道を切り開く」ことにした。それで彼らは南疆でカ
シュガル、マルキト武装暴乱と逃走事件を策動した。8月20日、「東ト
ルキスタン党」南疆支局は中央の指示に従い、カシュガルの分裂主義
者・アホンノフとマイマイイミンを指導者として、アルトゥシュのソ連
付近地域でソ連を頼りに根拠地の設立を準備し、独立を宣言しようとし
た。百余人の分裂勢力はマルキト県で民兵武器弾薬庫を占領した後、暴
乱を発動した。8月23日、中国の公安警察、南疆軍区駐屯軍と現地の
各民族人民大衆は共に奮戦して暴乱を平定し、自動車、銃器、弾薬、衣

類、食糧と彼らの「党規約」、「党綱領」、「独立新聞」など、大量の犯罪証拠を押収した。1970年3月に、「東トルキスタン人民革命党」の案は徹底的に摘発された。[1]

6．20世紀80、90年代後、激化する「東トルキスタン」の活動

国際・国内の一連の要素の影響により、新疆の分裂主義活動は、1970年代の一度の緩和を経た後、1980年代初頭から再び活発し始めた。

1981年3月、分裂主義者・ハサン・イスマイルは、ファイザバード県で「東トルキスタン燎原党」を創設した。その後、彼らは県武装部を襲撃し、町を攻撃して「東トルキスタン共和国」を設立しようと企んだ。5月27日、ハサン・イスマイルは150余人を集めて県武装部の大量の銃器と弾薬を強奪し、県政府所在地を攻撃しようとした企図が失敗に終わった後、郊外の険しい地勢を利用して頑強に抵抗した。しかし、この暴乱事件は発生から17時間後に、迅速に平定され、暴乱の参加者は全員囚われた。

その後、80年代の新疆では、ほかにも分裂の性質を有する政治事件が相次いで現れた。

1980年、アクスで起きた「四・九事件」。暴乱勢力は公開に、「黒じいさん（漢族人を指す）を打倒せよ」、「漢族人は関内へ帰れ」などと叫びながら、地区委員会と公安局などの要害機関を攻撃した。この事件により、死亡者1人、負傷者549人を出し、大量の財産が壊され、工場が止まり、学校が休校となり、交通が中断されるなど深刻な損失を受けた。

1981年のカルギリクの「一・一三事件」。暴乱勢力は県政府機関、公

1．馬大正『国家利益は全てに冠たる－新疆の安定問題に対する観察と思考』新疆人民出版社、2002年、42－45頁。

6. 20世紀80、90年代後、激化する「東トルキスタン」の活動　591

安局などを何度も襲撃し、機関幹部と公安警察155人を負傷させた。
そのため、カルギリク県では戒厳が実施され、この地域の正常な生産と
生活が中断された。暴乱勢力のスローガンには、「イスラム革命を最後
まで成し遂げよう」、「イスラム共和国万歳」などがあった。

　1981年、カシュガルの「一〇・三〇事件」。事件で262人が負傷し、
2人が死亡した。自動車26台が破壊され、現金、自転車、バイク、時
計など大量の財物を奪われた。事件後に摘発された「中央アジア・ウイ
グルスタン青年スパーク党」は、今回の事件を組織した首謀者であった。
この組織の宗旨は、「独立・自主」のウイグル族の国家を創設するため
に奮闘することであった。

　1985年の「一二・一二」と1988年の「六・一五」ウルムチの一部
大学のデモ行進。デモには明らかに反政府と分裂の傾向があり、「新疆
は独立・自由・主権を求める」、「漢族は新疆から出て行け」などのス
ローガンが現れた。

　20世紀90年代に入ると、東ヨーロッパの激変とソ連の崩壊に連れて、
西方の敵対勢力は「平和的顛覆」の矛先を中国に向けた。中国に対す
る「西洋化」、「分化」と抑止戦略の実行を急ぎ、民族問題と宗教問題を
突破口にしようと企んだ。同時に、国際汎イスラム主義、汎テュルク主
義の活動も猖獗した。特に、中央アジアの宗教極端勢力と国際テロリズ
ムが活発に活躍し、分裂主義と共にその地域の安全と安定を脅かす「3
つの勢力」となった。彼らはあちこちで訓練基地を設立し、暴力・テロ
勢力を育成して様々な顛覆活動を行い、至っては多国籍の武装割拠地区
を建てようと企んだ。このような背景のもとで、新疆の分裂主義勢力も
蠢き始め、破壊活動を強化した。1990年3月、ユスプをはじめとする
「東トルキスタン・イスラム党」はアクト県のバリン郷で武装訓練を行
い、メンバーを増やして分裂宣伝を行った。4月5日の未明から彼らは
200余人を集めてバリン郷政府前でデモを行い、秩序維持のために出動
した武装警察を人質として抑留し、延いては殴り殺した。6日に暴乱勢

力は郷政府を攻撃した。公安、武装警察部隊は、命令に従って反撃を始めた。現地の民兵と人民大衆の協力と支持により、激戦とその後の追撃を経て、ユスプなどの分裂主義者16人が射殺され、数百人が捕まれ、暴乱は平定された。

国際テロ主義の猖獗する活動に応じて、1990年の「四・五」バリン郷武装暴乱から新疆分裂主義勢力の暴力的テロ活動は明らかに激化した。

1992年2月5日、ちょうど旧正月の期間に、ウルムチ市内の52番、30番の路線バスで相次いで爆弾爆発事件が起き、その場で3人が死亡し、15人が負傷した。調査結果、この事件は、1990年に捜査を通してすでに解決済みの分裂組織・「イスラム改革者党」のメンバーによるものであった。彼らは1991年2月に、クチャ県でもう一件の爆弾爆発事件を引き起こし、1人の死亡者と13人の負傷者を出した。

1993年6月17日、「東トルキスタン」テロ組織は、カシュガル市の地域農業機械会社のオフィスビルに爆弾を投げ、2人の死亡者と7人の負傷者を出し、ビルが倒壊する重大事件を引き起こした。その後、同年の9月5日までに、これらの組織は現地の文化施設、集貿市場、デパート、飲食店などで相次いで9回の爆弾テロを行い、29人の負傷者を出した。

その後、「東トルキスタン」分裂主義勢力は、1994年のアクス「7・18」一連の爆破事件、1995年の和田「七・七」暴力・破壊・強奪・騒乱事件、1996年の「二・一〇」銃器強奪・殺人事件（武装警察2人と通報者1人を殺害した）、カルギリク県の「八・二七」ジャンクレス郷政府略奪事件（末端幹部、公安警察6人を殺害し、2人を負傷させた）、シャヤールの「7・15」獄中暴動事件（武装警察、公安警察、漢族一般人16人を殺害した）、1997年のイリ「二・五」暴力・破壊・強奪・騒乱事件（7人の死亡者、200余人の負傷者を出した）、ウルムチの「二・二五」路線バス爆破事件（9人死亡、68人負傷）など一連の暴力・テロ事件を引き起こした。

6. 20世紀80、90年代後、激化する「東トルキスタン」の活動　　593

　もっと深刻なのは、テロリストが1996年からいわゆる「橋を壊す運動」を実施し、暗殺などの暴力手段を通して、祖国を愛し、共産党を愛する少数民族の宗教活動家、幹部と民衆を恐喝して、彼らと政府の連係を切断することであった。1996年4月29日、10数人の暴漢がクチャ県アラハーグ郷の4世帯の家族を襲い、爆弾、銃器、ナイフなどを使って全国政治協会委員、全国労働模範、元の郷中国共産党委員会副書記、村の中国共産党支部委員会書記であるカウリ・トカを含むウイグル族の幹部4人を殺害し、同時に3人を負傷させた。

　1996年5月12日の未明、全国イスラム協会委員、自治区政治協会副主席、カシュガル地区イスラム協会会長、カシュガルのエイティガール・モスクの主催者であるアルンカン・アジダーモッラーとその息子は、エイティガール・モスクへ行く途中で襲われ、アルンカンは頭、背中や足を21カ所刺され、息子は頭部を3カ所刺され、2人とも重傷を受けた。

　1997年11月6日、テロ組織は、全国と新疆のイスラム協会委員、アクスイスラム協会会長、バイ県のモスクの主催者であるユヌス・ユディクダーモッラーをモスクへ礼拝に行く途中で銃殺した。

　1998年1月27日、テロ組織は同じ方式で、カルギリク県政治協会常務委員、県大モスクの主催者であるアプリズアジを殺害した。

　統計によれば、1990年から2000年6月までに、新疆では合計253件の暴力・テロ事件、953件の宣伝・扇動事件が発生した。[1]これらの事件、特に公共場所での爆破とアルンカンなどの少数民族の上層愛国人士に対する刺殺は、新疆社会に大きな衝撃と悪影響を与えた。

　暴力・テロ活動が日々激化すると同時に、一部地方の不法宗教活動と分裂宣伝も何度禁止しても止まらず、浸透と破壊は猖獗を極めた。彼ら

---

1. 馬大正『国家利益は全てに冠たる－新疆の安定問題に対する観察と思考』新疆人民出版社、2002年、126頁。

は宗教のスローガンを掲げ、宗教の熱狂を扇動し、公開に「聖戦」を宣伝し、「新疆独立」を鼓吹した。ある地方の宗教的な雰囲気は異常に濃厚であった。1999 年以降、「太比力克 (Tablig)」（分裂勢力によって利用された個人の自由宣教方式の一種）活動が絶えず蔓延し、宗教的な極端勢力が司法・行政、教育、計画生育に介入する現象は深刻であり、ある地方では彼らが末端政権に取って代わる勢いを見せた。彼らは経文学校や地下説法点を勝手に設け、そこで説法と宣教だけでなく、武術を学び、体を鍛え、分裂活動のために「殉教」するテロリストを育成し、暴力・テロ事件を企画・策動した。1999 年だけで、全疆で 118 カ所の地下説法点を摘発して取締り、そこで経文と武術を学ぶ 1,356 人を解散させた。

国内分裂勢力の活動の激化に応じて、新疆に対する海外の分裂勢力も大きな発展を得た。1999 年の始めまでに、このような分裂組織は合計 41 団体もあった。その中の 11 団体は中央アジアの国家で活動し、実力の大きいものには、「東トルキスタン革命民族統一戦線」（「東トルキスタン解放組織」とも呼ぶ）と「ウイグル国際連盟」があった。この 11 の組織の中で、4 団体はテロ活動に従事した。トルコなど西アジアの国で 20 の組織が活動し、その中の 3 つの団体は主にテロリストの訓練に従事し、武装を整えて国内に武器などを密輸した。南アジアのパキスタンでは 3 つの分裂組織が活動し、彼らはそれぞれ自分の活動の特徴を有していた。ある者は寝返り工作と越境者への支援を主にし、ある者は武器の密輸とテロリストの派遣を主にし、ある者は宗教浸透と経費の提供を主にした。ヨーロッパ、アメリカ、オーストラリアなどには 7 つの「東トルキスタン」分裂組織があり、分岐機構は数十カ所に達した。これらの組織の活動は、主に西洋国家の支持を獲得するためのものであった。[1]

1．馬大正『国家利益は全てに冠たる－新疆の安定問題に対する観察と思考』新疆人民出版社、2002 年、193 頁。

6. 20世紀80、90年代後、激化する「東トルキスタン」の活動　595

　新疆の分裂主義は元々、宗教極端主義やテロリズムと密接な関わりを
持ち、20世紀80、90年代以降、三者の結合の傾向はますます顕著にな
り、民族分裂主義、宗教極端主義と国際テロリズムの統一体となった。

　この時期、新疆分裂主義の宗教極端化の背景には二つの出来事があっ
た。まずは、新疆に対する国外イスラム復興運動の影響があった。20
世紀80年代以来、世界範囲でイスラム復興の大波が世界を席巻した。
地縁性によって、新疆は真っ先にその矢面に立った。中・西アジアと新
疆の間で双方向に流動する人たちは、毎年ハッジ、親戚訪問、商業、経
文学習、学術・文化交流などを通して、国際イスラム復興思潮の情報を
新疆に伝えてくれた。国際宗教勢力は、様々な手段を通して新疆の宗教
界の人士に影響を与えた。長期に渡り、汎イスラム勢力はイスラム復興
の勢いを借りて、様々な手段を通して新疆での民族的な憎しみや宗教的
熱狂の扇動を強化した。彼らは宗教意識と資金の両方面で「東トルキス
タン」勢力を支持し、信徒の中で宗教「堡塁」を作り上げ、民心を獲得
しようとした。彼らの直接作用と推進により、新疆で宗教的熱狂を巻き
起こし、「聖戦」思想が新疆で広範に伝播された。

　次は、解放初期に弾圧された「双汎」勢力、あるいは50、60年代に
反動組織を結成、または暴乱を計画した悪質勢力が80年代に殆ど平反
されたことも原因の1つであった。彼らは出獄後、「改革派」であると
自称し、イスラム極端主義の主張を宣伝し、自分は真のイスラム教徒の
代表であると標榜した。そして自分が投獄された直接原因は、愛国宗教
者の裏きりによるものであるとし、愛国宗教者は政府の補助金をもらう
共産党政権の「スパイ」であり、自分の民族と宗教を売った「裏切り者」、
「人間のくず」であって、真のイスラム教徒ではないと攻撃した。これ
らの民族分裂勢力は、党と国家が「文化大革命」の過ちを是正し、民族
宗教政策を実行するために一度管理を緩めた機会に乗じて、宗教至上主
義を宣伝し、宗教的熱狂を巻き起こした。

　新疆の宗教極端主義勢力は、著述活動と「聖戦」宣伝を通して、比較

的に系統化された理論を形成した。これを簡潔かつ包括的に「3論」と
称した。(1) 宗教至上論。アッラー以外の何も信じてはいけないとし、
アッラーの名義で共産党の指導に反対すると鼓吹した。(2)「政教合一
論」。すなわち、イスラムの教えによって、現行の法律と人民政権に反
対し、「アッラーの意向」に基づいて創設した国家政権、つまり、政教
合一に基づいて創設したイスラム政権のみが「合法」的政権であると主
張した。(3)「聖戦論」。「聖戦」で「主命」を実践すると主張し、武力
でイスラム教を発展させ、異教徒はアッラーとイスラム教徒の天敵であ
り、「聖戦」の目的は、「異教徒を消滅し、異教徒に向かって進攻する」
ことであり、「異教徒との戦いは、ナイマーズ[1]をするより大きな価値が
ある」と鼓吹した。[2]

　新疆の宗教極端主義はアッラーの名義ですべてを排斥し、アッラーへ
の信奉を党の指導への服従、国家法律の遵守と対立させ、アッラーを信
仰しながら共産党について行くのは真のムスリムではなく、「背教者」、
「カフィール (不信仰者・異教徒−訳者注)」であると認識していた。彼
らは強い反政府的傾向と赤裸々な民族分裂・国家分裂の政治目的を持ち、
「行動を起こしてイスラム教に符合する組織と国家を創設しよう」と叫
んだ。彼らの中の多くの人は、現政権に骨身に刻む深い恨みと憎しみを
覚え、現政府とその法律を認めないと公で騒ぎ、「異教徒を打倒せよ」
と叫びながら矛先を直接中国共産党と人民政府に向けた。

　新疆の民族分裂主義は、宗教極端主義と相互に結合すると同時に、国
際テロリズム思想に毒され、国際政治へ介入し、国際テロリズムの構成
部分となった。

　1998年に、ウサーマ・ビン・ラーディンらが「聖戦を目的とする国

---

1. ナイマーズとは、ムスリムが必ず履行しなければならない宗教儀式を指し
　ている。(訳者注)
2. 劉仲康編『新疆イスラム極端主義研究』、1999年度新疆社会科学基金プロジェ
　クト、新疆社会科学院、2002年、61頁。

6. 20世紀80、90年代後、激化する「東トルキスタン」の活動　　　597

際戦線」を設立したことは、現代テロリズムが既に国境を越えて広範に発展していることを表していた。ビン・ラーディンは、主に各国のテロ勢力に資金援助と「聖戦者」訓練基地を提供する方式で、自分たちの影響力を強化した。「東トルキスタン」テロ勢力を補助するのもビン・ラーディンの資金流れの1つとなった。彼の援助により、中央アジアと西アジアなどの地域に分散していた「東トルキスタン」テロ勢力の新世代が、アフガニスタンのカンダハール、カールカ、マザーリシャリーフ、ホルスト、アルバデル、サルマンなどの「聖戦者」訓練基地に集結して訓練を受けた。そして、彼らがハイテク軍事技術を利用してテロ活動を行い、国際事務へ介入することに有利な条件を与えてくれた。ハイテク軍事装備を身につけた一部のテロリストは、選ばれてホットスポットでの実戦に参加した。

1998年、パキスタンへ逃げた亡命者・アブドラ・ラスローは、パキスタンで「アジアムスリム人権局」を結成し、その目的は、新疆の民族分裂勢力の「解放事業」を支援することであった。ラスローはアフガニスタンでビン・ラーディンに会い、ビン・ラーディンは中国のムスリムへの支持を承諾した。ラスローはテヘランでレバノンのヒズボラ事務所幹部・アリ・ムザ及びアフガニスタン・ターリバーンの指導者と会見した。ターリバーンの指示のもとで、一部の東トルキスタン勢力は、チェチェン、カシミール、ウズベキスタンとタジキスタンから来たテロ組織に加入し、イスラム極端主義の宣伝を使命とした。カンダハールの国際テロ組織は、国外の新疆分裂勢力を訓練させ、そしてフェルガナ盆地を新疆分裂勢力を支持する基地にしようと企んだ。

全世界テロリストの首謀者・ビン・ラーディンの支持のもとで、「東トルキスタン」テロ勢力と各国テロ組織の国際協力は、日増しに緊密となり、国際事務に介入する活動も日々頻繁になった。その中には、軍事テロ行動の企画、配置と装備技術の共同協力も含まれていた。2000年8月、「東トルキスタン」テロ勢力は、ウズベキスタンとキルギス南部

地区に侵入して地元の政府軍を襲撃する国際テロ勢力のテロ活動に参与した。

20世紀90年代、テロ活動は宗教極端主義、国際密輸、麻薬密売など他の犯罪活動と緊密な繋がりを持ち、中央アジアの安定と発展に深刻な影響を与えた。1952年に創立された「イスラム解放党」の主旨は、すべてのムスリムをイスラム教の生活方式に回帰させ、聖戦を通してイスラム教を全世界に知らせることであり、その目標の一つは、昔のコーカンド・ハン国の版図（基本的にはフェルガナ盆地範囲）内に一つの統一した教権国家を創設することであった。この党は、1995年にフェルガナ地域に分岐機構を設立した。1998年からは中央アジア地域で亡命中の「東トルキスタン」組織と内通し、続けて中国国内に浸透し、新疆の分裂主義組織と結託した。「ウズベキスタン・イスラム運動」（IMU）は、一つの極端な政治・軍事組織であり、活動範囲は広くウズベキスタン、タジキスタン、アフガニスタン、パキスタン、サウジアラビアとトルコなどの地域までに及んだ。海外の一部の「東トルキスタン」・テロリストは、アフガニスタンなどで軍事訓練を受けた後、ほぼ全員がIMU駐キルギスの隊伍の中で「試用期審査」を受け、ある者はさらにその軍事行動に参加した。その他に、海外の「東トルキスタン・イスラム運動」、「ロブノールの虎」など、新疆の分裂組織は何度も中央アジア・テロ組織の資金援助を得た。

「東トルキスタン・イスラム運動」は、最も危険性のある海外の「東トルキスタン」組織の一つであり、「九・一一事件」後、国際社会によってテロ組織として決められた。この組織は、1995年末に海外で結成され、結成後、その頭目・ハサン・マフスームは何度もアフガニスタン、パキスタンのペシャーワル地区を訪れ、「ターリバーン」とパキスタンの「ヒズボラ」との協力を求めた。教派、理論、指導的思想、組織の綱領の上で、上述の組織とほぼ一致したので、早速中東のイスラム国家「ヒズボラ」の分岐機構として吸収され、そしてビン・ラーディン

から資金と武器の支援を得た。実力を拡充するため、ハサン・マフスームは「中央アジアのウイグル・ヒズボラ」の中央アジアのメンバー、一部の商人などを集結させ、アフガニスタン「ターリバーン」の支持のもとで、1999年の春に360人の武装勢力・「東トルキスタン・イスラム聖戦者組織」を結成し、その後、国内外で新疆の分裂を目的とする数回のテロ事件を企画、組織した。

7.「東トルキスタン」分裂勢力に対する打撃とその効果

　新疆の分裂主義が猖獗する厳しい局面に直面して、1996年に中国共産党中央委員会は新疆の安定事業について専門に研究し、そして7号文件（公文書）を出して「新疆の安定に影響する主な危険は、民族分裂主義と違法宗教活動」であると明確に提出し、新疆の安定を維持するための重要な指示を出した。1997年3月、中央は新疆の重点地域で集中的に治理・整頓を行い、暴力・テロ犯罪を撲滅する特別闘争を展開すると決定し、打撃と防御を結合させ、標本兼治[1]を通して社会治安回復の促進を求めた。その後、国際・国内情勢の発展と変化に伴い、中央は新疆の安定を維持するために一連の指示と施策を出した。

　1996年、中央の7号文件が出された後、中国共産党新疆ウイグル自治区党委員会は、中央の政策を真剣に実行し、「主動的に出撃し、兆候が見える時に打ち、先発して敵を制す」という方針を提出し、力を合わせて民族分裂主義、宗教極端勢力と暴力・テロ活動を厳しく打撃した。しかし、分裂勢力は風に逆らって犯行を行い、連続して幾つかの暴力・テロ事件を起こした。例えば、1997年のグルジャ市「二・五」暴力・

1.「標本兼治」とは、治標と治本を合わせる意である。この四字熟語はもともと漢方の学術用語で、病気の治療では表面の症状をみるとともに、病気の根源を見定めることが必要で、それを基礎に総合的に薬を使ってはじめて完全に治癒できることを指している。（訳者注）

破壊・強奪・騒乱事件、ウルムチ市の「二・二五」バス爆破事件、および数十件の末端幹部と漢族民衆に対する暴力・テロ事件などが起こった。彼らは力を蓄え、中心人物を訓練させ、「根拠地」を設立し、武器を集め、爆発装置を製造し、「統一行動」を行い、「97年に大奮闘し」、「七・一」（中国共産党創立記念日－訳者注）前後に決戦を始めると揚言した。こうした情勢に対して、自治区は打撃力を強化させ、グルジャ市の「二・五」暴力・破壊・強奪・騒乱事件を適時に鎮圧し、ウルムチの「二・二五」爆破事件など数回の暴力・テロ事件を解決し、「イスラム・ヒズボラ」など一部の分裂テログループを粉砕して迅速に局面を逆転させた。1998年、勝利の追い風に乗って、数十件の暴力・テロ事件を摘発し、幾つかの暴力組織を撃ち落とした。1999年、全疆で続けて打撃力を強化し、特に和田、カシュガル地区で反テロ特別闘争を組織し展開させ、大量の武器、弾薬、銃と爆弾の製造工具と反動宣伝品を押収した。和田のクレシ・グループとカシュガルのアリ・ムザ・グループを粉砕し、新疆の社会政治的安定に影響する重大な危険を除去し、建国50週年を祝う時期に全疆の範囲で大規模のテロ活動を施そうとした国内外の「3つの勢力」の陰謀を粉砕した。2000年、アクス地区で「三種分子」を打撃し、深刻な刑事犯罪を主な対象とする特別闘争を組織し展開させ、多国籍イスラム過激派組織・「イスラム解放党」の新疆での組織ネットを粉砕し、海外の敵対勢力が新疆境内で直接的に組織を結成し発展させようとした陰謀に大きな打撃を与え、国内外の「三つの勢力」が提出した「2000年の新疆独立の実現」を徹底的に破綻させた。

　国内で絶えず打撃力を強化するとともに、「東トルキスタン」分裂勢力の国際化への傾向に当たり、中国政府も国際次元で関わりのある国家との協力を強化し、東トルキスタン分裂勢力の活動空間を絶えず圧縮させた。1996年4月26日、中国、ロシア連邦、カザフスタン、キルギス、タジキスタンの5カ国首脳は上海で会談を行い、「上海5カ国」会談のメカニズムを確立した。数年の努力を経て、上記の5カ国、及びウズ

7. 「東トルキスタン」分裂勢力に対する打撃とその効果　　601

ベキスタンと共同で上海協力機構を築き上げた。地域の平和、安全と安定を保護し、テロリズム、分裂主義と極端主義、麻薬密輸、武器の不法運搬とその他の国際犯罪を共同で打撃するのがこの機構の主な目的と任務であった。2001年6月15日、上海協力機構設立の当日、加盟国は「テロリズム、分裂主義と極端主義を打撃する上海公約」に署名し、世界で初めてテロリズム、分裂主義と極端主義の「三つの勢力」に対して明確な定義を下ろし、そして加盟国の協力打撃の具体的な方向、方式及び原則を提出した。同時に、ビシュケク（2003年に、この反テロ機構の所在地をビシュケクからタシュケントに変更した）に地域反テロ機構を設立すると規定した。2004年1月に地域反テロ機構は正式にスタートした。地域反テロ機構の主な機能は、（1）テロリズム、分裂主義と極端主義を打撃することに対する提案と意見を準備すること、（2）加盟国に協力して「三つの勢力」を打撃すること、（3）「三つの勢力」に関する情報を収集、分析して加盟国に提供すること、（4）「三つの勢力」の組織、メンバー、活動などの情報に関するデータベースを構築すること、（5）反テロ演習の準備と実行に協力すること、（6）「三つの勢力」の活動に関する捜査に協力し、関連容疑者に対して措置を行うこと、（7）「三つの勢力」への打撃に関する法律文書の準備に参与すること、（8）反テロ専門家及び関係者に対するトレーニングに協力すること、（9）反テロ学術交流を展開すること、（10）他の国際組織と反テロ協力を展開することであった。上海協力組織と反テロ対策協議及びその機構の設立と運営は、新疆の東トルキスタン分裂主義のテロ活動に対する打撃に有利な国際環境を与えてくれた。

　もし、2000年の状況を標識にするとすれば、新疆の反分裂闘争は確かに「標識性と転換性を持つ重大な勝利」を取得したとも言える。なぜ

1．「ヌル・ベクリの新疆ウイグル自治区幹部大会での演説」（2008年9月10日）、『新疆日報』、2008年9月11日。

ならば、その前後及び新世紀に入ってからの数年の間に、新疆では重大な分裂性事件が起こらなかったからである。しかし、事実が証明するように、比較的安定した情勢の出現は、新疆での「徹底取締り」と世界各国が同時に反テロ対策を行う国際情勢のもとで、「東トルキスタン」の暴力・テロ活動が一時的に収斂し、蟄伏しているからにすぎない。国際敵対勢力の支持のもとで、彼らはまだ動乱を引き起こすようなかなりの力を有しているだろう。2008年の北京オリンピック直前と開幕の前後、「東トルキスタン」テロリストは連続して多数の暴力・テロ事件を起こした。2009年7月5日には、ウルムチで200人近くの無実の民衆が死亡し、数千人が負傷し、大量の財産が損害を受けた暴力・破壊・強奪・焼却・暴力事件を起こした。これらの事件が新疆の社会安定と民族関係にもたらした損害は、新中国の建国以来、前例のないものであった。したがって、21世紀に入ってから「東トルキスタン」をはじめとする「三つの勢力」を打撃することは、依然として新疆の安定、国家の統一と民族団結を維持するための重大な使命となった。

第12章 「台湾独立運動」の

理論と民族分裂

　　　　　　主権国家からの分離を目的とする一種の政治思想或
いは政治運動としての分離主義は、民族国家を主体とする世界の政治シ
ステムに巨大な衝撃を与えた。
　いわゆる分離主義は、常に歴史主義或いは現実政治の二つの面に向
かって自らの情実を言い立てるが、その通常のやり方は、自分たちが所
属している集団が他の強い集団や偽国家によって差別、虐待、圧迫、残
害と各方面での権利の剥奪を受けていると認識し、この国家からの離脱
によってのみ、いわゆる尊重と権利を獲得することができると声言する
ことであった。このような理路に沿って分離主義者は、まず、長期的に
主権国家の内部で不当な待遇を受け、権利を剥奪された弱い集団を作り
上げ、次に、この集団が強い集団と異なる特徴を掲示した。そこで言語、
文化など伝承性と社会化機能を持ついわゆる原生的な集団特徴が発掘さ
れ、そしてこのような特徴は通常一種の民族性として認められた。まさ
にデービッド・ミラーが述べたように、「二つ或いはそれ以上の族群が[1]
存在する国家の中で、族際境界[2]が明確であり、且つ民族的アイデンティ
ティが生まれない時にこそ、分離主義が発生する。[3]」

1．台湾でエスニック集団を指す。(訳者注)
2．民族間・種族間の境界を指す。(訳者注)
3．David Miller: The nation － state: a modest defence, in C. Brown(ed.),
　 Political Restructuring in Eu － rope :Ethnical Perspectives, London,

このような分離主義理論が構築される過程に、「台湾独立運動」理論を照らして見ると両者がかなり一致する点を有していることを発見できる。そして中国を分裂する「台湾独立運動」勢力の形成と発展は、またこのような理論の構築と密接な繋がりを持っている。

1．自治と非暴力抵抗－台湾議会設置請願運動に対する「台湾独立運動」論者の憶測

　実際のところ、日本が台湾を占領する以前に、台湾民衆の民族観念ははっきりしていなかった。「漢番衝突」以外に、人々の集団意識の多くは「閩客械闘」[1]、「彰泉衝突」[2] を通して現れた。「この島の現地人は、元々200年前に中国の泉州、彰州、潮州からの移住者と関わりがあり、その血統と抱負も中国内地人と等しく、自尊と排他的な傾向が盛んである。」[3] ただ乙未戦争後に、台湾民衆は異民族の植民地化によって、「全島が沸き上がり、日本人に対する民族的嫌悪感と支那人固有の排外思想が融合して、日本人に対する普遍的な敵愾心が生じた」[4] のであった。このような民族観念が現れる過程はちょうど、民族主義が「族際」疎通によって芽生えるという観点をよく検証してくれた。[5]

　1911年の辛亥革命は、台湾民衆に「民情が動揺する」大きな衝撃を

1．「閩客械闘」：18世紀中葉から19世紀末の間に、台湾で発生した福建籍の鶴佬人と広東籍の客家人の間の武装衝突を指している。（訳者注）

2．「彰泉衝突」：18世紀中葉から19世紀末の間に、台湾で発生した福建籍の泉州人と漳州人の間の武装衝突を指している。（訳者注）

3．台湾総督府警務局編『台湾抗日運動史』（4）、王洛林他訳、海峡学術出版社、2000年、1009頁。

4．台湾憲兵隊編『台湾憲兵隊史』（上）、王洛林監訳、海峡学術出版社、2001年、46、49頁。

5．　陳建樾「族際交流と民族主義－族際政治の一種の分析フレーム」、『世界民族』、第1期、1996年を参照せよ。

1. 自治と非暴力抵抗－台湾議会設置請願運動に対する「台湾独立運動」論者の憶測 *605*

与え、留日の台湾の学生にも知恵を与えて悟りを開かせた。「このような世界大変動に対して、まるで覚醒剤でも飲んだように、従来の信仰や希望、および思想や制度に対してかなりの反抗の暗示を受けた。[1]」辛亥革命前後、日本国内で起きた「大正デモクラシー」も台湾民衆に、特に知識層の抗日運動に民主主義の理論的武器と実践的な経験を提供してくれた。1905 年、日本国内で日ロ講和に反対する運動が巻き起きた。1912 年 12 月には、初めての護憲運動が現れた。1916 年、吉野作造はヨーロッパから日本へ戻った後、「憲政の本義を説いてその有終の美を済すの途を論ず」という論文の中で、正式に「民本主義」を提出した。

　両国の政治思潮と政治運動の交差作用により、中国を祖国としながら日本によって植民地化された台湾の民衆、特に知識層は思想理論の強力な支援を獲得した。抗日主将・蔡培火はそれについて、「中国が清朝政権の転覆に成功した後、日本の民本思想もかなり振興し、それに兼ねて第一次世界大戦が終わり、ウィルソンが民族自決主義を宣告するなど、このような時代的思想潮流が台湾人の思想を深く激したことは想像に難くない[2]」と指摘した。このような思想の交互的激動は、台湾を徐々に抗日武装闘争と非暴力抗争という二種類の反抗路線に向かわせ、それらはともに台湾抗日運動の「文武両道を兼ね備えた」二つの方向を構成し、また日本本土と台湾島内の相互に作用する二つの部分に分けられた。

　1920 年 1 月に、日本の東京で創設された新民会は、1920 年代の台湾政治反抗闘争の一つの重要な政治組織であった。蔡培火の回顧によれば、「この会が議決した行動目標は三つあった。第一は、台湾同胞の幸福を増進するために、政治改革運動を行うこと。第二は、自らの主張を広く

---

1. 『台湾民報』第 1 巻第 4 号、1923 年 7 月 15 日、『日本植民地支配の台湾 50 年史』、154 頁から再引用。
2. 蔡培火「日本占領下の台湾民族運動」、「台湾省文献委員会」学術座談会での演説、1965 年 6 月 18 日、葉栄鐘『日本占領下の台湾政治社会運動史』(上)、晨星出版株式会社、2000 年、89 － 90 頁から再引用。

宣伝し、台湾同胞の連係を保つため、機関雑誌を刊行すること。第三は、中国の人々と多く接触できるルートを図ることであった。第一目標は、台湾議会設置運動で具体的に表現され、第二目標は、雑誌・『台湾青年』の刊行と繋がった。[1]」

　新民会の創始期の会員であった林呈禄は、日本と台湾の間の異なる民族の観点から出発して、台湾総督の独裁体制の廃止と普通選挙を通して議会政治を設立する必要性を強調した。「今の帝国の支配方針が一貫して疑惧しているもの、つまり悠久の歴史を持ち、特殊の民情、風俗、習慣を有し、固有の思想、文化を保持している現在の 340 万の漢民族を果たして内地の大和民族と純然として同じ制度の下に立たせて支配することができるかについては、確かに疑問がある。」「(台湾) 総督の委任立法権はいずれ撤廃し、台湾の法律を施行すべきであり、将来は帝国議会で結論を制定しなければならない。適当な時期に至って、衆議院選挙法も台湾で施行しなければならず、台湾の住民の中から公選された代表が帝国議会に参加するのも時間の問題である。[2]」このような精神に基づき、台湾では、日本占領期に持続時間が最も長い最大規模の政治運動が発生した。つまり、台湾議会設置請願運動であった。請願者は、立法権、予算審査権を持つ「台湾議会」を台湾で単独に設置するよう求めた。そのため、1921 年 1 月 30 日から 1934 年 1 月 30 日までの 14 年間、全部で 15 回にわたって日本の帝国議会に対する請願が行われた。

　若い世代の「台湾独立運動」理論家から見れば、「台湾独立運動」の観念は今回の台湾議会請願運動を源にし、「この初期の台湾議会請願運動の台湾自決論述から、我々は既に一つの非中国的な漢族台湾民族主義

1．葉栄鐘『日本占領下の台湾政治社会運動史』(上)、晨星出版株式会社、2000 年、105 頁から再引用。
2．林呈禄「六三法の帰着点」、『台湾青年』第 5 号、1920 年 12 月 15 日。

の雛形を見出した[1]」と認識していた。確かに、議会請願運動の前後15回の請願上申書と指導者の関連文章の中に、台湾と日本の民族、文化、風習、習慣が全く異なるという表現が強調されていた。しかし、これらすべての歴史文献に目を通しても、我々は「非中国的な漢族台湾」を強調する言葉を見つけることができなかった。逆に、我々が割と簡単に目にすることが出来たのは、時々強調される「非日本的な漢族台湾」という言論であった。

　まずは、陳逢源、蒋渭水らが「台湾議会設置請願理由書」で、「斯クノ如ク二十有八星霜ヲ閲セル今日ニ於テ、尚厳然トシテ存セル特殊ノ民情慣習ハ……厳格ナル意義ニ於ケル同化政策ハ歴史信念、民情習慣ヲ異ニセル台湾ヲ日本内地ノ府県ノ如ク統治シ、而シテ内地ノ社会ニ行ハル法令制度ヲ全部其尽施行シ、務テ台湾人固有ノ特性ヲ滅却セシメテ之ガ統一渾化ヲ計ラントスルモノナリ。乍然凡ソ或ル新附民族ノ歴史ヲ抹殺セントスルニハ勢ヒ本国ノ慣習思想ノミニ遵ハシムヘキ不自然ノ所多キノミナラズ、且ツ其ノ発達ニ必要ナル社会的要求ヲ無視セサルヲ得サルヘシ[2]」と指摘した。

　次に、治安警察法違反事件の法廷答弁で、台湾議会設置請願事件の指導者は次のように述べた。「文化には二種類の性質がある。一つは世界の普遍性であり、もう一つは文化の特殊性である。文化は強制できないものである。制度の強制、文化の強制はすべて有害無益であり、植民地に損失あるのみならず、母国にも利益がない。したがって、強制は母国への抵抗心を増加させるだけである。もし涵養、忠君、愛国の精神を求

1．　呉睿人「台湾は台湾人の台湾でなければならない－反植民地闘争と台湾人民民族国家を論ずる（1919 － 1931）」、林佳龍、鄭永年編『民族主義と両岸関係－ハーバード大学東・西洋学者の対話』、新自然主義株式会社、2001 年、65 頁。

2．「台湾議会設置請願理由書」、王暁波編『台湾同胞抗日文献選新編』、海峡学術出版社、1998 年、116 － 126 頁。

めるなら、善政の施行に努力しなければならず、同化主義だけに依頼してはならない。」「植民地政策の同化主義は、民族優越感と帝国主義の総和であり、母国の制度と文化を植民地で強制的に施すものである。」「中華民族は五千年の間、他民族を同化させた歴史はあるが、未だ他民族に同化されたことはない。これは中国の歴史上で珍しくない事実である。もし中華文化を排斥すれば、人民は必ず立ち上がって反抗するのだ。したがって、漢民族を琉球のような文化と歴史を持たない民族と同じように扱ってはならない。[1]」「現在台湾島民のほとんどは、何と言っても、彼らが中国の福建、広東から移住してきたという歴史的事実を否定することができない。この事実は戸籍にも明確に記載されている。[2]」

　さらに、「台湾独立運動」論者が引用した文献からも我々ははっきりとみることができる。「民族の中には、同じ血縁関係が含まれており、歴史的精神の一致、共通の文化、共通の言語習慣、共同の感情などの諸要素が今の世界の民族と国家の関係を決定し」、「民族は人類学上の事実であり、口だけで抹消できるものではない。台湾人が自由自在に豹変し、日本国民になり、日本民族になったとしても、台湾人が中華民族、つまり漢人であることは、誰にも否定できない事実である。国民は、政治上、法理上で見たものであり、民族は、血縁、歴史、文化に対する区別であり、人種は、体格、容貌、皮膚に対する区別である。[3]」

　ここから分かるように、「台湾独立運動」理論の構築者たちが語っている「台湾独立運動の行動は、台湾議会設置請願運動から芽生えた」と

1．「陳逢源の答弁」、王暁波編『台湾同胞抗日文献選新編』、海峡学術出版社、1998 年、134 － 135 頁。
2．「林呈禄の答弁」、王暁波編『台湾同胞抗日文献選新編』、海峡学術出版社、1998 年、139 － 140 頁。
3．蒋渭水の話、「台湾は台湾人の台湾でなければならない－反植民地闘争と台湾人民民族国家を論ずる（1919 － 1931）」、林佳龍、鄭永年編『民族主義と両岸関係－ハーバード大学東・西洋学者の対話』、新自然主義株式会社、2001 年、70 － 72 頁から再引用。

いう説には、立証できる何の歴史的・文献的根拠もない。まさに南方朔が指摘したように、「如何に『自主』、『自決』、あるいは『台湾は台湾人の台湾である』と言っても、それがターゲットにしているのは異民族の日本帝国主義者である。したがって、彼らが提唱している『自主』もしくは『自決』は、台湾の独立を求める先決条件であり、そして台湾独立は祖国への回帰の先決条件である。つまり、日本占領期の台湾先賢の『台湾独立運動』は、一種の戦略的な台湾独立運動であって、台湾独立運動を最終目的とするものではなかった。そうなったのは、民族の大義名分によるものである。[1]」

2.「文化自治」と「台湾独立」－台湾での抗日運動の異なる路程

　台湾人が「新政府の指揮下に置かれることを好まず、日本官憲に抵抗するとの名目で悪人を糾合し、日本人の絶滅を旗に掲げて残虐を逞うした[2]」民族観念や挙動に対して、日本植民者の最も重要な対策の一つが、一連の政策措置を通して意図的に台湾と中国を分離させることであった。「台湾に住んでいる日本人が、日本にその本拠を持っているように、台湾人も中国に故郷を置き、共通の言語や習慣を有している。したがって、日本の台湾支配は、台湾を中国から分離させて日本と結合させることであった。[3]」このような植民地論理は、実は台湾民衆の心の中の「族国」の観念を引き裂くことであり、文化、教育、氏名、国籍の管理などの法令や統治の策略を通して「中国化の除去」を行い、最後に「皇民化」を通して台湾民衆を日本の皇民に成らせることであった。

1．『日本占領下の台政（台湾治績誌)』、第2巻、622頁。
2．台湾総督府警務局編、『台湾抗日運動史』(2)、王洛林他訳、海峡学術出版社、2000年、448頁。
3．矢内原忠雄『日本帝国主義下の台湾』周憲文訳、海峡学術出版社、1999年、204頁。

第12章 「台湾独立運動」の理論と民族分裂

表1：日本占領期における台湾公立学校の漢文課程の縮減状況

	漢語授業時間縮減量	法的根拠
1897年10月31日	国語伝習所乙科課程に漢文課を増設	「国語伝習所規則中改正」
1897年8月16日	漢文を読書科目に組入、毎週12時間	「公学校規則」
1904年3月11日	作文、読書、習字などの各教科を全部国語科目に組み入れ、漢文科目は独立して1つの科目となる。毎週漢文科目の時間を5時間に変更	「公学校規則改正」
1907年2月26日	5－6学年の漢文科目の授業時間数を週4時間に短縮	「公学校規則中改正」
1912年11月28日	3－4学年の漢文科目の授業時間を週5時間から週4時間に短縮	「公学校規則中改正」
1918年3月31日	学生の負担を軽減するため、漢文科目の時間を一律週2時間に縮減	「公学校規則中改正」
1922年4月1日	すべての漢文科目を毎週2時間の「自由」選択科目に変え、地方の状況をみて漢文科目を廃除	「台湾公立公学校規則」
1937年1月15日	公学校漢文科目を完全に廃止	「公学校規則中改正」
1937年4月1日	台湾全島の公学校は既に完全に漢文科目を停止	同上。同様に：台湾総督府命令：「支那人の心を喚起させないように国語教育を徹底的に普及させる。」

（出典）台湾教育研究会『台湾教育沿革誌』、1939年、王順隆「日本統治期における台湾人『漢文教育』の時代的意義」、『台湾風物』、第49巻、第4期、1999年を参照せよ。

2.「文化自治」と「台湾独立」－台湾での抗日運動の異なる路程　　　*611*

　漢語授業を縮減から全部停止にさせる方法を通して、「台湾の支那化」を避け、台湾の「日本国民化」を実現するのは、日本植民者が台湾で「中国化の除去」をでっち上げる主な手段であった。「日本は1895年に台湾を占領した後、台湾本島人の改造、同化を究極の目標とし、教育政策上に表れたのが国語（日本語）の普及であった。台湾に上陸したその年に設立した『芝山巌学堂』からその後の『国語伝習所』、ひいては専門に台湾人の子弟を受け入れる『公学校』は全部日本語の伝授を第一の目的にした。」『台湾民報』第154号はそれについて、「公学校の国語授業は同化政策の表れであり……公学校は学校ではなく、全くの人種変造所、台湾の児童を日本の児童に変造させるための場所であり、彼らに学問を教え、彼らの智能を啓発するのではなく、ただ彼らを変種させ、日本の人種に変えるための場所であった。したがって、公学校が漢文科目を廃止、或いは自由科目に変更した理由は、子供の負担を軽減するためではなく、民族観念を減却させ、児童を日本化しやすくするためであった」[1]と指摘した。

　このような漢文課程縮減の言語同化政策の下で、日本語を身につけている台湾の人口比例は、1937年4月末から1948年4月末までのわずか一年の間に、37％から急に60％までに向上した[2]。そして早くも1916年、福建巡按使の委任を受け、台湾で勧業共進会を見学する時、17日間全島一周の旅をした汪洋は、『台湾』と題した本の中で、日本が台湾で実行した言語同化の険悪な下心を暴露した。「日本人の台湾統治を思うに、ほかの政策の恐ろしさはこの根本的な政策に及ばない。20年後、（台湾では）歴史の由来を知る人がいなくなるだろう[3]。」

1．王順隆「日本統治期における台湾人『漢文教育』の時代的意義」、『台湾風物』、第49巻、第4期、1999年。
2．梁明雄「日本の台湾占領の時代的環境」、『日本占領期における台湾新文学運動研究』文史哲出版社、1996年、24頁。
3．汪洋『台湾』、中華書局、1917年、188頁。

台湾民衆にとって、この種の「中国化の除去」の教育政策は、逆に彼らの民族観念と民族意識を刺激した。「我らの祖国に対する概念は、無論歴史、文字で構成されているのが相当の分量を占めているが、しかし、日本人の言動が逼迫するように切実ではなかった。……日本人の圧迫力が大きいほど、台湾人の祖国への敬意の感情はますます深まっていくだろう。もし日本人がこの50年の支配期間中に、確実にいわゆる『一視同仁』という政策を施し、差別と虐めを止めたら、台湾人の民族意識がこのように強烈ではなかったかもしれない。[1]」

　新民会が東京で創設された初期の1923年4月、林呈禄は『台湾民報』創刊の言葉で、「我々の先祖は中国から来て、美しい島に住んでいるが、しかし我々の今の生活は安定とは言えず、社会の文化もまだ普及されておらず、もし方法を考案して文化を啓発し、民衆の精神を奮い起こさなければ、おそらく日暮れて道窮まる時には劣敗者になり、淘汰されてしまうかもしれない」と指摘した。そして「台湾民報の創刊を祝う」という文章の中で蔡鉄生はさらに、「我々の最愛の台湾の兄弟よ、早く目を覚ましてよ！漢文の種が途絶される以上、我らの数千年の固有文化も自然に研究することができなくなる。我々の民族観念さえも消滅され、将来、世界の人類に比べると我々は最も劣等の中に並べられてしまうだろう[2]」と述べた。このような考え方を基に、林献堂、蒋渭水らは1921年に台北の大稲埕で台湾文化協会を創立した。この組織の宗旨について、蒋渭水は『台湾民報』に文章を載せ、「台湾人は実際に病んでいる。この病気を治さなければ、人材をつくることができなくなる。……私の診断の結果、台湾人が病んでいるのは知恵と見識の栄養不良症で、知識の栄養品を補給しなければ、絶対に治すことができなくなる。文化運動は

1．葉栄鐘『台湾省光復前後の回顧』、212－214頁、呉密察「台湾人の夢と二・二八事件」、『当代』、第87期、1993年7月から再引用。
2．王暁波「台湾民衆運動と国民革命」、『台湾意識の歴史考察』海峡学術出版社、2001年、69－70頁から再引用。

2.「文化自治」と「台湾独立」－台湾での抗日運動の異なる路程　　613

この病気に対する唯一の治療法であり、文化協会はこの病気のことを専
門に研究し治療を行う機関である[1]」と指摘した。

　台湾議会設置請願運動と違って、文化協会は台湾本島で創建され、台
湾本島で運営していたので、直接日本植民者と真正面から対立し、衝突
を起こした。その意味で、「台湾議会設置請願活動、台湾文化協会と雑
誌・『台湾青年』は、台湾の非武力抗日の三大主力となった。戦争の形
式で例えると、台湾議会設置請願活動は外交攻勢、『台湾青年』（後の
雑誌・『台湾』、『台湾民報』及び日刊『台湾新民報』も含む）は宣伝戦、
文化協会は近距離の陣地戦に当たる[2]」と言えるだろう。

　台湾総督府の『警察沿革誌』の記載によれば、文化協会は「機会があ
れば幹部らを招待して講演会を開いた。無智の民衆を動員し、歓迎に藉
口して沿道で爆竹を鳴らし、大声でスローガンを叫びながらデモ行進を
行い、傍若無人の盛大な歓迎会を開いて勢いを言いふらした。幹部らも
厳然と志士気取りですべてを睥睨し、民族の反感を挑発することを自慢
に思い、深い反省もせず、空虚な反母国の気風を醸し出した。特に、地
方で発生したドラブルや農民の紛争に毎回介入し、紛糾を助長させて民
心を獲得し、取り締まられると執拗な講演戦と示威を展開して抗議の意
を示した[3]。」

　他に、台湾の共産党員・蕭友山の回顧によれば、文化協会のこのよう
な啓蒙宣伝には主に、「漢民族は輝かしい5千年の文化を持つ先進文明
人であるので、異民族の統治によって降伏されないはずだ。日本の統治
方針は、漢民族が持っているすべての文化伝統を消滅し、それによって
経済的に搾取できる対象にし、完全に日本の付属民族、または抑圧され

1．『台湾民報』、第67号、1925年、葉栄鐘『日本占領下の台湾政治社会運動史』
　（下）、晨星出版株式会社、2000年、330頁から再引用。
2．葉栄鐘『日本占領下の台湾政治社会運動史』（下）、晨星出版株式会社、2000年、
　327頁。
3．同書、347頁から再引用。

る民族にさせることである。我らは必ず自分が漢民族であるという民族的自覚を喚起させ、台湾は我らの台湾であり、自分で管理すべきであることを知り、皆で団結して屈辱を排除しなければならない」[1]などの内容が含まれていた。

文化協会が急速に発展する時代は、ちょうど西洋の民族、民主思想が東洋で伝播される時期であり、マルクス主義が東洋で散布される年代でもあった。1921年に、中国共産党が上海で設立され、1922年には、日本共産党が創建された。1924年に、孫文が「連ソ・容共」を宣言し、1928年には上海で台湾共産党が設立され、日本共産党台湾民族支部に所属された。

早くも台湾共産党創建以前の1927年、左翼思想は既に台湾島内外の抗日抵抗運動に巻き込まれ始めた。台湾議会設置請願活動の中で、「プロレタリア青年」を代表とする左翼勢力は既に蒋渭水らに対する攻撃を展開した。「台湾議会設置請願運動は、現在既に台湾解放運動の妨げとなり、進歩的役割を演ずることができなくなった。哀願したり額ずいたりすることは、熱烈な闘争を恐れる大衆迎合主義者の苦肉計であり」、「例え、台湾議会の設立を許可したとしても、日本帝国主義の帝国議会の統制の影響の下で、少しも我々台湾人の利益を代表していないことは明らかである。」[2]

党の創立大会で提出した「政治大綱」で台湾共産党は、「現在は必ず文化協会を中心に、共産党の活動を拡大する舞台として利用し、一方では、まずその小児病を抑制し、労農先進分子と青年を吸収して文化協会に加入させ、他方では、極力に民衆党の欺瞞政策を暴露してそれらに影響された大衆を左へ導き、徐々に文化学会を革命統一戦線の中心とし、

1．蕭友山「文化協会」、蕭友山、徐瓊二『台湾光復後の回顧と現状』陳平景訳、海峡学術出版社、2002年、15頁。
2．王暁波「日本占領期の台湾民族運動及びその2つの路線」、『台湾意識の歴史考察』海峡学術出版社、2001年、156－157頁から再引用。

2.「文化自治」と「台湾独立」－台湾での抗日運動の異なる路程　　　　　615

一定の時機になった後に文化協会を再改造して大衆党を組織する」と述べた。

　このような「先に砂を混ぜてからチャンスを狙って権力を奪う」という闘争路線の指導の下で、元々統一されていた非暴力抵抗運動は、徐々に破裂の趨勢を見せた。1927年10月17日、文化協会は台中で第一回代表大会を開いたが、内部意見の分岐により、林献堂、蒋渭水などを代表とする右翼と王敏川を代表とする左翼に分裂された。前者は、台湾には資本家と資本主義がないので、民族運動で資本主義の発展を促進させ、台湾の経済制度を改良すべきであると認識し、後者は、台湾の解放運動は民族運動と階級闘争を結合すべきであると認識していた。林献堂が文化協会を推し出した後、王敏川は1931年1月に第四回代表大会を召集し、別途に台湾大衆党を組織して文化協会に取って代わった。しかし、民衆党の内部でも分裂が発生し、それは客観的に日本植民者に個別ずつ撃破するチャンスを与えてくれた。1931年2月18日、民衆党が総督府によって取り締まられた。6月には、総督府が台湾全島で「台湾共産党大告発」を展開し、台湾農民組合などの左翼組織も取り締まりを受けた。台湾島内での抵抗運動は、その時から結社の自由をめぐる抗争に転じたが、元々の大発展の時代は過ぎてしまった。

　台湾共産党を代表とする左翼運動と台湾議会設置請願運動、文化協会の間での路線争いは、実は植民地抵抗運動の経路の争いであった。台湾の抵抗運動の過程は我々に、強大な植民者の前で、同じ所に行き着くことができるかどうかはもうそんなに重要なことではなく、重要なのは、誰が最大多数の民衆を把握できるかということであると提示してくれた。そして、台湾共産党が島内最大多数の民衆の支持を得られなかったのは、実は台湾島内民衆の利益への訴求を現実的に考慮に入れなかったからであった。

　前述の通り、文化協会が島内で気違いじみた活動を行い、民衆を集めることができた最も重要な原因は、文化協会の民族意識に対する激励と

現代文明観念に対する啓蒙であった。

まず、「文化協会が能動的に行った文化運動は、その影響範囲が非常に広範で、中華民族意識の高揚効果は最も著しかった。」「台湾の知識人は、この民族運動の呼びかけを受け、そこで胸の奥に潜んでいた民族意識が勃然として湧き上がった。[1]」

次に、後藤新平を代表とする日本植民者は、ずっと「種の優劣論」と「生物学の原則」を台湾の植民地化の「学術根拠」とし、系統的な植民地教育を通して台湾民衆に「日本＝文明」、「野蛮＝台湾」という奴隷化の観念を植え付けた。文化協会の衛生思想の普及と迷信陋習の打破に関する講演は、時代に適合し、また台湾の実際に合うので、島内の民衆は啓蒙運動によって日本の台湾植民地化の背後にある「観念崇拝」と劣等感を打破することができた。しかし台湾共産党は路線選択の上でコミンテルンの指導を根拠に、直接「台湾独立」を訴えた。これは明らかに島内の広範な民衆の民族意識を無視した判断ミスであった。

史料が示すように、台湾共産党の「政治綱領」は、日本共産党が起草し、東方植民地に関するコミンテルン思想の台湾での現実離れの援用に過ぎなかった。この点について、陳芳明も認めたように「（台湾共産党の）台湾民族論と植民地革命策略は、明らかに直接レーニンの政治思想の影響を受け、そしてモスクワ・コミンテルンの指導を通して形成された[2]」ものであった。

台湾共産党の「政治綱領」の中で、「台湾民族」という言葉を用いているが、原文の文脈からみれば「台湾民族」の概念は中華民族の漢人移民と関連していた。「政治大綱」冒頭の「台湾民族の発展」という一節で、台湾共産党はまず、台湾の最初の住民は原住民であると指摘し、彼

1．王曉波「日本占領期の台湾民族運動及びその2つの路線」、『台湾意識の歴史考察』海峡学術出版社、2001年、362－363頁。
2．同書、227頁。

2.「文化自治」と「台湾独立」－台湾での抗日運動の異なる路程　　　*617*

らは「すべて漢人によって山の奥へ追い出され」、「その後は中国南部から台湾へ移住してきた漢人が日増しに増えた。いわゆる台湾民族は、上述の南方からの移民の台湾居住を発端とする」と指摘した。

　1922年に開かれたコミンテルン第四回代表大会は、反帝国主義の統一戦線のスローガンを提出した。「もし西方で、組織的に革命力を蓄積する過度期に、かつて労働者の統一戦線のスローガンを提出したとしたら、今、東方の植民地では、反帝国主義の統一戦線のスローガンを提出しなければならない。このスローガンが適切なのは、世界帝国主義への長々しい持久闘争をしなければならず、このような情勢がすべての革命的な要素を動員するよう求めているからである[1]。」

　しかし、レーニンが逝去した後に開かれたコミンテルンの第五回代表大会で、マナベーンドラ・N・ローイは、「トルコ、中国、ペルシャなどの半植民地国で同一の政治路線を制定するのは依然として難しく、このような政治路線によって我々のすべての仕事を展開することは依然として難しい……我々は現実に直面すべきであり、曖昧な公式に夢中になってはならない。遺憾なことに、我々は未だそのような事をしたことがないので、我々の成績も大きくないのだ」と認めていた。

　コミンテルンの第三回代表大会、第四回代表大会と第五回代表大会は、「東方問題」に対する革命経路を基本的には反帝国主義統一戦線を設立する思想的策略の上で維持していた。しかし、1927年の蒋介石の「四・一二クーデター」により、スターリン指導のコミンテルンは東方問題で全面的な「左翼傾向」を見せた。1928年に採択された「植民地と半植民地の革命運動の大綱」の中で、コミンテルン第六回代表大会は、レーニンが起草し、コミンテルンの「第二回代表大会」で採択した「民族と植民地問題の大綱」を依然として東方各国党の今後の指導方針とし、闘

1．中国社会科学院近代史研究所編訳室編訳『コミンテルンの中国革命に関する文献資料（1919－1928)』、中国社会科学出版社、1981年、72頁。

争経路の上では、民族内部で反ブルジョア民主運動を展開して指導権を取得するよう強調した。「民族ブルジョア階級は、反帝国主義力量の意味を持っていない」ので、「民族ブルジョア政党の民族改良主義の性質を摘発しなければならない。」したがって、共産党員は、民族ブルジョア階級と帝国主義の間に具体的・公開的な衝突が存在するという矛盾を利用して、民族革命の指導権を獲得すべきであるとした。[1]

　台湾共産党はこのような背景の下で設立されたので、「政治大綱」の制定にも自然に、東方植民地問題政策に関するコミンテルンの「左翼的傾向」が深く刻印されていた。台湾共産党の党史資料を研究するアメリカの学者はそれについて、「台湾共産党の歴史は、一つの失敗の歴史である。しかし台湾共産党の失敗は、日本植民地当局の有効な弾圧によるものでもなければ、その闘争計画に対する民衆の支えの欠乏によるものでもない。台湾共産党の短い歴史は、一つの鮮明な例であり、それは外部の圧力、特にコミンテルンの不定の路線が、いかにして小さな党の安定した政策の形成を難しくしているのかを明らかにしてくれた」と指摘した。「台湾共産党の凸凹した発展の道は、20年代末期の第3インターナショナル政策が、創立したばかりの小さな党にどれほど巨大な影響を及ぼしているのかを示してくれた。」「台湾共産党は、第3インターナショナルの1928年の第六回代表大会路線の劇的な変化の影響を深く受け、しかもこのような変化は、台湾共産党が1931年に徹底的に失敗した原因になったかもしれない。[2]」

　そのほかに注意すべき歴史的事実は、相前後して台湾共産党と連絡を取っていた日本共産党、中国共産党とコミンテルンが相次いで台湾共産党との有効な連絡パイプを失ったので、それにより、何の闘争経験もな

1．ア・ヴェ・レズニコフ「コミンテルン第五、六、七回代表大会の東方政策に対する更なる制定」古松訳、『現代世界と社会主義』、第3期、1988年。
2．フランク・S・T・ショー、ロレンス・R・サリヴァン「台湾共産党の政治歴史（1928－1931）」（下）田華訳、『台湾研究集刊』、第3期、1986年。

2.「文化自治」と「台湾独立」－台湾での抗日運動の異なる路程   619

い台湾共産党がコミンテルンと兄弟党の助けと指導を受ける機会がな
かったということである。

　まず、台湾共産党の政治綱領と組織綱領は、完全に日本共産党の指導
と指示によるものであり、[1]後に日本共産党は国内の選挙に参与するた
め、中国共産党に台湾共産党の設立に協力するよう依頼したが、中国共
産党と台湾共産党の関係は事実上これだけであった。台湾共産党はその
「政治大綱」で、「台湾共産党は目前に、その組織を日本共産党の民族支
部にしなければならない。なぜならば、台湾には過去に共産党運動の経
験がないので、日本共産党の一つの支部として組織することが重要であ
る[2]」と明確に規定していた。

　次に、コミンテルンは1929年3月に上海で極東局を設立し、中国、
朝鮮、日本、インド支那、インドネシア、フィリピンや台湾などの国家
や地区の共産党活動を具体的に連係・指導した。台湾共産党も次第にコ
ミンテルンの直属支部となり、「台湾共産党は現在、日本共産党の指導
を受ける必要がなく、独立に活動を展開した。中国共産党との関係も平
等であった。[3]」

　三つ目に、その東方政策における「一国一党」の原則により、コミン
テルンが直接台湾共産党を直属支部に昇格させたことや台湾共産党への
手紙の中で直接台湾を「国家」と呼び、台湾は必ず「完全なる政治と経

1．「1927年下旬、被告人謝阿女（つまり謝雪紅）は東京に招かれ、渡辺政之
　　輔から政治綱領と組織綱領の作成について指導を受けた。これは渡辺政之輔
　　が起草し、1928年1月中旬、日本共産党常任委員会で討論し、審査・決定し
　　たものである」、（日）司法省行政係「被告人謝氏阿女以外7名に対する治安
　　維持法違反事件判決の一部」、（日）『思想月報』第8号、100頁、1935年2月、
　　陳芳明『植民地台湾－左翼政治運動史稿』麦田出版事業株式会社、1998年、
　　217頁から再引用。
2．「台湾共産党政治大綱」、王暁波編『台湾同胞抗日文献選新編』、233頁。
3．フランク・S・T・ショー、ロレンス・R・サリヴァン「台湾共産党の政治歴史（1928
　　－1931）」（上）田華訳、『台湾研究集刊』、第2期、1986年。

済の独立を獲得する」と断言したことなど、一連の方法には、台湾を一つの国家として見なすという観念が潜んでいた。同時に、台湾共産党が党の綱領の中で直接「台湾独立」、「台湾共和国を打ち立てよう」というスローガンを提出するよう促した。「第3インターナショナルの『一国一党』の原則により、台湾共産党の地位は日本共産党と中国共産党と同様となった。第3インターナショナルは明らかに、台湾を朝鮮と同じように、一時的に日本の統治下に置かれ、潜在的な『主権』を持つ国家[1]」として見なしていた。その影響を受け、台湾共産党はその「政治大綱」で、「中国革命を必ず擁護する」、日本共産党と「厳密な連絡」を建てる、「努力して両者間の強固な団結を促す」などのことを並べて一種の「国際義務」として見なした。

　四つ目に、日本共産党の支部として、台湾共産党は党の設立からわずか2週間後に、日本共産党の非難を受け、日本共産党はすぐさま台湾共産党との党組織の従属関係を解除した。

　五つ目に、日本政府が1928年と1929年に2回の大捜査を行い、日本共産党はほぼ麻痺状態に陥った。台湾共産党員の楊克煌は、「台湾共産党は1929年、1930年に数回代表を派遣して日本共産党中央やコミンテルン極東局を訪れたが、正常な連係を確立することができなかった[2]」と述べた。

　最後に、コミンテルン極東局成立後、その指導者の交替が非常に頻繁であり、それにより、極東局は台湾共産党の実際に即して、具体的に活動を指導することができなくなった。1930年3月に、アイスラーがレッリスキに替わって極東局の指導者となり、同年7月に、ミフがアイスラーに取って代わって極東局の書記となった。1931年4月と8月、

1．フランク・S・T・ショー、ロレンス・R・サリヴァン「台湾共産党の政治歴史（1928－1931）」（上）田華訳、『台湾研究集刊』、第2期、1986年。
2．楊克煌『台湾人民民族解放闘争の歩み』湖北人民出版社、1956年、153頁。

2. 「文化自治」と「台湾独立」－台湾での抗日運動の異なる路程　　621

ミフ、アイスラーと極東局のメンバーは相次いで上海を離れ、コミンテルン極東局は事実上停止状態になり、コミンテルン「左翼傾向」の東方政策の災いを深く受けた台湾共産党が、1931年に徹底的に失敗したのは必然的な結末であった。

　日本占領期の台湾史研究では、台湾共産党の誤った革命経路の選択と台湾の実際にそぐわない「政治大綱」が、台湾共産党自身を短命に終わらせただけでなく、台湾島内抗日運動の内部分裂もたらしたと認識していた。[1]

　さらに重要なのは、台湾共産党のこのような誤ちが陳芳明などの「独立派」学者に利用され、彼らが「台湾独立」の理論を構築し、「植民地台湾研究」を行なう一つの重要な根拠となったことである。もう一人の独立派学者の薛化元もその論文の中で、「日本統治時代の台湾で独立建国或いは高度な自主に対する主張の現れは、歴史研究からみれば、既に定説であった。その中で最初に、明確に台湾共和国の成立を主張したのは台湾共産党であり、その独立建国の理論は、コミンテルンが提出した民族自決（植民地自決）を主な根拠としていた。[2]」

　これらの研究は、深い研究に欠けている回りくどい文章で構築されているか、故意に史料をクリッピングした主観的な意図によって成されていた。事実上、このように資料をクリッピングすることで「台湾独立」の理論を支えるやり方は、陳芳明、薛化元の独創的な手法ではなく、「台湾独立」論者が習慣的に用いる手法であった。これは台湾光復後に、海外で「台湾独立」活動を行った王育德、史明などの著述の中にも現れているほど珍しくないことであった。彼らにとって、「歴史的記憶の回復は、歴史上の事実の再建を探るだけのものではなく、歴史事件の中か

1．薛化元「台湾独立理論の異なる歴史発展の方向」、荘万寿編『台湾独立の理論と歴史』、前衛出版社、2002年、6頁。

2．陳芳明『植民地台湾－左翼政治運動史稿』麦田出版株式会社、1998年、263頁。

622　　第12章　「台湾独立運動」の理論と民族分裂

ら新たな意味を発掘すべきものであった。」

　3．台湾光復と「二・二八」－地方自治から「台湾独立運動」の「高
　　度な自治」まで

　文化協会の分裂後、「台湾の解放運動戦線は混乱状態に陥り[1]」、林献堂、
蔡培火など議会設置請願運動の指導者は、1930年1月から台湾地方自
治同盟の創設を計画した。台湾地方自治連盟の「設立大会の宣言」から
分かるように、この同盟は抗日民族運動が短い沈黙を経た後の再出発で
あった。「台湾民衆は自分の義務を自覚し、自分の権利にも目覚め、更
には潮流の激動を受け、盛んに湧き上がり、群衆は解放を叫んだ」、「完
全な地方自治制を確立することは、実は植民地台湾の基礎事業である。
各解放運動は皆これを出発点とする。」

　そして「第二回全島大会宣言」では、更に日本が主張する「人種平
等」を用いて、地方自治を推し進める合理性を論証した。「我々は、（日
本）帝国が世界人種平等の提案者であり、しかも有色民族解放の主唱者
であると知っている。故に、帝国は必ず世界で率先垂範でなければなら
ない。しかし全島450万島民の熱烈な要求に対して、言葉を濁し、躊
躇しながら眺めるその下心は理解できない[2]。」この運動の圧力により、
台湾総督府は1935年に「台湾地方自治改正大綱」を発表し、各級議会
で50％の議員定数を民選で選ぶと規定した。11月に開かれた選挙で、
自治連盟では15人が各級議会議員に当選された。

　台湾地方自治運動の成功は、「六三法」撤廃以来の非暴力民族抵抗運
動が風雨を経て、ようやく成果を上げたことを意味した。地方自治運動

1．葉栄鐘『日本占領下の台湾政治社会運動史』（下）、晨星出版株式会社、2000年、
　501頁。
2．同書、509－510、537頁。

3. 台湾光復と「二・二八」－地方自治から「台湾独立運動」の「高度な自治」まで　*623*

は実際のところ、台湾同胞が祖国を思い、解放を望む愛国主義が地方自治運動を通して曲折に現れたものであった。ほかに注意すべきことは、地方自治運動の成果は逆に、台湾光復前後の「台湾独立運動」思想の芽生えを刺激したということである。これは辜振甫らが台湾光復直前に日本人と密かに企んで、「偽自治の名で、台湾占拠の為の独立を行う」「台湾独立運動案」であった。「二・二八事件」も「台湾籍精英」の「台湾人による台湾管理、高度な自治」に関する政治的要求を引き出した。

　「日本占領の最後の時期に、日本政府は幾つかの行動を行い、中国が台湾を再び版図に組み入れようとする意図を故意に破壊し、台湾民族主義者を武装させ、地元の支持力を集めて中国から独立するよう激励した。[1]」台湾の地位に対するアメリカの曖昧な態度と「台湾独立運動」者に対する放任も、台湾独立運動の芽生えを励ましてくれた。[2]王育德の記述によれば、早くも「八・一五」の日本降伏前後に、「台湾の有力者たちは台湾の運命を心配し、台湾人の進むべき道を決めるために、どんどん密かに集まった。[3]」

　1945 年、日本で中学校教育を受け、アメリカで留学した廖文毅が「台湾民族精神振興会」を創設し、翌年には上海で、専門に政治、文化及び社会評論を掲載する雑誌・『前衛』を創刊した。1946 年、かつて日本の東京大学政治学科を卒業し、台湾総督府文教局に就職した黄紀男が、「台湾青年連盟」を組織した。1946 年 6 月、黄紀男は「台湾青年同盟主席」の身分で、アメリカの駐台北領事・ジョージ・カール（George Kerr、漢字名は葛超智）を通して国連とアメリカ政府に請願書を提出し、国連による台湾の委任管理を望み、そして国連の監督下での台湾の国民

1．ダニー・ロイ『台湾政治史』何振盛、杜嘉芬訳、台湾商務印書館株式会社、2004 年、79 頁。
2．褚静涛「アメリカと『二・二八事件』」、王建朗、欒景河編『近代中国、東アジアと世界』（下巻）、社会科学文献出版社、2008 年、495 － 509 頁。
3．王育德『台湾－苦悶するその歴史』台湾青年社、1979 年、154 頁。

投票を行い、スイスと同じような主権独立の中立国を設立しようとした。[1]

　早くも抗戦期に、国民政府は台湾を取り戻す準備に着手し始めた。1943年末、蒋介石は行政院事務総長・張歴生と国際問題研究所所長・王芃生を召見し、2人に台湾を受け入れる準備をするための確実に実行可能な具体的な方法を作成するよう命じた。1944年3月15日、台湾を取り戻す準備をめぐる行政院事務局と蒋介石との往復書簡の中に、このような一節があった。「台湾を取り戻した後、我が国が統治を行うには相当繊細な準備が必要となる……日本が過去に台湾を統治した方式、及び関連法律と番民の実情を調査して、将来、わが国が台湾を管理するための各種単行条例を制定する際の参考にし、機を見て公表し、台湾人民にわが国の寛大な政策を表明して帰順の心を増加させるべきだ。[2]」1944年4月17日、国民党中央設計局は、意図的に台湾割譲49周年の日を選んで、陪都・重慶の棄子嵐埡彝園に台湾調査委員会（略称台調会）を設立して陳儀を主任委員に任命し、台湾を取り返すための各方面の準備を行った。

　台調会の台湾を取り返すための諸問題をめぐる数回の討論会議、及び資料の分析を通して国民政府は徐々に、台湾の民族状況についてかなり系統的な認識を得た。

　まず、民族構成の面で、「台湾には今、三種類の民族がいる。一つ目は番人、二つ目は日本人だが、ともに人数が非常に少ない。三つ目は台湾人であり、人数が最も多い。いわゆる台湾人とは、実は閩・広人（福建人と広東人）である。[3]」

1．黄紀男による口述、黄玲珠執筆『老舗台湾独立運動・黄紀男の血涙の回顧録』独家出版社、1991年、146頁。
2．「台湾を取り戻す準備をめぐる行政院秘書処と蒋介石の往復書簡」（1944年3月15日―1944年6月2日）、陳鳴鐘、陳興唐編『台湾光復と光復後5年の省の情勢』（上）、南京出版社、1989年、2頁。
3．「台湾調査委員会座談会記録」（1944年7月13日）、陳鳴鐘、陳興唐編『台湾光復と光復後5年の省の情勢』（上）、南京出版社、1989年、13頁。

3. 台湾光復と「二・二八」－地方自治から「台湾独立運動」の「高度な自治」まで　625

　次に、民族政策の面で、「戦後、辺境での民族政策の実施は、各地、各民族の文化レベル、政治、経済教育及び社会組織の実況に基づき、その地の状況に応じて、各地に適した具体的な方法をそれぞれ制定する必要がある。台湾での各種の施策に対しても例外はない[1]。」

　三つ目に、行政体制の面で、「我々が台湾を受け入れた後、台湾同胞に民権を与えることについての最大原則は、必ず具体的で確実でなければならず、決して現実を踏まない虚偽・空洞化の方法で台湾同胞を失望させてはならない。したがって、地方自治の推進は、必ず建国大綱の手順、及び地方自治が実行を始めた事項に基いて着実に処理し、その基盤を固め、そして県の各級組織要綱、及びその他の地方自治関係法令をすべて実行に移すべきである。政権行使（主には選挙権、罷免権、創制権、複決権）に関して、憲政実施予定の時、必ず国内の各地と同等に賦与し、同等に享受させ、台湾同胞と国内同胞は地位が均等であると見なし、もし特殊状況があれば、その事、その場所、その人などの状況に基いて、緩急・先後施行の手順を特定し、決して意図的にすべてを例外として扱ってはならない。それによって類推すれば、すべての民選による民意機関の代表は、絶対にすべてを民選によって選び、民選で選ぶべき官吏は、初期の短い期間を除き、全部台湾同胞に任せ、我が政府の試験訓練規定の合格者の中から選出する。」

　四つ目に、機関設立の面で、「その前提の上で、必ず各民族の一律平等を受け入れ、地方自治の実行、革命民権の賦与、共に豊かで楽しい生活を享受することなどを基本的な原則とする。」

　五つ目に、警察制度の面で、「我々は台湾同胞が日本警察の権威を恨みに思うことを知っており、警察権力設定の合理性に必ず注意し、その権威を無制限にしてはならないと思う。原則上、台湾を受け入れた後の

1.「台湾調査委員会座談会記録」（1944 年 7 月 21 日）、陳鳴鐘、陳興唐編、前掲書、21 頁。

警察権力は、治安維持、交通保護、悪習の取り締まり、保健・衛生など
に限定する。一般政務の推進への協力は、主管機関法令が規定する範囲
内に限り、協力任務の執行は、すべてを警察に頼るべきではない。」[1]

　その外に、台調会は特別に、「日本は台湾を奪い、台湾同胞を奴隷化
するための思想に積極的に取り組み、台湾人の反抗力を消滅して長期の
占領を企んだ」と指摘した。「台湾を取り戻した後の主な仕事は、民心
を安定して祖国へ帰還させ、親近感を増加させることである。教育は民
衆に近づくための基本的な経路であるので、すべての施設は、いずれ台
湾同胞の民族意識の発揚に協力し、精神的に祖国の同胞と完全に解け合
い、すべての体制を国内に一致させることを基本方針とする。所見を述
べると、台湾教育の再建で注意すべき原則は以下の通りである。(1)
国語の普及。我々が台湾を取り戻した後、この弊害に対して、できるだ
け台湾同胞に祖国の語文を復習する機会を与え、以前の日本語伝習所を
全部国語伝習機関に変更し、各社会教育機関も国語の推進に協力する…
… (2) 人民の教育を受ける機会を減少させてはならない。教育内容を
訂正しながら、できるだけ学校の数を維持させ、台湾同胞に学業中断の
苦しみを与えてはならない。社会教育機関は改組して回復させ、一般民
衆を知らず知らずのうちに感化させる効果を与えるべきである。」[2]しか
し事実上、陳儀は台湾を接収した後、台調会のこれらの政策提案に、真
剣に耳を傾けず、それらを採択しなかった。

　まず、光復後、国民政府が台湾に設立したのは、大陸と異なる行政長
官公署制度であった。1945 年 9 月 20 日に発表した「組織条例」の中
で、「行政長官は法令によって、台湾全省の政務を管理し」、「職権範囲

1．呉健華「台湾政治制度再建の原則を論ずる」(1945 年 8 月 9 日)、陳鳴柯鐘、
　　陳興唐編『台湾光復と光復後 5 年の省の情勢』(上)、南京出版社、1989 年、
　　78 − 82 頁。
2．薛人仰「台湾教育の再建」(1945 年 8 月 25 日)、陳鳴鐘、陳興唐編『台湾
　　光復と光復後 5 年の省の情勢』(上)、南京出版社、1989 年、93 − 95 頁。

3. 台湾光復と「二・二八」—地方自治から「台湾独立運動」の「高度な自治」まで　*627*

内で署令を発布し、台湾の単行条例及び規程を制定し」、「台湾の中央各
機関に対して指揮監督権を持っている」と規定した。各種の権力を一
つに集めたこのような規定は自然に、台湾民衆に日本占領期の「六三
法」と「六三法」によって植民地支配を行った台湾総督府を連想させた。
「台湾省行政長官公署のこのような特殊な制度を公布した後、多くの敏
感な台湾同胞は、皆これは一種の別の形をした台湾総督制であると認識
し[1]」、「台湾同胞は、省内に住む人も或いは海外に住む人も……おそらく
皆が頭を横に振りながら嘆き、怒りながら非難し、ほとんどの人は日本
統治時代の総督制の復活であると認識した。」そして「六三法」の撤廃
は、ちょうど日本占領期の台湾非暴力抵抗運動の起点となった。

　次に、陳儀は公開に、「台湾人民は日本の長期に渡る独裁政治の支配
を受けたため、政治意識が退化し、理知的な態度で自治の政治を実行す
ることが出来ないので、彼らは2、3年間の国民党の『訓政』を受けて
からこそ完全な公民になれる[2]」と表明した。これは台湾民衆の自尊心を
深く傷つけ、そして日本占領期に台湾民衆が数十年の努力を経て獲得し
た地方自治の成果を覆したので、台湾民衆はその後のかなり長い間、思
わず長官行政公署の作為を日本占領期の台湾総督府と関連させた。

　三つ目に、台湾を光復させた軍政の汚職・腐敗は深刻であり、軍隊と
警察の風紀は散漫であった。これら「集団に害を与える少数の者は、能
力が弱いか、だらしない行為を働き、或いは横領と汚職を行い、特に経
済建設と公営事業を利用して漁夫の利を得る不良現象は、台湾同胞の深
い反感を買ってしまった[3]。」

1．唐賢龍「台湾事変内幕記」、鄧孔昭編『二・二八事件資料集』稲郷出版社、
　　1991年、18頁。
2．鄧孔昭「台湾二・二八事件での民主と地方自治要求に関する一考察」、『台
　　湾研究集刊』、第2期、1987年から再引用。
3．唐賢龍「台湾事変内幕記」、鄧孔昭編『二・二八事件資料集』稲郷出版社、
　　1991年、227頁。

最後に、大量の食糧を内戦に調達したので、食糧危機と独占経営で島内の経済が衰退し、失業が増加し、物価が上がり、民衆の恨みも沸き上がった。

これらのことによって、台湾民衆は光復の喜び勇みを経験した後、迅速に失望と憤慨の境地に陥った。

台湾光復初期の数年、台湾島内の政治環境は比較的ゆったりとし、日本占領期に日本植民者によって残酷に殲滅された各派の政治勢力も次第に徐々に活躍を取り戻した。これも客観的には、「二・二八事件」の政治化のために世論の準備を提供してくれた。そして、陳儀が台湾を接収する過程での汚職・腐敗によっても、これらの政治勢力は集結され、「彼らの政治的要求と社会実践は、『民主化』、『地方自治』などの現実問題の討論に集中した。そのため、左、右翼の文化人が一部の刊行物集団、文化活動、組織団体の上で手を携えて協力するのを見ることができた。[1]」

1946年1月、王白淵は文章を書いて陳儀の「台湾同胞奴隷化説」に反対した。「現象と本質ははっきり区分すべきである。一時的な現象だけを見て、例え、台湾同胞が日本文や日本語に使い慣れ、少し日本人の性質を持ち、綺麗な国語が話せないか、或いは上手に国文が書けないと言って、台湾人が奴隷化に変質した或いは無用の長物であると言ってはならない。」「台湾には台湾の苦衷があり、台湾を最も愛するのも台湾人である。台湾人は歴史的使命を負うべきであり、自らの運命を外省人に任せるべきではないと我々は考えている。台湾人による台湾管理の原則の上で、共同で奮闘しないと人に認められない。不法の日本人はもちろん取り除くべきであり、腐敗した台湾同胞も打倒すべきであり、不肖の外省人は更に追い出すべきである。[2]」これらの発言により、台湾本島の世論は、日本占領期から尊敬されてきた知識人の共同の推進の下で、政

1．徐秀慧「光復初期の左翼言論、民主思潮と二・二八事件」、黄俊傑編『光復初期の台湾思想と文化転換』国立台湾大学出版中心、2005年、109頁。
2．王白淵「外省人諸公に告げる」、『政経報』、1946年1月25日。

3. 台湾光復と「二・二八」－地方自治から「台湾独立運動」の「高度な自治」まで　629

治の面でますます陳儀および彼を代表とする長官行政公署への反対に向けられ、しかも深くその影響を受けた青年学生が「二・二八」の中で騒乱の先鋒となった。これらの左翼言論と台湾共産党員の「二・二八」期間での参与は、陳儀の「今回の暴動は事実上、少数悪党暴徒の陰謀と反逆に属する[1]」と言った発言に口実を与えてくれた。

　ここで指摘すべきことは、陳儀の言っている「台湾同胞奴隷化説」にも一定の根拠はあったとしても、国民政府が台湾に派遣した行政首長のこのような何も隠さず、しかも多少横暴・自慢の「訓話」は、祖国を離れて 51 年になり、さらに相互に音信不通の状態になっていた台湾民衆にとっては、確かに深く尊厳を傷つけることであった。台湾抗日運動の複雑性を充分に考慮しなかった情況の中で、このような言い方は事実上、利益の訴求が異なる島内の各階層を武断でこの上なく簡単な「台湾人」の概念として片付けてしまい、後にしばしば「台湾独立運動」勢力によって操作された「省籍矛盾」に、共同認識の凝集と訴求を統合する時間的・空間的条件を提供してくれた。この点は、台湾政治の発展と「台湾独立運動」概念の散布過程で確実に実証されたことである。

　1947 年 2 月 25 日、すなわち「二・二八事件」勃発 3 日前に、廖文毅が上海の雑誌・『前衛』に文章を書いて、「中国連邦制」を主張した。同年 6 月、廖文毅は上海で「台湾再解放同盟」を設立し、「台湾を一時的に国連の信託管理の下に置き、3 年後、人民投票によって台湾の独立を決定する[2]」と主張した。7 月、廖文毅は魏徳邁を通してアメリカ政府に「台湾問題処理意見書」を手渡し、台湾の帰属は「公民投票によって決める」と提出した。これは「公民投票による台湾独立運動」の主張が現われた最初の時刻であった。「台湾には台湾自身の特殊条件があり、

1．「台湾省行政長官公署の『二・二八』暴動事件に関する報告」、陳鳴鐘、陳興唐編、前掲書、607 頁。
2．（日）向山寛夫『日本統治下の台湾民族主義運動』（下）楊鴻儒他訳、福禄寿興業株式会社、1999 年、1506 頁から再引用。

現在台湾人民の唯一の抜け道は、自決権を獲得して暫く中国から脱出することである。しかもそれは現在において最も有効な避けられない方法であるので、台湾人への援助をアメリカに希望する。……台湾の帰属問題は、対日講和会議で再検討すべきであるが、必ず台湾人の意思を尊重し、公民投票によって決定すべきである。」「もし公民投票の結果、依然として中国に帰属する時は、必ず中国政府と契約を締結し、台湾は一つの自治領であり、台湾は必ず独自の軍隊創設の権利を有しなければならず、中国軍は台湾に駐屯してはならないと憲法上で保障すべきである。」「もし公民投票の結果、台湾人が独立を求める時、国連信託統治理事会の台湾機関は、直ちに台湾から撤退し、台湾を永久の中立国とし、将来の戦禍を避けるようにする[1]。」台湾行政長官公署は、「台湾省『二・二八』暴動事件報告」の中で、「悪党は民族国家観を泯滅しようとし、国家と民族の利害は考慮もせず、いわゆる『高度な自治』を高唱するのみならず、誤謬を主張し、台湾の国際信託統治を希望した……それだけでなく、彼らは愚かな主張をした後、更には行動に移り、駐台湾アメリカ領事館に、以上の愚かな主張を世界に知らせるよう請求した。このような国家と民族の利益を裏切る行為は、世界万邦に笑われ、理性を失った狂気的な振る舞いは、実に売国奴と何の分別もない[2]」と指摘した。

　正にこのような背景の下で、密輸タバコを取り締まる過程で、人を傷つけた普通の事件が急速に政治化、道具化されてしまった。「二・二八」事件爆発の当日、一部の人はこの事件を利用して大騒ぎ、「台湾人は早く出てきて報復しよう」、「出て来ないのは番薯仔（台湾本省人−訳者注）ではない」、「中国人を打ち殺せ」などと叫びながら台湾民衆に街頭

1．王曉波「『台湾独立運動』観念の歴史考察」、王曉波『台湾意識の歴史考察』、307 − 309 頁から再引用。
2．「台湾省行政長官公署の『二・二八』暴動事件に関する報告」、陳鳴鐘、陳興唐編、前掲書、618 − 619 頁。

3. 台湾光復と「二・二八」－地方自治から「台湾独立運動」の「高度な自治」まで　*631*

に出るよう呼びかけた。台北の街頭ではすぐさま大陸人店舗を破壊・強奪・焼却し、大陸人を追い殺す暴動が現れた。「市内の商店や工場は直ちにストライキを行い、学校は授業をボイコット（これは台湾歴史上かつて起こらなかったことだ）し、どの家もドアを閉め、近郊へ行く交通路線もこの時に途絶え始め、台北市はすぐに孤立した死都になってしまった。[1]」

　3月1日、台湾島内では「台湾独立」のスローガンが現れた。3月3日、一部の台湾大学の学生はアメリカ駐台湾領事館に銃器、弾薬の貸し出しを要請し、「独立運動」を行おうとした。同日、花蓮の『東台日報』は日本語版を発売し、「新華民国」を設立すると公表し、「いわゆる独立運動者は国号を『新華』とし、10日を選んで武装蜂起する……その国旗は、日の丸の上に1つの黄色い星を加え、年号は『台湾自治邦紀元元年』にする[2]」と述べた。3月8日、「二・二八」事件は全島範囲での騒乱に変化し、台北だけでも長官公署、警備本部、台湾銀行、陸軍供給処と円山要塞などが攻撃を受けた。独立派人物である王育徳も「二・二八」事件は事実上、政治的な「大反乱」であると認めた。「台湾人と中国人の関係に決定的な作用をもたらす大事件であった。……反乱が成功すれば、高度な自治から分離・独立へ向かうのは、自然の成り行きであった。[3]」

　性質が急激に変化する事態に直面して、陳儀は迅速に大陸から軍隊を動員して台湾に入り、発砲して弾圧した。「清郷」、「自新」などでの調査活動もすぐに展開され、そして1947年末までに続き、日本占領期の

1．林清国『悲しみの台湾－蒋家治台秘話』宇宙図書株式会社、1987年、57－58頁。
2．「『二・二八事件』の状況について呉鼎昌などへの陳儀の電報報告」、陳鳴鐘、陳興南編『台湾光復と光復後5年の省の情勢』（下）、南京出版社、1989年、597頁。
3．王育徳『台湾－苦悶するその歴史』台湾青年社、1979年、161－162頁。

政治前科者までも調査の範囲に入れた。1949 年から台湾全島で「粛匪
清赤（匪賊と共産党粛清－訳者注）」運動を展開した。5 月 1 日、全島
で戸籍の総検査を実施した。5 月 20 日、台湾全島で再度戒厳令を実施
し、「台湾全土は風声鶴唳、草木皆兵の情況下で、徹底的な高圧の戒厳
令統治時代に入った。」[1]

　ここから分かるように、「二・二八事件」は原因が複雑で、歪みに
発展した政治事件であり、正にその複雑で多義的な特性により、「二・
二八」は戦後台湾の政治生態に深く影響する 1 つの重要な転換点となっ
た。「二・二八が近づくたびに、一部の人は転型正義[2]の名義で、政治動
員の意味が濃厚な大型イベントを開催し、それを借りて特定の政党や特
定の政治人物のために勢いをつけてくれた。もしこの時間がちょうど選
挙の日に近づくと補欠選挙の色合いが濃くなった。したがって、ここ数
年の二・二八記念日は、定例行事と名誉回復のほかに、時には『手を繋
いで台湾を保護する』という意識と結びつけたり、時には『中国に向け
てノーと言う』こともあった。」[3]

　日本占領期の「台湾人」の概念には、そもそもはっきりした定位はな
く、老舗・独立派の黄昭堂さえも、「台湾人の意識は『民族』の下位意
識であり、それは日本民族の中の台湾人という次元にずっと留まってい
る可能性があり、中華民族の中の台湾人になれる可能性も持っていた。」[4]
独立派の人々は「二・二八事件」を通して、元々は一組の「『民族』の
下位意識」であった「大陸人／台湾人」を意図的に浮き彫りにして、現

1．宋光宇『台湾史』人民出版社、2007 年、167 頁。
2．「転型正義」とは、民主政体の下で、過去の権力政府の不正義行為に対する
　調査、矯正と賠償を主張することを意味する。(訳者注)
3．江宜樺「台湾の転型正義及びその省思」、思想編集委員会編『転型正義と記
　憶政治』聯経出版事業株式会社、2007 年、80 － 81 頁。
4．黄昭堂「台湾の民族と国家」、何義麟『国境を越えて－近代台湾の脱植民地
　化とその歴程』稲郷出版社、2006 年、229 頁から再引用。

3. 台湾光復と「二・二八」－地方自治から「台湾独立運動」の「高度な自治」まで *633*

れ始めた「大陸人／台湾人」を人為的に、「官方／民間」、「独裁／民主」、「制御／抵抗」といった相互に激しく対峙し、解消し難い矛盾状態として解釈した。「暴力衝突がいったん展開されると、省籍差別が衝突の原罪となり、本来は存在しない省籍憎悪の区分が、政府を代表する多くが外省の党と政府の関係者であり、人民の多くが台湾籍の住民であったので、省籍の対立をもたらし[1]」、このような対立の背後には、「正当性」を主張する政治論争が隠れていた。「二・二八事件」の解読を利用して、独立派の人々は「大陸人／台湾人」を「中国人／台湾人」の次元に上昇させ、民族の観念ですべてを説明し、台湾民衆の中に「民族／民族」という「隔離壁」を築き上げた。「二・二八事件」、「これは台湾の運命を左右する主な境界線であった。『二・二八』以降、台湾人は中国に対して失望し、自分の将来は自分で決めると考えた。彼らにとって中国は外国であり、それに野蛮で立ち後れた国、封建的で腐敗した国として認識されていた。その後の台湾独立運動はこのような認識のきっかけとなり、それはますます強化され、深刻になっていたと言えるだろう[2]。」「二・二八事件」の「全過程で、台湾人は中国人の狡賢さ、卑劣さと残忍さを十分に体験した。そして中国人に対する強い憎悪と敵愾心により、彼らは心のうちで『台湾独立』という不動の誓いを立てた。」

最後に、このような論理的推論により、台湾人＝「台湾民族」、台湾光復＝「中国植民地台湾」、台湾を愛する＝「蒋化の除去」＝「中国化の除去」＝「台湾独立」となり、これに逆らうと「台湾壊し」、「台湾裏きり」とされ、「『二・二八』は徐々に台湾独立運動の神主牌（儒教式位牌）、台湾独立運動の魂となり[3]」、「二・二八」に対する態度が自然に、

---

1. 鄭紀恩「二・二八を記念する、二・二八が永遠に再発生しないように」、蘇南州編『キリスト教と二・二八』雅歌出版社、1993 年、43 頁。
2. 「彭明敏の口述記録」、台湾省文献委員会二・二八事件文献集録特別査問グループ『二・二八事件文献補録』台湾省文献委員会、1994 年、162 － 163 頁。
3. 陳佳宏『台湾独立運動史』玉山社出版事業株式会社、2006 年、84 頁。

政治団体や政治人物の「正当性」を判定する標準となり、「反共」、「反蒋」ないし「逢中必反（中国に関係する物事は何でも反対する—訳者注）」の政治道具と選挙戦略となった。正にこのような歴史の解読により、独立派の学者・陳芳明さえも、「『二・二八事件』にしても、あるいは白色テロ、もしくは他の政治事件にしても、いずれも台湾の暗い歴史を構成する一部であった。すべての被害者の事件は、台湾人民の共同記憶である。このような共通の記憶を意図的に特定集団の被害に転化するのは、我々が歴史の教訓を銘記していないことを説明している[1]」と認めるしかなかった。

4．「台湾民族」と中華民族—民族的アイデンティティの島内外での対峙

「二・二八事件」以降、警備総司令部参謀長・柯遠芬が率先して1947年3月29日、『台湾新生報』に「台湾の再教育」と題された文章を発表し、台湾の「祖国化教育」の強化を主張した。3月30日、長官行政公署は「『二・二八』暴動事件に関する報告」の中で、「日本の奴隷化教育の害毒」を事件の原因の一つとして挙げた。

「日本統治時代に奴隷化教育を施行し、我が国に対する蔑視、破壊の宣伝を行ったので、台湾同胞の若い者（中等学校、及び小学校の教員が多い）は、祖国の歴史、地理、及び一般事情について茫然として何も知らず、長期的に日本人の先入観にとらわれる悪意の宣伝によって、非常に深く中毒され、彼らの多くは先入観を抱き、中国のすべての文物制度、人材学術はいずれ取るに足りないと認識し、普段使うのはすべて日本語（普通の若者は日本語の方が台湾語より上手）で、日常生活も皆日本の方式を模倣し、一途、永遠に日本臣民になれることを望んだ。その影響により、普通の若者は祖国の文化と中華民族の伝統精神の偉大さを殆

1．陳芳明「転型正義と台湾歴史」、思想編集委員会編、前掲書、92頁。

4.「台湾民族」と中華民族－民族的アイデンティティの島内外での対峙 *635*

ど知らず、更にはこの世代の潮流も知らなかった。光復後、政府の施政と日本の時代は全く異なり、彼らは祖国の法令制度については何も知らず、何でも『日本が一番』という頑固な狭い観念を持っていた。錯覚や正しくない批評もあり、生活や仕事に対してもあまり慣れないこともあり、様々な嫌悪も生じたので、悪党は彼らの単純さを利用して、隙を見て浸透し、勢いを助長させ、風潮を鼓動した。台湾を中国から分離して、国際的な紛争を引き起こそうと企んだ。」[(1)]

　4月4日、陳儀は長官行政公署政務会議で、「私個人は、今回の事変の主な要因が、日本思想の反動にあると思う。台湾陥落から半世紀、台湾同胞の思想は深く日本の奴隷化教育の害毒を受け、35歳以下の若者はほとんど中国と中国人を知らない。中国のすべての文物制度を誇り、すべてが日本には及ばないと認識し、自分の始祖が本来中国人であり、自分は現在中国人になっていることを忘れている。このような思想、このような観念は、この事変の中で一々暴露された。したがって、今後、我々にとって最も大切な仕事は、彼らのこのような誤った思想を全力で変えることである。」[(2)] 4月16日、国民政府監察使の楊亮功と何漢文は、「台湾の『二・二八』事件に関する調査報告及び善後方法建議案」の中で、「台湾人民の祖国観念への誤り」と「日本人の害毒」を十大重大な原因の中の前2項にした。

　「台湾が日本人に陥落されて50余年、50歳以上の台湾省同胞には国家観念が濃厚な者が多いが、中年以下の同胞はこの50年の間、すべての文化教育において日本人の奴隷化の麻酔を受けた。多数の台湾人は、祖国の政治経済の状況を理解することができなくなるのみならず、世界情勢と中国の歴史、地理、文化などの状況についても、日本人の曲解した宣伝の影響を受けてきた……目前の現象を日本統治下の状況と一々比

1.「台湾省行政長官公署の『二・二八』暴動事件に関する報告」、陳鳴鐘、陳興唐編『台湾光復と光復後5年の省の情勢』南京出版社、1989年、601頁。
2.『大渓ファイル－台湾二・二八事件』中央研究院近代史研究所、1992年、171頁。

べ、熱烈な希望から徐々に疑い、徐々に失望し、ついには中国人を軽視し、日本人に及ばないと思い、そして離心現象にまで至った。」「日本人が台湾を50年間統治した結果、台湾同胞の生活上、観念上、及び客観的な情勢上において既に深い害悪が植え付けられた。(1) 日本人の皇民化運動の薫陶を受け、日本人に対して崇拝、服従し、日本が一番であるという頑固で視野が狭い観念を持っていた。(2) 日本人は計画的に台湾人の政治人材の不足をもたらした。(3) 多くの民衆は植民地の政治・経済の絶対的な統治生活に慣れ、政治・経済視点の蔑視を養成し、日本人の僅かな恵みを懐かしんだ。(4) 日本人の御用紳士、ならず者は各階層の中で難攻不落の悪勢力を形成した。(5) 日本人は教育を強迫して、言語と文字を用いて全台湾人民を完全に日本化しただけでなく、生活習慣、精神意識にも既に深い影響を与えた。(6) 日本の降伏後、台湾に残った日本人、及び台湾籍を装った日本人も多く、絶えず暗中で台湾人を扇動し挑発させた。このように日本人の様々な害悪が残っている限り、その悪影響は想像に難くない。[1]」

　陳儀及び長官公署はこのような判断に基づいて、「二・二八事件」収束後、直ちに「二・二八事件」によって中断された「祖国化」運動の継続的な推進に着手した。「二・二八」以前に長官公署の教育処長であった范寿康は、「本省の教育の実施は、三つの文字、即ち『祖国化』で包括することができる。祖国化とは、すべてが祖国と同じであることだ。中国内地のことなら、本省でもそれを遵奉すべきである」と述べた。台湾省国語推進委員会の他に、長官公署だけでも宣伝委員会、台湾省党部文化運動委員会、台湾文芸社、台湾文化協進会と台湾省新文化運動委員会など5つの組織を結成した。このようなやり方は、台湾に来て職に就く学者達の積極的な呼応も得た。

1.「楊亮功、何漢文の台湾『二・二八』事件に関する調査報告及び善後方法建議案」、陳鳴鐘、陳興唐編、前掲書、637－638頁。

4.「台湾民族」と中華民族－民族的アイデンティティの島内外での対峙　　637

　「台湾省編訳館」の館長を務めた許寿裳はこの運動を「新五四運動」にまで喩えた。「台湾同胞は不幸にも日本侵略主義の支配を受け、長い間、悪習に染められ、深く毒化されたので、努力して自ら抜け出さないと徹底的に自らを救うことが出来なくなる。この毒素の粛清が総目標の在り方である[1]。」

　かつて台湾を遊歴したことのある有名な学者・銭歌川も、「私が接した台湾人は、大学教授から小商人・小役人に至るまで、話してみると皆が日本は良く、中国は悪いと言った。……統治者の日本人がこんなにも人の心を得るとは、私の予想外であった。教育の力は本当に大きい！……光復後の台湾で、受け取るべきものは敵の遺産ではなく、人の心であり、陥落されて50年になる台湾同胞を帰服させるには、教育が必要である。教育を通して、台湾同胞に祖国を再認識させ、日本人が彼らの心に植えつけた余毒を根絶すべきである[2]」と感慨深く言った。

　しかし、全島戒厳の環境下で、陳儀が提唱したこの運動は、島内民衆の深い理解を得られなかっただけでなく、島内文化界の論戦を引き起こしてしまった。彭明敏は長官公署が制御する『台湾新生報』に文章を書いて、「教育要素の決定性は経済社会環境の重要性に遥かに及ばない。……過去の日本統治の歴史は、確かに台湾社会を理解するための重要なポイントではあるが、『万能薬』ではない。もし『日本の影響』などの言い方を盲目的に乱用すれば、その結果は、泣くに泣けず笑うに笑えないことになるだろう[3]。」一部の独立派学者は後の歴史解読で、陳儀のやり方を「新皇民化運動」、「外来政権の内部植民」、「再植民」であると侮辱した。「蒋家政権は台湾に来て、台湾人民が習慣的に使用している日

1．許寿裳「台湾は1つの新たな五・四運動を必要とする」、『台湾新生報』、1947年5月4日。
2．味橄（銭歌川）「台湾旅雑記」、香港『新希望週刊』、1949年5月14日。
3．彭敏（彭明敏）「台湾新文学の建設・台湾社会の再認識」、『台湾新生報』、1948年4月10日。

本語を禁止し、我々に中国語の使用を強要した。蒋家政権は外来統治なので、高圧的な手段を使うのだ。」[1]

　1948年2月28日に、黄紀男と廖文毅、廖文奎、蘇新などは香港で「台湾再解放同盟」を結成し、廖文毅が主席に就任し、黄紀男が具体的な業務を統括して事務総長を担当した。この連盟の宗旨は、「台湾独立の取得」[2]であった。4月、黄紀男は廖文毅の命令で東京を訪問して日本首相・芦田均、連合軍総司令官・マッカーサーと数人の日本の国会議員に会った。9月1日、台湾再解放同盟は国連に台湾の信託統治を呼びかけた。この呼びかけは、「台湾は一つの混合民族であり、隣国と政治的関係がない」という妄言を吐き、国民党政権が光復後に台湾で行った「悪政と台湾人陵虐の真実」の調査を国連に求め、国連とアメリカに台湾を救援して「独立を達成させる」[3]よう求めた。これらの「台湾独立運動」の謬論は、廖文奎によって『福爾摩沙発声』(Formosa Speak)というタイトルで香港で出版された。1949年12月、廖文毅は日本で「台湾独立運動」の活動を行った。1950年2月28日、廖文毅は京都で「二・二八事件3周年記念日大会」を開き、「台湾独立運動」に関する演説を発表した。5月17日、廖文毅は公民投票を通して台湾の未来を決めると再び呼びかけた。同時に米軍の台湾管理を主張し、東京で「台湾民主独立党」を創設し、党員数が1,400人であると対外に宣告し、「反蒋・反共を通して、台湾を完全に独立した福祉国家として作り上げ

1．王育徳「台湾共和国の文化政策」、『台湾独立の歴史波動』前衛出版社、2002年、164頁。

2．黄紀男による口述、黄玲珠執筆『老舗台湾独立運動・黄紀男の血涙の回顧録』独家出版社、1991年、185 － 190頁。

3．張炎憲「戦後初期において台湾独立運動の主張が始まった理由を探究する―廖家兄弟を例として」、二・二八民間研究グループ、台美文化交流基金会、現代学術研究基金会編『二・二八シンポジウム論文集』自立夕刊、1991年、298頁。

4.「台湾民族」と中華民族－民族的アイデンティティの島内外での対峙　　639

る[1]」と主張した。同年 6 月、廖文毅はこの党の主席の身分でバンドン会議に出席した。8 月、廖文毅は「貴賓」の身分でマレーシア建国式典に出席し、これは「台湾独立運動」の「国際化」の第一歩となった。1955 年 9月 1 日、「台湾民主独立党」は「台湾臨時国民議会」を組織し、呉鎮南が議長に当選され、廖文毅が名誉議長に推薦された。11 月 27 日、「台湾臨時国民議会」は、「台湾共和国臨時政府組織条例」を採択した。

　1956 年 1 月 15 日、「台湾臨時国民議会」は、「台湾共和国臨時国民会議」に変更された。2 月 28 日、いわゆる「台湾共和国臨時政府」が東京で設立され、廖文毅がいわゆる「大統領」に就任し、そして「台湾共和国臨時政府」を代表して極端に間違っている「独立宣言」を提出した。

　8 月 1 日、「台湾共和国臨時政府」は、いわゆる「台湾共和国臨時憲法」を発表し、「国連憲章の精神に基いて、世界平和が台湾民族の自由と繁栄のために役立つことを望み、民族自決の原則に基いて台湾共和国臨時政府を設立し」、「将来、世界連邦の構成を実現しない限り、台湾共和国は如何なる国との統合も、如何なる方式での分割も許さない」とし、その「国旗」を「青地に白い日月の平和旗[2]」にすると主張した。これは日本国旗の図案に非常に似ていた。1956 年 6 月、廖文毅は日本語で、『台湾民本主義』と題された本を出版した。「台湾共和国」の台湾独立運動指導者が密かに麻薬販売などの不法商売に従事したので、「彼らは気違いとして罵られ、詐欺師として軽蔑され、勢いは根本的に大きくなれなかった。」1957 年前後、「臨時政府の『悪評』は、既に在日台湾人社会に広く行き渡った[3]。」1965 年、廖文毅は「台湾独立運動を放棄する」と公言し、台湾へ戻って投降した。

1．向山寛夫『日本統治下の台湾民族主義運動』（下）、楊鴻儒他訳、福祿寿興業株式会社、1999 年、1508 頁。
2．張炎憲、曾秋美、陳朝海編『自覚と承認－ 1050 年－ 1990 年海外台湾人運動専集』財団法人呉三連台湾史料基金会、台湾史料中心、2005 年、203 頁。
3．黄昭堂「日本の台湾独立運動」、『自覚と承認－ 1050 年－ 1990 年海外台湾人運動専集』財団法人呉三連台湾史料基金会、台湾史料中心、2005 年、52 頁。

640 　第12章 「台湾独立運動」の理論と民族分裂

「台湾共和国」の一部「部会首長級」の「台湾独立運動」中心人物も相次いで「廖文毅模式」に沿って、台湾へ戻って降参し、かつて「台湾臨時国民議会」の議長を担当していた呉鎮南も1965年10月に台湾へ戻って降伏した。王育德の言い方によれば、廖文毅などの投降は、「『臨時政府』が留学生や台湾商人に唾棄され、挫折の苦しみを味わい、（台湾）スパイがこれをチャンスに手段を尽くしていた活動が成功したからであった。[1]」

　日本では、王育德が1959年4月から日本の東京に新しい「台湾独立運動」組織を作り上げ、廖文毅の「台湾共和国」を代替しようとした。1960年2月28日、王育德主催の「台湾青年社」が東京で成立した。1962年8月、かつて台湾島内で「台湾独立革命武装隊」を結成して爆破、刺殺などのテロ活動を行った史明が東京で、『台湾四百年史』を日本語で出版した。1963年5月、王育德は「台湾青年社」を「台湾青年会」に再編し、黄昭堂が委員長に就任した。1963年、王育德は『台湾青年』に、3期に分けて長文『台湾民族論』を発表した。1964年、王育德は日本語で『台湾－苦悶するその歴史』を出版した。1965年9月、「台湾青年社」を「台湾青年独立連盟」に再編し、舞台裏の金主・辜寛敏が自ら委員長に就任した。1967年4月、史明は東京で「台湾独立連合会」を創設し、同年6月に、また「独立台湾会」を創設し、「台湾独立運動」の主戦場を台湾島内に移そうとした。

　「台湾共和国」の影響を受け、アメリカの台湾留学生たちが1956年1月にフィラデルフィアで、「台湾人の自由台湾」グループ（Free Formosan's Formoasa、略称3F）を創設した。この組織は「我々は共産主義も要らないが、国民党の暴政も許さない。我々が求めているのは自由で独立した台湾だ[2]」と明確に表明した。1957年末、この組織は「台湾独立連盟」（United

---

1．王育德『台湾－苦悶するその歴史』台湾青年社、1979年、186－215頁。
2．李天福「3Fの1通の公開手紙－台湾人の自由台湾」、『自覚と承認－1050年－1990年海外台湾人運動専集』財団法人呉三連台湾史料基金会、台湾史料中心、2005年、86頁。

4.「台湾民族」と中華民族－民族的アイデンティティの島内外での対峙　*641*

Formosans for Independence、略称 UFI）に再編され、「我々台湾人は、必ず決定的な時期を把握する準備をしなければならず、そして自決権利を主張するだけでなく、それを獲得して我々の運命の主宰者となるべきだ」と主張した。1958 年、この組織の主席・盧主義は「李天福」というペンネームでアメリカの『外交季刊』第 4 期に、『中国の死巷：台湾人の観点』を発表した。1966 年、UFI は全米の他の 9 つの「台湾独立運動」組織と共同で、「全米台湾独立連盟」（以下、UFAI）を結成した。1969 年、この組織はアメリカ、日本、カナダとヨーロッパの「台湾独立運動」組織を世界的な「台湾独立連盟」（以下、WUFI）として統合し、「台湾独立運動」活動の根拠地はアメリカに根付き始めた。

　廖文奎の『福爾摩沙発声』（1950 年）から廖文毅の『台湾民本主義』（1956 年）、李天福の『中国の死巷：台湾人の観点』（1958 年）を経て、史明の『台湾四百年史』（1962 年）と王育德の『台湾民族論』（1963 年）を代表とする「台湾独立運動」の「台湾民族論」は大体完成され、その後の各種の「台湾民族論」は、せいぜいこの理論の架構の中で局所的な修正を行うだけであった。

　「台湾独立運動」人士の「台湾民族論」は、まず、環境決定論とそれに基づく「文化決定主義」の民族観から生まれたものであった。次に、このような「環境・文化決定論」の台湾での応用について廖文奎は、「台湾人」は特殊的な地理、歴史環境の中で、絶えず自然的、そして人為的な生存障害を克服する過程で進化してきた民族であり、このいわゆる「生存障害」には、荒野の開拓が含まれ、外来の侵略に対する抵抗も含まれていると誤認していた。第三に、廖文奎はでたらめな考え方によって、台湾人の民族間の結婚を「台湾民族」を鋳造する特質として見なした。「事実上、既に漢化された者を含め、非漢族の原住民が台湾人口の 10 分の 1 近くを占め、勿論、漢人の血統が多数を占めているが、しかし昔からオランダ人、スペイン人と満州人の要素を吸収し続け、最近には日本移民との結婚を通して日本血統を吸収したのも紛れもない事

実である。したがって、種族心理、或いは生理的特徴から言っても台湾
地元人と中国人の間の差異は、アメリカ人とイギリス人の間、及びブラ
ジル人とポルトガル人の間の差異より大きくないとしても、少なくとも
ほぼ同じであるだろう[1]。」

　廖文奎が構築したこれらの根拠のある「台湾民族論」は、明らかに廖
文毅、史明と王育徳などの「台湾独立運動」理論に影響を与えただけ
でなく、その後の独立派人士の「文化台湾独立運動論」、「開拓台湾論」、
「海洋国家論」、「南島民族論」、「台湾共同体論」、「血統祖先論」、「血液
民族論」などの様々な「台湾独立運動」理論を生み出させた。しかし、
これらの「台湾独立運動」理論に目を通してみればすぐ分かるように、
そのすべては廖文奎の『福爾摩沙発声』が掲示している「台湾民族論」
という「台湾独立運動」の「母体」から派生・繁殖したものであった。

　廖文毅は廖文奎の「台湾民族論」思想を継続し、『台湾民本主義』の
中で、出任せに中国人と異なる「台湾人」の「血統価値」について力説
した。「台湾民族と中国民族の区別は血統にある[2]。」「我々（台湾人）は
先天的にインドネシア、ポルトガル、スペイン、オランダ、福建、広東、
及び日本人の血統を受け継ぎ、すなわち、原住民、漢、大和、ラテン、
チュートンなどの諸民族の血統を融合した[3]。」これに対して黄昭堂は、
「台湾民族は第二次世界大戦の終戦前から台湾に住んでいた人、及びそ
の子孫で構成されている。これには福佬人（閩南人－訳者注）、客家人、
及び高山族が含まれている。この三族は全部台湾先住民であり、全部台
湾人である。しかし、日本人は植民本国人であり、外国人である。陳儀
について台湾に来た占領軍と中国民間人も全部外国人である。現在の台

1．呉睿人『祖国の弁証法－廖文奎（1905－1952）台湾民族主義思想初探』、
　　92－93頁。
2．王育徳『台湾－苦悶するその歴史』台湾青年社、1979年、231頁から再引用。
3．廖文毅「台湾民本主義」、『台湾民族論』、『台湾独立の歴史波動』、103頁か
　　ら再引用。

4.「台湾民族」と中華民族－民族的アイデンティティの島内外での対峙　　*643*

湾人は『東方と西洋の諸人種が台湾の原住民と融合した混合民族であ
る[1]』」と解読した。「もう一歩進むとアウシュヴィッツだ」、廖文毅のこ
のようなナチス式の「民族血統論」は、初めから広範な質疑と反駁を受
け、王育徳のような強硬派の「台湾独立運動同志」さえも納得していな
かった。「ずっと前から彼の『台湾民族論』に疑惑を感じた」、「このよ
うないわゆる台湾混血論は、現在も強い『漢民族』意識を持っている台
湾人に受け入れられないだけでなく、反って独立運動に対する反発を引
き起こした。直言すると、台湾人が多重混血であるという言い方を証明
できる資料は殆どない[2]。」

　『中国の死巷：台湾人の観点』で、李天福は廖文奎の地理環境決定
論を継承して、とてつもない「台湾民族論」のためにお先棒を担いだ。
「台湾人は共通の歴史経験を持ち、同じ地理環境の影響を受け、一種の
生活模式と一連の価値及び理念を共有し、彼らの郷土について共同の愛
着を持ち、彼らは既に自分は中国とは異なる独特の民族集団であると認
識している。このような民族意識は『種族』アイデンティティと異なり、
それは一種の精神的帰属であり、生理的特徴の伝承ではない」、「した
がって、台湾人には中国から分離して自ら一つの民族となり、自分の国
家を設立すると主張する権利がある。台湾人には強烈かつ嘘偽のない独
立欲望があり、この欲望は一つの活路を提供し、我々を中国の死巷から
救い出した」、「台湾人にとって、中国は根本的に一つの外国である[3]。」

　廖文毅とは異なり、史明はナチスによって既に悪名高くなった「種族
血統論」を踏襲して、「台湾民族論」で賭けをしたくなかったので、「風
土」という概念を用いて、廖文奎のいわゆる「淑生の道」と廖文毅が強

1．張鳳山『「台湾独立運動」の歴史的変遷』九州出版社、2008 年、31 頁から
　再引用。
2．王育徳『台湾独立の歴史波動』、103 頁。
3．李天福『中国の死巷－台湾人の観点』、『自覚と承認－1050 年－1990 年海
　外台湾人運動専集』、94 － 96 頁。

調する「血統論」を代替し、更には自分の民族観を確立した。「歴史から離れた風土もなければ、風土から離れた歴史もない」、「元々、風土とは歴史的風土であり、したがって風土の類型も歴史的類型である。[1]」和辻哲郎が 1935 年に出版した『風土』では、地理環境の意義での「風土」と歴史文化的「風土」を一つに整合し、更には「国民性」或いは「民族性」を判定する標尺にしたので、これはちょうど史明に根拠を提供してくれた。史明からみれば、「台湾は中国本土と離れた地理、社会環境の下で、400 年にわたる独自の移民、開拓と近代資本主義の歴史的発展を経験し、社会的、心理的に中国、中国人とは異なる『台湾社会と台湾人』を形成した。」「日本占領の時代になると、台湾社会と台湾人はこれらの中国と同じ血縁関係、文化関係を超越（克服、揚棄）し、そして中国と異なる範疇の社会基礎の上で、単独で唯一の台湾民族（nation）として発展したのも明らかである。つまり、実際に存在する台湾、台湾人と現実の中国、中国人は同族であるが、しかし、両者は既に社会上、意識上で異なる範疇に属する二つの民族集団となっている。したがって、台湾民族解放運動でのいわゆる『民族』は、必然的に実際に存在する台湾社会と台湾人であると言えるだろう。[2]」ここで指摘すべきことは、和辻の風土思想は彼のドイツ留学時代の読書と思考に由来し、和辻によって転写された「民族の風土決定」の観点は、実は西方で始まり、種族主義観念が浸透している地理環境決定論であった。[3]

　かつてマルクス・レーニン主義の訓練を受けたことのある史明は、マルクス・レーニン主義の民族理論から「台湾民族」の構築に適した理論を切り取ってきた。

1．（日）和辻哲郎『風土』陳力衛訳、商務印書館、2006 年、9、17 頁。
2．史明『台湾人四百年史』（漢文版）、米国蓬島文化会社、1980 年、1059、688 − 689 頁。
3．陳建樾「人種と植民−西方民族政治観念の思想史考察」、『民族研究』、第 1 期、2008 年。

4.「台湾民族」と中華民族－民族的アイデンティティの島内外での対峙　*645*

「『民族』（falk、nation）は、必ず一定の客観的な要素を機に、主観的要素（共通意識＝民族意識）の発生を引き起こし、歴史過程の中で徐々に成立した一種の社会共同体である。この三つの要素の中で、民族の形成に最も決定的なのは、主観的要素の共通意識（民族意識）である。一つの社会集団の内部で、ある種の共通意識の発生により、個々のメンバーが自分の集団と他の集団との区別を感じ、その共通の利益と共通の前途に関心を持ち、同時にこの意識が実際に、この社会の発展を推し進める役割を果たす時、この集団は『民族』として生存し発展することができる。しかし、自分の社会を意識するよう民族内部を促すきっかけは、客観的要素としての血縁、地縁、文化、言語、経済生活、政治運命などの共通性である。これらの客観的要素が、民族意識の発生の促進で果たした役割は、過去の人類史上では、前期と後期の二つの段階に分けられていた。前期の段階は、人類の創世後から近代社会が始まる以前（17世紀以前）までで、この前期段階では、自然的な要素（血縁、地縁）を共通意識の発生の主な契機とするが、その以降の後期段階では、客観的要素の中の社会的要素（文化、言語、経済生活、政治運命）が次第に自然的要素に取って代わって、主観意識（共通意識）を発生させる主な契機となった。このように、社会の近代化が始まってから人類社会が発展し続けた結果、第一次世界大戦の前夜（1913年）、マルクス主義民族問題の大家・スターリンが発表した民族理論は、最も普遍的かつ最も現実世界に適した民族概念となった。『民族は言語、地縁、経済生活、及び文化などの共通性によって生まれた共通心理を基礎に、歴史過程で形成された1つの堅固な社会共同体である。』更には、第二次世界大戦後、社会要素の中の経済生活と政治運命の共通性が浮かび上がり、民族的概念の上に、特別にその重要性を増加させた。[1]」

上の文で引用したスターリンの民族定義の語順からみれば、史明は確

1．史明『台湾人四百年史』（漢文版）、580－581頁。

かにスターリンが1913年に発表した「マルクス主義と民族問題」を読んでいた。スターリンはその文の中で、民族の定義を明確に下ろした。「民族とは、人々が歴史上で形成した共通の言語、共通の地域、共通の経済生活、及び共通の文化で表現される共通の心理的素質を持つ安定した共同体である。[1]」

　この二つを対照してみれば明らかに分かるように、「社会主義台湾独立運動思想家」と呼ばれる史明は、引用の中に、「台湾民族」を構築するために用いる私物をこっそり持ち込んだ。

　まず、スターリンにとっての民族には、「共通の言語」、「共通の地域」「共通の経済生活、経済上の連係」と「共通の文化で表現される共通の心理的素質」、この四つの「民族のすべての特徴」が含まれていた。しかし、史明は引用の中で、「言語、地域、経済生活、及び文化などの共通性によって産出される共通の心理を基礎とする」社会共同体としてすり替えた。このような引用は、民族の四つの特徴を「共通の心理」の下に隠匿して、民族を「……の共通心理を基礎とする共同体」に変えた。これは史明が民族の四つの特徴ではなく、「共通心理」を唯一の特徴として民族を定義していることを意味する。かつてスターリンは、「事実上、唯一の民族特徴などはなく、様々な特徴の総和のみが存在する。……民族はこのすべての特徴の結合によって形成される」と明確に指摘した。

　第二に、スターリンの民族に対する第四の特徴は「共通の心理的素質」であって、史明がすり替えた「共通心理」ではない。スターリンが論述の中ではっきり指摘しているように、「共通の心理的素質」の目標は、「民族の面影に自分の烙印を打つ」「民族性格」であって、史明の言う「共通心理」ではない。

1．中国社会科学院民族研究所編『スターリンの民族問題論』民族出版社、1990年、26－33頁。

4.「台湾民族」と中華民族－民族的アイデンティティの島内外での対峙　*647*

　第三に、パウエルの「民族は運命の共同体にほかならない」という観点に対して、スターリンとレーニンは相次いで、「共通の運命」は民族定義の要件を構成するわけがなく、「民族は文化共同体でもなく、運命の共同体でもない[1]」と指摘した。しかし、史明の所で「共通の運命」と「共通の心理」は、ちょうど史明が「台湾民族」を構築しようとする時に必要とするものであった。「植民地に圧迫される共通の運命の下で共存し、そして、最初から相互結合の要素が存在していたので、四百年の歴史変遷を経て、現在は意識上、社会的存在の上での『原住民系台湾人』と『漢人系台湾人』になり、共同で今日の台湾社会と台湾人（台湾民族）を構成した[2]。」

　第四に、史明の手直しを経て、スターリンの民族の定義は彼に利用され、「台湾民族論」のための礎を構築した。「『中国民族』＝支配民族＝圧迫階級」、「『台湾民族』＝被支配民族＝圧迫される階級」のように、「中国民族」と「台湾民族」という対立的な位置づけにより、「台湾民族」が抵抗と自決から独立に至るのは当然のことであると主張した。

　史明同様、王育徳も和辻哲郎とマルクス・レーニン主義民族理論の影響を深く受けたが、王育徳は「風土」の概念を鵜呑みにするように踏襲するのではなく、「民族言語」の特徴から着手して自分のいわゆる「台湾独立運動理論の構築」を展開した。「和辻哲郎は、民族は本質から言えば言語共同体であると認識した。」「言語の面から台湾人と中国人の統一性を証明しようとすることは最も愚かなことだ。また、言語によって台湾人と中国人は日常生活の中で激しい衝突の火花を散らした。」「ここで注意すべきことは、マルクス主義式の民族定義の中で、第1項として挙げられたのが言語の共通性である。」「民族の定義はまだ統一されて

---

1. レーニン「民族問題に関する報告大綱」、『レーニン全集』24巻、人民出版社、1990年、292－293頁。
2. 史明『台湾人四百年史』（漢文版）、前掲書、90頁。

いないが、比較的公正で広く援用されるのがマルクスの定義である。つまり、『民族は、四つの基本特徴の共通性を基礎に、即ち、言語の共通性、地域の共通性、経済生活の共通性、及び民族文化に固有の特質の共通性、そしてその心理状態を表現する共通性、それを基礎として生まれた歴史的構築である。それは人類の堅固な共同体である。』[1]」

スターリンの民族定義に対する王育徳の修正も史明とほぼ同じ意図を持ち、それはつまり、「心理状態の共通性」を民族の唯一の決定的特徴とすることであった。王育徳と史明のこのような同じ関心を持つ修正、その意図は明らかに、客観的に存在する民族を主観的な「歴史的構築」に変えることであった。史明と王育徳など「台湾独立運動者」が期せずして、スターリンの民族定義に手を入れたのは、マルクス・レーニン主義の民族理論が蒋介石政権と対抗できる思想的武器であると認識され、スターリンが民族の定義で要約した4つの特徴は、彼らが「台湾民族」理論を構築する時に克服できない致命的な障害であったからだ。

史明が既にスターリンの民族定義に対する添削を通して「台湾民族」理論の構築を完成したので、王育徳は狗尾続貂的なことをせずに、volkとnationの使い分けと応用の観点から出発して、民族発展の過程を中心に彼の「台湾民族論」を建てた。彼はまず、「台湾人は今や中国人と全く異なる民族に発展した」と断定し、続けて「『漢民族』は民族ではない」という論を用いて文章の書き出しとし、volkとnationという概念の導入、分析と応用を通して、彼の「台湾nation」の構築を完成させた。

民族発展史と民族理論の研究で、ドイツ語のvolkとnationを通常は漢語の「民族」と対訳するが、両者の指向には一を以って万を察す違いがあった。ドイツ思想家・マイネッケの研究によれば、「nationはvolkよりもっと重要な意義を持ち、後者はより多くは少数民族、教民と下等

1．王育徳、前掲書、82－110頁。

4. 「台湾民族」と中華民族－民族的アイデンティティの島内外での対峙 649

民衆、兵士などを表している。同じ区別は、隣国のフランス、イギリス、イタリアでも反映されている。そこでは、nation、nazione が peuple、people、popo － lo よりもっと一種の誇りを喚起させる。人々は nation を通して内包の広さ、深さと個性的な存在を言い表わし、多くは volk で一種の消極的で、生活で苦労する従順な労働民衆を表わしている。」[1]

　ホッブスバウムも著書『民族と民族主義』の中で、「民族」という言葉は、フランス語、イタリア語、スペイン語、ポルトガルとルーマニア語を含むロマンス語の中でのみ発生した時と同じ意味であり、「他の語族では、全部外来語である……ゲルマン語派にとって、『volk』という言葉は今日も『民族』(nation) と関連する意味を連想させるが、それらの間の関係はイコールよりもっと複雑である」[2]と指摘した。

　黄現璠の考証によれば、ローマ帝国時代、古代ゲルマン民族の貴族言語はラテン語で、古ゲルマン語の多くは地方の言語だったので、「『Volk』は地方方言の一つであり、その真意は『人民、民衆、大衆などの意味』であり、……当時のラテン語の『natio』という言葉はドイツ上層の領域で多くは『貴族、貴族の共同体』(『貴族共同体』は、貴族血統を持つ共同体) を指し、近代『Volk』(民族) の意味を持っていなかった。」「西方世界で、『Volk』を国家の独立を獲得するための独自の『民族共同体』として認識し、定義を加えた人は、ヘルダーである。ヘルダーが主張する『Volk』という概念の核心は、『民族』を共通の言語、歴史、文化を持つ一つの民族共同体として認識することであった。彼は『民族とは独特の言語と文化を有する一つの共同体である』と定義した。」「『民族精神』(Volksgeist、国民精神とも訳す) を発展させる歴史的背景の下で、ヘルダーは土着言語固有の力を発見し、『Volk』が元々持っ

1．フリードリヒ・マイネッケ『世界主義と民族国家』孟鐘捷訳、上海三聯書店、2007 年、17 － 18 頁。
2．エリック・ホッブスバウム『民族と民族主義』李金梅訳、上海人民出版社、2000 年、19 頁。

ている『民衆、大衆』の意味と彼が再定義した『民族』概念は大衆性を内包しているので、容易に民衆に受け入れ、ゲルマン民族の過去の土着文化、歴史、言語、民俗を発展させようとする情熱をより容易に巻き起こし、それによって大衆の『民族精神』の高揚を喚起させることができると意識していた。[1]」「言語学上のドイツ語の『Volk』の本来の意味と派生された意味は、『国』という概念を内包せず、『民』という概念と密接な関係を持っていた。その本来の意味の多くは『血』（血統）と『土』（生え抜き）の合成的な意味を含み、近代に入ってからドイツの血統を持ち、ドイツ語が話せる人全員をドイツ人に含ませることまでに発展した。[2]」

　したがって、volk と nation は、民族発展の過程で異なる意味合いを持っているが、王育徳は自分の独特な意図で volk と nation を「台湾民族論」の中に導入した。

　まず、王育徳は先入観をもって「漢民族の『民族』は決して nation ではなく、volk である」と断定し、そして「漢の volk は、実は世界史上の稀で偉大な volk で super とも言える」と認識した。これは独断に漢民族と国家の関連性を奪うことであった。

　次に、歴史叙述を通して漢族を「スーパー volk」として定義し、台湾人を「漢民族のスーパー volk が福建、広東の沿海に割拠する小 volk で、16 世紀後半に移住して開拓した新天地」として定義した。これにより、「漢人」も「台湾人」も「国家無しの volk」となってしまった。

　さらに、アヘン戦争以来、清朝の一連の失敗を漢民族スーパー volk が必ず亡国する歴史的必然として見なした。「super volk はその super のせいで、結局は座して死を待つしかない。」これは台湾の「自分の道

1．黄現璠遺稿、甘文傑、甘文豪整理「西洋の『民族』用語の起源、変遷と異同に関する一考察（3）」、『広西民族学院学報』、第 3 期、2008 年。
2．黄現璠遺稿、甘文傑、甘文豪整理「西洋の『民族』用語の起源、変遷と異同に関する一考察（4）」、『広西民族学院学報』、第 4 期、2008 年。

4.「台湾民族」と中華民族－民族的アイデンティティの島内外での対峙　651

を歩む」ということに根拠を提供してくれた。こうした理論で台湾の歴史を観照しながら、王育徳はオランダの台湾占領と日本の台湾占領、この 2 つの残酷な植民地支配を「漢 volk の強制からの離脱」の歴史的進歩であると解釈した。「台湾で形成された新しい volk は、明朝末から漢 volk とそれぞれ自分の運命を歩んできた。」オランダの台湾統治 38 年により、「台湾 volk は独自で漢 volk から離脱し」、日本の台湾支配 51 年により、「日本人の従属的地位に置かれ、ついに日本人の手によって完全に切断された」と主張した。そのため、王育徳は欣々然として以下のように述べた。日本の植民地支配によって、「台湾は急速に近代化され、台湾 volk も脱皮を完成し、台湾民族はこれで大体成立した。」しかし、「台湾民族の実質上の成立は、二・二八蜂起以降なので、当然、今は台湾民族が既に名実兼備の 100％として完全に成立したとは言えない。しかし、これは問題ではない。民族は独自の国家を創立してからその完成を期待すべきである。」それで王育徳は、「台湾人はいったん自分の国を創立すると次第に純度の高い民族となり、きわめて容易に優秀な民族国家になれる[1]」ことを切に望んでいた。

　多くの分離組織同様、「台湾独立運動」組織も激しい暴力手段で「台湾独立運動」の目標を実現すると主張した。早くも「二・二八」が終わったばかりの 1951 年に、史明は台北で密かに「台湾革命武装隊」を結成した。鉄道を爆破し、電力施設を破壊する彼らの暴力テロ活動は、1965 年まで続いた。「公開宣伝と秘密活動」は、すべて「台湾独立運動」の「極めて重要な仕事であり、……実行次元での武装蜂起は、現役軍人或いは後備軍人が担当する[2]」と王育徳は述べた。世界中の「台湾独立運動」勢力を統合した「台湾独立連盟」（WUFI）は、設立当初から「手段の上で、必ず革命的手段を堅持しなければならない」と提出した。

1．王育徳「台湾民族論」、『台湾独立の歴史波動』、77 － 103 頁。
2．同書、108 頁。

この組織はその中心人物を集めて、「常に世界革命史、特にカストロ、チェ・ゲバラの研究、武器製造法などを学習した。」[1]同時に、「革命教材」の配布、秘密訓練の提供、変名密語通信と関門を突破するための「台湾を取り返す革命」を随時準備するなど、テロリズムの「闘争策略」を企画、実施した。そして、その刊行物でゲリラ戦の戦術とキューバなどの経験を紹介した。1976年に、この組織は『台湾人民独立救済手帳』を出版して広く配布し、挿し絵と文章で火炎瓶の製造、小包爆弾の製造を詳しく紹介した。そして、「台湾独立運動」を支持する台湾島内の民衆を唆して、「夜、あるいは彼らがいない時を利用して石で彼らの窓を破るか、または焼夷弾を投げ込む。必要な時には彼らの頭を殺しても行き過ぎではない」とし、同時に「台湾は都市遊撃武力を発展させることができる」と励ました。[2]1970年4月24日、彼らは訪米中の蔣経国に対する狙撃暗殺を実施したが、それは失敗に終わった。この「台湾独立運動」組織は、それから徹頭徹尾の暴力テロ組織となった。1976年1月、この組織の「台湾本部」は、高雄で電力設備を破壊して全台湾範囲の大停電をもたらした。1980年には、台湾島内で「慈湖爆発事件」、「中興号爆破事件」、「国光号爆破事件」と「大統領府電源爆発事件」など5つの影響の大きいテロ事件を起こした。

5．文化復興から「台湾意識」論戦まで－「台湾独立運動」勢力の集結と氾濫

20世紀60年代の中・後期は、台湾の経済成長と政治的生態変化の重要な時間帯であった。アメリカの15年にわたる15億ドル近くの非軍

1．黄昭堂「日本の台湾独立運動」、『自覚と承認－1050年－1990年海外台湾人運動専集』、54頁。
2．陳佳宏『台湾独立運動史』玉山社出版事業株式会社、2006年、197、199頁。

5．文化復興から「台湾意識」論戦まで―「台湾独立運動」勢力の集結と氾濫　*653*

事的援助の強力な支持により、台湾経済は 60 年代に目覚ましい発展を遂げた。工業は毎年平均 18.5％成長し、輸出は毎年平均 28％伸び、農業の毎年の成長も 4.3％に達した。1960 年に、「投資奨励条例」実施後、海外からの個人投資は、1960 年の 14 項の 1.55 億ドルから 1966 年の 103 項の 2 億 9,800 万ドルまでに増加し、1969 年には、更に 201 項の 10.94 億ドルまでに増えた。1966 年、台湾の最初の輸出加工区が高雄で設けられ、台湾経済の成長方式が 1950 － 1962 年の輸入代替モデルから輸出加工モデルへの全面的転換を示し、世間に注目される「台湾経済の奇跡」が現れつつあった。台湾の社会構造は、徐々に浮かんでくる中産階級の出現につれて急速に変化した。[1] しかし、急速な経済成長とともに、台湾島内の思想と文化分野で「全般的な西洋化論」とそこから生み出された「中国化の除去」の兆しが現れ、伝統文化の影響を受けた蒋介石は島内思想界の「秩序の混乱」を痛感した。そして、1958 年から唐君毅、牟宗三、徐復観、張君勱などの海外知識人が提唱した新儒学運動はちょうど、「限度ある民族主義」の操作と伝統文化の宣伝を通して「江山永固」（国土が永遠に堅固であることを意味する－訳者注）を求めようとする蒋介石に経験、条件ときっかけを提供してくれた。[2]

　1966 年、蒋介石は 4 回目に「大統領」に再任した。この年に、中国大陸では孫科、王雲五などが「我が 5 千年の歴史、文化、道徳を破壊しようとする」と非難した「文化大革命」が爆発した。やはりこの年に、蒋介石は島内で中華文化の復興運動を推進しようと決意した。11 月 12 日、彼は孫文生誕 100 年に際して、台北の陽明山に新築した中山楼の落成式で「中山楼中華文化堂落成記念文」を発表し、「今日の文化復興運動は、毛匪の『文化大革命』に対する思想戦と文化戦の重要な武器で

1．李国鼎『台湾経済発展背後の政策変遷』東南大学出版社、1993 年、5 頁。
2．詹曜齊「70 年代の『現代』由来－数枚のスケッチ」、思想編集委員会『70 年代の台湾』聯経出版事業株式会社、2007 年、128 － 131 頁。

ある」と強調した。翌年7月、「中華文化復興運動推進委員会の決起大会」が陽明山中山楼で開かれ、毎年の11月12日を『文化復興祭』に決めた。蒋介石にとって、「文化復興運動は一時的な運動ではなく、民族の復興と中華の再建を実現する長期的運動」であった。中華文化復興運動は、蒋介石が多重の政治的考慮に基づいて発動した思想文化運動であった。しかし、蒋介石の風に揺らぐ灯火のような晩年が近づき、この運動は「濃厚な政治的意味[1]」は持ったものの、島内外の台湾独立運動思想に対する整頓の役割は果たせなかった。

　1960年から1972年までに、台湾GDPの実質年平均成長率は10.2％に達し、1人当たり154ドルから522ドルまでに増加した。1963年に台湾の工業生産額が初めて農業を上回り、対外貿易も1964年に初めて500万ドルの黒字を出した[2]。開発経済学ではこれを高度経済成長の始まりであると言った。1970年代から台湾は、「すべては経済のために、すべては輸出のために」というスローガンを目標として「第2回輸入代替」戦略を実施した。1972年から1980年の間の工業生産と輸出の伸び率は11.4％と12.8％に達し、GDPの実際年平均成長率は8.9％に達し、1980年の台湾人1人当たりGDPは、1972年の522ドルから2,344ドルまでに上昇した。経済自由主義の過程を完成したが、台湾の政治自由主義はなかなか展開されなかった。このような経済の自由化と政治の民主化の間の緊張関係は、台湾社会の相次ぐ政治運動の出現を招き、しかも西洋化教育の背景を持つ知識界のエリートと中産階級の協力と推進を得て迅速に発展した。台湾の地元民営経済集団の巨大化と個人規模の弱小により、中産階級の台頭が社会の中核となった。1972年の統計によれば、全台湾の30余万軒の地元民営企業の中で、僅か1％の企業の規模が大手企業の国際通用標準に達したか或いは接近した。全台湾の100

1．李亦園『文化の肖像』（上）、允晨文化事業株式会社、1982年、27頁。
2．史全生編『台湾経済発展の歴史と現状』東南大学出版社、1992年、234頁。

5．文化復興から「台湾意識」論戦まで－「台湾独立運動」勢力の集結と氾濫 655

カ所の大手企業の88％を地元の民間資本が握っていたが、台湾 GDP
でのシェアは34％に達しなかった。しかし、全台湾の100カ所の大手
企業の22％を占める政府経営資本は、台湾 GDP の76.4％を制御した。[1]
台湾の人口統計によれば、1970年に外省人は全島人口の16.7％占め、
このような人口の省籍格差と政治、経済の省籍格差の間の乖離現象によ
り、「本省人／外省人」の間での社会資源の分配に巨大な格差が生じ、
同時に、社会公衆、特に中産階層の社会的公平と政治的正義の合法性に
対する質疑を引き起こした。政治・経済生態と人口・社会生態の疎外に
よる省籍矛盾は、1970年代にますます先鋭化し、表面化した。「社会と
経済の変革はある程度のスピードで物質的福祉の向上を促進したが、他
のより速いスピードで社会の憤懣をもたらした。[2]」

　1971年10月28日、台湾の国連からの追放は島内外を騒がせた。そ
れは、「国民の心理的困頓、教育の困頓、経済の困頓、結局は社会の困
頓をもたらした。[3]」海外の「台湾独立運動連盟」は直ちに蒋介石に好感
を示しながら台湾の「独立」を鼓動した。11月15日、黄昭堂は
『ニューヨーク・タイムズ』を通して、もし蒋介石政権が台湾「独立」
を宣言すれば、「民主化のために協力する」と表明した。王育徳も「も
し蒋政権が台湾共和国の構図の条件に従えば、協力・連携したい」と表
明した。

　1975年に蒋介石が亡くなった後、底流にあった省籍矛盾はやっと海
外「台湾独立運動」活動と連係して、「国民党の除去」の政治反対の先
駆を切り開いた。1977年、「台湾長老教会」は「人権宣言」を発表し、
明確に「台湾独立」を求めた。

　1977年11月19日、台湾で「地方選挙」が行われ、そして「中壢事

1．陳孔立編『台湾歴史綱要』九州図書出版社、1997年、451－476頁。
2．サミュエル・P・ハンチントン『社会変化中の政治秩序』王冠華、劉為他訳、
　　生活・読書・新知三聯書店、1989年、47頁。
3．台湾『立法院公報』、第1919期、36頁。

件」を誘発させた。元の国民党の党員・許信良は、国民党が桃園の県長選出馬への推薦を拒否したため、国民党から脱退し、無党派の身分で国民党の正式候補者・欧憲瑜と争った。許信良の当選を防ぐため、中壢鎮213投票所を取り仕切った国民党籍の開票検査主任が、指示に従って不正を働く時、許信良の選挙協力者によってその場で捕まれ、双方は争い始めた。桃園県警察局は大量の警察を現場に派遣し、開票検査主任を中壢警察分局に連れて行って保護した。そこで現地の1万余りの民衆が警察局を包囲攻撃し、石で警察分局の扉と窓を襲撃した。そして、警察が作った人垣を破り、パトカーを打ち壊し、一部の民衆は警察分局のオフィスに侵入して室内施設を打ち壊し、放火した。大量の軍隊と警察が催涙弾を使っても民衆を追い散らすことができない情勢下で、台湾当局は不正行為者を「移送して法によって処罰する」と承諾し、許信良が多い得票数で桃園県長に当選されたと発表した。それで民衆はやっと徐々に解散した。この時の中壢警察分局は燃やされて平地になった。統計によれば、今回の中壢事件に参加した民衆は2万余人に達し、合計でパトカー8台、警察バイク60台を焼却した。今回の事件は、これまでに発生した当局との衝突の中で最大の規模であった。民衆の人数が多すぎることを恐れ、同時に島内外の影響を意識したので、蔣経国は武力弾圧のやり方を取らず、鎮圧に向かった軍隊と警察に発砲の禁止令を下ろし、事後に1人の参与者も逮捕しなかった。この事件は、蔣経国と台湾当局に大きな衝撃を与え、党外勢力の成長と政治高圧政策がもたらす危険性を感じさせた。中壢事件後、今回の選挙を担当した国民党中央「組工会」の主任・李煥、中央党部の副事務総長・陳奇禄などが辞任し、党外の勢力はこの事件で自分の実力を知り、大いに励まされた。

　1979年8月、黄信介、施明徳、許信良、呂秀蓮、張俊宏などの党外人士は雑誌・『美麗島』を創刊し、発刊の辞で彼らは、「30年来、国民党は禁忌、神話で我々の国家・社会の多くの問題を隠蔽し、私たちの政治的活力を扼殺し、社会の進歩を阻害した。……我々は禁忌、神話から

5. 文化復興から「台湾意識」論戦まで－「台湾独立運動」勢力の集結と氾濫　657

徹底的に解放され、私たちの国家・社会の様々な問題を深く広範に反省、発掘、思考しなければならない」と外省人を主体とする国民党政権を明確に批判した。12月10日、施明徳は長老教会牧師の提案で「世界人権デー記念パレード」を開催したが、当局の承認なしに街頭行進を行ったため、「高雄事件」を引き起こし、黄信介、施明徳、張俊宏、姚嘉文、林義雄、陳菊、呂秀蓮などが逮捕された。「美麗島大審」で、施明徳、陳菊などは法廷で「『台湾独立』を言ったことがない」と検察官の告発を否認したが、彼らは「台湾の前途は、1,700万の台湾人が共同で決めるべきである」と自己弁護し、実際のところ、「台湾独立運動」理論をメディアを通して婉曲に現した。これは「台湾独立運動」言論を台湾の政治生態の中に殿堂入りさせただけでなく、自らを国民党と対抗できる政治力に発展させた。かつて黄信介は率直に言った。「実は、台湾独立を提唱する必要がない。大統領とこのような民意代表を全部定期的に直接民選によって選ぶことができれば、台湾は必ず独立できる。[2]」

　「住民自決論」は、黄紀男が1946年に「台湾青年同盟」を代表し、ジョージ・カールを通して国連とアメリカに提出した請願書によって初めて提議された。1947年の「二・二八事件」後、廖文毅がウェデマイヤーに送った「台湾問題処理意見書」も黄紀男の観点を援用した。「台湾の帰属問題は、必ず台湾人の意志を尊重し、公民投票で決めるべきである。」この文は後に、廖文奎の『福爾摩沙発声』に収録され、公然と世間に知らされた。

　文献によれば、「人民自決権の思想は悠久の歴史を持っている。イギリスの哲学者・ホッブスは一番最初に人民と民族の自決権を認めた哲学

---

1. 黄信介「発刊の辞－政治新生代運動を共に推進せよ！」、雑誌・『美麗島』、第1期、1979年、http: // news.yam.com / forum / formosa / formosa-1 / 199906 / 09 / 01663700.html.
2. 黄華「私の永遠に忘れられない従兄・恩師」、『民主老仙覚－黄信介記念文集』民主進歩党中央部発刊、2000年、130頁。

者とされている。[1]」しかし、真に「自決」を国際法の範疇に入れさせた
のはレーニンとウィルソンであった。

1902年、レーニンは「ロシア社会主義労働党綱領草案」で、「ロシア
社会主義労働者党の最近の政治任務は、ツァーリ専制制度を転覆させ、
その代わりに民主憲法上の共和国を作り上げることであり、民主憲法は、
……国内各民族の自決権の承認を保証しなければならない[2]」と初めて
「民族自決権」に触れた。1914年、レーニンは「民族自決権を論ずる」
と題された文章の中で、「民族自決権とは、その民族が異民族集団から
離脱する国家分離であり、独立した民族国家を成立することである[3]」と
初めて民族自決権について定義した。1915年、レーニンは「平和問題」
の中で、「すべての民族は自決権を享有できると何の疑いもなく認めな
ければならない[4]」と指摘した。民族自決権に関するこれらの論述をみれ
ば、レーニンの「自決権」に関する論述は、一瞬も「民族」という連体
修飾語を離れたことがない。つまり、レーニンの言う自決権とは、これ
までずっと「民族自決権」のことであり、他の別の「自決権」ではな
かった。

1915年、ウッドロウ・ウィルソンはアメリカのメキシコ政策につい
て述べる時、「私は、もちろんあなたもそう思っている。すべての民族
は自分の政府形式を決定する権利を持っているというのは1つの基本
原則である」と初めて「民族自決権」に触れた。1916年5月、彼は
「平和を再構築する」三つの原則を指し示した。「（1）すべての民族は

1．白桂梅『国際法上の自決』華僑出版社、1999年、1頁。
2．レーニン「ロシア社会主義労働党綱領草案」、『レーニン全集』6巻、人民
　出版社、1990年、194－195頁。
3．レーニン「民族自決権を論ずる」、『レーニン選集』2巻、人民出版社、1972年、
　509頁。
4．レーニン「平和問題を論ずる」、『レーニン全集』26巻、人民出版社、1990
　年、314頁。

5. 文化復興から「台湾意識」論戦まで－「台湾独立運動」勢力の集結と氾濫 *659*

生活する国家を選択する権利がある。（２）世界中の小国も大国同様、大国が希望し、堅持する主権と領土保全の尊重を享有する権利がある。（３）世界は侵略と国家・民族権利の蔑視による、平和に対する如何なる破壊からも免れる権利がある。」1917 年、「勝利のない平和」と題された演説の中でウィルソンは、「すべての民族は自分の政治制度と発展の道を決める自由があり」、「民族の願望は必ず尊重されるべきであり、民族は彼ら自身の意思で治めなければならない。『民族自決』は空論ではなく、今後この原則に背いた政治家は必ず自分で災いを招くだろう」と述べた。1918 年、ウィルソンは有名な「14 点計画」を発表する時、「私が提出したすべての方案は、一つの明確な原則を貫き、それはすべての人民と民族に対する公正の原則であり、すべての民族は強弱を問わず、自由で安全な平等生活を享有する権利を持っている[1]」と彼は自決権の定義を調整した。ウィルソンが自決権についての連体修飾語を変えたことが、国際法上の自決権限定性表記に対する変更を招いた。この変更は、それによる論争を今日までに存続させただけでなく[2]、この国際法規範の執行にも影響を及ぼした。にもかかわらず、自決権に対する国際法の規定を大観すると、自決権の権利の所有者が人民であれ、民族であれ、あるいは二者共であれ、その使用は必ず、そして植民地と関連する時のみ、国際法上の効力を発揮することを我々は相対的に明確に知ることができる。このような観念で「台湾独立運動」中の「住民自決論」を反観すれば、この理論には国際法上の根拠と支持が全くなかったことを発見することができる。

　1980 年代に入ってから、台湾の政治生態には巨大な変化が起きた。この変化の象徴的な出来事の一つは、長期に海外で亡命している「台湾

1．欧陽傑「比較史学の視点から見たレーニンとウィルソンの『民族自決権』思想」、『ロシア・東欧・中央アジア研究』、2006 年、第 5 期。
2．マンフレート・ノワック『民権公約評注－国連の〈公民権利と政治権利の国際公約〉』畢小青、孫世彦訳、生活・読書・新知三聯書店、2003 年、6 －

独立運動」勢力が期待していた政治反対運動が、ついに台湾に登場したということであった。統計によれば、1980年から1985年の間、台湾島内では相次いで30種余りの党外の雑誌が現われ、それらは国民党の世論束縛を打破しただけでなく、台湾の本土政治をより一歩推進させた。「程度の差はあるものの、党外の雑誌は皆郷土への関心を中心に、台湾人の基本的人権のために呼号した。一部のものはさらに『台湾意識』を要求、宣揚し、政治制度改革、そしてかなり台湾独立運動性のある体制の創建を力説した。[1]」

　具体的な歴史の過程で、党外の運動が僅か4、5年の間に迅速に力を集めたのは、侯徳健をめぐって展開された「台湾意識」と「中国意識」の論戦のせいであった。1978年、キャンパス歌手であった侯徳健が『竜の子孫』を創作し、この曲の全体華人世界での伝播を通して、「竜の子孫」は次第に中華民族の別称となった。1983年、侯徳健は「音楽創作の源を探し求め」、台湾を離れて大陸へ行き、このことはすぐに台湾島内で話題となった。

　1984年6月4日、台湾郷土文学作家の陳映真は週刊誌『前進』に、「より広い歴史視野に向かって……」と題された文章を発表し、「竜の子孫」について次のように指摘した。「この歌は全体的に、深遠・複雑な文化と歴史上で中国と関連するすべての概念と感情を歌った。このような概念と感情は、5千年の発展を経て、民族全体の記憶とコンプレックスになり、深く中国人の血液に浸透し、それによって、悠久の歴史の中でただの一朝世代に過ぎない、如何なる過去と現在の政治権力をも遥かに超えた。」「侯徳健は彼のギターを背負って、そっと大陸に入った。……彼はただ、長い間、彼の血液の中で流れている、そして夢の中で耳を傾けさせる澎湃たる激流を、数千年の歴史と文化を経て形成された父の

1．孫徹「台湾反対勢力の未来前途－党外で直面した凝集、指向と整合」、陳佳宏『台湾独立運動史』、333頁から再引用

5．文化復興から「台湾意識」論戦まで－「台湾独立運動」勢力の集結と氾濫　661

祖国を見たいだけであった。」これは「中国共産党の『勝利』とも、国民党の『失敗』とも全く関係ない。」陳映真はこの文章の中で、台湾島内外で日々浮き彫りとなっている「台湾・台湾人意識」に注意するよう読者に呼びかけた。「それは一握りの軽はずみなプチブルジョア知識人の間で広がり、それは始終一種の悲しい時代遅れの意識を持って党外民主運動に参加し、確固として支持する外省人に対しても、最低限の礼儀も守らず、任意で嘲笑い、挑発させるまでに至った。」このような意識は、「実は思想上の幼稚だけでなく、政治上の深刻な小児病でもあった。」陳映真のこの文章は、党外人士の強力な攻撃を招いた。蔡義敏、陳元は１週間内に「陳映真の『中国結』を論ずる」と「中国結と台湾結」と題された文章を発表した。

　蔡義敏らの攻撃に直面して陳映真は、「いわゆる『台湾民族主義論』は、広範な歴史哲学、台湾史、台湾社会史と台湾政治経済学に対する分析・評価と関連している」ことを鋭敏に意識していた。彼は続けて問い詰めた。「なぜ台湾の自由、民主、社会正義を求める人は、自分が中国人でないと言わなければいけないのか。なぜ党外民主運動を愛し支持する外省人は、結局のところ『良心的中国人』の『名義』を得て、『台湾民族』と自称する人達との間に、永遠に団結できない溝を掘らなければならないのか。なぜ『国民党教育』が教えてくれた中国人であることに誇りを感じ、中国の山川を賛美し、中国の分割に悲憤するのが恥であり、可笑しいなのか。まさか『国民党教育』が教えてくれたすべての科学知識までも否定するつもりなのか。大陸人には台湾を愛する資格が本当にないだろうか。台湾の草木ごとにその名を呼び、台湾の生態破壊に大声で涙を流しながら抗議する人々の中には、多くの大陸人がいるのではないのか。政治刑務所の中から、非情の社会最低層の中から、本省人と大

1．陳映真「より広い歴史視野に向かって」、施敏輝（陳芳明）編『台湾意識論戦集－台湾結と中国結の総決算』前衛出版社、1989 年、33 － 36 頁。

陸人の呻き声が同時に聞こえるのではないのか。大量に労働者を解雇し、政治力で労働者をいじめる冷血な人間の中にも、多くの本省人がいるのではないのか。なぜ現実の生活で互いに友愛し、助け合う青年の中から、無理矢理に『中国人』と『台湾人』を分けなければならないのか。なぜ長期の婚姻関係の中で築き上げた義父と義母、嫁と女婿、姉婿と妹婿、兄嫁と弟嫁、甥と姪、祖父と祖母、外祖父と外祖母……これらの親族感情の中から『中国人』と『台湾人』を分割しなければならないのか。なぜ自然に自分を中国人とし、そしてそれを誇りに思う人を党外運動は全部受け入れることができないのか。[1]」

　陳映真との対談で戴国煇は、「台湾の客家人の意識と台湾人の意識は対立しないだけでなく、私はそれを台湾人の意識の下位概念に位置つけて大切にしたい。しかし、中華民族の意識は台湾人の意識の上位概念である。」「今回の『中国結』と『台湾結』の論争の背後には、国際政治関係の激動と不安の中、一部の人が台湾現状の承認を強調することで、台湾に対する中国の影響に対抗しようとする暗流が流れている。」「『台湾民族論』は、省籍矛盾、地方性（地方主義）矛盾の次元での摩擦を民族、人種矛盾にエスカレートさせ、一種の仮相を打ち出して、知らず知らずのうちに自分の視野を覆い隠し、至っては庶民の目まで覆い隠した。私はこの種の論調の持続が、台湾に予測できない災禍をもたらすことを心配している[2]」と指摘した。

　陳芳明にとって、「今回のいわゆる『台湾結』と『中国結』の論争を、

---

1. 陳映真「民族の団結と平和のために」、施敏輝（陳芳明）編、前掲書、62－65頁。
2. 葉芸芸整理「戴国煇と陳映真の対話－『台湾人意識』、『台湾民族』の虚相と実相」、施敏輝（陳芳明）編『台湾意識論戦集－台湾結と中国結の総決算』前衛出版社、1989年、80頁。

5. 文化復興から「台湾意識」論戦まで−「台湾独立運動」勢力の集結と氾濫　663

台湾の党外運動の里程標として見なすのは適切であり[1]」、「島内の『台湾意識』と『中国意識』の論戦は、台湾民主運動にとって極めて有益なことであった。双方の理論の詳述を通してのみ、民主運動の性質をより明確に表わすことができる」ので、「この論戦はよく戦うべき[2]」であった。この論戦の結果の一つは、「台湾意識」が島内で一席を獲得し、党外運動が強調する「本土価値」、「台湾意識」とそれによる「中国植民地論」、「開拓社会論」、「土着社会論」、「文化台湾独立運動論」、「血統台湾独立運動論」など、一連の「台湾独立運動」思想が合法的に伝播され、これらの思想に基づく「住民自決論」と「公民投票台湾独立運動論」も当たり前のこととなった。さらに重要なのは、論戦で「台湾意識」の勝利により、廖氏兄弟、史明、王育徳以来に生まれた台湾独立運動理論が島内のメディアに全部登場し、海外の「台湾独立運動」も自然に台湾島内へ廻流した。蒋経国が「解厳」（戒厳令の解除−訳者注）を発表した1987年、「台湾独立運動」連盟主席・許世楷は明確に、「海外帰省の普遍化、島内独立運動の公開化」というスローガンを打ち出した。

　1988年、蒋経国が亡くなり、李登輝が台湾の指導者になった。赴任して2年足らずの1990年5月、李登輝は記者会見で、「中華民国は独立した主権国であり、中華民国の台湾での存在、これは事実である」と主張した。この言い方の実質は、「二つの中国」であった。退任直前の1999年7月に李登輝は、「中国と台湾は特殊な国と国の関係である」という「両国論（二国論）」を発表した。李登輝によって「台湾の子」と称賛された陳水扁は、李登輝の暗中助けの下で、「台湾人は台湾人を選ぶ」という選挙スローガンを借用して、国民党立候補の票の分散を機に、

1．施敏輝「『台湾意識論戦選集』序論」、施敏輝（陳芳明）編『台湾意識論戦集−台湾結と中国結の総決算』前衛出版社、1989年、1頁。
2．施敏輝「台湾は前を向いて歩む−島内『台湾意識』論戦を再論する」、施敏輝（陳芳明）編『台湾意識論戦集−台湾結と中国結の総決算』前衛出版社、1989年、30頁。

一挙に国民党を破り、「世紀の政党交代」を実現した。台湾島内の政治生態はそれから大きく変わり、台湾独立運動勢力は一波また一波の「蒋化の除去」、「中国化の除去」という分裂活動を開始し、中華民族統合の過程はこれにより新たな厳しい試練や巨大な挑戦に直面することとなった。

第13章　20世紀における

中華民族の結束力

　「民族」の視点をもって中国をみるならば、「中華民族」は疑いも無く一つの核心的な概念であった。「中華民族」は、中国各民族における通称であり、一定の実在性を有する国家次元での「民族」に属す概念であった。国家次元での民族問題は、民族結束力の問題から切り離せないものであった。20世紀の中華民族は自由状態から自覚への過程を経験し、その結束力も伝統的な形式から現代的な更新、再構築への過程を経験しながら絶えず増強する様態を見せていた。

1．中華民族結束における伝統的な要素

　中華民族は昔から強い結束力を有していた。アーノルド・J・トインビー（Arnold Joseph Toynbee）は、「中国人は何千年の間、政治文化において、世界中のいかなる民族に比べても有効的に何億の民衆たちを団結させてきた。彼らは、政治・文化の統一に優れており、比べようもない成功経験を有している[1]」と述べた。これは皆が認める公論であった。世界文明の中で、誕生から5千年の間、唯一中断無く続けられてきたのは中華文明であり、途中に戦争、割拠と分裂はあったものの、最終的に

1．アーノルド・J・トインビー、池田大作『21世紀への対話』国際文化出版会社、1989年、294頁。

「大統一」を実現したことがこれを十分に証明してくれた。しかし、このような結束の要因を理解するためには、以下のような古代中国の特殊な社会構造、イデオロギーおよび民族関係を推究する必要があった。

　まず、小作農経済を基に形作られた高度集中統一的な国家システムの制約があった。中華文明の主体は農業文明であり、小作農経済はこの種の文明の基本的な経済システムであった。小作農は農業を主業とし、手工業を兼営することで一般的には自給自足することができ、自分と他人を隔離することができた。つまり、よくある土地の併呑、地方権力者の割拠にもかかわらず、ひとかたまりとなって自給自足することができた。このような小作農経済は自然に独立性、分割性を有することでその政治システムは必然的に強制的な特徴を持ち、さもなければ、民衆に対する有効な統治、社会動員、国家使命を完成することが出来なくなった。したがって、マルクスの言う「アジア生産様式」と古代東方の社会理論は、中国歴史上の専制制度を理解する上で欠かせないものとなった。歴史学者によれば、「周・秦の時代から土地が地主の個人所有となった後、中国では新しい地主階級が生まれ、地主階級を基とした中央集権的な封建専制主義の政治システムが登場した。[1]」しかもその後、中国政治システムにおける専制程度は段々強まって行った。例えば、秦朝は「封建」を廃止し、郡県を設置することで中央に直属させた。漢朝は秦のシステムを継続し、秦の大一統的な集権システムを継承・発展させた。宋代になって官僚システムはより複雑に発展し、皇帝が権力を独占することになった。明は宰相を廃止して「六部」を設置し、「廠」と「衛」を作り上げた。また、清では軍機処をもって内閣を代替し、「空に太陽は二つ無く、民に君主は二人いない」という最高の専制状態に至った。要するに、中国歴史における専制体制は小作農経済の必然的な産物であり、その権威性および稼働の有効性は、世界歴史上でも独創的なものであり、

1．『翦伯賛史学論文選集』（第3集）、人民出版社、1980年、151頁。

1. 中華民族結束における伝統的な要素　　　　　　　　　667

古代中国社会の結束に極めて有効な役割を果たした。

　次に、儒教理論を主な内容とするイデオロギーが社会結束力に対して
大きな影響力を持っていた。小作経済の自給自足的な封鎖性および離反
傾向は、高度に集権的な国家システムをもって克服することができた。
一方、高度に集権的な政治システムも制度と社会を維持させるに相応し
いイデオロギーの力を借りる必要があった。ゆえに、中国の歴史上では儒
家言説を中心とする社会倫理および政治文化が生まれた。春秋戦国時期
の「百家争鳴」が漢代の「儒教独尊」に交替され、その後、２千年以上
も受け継がれてきたことは統治者の個人的な好みではなく、この種の学
説が古代中国における政治統治と社会安定に最も適合したからであった。
「君臣・父子・夫婦間の道徳」と「仁・義・礼・智・信」、儒学学説での
この「三綱五常」は、一種の政治規範であり、道徳倫理でもあった。君
に対する臣の忠誠は最大の「義」であり、根本的な「礼」であるため、
気概と忠信が求められた。君は「天子」であり、「溥天の下、王土に非
ざるは莫く、率土の濱、王臣に非ざるは莫し[1]」であったため、忠君は愛
国しなければならなかった。以上のようなものは、君臣秩序を定め、き
ちんとそれを守ってもらおうとした帝王中心的な「王土思想」の樹立に
欠かせないものであった。それと同時に、社会の安定を図るために、父
親への息子の服従、夫への妻の服従、身分の上下・尊卑の秩序などを強
調した倫理・礼儀が「三綱五常」で規則として定められた。それ以外に、
「大一統」観念、宗法意識なども専制統治や社会安定を強化させ、中華
民族結束力の生成と維持に欠かせない強い精神的な要因となった。

　最後に、比較的に優れた中原文明の吸着と農業経済、牧畜経済の融合
は、各民族間の依存関係の構築に一役買った。中国は昔から多民族で構

1.「溥天の下、王土に非ざるは莫く、率土の濱、王臣に非ざるは莫し」とは、
　「この空の下に王のものでない土地はなく、地の果て（浜辺）まで王の臣でな
　い人間はいない」という意味である。（訳者注）

成され、世界史でも珍しく数千年にわたって全体的に分裂することなく受け継がれてきたが、その主な原因は、特殊な民族構成にあった。中国歴史上の各民族文化にはすべて独自の優れた面があったが、漢族文化の発達と人口・政治上の優位な地位には及ばなかった。ゆえに、長年以来、漢族文化は周辺民族の憧れの対象となり、彼らは主動的に漢文化を学び、積極的に同化されたケースも数多く存在していた。先秦時期、地理的方位と「夏礼」を遵守するか否かが華夏族と蛮夷戎狄を区別する基準であった。華夏文化の拡散と蛮夷戎狄の内面的附属に伴い、彼らの間の境界も段々と消えた。その後、漢族が中央政権を支配した秦・漢・魏・晋・隋・唐・宋・明においても、少数民族が統治した十六国、北朝および遼・金・夏・元・清においても、少数民族の面的附属と漢化は中断することなく続けてきた。力強い武力をもって中原へ進出し、軍事、政治上の統治を勝ち取ったとしても、文化面では漢族に頼り、漢文化に学んでいた。そして、自分たちの血統・歴史を華夏の「前皇」たちと結び付け、自分たちを「中国」の正統であると位置づけたことは中国少数民族史においてはありふれた現象であった。

　漢族と少数民族のこうした「一体」的な関係は、当然ながら経済的基盤に支えられていた。農業と牧畜業といった二種の経済様式の補完関係が漢族と少数民族の関係における相互依存性を決めた。少数民族の絶え間ない「南下」と「内面的附属」の根本的な原因は、農業および手工業生産物を求める彼らの強い願望であった。例えば、「茶馬互市」は農牧民族が生産物を交換する典型的な様式であり、「奪い取り」は農産品に対する正常的な交易が中断されたことに対する牧畜民族の逸脱的なパフォーマンスであった。従って、中国歴史上の民族関係はある種の生態的で、不可分離的なものであった。

　要するに、中華民族の有する結束力は中身のない空論ではなく、特有の経済基礎、社会構造、民族関係およびイデオロギーによって支えられ、数千年の歴史の中で形成された中国社会の「スーパー社会結束力システ

1. 中華民族結束における伝統的な要素 669

(1)
ム」の投影であった。

しかし、以上のような経済基礎と社会構造は古代中国に属すものであり、近代歴史の開始と現代化の展開に伴って徹底的な変革を迎えた。まず、19世紀半ばから西洋列強が中国に対して行った経済的侵略は、中国社会の封建的な経済構造を次第に解体させた。西洋の廉価商品が農業と密接な関係を持つ家庭手工業に打撃を与え、自給自足的な小作農経済を崩壊させた。その後、中国経済は横ばい成長から飛躍的な発展を成し遂げ、閉鎖的な自然経済は百余年の発展を経て、今日の社会主義市場経済、都市化、工業化によって完全に替えられた。

次に、孫文が指導した辛亥革命は腐敗的な清王朝を覆し、数千年以上も継がれてきた封建帝政を終結させた。後になって腹壁という歴史の取戻しと専制統治が続いたが、中華人民共和国の成立に伴って、人民民主政治は専制政治を歴史舞台から完全に追い払った。

そして、新文化運動と「五・四運動」は、中国における儒教思想の統治的な地位に揺さぶりをかけた。西洋の資本主義思想の流入も、マルクス主義の流布も、いずれも伝統的な儒教イデオロギーに致命的な衝撃を与えた。さらに、当代の中国的特色ある社会主義理論と新たな道徳観念の確立は、中華民族価値観の更新に拍車をかけた。

最後に、中国の「天朝上国」的地位は、近代以降の国勢の衰退、人々の視野の拡大によって揺るがされ、農業文明に基づいた政治的吸着力も新たな生産力と政治構造によって終結された。中国の各民族間の相互依存的な関係は依然として存在したが、その内容にはすでに大きな変化が生じた。

民族結束力の基礎となる社会的要因が変わることに伴い、必然的に結束力の状況にも変化が生じた。20世紀初、孫文は何回も「四億の人々

---

1. 沈大徳、呉廷嘉『黄土の硬化－中国伝統社会構造の探求』浙江人民出版社、1994年、257頁。

が結合して一つの中国を成しているが、実は一握りの沙如き」であると嘆いた[1]。しかし、中華民族の結束力は一度は分散の傾向を見せたが崩壊することなく、百年の歴史的な発展の中で強まる傾向を呈した。特に、中華民族の結束力は20世紀の後半以降、新中国の成立と総合国力の増強と共に再び高まり、それは民族の尊厳と生存状態に関する重大な事件が発生する度に現れた。以上の現象は、百年以来、中華民族は新たな結束要因と基礎を有し、言い換えるならば、20世紀の中華民族は結束力の更新と再構築に成功したことを説明してくれた。これは中華民族結束力が依然として強堅であることの根拠であった。

　民族結束力に関しては様々な解釈があるが、本書では民族自身の向心力および内部の結束力として捉えることにした。民族自身の向心力は、民族アイデンティティ、民族の政治的核心、社会主流イデオロギーに対する認可、及びそこから派生する社会効果であった。そして、民族内部結束力は、社会の様々な部署間の団結と統一およびその効果として現れた。したがって、中華民族の結束力の更新と再構築の問題は、具体的に言うならば、近代以降の中国社会における以上のようなアイデンティティの確立、及び国家統一、和諧社会関係の建設問題であった。

2．中華民族アイデンティティの自覚

　民族アイデンティティは、社会の構成員たちが自己民族に対する帰属意識および感情の頼り処であった。国家次元における民族にとって、社会構成員たちの民族アイデンティティと国家アイデンティティは基本的に一致した。社会構成員が自分の民族と国家を認可しなければ、民族結束力に関するすべての問題は語れない。

　民族アイデンティティの発生は族群における「我」と「非我」を確認

1．孫文「民族主義」、載其『三民主義』岳麓書社、2000年、5頁。

2．中華民族アイデンティティの自覚　　　　　　　　　　　　　　　671

する過程であった。中華民族の自己アイデンティティの発生を促した
「非我」の参照物は、武力をもって中国を半植民地・半封建社会へと転
落させた外国列強であった。2回にわたるアヘン戦争、中仏戦争、特に
甲午戦争後、国土の喪失、主権の無い「亡国絶種」の危機は中国人の運
命を決定する重要なポイントとなった。以上のようなものは、中国人の
自己アイデンティティにおける主な前提であった。しかし、この種のア
イデンティティを「民族」と結び付け、揺るぎないものにしたのは、救
国救民を目的とした進歩的な中国人が西洋の民族主義思想をもって中国
を改造し、統一させた理論と実践であった。

　多民族国家である中国には、「華夷之弁」と「夷夏の大防」をはじめ
とする伝統的な民族観があった。しかし、近代的な「民族」と「民族主
義」などは19世紀末、20世紀初頭に西洋から輸入されたものであった。
民族観念は天性によるものであるため、亡国の危機から中国を守るには
民族主義に頼るべきであると当時の人々は考えていた。「人類は皆種族
に愛着を持つが、それは自然的な現象であり、如何なる者もそれを妨げ
ることができない。同じ民族というものは、同じ言語、同じ歴史、同じ
地理を共有し、それをもって国家を建設する。そうすることで民と国は
緊密な関係を維持し、同じ利益を目指して協力することができ、異民族
を制することができる強い国になれる[1]。」したがって、「今日、もし中国
で民族主義を唱えなければ、中国は真に滅亡するかも知れない[2]。」19世
紀末から、中国人の経営するほとんどの新聞・雑誌は西洋の民族主義思
想を紹介する作品を掲載した。その中の多くは、西洋の民族主義を中国
の状況に結び付け、清末におけるナショナリズムの形成に多大な役割を
果たした[3]。

1．効魯「中国民族の過去と未来」、『江蘇』第3期。
2．余一「民族主義論」、『浙江潮』第1期、張枬、王忍之編『辛亥革命の前十
　　年間における時論選集』第一巻、生活・読書・新知三聯書店、1960年、485頁。
3．陶緒『清末民族主義思潮』人民出版社、1995年、157頁。

西洋の民族主義思想は中国に亡国の危機から免れるための思想的な啓発を与えてくれた。それはナショナリズム、民族様式と民族精神であった。そして、このような民族は、国家に頼るしかない中国の各民族を含む統一的な中華民族であった。

しかし、清末・民初のナショナリストたちは中国民族主義の主体、即ち、「中国民族」に対する統一された認識を持っていなかった。孫文をはじめとする革命党はしばしば、「中国は漢族の中国」であると主張し、「中国民族」あるいは「中国人」は漢族であると明確に示した。一方、康・梁をはじめとする維新派は、「満漢一体」、「満漢同族」論を主張した。しかし、各思想間の「せめぎ合い」や中国社会の政治変革といった実践を通して、20年代以降からは全国民あるいは中国の各民族を「中華民族」として見なす思想が普遍的に認められ、国家次元での民族アイデンティティが形成されつつあった。以上のように、19世紀末および20世紀初頭にはじまった民族主義思想を広める過程で、中国の社会思潮の主流は漢族アイデンティティから各民族を含む中華民族アイデンティティへと変わる動的なプロセスを経験した。このような変換を主導したのは強国建設と外敵防止、中華の振興といった一連の主要な運動であった。

1894年11月、壇香山で執筆した孫文の興中会草案[1]から彼の初期民族主義思想が読み取れる。彼は草案で中国初の「中華振興」のスローガンを掲げ、「中華」と「外国」を対立させ、中国と中国人を明確に区分した。しかし、なぜその後にまた、「韃虜を駆除し、中華を回復しよう（満族を駆遂し、漢族による国家を取り戻そう）」と叫び、「中華」と漢族、「韃虜」と満族を同一化し、辛亥革命前までの宣伝の中で一貫としてその表現を使用したのか。それらの原因は当時の社会状況、革命の戦略的な需要の中で探ることができる。1921年、梁啓超は辛亥革命の背景に言及する際、

1．孫文「壇香山興中会成立宣言」、中国史学会編『中国近代史資料叢書－辛亥革命（一）』上海人民出版社、1957年、85頁。

2．中華民族アイデンティティの自覚 673

「……甲午戦争で日本に負けた。私たちは中国人が負けたとは思わず、満州人が中国人を巻き添えにした敗戦だと思う。当時のヨーロッパはまさにナショナリズムがピークに達した時期でもあり、彼らの学説は私たちに多大な刺激を与えた。故に、長年以来眠っていた民族精神が蘇って満族を排除する革命の形で現れ、全国の人々の信仰の対象となった。その性質から言えば、政治的であるというよりは全く宗教的なものであった[1]」と述べた。したがって、以上のように、亡国危機の責任を満族統治に回し、「排満革命」が宗教の如く熱狂する状況の中で、革命派のリーダーとしての孫文はそうした雰囲気に逆らうことができなかった。しかし、彼は満州民族と清朝の統治集団を区分することに努めた。1905 年に同盟会を成立する際、孫文は「満族に対立する同盟会」の意見に反対し、一貫として「中国同盟会」の称号を主張し[2]、革命の目標は満民族に反対することではなく専制政治を覆すことであると判然した。

維新派は革命に反対し、改良の道を主張したが、その目標は依然として国家の安定と繁栄であった。康有為は「君王と民衆が共同に治め、満漢を区分しない[3]」という書簡の初頭にその旨を「上書の目的は君王が民衆と共に国を治め、満漢を区分しないことで国家を安定させ、君民が心一つになって強大な中国を建設することを申し出るためである」と示した。彼はまた、「東・西洋の各国が彼らの親善な国家政治と抜群の兵器によって強者になったとは思わない。それらの強国は、国全体の軍と民が一体となって団結したからである。数千万人の人々が一つになり、心を合わせることで強大化を実現したのである。大国に限らず、ベルギー、

1．梁啓超「辛亥革命の意義と十年間にわたる『10 月 10 日』の楽観」、『飲氷室文集』三十七、中華書局、1989 年、2 頁。
2．鄒魯「同盟会」、中国史学会編『中国近代史資料叢書－辛亥革命（二）』上海人民出版社、1957 年、8 頁。
3．康有為『君王と民衆が共同に治め、満漢を区分しない』、中国史学会編『中国近代史資料叢書－戊戌の変法 (二)』上海人民出版社、1957 年、237 － 240 頁。

オランダ、デンマーク、スイスなどの小さい国家も十分強い国を治めた。近代の欧米は民族の経緯を重視し、すべての言語・政治・民俗を一つの国民にまとめ、一体化に努めた」と示した。さらに、中国は「昔から『中国』と呼ばれてきた。」しかし今、外国は私たちを『支那』と呼んでいる。「私が文献を調べたところ、『支那』という語彙は無く、よく考えてみたらそれはたぶん『諸夏』の音読か『中華』の転化ではないかと思う。」したがって、「国号を外部の呼称と我が国の文化・歴史を念に入れて『中華』と定めればどうかと思う」と続いた。

　注目すべきことは、以上の内容は康有為の1898年の戊戌変法での上書であり、「一つの心をもって中国を強国へ導き」、国号を「中華」に変えようとするものであった。彼の主張は、前にも触れた孫文の「中華振興」の目標および「中華民国」の国号と一致した。また、彼が欧米の「すべての言語・政治・民俗を一つの国民にまとめ、一体化に努める」ことに心掛けるよう光緒帝に要請したことは、明らかに全国民を同一の民族として括ろうとした民族主義思想の傾向を現していた。

　維新派の一員である葉恩も『上振貝子書』で、「今日、列強たちは並び立っており、皆民族帝国主義を方針としている。ゆえに、彼らの国民は一つに団結し、他の国々より優位に立とうと国家の一体化をもって競争している。現在の満漢人民は皆黄色人種であり、同一の民族である。同一の民族である限り、一体となって相手を差別してはならない[1]」と述べていた。葉恩は康有為より明確に満漢は「同一民族」であると主張し、同一民族は一体化しやすく、一致団結して万国と競争することを力説した。

　梁啓超は西洋の民族主義概念を中国に紹介、輸入した最初の人物であり、国民が愛国心に欠けていることに心を痛んでいた。彼は愛国心の貧

---

1. 葉恩『上振貝子書』、『新民叢報』第15号、張枬、王忍之編『辛亥革命の前十年間における時論選集』第一巻、生活・読書・新知三聯書店、1960年、209頁から再引用。

2. 中華民族アイデンティティの自覚 675

弱こそ、弱い中国国体の根本的な原因であると判断し、1902年から「新民説」を唱え、国民の民主意識、人文修養、向上心を育むことを通して、精神面から国の繁栄および強国建設と民族の振興を成し遂げようとした。それと同時に、彼は「排満復讐」に反対し、「漢、満、回、苗、蔵を合わせて一つの大民族に組み立てる[(1)]」ことを主張した。このような思想は、国家次元での中華民族概念産出の下地となった。

　民族アイデンティティをストレートに表現するならば、一般的に統一的な族称に対する承諾であり、中華民族アイデンティティもそうであった。「中華民族」が全体の国民を意味する用語となる前に、康有為が清朝政府へ上書した内容には以下のような意味も含まれていた。つまり、「古代の経書の大義を考証し、各国の翻訳を調べ、国名を中華と定めるには妥協の余地がある」ので、「満・漢族の名前と出生地を削除し、はっきりと国名を定める。つまり、永久に中華国と命名し、国書・官書は皆統一的にそれに従うべきである。また、満族、漢族、モンゴル族、回族、チベット族をまとめて共同の国家を建設し、中華人と呼ぶことで差別を無くすべきである。要するに、満族人には漢族の名字を与え、満漢を一つに融合することで永遠に猜疑心を無くす。そうすると、大衆は団結し、強大な中国が建設できる。これこそが最善の方法である[(2)]。」

　明らかに、康有為の五族が「共に一つの国を建設」して「同じ中華人」になり、「満族を漢族に同化させ」、「大衆を団結して強大な中国を建設」するといった表現は、彼の「すべての言語・政治・民俗を一つの国民にまとめ、一体化に努める」といった思想と共に後の中華民族概念と一致していた。

　「中華」と「民族」は中国の古典にも出てくる単語であるが、両者

---

1. 梁啓超「政治学大家ブルンチュリの学説」、範忠偵編『梁啓超法学文集』中国政法大学出版社、1999年、55頁。
2. 康有為「海外五大洲、二百個港の中華憲政会僑民公上請願書」、湯志鈞編『康有為政論集』（上）、中華書局、1981年、611頁。

を合わせた「中華民族」は、20世紀初頭になってから梁啓超、章太炎、楊度などの文章の中で頻繁に現れた。しかし、当時の「中華民族」は多くの場合「漢族」の意味で使われた。

辛亥革命の勃発は中国の封建専制体制を覆し、「中華民国」を打ち立てることで、維新派と革命派の共同の理想であった「中華」国号を実現した。さらに、「中華民族」概念の流行やその意味の拡大により大きな政治的空間を与えた。孫文は清朝統治を覆す革命任務の完成と民族団結を擁護する要求に応じて、民国初期、直ちに「漢、満、蒙、回、蔵五族国民を合わせて一つの大民族を成す[1]」と主張し、「五族共和」を意味する五色旗を新政権の国旗とした。それで、国家統一を前提に中国の各民族を受け入れる「中華民族」観念が正式的に出現した。しかし、晩年になって彼は、国家分裂を避ける名目で「五族共和」のスローガンを否定し、「民族主義はまさに国族主義である」という「国族」理論を持ち出した。彼はアメリカの民族融合モデルに憧れ、「アメリカ民族の規模を真似し、漢族を中華民族に替えることで完全な民族国家を組み立てることで、アメリカと並んで東西半球の二大民族主義国家になろう[2]」と提言した。要するに、「中華民族」の概念を漢族中心に展開し、各民族を漢族への同化なしには完成できない建設中の「国族」であると解釈した。

梁啓超も一時期は孫文と同じく、同化主義的な立場を示していた。しかし、彼は中華民族を未建設の民族ではなく、すでに中国歴史上に存在した様々な民族の融合体である漢族として捉えた。第3章で論じたように彼は、数千年、特に近代以降の何十年の中国歴史を「中華民族の拡大史」であると要約した。しかし、彼の言う「中華民族」はまさに漢民族であった。ただし、中華民族および漢族は、少数民族を包括するあるいは包括しようとする民族であった。

1．孫文「五族国民合進会啓」、黄彦、李伯新編『孫文蔵档選編』中華書局、1986年、400頁。
2．孫文「三民主義」、黄彦、李伯新編、前掲書、261頁。

2. 中華民族アイデンティティの自覚　　677

　歴史を振り返って見れるなら、民族同化は多民族国家が推し進めてき
た一種の普遍的な理論、政策であった。なぜなら、民族差別の除去は民
族関係に基づく国家安定の一番理想的な状態であり、このような状態を
実現する最も直接的なルートが民族同化であるからだ。国家の存亡にお
いて同化は一種の本能的な要求であった。中国近代のこの種の民族観は、
マルクス主義の民族平等理論をはじめとする進歩的な民族観念が普及す
る前までは、進歩的な理論・政策と見なされ、幅広い中国人に承認され
ていた。ゆえに、辛亥革命、特に20世紀20年代以降、孫文、梁啓超
などの人々以外にも例えば、袁世凱、李大釗、呉貫因、モンゴル王公な
ど、異なる政治的立場、民族身分を持つ人々および社会のメディアは皆
以上のような意味で「中華民族」概念を使用していた。これはまさに
「中華民族」が承認されている直接的な反映であった。

　蒋介石をはじめとする国民党政府は、孫文の民族主義理論の中の同化
思想を受け継ぎ、後になって中国の各民族を「宗族」とする理論を提示
し、中国共産党の厳しい批判を受けた。しかし、蒋介石の中華民族観は
孫文の同化理論と同じように、国民の団結を基にしていることには疑い
の余地がない。彼は「中華民族とは私たち漢、満、蒙、回、蔵等の宗族
を組み立てた全体的な総名称である。私の言う五つの宗族は五つの民族
ではない。私たちは皆中華民族を構成する一員であり、まるで兄弟が家
庭を構成することに似ている[1]」と断った。客観的に、彼の中華民族観は
中国人の民族アイデンティティの形成に一定の役割を果たした。とりわ
け30－40年代、中国政治舞台における彼の特殊な地位は、この種の
観念に多大な影響力を与えることになった。

　「中華民族」を同化論から脱出させた主な政治力量は中国共産党である
が、中国共産党も無意識から自覚へのプロセスを経験した。1922年7月、

1．蒋介石「全ての中華民族の共同責任」（1942年8月27日）、『蒋総統集』第
　二巻、中華大典編印会、1961年、1422頁。

中国共産党の「第二次人民代表大会」で打ち出した政治綱領の中には、「国際帝国主義の圧迫を覆し、完全なる中華民族の独立を完成しよう[1]」という条目があった。その中で、「中華民族」が「国際帝国主義」の対立項になっていることから、国家次元での民族概念であることが見て取れる。しかし、その後の長い間、中国共産党が国家次元での民族概念を述べる際、文献の中で頻繁に使われたのは「中国民族」という用語であった。1925年の中国共産党「第四回人民代表大会」では、民族革命運動に対する決議案を通して封建階級と資産階級の民族運動を批判した。また、「大中華民族のスローガンをもってモンゴル・チベットなどの属地を同化する」政策を「世界革命運動の反動行為[2]」であると表明することで、民族同化思想を基にする中華民族観と距離を置くことになった。しかし、同時期における中国共産党の文献で、「中国民族」あるいは「中華民族」を常に「少数民族」と併置させたことから、「中華民族」に対する理解が不明確ないしは無意識的であったことが分かる。ところが、中国共産党は最初から共産国際から伝わってくる「民族自決」理論に自分の理論、政策を付け加えていた。例えば、少数民族が軍閥と国民党の統治から「独立」し、民族平等を勝ち取ることを励ました。こうして、中国共産党の中華民族観は、伝統的な大漢族主義と徹底的に決別することができた。

　30年代、日本による侵華戦争の切迫と中日民族矛盾の過激化に伴い、日本帝国主義に反対する言説の中で、中国共産党は「中華民族」という用語を頻繁に使用した。文献の中で、真正面からの詳述には欠けていたが、国家次元での民族の意味は段々明確になってきた。1934年、中国共産党が提示した「日本に対する中国人民の基本的な作戦綱領」では、「中国人民は立ち上がって自分で自分を救出するしかない－みんなが立

1．「国際帝国主義と中国・中国共産党の決議案について」、中国共産党中央統戦部編『民族問題文献集』中国共産党中央党校出版社、1991年、7頁。
2．「民族革命運動に対する中国共産党第四回全国代表大会での決議案」、中国共産党中央統戦部編、前掲書、32頁。

2. 中華民族アイデンティティの自覚　　　　　　　　　　　　　　679

ち上がって日本帝国主義を駆除し、中華民族が武装することは中国人民
が自己を救出し、国家を救う唯一の方法である—言い換えるならば、中
国人民が積極的に日本に抵抗することは、大部分の中国人民が公認する
唯一の正当な方法である[1]」と述べていた。この部分での「中華民族」は、
明らかに「中国人民」という意味で使われた。1938年11月6日の「中
国共産党中央が押し広げる第六回中国共産党全国大会の政治決議案」で
は、「全中華民族が直面した緊急任務」を差し出した。そして、「全中華
民族」あるいは「中華各民族」に、「漢、満、蒙、回、蔵、苗、瑶、夷、
番等[2]」という注釈を入れていた。さらに、1939年に至って、八路軍の
政治部が編纂した政治教科書では[3]、「中国の4億5千万人の人口は中華
民族を成す。中華民族には漢、満、蒙、回、蔵、苗、瑶、番、黎、夷等
何十にも及ぶ民族が含まれており、世の中で一番平和を愛する刻苦勉励
な民族である」とはっきり定義した。さらに、「中国は多民族国家であ
り、中華民族は中国国内の各民族の総称を示し、4億5千万の人民は皆
同じ祖国の同胞であり、同じ存亡・利害を有する」と続いた。

　こうして、完全に同化論と「大漢族主義」から脱却し、正式的に新た
な「中華民族」の概念を創り上げた。中国共産党による以上のような意
味での「中華民族」概念の使用は、マルクス主義の民族平等原則を十分
に反映していた。また、各民族人民を団結して民主革命を完成し、後の
社会主義建設および改革・開放を展開する際に多大な結束力を創出する
動機となり、それらに基づいた中華民族アイデンティティは人々の合意
を得ることができた。

　20世紀初頭における中華民族の概念が創られてからこの用語は、同

1．「日本に対する中国人民の基本的な作戦綱領」、中国共産党中央統戦部編『民
　　族問題文献集』中国共産党中央党校出版社、1991年、218頁。
2．「中国共産党中央が押し広げる第六回中国共産党全国大会での政治決議案」、
　　中国共産党中央統戦部編、前掲書、608頁。
3．「抗日戦士政治教科書」、中国共産党中央統戦部編、前掲書、807－808頁。

化論もしくは各民族平等の原則に基づいたかを問わず、様々な階層や民族の承認を受けてきた。辛亥革命後、外モンゴルはツァーリ・ロシアの策動に乗って独立を図った。それに対し、袁世凱は「外モンゴルも中華民族の一員であり、数百年以来ずっと家族のようであった。今は危険が迫る時局のため、国境事務も緊迫ではあるが、分離する必要まではない[1]」と勧めた。それに応じて、内モンゴルの一部の王公たちも「五族一家」の観点を掲げながら、「私たちモンゴルも中華民族に属するので中国と一体である[2]」と主張した。30年代に入り、中国に対する日本帝国主義の侵略は、各少数民族を含む全体の中国人を再び「亡国絶種」の危機に追いやった。それによって、中華民族アイデンティティは揺るぎないものと昇華し、各少数民族も自民族を「中華民族」の一員として認めることになった。また、1933年、徳王（デムチュクドンロブ）は内モンゴルの独立を策謀するために設けた「内モンゴル自治政府構成草案」と「高度な自治」を求めた電報の中で、「モンゴルは中華民族の一員として」、日本の侵略による国土陥落は「我が中華民族最大の恥辱である[3]」と言った。その言葉は世間を欺くための言葉であったが、内モンゴルにおける「中華民族」意識の影響力を仄めかしていた。1936年、中国共産党の民族政策の指導下に西康甘孜県で立ち上げたチベット族自治政権を「中華ソビエト博巴自治政府」と名付けた。一方、同じ年の豫海県回族自治代表大会の準備委員会は、「豫海県回族自治代表大会を招集する知らせ」の中で、「中華民族の自由と解放のために戦い抜く[4]」とアピー

1. 唐在礼「モンゴル風雲録」、呂一燃編『北洋政府時期のモンゴル地域歴史資料』黒龍江省教育出版社、1999年、24－25頁。
2. 内モンゴル図書館編『西盟会議始末記、西盟遊記、偵蒙記、征蒙戦事詳記』遠方出版社、2007、71頁。
3. 池田誠編『抗日戦争と中国民衆－中国の民族主義と民主主義』中国人民抗日戦争編研部訳、求実出版社、1989年、186頁。
4. 「豫海県回族自治代表大会準備委員会が豫海県回族自治大会代表大会を招集するお知らせ」、中国共産党中央統戦部編、前掲書、524頁。

2. 中華民族アイデンティティの自覚 *681*

ルした。同じく、1936年5月、寧夏省の主席に務めていた回族軍閥・馬鴻逵は演説の初頭から、「西北で一番重要な問題は回・漢問題である。……回・漢は皆中国人であり、中華民族であるため、『五族共和』をしなければならない。両民族は一体になっており、境界など存在しない」と力説した。[1] 以上の事例から、少数民族の中華民族アイデンティティ認識の一部が見て取れる。

　中国の歴史は抗日戦争、解放戦争を経て中華人民共和国の成立を迎えて来た。その後に続く朝鮮戦争（抗米援朝）とベトナム戦争（対外の自衛反撃戦）、半世紀にも及ぶ社会主義建設と改革・開放の歩みの中で、各民族人民は団結して共同の敵対勢力に抵抗し、多元一体の中華民族アイデンティティを練り上げた。1995年、筆者が甘粛省で行った民族問題に関するアンケート調査には、「あなたはあなたの民族が中華民族の一員であると思いますか」という項目があった。回収した質問用紙244部の中で、「そうである」と答えたのは242部で、全体の99％を占めた。一方、未回答および「そうではない」と答えたのはそれぞれ一部ずつあり、全体のただ1％しか占めていなかった。このデータから99％に及ぶ回答者が中華民族であると認識していることが分かり、また20問のアンケート項目で一番高い一致率を見せた。アンケート調査に応じた人々は回、ドンシャン、チベット、満、カザフ、バオアン、トゥ、サラ、ウィグル、モンゴル、朝鮮、タタール、シベ、漢族等（少数民族地域に居住する漢族）14の民族で構成され、幅広い職業、年齢層をカバーした。さらに、同じ項目を設置した1998年に行ったアンケート調査でも同じ傾向が見られた。具体的に言うなら、回収した620部の調査用紙の中、「そうである」と答えたのは609部で、全体の98.23％を占めていた。調査対象を青海省、寧夏省、ウィグル、内モンゴル、吉林省、雲南省、貴州省、海南省などの8つの多民族地域に広めた。また、民族

1．馬鴻逵「西北回・漢族問題に対する解析」、『隴鈬月刊』第3期、1941年。

の構成もチベット、回、モンゴル、トゥ、サラ、満、ウィグル、カザフ、キルキズ、プイ、ヤオ、トゥチャ、トン、ミャオ、リ、ペー、コーラオ、ジン、イ、ハニ、タイ、ナシ、リス、チンプオ、朝鮮、漢族など27の民族に拡大した。その中で、漢族は少数民族地域に居住するものに限定し、全体の20.96％を占め、少数民族は79.04％であった。以上の2回のアンケート調査は、明らかに普遍性を有し、中華民族に対する我が国の各民族人民の民族アイデンティティの一般認識を代表すると言える。我が国は漢族の人口が大部分を占める多民族国家であるため、各民族の統一体である中華民族に対する少数民族の承認態度は、全国民衆の民族アイデンティティの検証に実際の意味を持っていた。

3. 政治的中核と社会主流意識の選択

　民族政治の核心はまさに全民族の政治集団およびそのリーダーを団結させることであるが、現代社会では一般的に執政政党と政府の結束力を指していた。20世紀の中国は半植民地・半封建社会から社会主義社会への転換という紆余曲折的な発展を経験し、中華民族の政治的中核の選択、確立も複雑な道程を辿って来た。

　19世紀末の清朝統治の不安定により、中国社会の新旧交替は避けがたい課題となった。斯くしてその転換の完遂者、目覚めつつある中華民族の政治的中核を決めてくれたのは歴史状況であった。最初に康有為、梁啓超、譚嗣同をはじめとする維新派が登場した。彼らは効果的な一連の思想動員を発動し、1895年からは「上書」の形をもって清政府に自分たちの政治的な主張を伝え、改革の意思が強かった光緒皇帝の支持の基で「百日維新」を発動した。1898年6月11日から9月21日に至るまでの103日間、彼らは光緒皇帝を通して一連の変法上諭を公布した。例えば、政治・経済・軍事・文教等に関する斬新な資本主義的な改良政策を推進し、康有為、譚嗣同、楊鋭、劉光弟、林旭など維新派の

3. 政治的中核と社会主流意識の選択 683

リーダーたちも直接参政に務めた。それで、維新派が主導する中国政治
の成果を創り上げたが、変法維新は間もなく失敗に終わった。古い勢力
を代表する慈禧皇后徒党は光緒皇帝を監禁し、維新派のリーダーたちを
追い出し、大部分の新政策を廃除することで維新派の政治的な夢を完結
させた。維新派の失敗の原因として、彼らの集団意思の薄弱さ、政治方
向の時代状況からの脱離、改革における社会基盤の弱さなどを挙げるこ
とができる。彼らの代表する民族資産階級自体が弱小である上、頼って
いた光緒皇帝が無勢であり、同時に彼らは労働群集から離れたため、あ
くまでも孤軍奮闘するしかなかった。以上のような様々な原因によって、
彼らは自分たちの政治的な未来図を十分に展開することなく、旧勢力に
飲み込まれてしまった。

　1894年の孫文による興中会の創立は、資産階級革命派の登場を意味し
た。11年後、興中会と華興会、光復会などの革命団体をまとめて作り上
げた中国同盟会は、中国の統一的な資産階級革命政党となった。同盟会
は孫文を総理に推戴して、「韃虜を駆除し、中華を回復する。民国を創立
し、土地権を押し均す」ことを基本方針とした。孫文は後に、その綱領
を民族、民権、民生主義の「三民主義」と要約した。こうして、三民主
義を旗幟とする資産階級革命派は、中国社会の新たな方向を代表する政
治的な勢力となった。革命派が民主政治思想を唱えたため、章態炎、鄒容、
陳天華などは革命思想の前衛となった。彼らの作品は広く流布され、思
想解放と革命の推進に多大な思想動員の役割を果たした。革命派は粘り
強く武力を通して自分たちの政治理想を実現しようとした。例えば、広
州蜂起、恵州蜂起、萍瀏醴蜂起、安慶蜂起などは毎回失敗に終わったが、
1911年10月の武昌蜂起まで続けられ、「辛亥革命」の歴史的な転換点を
迎えることになった。辛亥革命は腐敗した清朝統治を覆し、2千年以上
続いた中国の封建君主専制制度を終結させ、中華民国という新たな政治
体制を創り上げたので、勝利を収めた革命であった。孫文をはじめとす
る南京臨時政府は、「臨時約法」の形で「中華民国の主権は全国民のもの

である」と定め、立法、行政、司法の三権分立の原則を確立すると同時に、資本主義経済、政治、文化教育の発展に関する一連の政策的な法令を公布した。それらの法令は実施することはできなかったが、民主共和の政治理念は中国社会に根を下ろした。辛亥革命およびその成果である中華民国は、孫文をはじめとする資産階級革命派が中華民族に捧げた貴重な政治遺産であった。しかし、孫文が主宰する南京臨時政府は三か月しか存続することができず、内外からの苦境の中で、袁世凱および北洋軍閥集団に掠め取られた。その後、失敗に甘んじない孫文は、革命の完遂を目指し、相次いで「二次革命」と「護法運動」を発動して政権を取り戻そうとしたが、成功に至らなかった。中国共産党の発足後、孫文は共産国際と中国共産党の支援を得て、両党（国民党と中国共産党）合作を実現し、「ソ連、ソ連共産党と連携し、農民と労働者を援助する」新たな政治主張を取ることで新たな転換期を迎えた。しかし、1925年の孫文の逝去と国民党の分裂により、中国資産階級民主革命の政治生命は徹底的に衰退することになった。孫文は偉大な革命先駆者であり、彼の主導した資産階級民主革命および政治パワーは、少なくとも20世紀の前20年間は中華民族の希望でもあった。しかし、革命陣営内部の散漫さと妥協、帝国主義の分化および圧力によって、彼らは中国政治の中心舞台に立つことができず、中華民族の政治的中核になれなかった。

　袁世凱は政治投機によって政権を奪い取ったが、彼は中国の政局を左右できるほどの軍閥武装を掌握していた。辛亥革命の間、袁世凱はその武装を基に連合や分裂を図り、まずは清皇帝を退位させ、その後には革命成果を奪い取り、暫くは共和憲政の名の下で「合法」的な大統領として中華民国を主宰した。しかし、彼は時代の流れに逆らって帝王を夢見たので、結局は孤立してしまい、皇帝の座から僅か83日で狼狽えて退位し、鬱々になって死亡した。袁世凱は君主専制から共和体制へ移行する中国政治体制における過渡的な人物であった。その後、袁世凱が造営した北洋軍閥の様々な勢力は、中国の政治舞台で交替を繰り返した。黎

3. 政治的中核と社会主流意識の選択 685

元洪は袁世凱の大統領職を受け継いだが、実権は総理であった段祺瑞が掌握していた。さらに、1916年から1924年の8年間だけで、大統領の座は黎元洪、馮国璋、徐世昌、曹錕等によって4回も変わり、国務総理職には段祺瑞をはじめとして28回の変動があった。不安定な政局の裏では軍閥による混戦が絶えず、そうした政局の下で民は安心して暮らすことができなかった。したがって、以上のような政治集団は人民の支持を得ることができず、全体の民族に承認されることも不可能であった。1925年、孫文逝去後の国民党は2年しか統一状態を保つことができなかった。こうした状況の中、中国共産党と国民党の左翼集団は中国革命に新たな活力を与えようと務めた。例えば、革命武装は広州の革命根拠地を打ち固めただけでなく、北伐を推し進めることで中国における北洋軍閥の統治を瓦解させた。しかし、国民党内の右翼は1927年に至って相次いで中国共産党を非難し、革命の陣営は深刻な分裂状況に落ち込んだ。一方、蒋介石をはじめとする新右翼は革命を鎮圧することで迅速に膨張した。彼は南京国民政府を立ち上げ、新旧軍閥の紛争を平定し、中国共産党の導く革命運動を鎮圧することで22年間にも及ぶ中国社会の統治を開始した。蒋介石の国民党政権は、表では孫文の遺志を受け継ぎ、「三民主義」の実現をスローガンとしたが、実質的には大地主と大資産階級の利益を代弁し、国内での封建的でファシズム的な「党の国」体制を実行していた。民族意識ないし自己階級の利益のために、彼らは中国共産党と二回にわたる合作を実行し、民族統一陣営の形をもって日本の侵略に抵抗する全民族抗戦を指導した。さらに、戦争の勝利で好評を博した。しかし、国民に対する封建地主階級と官僚資本主義の圧迫を代表し、国内の進歩的な勢力を残酷に鎮圧（とりわけ、抗日戦争で勝ち取った以降は共産党、民主、人民に反する立場を固執した）したため、中国での長い統治及び抗日戦争で勝ち取った名声も人民に認められることができなかった。したがって、中華民族の政治的中核としての地位を打ち固めることはできなかった。

中国共産党はマルクス主義思想が主導するプロレタリア政党である。中国でプロレタリアはあくまでも人口の多数を占めることは無いが、先進的な生産力を代表し、彼らの革命運動とマルクス主義の組み合わせは社会発展の方向を代表した。それと同時に、プロレタリアは人口の大部分を占める農民と固い絆を有しており、農民階級と同盟を結び、農民やその他の労働民衆と共に民主革命を完成することができた。最初は何十人の党員しか持てない小さいグループから一躍して世界で最大人口を抱える国家の執政党になった中国共産党は、十分にその生命力の強さを証明してくれた。

中国共産党は自己の未熟と様々な誤ちの妨害により、かつて重大な代償を払った。しかし、共産党は 1935 年の遵義会議から潜在的なエネルギーを十分に発揮できるようになった。共産党は日本帝国主義の中国侵略がもたらした社会矛盾の変化を正確に把握し、状況に応じて闘争の策略を変えながら国民党と共産党の第二次合作を実現し、全民族の力を集中して日本帝国主義へ抵抗した。まさに全民族に対する中国共産党の効果的な動員、組織、指導があったからこそ抗日戦争の勝利を勝ち取ることができた。さらに、滅亡の危機の中で表した民族大義、犠牲の精神は人民の支持を勝ち取った。抗日戦争に勝ち取ってから直ちに、偽りの民主、平和に隠された蒋介石グループの真の独裁、内戦の陰謀を暴きだし、国民党が発動した内戦をもって彼らの統治を覆す人民解放戦争を仕上げた。それで、ただ 3 年のうち、抑えきれない勢いで国民党の 800 万武装を一掃し、中国大陸の解放を完遂した。その後、中華人民共和国が成立し、人民民主革命の勝利と 100 年あまりに及ぶ中華民族の恥辱時代は終わりを告げた。

中国共産党は民主革命路線の模索と同様、中国社会主義路線の進路をめぐる艱険な模索過程を経験し、重大な代償を払った。しかし、1978 年の中国共産党第十一次中央委員会第三回全体会議以降、現段階の中国社会を社会主義初級段階であると位置づけ、経済建設を中心に改革・開放と思想解放を確守する中国的特色ある社会主義路線を明確にした。それはまさに社会主義を確守し、事実に基づいて真実を求める中国の実際

3. 政治的中核と社会主流意識の選択 687

から出発した正しい路線であった。発展と改革は中華民族を貧困な状況から徹底的に脱出させ、近代以降、何代にもわたって望んでいた豊かな生活と強国建設の夢を実現させた。

　中国共産党の執政は歴史の選択であり、各民族の人民は喜んで共産党の指導を受け入れた。自覚をもって共産党の執政地位を擁護することは、民族政治の核心に対する具体的な賛同を意味した。1950年、中華人民共和国の最初の建国記念日に、周恩来の要請で各地の少数民族代表が北京で行われたイベントに参加し、「これこそ真の指導者」、「国家、指導者、軍隊は各民族のものである」、「永遠に共産党、毛沢東の旗幟の下で未来へと進もう[1]」と感激した。それは中国共産党および指導者に対する各民族人民の政治的承認であり、今日まで受け継がれていた。まさに、江沢民の指摘通り、「中国が悲惨な状況から輝かしい現実へと歴史的な転換を迎えたのは、中国共産党の指導のためであると中国人民及び中華民族のすべての愛国者たちが認識しているからである。また、共産党なしには新中国もなく、共産党のおかげで中国は斬新に変貌した。これは中国人民が長い実践の中で習得した最も重要な結論である[2]。」

　政治的中核の選択は社会発展によるものであり、社会の主流イデオロギーを反映した。

　近代中国において、儒教理論を基にしたイデオロギーは致命的な衝撃を受けた。1915年の新文化運動および後の五四運動は、中国社会に思想解放のブームを引き起こした。その後、相次いでラディカル民主主義、三民主義、自由主義、国家主義、ファシズム、アナーキズム、農村建設理論と様々な主義・主張が登場した。こうして、中国社会にそれぞれの世界的思潮を移行させ、中国の社会改革と民族復興における様々な階

---

1. 李維漢「各民族代表の建国記念日（国慶節）参加に対する中央人民政府民族事務委員会の報告」、『民族政策文献集』人民出版社、1953年、22頁。
2. 江沢民『中国共産党成立80周年祝賀大会での演説』、人民出版社、2001年、4頁。

級・集団の利益関係を浮き彫りにした。しかし、社会実践の検証を突き通ったのは、自由主義、三民主義、マルクス主義という3つのイデオロギーだけであった。

自由主義は西方資本主義における主な理論体系であった。19世紀末、啓蒙思想家の厳復は率先して、「世界急変を論ずる」、「原強」などの文章を通して中国に自由主義を紹介した。一方、譚嗣同と梁啓超等はもう一歩進んでそれを維新変法の実践と結び付けた。自由主義の移入は中国の思想解放を刺激しただけでなく、新思想と貢献精神を有する一群のナショナリストを育くんだ。また、自由主義は新文化と五・四運動の間に思想界の主流となり、陳独秀、胡適、蔡元培などの思想家たちは戊戌の変法時期の自由主義を多大に顕彰した。彼らは政治の民主化、個性の解放、専制統治への打撃を唱える一方、思想の大一統や2千年以上も中国思想の基となった儒教に反対し、伝統的なイデオロギーを多大に動揺させた。胡適は20年代に至って、いわゆる「好政府主義」を主張し、「現代評論派」と「人権派」は人権運動を発起した。彼らは軍閥や個別の文人による「善人政府」に希望を寄せ、国民党の独裁統治を激しく批判したが失敗に終わった。⁽¹⁾抗日戦争後の国民党と共産党の厳しい対立は自由主義が復活する良い切っ掛けとなった。民主同盟、民主建国会、九三学社、民主促進会などの民主陣営をはじめとする自由主義者たちは、両党から「折衷路線」あるいは「第三の路線」を求め、中国で「中間」勢力を主体とする政府を立ち上げ、自分たちの民主的な未来図の実現を夢見た。しかし、国民党の厳しい鎮圧によって彼らの理想は打ち破れ、二種の政治立場の中から一つを選択するよう迫られた。そうした結果、自由主義者は分化され、一部の団体や個人は蒋介石に頼って国民党の「政府改組」に参与した。一方、民盟、民革、民進などの民主陣営は共産党の

1．兪祖華、王国洪編『中国現代政治思想史』山東大学出版社、1999年、156－167頁。

3. 政治的中核と社会主流意識の選択　　　　　　　　　　　689

指導を受け入れて中国革命と建設の積極的な推進力となった。こうして、
中国自由主義者の政治的な理想は破れてしまった。

　三民主義は孫文の提示した中国資産階級民主革命理論の精華であり、
実証済みの相当の成果を出した思想体系であった。1905 年 8 月、孫文
は「韃虜を駆除し、中華を回復する。民国を創立し、土地権を押し均
す」ことを立ち上げたばかりの中国同盟会の基本方針とした。後になっ
て彼はその綱領を民族、民権、民生主義の「三民主義」に要約し、革命
実践の中でその都度異なる解釈を行った。辛亥革命と中華民国の創立は
三民主義の成果物であるが、革命成果の喪失と北洋軍閥の政権をはじめ
とする封建専制統治の強化はその理論の欠陥を明らかにした。1924 年、
国民党第一次全国代表大会が開かれた。そこで「ソ連、ソ連共産党と連
携し、農民と労働者を援助する」という三大政策を定め、三民主義は新
たな転換を完遂した。新三民主義は帝国主義に反対し、国内の各民族が
平等な民族主義の実現を提示し、一般庶民も共有できる民権制度、「地
権の均等化」、「資本の節制」等の民生思想を主張した。こうした転換は
三民主義と中国共産党の民主革命綱領とを一致させ、1924 年から 1927
年の国民党と共産党の両党合作を基にした中国革命の高潮、および抗日
戦争における統一戦線の結成に寄与した。しかし、孫文の逝去と国民党
の分裂は国民党右翼による三民主義の改竄と歪曲を生み出した。例えば、
戴季陶は「純粋な三民主義」を看板に、孫文思想の中の革命内容を取り
除き、消極的な面を発展させることで、いわゆる「戴季陶主義」を創り
上げた。さらに、国民党の新旧右翼である蒋介石・王精衛グループと
「西山会議派」も孫文の三民主義に歪んだ意味を付与した。蒋介石は南
京国民政府を立ち上げる際、中国は「一つの主義」、つまり、三民主義
を実行すると提示した。しかし、彼の言う三民主義は、民族主義を外国
に頼る大漢族主義、封建道徳への復帰に変え、民権主義を「訓政」の名
を借りた一党独裁、「一人の指導者」のための専制主義に変え、民生主
義を地主の土地所有制に変えることで官僚資本を発展させ、民族資本を

痛めつけた。蒋介石は共産主義を三民主義の友と見なすことを止め、敵として位置付けた。[1]したがって、以上のような時代遅れの理論は国民党政権の瓦解と共に破綻した。

　マルクス主義理論は十月革命と共に、陳独秀、李大釗などをはじめとする最初のマルクス主義者によって中国に紹介・拡散され、間もない内に、中国の労働者運動と結びついて中国共産党を誕生させた。中国革命の堅苦しい実践のように、中国共産党はマルクス主義を中国化する過程で厳しい模索段階を経験した。毛沢東をはじめとする共産党人は、かつて中国の状況に合わない様々な路線が中国革命に重大な損失を与えた経験を踏まえ、中国の国情を真剣に検討した上で、中国革命を勝利へと導ける新民主主義理論を創り上げた。その理論は近代以降の中国を植民地、半植民地、半封建社会として位置付けた。また、そうした社会的性質によって中国社会の主要矛盾は、帝国主義と中華民族の矛盾および封建主義と人民大衆の矛盾となった。したがって、革命の使命は帝国主義、封建主義に抵抗することであり、革命は以下のような2つの段階に分けて実践できるとした。まず、第一歩は、帝国主義と封建主義に反対する民主革命段階であり、この段階では中国を独立した民主主義社会にすることに努めた。しかし、これは中国的で、特殊的な民主主義革命であった。次の段階は、革命を発展させ、社会主義社会を建設することであった。以上の内容に基づいて共産党は、新民主主義革命の政治・経済・文化綱領を制定した。新民主主義理論は中国革命の法則に対する科学的な要約であり、中国革命を勝利へと導いた。新中国の成立後、中国共産党は新民主主義から社会主義への過渡を完成し、社会主義経済、政治、文化を発展させた。しかし、誤った「左」的思想の指導で重大な挫折も経験した。1978年以降、鄧小平をはじめとする中国共産党の第二代指導者たちは、正負両面の経験をまとめ、思想を解放し、実事求是（事実の

1．俞祖華、王国洪編、前掲書、139頁。

4. 結束力の統合および基礎の更新

実証に基づいて、物事の真理を追求すること―訳者注）を求めて全党の事務重点を経済建設、改革・開放へと移し、中国的特色ある社会主義の路線・方針・政策を目指す鄧小平理論を創り上げた。鄧小平理論は、マルクス主義を当代中国の実践と時代的特徴に結び付けた毛沢東思想の継承と発展の産物であった。20世紀90年代以降、江沢民を中心とする第三代目の指導者たちは、中国的特色ある社会主義の建設実践における社会主義の意味、社会主義および党の建設での新たな経験を積み重ね、貴重な「3つの代表」思想を練り上げた。

　要するに、中国の近代以降の思想発展史において、中国化したマルクス主義こそが歴史的試練に耐え、中国共産党の政治的な中核に似合う主動的なイデオロギーとなった。また、マルクス主義はまさに一世紀以上の中国歴史によって選ばれたイデオロギーであった。言い換えるならば、歴史は中国共産党、マルクス主義を選んだ。その選択は中国社会の方向と中華民族の最高利益を代表し、そこには愛国主義を核心内容とする民族精神が宿っていた。しかし、輸入したばかりのイデオロギーとしていくら中国化されたとしても、当然ながら中国の優れた伝統的な思想文化との更なる結合段階、政治的なイデオロギーから幅広い社会領域へ普及させる課題が存在した。中国共産党とマルクス主義は、20世紀における中華民族の新たな主導的イデオロギーおよび政治的中核として、その生命力は中国の社会発展の中で益々増強するに間違いない。

4. 結束力の統合および基礎の更新

　民族結束力には民族アイデンティティ、政治的中核、主導的イデオロギーの承認を内容とする民族向心力以外に、民族内部の結束力という要因があった。したがって、20世紀の中華民族結束力の増強は必ずしも国内の様々な政治勢力の統合、階級・民族・その他の集団間のトラブル解消および利益の調整といった形で現れた。一方、こうした内部要因の

統合と調和は民族向心力の形成と伴って中国の民主革命、社会主義現代化の建設、改革過程とその歩みを共にした。

(1) 地方割拠勢力の追い払いと初歩的な政治統一の完成

軍閥の割拠状況は旧中国で民族統一を妨げる要素であり、そうした割拠勢力を追い払うことも民族内部の結束力を強化する重要な内容であった。

辛亥革命後における北洋軍閥の紛争は20世紀軍閥割拠の始まりとなった。袁世凱の死によって北洋軍閥は様々な派閥に分かれた。例えば、段祺瑞をはじめとする皖系と馮国璋をはじめとする直系勢力が一番大きな力を持ち、北京中央政府を握り、その他の軍閥はそれぞれ各地方を占めていた。また、東北の張作霖、山西の閻錫山および南方の滇、桂、粤系なども皆膨大な軍を所有していた。彼らは対外的には民族の利益を売り物にし、対内的には略奪を重ね、国と人民に多大な災いをもたらした。大軍閥は「武力統一」、小軍閥は「地域を保護して民を安定させる」といったスローガンを掲げながら絶えない混戦を行った[1]。孫文の指導する「護法運動」などは辛亥革命の成果を守り、軍閥の統治から抜け出そうと努力したが失敗に終わった。1921年に成立した中国共産党と孫文の指導する国民党の合作は、労働者・農民運動の活発な展開、正確な革命的策略によって第一次中国革命を高潮に盛り上げると共に、北洋軍閥を覆す北伐戦争を実施した。1926年、共産党と国民党の革命勢力は人民群衆の支持と正確な戦略の基で勝利を収め、ただ半年余りの時間内で呉佩孚と孫伝芳の主力を打ち破り、湖北、湖南、浙江、福建、安徽などの省を含む中国領土の半分を占領することに成功した。しかし、英・米・日などの帝国主義による直接的な干渉と国民党右翼の分裂、共産党に対する虐殺によって第一次革命は失敗に終わった。

1928年、蒋介石は革命勢力に対する鎮圧と国民党内部紛争を利用し

1．李新他編『中国新民主主義革命時期通史』第一巻、人民出版社、1962年、19頁。

4. 結束力の統合および基礎の更新 693

て国民党の「指導者」地位を獲得し、東北軍閥・張作霖に対する「北伐」を発動した。6月初、張作霖は日本軍によって爆殺され、息子である張学良は12月29日、国民党政府に身を寄せた。それで、蒋介石をはじめとする国民党は全国的な「統一」政権を取得した。しかし、この種の「統一」は表面的なものであり、蒋介石、馮玉祥、李宗仁、閻錫山、張学良、劉湘、王家烈、龍雲などの各派閥は依然として各地での統治を続けていた。したがって、1929年−1930年の2年の間だけで帝国主義の分化政策と各軍閥との利益をめぐって十数回の戦争が勃発した。その中でも、蒋介石と李宗仁の間の蒋桂戦争、蒋介石と馮玉祥の間の蒋馮戦争、敗戦後の馮玉祥が閻錫山、李宗仁と手を組んで蒋介石と戦った戦争は数ヶ省に渡って全国的な規模で展開され、中国民衆に多大な損害を与えた。蒋介石は以上のような軍閥混戦で相手を破り、統治的な地位を固めたが、全国における政治的な統一は実現することはできなかった。

まず、大革命の失敗から抜け出した中国共産党は農村をもって都市を包囲し、武装闘争によって政権を奪い取る路線を採択した。それで、武装割拠を実行し、国民党と軍閥とが混戦を行うチャンスを掴んで敵の統治が貧弱な地域に一連のソビエト根拠地を建設し始めた。それらの根拠地は蒋介石の攻撃を受けて一度は無くなったものの、紅軍長征の際、新たな地域をどんどんと切り開き、抗日戦争中に多大に拡充させることで、抗日戦争後には中国の大部分の地域をカバーできるようになった。

次に、中国の辺境地に対する20数年間の統制において、蒋介石の中央政権には有名無実なものが多かった。1928年6月、新疆省長の楊増新は国民政府を擁護するとの電報を出し、名義上では1949年まで国民党政府の統治を受るとなっていたが、実質的には1944年8月まで楊増新、金樹人、盛世才等の軍閥によって完全にコントロールされていた。彼らは表向きには中央政府に従い、中央政府の「認定」をもらっていたが、実際には新疆の地理的な形勢を利用して割拠し、その地域で権勢を誇っていた。1944年9月、朱紹良を派遣して新疆省の主席に任命する

ことで、国民党は新疆に対する本当の統治権を手に入れた。[1]国民党政府はチベットの領土主権に対して一度も手放したことはないが、英帝国主義の絶えない浸透、干渉、侵略により、チベット地方政府は中央政府の統治に対してどっちつかずの態度を取っていた。抗日戦争初期、熱振摂政の率いるチベット地方政府は中央政府との関係を改善しようと努力した。しかし、1941年、イギリスの策動による親英派の中央権威への挑戦を切っ掛けに、イギリスはチベットに対する侵略に拍車をかけ、中国主権に対する重大な脅威となった。[2]

　抗日戦争の後から中国大陸の統一は猛スピードで展開された。1946年、国民党と平和的な形で民主連合政府を作り上げようとした折衷案が失敗に終わり、中国共産党は国民党の発動した内戦を蔣氏王朝を葬る人民解放戦争に転換させた。それで、3年間の内戦を通して国民党の軍隊を破り、新中国を打ち立てた。その後、次々と新疆とチベットの解放に成功した。1949年9月末、新疆の国民党軍・政の首領である陶峙岳と包爾漢は次々と電報で蜂起を宣布し、10月20日に人民解放軍の王震部隊がウルムチへ進駐して新疆を平和的に解放した。また、翌年の10月、人民解放軍はチベットへ進軍し、チベット進出において戦略的に重要な都市である昌都を開け広げた。1951年5月23日、北京で中央人民政府とチベット地方政府の代表は交渉し、平和的にチベットを解放するための「十七条協議」に署名した。10月、解放軍はラーサへ進駐し、中国大陸全体は解放された。

　アヘン戦争後、香港とマカオは西方列強の植民地と転落した。適切な帰還と台湾問題を解決するため、鄧小平は「一つの国家、三つの制度」方針を提示した。中国はその方針に基づき、イギリスとポルトガル政府

1．黄建華『国民党政府の新疆政策研究』民族出版社、2003年、3頁。
2．京師範大学歴史学部編『中国現代史』（下）、北京師範大学出版社、1983年、176頁。

4. 結束力の統合および基礎の更新　　　　　　　　　　　695

と会談を重なり、最終的には協議に達成した。1997年7月1日と1999年12月20日、香港とマカオはそれぞれの過渡期を終え、正式に祖国に帰還された。

　中国大陸の解放と香港およびマカオの帰還をもって中国は空前の統一を実現し、中華民族政治分割にけじめをつけた。

（2）階級対立の解消および利益の調和

　旧中国社会では階級矛盾および対立が十分深刻であった。『毛沢東選集』第一巻の最初の文章は、「中国社会各階級の分析」から始まり、毛沢東はそこで経済的地位と革命への態度から中国の階級を次のように分類していた。地主階級および買弁階級、中産階級（主に民族資産階級を指す）、小資産階級（例えば、自作農、手工業者、小知識階層等）、半プロレタリア、プロレタリアおよび半遊民無産者。その中で、地主階級と買弁階級は帝国主義に属し、一番立ち後れた反動的な生産関係を代表し、社会の搾取・圧迫者である。一方、半プロレタリア、プロレタリア、遊民無産者と一部の小資産階級は社会の中で圧迫を受ける側であり、彼らと地主階級・買弁階級は対立した二種類の階級を構成している[1]。

　しかし、中国社会の経済、政治的構成の変化に伴って、20世紀30年代から国民党統治集団は国家権力を背負い、北洋軍閥政府時期の官営資本を受け継いだ。それで、蒋介石、宋子文、孔祥熙と陳立夫、陳果夫等の四大家族をはじめとする官僚資産階級が発展した。抗日戦争および戦後、その階級は政治・軍事的特権の利用、全国人民に対する搾取、在中国日本資本の没収を通して自分たちの経済力を拡大し、全国の各労働階級および民族資産階級と対立する勢力になった。したがって、帝国主義と中華民族との矛盾以外に、官僚資本主義、封建主義と人民大衆の矛盾

1．毛沢東「中国社会各階級の分析」、『毛沢東選集』第一巻、人民出版社、1991年、3－9頁を参照せよ。

は中華民族内部における階級分裂の主な内容となった。抗日戦争の勝利によって民族矛盾はある程度薄れ、こうした矛盾が浮き彫りになった。例えば、1947年2月18日の『解放日報』では、「現在の国民党の統治地域において、フランス紙幣の価値が急速に下落し、物価が急騰している一方、アメリカのドルと黄金の価値は急騰している。各都市はこのような光景に巻き込まれ、市場は極めて混乱であり、中小資本家たちは続々と破産している」、「不完全な統計によれば、上海、武漢、広州など20カ都市で2万7千に及ぶ工場・商店が倒産し、物価急騰は抗日戦争以前の万倍以上になっている[1]」と報道した。以上は都市部の状況であった。農村部においては、同じ年、土地改革を行っている晋察冀辺境地で開かれた農民協会臨時代表大会の中で「農民に告げる書簡」を発表した。

> 地主は私たちの共同の敵であり、彼らは長い間、私たちの血を飲み、肉を食いながら搾取してきた。彼らは穀物の貸出や高利貸で膨大な利益を得ただけでなく、財産を独占し、人を切り殺して金品を奪い、婦女をレイプし、権力を笠に着て人を苛め、人を殴ったり罵ったりするなど、無悪不造であった。……私たちは毎年、彼らのために力を出しているが、家も土地もなく、飢餓からも脱出できず、子供まで売っている。しかし、こうした苦情を訴える相手もおらず、先祖代々搾取され、現状から抜け出せない[2]。

以上のような階級圧迫は必ず強烈な抵抗に繋がった。具体的に、1921年の中国共産党の成立から大陸が解放される1950年までの29年

---

1. 魏宏遠編『中国現代史資料選集』(5)、黒龍江人民出版社、1981年、149－152頁、『解放日報』(1947年2月18日) から再引用。
2. 魏宏遠編『中国現代史資料選集』(5)、黒龍江人民出版社、1981年、220頁、『晋察冀辺境地農民協会臨時代表大会での「農民に告げる書簡」』(1947年11月10日) から再引用。

4．結束力の統合および基礎の更新　　　　　　　　　　697

間、記録に残っている革命蜂起は全国で一千回を上回っていた。その中
には、中国共産党が指導した蜂起も人民群衆による自発的な抵抗もあり、
参加者何十人の小規模の蜂起から何十万人が参加した大規模の蜂起まで
様々であった。[1] それらの蜂起は、「三つの大山」の圧迫に対する勤労大
衆の激烈な反抗の反映であり、中国社会の分裂、民族結束力の貧弱に対
する直観的な反映でもあった。

　中国民主革命の完成は帝国主義の統治を徹底的に覆し、経済基礎から
階級の圧迫と搾取を取り除くことで階級対立の根源を無くした。解放戦
争（内戦）の真中、中国共産党は各地の解放区で、封建搾取制度の根絶
を目標とする土地改革運動を実行した。全国解放後、3 年くらいの時間
をかけて一部の民族地域を除いた全国範囲で土地改革を完成した。それ
と同時に、人民政府は国家権力をもって官僚資本と帝国主義の在中資本
を没収し、それらを新中国の国営経済の主要部分にした。一方、民族資
本主義と個人の小規模資本は、国家資本主義の様々な形を通して農村合
作化運動と共に社会主義的な改造を完成した。1949 年から 1956 年の間、
中国の階級構造は経済基礎の変革に伴って根本的な変貌を遂げた。具体
的に言うなら、官僚資産階級は打倒され、地主階級と資産階級も基本的
に消滅された。また、広範な農民およびその他の自営業労働者は社会主
義集団労働者となり、労働階級は国家と社会の指導的な主力となった。
以上のような新民主主義から社会主義への転換は、階級と搾取制度を消
滅しただけでなく、階級対立と社会分裂の経済基礎も取り除いた。それ
で、中華民族における階級分化の離散的な傾向は無くなった。

　しかし、社会主義改造を完成した後、中国で消滅していたはずの階
級対立が「左」的誤り思想の指導によって再度問題視し、拡大された。
1957 年の「反右派闘争」、1962 年以降の階級闘争に対する強調から
1966 年の「文化大革命」に至るまで、中国の階級意識と人為的な「階

1．張東輝他『中国革命蜂起全録』解放軍出版社、1997 年、2 頁。

級闘争」は極大化された。改革・開放後、中国は人為的な階級対立を徹底的に放棄し、古い階級痕跡も段々と忘れ去られていた。しかし、市場経済の推進と社会分配格差の顕著化は、中国社会に新たな階級あるいは階層分化を発生させた。そのような分化は職業を基にしているが、富とその他の社会資源の再分配のアンバランスは明らかであった。歴史上、すべての「左」的誤りは中華民族の結束力に多大な損害をもたらした。

　また、現在の不均等な社会分配も未来の中国社会安定に重大な影響を与えるに間違いない。しかし、「左」傾の誤りによる階級対立はあくまでも人為的な政治分野であるため、階級対立の経済基礎は存在しない。したがって、「左」的誤りが訂正されると人為的な対立も自動的に無くなり、中国社会により大きな分化をもたらすことはなかった。改革・開放以降における格差の広がりは、現代化の発展過程での正常な反映であり、先に一部の人々・地域を豊かにするという我が国の非均衡的な発展戦略を実現するための必然的な過程でもあった。要するに、現代化の推進と社会的物質条件の蓄積に伴い、先に豊かになった者（あるいは地域）がそうでない者（あるいは地域）を援助し、共同裕福という社会主義の発展目標を達成できるのである。さらに、新中国の成立以前の階級対立とは本質的に異なるため、解決済みの中華民族の内部結束力を動揺させる必要まではない。

(3) 平等と団結を主流とする民族関係の推進

　中国は多民族国家として各民族の政治・経済・文化の多様性、複雑性を有した。したがって、そのような状況により、民族関係は中華民族結束力の内部整合の極めて重要な要素となった。20世紀の中華民族結束力の絶え間ない増強と民族関係の全体的な改善はシンクロナイズしてきた。また、民族平等と民族団結はまさにそのような改善を主導する基本的な理念であった。

　孫文の民族主義における二つの重要な内容の一つは、民族の一律平等

4．結束力の統合および基礎の更新　　　　　　　　　　　　699

であった。辛亥革命後、彼が発表を支持した臨時憲法の性質を持つ「中華民国臨時約法」には、「中華民国は中華人によって構成される。……中華民国の人民は一律平等であり、種族や階級、宗教による差別はない[1]」と定めていた。孫文は後の中華民国政府を指導することができず、実際にその臨時憲法が実行されたこともなかった。しかし、当時の袁世凱、彼以降の北洋軍閥の各政府は、各々の制定した「憲法」や正式的な文書の中で孫文のこの原則を変えることはなかった。蒋介石は政権を取ってから一歩進んで、「今、幸いにも軍閥の悪勢力は滅ばれ、中国国内の民族はお互いに愛し合い、三民主義の基で団結した。それで、外来帝国主義の目的達成のためのルートを完全に排除した。本党は誠意を込めて三民主義と民族主義を基に、漢、満、蒙、回、蔵人民との密接な団結を通して力強い国族を構成し、国際的に平等な地位を勝ち取りたい[2]」と断言した。国民党は繰り返して「国内の各民族団結」、「漢、満、蒙、回、蔵各地の同胞を一致団結させて国辱を洗い、国の基盤を打ち立てること」を強調した。また、1945 年 5 月 18 日、国民党第六次全国大会では、「三民主義政治綱領に基づき、各民族の民族地位を求める権利を明確に承認する議案[3]」を可決した。以上のような内容は、辛亥革命の後から人々が民主・自由・平等・共和などの進歩的な思想の影響を受けて来たことの裏付けでもあった。また、実質的に不平等な政策を実行してきた旧中国において、政治の中心部を占めている各勢力も民族平等・団結を自分たちのスローガンとしていた。

　しかし、大民族主義思想の支配や政権集団の階級制約のため、北洋軍

1．中国第二歴史档案館編『中華民国史档案資料集』（二集）、江蘇人民出版社、1981 年、106 頁。
2．栄孟源編『中国国民党歴代代表大会及び中央全体会議資料』（上）、光明日報出版社、1985 年、646 頁。
3．栄孟源編『中国国民党歴代代表大会及び中央全体会議資料』（下）、光明日報出版社、1985 年、966 頁。

閥政府にしても国民党政権にしても、真の民族平等政策の展開、民族団結を実現することはできなかった。中国共産党だけが中国の革命、建設、改革の中で民族問題を解決する際の理論や実践に力を注いでいた。1931年11月、中華労農ソビエト第一次全国代表大会で可決した「中華ソビエト共和国憲法草案」では、ソビエト政権範囲内の法律において、民族と宗教の信仰に関係なく誰でも一律平等であると定めた。中華ソビエトの任務を、「弱小民族が帝国主義、国民党、軍閥、王公、ラマ、土司などの搾取や統治から脱出し、完全なる自由を獲得することを支援する[1]」ことであると定めた。以上のような原則に基づいて、中国共産党は長い間、中国の民族問題を解決し、民族平等を実現するための方法を模索して来た。

　中華人民共和国成立後、中国共産党は全面的に民族平等、民族団結を実現するための様々な政策の実行に努めた。全国範囲で民族調査と民族識別作業を行い、大量の少数民族幹部を育成することで法律や政治における少数民族の平等な地位を確立した。それと同時に、少数民族に対する差別や侮辱の意味を持つ一切の呼称、地名、碑石、額縁を禁止あるいは訂正、整除した。さらに、慰問団や事業団などを派遣して少数民族地域を訪問し、政策を宣伝した。一方、少数民族の代表を北京へ招き、その他の地域との交流あるいは見学の機会を提供した。その後、少数民族地域の様々な経済や民族関係の特徴に沿った「慎重で安定した発展」といった方針を貫徹した。また、民族改革を通して少数民族を搾取する様々な制度的な要因を廃除し、社会主義改造をもって各段階におかれている少数民族を社会発展段階へと飛躍させた。以上のような事務を通して、少数民族たちを経済や政治面で立ち上がらせ、歴史が遺した様々な民族矛盾、恨み、壁を段々と瓦解することで平等、団結、助け合う社会主義的な民族関係を確立した。

1．「中華ソビエト共和国憲法大綱」、中国共産党統戦部編『民族問題文献集』中国共産党中央党校出版社、1991年、166頁。

4. 結束力の統合および基礎の更新 *701*

　「左」的誤りは曽て多大に我が国の民族関係を傷つけたが、平等と団結の基盤は動揺することがなかった。ゆえに、改革・開放後、訂正を加えたことで迅速に経済建設を中心とする健全な方向へと向かうことができた。少数民族と民族地域は、20年あまりの発展を経て大きな変化を成した。例えば、経済、文化、教育、科学技術、衛生、体育などの社会事業は全面的な発展を遂げ、全体的な人民の生活レベルは全国の他の地域と共にある程度裕福な水準に達した。少数民族と民族地域の凄まじい発展状況は、我が国の民族団結、国家安定に頑丈な基幹を提供してくれた。少数民族地域は改革・開放後、その薄弱な発展基礎と国家のマクロ発展政略の影響によって、東部の発展地域と格差が益々広がる傾向を見せていた。また、市場経済の普及と共に各民族間の交流機会、それによる文化・慣習における摩擦も増加しつつあった。しかし、中央政府は20世紀90年代の半ばから様々な措置を講じて、少数民族の集中している西部地域経済発展の加速化に全力を尽くした。それで、発展格差の広がりを抑制し、新たな情勢の下で浮かび上がってくる様々な問題の解決に努めた。したがって、改革・開放後における中国民族関係にはいまだに様々な矛盾は存在するが、全体的には安定的な状況を保っている。つまり、「全国各民族が国家と社会の主人公となり、真に自己運命の決定権を掌握し、各民族人民の利益上の一致を実現した。これは、各民族の大団結、各民族人民の共存、共同の運命、一心同体の堅実な根幹である[1]。」これ以外に、各民族間の関係を打ち固めた要因として以下のような2つの要素を挙げることができる。

　まず、中国各民族の間の意気投合の更なる開進を挙げることができる。比較的に頻繁な民族間の通婚は中国歴史上常に存在していた現象であり、

---

1. 江沢民「中央民族工作会議及び国務院第三回全国民族団結進歩表彰大会での講演」、『中央民族工作会議及び国務院第三回全国民族団結進歩表彰大会公文書集』人民出版社、1999年、3頁。

改革・開放後からはさらに普遍的な現象となった。都市部において家族
成員が2つ以上の民族で構成されている家庭は数多く存在し、少数民
族の集中した農牧区域でも通婚現象は増えつつあった。例えば、内モン
ゴルのエヴェンキ族自治旗では、エヴェンキ族とモンゴル族、ダフール
族、オロチョン族、朝鮮族、漢族の通婚家庭の割合は80年代の
24.39％から90年代の47.92％に上昇した。その中で、エヴェンキ族と
漢族の通婚は全体通婚の52.18％を占め、内モンゴルと黒龍江省のオロ
チョン族の異民族との通婚率は46.57％であった。また、黒龍江省のホ
ジェン族の異民族との通婚率は70.4％も占め、その中でも20－39才
の異民族との通婚率は80％以上であった。福建省の一部シェ族は漢族
との交流も少なかったが、80年代の後期から40歳前後の人々と漢族の
通婚は普遍現象となり、一部村においては異民族との通婚率が60％以
上に達した。1990年、少数民族が比較的に多く集中している貴州省と
雲南省で、漢族と通婚した少数民族家庭はそれぞれ該当省全体の8.8％
と7.2％を占めたが、このデーターには夫婦2人とも少数民族である異
民族通婚家庭は含まない。1982年から1990年までの8年間で、モン
ゴル、チベット、ウィグル、ヤオ、リ等の民族の人口は異民族との通婚
（該当民族の男性とその他民族の女性との通婚に限る）を通して20％前
後も増えた。[1] 全国的に見るなら、1990年における異民族間の通婚家庭
は全体の2.7％、2000年現在は3％と上昇した。以上のような異民族間
の通婚率は20世紀70年代のロシア、20世紀末のアメリカを超えたこ
とになった。[2] 要するに、異民族間の通婚率の増加は明らかに民族関係開
進のバロメーターとなっていた。

　次に、しっかりとした相互依存的な経済連携を挙げることができる。

1．楊荊楚「現在中国における民族間交流」、方素梅「民族間通婚の詳細」、『民
　族団結』第12期、1995年。
2．馬戎編『民族社会学－族群関係に関する社会学的アプローチ』北京大学出
　版社、2004年、454頁。

4. 結束力の統合および基礎の更新　　　　　　　　　　　　　　*703*

中国は様々な地理的地域が一体化されたシステムであり、各々の地域は広く分布され、物や気候も様々であるため、経済様式も文化的な習慣も異なっていた。以上のような状況は、中国が多民族国家となった地縁的な要因であり、各民族が相互依存関係を保たなければならない原因でもあった。例えば、「茶馬互市」は漢族を中心とした中国古代の農業民族と牧畜民族の典型的な経済交流様式であった。社会主義市場経済の推し進めは漢族と少数民族、各少数民族間の相互依存的な経済関係の拡大と深化をもたらした。漢族地域の発展は少数民族地域の豊富な資源と市場を必要とし、少数民族地域の発展も漢族地域の資本や技術および人力の支援から離れることができなかった。また、各少数民族の間の経済構造、資源、市場なども互いに依頼関係を持っていた。したがって、いわゆる「三つの離せぬ」—漢族は少数民族から離せぬ、少数民族は漢族から離せぬ、少数民族は互いに離せぬ—は決して空論ではなく極めて実質的な内容であった。

　20世紀、中華民族の内部結束力の整合や増加の原因として、政治的統一の実現、階級や階層間の対立の除去、民族関係の強固などの要因以外に、社会主義経済システムの建設も無視できない。高度な中央集権的国家システムによる自給自足の小作農経済の閉鎖性によって、中華民族の伝統的な結束力が形成され、それは高度な拘束力を持つ儒教思想とそこから派生した社会倫理や政治文化によって維持された。小作農経済が持っている中心離れの傾向は、国家権力と高度な倫理や文化的強制性によって克服された。中国において、資本主義経済は20世紀に入ってから徐々に成長したが、中華人民共和国の成立後には、民主改革と社会主義改造を通して社会主義公有経済を中国経済の主体とした。計画経済には生産関係が生産力発展水準から離脱する弊害もあったが、「計画」を通して地域や民族を繋げることで中国の社会化を多大に推し進めた。新中国の成立初期における中国の人口流動は激しく、平均的な移住率は40％であった。1954年から1957年までの間、移住人口の数は約2.05

億人で、年間平均的に 5,100 万人を上回る人々が移住した。当時の移民は基本的に、資源開発に伴う新工業基地の拡大、荒地の開墾などが主流であった。また、東北、西北、華中、華北の古い工業基地の拡大と新工業基地の建設等は、東部沿海都市の古い工業都市から新しい基地への大量の労働者、科学技術者及びそれぞれの家族などの移住者を生み出した。50 年代、甘粛省だけに 127.55 万人、北京 (1950 − 1957 年) には 87 万人が流入し、それぞれの平均移住者は 12.7 万人と 27.1 万人であった。また、1952 − 1958 年に開墾目的で黒龍江省へ流入した人口は 63,690 世代、379,755 人であった。[1] 改革・開放後、社会主義市場経済の普及に伴って、市場的な要因は中国全体を繋げ、人口、資本、商品、情報を互いに交流、浸透させた。その結果、地域間、民族間、様々な社会階層間の流動は余儀なくオープンな状態に置かれるようになった。全国第五次人口普遍調査によれば、2000 年の中国の流動人口は 1.2 億人に達した。全国範囲の人口流動に伴い、各民族の分布も広くなった。例えば、31 カ省、市、自治区における民族構成の平均値は、第四次全国人口普遍調査の 34.56 から 53.87 に上昇して、56 の民族の 96.2 % を占めた。全国で 56 の民族すべてを有する地域は 1 カ所から 11 カ所に上昇して、31 の地域の 35.5 % を占めた。つまり、多数地域における民族人口の構成に変化が生じ、とりわけ雑居地域の民族構成と少数民族人口は増える傾向を呈していた。[2] これは中国の民族構成が「小集居」から「大雑居」状態への変化を意味した。同時に、中国の各地域と各民族が市場経済によって増々緊密に連携しており、80 − 90 年代から迅速に推し進めてきた「グローバル化」がまず中国の国内で「一体化」を実現したことを意味した。これは中華民族の伝統結束力から現代結束力への転換過程における最も本質的な再構築であった。このような再構築により、中華民族

1．李立志『変遷と再建− 1949 − 1956 年の中国社会』江西人民出版社、2002 年、17 − 21 頁。
2．周方「『五普』における少数民族人口の解読」、『中国民族』、第 9 期、2003 年。

の結束力は現代の社会主義市場経済と繋がり、強大な物質的な基礎を獲得することができた。

5.五・四運動から抗日戦争の間の民族結束力

20世紀の中華民族結束力の増強は具体的な事件によって具現化されるが、民主革命時期にはとりわけ「五・四運動」、第一次大革命、抗日戦争などにそのような「事件」が集中していた。

（1）「五・四運動」から第一次大革命時期

20世紀初頭から辛亥革命の前後、「中華民族」意識は深刻な民族危機と現代民族観念の輸入によって中国社会に広まった。辛亥革命の失敗と北洋軍閥の権謀によって中華民族の政治統一、強国と富民の夢は再び破滅されたが、「五・四運動」と第一次大革命は愛国主義を基にして中華民族の精神や結束力を誇示した。

第一次世界大戦終戦の翌年である1919年1月、27の戦勝国が参加したパリ講和会議が開かれた。中国は戦勝国として会議に参加し、中国における列強たちの特権を取り消し、大戦中ドイツから日本に移った山東での様々な特権を中国に返還するよう求めた。しかし、英、米、仏、イタリア、日などの帝国主義大国によって操作された会議は、中国代表の要求を聞き入れず、山東でのすべての特権を日本に付与すると決めた。会議期間中、中国の様々な地域で群衆集会が行われ、列強による不当な分け方に講義した。山東における日本の特権が決められた4月30日、中国各地域の抗議活動は迅速にエスカレートした。5月4日、北京の13カ所の学校の3,000人を超える学生たちは天安門前で、「国外では国権を勝ち取り、国内では国賊を処罰しよう」、「講和会議へのサインを拒否しよう」、「日本商品をボイコットしよう」などをスローガンにデモを行った。また、ビラを散布し、投降に加担した外交官・曹汝霖の住宅

を焼却し、章宗祥に痛撃を加えた。翌日、北京の専門学校以上の学生たちはストライキに入り、19日からは中学校以上の学校がストライキに入った。一方、中国政府による鎮圧にもかかわらず、抗議活動は迅速に中国全体に広がった。

20世紀の中華民族結束力の有力なディスプレーとして「五・四運動」を注目するのは、以下のような根拠に基づいている。

まず、五・四運動はその規模が大きく、全国各界、各民族人民の積極的な参与や支持を得ただけでなく、意義深い影響力を発揮した。北京から発起した五・四運動の影響で、天津の学生たちの呼応を初めに、済南、上海、武漢、長沙などの全国各地でも類似の活動を展開した。また、在日本、フランス、東南アジアなどの留学生たちも国内の学生運動を支援してくれた。6月3日から、労働者階級も闘争に加担して運動の主力となることで、五四運動は新たな段階に入った。6月5日、学生に対する北洋軍閥政府の大規模の鎮圧に抵抗して上海の労働者たちがストに入った。紡績工場労働者から始まったストは印刷、機械、電車、海員、鉄道、煙草、マッチなどの工場に広がり、鍛冶屋、塗師、道路の清掃夫、馬車夫などの様々な分野の人々が参与することになった。6月10日、上海以外の北京、唐山、杭州、九江、天津、済南などの労働者たちもストあるいは抗議活動に参加することでストライキは高潮に達した。17日、北洋軍閥政府は電報で「講和会議」の代表に「サイン」するよう命じ、全国人民の更なる怒りを買った。それで山東、長沙、上海、北京などでは万人大会、デモなどが行われた。一方、パリの中国代表は国内からの「サイン拒否」電報を7,000通も受けた。[1]

五・四運動が中国内陸だけでなく、数多い少数民族の人々から積極的な呼応や支持を得たことは意味深い。北京と天津で勉学中のモンゴル族青年たちは該当地域の愛国運動へ積極的に参加した。例えば、天津の馬

1．彭明『五・四研究―彭明文集』河南大学出版社、1994年、44頁。

5.五・四運動から抗日戦争の間の民族結束力 707

駿と郭隆真などの五・四運動のリーダは回族であり、2人はそれぞれ天
安門デモと女子愛国同志会を組織した。また、直接的に五・四運動には
参加しなかったが、様々な形で反帝国主義闘争に参加した少数民族は数
多くいた。間もなく五・四運動は台湾にまで波及し、知識人たちは
1919 年から毎年、啓蒙会、台湾新民会、台湾文化協会を立ち上げ、幅
広い反日闘争を展開した。[1]

　以上のように規模が大きく、幅広い社会階級・階層と民族が参与した
五四運動は、まさに全民族運動であった。「五・四運動」の勢いに励ま
された青年毛沢東は、「中国の長城から渤海までの間で五四運動が勃発
した。運動は黄河から長江、黄浦江のように南へ進み、無数の戦闘が行
われた。運動の勢い如く洞庭湖、閩江も激昂し、それに驚いた邪悪なも
のは逃げ出した[2]」と当時の感想を描いた。北洋軍閥政府は全国民衆の断
固たる闘争と圧力に負け、結局「調和条約」にサインすることをあきら
めた。それで五・四運動は直接闘争の目標を達成し、勝利を収めた。

　次に、五・四運動は徹底的な反帝国主義、反封建の愛国運動であった。
辛亥革命と新文化運動は闘争の目標を反封建主義に限定したが、五・四
運動は矛先を帝国主義列強と中国の売国政府に向けた。運動期間中の学
生と商人が掲げたスローガンはそれぞれ、「国外では国権を勝ち取り、
国内では国賊を処罰しよう」と「亡国に直面し、営業する気などない」、
「日本商品をボイコットし、国産を提唱しよう」であった。李大釗は運
動を引率する文を借りて、「私たちが山東をめぐるヨーロッパの利益分
配会議のやり方に反対することは狭隘な愛国主義ではなく、侵略主義お
よび強盗行為に抵抗することである」と運動の性質について指摘した。
さらに、「日本がいまだに侵略主義的な行動をもって世界を横行してい

1．李新他編『中国新民主主義革命時期通史』第一巻、人民出版社、1962 年、
　112 － 113 頁。
2．毛沢東「民衆大連合」、『湘江評論』第 4 号。

るのは、現在の世の中自体が強盗たちの世界であるからだ。したがって、山東を奪おうとする国だけが私たちの敵であるのではなく、世界中のすべての強盗集団および秘密外交などの強盗行為は皆私たちの敵である[1]」と抵抗の対象について定めた。まさに毛沢東の指摘通り、五四運動は「反帝国主義、反封建主義運動として、辛亥革命にもなかった徹底さと不妥協性にその歴史的な意味[2]」があった。さらに、帝国主義、封建主義への徹底的な反対は、中華民族の近代歴史使命の自覚、アヘン戦争以降における新民主主義革命への転換を意味した。したがって、中華民族精神と結束力に対する五四運動の役割は、その規模だけでなく、歴史的な影響力と革命性質にも現れていた。

　五四運動後、マルクス主義の普及と中国共産党の成立は中国の反帝国主義、反封建主義の革命運動に新たな生気をもたらした。様々な階層、階級、地域が革命に参加して戦ったことは中華民族結束力の強化を意味した。

　1921年、中国共産党は成立と共に労働運動を中心的な使命とする様々な組織を立ち上げ、1922年から1923年までの第一次労働運動の高潮を迎えた。香港の海員たちのデモをはじめとして全国各地の労働運動を展開し、第一次全国労働大会を経て新たな革命の主導力と成長した。

　1924年、中国共産党と孫文の指導する国民党の合作によって中国革命統一戦線を形成し、中国革命を更なる段階へ導いた。孫文は北洋軍閥政府の「北京政変」を利用し、「国民会議運動」を通した民主政府の創設運動を展開し、軍閥統治を覆すことに努めた。中国共産党は孫文の活動を支持し、全国範囲で国民会議を開き、不平等条約を廃除する人民運動を組織した。それで、年末には中国共産党と孫文の主張に対する上海、南京、広州等各地人民の合意を引くことに成功し、国民会議促進会を立ち上げた。さらに、工、農、学、商、婦人、青年など様々な階層の参与

1．李大釗「秘密外交と強盗世界」、『李大釗選集』人民出版社、1959年、212－214頁。
2．毛沢東「新民主主義論」、『毛沢東選集』第二巻、人民出版社、1991年、699頁。

5. 五・四運動から抗日戦争の間の民族結束力 709

や支持を基に、1925 年 3 月、北京で両党が提唱する国民会議促進会を
開き、200 人余りの会議代表が 20 に及ぶ省、120 に及ぶ地方の社会各
階層を代表して参加した[1]。軍閥勢力の妨害によって国民会議運動は成功
に至らなかったが、全国的な革命運動を多大に推し進めた。

国民会議運動が行われた時期、中国の労働運動も再度盛り上がった。
1925 年の初頭から 5 月の間、上海、青島、北京などの都市では数百人
から数万人規模の様々なデモが行われた。労働者ストライキの深化と共
に、労働者に対する中外資本家たちの鎮圧もエスカレートした。例えば、
5 月 30 日、上海の 2,000 人に及ぶデモ、講演隊が射撃され、数十人の
死傷者を出した。この事件をきっかけに、全国各地の様々な人々が闘争
に参与することになり、海外の華僑や留学生たちも様々な形で国内闘争
を支援した。上海労働者支援デモの中で、香港、広州沙面租界の労働者
は 6 月 19 日と 21 日にそれぞれ数十万人規模と 16 カ月に及ぶ「省港大
スト」を展開し、多大に「五・三〇運動」の影響を広げた。「五・三〇
運動」と「省港大スト」の闘争の標的は直接海外列強に向けられ、帝国
主義も中国労働者の鎮圧に加担し、中外民族矛盾は再度厳しい状況に達
した。

1926 年 7 月 1 日、労働者・農民運動の高揚に励まされた広東国民政
府は、北洋軍閥の統治を覆すことを目的とする北伐宣言を発表した。広
東から出征した国民革命軍は半年の内に湖南、湖北、福建、江西、浙江、
安徽、江蘇などを占領し、呉佩孚と孫伝芳を打ち破ることで北洋軍閥統
治を終わらせるための基礎を築き上げた。それで、大革命は北伐戦争に
おける軍事上の勝利をもって最高潮に到達した。

1919 年の「五・四運動」から 1927 年の北伐戦争の勝利までは、中
国新民主主義革命の第一波であった。この段階において、革命に参加し

---

1. 李新他編『中国新民主主義革命時期通史』第一巻、人民出版社、1962 年、
   204 − 211 頁。

た勢力の構成、動機は様々であったが、労働者・農民を基本とする民衆聯合を実現し、中国の政治的未来を代弁する両党合作の統一戦線を結成した。さらに、この時期の民衆連合の旗幟は、反帝国主義の愛国主義であり、闘争の性質は、中国の主権と民族利益に対する帝国主義列強の侵害、帝国主義の利益を代表する北洋軍閥政府と中外資本家の人民大衆に対する鎮圧によって引き起こされた民族抵抗運動であった。中華民族の結束力はまさに以上のような抵抗の実践から形成され、増強された。

(2) 抗日戦争時期

　日本の侵略は中国に多大な災難を与えた。日本軍は「九・一八」後、国民党政府から大部分の重要な都市を奪い取る過程で中国に数千億ドルの経済損失と 3,500 万人の死傷者を出した。それで、歴史上もっとも野蛮で残酷な犯罪を犯した。

　前代未聞の民族危機に直面し、「中国人民は不撓不屈の意志で、時代遅れの武器をもって経済実力や軍事設備に優れた強大な敵を勝ち抜いた。それで、半植民地の弱国が帝国主義の強国を打破する奇跡を創り出し、百年の屈辱を洗い流した。[1]」また、抗日戦争も近代以降、中華民族の結束力を多大に増強させた。まさに、「抗日戦争は中華民族大団結のシンボルであり、中華民族の生命力、結束力、戦闘力に対する試練であった。中国人民の巨大な民族覚醒と民族団結は戦争の勝負と行方を決定づけた。[2]」

　中国共産党は民族戦争の中流の砥柱として、「九・一八」事変後には抗日救国の目標を掲げて時局の変化に伴う闘争戦略を試み、第二次国民党と共産党の合作を提出・実現させることで抗日民族統一戦線の結成を

---

1. 江沢民『首都各界抗日戦争記念及び世界反ファシズム戦争勝利 50 周年大会での講演』(1995 年 9 月 3 日)、人民出版社、1995 年、4 頁。
2. 江沢民『首都各界抗日戦争記念及び世界反ファシズム戦争勝利 50 周年大会での講演』(1995 年 9 月 3 日)、人民出版社、1995 年、6 頁。

5. 五・四運動から抗日戦争の間の民族結束力 711

成し遂げた。中国共産党は統一戦線の旗幟の基で、一貫として団結抗戦を主張し、分裂に反対する抗日立場を原則とし、最大限に両大政治勢力の団結と統一を保障してきた。抗日戦争の過程における中国共産党とその指導下の八路軍、親四軍が切り開いた戦場や作戦は数多く、大量の敵を殲滅することで抗日戦争の全体局面を左右する決定的な要因となった。

蒋介石をはじめとする国民党当局は自分たちの階級や集団の利益から出発し、民衆を発動した全民抗戦を実行しようともせず、様々な口実をもって共産党に対する制限、排除、打撃に努めた。しかし、彼らは最後まで抗日の立場を切り捨てず、自分たちの軍隊を指導して正面作戦を展開し、抗日戦争の勝利に同じく重大な貢献をした。第一次国内革命戦争期と同じく、国民党と共産党の合作は中国民族民主革命勝利の基礎となり、中華民族団結の重要なシンボルとなった。

抗日戦争はほぼすべての民族を動員した人民戦争であった。ごく少数の人々とグループを除き、抗日民族統一戦線は幅広い労働者、農民、都市部の小資産階級と民族資産階級を受け入れ、大部分の中小地主および親英米の大地主、大資産階級もそれに含まれた。

その中で、青年学生たちは最も敏感で、最初に動員に応じた陣営であった。「九・一八」事変後、彼らは絶え間ないデモをもって侵略に抵抗し、人民および国民党政府の対日作戦を推し進めた。1935 年の「一二・九」運動は華北への日本の政治的浸透を遅らせただけでなく、農村部での抗日宣伝を通して全国範囲での抗日民主運動の高潮を促した。労働者階級は闘争の最前線に立ち、主には労働者集会とストを実行し、義勇軍を組織するなど、実際の行動をもって抗日闘争に参加した。愛国的な工・商業者たちは日本製品のボイコットをもって抗日救国のブームに参与し、作家などの文人たちは文学、歌曲、映画、美術などを通して民族精神を歌い、人民の闘志を励ました。農民たちの覚悟は一番遅かったが、物心両面から抗日戦を支援し、彼らの合流をもって中国の抗日戦争は真の人民戦争となった。また、海外の 1 千万人におよぶ華僑たちも

祖国の運命に感心し、東南アジアとヨーロッパ、アメリカのニューヨークなどでそれぞれの団体を組織し、1940年末までに世界各地で649の救国団体を立ち上げた。彼らは幅広い救済活動を展開して祖国を支援し、一部の人々は直接帰国して戦争に参加した。東南アジア、アメリカ、ヨーロッパ地域だけで4万人が帰国して参戦し、祖国のために命を捧げた。[1] 抗日戦争中、各少数民族たちも不撓不屈の民族精神を表わした。モンゴル族、回族、満族、朝鮮族などの民族は漢族と共に抗日武装闘争を展開し、様々な抗日組織を立ち上げることで抗日戦争の中堅力量となった。[2]

抗日戦争はアヘン戦争以降、中国人民が対外侵略戦争で完全な勝利を収めた最初の戦争であった。また、中国の国際的地位を引き上げ、民族精神をかり立てることで中華民族の結束力を強化する精神的な動力となった。

6．新中国建立初期の民族自信

中華人民共和国の成立は中国の半植民地、反封建社会の終結を意味し、中華民族歴史の新紀元の到来をも意味した。こうした新国家政権の誕生は人民を励まし、国家建設から間もない内に成し遂げた巨大な成果は中華民族の更なる結束力のアップへと繋がった。

1949年9月21日、中国人民政治協商会議の第一次全体会議が北京で開かれた。会議の開幕式で毛沢東が公布した以下の内容から中華民族の新たな誇りや自信感を窺うことができる。

1．張憲文編『中国抗日戦争史（1931－1945）』南京大学出版社、2001年、2－3頁。
2．同書、3頁。

6. 新中国建立初期の民族自信　　713

　　私たちの会議は全国人民大団結の会議である。……私たちの事業
は人類の歴史に書き込まれ、それをもって人類の四分の一を占める
中国人が立ち上がったことを示してくれるだろう。……中国人は非
文明であると見なされた時代は過ぎ去り、私たちは高度な文化をも
つ民族として世界に立ち現れるだろう。

　会議には中国共産党、中国国民党革命委員会、中国民主同盟など14
の政党およびその他の人民団体、各民主人士代表など662名（少数民
族代表33名）が参加した。代表たちは臨時憲法の性質を有する「中国
人民政治協商会議綱領」の制定に参加し、民族区域自治を我が国の民族
問題を解決するための基本政策として考案した。
　新中国の成立後、中国共産党と人民政府の指導の下でチベットと台湾
以外の全国解放を実現し、国民経済の回復及び発展を完成した。また、
全国的に土地改革を繰り広げ、過渡期の総路線を制定し、農業、手工業、
資本主義工商業に対する社会主義改造を完成することで、中国人民に輝
かしい社会主義未来像を展示してくれた。
　新中国建立初期、目新しい社会発展を遂げ、中国人民もそこから実質
的な利益を得ることができた。1956年に長春自動車製造工場、瀋陽マ
シン工場、北京真空管工場などを設立し、噴射式飛行機の生産に成功し
た。1957年には武漢の長江大橋が建設され、青蔵（青海からチベット）、
康蔵（四川からチベット）、新蔵（新疆からチベット）道路が開通され
た。1957年の全国工業総生産額は783.9億元で、目標より21％、1952
年より128.3％の増加を見せた。鋼鉄と石炭の生産量は各535万トンと
1.3億トンで、それぞれ建国前の最大値の5.8倍と2.1倍に達した。要
するに、1953年から1957年までの第一次五カ年計画期間の工業生産
実績は、旧中国の100年間の成果より大きかった。一方、人民生活も
著しく改善され、1957年の全国住民の平均的な消費額は102元で、
1952年より3分の1も増加した。また、農民の消費レベルも62元か

ら79元に上り、27.4％増加した。[1]以上のような数値は中国人を十分満足させ、中華民族結束力を引き上げる物質的な基礎となった。

　朝鮮戦争は、中華民族結束力を誇示したもう一つの重大な事件であった。1950年10月、戦争の廃墟から立ち上がったばかりの新中国は、朝鮮に自分の軍隊を派遣し、朝鮮人民と共に世界最大の帝国主義の侵略に抵抗し、平和と正義のために戦った。この戦争を通して新中国の国威、軍威を十分に誇示し、凶暴を恐れない中国人民の平和への願望や決心および中華民族の正気を見せしめ、中国の国際的地位を上げることができた。要するに、中国人民はこの戦争の勝利で民族プライドを高め、戦争の過程で表した愛国的な熱情は民族結束力の多大な動力となった。朝鮮戦争はつまり、中国成立後の最初の反侵略戦争であり、全民族の意志およびエネルギーを動員し、新時代中華民族の精神を表わした重大な歴史的事件であった。

7. 世紀末における愛国主義の高揚

　20世紀、中華民族は3回にわたる巨大な歴史的変化を経験した。つまり、辛亥革命による専制統治制度の覆し、中華人民共和国の成立および社会主義制度の建設、改革・開放以降の中国経済の飛躍を経験した。以上のような巨大な変化は中国社会に大変革をもたらしただけでなく、新たな中華民族精神、民族結束力の増強に新たな動力を提供した。

　1978年から始めた改革・開放は10数年の発展過程を歩み、90年代の半ばから鮮明な効果が出始め、総合国力は大きく向上した。1992年の中国共産党第十四次全国代表大会での江沢民の報告通り、中国共産党第十一回中央委員会第三次全体会議以降、「我が党と人民の鋭意改革と努力によって国中は生気に溢れ、中華大地では偉大な歴史的変化が発生し

1．胡縄編『中国共産党の70年』中国共産党党史出版社、1991年、298－326頁。

7. 世紀末における愛国主義の高揚 715

た。経済建設と人民の生活および総合国力が新たな段階に入った。[1]」また、五年後の中国共産党第十五次全国代表大会の報告の中では、「経済の迅速な発展を実現し、都市と農村住民の収入は毎年平均的にそれぞれ7.2%と5.7%の成長を遂げた」と述べた。以上のような高成長に対する直接的な経験と香港、マカオの返還は、中国人としての民族豪気を刺激した。

中国の特色ある社会主義は、社会主義と中国国情、民族利益を繋ぎ合わせることに重点を置いた。ゆえに、中国共産党の第二・三代の指導者たちは中国の改革・開放と現代化建設の実践における愛国主義の役割を重視した。とりわけ、江沢民などの指導者たちは90年代以降から愛国主義、民族精神、民族結束力、民族的プライドなどを思想教育の主な内容として、以下のように呼びかけた。

我が国の歴史上、愛国主義は一貫として人民を動員し励ます際の旗幟であり、各民族人民の共同の精神的支柱として祖国統一と民族団結、外来侵略に対する抵抗、社会発展の過程で多大な役割を果たしてきた。愛国主義精神の激励によって、我が国と民族は精進を重ね、偉大なる結束力と生命力を維持することができた。[2]

西安事変は人々に貴重な教訓を与えてくれた。その中でも、中華民族を結束させ、中国社会を発展させる巨大な精神的な動力は愛国主義であるという示唆は一番重要である。危機に迫り、困難が多ければ多いほど、中国人民の愛国精神は強い力を発揮した。[3]

中国的特色ある社会主義の建設理論は、社会主義と愛国主義を結

---

1. 江沢民『改革・開放と現代化建設の歩調を速めて前進し、中国の特色ある社会主義事業の更なる勝利を勝ち取ろう』人民出版社、1992年、1頁
2. 1990年5月3日、首都青年五・四運動記念報告会での江沢民の報告である。
3. 1991年12月11日、西安事変55周年記念座談会での江沢民の演説である。

び付けた科学的な理論である。愛国主義および社会主義は中華民族を結束させ、中国の発展を推し進める際の偉大なる精神的な動力である。私たちはその精神を一代一代と受け継ぎ、我が国の独立自主を守り続け、邪悪、圧迫、脅威に恐れず、不撓不屈に偉大な我が民族を振興させなければならない。[1]

　中華民族は強大な結束力と創造力の持ち主として5千年の歴史を有している。偉大なる我が民族の文化は代々と受け継がれ、充実され、創造されつつある。……中華民族の振興はまさに56民族の共同の振興である。私たちは各民族人民の意志を集中し、各民族人民の積極性を動員し、知恵を発揮させ、1つになって改革・開放と現代化建設を推し進めることで中華民族の偉大なる振興を実現しなければならない。[2]

　また、1996年7月26日、江沢民は唐山を視察する際、中華民族と中国人民の結束力や創造力をもって様々な試練を乗り越え、美しい生活を創造できると強調した。

　同時期、李鵬や朱鎔基等の指導者たちも類似した内容を言い出し、1994年8月23日の中国共産党中央の「愛国主義教育実施綱要」を印刷配布することに関する通知では、以下のように明示した。[3]

　愛国主義は一貫として人民を動員し励ます際の旗幟、我が国の社会発展を促す巨大な力量であり、各民族人民の共同の精神的な支柱

1．1993年11月2日、中国共産党中央が組織した『鄧小平文選』第三巻の学習報告会での江沢民の講演である。

2．1994年9月29日、国務院第二回全国民族団結進歩表彰大会での江沢民の講演である。

3．『人民日報』、1994年8月23日版を参照せよ。

7. 世紀末における愛国主義の高揚

であった。新しい歴史の条件下で、愛国主義教育に力を入れ、愛国
主義伝統を受け継ぐことは、民族精神を奮い立たせ、民族結束力を
増強させ、全国各民族人民を団結して中国的特色ある社会主義の偉
業のために頑張ることに対して重要な現実的意味と深遠な歴史的意
味を持っている。

　中国共産党の指導者が愛国主義、民族結束力などの問題に対して集中
的に議論し、中央が愛国主義教育をめぐって様々な指示を出したり位置
づけを行ったりしたことは、中国共産党歴史では皆初めてのことであっ
た。これは中国共産党が国内外の情勢に応じてイデオロギー領域に対す
る重大な調整を行ったことを意味し、中国的特色ある社会主義の建設に
多大な役割を果たした。
　一方、アメリカや日本などの国々による民族感情の刺激など、外部圧
力も民族結束力の増強の要因であった。
　改革・開放は人々に物質的条件の改善だけでなく、思想の解放と開放
をもたらした。門戸開放の最初、発達国家と中国の比較から生じた「差」
は中国人たちに民族劣等感を感じさせ、西洋技術、文化、社会制度への
憧れが発生し、西洋ドリームが広がった。しかし、持続的な経済発展と
総合国力の引き上げによる発達国家との格差の縮小によって、90年代
から以上のような認識は変わりつつあった。中国共産党による愛国主義
と民族結束力の重視は、効率よく中華民族精神をイデオロギーの側面か
ら育んできた。それと同時に、中国に対する西洋国家の牽制による民族
意識の刺激、西洋認識の深化は西洋に対する崇拝を瓦解させ、中国のナ
ショナリズムを高揚させる結果となった。例えば、1996年ベストセラー
となった『ノーと言える中国』と『中米拮抗の青写真』、『中国悪魔化の
背後』、『グローバル化の陰における中国の道』などは皆、そのような心
理的転換をうまく裏付ける内容で構成されていた。
　伝統的なメディアを通した言い表し以外に、インターネットの普及も

民族主義の表出により広い舞台を提供してくれた。一部のサイトは専門的な「議論の場」を開き、それを利用して愛国と民族感情を十分に広げた。その中には、国際関係における民族利益の擁護もあり、国内事業における国家利益の注目もあり、理性的な思考と感性的な排出もあった。学界ではこの種の「ナショナリズム的思潮」の膨張を危惧し、批判を行ったが、そうした言説の主流は愛国であり、外来圧力に対するストレス反応であったため、「ナショナリズム的思潮」の出現は中華民族結束力の表象となった。

　以上のように、総合国力の向上、国際環境の圧力、イデオロギー操作による愛国主義の強化、社会心理による盲目的崇拝の排除および民族主義情緒の高揚などは皆、中華民族結束力強化の要因であった。

　1995年5月30日、『中国青年報』は中国青少年発展基金会、『中国青年報』社と中国歴史唯物主義学会が共同で行った「中国青年の世界認識」という大型質問調査を掲載した。それは外国に対する中国青年の認識、未来世界の予想、中国青年の民族意識と国家観念、民族イメージと第二次世界大戦に対する見解などを探るための調査であった。7月14日、『中国青年報』は全国30の省、市、自治区の30以上の民族が参加した12万部のアンケート質問紙を基にした「『中国青年の世界認識』読者調査統計報告」を発表した。

　調査結果によれば、アメリカと日本は中国に多大な迷惑をかけ、中華民族の民族感情を傷つけた理由で、それぞれ中国青年に好ましくない国の一位と二位に選ばれた。未来に対する青年たちの認識を調べる項目で、未来世界の主な矛盾として民族利益あるいは国家利益のトラブルを挙げた者が81.1％、国内安定と団結を我が国の国家建設の重要な要因であると考える者が84.5％を占めていた。このデータは民族利益、国内団結、安定等を重要視する中国青年たちの民族意識を反映していた。[1]　国際社会

───────────────
1．房寧、王炳権、馬利軍他『成長する中国』人民出版社、2002年、107－116頁。

7. 世紀末における愛国主義の高揚　　　　　　　　　　719

における中国の地位に関する項目では、現状の政治・軍事・経済などで
上位を占めていないと認めつつ、30年後に対しては比較的に楽観的な
態度を取り、民族の未来発展に対する自信感を表わした。今回のアン
ケート調査には30の民族が参加し、少数民族は全体の6.9％を占めて
いたが、各民族青年の回答には特別な差が無かった。つまり、漢族と少
数民族青年たちの国家観念、民族意識が一致していた。したがって、今
回の調査は全中国の56の民族が共有する中華民族意識を反映している
と言える。

　1996年、中国青少年研究中心は全国20の省、市、自治区の5万人
を対象に「青年思想道徳文化発展状況」というアンケート調査を行った。
「グローバル化しつつある90年代において、今なお愛国主義を強調す
ることは現実的ではない」という項目に対し、「そうではない」、「祖
国を愛すべきである」と答えたのはそれぞれ85.59％と97.37％であり、
76.52％の人が周りの多くの青年は国を愛していると答えた。[1]

　青年は最も活発な社会集団であり、愛国主義覚悟は民族結束力の根本
的な原動力である。90年代半ば、中国青年たちの以上のような思想状
況は中華民族結束力の堅実な増長の傾向を示しているが、そうした傾向
を一層明示してくれるのは特定の歴史的事件であった。

　1998年、中国共産党中央の指導の下で、全国人民が参加した巨大な
自然災害に対する闘争は、民族結束力を証明してくれる事件であった。
まさに、江沢民の以下のような指摘通りであった。[2]

　　　万民が心一つとなり、一致協力することで中国人民の強大な結束
　　力を具現した。千里の長城から北京まで、大江の南北から長城の内

---

1. 同書、127頁。
2. 江沢民「全国抗洪救助総括表彰大会での演説」（1998年9月28日）、『人民
　日報』、1998年9月28日版を参照せよ。

外まで、沿海の省、市から辺境の民族地域まで、前方と後方が足並みを揃い、国全体が心を合わせて協力することで中華民族は1つとなった。我が国の革命、建設および改革における重要な時期であればあるほど、全国人民はこのように非凡な結束力を見せた。この種の結束力があれば、私たちは永遠に負けることはない。

　一つの民族、一つの国家にもし精神的な支柱がなければ、魂のないことに等しく、結束力と生命力を失うことに繋がる。高まる民族精神の有無は、一つの国家の総合国力を図る重要なバロメータである。経済、技術の実力などの物質的なものを総合国力の主な内容とするが、民族精神、民族結束力、精神的な力量も総合国力の重要な構成部分である。マルクス主義の唯物弁証法によれば、ある条件の下では、精神が物質に、精神的な力量が物質的な力量に転換可能である。強力な精神力量は物質技術の発展を促すだけでなく、一定の物質技術力量を最大限に発揮させることもできる。中華民族はもちろん、自分たちの偉大なる民族精神を持っている。また、その民族精神は千年以上の歴史的な精華であり、奥深いものであるのみならず、根深く揺るがない中華民族の不可分的な構成部分である。

　江沢民は以上のように、1998年の民族精神を「抗洪精神」とまとめ、それは「愛国主義であり、集団主義と社会主義精神の大実践、社会主義精神文明の発揚、我が党と軍隊の光栄なる伝統や優良態度の発揮、当代中国における中華民族精神の体現と新たな発展である」と解釈した。この解釈は、新たな情勢下の中華民族精神に対する科学的な要約であり、重大事件に直面する際の中華民族の団結や向心力の凝集ぶりを正確に反映していた。

　1999年5月8日、ベオグラードの在ユーゴスラビア中国大使館に対するNATO軍の爆撃を受け、20数名の死傷者を出した。中国の国家主

7. 世紀末における愛国主義の高揚 721

権を多大に侵害し、中華民族の感情を傷つけたこの事件は、中国人民の
愛国主義激情を引き起こした。事件が発生して間もなく、中国の主要都
市では激しい怒りをロわにした大規模のデモが行われた。上海、成都、
そして広州でも何千人の学生たちが反米のスローガンを叫びながら街路
を進行した。北京では約10万人がアメリカ大使館前に集結し、石や瓦
礫を投げながら警察隊ともみ合いになり、大使館の車両に火をつけよう
とした。成都では、アメリカ総領事館が襲撃されて一部が焼けた。5月
9日、中華全国総工会代表と労働者たち、婦人団体、全国学生連合会は
それぞれアメリカに抗議し、犠牲者たちを哀悼する活動を展開した。ま
た、香港、マカオ、台湾同胞、海外華人団体も強烈な怒りを表し、アメ
リカとNATO軍の行為を批判した。

　通常の抗議活動以外に、科学技術の発達も人々に情報や情感を伝える
メディアを提供してくれた。例えば、ユーゴスラビア中国大使館が爆撃
された当日、「新浪網」だけで流したニュースは214件、速報は230条、
写真は103枚であった。様々な抗議言説はこのようにインターネット
を通して広まった。また、人民日報が翌日開設した「NATO軍暴行に
激しく抗議するBBS論壇」は「強国論壇」に改称され、人々の注目を
集めた。素早くて比較的に制限の少ないネットメディアは、人々の愛国
的感情の表出に便利で十分な空間を提供してくれた。

　事件発生後、中国政府と国家指導者たちは直ちに声明を発表し、最も
重い言葉でNATOの暴行を非難し、真相を明らかにして当事者を処罰
することを要求した。5月12日、遭遇者たちの遺骨が中国に送られた
際、天安門、新華門、人民大会堂、外交部所在地と各省、区、市の政府
は皆半旗を掲げた。このようは行動は国家主権、民族尊厳を維持しよう
とする中国政府の頑固たる原則を現した。また、人民群衆の大規模なデ
モ活動を支持しながら秩序や法制的に引導したことは、人民政府の冷静
さと遠大な視野を表していた。

　アメリカ政府は一貫として「誤爆」を主張したが、中国人民の強烈な

抗議、中国政府の厳しい交渉および国際社会の圧力によって、中国政府と人民に何回も「謝り」、一定の経済的な賠償を行った。中国人民はアメリカおよび NATO との闘争を通して中国主権と尊厳を護り、外来圧力と強敵に対する中国人民の不撓精神や強大な結束力を表わした。

20 世紀の中華民族結束力をいくつかの歴史段階に分けて分析してみれば、歴史の発展と共に中華民族の結束力が包摂する社会的次元は広くなり、民族利益との一致程度が高くなるという規則が明らかになる。こうした規則は民族結束力の頼りになる中国社会の進歩と一致する。広大な国土、数多い民族、複雑な社会構成、立ち後れた経済基礎、世界の五分の一の人口を有する国家で、以上のような結束力を維持し、強化してきたことは民族国家建設の歴史においても典範的な意味を持っている。

しかし、中華民族が身を置いている国土は広く、発展は不均衡で、内外の環境も複雑である。こうした状況ゆえ、中華民族結束力の更新と再構築は刻苦なプロセスであり、様々な課題と欠陥を有している。例えば、国家統一の未完成、民族分裂の脅威、政治中核と主流イデオロギーとの分岐および不調和などを挙げることができる。また、民族結束力に対する新たな社会的分化および利益の分割などの衝撃は、理性的な検討や省みることを求める。以上のような欠陥と課題の存在は、私たちに長期的な苦しい努力を尽くすよう戒めている。

終わりに

　20世紀において、中国の各民族は協力し合い、一致団結することによって民族解放と初歩的な繁栄を実現した。しかし、一方では様々な民族問題も孕んでいた。その中には、民族間の矛盾や紛争、発展の不平衡による様々な格差、外敵の侵略、干渉と浸透、「民族」という名の下で行われた動乱や分裂などがあった。ゆえに、我々には20世紀の民族問題を想起・検索する際、常に新世紀の民族団結、和諧と繁栄を期待する傾向があった。しかしながら、21世紀に入って何年も経った今日においても、中国の民族問題は今もなお進行中にあり、段々と「アップグレード」しつつある。現代中国の民族問題を考察する際、人々の認識と見解にはそれぞれの差異があるとしても、以下のような幾つかの事実については、恐らくみんなが認めることであるだろう。

　第一、少数民族と民族地域の発展の差には著しい変化がなく、民生問題や生態問題はそれと交錯・重複している。我々は西部大開発を始めてからの十年間が、西部経済、社会発展が最も速かった時期、都市と農村の様相の変化が最も大きかった時期、人民大衆が最も実利に恵まれた時期であったと言える。さらに、全国の発展に対する西部地域の貢献が最も大きかった時期であったとも言える。しかし、新しい情勢の下で西部大開発が直面した困難と挑戦はまだ非常に目立っていると思う。西部地域と東部地域の発展レベルの差が依然として大きいことから、我が国の全面的な「小康社会」建設の難点と重点は依然として西部地域であることを冷静にみていな

ければならない。特に、新疆の南疆地域、チベット高原の東部辺境地域、武陵山岳地帯、烏蒙山岳地帯（雲南省北西）、雲南の西辺境山岳地帯、秦巴山・六盤山地帯を含む所謂「広域特殊困難地区」は、既に我が国の貧困脱出プロジェクトの中で最も解決しにくい最前線の問題となっている。「絶対貧困」の現象がまだ現われている以外にも、例えば、就職、医療保険、養老、教育などの民生問題、干ばつ、土壌浸食、砂漠化などの激化による生態問題なども益々民族地域の発展と安定の中での突出した矛盾として取り上げられている。

　第二、漢族を含む各民族のエスニック・アイデンティティと利益意識の上昇、それによる様々な紛争が増えつつある。改革・開放以来、各民族内部では民族意識の強まる傾向が普遍的な現象として現われている。さらに、新世紀に入ってからインターネットなどの新しいメディアの普及および各民族の中での「エリート」階級の人数が増えることによって、民族意識が強まる現象が一層激化している。従って、歴史の探求あるいは歴史の「発見」を通して民族アイデンティティを強調し、伝統文化を発展させて輝かしいものにすることで、民族的な特性を表わすことが日増しに増えている。それに伴い、民族間の矛盾と偏見、ひいては恨みの感情まで益々水面に浮かび上がっている。それで、そもそも厳しく責められてきた「大漢族主義」と「地方民族主義」の言説がまるで益々共感を得ているようである。当然ながら、民族アイデンティティあるいは民族意識を強化することには、中国現代化の加速的な推進という深刻な背景がある。まさに現代化の加速的な推進の中で、民族間の移動、交流、往来などは未曽有の幅広い状態になっているが、一方、民族間の文化、利益に関する矛盾と衝突も相互交流や往来の過程から生まれた現象である。中国の都市化、市場化、工業化も同じ論理から少数民族の流動人口問題、民族伝統文化の保護、権利の擁護および民族区域自治に関する行政制度改革問題などの一連の問題を生み出している。都市における民族問題、資源開発と生態保護における民族問題などはまさに現在の中国民族事業が直面した新たな課題である。

終わりに   725

　第三、民族分裂主義者たちは暴力・テロ活動を利用して政府に圧力を加
えたり、「高度な自治」、「中道」などの言葉を用いて世間を欺いたり、「脱
中国化」を推し進めたりすることで、絶えずその手口を変えながら両岸
統一の基を瓦解しようとしている。例えば、「東トルキスタン」分裂主
義は「九・一一」事件後、国際・国内の環境に迫られ、暫く「蟄伏」状
態に入っていたが、2008 年の北京オリンピック直前に突然一連の暴力・
テロ活動を再展開した。2009 年、彼らは世界を驚かせた例の「七・五」
事件を引き起こし、200 人近い死亡者を出すことで、ウィグル族と漢族
の民族間関係を悪化させる深刻な結果をもたらした。2011 年 7 月 18 日
と 30 日、新疆の極端主義者たちはまたホータン市とカシュガル市で連
続的に 3 回の暴力・テロ事件を起こし、社会に多大な恐怖感を与えた。
同様に、北京オリンピック直前、「チベット独立」勢力も勝負を仕掛け
てきた。即ち、海外では暴力的な手段を用いて各国でのオリンピック聖
火リレーを妨害し、国内では攻撃、破壊、強盗、焼却を振る舞うラサ
「3.14」事件を策動した。2009 年以降、ダライ集団は所謂チベットの
「高度な自治」、「真の自治」などのスローガンを掲げ、さらに代表者を
派遣して中央政府との「対話」を図った。それと同時に、頻繁に国際交
流を通して欧米諸国の支持を獲得し続けようとした。2011 年 3 月 10 日、
ダライは「引退」を宣言し、「チベット亡命政府」と「最高リーダー」
の職務を辞めることにした。5 月、正式に「チベット亡命政府」を「チ
ベット人行政中央」に改称した。しかし、これらはダライ・ラマ 14 世
をはじめとする「チベット独立」勢力の分裂主義的な立場と行為を変え
ることではなかった。馬英九政権以来、台湾の情勢は幾らか好転の兆し
を見せていたが、「台湾独立」勢力の「脱中国化」による分裂傾向を完
全に抑えることはできなかった。従って、「台湾独立」、「チベット独立」

1.「高度な自治」とは、「ダライ・ラマ 14 世が求めてきた外交や国防を除く広
　範な分野でのチベット人の自治」を指している。(訳者註)

と「東トルキスタン」をはじめとする民族分裂主義に反対することは、依然として中国の国家統一と民族団結を擁護する長期的な闘争である。

　最後に、国外列強と中華民族の地位において根本的な変化は生じたものの、20世紀から持続してきた矛盾は完全に無くなってはいない。言い換えるならば、武力的な侵略が「西欧化」と「分化」によって取って代わっただけである。グローバル化は益々中国と世界を1つの「地球村」に結び付け、中国と世界各国は相互依存的な利益関係に結ばれている。しかし、国外の敵対勢力と中華民族間の固有の矛盾は依然として取り残されている。アメリカをはじめとする西欧の国々は中国との連携を強化する一方、中国に対する抑制や敵視的な観点を放棄してはいない。例えば、文化浸透による「西欧化」、戦略的な包囲による政治的な孤立化、民族の宗教問題を通した嫌がらせ、「台湾独立」、「チベット独立」と「東トルキスタン」勢力を操作・支持することで中国の「分化」を望んでいる。具体的に言うならば、アメリカは強烈な中国政府の反対にもかかわらず、台湾への軍事用品販売を増加し続けることで両岸の平和的な統一を妨げている。また、チベットを支持し、中国政府に反対する決議案をどんどん作り出し、大統領のダライ接見を通して「チベット独立」を支援している。「東トルキスタン」問題においては、反テロという立場を変え、暗黙的に支持する態度を示している。2011年、アメリカは南海と東海での主権を巡る中国と周辺国家との争議が発生した際、遠くから寄せてきて干渉し……偉大な中華民族の復興過程には必ずしも国際の敵対勢力による関与と破壊が伴うということは事実をもって証明されている。

　現在、日々浮き彫りになっている中国の民族問題について不可解、無関心な者もいれば、心配する人々もいる。ところが、以下のような3つの角度からのアプローチは民族問題に対するより客観的な理解に役立つ。

　まず、社会歴史という大きな文脈を挙げることができる。民族問題を社会問題の一部とみなすマルクス主義は普遍的な示唆を与えてくれ

る。改革・開放後、中国的特色ある社会主義は中国のイメージを徹底的に変え、昔からの貧弱な状態は世界第二の経済大国という地位によってに取って代わった。しかし、私たちは依然として社会主義の初級段階に処し、世界で最大の発展途中の国家であることには変わりがない。我が国は東洋の社会主義国家であるがゆえに、資本主義の西洋によって不機嫌で敵対視される対象となっている。また、西洋のイデオロギーを唱える国内の様々な分裂勢力の攻撃も受けている。まさに「初級段階」と「発展中の国家」であるため、「神舟」発射に成功し、空母を作る能力があっても貧困からの脱出に苦闘し、就職、医療、養老などの民生問題を徹底的に解決することは困難である。私たちは最先端の技術や迅速な発展速度、未曽有の発展機会に恵まれていると同時に、様々な矛盾や困難の挑戦にも直面している。さらに、地域、都市と農村、業界、階層などの間の発展や収入の格差は日々大きくなり、人々の心理的な不安を増大している。また、経済システムの非合理性による就職難、環境悪化、腐敗問題と社会不平等現象の増加などは、矛盾を蓄積させることで社会的な衝突を生み出す危険性を孕んでいる。中国で、少数民族と民族地域は発展が遅れた集団と地域であり、今現在、中国社会には様々な問題が数多く潜んでいるだけでなく、益々集中、過激化しつつある。しかし、特定のエスミック・アイデンティティのため、一般的な社会問題および矛盾も常に「民族」的な性質と色彩を帯びるようになっている。つまり、特定の民族問題は一般的な社会問題と絡み合うことになっている。私たちは民族問題を普遍化し、すべての問題を民族問題に還元してはならない。しかし、一方で民族問題は孤立したものではないため、経済・政治・文化などの社会的な要因から切り取って考えることもできない。例えば、人々は少数民族と民族地域に関する様々な社会矛盾を「民族問題」とみなしているが、そのすべてが錯覚であるとは言えず、そこには真実も含まれている。

　次に、民族は規律を有するプロセスとして捉えることができる。民族

は形成、発展と消滅など自分なりの規律を有している。現世界には、民族の融合的な要素が増える一方、固有の民族的な要素を固めようとする言説も散在している。後者には民族アイデンティティの強調、伝統文化の維持・保護、民族主義的な波の沸き立ちなどが含まれている。もちろん、中国も例外ではなく、中国共産党は民族発展におけるその段階を把握し、社会主義時期を民族繁栄の時期であると捉えている。ここでいう繁栄には、様々な民族経済と社会の十分な発展だけでなく、個別民族文化の弘通も含まれている。その過程は、必ずと言っていいほど各民族の自己アイデンティティの強化、民族権利意識の向上に伴う様々な民族間の不調和や民族と国家間の矛盾を引き起こす可能性も孕んでいる。例えば、200年あまりの世界歴史を振り返って見れば、民族意識、民族主義は一貫して各国における社会運動の主役の一つになっている。民族識別と長い間実行してきた民族優遇政策などがなければ、今日のような複雑な民族意識や民族問題もなかったはずであると、現段階の民族意識を単純に中国共産党の民族政策による刺激の結果であると断定するかもしれない。しかし、中国の近代史を調べてみれば、民族理念、民族的意識と体系的な民族主義は、民族主義が中国へ輸入された19世紀－20世紀初頭から一貫して中国社会発展の隅々までを主導、支配および影響してきたことが分かる。民族意識に対する中国共産党の民族識別作業の刺激は否定できないが、民族意識の存在に基づいた順応と引導の方が大きいだろう。つまり、中国の各民族の自己認識は、中国「民族意識」あるいは世界民族主義といった大きな環境による影響と民族識別の有無とは関係なく客観的に存在したものであり、日々増大しているものである。まさに、今日において民族の識別作業を行ってこなかった様々な多民族国家が、民族認識の増長、民族問題の増大に苦悩している事例と同じである。

　最後に、「民族」というカードの功利的な運用を挙げることができる。以上に述べてきたプロセスとしての民族の時代的な特徴と重なり、現世

界は依然として民族主義の世界であり、「民族」の至上性、神話性を有している。従って「チベット独立」、「東トルキスタン」の活動は民族と祖国を分裂しようとした罪悪の活動であると位置づけることができる。しかし、それらの活動は「民族利益」をもってカモフラジュしていることを見過ごしてはならない。例えば、「台湾独立」勢力は「脱中国化」を進める一方、自分たちの分離的な行動に対する「合法性」の根拠として「台湾民族」を利用している。中国に対する国外の反華勢力の浸透と封じ込みは一度も止まったことがなく、その手法も日々更新されている。しかし、民族の宗教問題を通した隙間や口実を求める方向には変わりがない。一方、わが社会の内部にも敏感な民族問題、民族政策を借りて「民族」的な色彩を利用している個人や利益集団も存在している。以上のすべての要素が絡み合って民族問題の複雑さと広さを増加させている。

　したがって、目前の中国の民族問題は、すべて中国社会発展とプロセスとしての民族の規律性の投影であり、新時期における民族問題固有の特徴による必然的な反映に過ぎない。それ故に、現在の民族関係と以前のそれとを、特に20世紀の50－60年代のそれとを簡単に比較してはならない。それは、それぞれの時代状況が異なるからである。50－60年代における民族関係の親和状況は、社会の周辺に置かれていた少数民族が古い制度の覆しとともに、階級の搾取、圧迫から解放され、共産党の民族平等政策と旧制度の差がはっきりとした時期の写しであった。しかし、社会経済発展の遅れと大部分の少数民族の封鎖的な状況のため、民族関係とその認識は社会構成の一部分にすぎず、低いレベル、不完全な民族関係になっていた。しかし、現代化の発展とともに異なる民族間の距離は空間的にも社会的にもほぼなくなっている。したがって、民族関係の構成や認識も一部の上層人物と散居人口だけい限らず、各民族の全般社会に向かって広がっている。ゆえに、目前の民族関係によって出てくる問題こそ、現代化のプロセスにおける我が多民族国家の真の反映である。私たちはその中の一部の問題は解決できても、日々複雑化しつ

つあるすべてをコントロールすることは不可能である。

　実は、私たちは以上のような観点から中国の民族問題の未来を探らなければならない。したがって、これからの比較的に長い間、中国の民族問題は持続的に増え続け、激化する状態で現れるかもしれない。なぜなら、比較的に長い間、中国の改革・開放と現代化建設が直面した国内外の環境、置かれている段階が変わらないからである。故に、中国の民族問題の発展に悲観する必要はない。大部分の問題は発展過程の問題、プロセスの問題であり、偉大なる中国的な社会主義実践と民族プロセスが最終的に解決してくれるからである。しかし、そうした問題に対する正確な把握と実際の問題を解決するために努力しなければならない。

あ と が き

　ここ数年、仕事がら年に数回訪れる中国は、行くたびにその様相を著しく変化させている。高くそびえるマンション、都市部を華やがせる近代的なビル、快適な空間をひろげるショッピングモール、その姿はおよそ四半世紀前には想像もつかなかったものである。私が中国学を始めたころの中国は、文革が終わったばかりの、質朴でひたすら曠大な、文字通り「黄色い大地」であった。おそらくそれは、清末の民族革命から 20 世紀の世界的混乱を経て、内外に大きな困難を抱え込んだ中国の、「眠れる獅子」としての最後の姿であったのだということが今にして分かる。

　王希恩教授の本書は、その激変する中国の、もっとも核となる「民族」という問題を正面から取り扱った貴重な研究書である。「民族」を取り上げることは様々な意味で複雑な問題を内包する。立場や視点を異にすれば、歴史は解釈を違えるからだ。しかし、中国の歴史は常にそれと向き合ってきた。王朝の正式見解なしには、文化の尺度は存在しない。その意味で、本書は現代の中国の「正史」とでも評すべきものと言える。

　王教授の民族問題の分析を、今という時点での最も正統な公式見解として理解することは、我々日本人にとって有益である。中国という隣国に敬意を持ちつつ誠実な文化的関係性を築くことこそ、人文学を生業とする我々の一つの使命であるからだ。本書を日本語訳として斯界に呈する所以はここにある。

　最後に、この大部の著書を流麗で正確な日本語に翻訳した朴銀姫・李文哲ご夫妻に感謝したい。お二人の真摯で情熱的な研究態度は、同じ研究者として常に共感を覚えていたのだが、今回のお仕事についても、その力量に驚かされた。このような形で本書が日本に紹介される機会を得たのは、お二人の絶え間ない努力と学問への情熱、そして類いまれな能力とに拠るものである。

二松學舍大学　東アジア学術総合研究所所長　牧 角 悦 子

著者略歴

王　希恩（おう　きおん）
1954 年生まれ。中国社会科学院大学院修了、法学博士。現在、中国社会科学院民族
学・人類学研究所民族理論研究室主任、教授。中国民族理論学会常務副会長、中国
漢民族学会常務理事、中国世界民族学会理事、中国民族学会理事などを歴任。主要
著書に『民族過程と国家』、『問題と和諧－中国民族問題解読』などがある。

朴　銀姫（ぱく　ぎんひ）
1978 年生まれ。千葉大学大学院人文社会科学研究科文化科学専攻博士課程修了、文
学博士。日本学術振興会特別研究員 DC2、PD、千葉大学文学部非常勤講師を経て
現職。現在、中国魯東大学文学院教授・東北アジア研究院院長。主要著書に『金史
良文学研究』、『内的批評とテクスト分析』などがある。

李　文哲（り　ぶんてつ）
1979 年生まれ。千葉大学大学院人文社会科学研究科公共研究専攻博士課程修了、博
士（学術）。千葉大学大学院人文社会科学研究科特別研究員、文学部非常勤講師を
経て現職。現在、中国煙台大学人文学院准教授。主要著書に『延辺主流メディアの
コミュニケーション効果』などがある。

20 世紀における中国民族問題

2018 年 11 月 10 日　初版印刷
2018 年 11 月 20 日　初版発行

編　著　者　　王　希恩
訳　　　者　　朴　銀姫　李　文哲
発　行　者　　佐久間保行
印刷・製本　　興　学　社
発　行　所　　㈱明徳出版社
〒 162-0801　東京都新宿区山吹町 353
（本社・東京都杉並区南荻窪 1-25-3）
電話　03-3266-0401　振替　00190-7-58634

ISBN978-4-89619-861-4